2022

유튜브와 함께하는

16년간
기출로 끝내는
군무원 행정학

SD에듀
㈜시대고시기획

Always **with you**

사람이 길에서 우연하게 만나거나 함께 살아가는 것만이 인연은 아니라고 생각합니다.
책을 펴내는 출판사와 그 책을 읽는 독자의 만남도 소중한 인연입니다.
(주)시대고시기획은 항상 독자의 마음을 헤아리기 위해 노력하고 있습니다.
늘 독자와 함께하겠습니다.

군무원을 뽑는 인원이 증가함에 따라 많은 사람들이 군무원 시험에 도전하고 있습니다. 군무원이되어 군대 행정의 발전에 기여하겠다는 목표를 가지고 있는 여러분을 위해 이 도서를 준비했습니다. 공무원과 차이가 있는 군무원 시험을 위해 군무원 기출문제를 분석하여 군무원 시험에 꼭 필요한 내용만을 담았습니다. 군무원 시험 합격이라는 목표를 설정했다면 주위를 돌아보지 말고 오직 목표를 향해서 달려가십시오. 지루한 가시밭길의 수험생활은 합격의 그 순간에 환희로 돌아올 것입니다.

최근 군무원 행정학에서 상당히 심화된 이론을 묻거나 세부 법령의 인사 및 재무 행정제도를 묻는 문제들이 출제되는 등 매년 난도가 올라가고 있습니다. 따라서 단순히 기출문제와 요약집을 반복해서 암기하는 학습법은 치열한 경쟁의 벽 앞에서 여러분을 좌절하게 만들 수 있습니다. 이에 따라 SD 군무원시험연구소에서는 군무원 행정학 시험의 최근 경향에 최적화된 내용으로 본서를 구성했습니다.

군무원 행정학 ★ 도서의 특징 ★

첫째, 기출 문제를 통한 이론 학습!

16년간 출제되었던 문제를 영역별로 정리하였습니다. 문제에 해당하는 "끝장이론"을 바로 아래에 구성하여, 문제와 이론을 한 번에 학습할 수 있습니다. 본서는 백과사전식 내용이 아닌 간결하면서 흐름 중심의 체계를 갖춘 도서로 수험공부의 부담을 확 줄여줄 것입니다.

둘째, 상세한 이론 설명!

각 제도(법령)와 이론들의 등장 배경, 맥락 및 논리체계를 상세하게 설명했습니다. 이론과 법령을 기계적으로 암기하는 주먹구구식 학습법에서 탈피하여 먼저 숲을 보고 이해한 후 그 안에 있는 나무들을 차례로 정복해나가기를 권합니다.

셋째, 개편내용 완벽 수록!

행정학은 정부가 실제로 움직이는 현장과 함께 변화하는 학문이므로, 최근 정부에서 이슈가 되는 법 개정 사항이나 제도의 쟁점에 관심을 기울여야 합니다. 따라서 본서는 법 · 제도 개편내용을 빠짐없이 수록하였습니다.

이 책은 기출 내용을 단순히 나열함에 그치지 않고, 어떻게 하면 이를 손쉽게 이해하고 체계적으로 정리하여 시험장에서 점수로 이끌어 낼 수 있을까를 끊임없이 고민하고 다듬었습니다. 이 점이 이 책으로 공부하는 여러분을 다른 경쟁자보다 앞선 위치로 인도할 것이라 확신합니다. 합격을 위한 고독한 길을 떠나는 여러분을 축원하고 응원합니다.

SD 군무원시험연구소 올림

군무원 채용 필수체크

✿ 채용시험 응시연령

최종시험의 시행 예정일이 속한 연도에 다음의 계급별 응시연령에 해당하여야 함
❶ **7급 이상** : 20세 이상
❷ **8급 이하** : 18세 이상

✿ 군무원 채용과정

원서접수	→	필기시험	→	필기시험 합격자 발표	→	면접시험	→	최종합격자 발표
5월 초		7월 중순		8월 중순		9월 말		11월 이후

1 필기시험

- 객관식 선택형 문제로 과목당 25문항, 25분으로 진행
- 합격자 선발 : 선발예정인원의 1.5배수(150%) 범위 내(단, 선발예정인원이 3명 이하인 경우, 선발예정인원에 2명을 합한 인원의 범위)
  ⋯› 합격기준에 해당하는 동점자는 합격처리

2 면접시험

- 필기시험 합격자에 한해 응시기회 부여
- 평가요소
  - 군무원으로서의 정신자세
  - 의사표현의 정확성 · 논리성
  - 예의 · 품행 및 성실성
  - 전문지식과 그 응용능력
  - 창의력 · 의지력 · 발전가능성

3 최종합격자 결정

필기시험 합격자 중, 면접시험 성적에 필기시험 성적을 각각 50% 반영하여 최종합격자 결정

※ 위 채용일정은 2022년 군무원 국방부 주관 채용공고(안)를 기준으로 작성하였으므로 세부 사항은 반드시 확정된 채용공고를 확인하시기 바랍니다.

✿ 영어능력검정시험 기준점수

구분	5급	7급	9급
토익(TOEIC)	700점	570점	470점
토플(TOEFL)	PBT 530점 CBT 197점 IBT 71점	PBT 480점 CBT 157점 IBT 54점	PBT 440점 CBT 123점 IBT 41점
텝스(TEPS) 2018.5.12. 이전 실시된 시험	625점	500점	400점
新텝스(新TEPS) 2018.5.12. 이후 실시된 시험	340점	268점	211점
지텔프(G-TELP)	Level 2 65점	Level 2 47점	Level 2 32점
플렉스(FLEX)	625점	500점	400점

⋯⋯ 당해 공개경쟁채용 필기시험 시행 예정일부터 역산하여 3년이 되는 해의 1월 1일 이후에 실시된 시험으로서 필기시험 전일까지 점수가 발표된 시험에 한해 기준점수 인정
⋯⋯ 응시원서 접수 시에 본인이 취득한 영어능력검정시험명, 시험일자 및 점수 등을 정확히 기재

✿ 한국사능력검정시험 기준점수

구분	5급	7급	9급
한국사능력검정시험	2급	3급	4급

⋯⋯ 2020년 5월 이후 한국사능력검정시험 급수체계 개편에 따른 시험종류의 변동(초 · 중 · 고급 3종 → 기본 · 심화 2종)과 상관없이 기준(인증)등급을 그대로 적용함
⋯⋯ 당해 공개경쟁채용 필기시험 시행 예정일부터 역산하여 4년이 되는 해의 1월 1일 이후에 실시된 시험으로서 필기시험 전일까지 점수(등급)가 발표된 시험에 한해 기준점수 인정
⋯⋯ 응시원서 접수 시에 본인이 취득한 한국사능력검정시험의 등급인증번호와 급수(성적)를 정확히 기재(증빙서류 제출 없음)

※ 위 기준점수는 군무원인사법시행령을 기준으로 작성하였으므로 세부 사항은 반드시 확정된 채용공고를 확인하시기 바랍니다.

GUIDE
STRUCTURES

이 책의 구성과 특징

기출로 시작해서 이론까지 한 권으로 끝내는!

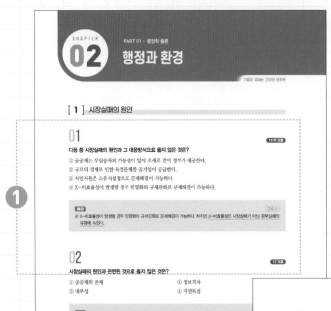

❶ 2021~2006 16개년 19회 기출을 단원별로 정리하다!

군무원 기출문제를 총망라하여 단원별로 정리하였습니다. 재정리된 기출을 통해 단원별 빈출을 한눈에 알아볼 수 있습니다.

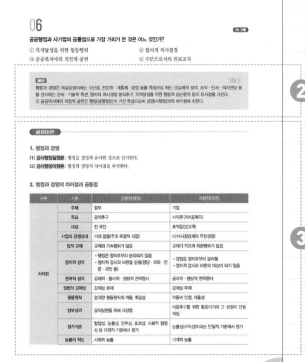

❷ 상세하고 빈틈없는 해설로 기출을 다시 보다!

문제가 출제되는 지점은 반복되기 마련입니다. 다년간 군무원 기출문제를 전문적으로 분석한 전문 저술진의 빈틈없고 상세한 해설로 기출을 재조명할 수 있습니다.

❸ '끝장이론', 기출문제로 이론을 거꾸로 학습하다!

이론 학습에서 기출문제 풀이로 이어지는 획일화된 학습은 이제 그만. 기출문제를 통해 방대한 이론을 조목조목 거꾸로 학습할 수 있습니다.

유튜브 무료강의는 기본!

▶ YouTube | 검색창에 시대에듀 ➡ 기출로 끝내는을 검색하세요! 🔍

강의 커리큘럼

	강좌명
행정학 총론	행정이란 무엇인가?
	행정과 환경 · 행정이 추구하는 가치
	행정학의 이해 · 행정학의 주요접근
정책학	정책학의 기초 · 정책환경 및 정책과정의 참여자 · 정책의제설정
	정책분석 · 정책결정
	정책집행 · 정책평가
조직론	조직연구의 기초 · 조직구조의 형성
	조직의 양태와 조직유형 · 조직과 환경
	조직행동(행태)론 · 조직발전과 조직관리기법
인사행정론	인사행정의 기초 · 공직구조의 형성 · 임용
	능력발전 · 공무원의 사기 · 공직부패 및 공직윤리와 행위규범
재무행정론	재정과 재정 관련 법 · 예산
	예산결정 · 예산과정론 · 정부회계 및 조달행정
행정환류론	행정책임과 통제 · 행정개혁 · 정보화와 행정
지방행정론	지방행정 · 지방자치 · 지방자치단체
	지방재정 · 지방자치단체와 국가와의 관계

YouTube 특강으로 군무원 행정학 끝내기!

군무원 행정학 전문 선생님이 짚어 주는 '기출문제+끝장이론' 특강 서비스를 제공합니다. 다양한 학습 콘텐츠를 통해 학습의 효율성을 높이고, 행정학 실력을 다질 수 있습니다.

군무원 행정학 전문 선생님의 유튜브 무료특강 16강!

이 책의 차례

특별부록

최신기출

01 행정학 총론 – 행정학의 주요 접근

행정이론에 관한 다음의 기술 중 가장 옳지 않은 것은?

① 신공공관리론(New Public Management)은 국민을 고객으로 인식하고 공공부문에 시장원리를 도입하고자 하였다.

② 거버넌스(Governance) 이론은 정부, 시장, 시민사회의 협력과 협치를 지향한다.

③ 신제도주의는 제도가 개인과 조직, 국가의 성패를 결정한다고 보고 있다.

④ 신행정학(New Public Administration)은 행태주의와 논리실증주의를 비판하면서 등장하였다.

02 조직론 – 조직의 양태와 조직유형

막스 베버(Max Weber)의 관료제에 대한 설명으로 가장 옳지 않은 것은?

① 관료제는 계층제 구조를 본질로 하고 있다.

② 관료제를 현대사회의 보편적인 조직모형으로 보고 있다.

③ 신행정학에서는 탈(脫)관료제 모형으로서 수평적이고 임시적인 조직모형을 제안한다.

④ 행정조직 발전에 대한 패러다임(Paradigm)의 관점에서 관료제 모형을 제시했다.

03 재무행정론 – 정부회계 및 조달행정

발생주의 회계제도에 대한 설명으로 옳은 것은?

> 가. 재화의 감가상각 가치를 회계에 반영할 수 있다.
> 나. 부채규모와 총자산의 파악이 용이하지 않다.
> 다. 현금이 거래되는 시점을 중심으로 기록한다.
> 라. 복식부기 기장방식을 채택하는 것이 일반적이다.

① 가, 라

② 나, 라

③ 나, 다

④ 가, 다

04 행정학 총론 – 행정이란 무엇인가?

행정과 경영의 유사점에 대한 설명으로 가장 옳지 않은 것은?

① 행정과 경영은 어느 정도 관료제적 성격을 지니고 있다.

② 행정과 경영은 관리기술이 유사하다.

③ 행정과 경영은 목표는 다르지만 목표달성을 위한 수단으로 작동한다.

④ 행정과 경영은 비슷한 수준의 법적 규제를 받는다.

05 행정학 총론 – 행정이 추구하는 가치

행정이념에 대한 설명으로 가장 옳지 않은 것은?

① 행정이념은 절대적인 것이 아니라 시대적 상황과 정치체제에 따라 변할 수 있다.

② 능률성은 투입 대비 산출의 비율을, 효과성은 목표의 달성도를 나타내는 개념이다.

③ 행정의 민주성은 대외적으로 국민 의사를 존중하고 수렴하며, 대내적으로 행정조직을 민주적으로 운영한다는 두 가지 측면을 가지고 있다.

④ 수평적 형평성이란 동등하지 않은 것을 서로 다르게 취급하는 것, 수직적 형평성이란 동등한 것을 동등하게 취급하는 것을 의미한다.

06 행정학 총론 – 행정학의 주요 접근

신공공관리에 대한 설명으로 가장 옳지 않은 것은?

① 신공공관리는 전통적이고 관료적인 관리방식을 개혁하기 위해 1980년대부터 진행된 개혁 프로그램이다.

② 신공공관리는 정부의 크기와 관계없이 시장 지향적인 효율적인 정부를 만들 수 있는 개혁방안에 관심을 갖는다.

③ 시장성 테스트, 경쟁의 도입, 민영화나 규제 완화 등 일련의 정부개혁 아이디어가 적용된다.

④ 신공공관리 옹호론자들은 기존 관료제 중심의 패러다임을 대체할 수 있는 새로운 패러다임이 될 수 있다고 주장한다.

07 조직론 – 조직 행동(행태)론

구성원에 대한 동기부여는 미충족시 불만이 제기되는 요인(불만요인)의 충족과 함께 적극적으로 동기를 자극하는 요인(동기요인)이 동시에 충족되었을 때 가능하다고 주장한 학자로 옳은 것은?

① F. Herzberg　　② C. Argyris

③ A. H. Maslow　　④ V. H. Vroom

08 행정학 총론 – 행정학의 주요 접근

행정현상에 대한 접근방법의 설명으로 가장 옳지 않은 것은?

① 과학적 방법은 동작연구, 시간연구 등에서 같이 행정현상에 존재하는 규칙성을 찾아내 보편타당한 법칙성을 도출하는 데 가장 유용한 방법이다.

② 생태론적 접근방법은 행정변수 중에서 특히 환경 변화와 사람의 행태를 연구대상으로 한다.

③ 역사적 접근방법과 법적 · 제도적 접근방법은 제도와 구조에 보다 초점을 맞춘 것으로 볼 수 있다.

④ 시스템적 방법의 장점은 시스템을 이루는 부분들 각각의 기능과 부분간 유기적 상호작용을 잘 이해할 수 있다는 데 있다.

09 정책학 – 정책학의 기초

정책에 대한 설명으로 가장 옳지 않은 것은?

① 정책은 행정학의 발달과정에 있어 통치기능설과 관계가 있다.

② 정책은 공정성과 가치중립성(Value-Free)을 지향한다.

③ 정책은 행정국가화 경향의 산물이다.

④ 정책은 정부실패의 원인이 될 수 있다.

10 인사행정론 – 공직부패 및 공직윤리와 행위규범

우리나라 공직자윤리법에 규정된 내용에 해당하지 않는 것은?

① 주식백지신탁

② 퇴직공직자의 취업제한

③ 선물신고

④ 상벌사항 공개

11 정책학 – 정책결정

정책결정의 장에 대한 이론 설명으로 가장 옳지 않은 것은?

① 다원주의는 소수의 개인이나 집단이 아니라 다수의 집단이 정책결정의 장을 주도하고 이들이 정치적 조정과 타협을 거쳐 도달한 합의가 정책이 된다고 본다.
② 엘리트주의는 대중에게 영향력을 행사할 수 있는 위치에 있는 소수의 리더들에 의해서 정책결정이 지배된다고 본다.
③ 정책결정에서 정부의 역할을 줄이고 이익 집단과의 상호협력을 보다 중시하는 이론이 조합주의이다.
④ 철의 삼각(Iron Triangle) 논의는 정부관료, 선출직 의원, 그리고 이익집단의 3자가 장기적이고 안정적이며 우호적인 연합을 형성하면서 정책결정을 지배하는 것으로 본다.

12 조직론 – 조직 행동(행태)론

리더십에 대한 설명으로 가장 옳지 않은 것은?

① 리더십에 있어 자질론적 접근은 리더가 만들어지기보다는 특별한 역량을 타고나는 것임을 강조한다.
② 민주형 리더십은 권위와 최종책임을 위임하며 부하가 의사결정에 참여하도록 하는 쌍방향 의사전달의 특징을 지닌다.
③ 리더십에 있어 경로–목표모형은 리더의 행태가 어떻게 조직원으로 하여금 목표를 달성시키도록 하는 리더십 효과로 이어지는지를 설명해준다.
④ 상황론적 관점에서 보면 부하의 지식이 부족하고 공식적 규정이 마련되어 있지 않은 과업 환경에서는 지원적 리더십보다 지시적 리더십이 보다 부하의 만족을 높이고 효과적일 수 있다.

13 조직론 – 조직의 양태와 조직유형

조직형태나 구조에 대한 설명으로 가장 옳지 않은 것은?

① 학습조직은 시스템적 사고에 의한 유기적, 체제적 조직관을 바탕으로 한다.
② 네트워크 조직에서는 서비스나 재화의 생산과 공급, 유통 등을 서로 다양한 조직에서 따로 수행한다.
③ 매트릭스 구조는 기능구조와 계층구조를 결합시킨 이원적 형태이다.
④ 가상조직은 영구적이라기보다는 잠정적이고 임시적 조직으로 볼 수 있다.

14 재무행정론 – 예산개혁론

참여적(민주적) 관리와 가장 관련이 없는 것은?

① ZBB(영기준예산)
② MBO(목표에 의한 관리)
③ 브레인스토밍(Brainstorming)
④ PPBS(계획예산)

15 인사행정론 – 공직구조의 형성

계급제와 직위분류제에 대한 설명으로 가장 옳지 않은 것은?

① 계급제는 사람의 자격과 능력을 기준으로 분류하는 것이다.
② 직위분류제는 사람이 맡아 수행하는 직무와 그 직무수행에 수반되는 책임을 기준으로 하는 것이다.
③ 직위분류제는 전체 조직업무를 체계적으로 분업화하고 한 사람의 적정 업무량을 조직상 위계에서 고려하는 구조중심의 접근이다.
④ '동일업무에 대한 동일보수'라는 보수의 형평성 요구가 직위분류제의 출발을 촉진시켰다고 할 수 있다.

16 인사행정론 - 인사행정의 기초
인사행정제도에 대한 설명으로 가장 옳지 않은 것은?

① 공직충원의 개방성을 확대하면 직업공무원제 확립에 보다 더 기여할 수 있다.

② 계급제는 직위분류제에 비해 인적자원의 탄력적 활용이 용이하다.

③ 엽관주의는 행정의 민주성을 강화하는 측면도 있다.

④ 대표관료제는 출신집단의 가치와 이익을 정책과정에 반영시킬 수 있다는 전제에서 출발한다.

17 재무행정론 - 예산과정론
예산과정 중에서 재정민주주의(Fiscal Democracy)와 가장 관련이 깊은 것은?

① 예산심의

② 예산집행

③ 회계검사

④ 예비타당성조사

18 재무행정론 - 예산개혁론
예산제도에 대한 설명으로 가장 옳은 것은?

① 성과주의 예산제도는 업무단위 비용과 업무량의 파악을 통해 효과성을 높이고자 한다.

② 품목별 예산제도의 분석의 초점은 지출대상이며 이를 통해 통제성을 높이고자 한다.

③ 새로운 성과주의 예산제도는 산출물에 관심이 있으며 이를 통해 효율성을 높이고자 한다.

④ 계획예산제도는 목표와 예산의 연결을 통해 투명성과 대응성을 높이고자 한다.

19 지방행정론 - 지방행정
지방분권의 장점으로 가장 옳지 않은 것은?

① 행정의 민주화 진작

② 지역 간 격차 완화

③ 행정의 대응성 강화

④ 지방공무원의 사기진작

20 지방행정론 - 지방자치
단체자치에 대한 설명으로 옳은 것만을 모두 고르면?

> 가. 자치권에 대한 인식은 전래권으로 본다.
> 나. 권한부여 방식은 포괄적 위임주의이다.
> 다. 중앙정부와 지방자치단체의 관계는 기능적 협력관계이다.
> 라. 유럽대륙을 중심으로 발전해 왔다.

① 가, 나

② 가, 다, 라

③ 나, 다, 라

④ 가, 나, 라

21 재무행정론 - 예산결정
다음 중 예산과 관련된 이론으로 가장 옳지 않은 것은?

① 욕구체계이론

② 다중합리성 모형

③ 단절균형이론

④ 점증주의

22 지방행정론 – 지방재정

지방재정 지표 중 총세입(總歲入)에서 자율적으로 사용가능한 재원의 비율을 나타내는 것은?

① 재정자립도
② 재정탄력도
③ 재정자주도
④ 재정력지수

23 조직론 – 조직구조

조직이론과 인간관에 대한 설명으로 가장 옳지 않은 것은?

① 조직이론의 시작은 테일러의 과학적 관리론에서 찾을 수 있으며, 1900년대 초까지 효율성과 구조 중심의 사상을 담고 있었다.
② 기계적 조직으로서의 관료제는 합리적 경제인의 인간관을 반영하고 있는데 테일러의 차등성과급제가 이러한 인간관에 기초한 보상시스템이다.
③ 계층구조는 피라미드 모양의 구조를 가지며 명령과 통제가 위로부터 아래로 전달되는 특성을 가진다.
④ 관료제하에서 구성원들은 인간으로서의 감정이나 충동을 멀리하는 정의적 행동(Personal Conduct)이 기대된다.

24 행정학 총론 – 행정학의 주요 접근

공공선택론(Public Choice Theory)에 대한 설명으로 가장 옳지 않은 것은?

① 방법론적 집단주의를 지향한다.
② 정치 · 행정현상을 경제학적 논리를 통해 분석하고자 한다.
③ 개인 선호를 중시하여 공공서비스 관할권을 중첩시킬 수도 있다.
④ 중위투표자이론(Median Vote Theorem)도 공공선택론의 일종이다.

25 재무행정론 – 예산과정론

우리나라 예산편성절차에 대한 설명으로 가장 옳지 않은 것은?

① 우리나라 예산담당부처인 기획재정부는 예산안 편성지침과 국가재정운용계획을 사전에 준비하고 범부처 예산사정을 담당한다.
② 각 중앙행정기관은 기획재정부의 지침에 따라 사업계획서와 예산요구서 작성을 준비한다.
③ 기획재정부는 총액배분자율편성제도에 따라 각 부처의 세부사업에 대한 심사보다 부처예산요구총액의 적정성을 집중적으로 심의한다.
④ 기획재정부는 조정된 정부예산안을 회계연도 개시 120일 전까지 국회에 제출한다.

01 행정학 총론 – 행정학의 주요 접근
1960년대 미국의 '신행정학' 운동과 가장 관련이 없는 것은?

① 적실성
② 고객에 의한 통제
③ 전문직업주의
④ 사회적 형평성

02 재무행정론 – 재정과 재정 관련 법
우리나라 국회에 관한 현행 「대한민국헌법」에서 규정한 내용으로 옳지 않은 것은?

① 지방세의 세목과 세율도 국세처럼 모두 법률로 정하지 않으면 안 된다.
② 국회의장이 확정된 법률을 공포하는 경우도 있다.
③ 국회에서 심의·의결된 예산안은 공포 없이 확정되어 효력을 가진다.
④ 심의·확정된 예산은 법률로 변경할 수 있다.

03 행정학 총론 – 행정학의 주요 접근
신제도주의에 대한 설명으로 가장 적절하지 않은 것은?

① 신제도주의는 그동안 내생변수로만 다루어 오던 정책 혹은 행정환경을 외생변수와 같이 직접적인 분석대상에 포함시켜 종합·분석적인 연구에 기여하고 있다.
② 역사적 제도주의는 각국에서 채택된 정책의 상이성과 효과를 역사적으로 형성된 각국의 제도에서 찾고자 한다.
③ 합리적 선택 제도주의는 경제학에 이론적 배경을 두고 있다.
④ 사회학적 제도주의에서는 제도의 범위를 가장 넓게 보고 있다.

04 행정학 총론 – 행정학의 주요 접근
피터스(B. Guy Peters)의 정부개혁모형 중 참여정부모형과 가장 관련이 없는 것은?

① 문제의 진단기준은 계층제이다.
② 구조의 개혁방안은 평면조직이다.
③ 관리의 개혁방안은 가변적 인사관리이다.
④ 정책결정의 개혁방안은 협의·협상이다.

05 행정학 총론 – 행정학의 주요 접근
오스본(D. Osborne)과 게블러(T. Gaebler)의 『정부재창조론(Reinventing Government)』에서 제시된 '기업가적 정부 운영의 10대 원리'와 가장 관련이 없는 것은?

① 기업가적 정부는 서비스 공급자보다는 촉매 작용자, 중개자, 그리고 촉진자 역할을 수행해야 한다.
② 경쟁 원리의 도입을 통해 행정서비스 공급의 경쟁력을 제고해야 한다.
③ 업무 성과를 제고하기 위해서는 투입이 아니라 산출이나 결과를 기준으로 자원을 배분해야 한다.
④ 수입 확보 위주의 정부 운영 방식에서 탈피하여 예산지출의 개념을 활성화하는 것이 필요하다.

06 조직론 – 조직 행동(행태)론
엘더퍼(C. Alderfer)의 ERG이론에서 자기로부터의 존경, 자긍심, 자아실현욕구 등과 가장 관련이 있는 것은?

① 존재욕구
② 관계욕구
③ 성장욕구
④ 애정욕구

행정현상이나 정치현상(정책현상)에 경제학 접근을 도입하고 민주행정의 원형으로도 불리고 있는 정책결정모형은?

① 공공선택모형(Public Choice Model)

② 정치행정모형(Politics-Administration Model)

③ 점증모형(Incremental Model)

④ 최적모형(Optimal Model)

아래 두 법률 제1조(목적)의 빈칸에 공통으로 들어갈 행정이념을 차례대로 옳게 연결한 것은?

> 국가공무원법
>
> 제1조(목적) 이 법은 각급 기관에서 근무하는 모든 국가공무원에게 적용할 인사행정의 근본 기준을 확립하여 그 공정을 기함과 아울러 국가공무원에게 국민 전체의 봉사자로서 행정의 ○○○이며 □□□인 운영을 기하게 하는 것을 목적으로 한다.
>
> 지방공무원법
>
> 제1조(목적) 이 법은 지방자치단체의 공무원에게 적용할 인사행정의 근본 기준을 확립하여 지방자치행정의 ○○○이며 □□□인 운영을 도모함을 목적으로 한다.

① 합법적, 민주적

② 합법적, 중립적

③ 민주적, 중립적

④ 민주적, 능률적

기획의 효용에 관한 설명으로 가장 적절하지 않은 것은?

① 목표달성이 핵심이 되는 전략적 요인에 관심을 집중시켜 목표를 더욱 명확히 한다.

② 기획은 한정된 자원을 최대한 효율적으로 이용하여 행정수요를 충족시킨다.

③ 여러 대안 중에서 최적 대안을 선택함으로써 경비를 절약할 수 있다.

④ 기획은 장래의 상태를 정확하게 예측하여 확실한 가정 하에서 계획을 작성할 수 있다.

정책결정과정의 민주화가 요청되는 이유로서 가장 적절하지 않은 것은?

① 정책문제의 인지상 왜곡을 시정하기 위해서

② 정책효과의 능률적 평가를 위해서

③ 소외된 계층의 이익표출을 위해서

④ 정책집행단계에서의 정책순응과 협조를 원활히 하기 위해서

대리인이론에서 합리적 선택을 제약하는 요인에 대한 설명으로 가장 적절하지 않은 것은?

① 인간의 인지적 한계와 정보부족 등 상황적 제약 때문에 합리성은 제약되며, 따라서 불확실성을 통제하기 어렵다.

② 대리인이 자기 자질이나 업무수행에 관한 정보를 위임자보다 더 많이 가지고 있다는 정보불균형 때문에 위임자는 대리인의 재량에 의존할 수밖에 없다.

③ 이기적인 대리인이 노력을 최소화하고 이익을 극대화하려는 기회주의적 행동을 하는 경우 위임자의 불리한 선택이 발생할 수 있다.

④ 조직이 투자한 자산이 유동적이어서 자산 특정성이 낮으면, 조직 내의 여러 관계나 외부공급자들과의 관계가 고착되어 대리인 관계가 비효율적이더라도 이를 바꾸기 어렵다.

12 행정학 총론 – 행정학의 주요 접근

포스트모더니티이론에서 규칙에 얽매이지 않는 행정의 운영이나 특수성을 인정하는 것에 해당하는 것은?

① 상상(Imagination)

② 해체(Deconstruction)

③ 영역 해체(Deterritorialization)

④ 타자성(Alterity)

13 조직론 – 조직의 양태와 조직유형

민츠버그(H. Mintzberg)의 조직유형에 대한 설명으로 가장 적절하지 않은 것은?

① 단순구조(Simple Structure)는 유기적이고 융통성 있는 구조이다.

② 기계적 관료제(Machine Bureaucracy)는 낮은 분화 · 전문화 수준을 가진다.

③ 전문적 관료제(Professional Bureaucracy)의 주된 조정방법은 기술의 표준화이다.

④ 임시체제(Adhocracy)의 사업단위는 기능 또는 시장에 따라 구성된다.

14 조직론 – 조직의 양태와 조직유형

베버(M. Weber)가 제시한 관료제의 특징과 가장 관련이 없는 것은?

① 관료 간의 관계는 계서제(Hierarchy)적 원칙에 따라 규율되며, 하급자는 상급자의 엄격한 감독과 통제 하에 임무를 수행한다.

② 모든 직위의 권한과 임무는 문서화된 규칙으로 규정된다.

③ 관료들은 고객과의 일체감을 중시하며, 구체적인 경우의 특별한 사정을 충분히 고려하여 임무를 수행한다.

④ 관료의 채용기준은 전문적 · 기술적 능력이며, 관료로서의 직업은 잠정적인 것이 아니라 일생 동안 종사하는 항구적인 생애의 직업이다.

15 조직론 – 조직연구의 기초

현대의 행정조직에 관한 설명으로 가장 적절하지 않은 것은?

① 행정에는 신속 정확한 결정과 조치가 필요하므로 행정조직은 원칙적으로 단독제를 취하고 있다.

② 합의제의 채택은 행정조직의 기본원리인 단독제와는 모순되지만 행정의 민주화의 요청이 양자를 공존시키고 있다.

③ 행정조직은 사회적 · 경제적 조건의 변동과는 직접적인 관계가 없다.

④ 행정조직은 행정수요의 변동에 적응하는 탄력성을 가져야 한다.

16 정책학 – 정책결정

쓰레기통모형의 기본적인 전제와 가장 관련이 없는 것은?

① 갈등의 준해결: 정책결정과정에서 집단 간에 요구가 모두 수용되지 않고 타협하는 수준에서 대안을 찾는다.

② 문제있는 선호: 정책결정에 참여하는 자들 간에 무엇을 선택하는 것이 바람직한지에 대해서 합의가 없다.

③ 불명확한 기술: 목표와 수단 사이에 존재하는 인과관계가 명확하지 않아 조직은 시행착오를 거침으로써 이를 파악한다.

④ 수시적 참여자: 동일한 개인이 시간이 변함에 따라 어떤 경우에는 결정에 참여했다가 어떤 경우에는 참여하지 않는다.

17 지방행정론 – 지방자치단체

「주민투표법」상 주민투표에 관한 규정으로 옳지 않은 것은?

① 19세 이상의 주민 중 투표인명부 작성기준일 현재 그 지방자치단체의 관할 구역에 주민등록이 되어 있는 사람은 주민투표권이 있다.

② 공직선거법상 선거권이 없는 사람도 주민투표권이 있다.

③ 주민투표권자의 연령은 투표일 현재를 기준으로 산정한다.

④ 출입국관리 관계 법령에 따라 대한민국에 계속 거주할 수 있는 자격을 갖춘 외국인으로서 지방자치단체의 조례로 정한 사람은 투표권이 있다.

18 정책학 – 정책결정

행정의 목표달성을 위한 합리적 행동을 제약하는 요인에 해당하지 않는 것은?

① 정치변동에 따라 목표의 변동이 발생한다.

② 상반된 집단과 기관들은 목표를 각기 다르게 해석한다.

③ 대다수 공조직은 하나의 목표를 가지고 있다.

④ 완전한 합리성을 위한 자원이 부족하다.

19 행정환류론 – 행정개혁

1980년대 이후 미국, 영국, 일본 등 주요 국가의 정부 개혁에 관한 설명으로 옳지 않은 것은?

① 미국에서는 이보다 앞서 1970년대 후반 조세에 대한 저항운동이 일어났다.

② 영국에서는 종전의 Executive Agency를 폐지하고 중앙행정기관의 통합성을 지향했다.

③ 일본에서는 정부개혁의 일환으로 독립행정법인을 창설했다.

④ 정책집행의 자율성을 제고하고 그 결과에 대한 평가를 강화했다.

20 정책학 – 정책분석

주관적 판단에 의한 정책대안의 결과를 예측하는 방법으로 가장 적절한 것은?

① 델파이   ② 시나리오 분석

③ 회귀모형   ④ 경로분석

21 재무행정론 – 예산

조세의 성격에 대한 설명으로 가장 적절하지 않은 것은?

① 국가가 재정권에 기초해 동원하는 공공재원으로 형벌권에 기초해서 처벌을 목적으로 부과하는 벌금이나 행정법상 부과하는 과태료와 다르다.

② 내구성이 큰 투자사업의 경비를 조달하기에 적합하며 사업이나 시설로 인해 편익을 얻게 될 후세대도 비용을 분담하기 때문에 세대 간 공평성을 높일 수 있다는 점에서 국공채와 다르다.

③ 일반국민을 대상으로 부과한다는 점에서 행정활동으로부터 이익을 받는 특정 시민을 대상으로 이익의 일부를 징수하는 수수료나 수익자부담금과 다르다.

④ 강제로 징수하기 때문에 합의원칙 내지 임의원칙으로 확보되는 공기업수입, 재산수입, 기부금과 다르다.

22 조직론 – 조직구조

관료제 조직의 폐단을 극복하기 위한 대안에 대한 설명으로 가장 적절하지 않은 것은?

① 업무의 명확한 구분에서 야기되는 문제점은 기계적 구조(Mechanistic Structure)로 처방한다.

② 집권화의 문제점은 참여관리와 조직민주주의로 처방한다.

③ 공식화의 문제점은 테스크포스(Taskforce) 구조로 처방한다.

④ 계층제 조직의 문제점을 극복하기 위해서는 위원회조직을 고려한다.

23 조직론 – 조직구조

리더십 상황이론에서 중요시하는 상황적 요소로서 학자들이 흔히 주장하는 요소와 가장 관련이 없는 것은?

① 조직구성원의 심리적 · 업무적 성숙도

② 리더의 상황 판단 능력

③ 과업의 구조화 또는 비구조화의 정도

④ 리더와 부하와의 인간 관계

24 재무행정론 – 재정과 재정 관련 법

예산관련법령의 내용으로 옳지 않은 것은?

① 정부는 예측할 수 없는 예산 외의 지출 또는 예산 초과지출에 충당하기 위하여 일반회계 예산총액의 100분의 1 이내의 금액을 예비비로 세입세출예산에 계상할 수 있다. 다만 예산총칙 등에 따라 미리 사용목적을 지정해 놓은 예비비는 본문에도 불구하고 별도로 세입세출예산에 계상할 수 있다.

② 완성에 수년이 필요한 공사나 제조 및 연구개발사업은 그 경비의 총액과 연부액(年賦額)을 정하여 미리 국회의 의결을 얻은 범위 안에서 수년도에 걸쳐서 지출할 수 있다.

③ 세출예산 중 경비의 성질상 연도 내에 지출을 끝내지 못할 것이 예측되는 때에는 그 취지를 세입세출예산에 명시하여 미리 국회의 승인을 얻은 후 다음 연도에 이월하여 사용할 수 있다.

④ 국가는 법률에 따른 것과 세출예산금액 또는 계속비의 총액의 범위 안의 것 외에 채무를 부담하는 행위를 하는 때에는 사후에 국회의 승인을 얻어야 한다.

25 조직론 – 조직 행동(행태)론

동기부여이론의 양대 이론이라고 할 수 있는 과정이론과 내용이론에 대한 설명으로 가장 적절하지 않은 것은?

① 과정이론의 범주로 분류되는 것으로는 합리적 또는 경제적 인간모형, 사회적 인간모형을 들 수 있다.

② 내용이론은 주로 어떤 요인이 동기 유발을 하는가에 관심이 있다.

③ 과정이론은 인간의 행동이 어떻게 동기 유발이 되는가에 중점을 둔다.

④ 내용이론의 범주로 분류되는 것으로는 매슬로우(Maslow)의 욕구계층이론, 맥그리거(McGregor)의 X · Y이론을 들 수 있다.

2021 9급

빠른 정답

01	02	03	04	05	06	07	08	09	10
③	④	①	④	④	②	①	②	②	④
11	12	13	14	15	16	17	18	19	20
③	②	③	④	③	①	①	②	②	④
21	22	23	24	25					
①	③	④	①	③					

---

01 행정학 총론 - 행정학의 주요 접근 정답 ③

③ 신제도주의는 제도를 중시하지만 제도가 개인과 조직, 국가의 성패를 결정하는 절대적인 요소는 아니다.

---

02 조직론 - 조직의 양태와 조직유형 정답 ④

④ 베버(M. Weber)는 행정조직 발전에 대한 패러다임의 관점에서 관료제 모형을 제시하기보다, 산업혁명 이후 전통사회와 과도기적 사회와 구별되는 근대사회의 이념형으로서 관료제 모형을 제시한 것이다.

---

03 재무행정론 - 정부회계 및 조달행정 정답 ①

가 · 라. 발생주의란 현금의 입출이 아니라 실질적인 자산의 증감이나 변동의 발생사실에 따라 회계를 기록하는 회계방식이다.

오답의 이유

나. 부채규모와 총자산의 파악이 용이하지 않은 것은 현금주의이며, 발생주의에서는 부채나 자산의 파악이 가능하다.

다. 현금의 입출을 중심으로 회계를 기록하는 방식은 발생주의가 아니라 현금주의이다.

---

04 행정학 총론 - 행정이란 무엇인가? 정답 ④

④ 행정과 경영은 법적 규제의 정도가 다르다. 행정은 엄격한 법적 규제를 받지만 경영은 느슨한 법적 규제를 받는다.

---

05 행정학 총론 - 행정이 추구하는 가치 정답 ④

④ 수직적 형평성과 수평적 형평성의 설명이 반대로 되어 있다. 다른 것을 다르게 취급하는 것은 수직적 형평성, 같은 것을 같게 취급하는 것은 수평적 형평성에 해당한다.

---

06 행정학 총론 - 행정학의 주요 접근 정답 ②

② 신공공관리(NPM)는 정부의 크기와 관계없는 것이 아니라, 거대정부의 문제점인 정부실패에 대응하고자 정부의 역할과 규모를 줄이고 민간기업의 관리방식과 시장논리를 도입하려는 행정개혁운동으로 1980년대 영 · 미 중심으로 전개된 신자유주의를 기반으로 등장하였다.

---

07 조직론 - 조직 행동(행태)론 정답 ①

① 허츠버그(Herzberg)의 욕구충족 2개요인 이론을 설명하고 있다. 구성원의 동기유발은 불만을 제거(위생요인)해주는 것만으로는 어려우며, 동기요인(만족요인)이 충족되어야 비로소 동기유발이 이루어진다고 하였다.

오답의 이유

② 아지리스(C. Argyris)는 성숙-미성숙 이론을 제시한 학자이다.

③ 매슬로우(A. H. Maslow)는 인간욕구 5단계 이론을 제시한 학자이다.

④ 브룸(V. H. Vroom)은 기대이론을 제시한 학자이다.

08 행정학 총론 – 행정학의 주요 접근   정답 ②

② 생태론은 환경변수를 최초로 고려한 접근방법이며 유기체로서의 행정체제에 영향을 미치는 환경과의 관계를 연구한 거시적 접근법이다. 행정체제 내부적인 요소인 사람의 행태나 권력적 측면, 소통 등 미시적 요소에 대해서는 소홀하였다는 비판을 받는다. 사람의 행태를 주된 연구대상으로 한 이론은 행태론적 접근법이다.

09 정책학 – 정책학의 기초   정답 ②

② 정책은 인간의 존엄성 구현을 궁극목표로 하는 규범(가치)지향성을 특징으로 한다.

10 인사행정론 – 공직부패 및 공직윤리와 행위규범   정답 ④

④ 상벌사항 공개는 「공직자윤리법」에 규정되어 있지 않다. 「공직자윤리법」에 규정된 사항은 재산등록 및 공개, 이해충돌회피, 선물수수신고등록, 주식백지신탁, 퇴직자 취업제한, 행위 · 업무취급 제한 등이다.

11 정책학 – 정책결정   정답 ③

③ 조합주의(Corporatism)는 정책결정과정에서 사회적 합의를 유도하기 위하여 정부가 이익집단 등 민간부문에 대해 강력한 주도권을 행사한다는 이론으로, 조합주의 아래에서 이익집단은 국가로부터 자유롭지 못하고 확장된 정부의 일부분으로 기능하게 된다.

12 조직론 – 조직 행동(행태)론   정답 ②

② 리더가 부하에게 최종(모든) 책임을 위임하는 것은 방임형에 가깝다. 민주형 리더십은 리더가 구성원에게 권한과 책임을 적절히(일부) 위임하고 부하가 의사결정에 참여하도록 하며, 쌍방향적이고 원활한 의사소통을 특징으로 한다.

[오답의 이유]
③ · ④ 호우스와 에반스(House & Evans)의 경로–목표이론(Path–Goal Theory)

13 조직론 – 조직의 양태와 조직유형   정답 ③

③ 매트릭스 구조는 기능구조와 사업구조를 결합시킨 이원적 · 입체적 조직이다.

14 재무행정론 – 예산개혁론   정답 ④

④ PPBS(계획예산)는 구성원들의 참여를 배제하고 최고위층이 주도하는 집권적이고 하향적인 예산으로 비민주적인 예산제도이다.

[오답의 이유]
① ZBB(영기준예산)은 조직의 모든 계층이 예산편성에 참여하는 상향적 예산으로 민주적인 예산제도라고 할 수 있다.
② 목표관리(MBO)는 상하구성원의 참여에 의하여 목표를 설정하고 자신의 권한과 책임하에 목표달성도를 극대화시키는 상향적 · 민주적 관리제도이다.
③ 브레인스토밍은 주관적 예측기법으로 다양한 전문가들이 자유분방하게 의견을 수렴하여 미래를 예측하는 민주적 미래예측기법이다.

15 인사행정론 – 공직구조의 형성   정답 ③

③ 직위분류제는 전체 조직업무를 체계적으로 분업화하고 직무의 종류와 곤란도 · 책임도를 기준으로 직무를 분류하는 직무지향적 분류제도이다. 직무의 특성과 그에 결부된 조직의 구조적 특성을 기준으로 직무를 분류한다. 한 사람의 적정 업무량을 '조직상 위계(계급제)'에서가 아니라 '직무의 종류와 곤란도 · 책임도'를 기준으로 분류한다.

16 인사행정론 – 인사행정의 기초   정답 ①

① 직업공무원제는 개방형이 아니라 폐쇄형을 전제로 한다.

17 재무행정론 – 예산과정론   정답 ①

① 예산심의는 행정부에 대한 재정동의권을 부여하는 재정민주주의의 실현과정이다. 이러한 측면에서 예산심의과정은 사실상 국민주권의 실현과정이라 할 수 있다.

18 재무행정론 – 예산개혁론   정답 ②

② 품목별 예산제도는 통제중심의 예산제도로 분석의 초
점은 지출의 성질과 대상이며 이를 통해 엄격한 재정
통제를 강조한다.

오답의 이유

① 성과주의 예산제도는 업무단위 비용과 업무량의 파악
을 통해 능률성(효율성)을 높이고자 하나 산출을 통한
목표달성 즉, 효과성까지는 알려주지 못한다. 산출을
통한 목표달성 즉, 효과성을 높이는 예산제도는 신성
과주의 예산제도이다.

③ 새로운 성과주의 예산제도는 산출보다는 최종성과나
결과에 관심이 있으며 이를 통해 효과성을 높이고자 한
다. ③은 1950년대 성과주의 예산의 특징에 해당한다.

④ 계획예산이 아니라 신성과주의 예산의 특징에 해당한다.

19 지방행정론 – 지방행정   정답 ②

② 지역 간 격차 해소를 위해서는 중앙집권화 또는 광역
행정이 필요하다.

20 지방행정론 – 지방자치   정답 ④

다. '중앙정부와 지방자치단체의 관계는 기능적 협력관계
이다.'는 단체자치가 아닌 주민자치로 보아야 한다.

※ 2021 행정학 기출 원형_정답없음

20 단체자치에 대한 설명으로 옳은 것만을 모두 고르면?

> 가. 자치권에 대한 인식은 전래권으로 본다.
> 나. 권한부여 방식은 포괄적 위임주의이다.
> 다. 중앙정부와 지방자치단체의 관계는 기능적 협력
>   관계이다.
> 라. 유럽대륙을 중심으로 발전해 왔다.

① 가, 나
② 가, 다, 라
③ 나, 다, 라
④ 가, 나, 다, 라

---

21 재무행정론 – 예산결정   정답 ①

① 욕구체계이론은 예산이론과는 관계가 없으며 동기부
여이론 중 욕구이론과 연관된다.

오답의 이유

② 다중합리성 모형은 예산단계별(세입, 세출, 균형, 집
행, 과정)로 복수의 서로 다른 합리성이 지배한다고
보는 예산이론이다. 다중합리성 이론은 예산결정조직
에 다양한 합리성 존재하며 이는 다양한 가치 반영,
이들이 상호작용하는 특징이 있다고 본다. 예산과정
에서 예산결정자와 예산결정조직이 경제적 합리성이
라는 하나의 기준이 아닌 다양한 합리성을 추구할 수
있음을 강조한다.

③ 단절균형모형은 균형상태가 지속되다가 어떤 조건 하
에서 단절적인 변화 발생하고 다시 균형상태가 지속
된다고 본다. 예산은 점증적으로 진행되는 것이 아니
라 단절을 겪은 후에 다시 균형을 이루어나간다는 이
론이다.

④ 점증주의는 예산이 항상 전년 대비 일정한 비율로 계
속 늘어나는 경향이 있다는 이론으로 총체주의와 상
반된 이론이다.

22 지방행정론 – 지방재정   정답 ③

③ '자율적으로 사용가능한 재원'이란 자주재원이 아니라
중앙정부의 통제를 받지 않는 일반재원을 말한다. 따
라서 설문은 '재정자립도'를 묻는 것이 아니라 '재정자
주도'를 묻는 지문이다.

23 조직론 – 조직구조   정답 ④

④ 관료제하에서 구성원들은 보편타당한 행정을 위하여
인간으로서의 감정이나 충동을 멀리해야 하는 비정의
적 행동(Impersonal Conduct)을 요구받는다.

오답의 이유

① 테일러의 과학적 관리론은 행정관리설, 관료제이론,
원리주의 등과 함께 고전적 조직론의 주류를 이루었
던 이론으로 1900년대 초까지 효율성과 구조중심의
조직관을 담고 있었다.

② 고전적 · 기계적 조직으로서의 관료제는 합리적 경제인
의 인간관을 반영하고 있는데 테일러의 차등성과급제
가 이러한 인간관에 기초한 대표적인 보상시스템이다.

③ 관료제는 피라미드의 계층제를 기반으로 하는 수직적
명령복종관계를 근간으로 한다.

24 행정학 총론 – 행정학의 주요 접근 정답 ①

① 공공선택론은 방법론적 집단주의가 아니라 방법론적 개체주의(개인주의)를 지향한다. 공공정책의 결정에 참여하는 모든 개인들은 모두 이기적이고 합리적인 경제인이라 가정하고, 정부의 일방적이고 독점적인 공급이 정부실패를 가져온다고 본다. 특히 공공선택론은 파레토 최적을 찾을 때 개체주의 방법론을 취한다.

25 재무행정론 – 예산과정론 정답 ③

③ 총액배분자율편성제도가 도입됨으로써 각 부처의 의견을 존중하지만 기획재정부의 예산사정 작업은 과거와 같다. 5월 31일까지 각 중앙관서와 기금관리주체의 예산 요구서와 기금운영계획안이 기획재정부에 제출되면 6월부터 본격적인 조정 작업이 시작된다.

📝 2021 7급

정답 및 해설

빠른 정답

01	02	03	04	05	06	07	08	09	10
③	④	①	③	④	③	①	④	④	②
11	12	13	14	15	16	17	18	19	20
④	①	②	③	③	①	②	③	②	①
21	22	23	24	25					
②	①	②	④	①					

01 행정학 총론 – 행정학의 주요 접근 　　정답 ③

③ 신행정론자 왈도(Waldo)는 행정학의 정체성 확립을 위하여 전문직업주의를 강조하였으나, 대다수의 신행정론 학자들은 전문직업주의와 가치중립성을 비판하였다.

오답의 이유
① 신행정학은 1960년대 후기행태론의 적실성의 신조를 바탕으로 사회현실문제의 해결을 중시하였다.
② 신행정학은 외부지향성(고객지향성)과 인본주의적 행정과 민주적 행정모형을 강조한다.
④ 신행정학은 격동의 상황 속에서 사회적 취약계층의 인권보장을 위하여 사회적 형평성을 강조한다.

02 재무행정론 – 재정과 재정 관련 법 　　정답 ④

④ 우리나라는 예산의결주의에 근거하여 예산과 법률이 형식과 성립요건이 달라 상호 수정이나 개폐가 불가능하다고 본다.

오답의 이유
① 조세법률주의에 근거하여 조세의 종목과 세율은 법률로 정한다. (「대한민국헌법」 제59조)
② 확정법률이 정부에 이송된 후 5일 이내에 대통령이 공포하지 아니할 때에는 국회의장이 이를 공포한다. (「대한민국헌법」 제53조)
③ 예산은 국회가 심의하고 의결로 확정함으로써 효력을 가지며, 공포는 불필요하다.

03 행정학 총론 – 행정학의 주요 접근 　　정답 ①

① 구제도주의에서는 정책을 법규로서만 이해하고, 행정환경을 경시하였다. 이와 달리 신제도주의에서는 정책과 환경을 내생변수로 취급하여 제도와의 연관성까지도 종합적으로 다룬다.

04 행정학 총론 – 행정학의 주요 접근 　　정답 ③

③ 참여정부모형의 관리개혁방안은 TQM과 팀제이며, 가변적 인사관리는 신축적 정부모형이다.

05 행정학 총론 – 행정학의 주요 접근 　　정답 ④

④ 전통적 관료제가 지출 절감 위주인 것과 달리 기업가적 정부는 지출 절감보다 수익 창출을 중시한다.

06 조직론 – 조직 행동(행태)론 　　정답 ③

③ 존경, 자긍심, 자아실현욕구는 ERG 중 성장욕구(G)에 해당한다.

오답의 이유
① 존재욕구(E)는 생리적욕구, 안전욕구 등과 관련된다.
② 관계욕구(R)는 애정욕구, 존경욕구, 사회적욕구 등과 관련된다.
④ 애정욕구는 ERG 중 관계욕구(R)에 해당한다.

07 행정학 총론 – 행정학의 주요 접근 　　정답 ①

① 공공선택론은 정책에 대한 정치경제학적 접근을 취한다. 따라서 경제학적 관점에 근거하여 모든 개인은 자신의 선호만을 고려하여 행동하는 이기적인 개인들이라고 가정한다. 또한 시민 개개인의 선호가 동시에 최적화 할 수 있는 최적점에서 공공재의 배분을 강조하기에 민주행정 구현을 추구한다. 그리고 공공재와 공공서비스의 효율적 공급을 가져올 수 있는 연역적 설명을 제공함으로써 행정의 분권화와 민주행정의 실현과 자원 배분상 효율성을 달성할 수 있게 한다.

08 인사행정론 – 공직구조의 형성 　　　　정답 ④

④ 「국가공무원법」

> **제1조【목적】**
> 이 법은 각급 기관에서 근무하는 모든 국가공무원에게 적용할 인사행정의 근본 기준을 확립하여 그 공정을 기함과 아울러 국가공무원에게 국민 전체의 봉사자로서 행정의 민주적이며 능률적인 운영을 기하게 하는 것을 목적으로 한다.

「지방공무원법」

> **제1조【목적】**
> 이 법은 지방자치단체의 공무원에게 적용할 인사행정의 근본 기준을 확립하여 지방자치행정의 민주적이며 능률적인 운영을 도모함을 목적으로 한다.

09 정책학 – 정책평가 　　　　정답 ④

④ 기획은 확실한 가정이 아닌 불확실한 가정이다. 미래의 바람직한 활동계획을 준비하는 예측과정으로 불확실성이 지배한다.

10 정책학 – 정책결정 　　　　정답 ②

② 정책효과의 능률적 평가와 정책결정과정의 민주화의 요청은 아무런 관련성이 없다.

11 조직론 – 조직연구의 기초 　　　　정답 ④

④ 조직이 투자한 자산은 '고정적'이다. 한편 대리관계의 비효율은 대리손실을 의미한다. 그러므로, 자산이 고정적이어서 자산 특정성이 높으면 조직 내의 여러 관계나 외부공급자들과의 관계가 고착화되어 대리손실(비효율)이 나더라도 이를 바꾸기 어렵다.

12 행정학 총론 – 행정학의 주요 접근 　　　　정답 ①

① 포스트모더니티 사회의 행정의 특징 중 하나로 상상(Imagination)은 소극적으로는 과거의 관행과 규칙에 얽매이지 않는 행정의 운영이며, 적극적으로는 문제(사안)의 특수성을 인정하는 것이다.

[오답의 이유]

② 해체(Deconstruction)는 종전의 합리주의나 지배적인 과학적 지식에 대하여 우월적 지위를 인정하지 않고, 텍스트(언어, 몸짓, 이야기, 설화, 이론)의 근거를 끊임없이 파헤치는 입장을 취한다.

③ 영역 해체(Deterritorialization)는 지식의 고유영역과 학문영역의 경계를 타파함으로써 더 풍부한 지식의 자원을 원용할 수 있음을 강조한다.

④ 타자성(Alterity)이란 타인의 존재와 견해에 대한 개방성과 다양성 인정, 기존 제도에 대한 반대 등의 특성을 지향하며, 다른 사람을 인식적 객체로서가 아니라 도덕적 타자로 인정하는 것이다.

13 조직론 – 조직의 양태와 조직유형 　　　　정답 ②

② 기계적 관료제는 높은 분화·전문화 수준을 가진다.

14 조직론 – 조직의 양태와 조직유형 　　　　정답 ③

③ 관료들은 외부환경에 있는 고객과의 일체감이나 특별한 사정을 경시하며(폐쇄체제이론) 중립적이고 비정의적인 행정을 수행한다.

15 조직론 – 조직연구의 기초 　　　　정답 ③

③ 행정조직이 사회적·경제적 환경과 조건의 변동에 따라 탄력적으로 대응하기 위해서는 그 구조와 형태가 신축성을 띠어야 한다. 즉, 안정된 환경에서는 기계적 구조가, 불확실한 환경에서는 유기적 구조가 적합하다.

[오답의 이유]

① 신속 정확한 결정과 조치가 필요할 경우에는 원칙적으로 단독제를, 반면에 신중하고 공정한 결정을 할 경우에는 합의제 형태를 취하고 있다.

② 합의제의 채택은 행정조직의 기본원리인 단독제와는 모순되지만 다수의 합의를 통한 결정이기에 행정의 민주화의 요청이 양자를 공존시키고 있다.

④ 현대행정조직은 행정수요의 변동에 적응하는 탄력성을 지닌 유기적 구조이다.

16 정책학 – 정책결정   정답 ①

① 정책결정과정에서 집단 간에 요구가 모두 수용되지 않고 타협하는 수준에서 대안을 찾는다는 갈등의 준해결은 쓰레기통모형이 아니라 연합(회사)모형이다.

17 지방행정론 – 지방자치단체   정답 ②

②「주민투표법」제5조(주민투표권)에서는 "「공직선거법」제18조(선거권이 없는 자)에 따라 선거권이 없는 사람에게는 주민투표권이 없다."고 규정하고 있다.

[오답의 이유]

① · ③ · ④는 모두 맞는 지문이다. 또한「공직선거법」개정으로 공직선거연령은 18세로 하향조정되었으나 관련 법들이 일괄개정되지 못해 주민소환투표청구연령은 2022년도 2월 현재, 19세 그대로이다. 선거는 18세 이상 가능한데 소환은 19세 이상만 가능하게 되는 모순을 해소하기 위해서 조만간 주민소환청구연령도 18세 이상으로 개정될 것으로 보인다. 또한「지방자치법」개정으로 주민감사청구연령이 현재 19세 이상에서 18세 이상으로 하향조정되었다.

18 정책학 – 정책결정   정답 ③

③ 정부조직은 행정수요의 다원화로 2개 이상의 목표를 지닌다. 이를 목표의 다원성이라 한다.

19 행정환류론 – 행정개혁   정답 ②

② 영국에서는 종전의 책임집행기관(Executive Agency)을 폐지한 것이 아니라 1988년 Next Steps Program에서 책임집행기관을 설치하고 중앙행정기관으로부터 집행성격의 사무를 분리하였다.

[오답의 이유]

① 미국의 조세저항운동을 대표하는 것은 티파티(Tea Party)라고 하며, 특정 정당이 없는 무정형의 형태로 정치적으로는 보수 성향을 띠어 '극우 반정부 운동'을 뜻하기도 한다. 1773년 영국 식민지 시절 무리한 세금 징수에 분노한 보스턴 시민들이 영국정부가 과세한 홍차를 거부하면서 보스턴 항구에 수입되려던 홍차를 모두 바다에 던져버린 보스턴 차사건(Boston Tea Party, 미국 독립전쟁의 도화선이 됨)에서 유래되어, 티파티 운동은 식민지 거주민들의 저항뿐만 아니라 조세 저항을 상징하는 말로 쓰이고 있다. 정부의

건전한 재정운용, 작은 정부와 세금 인하 등을 기치로 한다.

③ 일본에서는 1997년 정부개혁의 일환으로 책임운영기관의 일종인 독립행정법인을 준정부조직으로 창설했다.

④ 책임운영기관은 정책기능과 정책집행기능을 분리하여 집행을 관장하며, 자율성을 제고하고 그 결과에 대한 평가를 강화하는 성과중심의 행정을 강조한다.

20 정책학 – 정책분석   정답 ①

① 추측을 대표하는 기법들이 이에 해당된다. 델파이, 정책델파이, 브레인스토밍, 명목집단법, 스토리 보딩 등이 이에 해당된다.

21 재무행정론 – 예산   정답 ②

② 조세와 국공채의 위치가 바뀌어야 한다. 지문은 조세가 아니라 국공채의 특성과 장점을 설명한 것이다. 국공채는 내구성이 큰 투자사업의 경비를 조달하기에 적합하며 사업이나 시설로 인해 편익을 얻게 될 후세 대도 비용을 분담하기 때문에 세대 간 공평성을 높일 수 있다는 점에서 조세와 다르다.

[오답의 이유]

① 벌금이나 과태료에 비교한 조세의 특성을 기술한 지문이다.

③ 수수료나 수익자부담금에 비교한 조세의 특성을 기술한 지문이다.

④ 공기업수입, 재산수입, 기부금 등과 비교한 조세를 기술한 지문이다.

22 조직론 – 조직구조   정답 ①

① 업무의 명확한 구분에서 야기되는 문제점은 유기적 구조로 처방한다. 관료제의 폐단을 극복하기 위해서 업무의 명확한 구분, 즉 지나친 분업에서 야기되는 문제점은 분업보다 협업(팀워크)을 중시하는 팀조직이나 사업부제 등 유기적 구조(Organic Structure)로 처방해야 한다. 기계적 구조(Mechanistic Structure)는 관료제 조직을 의미한다고 볼 수 있다.

② 상황이론은 조직이 처한 다양한 상황요인을 중시한 것이지 리더의 상황 판단 능력을 중시한 학자는 없다.

오답의 이유

① 조직구성원의 심리적·업무적 성숙도는 허쉬와 블랜차드(Hersey & Blanchard)의 생애주기이론에서 상황요인으로 중시한 요소이다. 부하의 성숙도가 낮은 상황에는 과업성 행동이 효과적이고, 부하의 성숙도가 중간 상황에는 관계성 행동이 효과적이다. 부하의 성숙도가 높은 상황에서의 효과적인 리더의 행동은 부하에게 대폭 권한을 이양해 주어 부하 스스로 과업을 수행할 수 있도록 배려해 주는 것이다. 이들은 리더의 유형을 지시적, 설득적, 참여적, 위양적 리더로 유형화하였다.

③ 과업의 구조화 또는 비구조화의 정도는 호우스와 에반스(House & Evans)의 경로-목표모형에서 과업환경이라는 상황변수에서 제시한 요소이다. 호우스와 에반스는 부하의 특성과 과업환경을 상황변수로 제시하였다.

④ 리더와 부하와의 인간 관계는 피들러(Fiedler)가 상황적응모형에서 상황요인으로 제시한 요소이다. 피들러는 집단분위기(리더와 부하와의 관계), 과업구조, 직위권력(직위권력)의 크기를 상황변수로 들었다.

④ 국고채무부담행위는 국가가 법률에 따른 것과 세출예산금액 또는 계속비의 총액의 범위 안의 것 외에 채무를 부담하는 행위를 말하는 것으로 이런 행위를 하고자 하는 때에는 미리 예산으로서 사전에 국회의 의결(승인)을 얻어야 한다(「국가재정법」 제25조).

오답의 이유

① 예비비에 대한 설명이다.

② 계속비에 대한 설명이다.

③ 이월에 대한 설명이다.

① 샤인(A.Schein)의 인간관, 합리적 또는 경제적 인간인, 사회적 인간인, 자아실현인, 복잡인은 과정이론이 아닌 내용이론에 해당된다.

PART

1

행정학 총론

[1] 행정의 개념

01

`14 기출`

다음 중 행정에 관한 설명으로 옳지 않은 것은?

① 행정은 공공서비스의 생산·공급·분배와 공적 문제의 해결이라는 목적을 달성하는 것이므로 규범적으로 공익을 지향한다.

② 좁은 의미의 행정은 행정부의 구조와 공무원을 포함한 정부관료제를 중심으로 이뤄지는 공공목적의 달성을 위한 활동을 의미한다.

③ 행정은 공공가치의 달성을 위해서 정부가 독점적으로 하는 것이 아니라, 정치집단, 시민사회, 시장과의 상호작용 속에서 이루어진다.

④ 행정의 경영성은 행정이 가치판단적인 목표를 설정하고 정책결정기능을 수행할 때 강조된다.

해설

`정답 ④`

④ 행정의 경영성은 가치중립성, 수단성, 능률성, 사실지향성, 과학성, 기술성을 의미하는데, 이미 결정된 정책을 집행할 때 강조된다. 행정이 가치판단적인 목표를 설정하고 정책결정기능을 수행할 때 강조되는 것은 행정의 정치성이다. 정치성은 가치지향성, 규범성, 민주성, 처방성, 기술성을 의미한다.

끝장이론 ⋯⋯

1. 행정의 의미

(1) 실질적 의미의 행정: 법을 만드는 입법작용 및 법을 판단하는 사법작용과 구별되는 법집행작용으로서의 행정의 특성에 초점을 둔다.

(2) 형식적 의미의 행정: 공식적인 행정기관의 권한에 속하는 작용은 모두 행정이라고 정의한다.

예 • 행정심판위원회의 행정심판재결은 형식적 의미의 행정에는 속하지만 실질적 의미의 행정에는 속하지 않는다.

　　• 국회의 예산집행은 실질적 의미의 행정에는 속하지만 형식적 의미의 행정에는 속하지 않는다.

2. 행정개념의 다양성

(1) 넓은 의미의 행정: 고도의 합리성을 수반한 인간의 협동행위(공행정+사행정)이다. 모든 조직에 적용할 수 있는 인간협동의 측면에 초점을 둔 포괄적인 개념이다.

(2) 좁은 의미의 행정: 정부관료제를 중심으로 한 활동으로 행정부의 구조와 공무원의 활동으로 정의되며, 이 경우는 공(公)행정만을 말한다.

① 행정을 국가목적을 실현하기 위한 인적 · 물적 관리로 보는 견해(정치행정이원론, 공사행정일원론)를 말한다.

② 행정을 정책을 결정하는 정치과정의 일부로 보는 견해(정치행정일원론, 공사행정이원론)를 말한다.

(3) 거버넌스로서의 행정(최근의 개념)

① 행정을 공공문제(Public Affairs)를 해결하기 위한 민관의 집합적 노력으로 정의하는 방식이다.

② 공공문제의 해결에서 '주체의 다양화'를 강조한다(협치, 네트워크).

③ 예전처럼 국가(Government) 주도로 공공문제를 해결하기보다는 국가와 시장 및 시민사회와 연계한 공공문제 해결과정을 강조하는 개념이다.

(4) 일반적 의미의 행정: 행정이란 공익목적을 달성하기 위한 공공문제의 해결 및 공공서비스의 생산과 분배와 관련된 정부 제반의 활동과 상호작용을 의미한다.

[2] 공행정과 사행정의 구분

02

13 기출

다음 중 행정과 경영에 대한 설명으로 옳지 않은 것은?

① 활동주체와 목적이 다르다.
② 권력성과 정치성이 다르다.
③ 공개성과 독점성이 다르다.
④ 관리기법과 의사결정방식이 다르다.

해설   정답 ④

④ 행정과 경영은 둘 다 목표달성을 위해 최선의 대안으로 의사를 결정하고 협동행위를 필요로 한다. 또한 인적 · 물적 자원을 효율적으로 활용하는 관리기술을 가진다.

03

행정과 경영의 차이점으로 적절하지 않은 것은?

① 법적 규제의 차이
② 관료제적 성격 면에서의 차이
③ 목적과 능률의 산출기준의 차이
④ 평등원칙의 적용범위에서의 차이

> **해설** 정답 ②
> ② 관료제적 성격을 가진다는 것은 행정과 경영의 유사점이다.

04

다음 중 정부조직과 기업조직의 공통점에 해당하는 것은?

① 법적 규제의 정도
② 관료제적 성격
③ 관할 및 영향 범위
④ 정치적 성격

> **해설** 정답 ②
> ② 정부조직(공행정)과 기업조직(사행정)은 둘 다 관료제적 특성을 가진다. 그 외에도 합리적 의사결정을 추구하고, 목적달성
> 을 위한 협동행위를 하는 등의 공통점이 존재한다.

05

공행정과 사행정을 구별하는 기준으로 적절하지 않은 것은?

① 평가기준
② 관료제적 특징
③ 법적 제약성
④ 평등성

> **해설** 정답 ②
> ② 사행정의 규모가 커지면 공행정과 마찬가지로 계층제적 구조와 합리적 지배를 특징으로 하는 관료제적 특징을 가진다.

06

공공행정과 사기업의 공통점으로 가장 거리가 먼 것은 어느 것인가?

① 목적달성을 위한 협동행위   ② 합리적 의사결정

③ 공공복지에의 직접적 공헌   ④ 수단으로서의 관료조직

해설

정답 ③

행정과 경영은 목표달성이라는 수단성, 전문화 · 계층제 · 분업 등을 특징으로 하는 관료제적 성격, 조직 · 인사 · 의사전달 등을 관리하는 관리 · 기술적 측면, 합리적 의사결정 방식추구, 목적달성을 위한 협동적 집단행위 등의 유사점을 가진다.
③ 공공복지에의 직접적 공헌은 행정(공행정)만이 가진 특성으로써 경영(사행정)과의 차이점에 속한다.

끝장이론 ....

1. 행정과 경영

(1) **공사행정일원론**: 행정을 경영과 유사한 것으로 인식한다.

(2) **공사행정이원론**: 행정과 경영의 차이점을 부각한다.

2. 행정과 경영의 차이점과 공통점

구분	기준	공행정(행정)	사행정(경영)
차이점	주체	정부	기업
	목표	공익추구	사익추구(이윤획득)
	대상	전 국민	표적집단(고객)
	사업의 경쟁상대	거의 없음(주로 독점적 사업)	다수(시장경제의 무한경쟁)
	법적 규제	규제와 기속행위가 많음	규제가 적으며 재량행위가 많음
	정치적 성격	• 행정은 정치로부터 분리되지 않음 • 정치적 감시와 비판을 받음(정당 · 의회 · 언론 · 국민 등)	• 경영은 정치로부터 분리됨 • 정치적 감시와 비판의 대상이 되지 않음
	권력적 성격	강제적 · 물리적 · 일방적 권력행사	공리적 · 쌍방적 권력행사
	집행의 강제성	강제성 존재	강제성 부재
	평등원칙	엄격한 평등원칙의 적용, 획일성	차등 인정, 자율성
	업무성격	공익실현을 위한 다양한 성질의 활동	이윤추구를 위한 단일적 성질의 활동
	평가기준	합법성, 능률성, 민주성, 효과성, 사회적 형평성 등 다원적 기준에서 평가	능률성(수익성)이라는 단일적 기준에서 평가
	능률의 척도	사회적 능률	기계적 능률

차이점	영향력	전 국토와 전 국민에 미치므로 영향력이 광범위함	특정 이해관계자나 소비자에게 국한되므로 영향력이 협소함
	독점성	비경쟁성(비경합성)이 강한 분야가 대부분	독점성이 약하고 경쟁성이 강한 분야가 대부분
	공개성	공개행정의 원칙이 강조	경영기법이 노하우이므로 비공개경영이 많음
공통점	• 인간의 협동행위 • 관료제적 요소 • 의사결정과정 • 관리기술 • 목표달성을 위한 수단 • 봉사성(행정은 국민, 경영은 고객)		

[3] 정치행정이원론

07

다음 정치와 행정의 관계에 관한 설명 중 옳지 않은 것은?

① 정치행정이원론은 결정과 집행을 분리하여 입법부에서 법률의 형식으로 정책을 결정하면 행정은 이를 단순히 집행하는 것에 불과하다고 인식하는 이론이다.

② 정치행정일원론은 정치와 행정을 연속된 과정으로 인식하고 행정의 정책형성기능을 중시했다.

③ 정치행정이원론에서는 민주적인 정부의 구현이 강조된다.

④ 정치행정일원론의 대표적인 학자로는 가우스(Gaus), 디목(Dimock), 애플비(Appleby) 등이 있다.

해설　　　　　　　　　　　　　　　　　　　　　　　　　　　　　　　　　　정답 ③

③ 정치행정이원론에서는 민주적인 정부보다 능률적인 행정을 더 강조하고 있으며, 기계적 능률관보다 사회적 능률관(민주성)을 중시하는 정치행정일원론에서 민주적인 정부의 구현을 더 중시한다.

08

06 기출

정치행정이원론과 관련하여 적절하지 않은 것은?

① 실적주의의 발전　　　　　　　　　　② 뉴딜정책

③ 정책결정과 집행의 구별　　　　　　④ 기술적 행정학

② 1930년대 초 경제대공황을 타개하는 과정에서 강력한 행정부의 기능이 필요하였으며, 이를 위해 정책집행뿐만 아니라 정책결정의 기능을 수행하게 되었다. 그 시작점이 바로 뉴딜정책이었다. 뉴딜정책의 시행 이후 정치행정일원론이 대두되었다.

끝장이론

1. 정치와 행정

행정이 정치적 특성을 지니면 정치행정일원론으로 행정이 정치적 특성과 분리되면 정치행정이원론으로 개념화된다.

정치	• 정책결정 • 법제정 • 가치배분	정치인 영역	• 가치판단 • 목적	도의적 책임	대표성	• 권력추구 • 민주추구
행정	• 정책집행 • 인적 · 물적 자원관리 • 의사결정	일반공무원 영역	• 사실판단 • 수단	법적 책임	• 봉사성 • 합법성	능률추구

2. 행정개념의 변천

(1) 행정관리설(1880~1930년대, 정치행정이원론, 공사행정일원론)

① 행정은 이미 수립된 정책 · 법규의 구체적 집행관리 및 국가의 목적을 달성하기 위한 인간 · 물자의 관리로 정의한다.

② 등장배경: 행정의 정책결정 기능을 배제하고 정치와의 분리를 주장하는 고전적 행정학의 견해로, 행정의 정치 · 권력적 성격을 배제하고, 행정의 경영적 성격을 강조한다.

③ 대표학자: 윌슨(W. Wilson), 화이트(L. White), 굿노(F. Goodnow)

(2) 통치기능설(1930~1940년대, 정치행정일원론, 공사행정이원론)

① 행정의 본질을 정치와의 밀접한 관계에서 파악하는 관점으로, 행정을 정치 또는 통치기능의 일부로 이해하고, 단순한 정책집행뿐만 아니라 정책결정 및 입법기능까지도 수행하는 것으로 본다.

② 등장배경: 경제대공황 이후 행정수요의 증대와 행정의 복잡 · 다양 · 전문화, 위임입법의 증대, 준입법권 · 준사법권 증대, 행정의 재량권 · 자원배분권 증대, 행정의 정책결정기능 필요성이 강조되는 등의 상황이 대두됨에 따라 기능적 행정학자들에 의해 주장되었다.

③ 대표학자: 디목(M. E. Dimock), 애플비(P. H. Appleby)

(3) 행태설(의사결정)(1940~1960년대, 정치행정새이원론, 공사행정새일원론)

① 행정이란 공동목표를 달성하기 위한 인간의 합리적 · 집단적 · 협동적 행동으로서 의사결정과정의 연속이다.

② 등장배경: 통치기능설에 따른 행정의 독자성 상실과 행정학의 과학적 연구의 필요성으로 인해 등장하였다.

③ 대표학자: 사이먼(H. A. Simon), 버나드(C. I. Bernard)

(4) 발전기능설(1960년대, 정치행정새일원론, 공사행정새이원론)

① 행정을 정치사회의 발전목표를 적극적으로 설정하기 위한 발전정책 · 발전계획의 형성 · 집행으로 이해한다.

② 1960년대 이후 발전행정론자들의 견해이다.

③ 대표학자: 이스만(M. J. Esman), 와이드너(E. Weidner) 등

(5) 정책기능설(1970년대, 정치행정일원론, 공사행정이원론)

① 주로 사회적 형평, 격동에 대처하기 위해 행정의 정책과 관련한 기능을 강조한다.

② 정책결정의 과정에서 갈등해결을 중요시한다.

③ 대표학자: 왈도(D. Waldo), 프리드릭슨(G. Frederickson)

(6) 신공공관리설(1980년대, 경영성)

① 신공공관리론에서 행정은 직접공급이 아니라 방향 잡기라고 한다.

② 신공공관리론은 정부기능의 수행에서 민영화, 민간위탁 등으로 다양한 참여자들이 있으므로 행정은 해당 조직들을 지원, 유도하는 역할을 해야 한다. 즉, 행정의 특권지위를 인정하지 않는다.

③ 대표학자: 후드(Hood), 오스본(Osborn)

(7) (뉴)거버넌스(Governance)(1990년대, 정치성)

① 행정은 문제해결의 양식으로, 다양한 주체들의 협력적 네트워크양식을 의미한다.

② 국가의 일방적 통치가 아닌 국민과 동반자로서의 행정을 강조한다. 참여적 · 협력적 공공활동을 강조하는 행정의 정치성을 중요하게 생각한다.

③ 대표학자: 로즈(Rhodes)

[4] 재화로서의 행정

09

17 기출

공공서비스의 공급주체가 시장일 경우 발생할 수 있는 현상으로 옳지 않은 것은?

① 공유재 – 외부불경제로 인한 시장실패

② 공공재 – 과다공급 또는 과소공급으로 인한 시장실패

③ 요금재 – 자연독점

④ 가치재 – 무임승차

해설   정답 ④

④ 가치재란 의료, 교육, 문화 등 일정수준 이상 소비하는 것이 바람직한 재화나 서비스를 의미한다. 가치재는 시장을 통해 공급이 가능하지만 정부가 일부(최소수준) 공급하는 경우가 있다. 그러나 가치재는 어디까지나 민간재이므로 무임승차가 발생하지 않는다. 예 의료, 교육, 주택 등

오답의 이유

① 공유재(공동소유재, 공동재): 소비는 경합적이지만 특정인의 배제가 불가능한 재화로서 자연의 은혜를 통해서 존재하는 자원이다. 자원은 희소하나 누구나 무임승차가 가능하기 때문에 지나친 개발과 남획은 자원고갈의 위기를 가져올 수 있으므로 정부의 적절한 규제가 필요하다. 예 희귀 동 · 식물, 강, 호수, 목초지, 맑은 물, 맑은 공기, 산림, 바다 속의 고기 등

② 공공재: 비배제성과 비경합성을 동시에 가지고 있는 전형적인 공공서비스이다. 예 국방, 경찰, 소방, 공원 등

③ 요금재: 공동으로 사용하지만(비경합성) 배제가 가능하기 때문에(배제성) 시장에서 공급될 수 있으나 요금재의 상당부분을 정부나 공기업이 공급하는 이유는 자연독점으로 인한 시장실패에 대비하기 위해서이다. 예 유선텔레비전, 통신, 전기, 가스, 상하수도 등

10

경합성과 배제성의 특징을 모두 가지고 있는 재화는?

① 시장재   ② 요금재

③ 공공재   ④ 공유재

해설
정답 ①

① 경합성과 배제성을 특징으로 하는 재화는 시장재(민간재)이다.

11

다음 중 비배제성과 경합성을 동시에 갖는 재화의 유형은?

① 공유재   ② 요금재

③ 집합재   ④ 민간재

해설
정답 ①

① 배제성은 없으나 경합성을 갖는 재화는 공유재이다.

끝장이론

1. 재화의 유형별 특성 및 정부의 개입

특성	배제성	비배제성
경합성	민간재(Private Goods) • 예 의류, 세탁기, 냉장고, 대학교육, 자동차 등 • 시장공급의 문제: 가격기구가 정상적으로 작동할 경우 효율적 자원배분 가능. 단, 형평성 차원에서 문제 발생 • 정부개입: 원칙적으로 민간기업이 생산하도록 자율성을 보장하지만, 공익차원에서 소비자보호를 위한 서비스의 안정성과 규격기준의 설정이나 저소득층을 위한 기본적 수요충족 등에 부분적으로 정부가 개입하는 경우(가치재)가 있음. 정부개입은 시장대체가 아니라 보완측면으로 접근	공유재(Common-Pool Goods) • 예 자연자원(산, 강, 바다), 공공시설, 정부예산 • 시장공급의 문제: 과다소비 자원고갈(공유지 비극), 공급비용의 귀착문제발생 • 정부개입: 자원고갈의 방지를 위한 공급·소비에 대한 적극적 규제, 사회적 함정(Social Traps)을 방지하기 위한 공유재의 사용과 관련된 규칙설정

비경합성	요금재(Toll Goods) • 📖 전기, 가스, 수도, 고속도로 • 시장공급의 문제: 배제가능하므로, 민간회사의 참여가 가능하지만, 자연독점의 발생가능성으로 정부개입 • 정부개입: 민간기업이 생산하도록 가능한 한 자율성을 보장하지만, 일부 재화의 자연독점문제를 방지하기 위해 정부가 개입하여 직접공급(유료)하며, 공급비용은 서비스판매를 통해 조달	공공재, 집합재(Collective Goods) • 📖 국방, 외교, 등대, 치안 • 시장공급의 문제: 무임승차현상으로 과다공급 또는 과소공급 문제발생 • 정부개입: 공급문제의 해결을 위해 정부가 직접 공급하며(계약에 의해 민간기업이 생산할 수도 있음), 공급비용은 세금 등 강제적 수단으로 징수(응능주의)

2. 기타 재화의 특징

(1) 사회적 함정(Social Traps): 사회 전체적으로 볼 때 개인들은 공유재의 사용을 자제하여야 하지만 개인적인 차원에서는 공유재를 많이 사용하는 것이 합리적 선택이기 때문에 공유재의 과소비를 초래하는 사회적 딜레마를 말한다.

(2) 요금재의 정부개입: 요금재는 경제적으로 배제가 가능하기 때문에 민간회사들이 재화공급에 참여할 수도 있다. 그러나 도로, 공원과 같은 요금재에 순수한 사유재화와 같이 배제의 원칙을 적용할 경우에 그런 재화가 과소공급될 가능성이 크다. 요금재를 추가로 소비하는 데 드는 한계비용이 이들을 배제하여 얻는 혜택에 비하면 매우 적다. 그러므로 이런 재화의 공급을 민간공급업자에게 맡길 경우 규모의 경제에서 나타날 수 있는 이점을 살리지 못하게 되므로 정부가 개입하는 것이 바람직하다.

3. 기타 재화의 유형

(1) 가치재: 성격상 민간재이지만, 국민들이 최소한의 서비스를 향유할 수 있도록 정부가 공급하는 재화나 서비스, 또는 소비가 바람직하다고 판단해 정부가 소비를 권장하는 재화를 말한다. 이는 정부가 공급하게 되므로 온정적 간섭주의의 성격을 띠며, 개인의 자유나 소비자 주권주의와 상충되는 측면도 있다. 이런 가치재는 국가와 시장 모두 공급한다는 측면에서 공공재와 동일하지 않다. 📖 의료, 의무교육, 우유소비 권장

(2) 클럽재(Club Goods): 뷰캐넌이 제시한 이론으로 '배재성은 있으나 경합성은 없는 재화'로 완전한 비경합성과 완전한 경합성 사이에 다양한 정도의 부분적 경합성이 존재한다는 것을 전제로 한다. 📖 유료고속도로, 통신사

4. 행정의 공공재적 특징

(1) 비배제성(Non-Exclusivity): 대가의 지불 없이 재화와 서비스 이용이 가능하다.

(2) 소비의 비경합성(Non-Rivalry): 특정인이 소비하여도 다른 사람의 소비가 감소하지 않는다. 누군가 추가적으로 재화를 소비하더라도, 기존 소비자의 효용이 감소하지 않는다.

(3) 비시장성: 비배제성, 비경합성으로 인해 가격기구에 의한 자유시장의 경쟁원리가 적용되지 않는다.

(4) 정치성(권력성, 공공성, 공익성): 공공재의 비시장성과 정부의 비시장적 활동을 통해 공공재가 공급되며 공급수준은 정치적으로 결정되고, 권력성·정치성을 지니게 된다. 정치성의 특성상 다양한 국민의 이해관계를 수렴하는 차원에서 공공성을 지녀야 하지만 정치적 결정이 잘못될 경우 정부실패가 발생(공공선택론)한다.

(5) 내생적 선호: 사적재(민간재)는 개인의 선호에 따라 서비스를 자유롭게 선택할 수 있지만 공공재는 선택이 제약된다.

(6) 공급의 비경쟁성(독점성): 일반적으로 정부가 독점적으로 공급하며, 경쟁체제인 민간부문과 달리 서비스개선의 적극적 유인이 부족하여 관료의 무사안일주의, X-비효율성을 야기한다.

(7) 무형성: 활동성과가 가시적이지 않고 계량화와 성과측정이 곤란하다.

(8) 비축적성, 동시소비성: 생산과 소비가 동시에 이루어지므로 서비스가 축적되지 않는다.

12

20 ❾ 기출

진보주의 정부에서 선호하는 정책으로 가장 적절하지 않은 것은?

① 조세감면확대

② 정부규제강화

③ 소득재분배 강조

④ 소수민족 기회확보

해설 정답 ①

① 조세감면확대는 보수주의 정부에서 선호하는 정책이다.

13

08 기출

다음 중 정부와 행정에 대한 설명으로 옳지 않은 것은?

① 현대행정의 특징으로는 행정수요의 복잡·다양화, 정치와 행정의 일원화, 사회변동에 적극 대응 등을 들수 있다.

② 행정과 경영은 능률성을 추구하는 관리기술, 관료제적 성격 등에서 유사하지만 목적, 법적 규제, 정치권력적 성격, 평등성, 권한 및 영향범위 등에서는 차이가 존재한다.

③ 보수주의 정부는 기회의 평등을 강조하는 반면, 진보주의 정부는 결과의 평등을 강조한다.

④ 자유방임사상가들은 정부의 역할을 국방, 공공토목사업, 환경규제 등의 최소한의 분야로 한정하고 있다.

해설 정답 ④

④ 근대 자유방임사상가들은 자유를 가장 큰 가치로 여겼으며, 정부의 역할을 최소로 할 것을 주장하였다. 이에 따라 작은 정부, 야경국가를 주장하였으며 정부는 국방, 치안, 외교 등에 한정되어야 한다고 주장하였다. 환경규제는 현대에 와서 강조된 국가의 기능에 해당한다.

---

1. 정부의 개념과 형태

(1) 개념: 정부는 '개인의 연합으로 구성된 사회집단체' 또는 '합법적 권력을 보유하고 책임을 공유하는 개인들로 구성된 집합체'로 정의된다. 정부라는 말의 용례는 좁게는 행정부만을 의미하며, 넓게는 국가(입법, 사법, 행정)를 의미하는 말로 쓰이고 있다.

(2) 행정부의 구성형태(대통령제와 의원내각제)

구분	대통령제	의원내각제
행정부 구성방식	대통령을 국민이 선출하여 행정부를 구성	의회의 다수당이 수상과 내각을 선출, 행정부를 구성
특징	• 엄격한 권력분립의 원리에 기초 • 임기 동안 효율적이고 안정적인 국정운영가능 • 대통령의 임기보장으로 정책의 계속성 보장 • 신속한 국정운영가능 • 소수자의 이익보호 • 의회 내 다수당의 횡포 시 견제가 가능하며, 군소정당의 난립 시 혼란조정가능	• 의회의 내각불신임권과 행정부의 의회해산권을 모두 행사 → 행정부와 입법부의 융화(통치조직의 일원화) • 능률적·적극적 국정운영가능 • 민주적 요청에 적합: 내각이 의회에 의존하기 때문 • 국민의 책임에 민감 → 책임정치 • 입법부와 행정부의 대립 시 신속한 해결가능
단점	• 독재화 우려 → 정치적 참여의 저조화 • 행정부와 의회의 대립 시 해소곤란 • 신속하나 입법이 곤란함	• 다수당의 횡포발생가능 • 군소정당의 난립 시 정국의 불안정 • 국정처리의 지연가능성

2. 이념에 따른 정부관

구분	진보주의	보수주의
인간관	• 욕구, 협동, 오류가능성의 여지가 있는 인간관 • 경제인 인간관 부정	합리적이고 이기적인 경제인
가치판단	• 자유를 열렬히 옹호 • 평등증진을 위해 실질적인 정부개입허용	• 자유(정부로부터의 자유) 강조 • 기회평등과 경제적 자유를 강조
시장과 정부에 대한 평가	• 효율과 공정, 번영과 진보에 대한 자유시장 잠재력 인정 • 시장결함과 윤리적 결여를 인지하고 시장실패는 정부치유책에 의해 수정가능	• 자유시장에 대한 신념 • 정부 불신, 정부는 개인의 자유를 위태롭게 하고, 경제조건을 악화시키는 전제적 횡포
선호하는 정책	• 소외집단을 위한 정책 • 공익목적의 정부규제 • 조세제도를 통한 소득재분배	• 소외집단 지원정책 비선호 • 경제적 규제완화, 시장지향 정책 • 조세감면, 완화
비고	복지국가, 혼합자본주의, 진보주의, 규제된 자본주의, 개혁주의	자유방임적 자본주의

14

15 기출

우리나라의 정부조직구성에 대한 설명 중 옳지 않은 것은?

① 복수차관을 두는 부처는 5개이다.

② 국무총리 소속으로 처를 두어 여러 부의 업무를 총괄하는 업무를 수행한다.

③ 해양경찰청과 소방방재청은 행정안전부로 흡수되었다.

④ 부는 고유의 행정사무를 수행하기 위한 기능별 · 대상별 기관으로 18개의 부가 있다.

해설   정답 ③

③ 박근혜 정부에서는 국민안전처를 신설하여 소방방재청과 해양경찰청을 흡수하였으나, 문재인 정부에서는 행정자치부와 국민안전처를 행정안전부로 통합하였다. 또한 해양경찰청은 해양수산부에 설치하였다.

오답의 이유

① 복수 차관을 두는 부처는 기획재정부 · 과학기술정보통신부 · 외교부 · 문화체육관광부 · 국토교통부로 총 5개이다.

② 국무총리 소속의 처는 다음과 같다.

- 국가보훈처: 국가유공자 및 그 유족에 대한 보훈, 제대군인의 보상 · 보호 및 보훈선양에 관한 사무를 관장하기 위해 국무총리 소속으로 국가보훈처를 둔다(처장과 차장은 정무직).
- 인사혁신처: 공무원의 인사 · 윤리 · 복무 및 연금에 관한 사무를 관장하기 위해 국무총리 소속으로 인사혁신처를 둔다(처장 1명과 차장 1명을 두되, 처장은 정무직으로 하고, 차장은 고위공무원단에 속하는 일반직공무원으로 보한다).
- 법제처: 국무회의에 상정될 법령안 · 조약안과 총리령안 및 부령안의 심사와 그 밖에 법제에 관한 사무를 전문적으로 관장하기 위해 국무총리 소속으로 법제처를 둔다.
- 식품의약품안전처: 식품 및 의약품의 안전에 관한 사무를 관장하기 위해 국무총리 소속으로 식품의약품안전처를 둔다.

④ 정부조직법상 문재인 정부의 정부조직은 18부 4처 18청 7위원회, 2원 4실 1처이다.

15

08 기출

다음 중 책임운영기관에 대한 설명으로 적절하지 않은 것은?

① 신공공관리론의 조직원리에 따라 등장한 모형이다.

② 1990년대 영국 Next Steps Program에서 처음 추진되었다.

③ 기관장은 공개모집을 통해 임용된다.

④ 공기업보다 책임운영기관이 영리(이윤)추구를 더 중시한다.

해설   정답 ④

책임운영기관은 인사 · 예산 등에서 대폭적인 자율성을 갖는 집행적 성격의 행정기관을 말한다. 책임운영기관이 자율성을 갖는다는 점에서 공기업과 유사해 보이지만, 차이점이 존재한다. 책임운영기관은 행정기관이며, 소속직원의 신분도 공무원이라는 점에서 공기업과는 차이가 있다. 이런 점에서 책임운영기관은 공기업보다 공적 성격이 강하다는 것을 알 수 있다.

④ 공기업이 책임운영기관보다 영리추구를 더욱 중시한다.

16

다음 정부의 기능들 중에서 성질에 따른 분류로 보기 어려운 것은?

① 규제행정
② 사회행정
③ 지원행정
④ 중재행정

해설　　　　　　　　　　　　　　　　　　　　　　　　　　　　　　　　정답 ②

② 사회행정(사회적 기능)은 정부의 활동영역에 따른 분류에 해당한다. 정부의 기능을 성질에 따라 분류한다면 규제행정기능, 지원·조장행정기능, 중재·조정행정기능 등으로 나눌 수 있다.

끝잠이론 ....

1. 정부의 구조(공공부문을 중심으로)

(1) 국가행정기관

중앙행정기관	국가의 행정사무를 담당하기 위해 설치된 행정기관으로서 그 관할권의 범위가 전국에 미치는 행정기관을 말하며, 다만, 그 관할권의 범위가 전국에 미치더라도 다른 행정기관에 부속하여 이를 지원하는 행정기관은 제외함
특별지방행정기관	특정한 중앙행정기관에 소속된 국가의 지방행정기관으로, 당해 관할구역 내에서 시행되며 소속 중앙행정기관의 권한에 속하는 행정사무를 관장함
부속기관	행정권의 직접적인 행사를 임무로 하는 기관에 부속하여 그 기관을 지원하는 행정기관을 말함
자문기관	부속기관 중 행정기관의 자문에 응하여 행정기관에 전문적인 의견을 제공하거나, 자문을 구하는 사항에 관해 심의·조정·협의하는 등 행정기관의 의사결정에 도움을 주는 행정기관을 말함
소속기관	중앙행정기관에 소속된 기관으로서, 특별지방행정기관과 부속기관을 말함
보조기관	행정기관의 의사 또는 판단의 결정이나 표시를 보조함으로써 행정기관의 목적달성에 공헌하는 기관을 말함
보좌기관	행정기관이 그 기능을 원활하게 수행할 수 있도록 그 기관장이나 보조기관을 보좌함으로써 행정기관의 목적달성에 공헌하는 기관을 말함
하부조직	행정기관의 보조기관과 보좌기관을 말함

(2) 정부조직법상 우리나라의 행정 각 부처(2021.04 기준)

18부	기획재정부, 교육부, 과학기술정보통신부, 외교부, 통일부, 법무부, 국방부, 행정안전부, 문화체육관광부, 농림축산식품부, 산업통상자원부, 보건복지부, 환경부, 고용노동부, 여성가족부, 국토교통부, 해양수산부, 중소벤처기업부
4처	국가보훈처, 인사혁신처, 법제처, 식품의약품안전처

2. 공공서비스 공급주체(공공부문의 범위)

(1) 제1섹터(정부부문): 정부에 의해 비영리활동을 수행하는 영역으로 정부부처 형태의 공기업인 정부기업이 있다. 정부부처 형태의 공기업은 구체적으로 정부기업예산법의 적용대상인 우편, 우체국 예금, 양곡관리, 조달사업, 책임운영기관 등을 말한다.

(2) 제2섹터(민간영리부문): 이윤추구를 목적으로 하는 기업으로 정부기능의 민간위탁 등에 의해 공공서비스 생산활동에 참여한다. 민간부문이 영리활동을 수행할 수 있는 시장영역이다.

(3) 제3섹터(민간영리부문 & 준정부부문): 일반적으로 제3섹터는 민간부문이 비영리활동을 수행하거나(QUANGO) 공공기관이 영리활동을 수행하는 영역(QUAGO)을 의미한다. 최근 전통적인 공적 영역과 민간영역의 경계가 흐려짐에 따라 제3섹터가 강조되는 경향이 나타난다.

① **준정부조직(QUAGO; Quasi-Governmental Org):** 공공기관이 영리활동을 수행하는 영역으로 정부의 파생적인 행태, 계약국가, 그림자국가(Shadow State), 감추어진 공공영역, 공유된 정부(Shared Government)라고 한다. 공공기관 중 정부의 대리인 자격을 가지며 정부기능이나 기금을 위탁받아 수행 또는 관리하는 준정부기관을 말한다.

② **준비정부조직(QUANGO; Quasi-Non Governmental Org):** 민간부문이 비영리활동을 수행하는 영역을 말한다. 준비정부조직은 정부와 공동생산(Co-Production)의 기능을 수행하면서 정부로부터는 독립성을 가지고 운영되는 조직이다. 정부의 업무를 보조하거나 정부로부터 재정자원을 받는 관변단체 등 정부보완적 역할을 담당하기도 한다.

3. 행정기능별 분류

주체별 기능	국가기능, 지방기능
성질별 기능	규제행정기능, 지원·조장행정기능, 중재·조정행정기능
활동영역별 기능	법과 질서유지의 기능, 국방 및 외교의 기능, 경제적 기능, 사회적 기능, 교육·문화적 기능

[1] 시장실패의 원인

01

다음 중 시장실패의 원인과 그 대응방식으로 옳지 않은 것은?

① 공공재는 무임승차의 가능성이 있어 조세로 걷어 정부가 제공한다.

② 규모의 경제로 인한 독점문제를 공기업이 공급한다.

③ 자연자원은 소유지설정으로 문제해결이 가능하다.

④ X-비효율성이 발생할 경우 민영화와 규제완화로 문제해결이 가능하다.

> **해설**
> 정답 ④
> ④ X-비효율성이 발생할 경우 민영화와 규제완화로 문제해결이 가능하다. 하지만 X-비효율성은 시장실패가 아닌 정부실패의 유형에 속한다.

02

시장실패의 원인과 관련된 것으로 옳지 않은 것은?

① 공공재의 존재   ② 정보격차

③ 내부성   ④ 자연독점

> **해설**
> 정답 ③
> ③ 내부성은 사회목표와 내부목표와의 괴리를 의미하는 것으로 정부실패의 원인에 해당된다.
>
> **오답의 이유**
> ① 공공재는 비배제성, 무임승차성, 비시장성 등의 속성을 지니는 재화의 유형으로 대표적인 시장실패의 원인이다.
> ② 거래를 하는 일방은 정보를 지니고 상대방은 정보를 가지고 있지 않을 경우에는 정보의 편재로 시장이 효율적으로 작동하지 못하여 시장실패를 초래한다.
> ④ 소수생산주체에 의해 과점체제가 형성되는 경우, 이들에 의해 상품가격이 좌우되므로 시장실패의 원인에 해당한다.

03

다음 중 시장실패의 원인에 해당하는 것을 모두 고른 것은?

> ㉠ 불완전한 경쟁의 발생
> ㉡ 공공재의 존재
> ㉢ 외부효과의 발생

① ㉠, ㉡

② ㉡, ㉢

③ ㉠, ㉢

④ ㉠, ㉡, ㉢

해설

정답 ④

④ 시장실패란 시장경제체제에서 시장기구가 그 기능을 제대로 발휘하지 못하여 자원이 효율적으로 배분되지 못하는 상태를 말한다. 일반적으로 시장실패의 원인에는 불완전한 경쟁(독과점의 발생), 정보의 불충분성(비대칭), 공공재의 존재, 외부효과의 발생 등이 해당한다.

끝장이론

1. 시장실패의 개념

(1) 경제활동을 자유시장기구에 맡길 경우 효율적 자원배분 및 균등한 소득분배를 실현하지 못하는 상황으로, 개인적으로는 합리적인 선택이 사회 전체적으로는 합리적인 선택을 보장하지 못하는 현상을 말한다.

(2) 자유방임상태가 오히려 시장실패를 초래하므로 시장실패를 적절히 치유할 목적으로 정부의 적극적 개입이 필요하다.

2. 시장실패 모형(사익극대화 ≠ 전체이익)

(1) 구성의 모순: 개별적으로 타당한 이야기가 전체적으로는 틀릴 수도 있는 현상을 말한다.

(2) 공유지(목초지)의 비극(Tragedy of the Commons)

① 일정한 면적의 목초지를 두 목장에서 공동으로 이용하는 경우, 적정 사육두수가 있음에도 불구하고, 각 목장이 경쟁적으로 소를 증가시킴에 따라 목초지의 재생능력을 초과하는 소들의 목초지 사용으로 인해 목초지가 재생불능상태에 빠진다는 것이다.

② 이는 공유지가 지닌 비배제성·경합성으로 인해 무료사용이 가능하여 과다사용이 나타나고, 이로 인해 목초지가 황폐화되어 결국 어느 누구도 소를 키울 수 없는 상태가 된다는 것이다.

(3) 죄수의 딜레마 이론(Prisoner's Dilemma)

① 범죄를 저질렀다고 생각되는 두 용의자(A, B)가 검거되어 검사의 신문을 받게 되었다. 검사는 두 사람을 함께 신문하면 눈짓을 주고받아 범행을 부인할 가능성이 높으므로 하나씩 떼어놓아 독방에 가둔 다음 따로 불러 신문을 진행시킨다.

구분		A	
		부인	자백
B	부인	둘 다 1년형	B(15년형), A(방면)
	자백	B(방면), A(15년형)	둘 다 5년형

② A, B가 서로 협조의 가능성이 없고 서로가 어떠한 행동을 할지를 모르는 상태에서 A, B의 최적 전략은 자백하는 것이다. 왜냐하면 A, B 모두에게 자백이 우월전략이기 때문이다. 결국 A, B 모두 부인하여 1년형을 살 수 있는 더 나은 상태를 달성하지 못하고 사회적으로 바람직하지 못한 상태에 도달한다.

③ 개인적인 관점으로 보았을 때 합리적인 선택이 전체적으로 봤을 경우 옳지 않은 결과를 가져오게 되는 것이다. 이것이 바로 딜레마로 일종의 시장실패를 뜻한다.

3. 시장실패의 원인

(1) 불완전경쟁(독점 · 과점)(Imperfect Competition)

① 의미: 상품이나 서비스의 공급이 하나 또는 소수의 기업에 의해 이루어지는 시장이다.

② 폐해: 독과점기업은 가격과 공급량을 결정할 수 있기 때문에 이윤의 극대화를 위해 완전경쟁시장에 비해 공급량은 줄이고 가격은 높인다. → 사회적 잉여감소, 자원의 비효율적 배분, 소비자 피해 등이 발생한다.

(2) 외부성(Externality), 외부효과

① 의미: 한 경제주체의 행동이 다른 경제주체에게 의도하지 않은 이익 또는 손해를 끼치고도 그 대가를 주거나 받지 않은 상태이다.

② 외부효과의 유형

구분	외부경제	외부 불경제
의미	타인에게 의도하지 않은 이익을 주고도 대가를 받지 못하는 상태	타인에게 의도하지 않은 손해를 끼치고도 그 대가를 치르지 않은 상태
영향	사회적 최적수준보다 낮은 상태의 생산 · 소비가 이루어짐 • 생산측면: 사회적 비용<사적 비용 • 소비측면: 사회적 편익>사적 편익	사회적 최적수준보다 높은 상태의 생산 · 소비가 이루어짐 • 생산측면: 사회적 비용>사적 비용 • 소비측면: 사회적 편익<사적 편익

(3) 정보의 비대칭성

① 의미: 시장에서 거래주체 간에 보유하고 있는 정보의 양이 다른 경우이다.

② 문제점

㉠ 역선택의 문제: 역선택이란 정보를 갖지 못한 쪽에서 바람직하지 못한 상대방과 거래할 가능성이 높다는 것을 의미한다. ⑩ 보험회사가 보험금을 지급할 가능성이 높은 가입희망자들과 계약을 한다거나 중고차시장에서 구매자가 불량차를 구입하는 계약을 하는 것

㉡ 도덕적 해이(Moral Hazard)의 발생: 도덕적 해이는 정보를 가진 측이 정보를 갖지 못한 측의 이익에 반하는 행동을 취하는 경향을 말한다. ⑩ 고용주의 감시가 없는 틈을 타서 근로자들이 게으름을 피우는 것, 보험가입자가 자신의 건강관리에 신경을 덜 쓰는 것

(4) 공공재(Public Goods): 비경합성과 비배제성을 특징으로 하는 공공재의 경우 시민들은 자신들의 선호를 명확히 드러내지 않는 등 무임승차의 문제로 과소공급의 문제를 유발한다. 사회적으로 반드시 필요하지만, 시장경제원리에 의한 공급이 곤란해지면 정부가 개입하여 직접공급한다.

(5) 소득분배의 불공평: 시장기구가 원활하게 작동되고 자원배분의 효율성이 보장되더라도, 소득분배의 공평성을 확보하지는 못한다.

(6) 경기 불안정성(물가불안, 고용불안): 시장에 맡기면 경기호황과 불황이 반복되면서 경기변동이 심하게 나타날 경우 정부는 이를 완화시키기 위해 경기호황 시 경기진정정책(**예** 물가안정정책, 총수요축소), 경기불황 시 경기부양정책(**예** 유효수요이론, 뉴딜정책, 총수요확대)을 실시한다.

[2] 정부실패

04

10 기출

다음 중 정부실패의 유형으로 보기에 적절하지 않은 것은?

① 파생적 외부효과
② 비용과 수입의 절연
③ 정보의 불완전성
④ 권력의 편재로 인한 불공평한 분배

해설   정답 ③

③ 정보의 불완전성(비대칭성)은 시장실패가 발생하는 원인에 해당한다. 정보의 불완전성은 감추어진 특성 또는 감추어진 행동의 형태로 나타나는 것이며, 이는 정부실패의 유형 중 하나인 정보의 부족과는 차이가 있다.

05

15 기출

다음 중 정부실패를 설명하기 위한 이론으로 적합한 것은?

① 공공선택이론
② 신행정학
③ 행태론
④ 신제도주의

① 공공선택이론에서 정부실패를 지적하고 있으며, 대표적인 이론으로는 니스카넨(Niskanen)의 '예산극대화모형'이나 오스트롬(Ostrom)의 '민주행정 패러다임' 등이 있다.

> **(1) 공공선택이론의 의의**
> • 공공부문에 경제학적인 관점을 도입
> • 고객중심주의, 소비자중심주의
> • 분권화와 자율성 제고
> • 정부실패의 원인분석 및 대안제시
>
> **(2) 공공선택이론의 특징**
> • 방법론적 개체주의: 개인의 선호나 개인이 연구대상
> • 개인은 자신의 이익극대화를 추구하는 합리적인 이기주의자
> • 공공재와 의사결정구조에 관한 연구와 정책의 파급효과 중시
> • 민주주의에 의한 집단적인 결정
> • 탈관료제적 처방: 중첩적인 관할구역과 분권적 · 중복적 조직장치(다중공공관료제)
>
> **(3) 공공선택이론의 한계**
> • 시장실패의 위험이 있음
> • 시장경제체제의 극대화만을 중시하여 국가의 역할을 경시하고, 개인의 기득권을 유지하려는 보수적 접근

06

다음 중 정부실패의 원인으로 적절하지 않은 것은?

① 규제의 철폐
② 정치인의 근시안적 결정
③ 권력과 특혜에 따른 분배의 불평등
④ 정부독점으로 인한 경쟁력 저하

① 기업의 성장과 시장의 효율성을 저해하는 과도하거나 근시안적인 규제가 발생하면서 정부실패가 발생하게 되는데, 이런 원인을 해결하기 위해 과도하거나 불필요한 규제를 철폐하거나 완화하는 방법이 있다. 따라서 규제의 철폐는 원인이 아닌 해결책으로 작용하는 것이 적절하다.

07

X-비효율성에 대한 설명으로 옳지 않은 것은?

① 정부실패의 원인이다.
② 법제적 비효율을 의미한다.
③ 경쟁압력에 노출되는 기회가 적기 때문에 발생한다.
④ 배분적 효율성과는 상반되는 개념이다.

② X-비효율성은 행정이나 관리상의 심리적·기술적 요인으로 경쟁압력에 노출되기 어려운 행정환경상 발생하는 비효율로
서 법적으로나 제도적으로 명시할 수 있는 비효율이 아니다.

끝장이론

1. 정부실패의 개념과 원인

(1) 개념

① 시장실패를 교정하기 위해서 정부개입이 이루어지지만 생산성 제고와 민주주의를 달성하지 못하는 현상을 정부실패라
한다.

② 1970년대에 나타난 석유가격의 상승으로 물가상승(Inflation)과 실업(Stagnation, 경기침체)이 동시에 나타나는 스태
그플레이션(Stagflation)이 발생하게 되자, 정부의 시장개입이 물가상승만을 초래하는 문제로 나타난다.

(2) 정부실패의 원인

① 과도하거나 근시안적인 규제

② 시장상황에 대한 정확한 정보와 지식의 결여

③ 정책수립 및 집행과정에서 발생할 수 있는 비효율성

④ 관료주의의 폐단과 정치적 제약

⑤ 권력과 특혜로 인한 분배의 불평등

⑥ 독점적 생산으로 인한 방만한 경영과 경쟁력 저하

2. 정부실패의 유형

(1) 비용과 수익의 분리: 정부정책으로 인해 편익을 누리는 집단과 비용을 부담하는 집단이 서로 다른 것을 편익과 비용 간
의 절연이라고 하며 그 결과로써 정부개입에 대한 초과수요가 나타난다. 또한 시장에서의 생산비용과 수입은 긴밀하게 연
관되어 있으나 정부부문의 활동은 제공하는 서비스와 관계없이 부과되는 조세수입으로 이루어지므로, 비용의식이 낮아 예
산낭비가 발생한다.

① 현재 또는 미래의 정책으로 인한 이익이 특수한 소수집단에 집중적으로 귀속되지만 그에 대한 비용은 불특정 다수 국민
(납세자, 소비자 등)이 부담하는 경우

② 어떤 정책의 채택으로 인해 이득을 보게 될 집단이 절대다수이고, 이런 정책의 비용을 부담해야 할 집단이 소수인 경우

(2) 내부성과 조직목표: 내부성(Internality, 외부성과 대칭되는 개념)이란 어떤 기관과 인력의 성과를 유도·조절·평가
하기 위해 비시장조직의 내부에서만 적용되는 목표로서 이런 내부성이 존재하면 의사결정자의 사적 또는 조직상의 편익과
비용이 공적 계산을 압도하게 된다.

① **더 많은 예산의 확보:** 예산의 극대화를 조직의 가장 중요한 내부기준으로 삼는 것을 의미한다. 연말의 예산 불용액 낭비
나 비효율적인 생산량, 조직활동 및 고용인원의 과잉 등이 이와 관련이 있다. 파킨슨의 법칙은 바로 이런 상황을 잘 지적하
고 있다. 이는 조직관리자에게 보상체계가 잘못되어 있을 때 나타나는 조직의 병리현상으로서 '관료적 제국주의'라고 부를
수 있다.

② **최신기술에의 집착:** 정부산출물에 대한 평가가 어렵기 때문에 새롭고 보다 정교하며 복잡한 기술에 대한 선호가 조직의
내부기준으로 선호되는 경향이 있다. 이 경우 비시장의 기준선의 결여로 인해 그런 기술적 진보가 과연 한계비용만큼 가치
가 있는 것인가를 따지기 어렵게 된다.

③ **정보의 취득과 통제**: 정보의 획득과 유지가 조직원의 실적평가뿐 아니라 권력원이므로 정보를 많이 보유하고 있는 정부 조직이 정보공개에 저항하는 경우가 많다. 이런 경우, 즉 공유되어야 할 정보가 통제되고 있을 때 자원배분이 왜곡되는 경우가 많다.

④ **관료제국주의(Empire Building)**: 관료들은 자기 부처의 예산(관료예산극대화가설), 인력(파킨슨 법칙), 조직을 확대하려는 경향이 있다.

(3) 파생적 외부효과: 시장실패를 치유하기 위한 정부개입이 또 다른 부작용을 발생시키는 것을 의미한다. 공공정책으로부터의 파생적 외부성은 기존 시장실패의 보상을 의도하며, 정책이 시작될 때 이를 예측하지 못하는 특성이 있다. 정책분석과 선택과정에서 그런 파생적 외부성이 고려될 수 있다면 공공선택은 개선될 수 있다.

(4) 권력을 통한 분배적 불공평성: 비시장활동은 부분이익 선택성을 가지기 때문에 비시장활동으로 인한 경제적 비용과 편익이 불평등하게 특정집단에게 귀속되고 다른 집단에게는 배제된다. 이런 문제는 공익단체 등의 활발한 활동을 통해 작게나마 개선을 기대할 수 있다.

(5) 독점성과 X-비효율성(X-Inefficiency): 레이번슈타인(H. Leibenstein)이 제시한 개념으로 X-비효율성이란 서비스공급이 독점적인 경우 경쟁의 압력을 피할 수 있으나, 조직 내 경영자원을 능률적으로 사용할 유인(誘因)을 잃게 되어 자원이 낭비되는 측면을 말한다. 경쟁부재로 인한 관리 및 경영상의 비효율(무사안일한 근무성향, 소극적인 근무태도)이므로, 시장실패로 인한 자원배분의 비효율성과는 다르다. X-비효율성이 나타날 경우 생산량은 줄고 가격은 오르며, 이는 사회의 후생손실을 초래한다.

(6) 정치적 이해: 다원주의 체제하에서 광범위한 이해관계는 정치적 의사결정에 영향을 미쳐 정부실패를 야기할 수 있다. 즉, 정치적 이해관계에 따른 정책결정자들의 상충된 목표는 정책수단을 선택함에 있어서의 극대화로써 수단을 선택하기보다는 협상의 결과로서 선택된다. 이것의 결과는 비효율뿐만 아니라 사회정의에 반할 수 있다.

(7) 정치인의 단기적 결정(정치가의 높은 시간할인율): 할인이란 미래가치를 현재가치로 환산하는 절차를 말한다. 정치인은 재선가능성을 최우선으로 고려하기 때문에 임기 내에 무엇인가를 이루기 위한 체계적인 대안모색보다는 단기간 내의 가시적 결과를 추구하고(미봉책, 졸속 행정), 그 결과 장기적인 부작용과 손실을 초래할 수 있으며, 단기적으로 손해가 수반되나 장기적으로 큰 효과를 볼 수 있는 사업의 추진을 기피한다.

(8) 정치적 보상체계의 왜곡: 정치인이나 관료들은 경제적·사회적 문제가 있을 때 그 문제의 해악을 강조하고, 문제해결의 당위성만을 강조함으로써 얻을 수 있는 정치적인 보상 때문에 무책임하게 정부활동을 확대하는 경향이 있다. ⑩ 포퓰리즘적 공약남발

(9) 종결메커니즘의 결여: 정부산출물에는 시장산출물에서 적용되는 손익계산서와 같은 업적평가를 위한 분기점이 없다. 따라서 정부활동이 성공적이지 못할 때 그것을 종결시킬 수 있는 신뢰할 만한 종결메커니즘도 존재할 수 없게 되어, 조세감면조치의 경우 그 정책적 목적이 지났음에도 계속 그대로 유지되는 경우가 많다.

(10) 포획현상(Capture): 규제주체(행정관료)가 금전적인 이익에 의해 피규제기관(이익집단, 기업)에게 포섭되어 피규제기관의 요구나 주장에 동조·호응하는 현상이다.

(11) 지대추구현상(Rent Seeking): 정부가 시장메커니즘에 개입하여 경쟁을 제한하거나 독점적 상황을 만들면 이로 인해 집중화된 경제적 편익(독점지대)이 발생하는데, 개인이나 기업이 이런 편익(독점적으로 인·허가를 받을 경우의 이익)을 얻기 위해 정부가 시장메커니즘에 개입하도록(인·허가를 자신들에게만 해 주도록) 로비활동 등을 벌이는 현상을 말한다.

08

20 ⑦ 기출

민영화에 대한 설명으로 옳지 않은 것은?

① 면허(Franchise) – 경쟁이 약하면 이용자의 비용부담이 과중하게 될 수 있다.

② 바우처(Vouching) – 소비자가 재화의 선택권을 갖는다.

③ 보조금(Subsidy) – 신축적 인력운영이 가능하고 서비스수준을 개선하는 효과가 크다.

④ 자조활동(Self-Help) – 정부의 서비스 생산업무를 대체하기보다는 보조하는 성격을 갖는다.

해설   정답 ③

③ 보조금방식은 서비스가 기술적으로 복잡하여 서비스에 대한 요건을 명시하기가 구체적으로 곤란하거나 예측이 어렵고 서비스의 양과 질, 목표달성의 방법을 정확히 알 수 없을 때 주로 이용한다.

오답의 이유

① 면허(Franchise)란 정부가 민간기업에게 특별히 지정한 지역 내에서 특정 서비스공급에 관한 특허권을 부여하는 방식이다. 정부가 공급을 결정하고 민간기구가 생산하여 사용하고, 비용은 서비스이용자(소비자)가 공급자에게 직접 지불한다. 수익자부담방식이므로, 사회적 약자의 희생이 나타날 수 있다.

② 바우처제도(Vouching)는 특정소비를 장려하기 위해 특정재화나 서비스를 구매할 수 있는 이용권 · 증서를 지급하여 소비자가 원하는 것을 시장에서 자유로이 선택하도록 하고 그 비용은 정부가 지불한다.

④ 자조활동(Self-Help)은 공공서비스의 수혜자와 제공자가 같은 집단에 소속되어 서로 돕는 방식이다. 예로 주민순찰, 보육, 고령자 대책 등이 있다.

09

09 기출

민영화의 한 방식인 바우처제도에 대한 설명으로 적절하지 않은 것은?

① 공급자는 소비자에게 재화 및 서비스를 공급하고 바우처를 받고, 정부에 바우처를 제시하여 비용을 지불받는 방식이다.

② 전자바우처는 바우처관리의 투명성과 효율성 제고에 기여한다.

③ 식품이용권은 개인에게 쿠폰형태의 구매권을 지급하는 것이다.

④ 노인돌봄서비스, 장애인활동 보조서비스 등은 종이바우처의 대표적 운영사례이다.

해설   정답 ④

④ 바우처(Voucher)는 정부가 수요자에게 쿠폰을 지급하여 원하는 공급자를 선택하도록 하고, 공급자가 소비자로부터 받은 쿠폰을 제시하면 정부가 재정을 지원하는 방식을 말한다. 우리나라는 2007년부터 사회서비스 전자바우처를 도입하여 시행하고 있다. 2007년에 전자바우처를 통해 최초로 공급한 서비스가 장애인활동지원, 노인돌봄종합서비스, 지역사회서비스투자사업 등이다. 그 외에도 임신출산 진료비지원, 장애아동 가족지원 등이 전자바우처로 운영되고 있다.

1. 민간화의 의의와 유형

(1) 의의

① 민간화란 사바스(E. S. Savas)가 처음 사용한 말로 재화나 서비스의 공급주체가 공공부문에서 민간부문으로 이동함을 의미한다. 즉, 공공서비스의 제공에 있어 정부가 재산소유를 줄이고 민간영역을 늘리는 것이라고 할 수 있다. 민영화, 민간위탁(광의) 등으로 불린다.

② 종전에는 협의로 파악하여 탈국유화만을 의미했으나 오늘날은 광의로 파악하여 '정부소유 기업의 소유권을 민간에 이전하거나, 공공서비스 공급체제 내에 경쟁적 요소를 도입하는 것'까지 민간화의 개념으로 본다.

(2) 민간화의 유형

① 내부민간화: 공공서비스의 생산과 공급은 정부가 담당하지만 계약의 형식이나 정부조직 내에 시장메커니즘과 경쟁 등의 민간기법을 사용하는 방식이다. ⑩ 민간위탁, 수익자부담원칙의 적용, 책임운영기관의 도입, 개방형 임용 및 성과급제 도입 등

② 외부민간화: 공공서비스의 생산과 공급을 민간영역이 담당하도록 하는 방식이다. ⑩ 정부의 민간이양, 공기업의 민영화, 시민단체 등을 활용한 서비스제공 등

2. 민간화 수단

(1) 정부기능의 민간이양: 민간이 더 잘할 수 있는 기능은 민간에서 운영하도록 정부기능을 완전히 민간으로 이양하여 시장이 완전하게 재화를 공급·생산하는 방식이다.

(2) 주식이나 자산의 매각: 정부보유의 주식이나 자산을 민간에 매각하는 방식으로 소유권의 이전이다.

(3) 지정 또는 허가에 의한 독점판매권(Franchising)

① 정부가 민간기업에게 특별히 지정한 지역 내에서 특정 서비스공급에 관한 특허권을 부여하는 방식이다. ⑩ 유료주차장 운영권을 민간조직에게 부여

② 정부가 공급을 결정하고 민간기구가 생산하여 사용하고, 비용은 서비스이용자(소비자)가 공급자에게 직접지불한다. 수익자부담방식이므로, 사회적 약자의 희생이 나타날 수 있다.

③ 정부가 비용을 부담하지 않는다는 점에서 민간위탁과 다르다.

(4) 면허제(Licensing)

① 일정구역 내에서 공공서비스를 제공할 수 있는 권리를 인정하는 협정을 말하는 것으로 정부가 운영하던 특정자산 등에 대한 면허권을 부여하는 방식을 통해 운영권을 민간에 부여하는 것이다.

② 소비자가 비용을 부담하며 민간이 운영하지만 공급에 대해서는 정부가 책임을 진다. 독점판매권도 넓은 의미의 면허의 일종이며, 독점판매권이 독점적 허가방식이라면 면허제는 경쟁적 허가방식이다.

(5) 보조금의 지급(Subsidization)

① 재화나 서비스의 성격상 공공성을 가지고 있으나, 공공부문만으로 서비스의 생산·공급이 수요에 미치지 못할 경우 이와 유사한 서비스를 제공하는 민간부문에 재정·실물지원을 제공하여 서비스를 생산하게 하는 제도이다.

② 서비스가 기술적으로 복잡하여 서비스에 대한 요건을 명시하기가 구체적으로 곤란하거나 예측이 어렵고 서비스의 양과 질, 목표달성방법을 정확히 알 수 없을 때 주로 이용한다. ⑩ 교육시설, 탁아시설, 사설 박물관운영에 대한 보조

③ 보조금의 장단점

장점	가격을 낮춤으로써 이용자의 비용부담경감 및 외부경제효과를 지닌 민간활동을 장려할 수 있다.
단점	대리인 선정에 있어서 역선택 가능성의 문제발생, 보조금 횡령이나 유용과 같은 대리인의 도덕적 해이의 가능성이 있다.

(6) 증서(바우처), 구매권 제공(Vouching)

① 개념

㉠ 특정소비를 장려하기 위해 특정재화나 서비스를 구매할 수 있는 이용권·증서를 지급하여 소비자가 이를 시장에서 자유로이 선택하도록 하고 그 비용은 정부가 지불한다.

㉡ 증서(쿠폰)를 제공하는 방식으로 보조금수취권제도(소비보조금제도)라고도 하며 공공선택론자들이 선호하는 방식이다.

㉢ 예 경로우대대상자에 대한 무료버스승차권 지급, 저소득층에 대한 식품구매권, 학자금증서 지급, 방과 후 수업제, 주택장기임대사업, 산모돌봄서비스 등

② 유형

㉠ 명시형 바우처(수요자 바우처): 쿠폰이나 카드를 수혜자에게 지급하는 방식으로 쿠폰이 수혜자에서 공급자로, 공급자에서 사업담당 부서로 환류하여 자금지원이 완결되는 유형

종이바우처	식품이용권과 같이 일반적으로 알려진 바우처로 종이쿠폰형태
전자바우처	종이바우처를 전자적으로 구현하여 이용권한이 설정된 휴대폰이나 신용카드 등을 이용하여 서비스이용 및 지불수단으로 사용 예 고운맘카드

㉡ 묵시형 바우처(공급자 바우처): 정부가 개인에게 바우처를 직접 제공하지는 않지만 소비자가 서비스를 자유롭게 선택할 권한을 보장하고, 개인이 특정 공급업체에게 서비스를 받은 경우 정부가 공급자에게 사후에 비용을 지불하는 유형 예 무상교육, 장애아교육 및 보육서비스를 일정기관에게 받도록 기관을 지원하는 사업

③ 바우처제도의 장·단점

㉠ 장점: 선택권보장을 통한 서비스혜택자의 만족도 제고 및 취약계층을 보조하기 위한 정책수단으로 활용(형평성 확보)

㉡ 단점: 서비스혜택자의 서비스누출가능성, 서비스혜택자의 역선택가능성, 바우처사용자에 대한 사회적 낙인효과

(7) 자조(Self-Help)
: 공공서비스의 수혜자와 제공자가 같은 집단에 소속되어 서로 돕는 방식이다. 예 주민순찰, 보육, 고령자 대책 등

(8) 자원봉사(Volunteer)
: 서비스의 생산과 관련된 현금지출에 대해서만 보상받고 직접적인 보수를 받지 않으면서 정부를 위해 봉사하는 사람들을 활용하는 방식이다. 예 주민복지, 안전모니터링 등

(9) 민관공동출자사업(준정부조직)
: 민간부문과 공공부문이 합작(공동출자)하여 공익성과 기업성을 조화시키면서 제도적인 이익을 극대화하는 방식이다.

(10) 규제 완화 및 경쟁 촉진
: 현재 정부 또는 공기업이 독점하고 있는 재화나 서비스의 공급을 민간영역에서도 공급할 수 있도록 허용하고 경쟁체제로 전환하는 방식이다. 예 한국담배인삼공사의 담배공급 독점완화, 기상예보, 우편서비스 및 법적 규제를 자율화하여 민간기업의 참여를 활성화

(11) 민간위탁(Contracting-Out; 계약공급)

① 의의: 정부가 계약을 통해 민간부문에 서비스의 생산(공급)을 맡기는 대신, 정부가 그 비용을 현금으로 지불하고 그 서비스에 대해 일정한 책임을 지는 방식이다. 행정기능을 민간에게 완전히 이양하지 않고 행정기관이 그에 관한 권한과 책임을 여전히 유보하고 있으면서 민간에게 서비스생산만 의뢰하는 내용의 계약을 체결하는 제도로서 외주(Out-Sourcing)라고도 한다. 예 쓰레기 처리사무의 용역계약, 민영교도소 설치

② 대상사무: 조사·검사·검정·관리업무 등 국민의 권리·의무와 직접관계되지 아니하는 사무로, 단순사실행위인 행정작용, 능률성이 더 많이 요구되는 사무, 전문지식과 기술을 요하는 사무, 단순행정사무 등이 해당된다.

(12) 사용자(수익자)부담주의: 공공기관이 제공하는 재화와 용역의 대가로 수혜자로부터 요금이나 비용을 징수한다. 사회적 형평성(Equity; 공평성) 저해 및 공공서비스 공급가격의 인상우려 문제가 있다.

(13) 민자유치: 사회간접 자본건설에 민간자본을 유치하여 건설하는 방식(BOT, BTL 등)이다.

3. 우리나라의 바우처제도

사회서비스 전자바우처	정부가 2007년부터 도입하여 노인돌봄종합서비스, 장애인활동지원, 산모·신생아 건강관리지원, 장애아동 가족지원, 임신출산 진료비지원 등의 서비스를 전자바우처로 제공하고 있다.
문화바우처	저소득층이 공연 및 전시회 티켓, 도서 등을 구매하여 문화생활을 향유할 수 있도록 정부가 비용을 지원하는 제도를 말한다. 문화누리카드라는 이름으로 발행하고 있다.
주택바우처	서울시의 주택바우처가 대표적이며, 자기소득의 일정수준을 넘는 임대료에 대해 그 차액을 바우처로 지원하는 제도이다. 서울시의 주택바우처는 월세액의 일정부분을 바우처로 지원하고 있다.
아동급식지원	각 지자체에서 시행하고 있으며 결식아동에게 식비를 지원하고 카드가맹점에서 식료품을 구입할 수 있도록 하는 제도이다. 서울시의 꿈나무카드, 경기도의 G-Dream 카드 등이 대표적인 바우처이다.

[4] 민자유치방식

10
20❼기출

민자유치의 사업방식에 대한 설명으로 옳은 것을 모두 고르면?

⊙ BTO방식 – 민간투자기관이 민간자본으로 공공시설을 건설하고 시설완공과 동시에 소유권을 정부에 이전하는 대신, 민간투자기관이 일정기간 시설을 운영하여 투자비를 회수하는 방식

ⓒ BOT방식 – 민간투자기관이 민간자본으로 공공시설을 건설하고 시설완공 후 일정기간 동안 민간투자기관이 소유권을 가지고 직접운영하여 투자비를 회수하는 방식

ⓒ BOO방식 – 민간투자기관이 민간자본으로 공공시설을 건설하고 시설완공 후 일정기간 동안 민간투자기관이 소유권을 가지고 직접운영하여 투자비를 회수한 다음, 기간만료 시 소유권을 정부에 이전하는 방식

ⓔ BTL방식 – 민간투자기관이 민간자본으로 공공시설을 건설하고 완공 시 소유권을 정부에게 이전하여 정부가 소유권과 운영권을 가지고, 대신 민간투자기관에게 임대료를 지급하도록 하여 시설투자비를 회수하는 방식

ⓜ BLT방식 – 민간의 투자자본으로 건설한 공공시설을 정부가 사업을 운영하며 민간에 임대료를 지불하는 방식으로 운영종료 시점에 정부가 소유권을 이전받는 방식

① ⊙, ⓔ, ⓜ

② ⓒ, ⓒ, ⓔ

③ ⊙, ⓒ, ⓔ, ⓜ

④ ⓒ, ⓒ, ⓔ, ⓜ

정답 ①

① ⊙ · ② · ⑩은 민자유치 사업방식에 대한 설명으로 옳은 설명이다.

오답의 이유

ⓒ BOT방식 – 민간투자기관이 민간자본으로 공공시설을 건설하고, 시설완공 후 일정기간 동안 민간투자기관이 소유권을 가지고 직접운영하여 투자비를 회수한 다음, 기간만료 시 시설소유권을 정부에 이전하는 방식

ⓒ BOO방식 – 민간투자기관이 민간자본으로 공공시설을 건설하고 시설완공 후 일정기간 동안 민간투자기관이 소유권을 가지고 직접운영하여 투자비를 회수하는 방식

끝장이론 ···

민자유치방식

구분	BOT	BTO	BLT	BTL
의미	민간투자기관이 민간자본으로 공공시설을 건설하고, 시설완공 후 일정기간 동안 민간투자기관이 소유권을 가지고 직접 운영하여 투자비를 회수한 다음, 기간만료 시 시설소유권을 정부에 이전하는 방식	민간투자기관이 민간자본으로 공공시설을 건설하고, 시설의 완공과 동시에 소유권을 정부에 이전하는 대신, 민간투자기관이 일정기간 시설을 운영하여 투자비를 회수하는 방식	민간의 투자자본으로 건설한 공공시설을 정부가 사업을 운영하며 민간에 임대료를 지불하는 방식으로, 운용종료시점에 정부가 소유권을 이전받는 방식	민간투자기관이 민간자본으로 공공시설을 건설하고, 완공 시 소유권을 정부에게 이전하는 대신, 정부는 소유권과 운영권을 가지고 민간투자기관에게 임대료를 지급하도록 하여 시설투자비를 회수하는 방식
목표수익 실현방법	• 시민들로부터 이용료수입이 부족할 경우 정부재정에서 보조금을 지급해 사후적으로 적정수익률을 보장받는 방식 • 적자보전협약에 의해 최소운영수익(MRG) 보장(최소운영수입보장제도 적용)		• 정부가 적정수익률을 반영하여 임대료를 산정·지급하므로 사전에 목표수익률 실현을 보장받는 방식 • 민간에게는 위험부담이 거의 없음, MRG제도 없음	
운영기간 동안 시설소유 주체	민간	정부	민간	정부
소유권 이전시기	운영종료 시점	준공 시점	운영종료 시점	준공 시점
기대효과	민간의 창의력 활용, 민간부문의 유휴자금을 장기공공투자로 유인, 이용자가 비용을 부담함으로써 수익자부담 실현, 미래세대와 현세대 간의 부담의 공평, 대규모 공공사업의 착수비 경감			

11

민영화에 대한 문제점으로 가장 옳지 않은 것은?

① 공공성의 침해
② 서비스품질의 저하
③ 경쟁의 심화
④ 행정책임확보의 곤란성

해설   정답 ③

③ 민영화는 서비스공급의 경쟁을 촉진시켜 가격을 낮추고, 선택의 기회를 넓히기 위해 시행되는 것이므로 경쟁의 심화는 민영화의 문제점으로 볼 수 없다.

오답의 이유

① · ② · ④ 민간은 영리추구가 우선시되므로 행정의 공공성 및 형평성, 책임성, 서비스의 품질이 저해되는 문제점을 가지고 있다.

12

다음 중 '민간화(Privatisation)'의 긍정적 효과로 볼 수 없는 것은?

① 공공서비스 제공에 대한 형평성 제고
② 고객의 요구에 대한 대응성 확보
③ 서비스공급의 융통성과 효율성 상승
④ 정치적인 부담감소

해설   정답 ①

① 민간화는 영리추구가 우선시되기 때문에 공공서비스의 책임성, 형평성을 저해할 수 있다.

오답의 이유

② 서비스공급의 경쟁을 통해 서비스의 질이 향상되고, 가격을 낮추어 선택의 기회를 넓힘으로써 고객요구에 대한 대응성을 확보할 수 있다.
③ 경직된 정부조직의 여러 제약을 제거하여 서비스공급의 융통성과 효율성을 높일 수 있다.
④ 민간화되는 영역에서 정부활동의 가시성과 직접성이 낮아지기 때문에 정치적 부담이 감소한다.

1. 민간화의 효용

(1) 행정의 효율성 향상: 서비스의 충족을 민간부문에 의존하여 비용을 절감하고 선택의 기회를 넓히며, 특히 민영화는 주인-대리인 관계가 반복되는 복대리인이론의 문제로 인한 누적적 비효율을 극복할 수 있다. 그러나 소유권이전과 함께 경쟁을 도입해야만 효율이라는 민영화의 근본목표달성이 가능하다. 또한 정부조직의 경직된 제약을 제거하면 서비스의 공급이 효율적으로 운영된다.

(2) 행정서비스의 질: 경쟁으로 인한 비용을 절감하고 향상된 서비스를 제공할 수 있다.

(3) 민간경제의 활성화: 정부부담을 줄여 업무수행의 효율화를 도모할 수 있으며, 자본시장의 저변확대와 민간경제의 활성화가 기대된다.

(4) 정부재정의 건전화: 부실공기업을 매각하여 정부의 재정부채를 줄이며 새로운 재원(매각대금)의 확보로 공공재정이 확충되고 재정운영의 탄력성과 건전성이 높아진다.

(5) 작은 정부의 구현: 민간이 행정에 참여를 하면서 공공부문이 작은 정부를 확립할 수 있게 하고 행정에 대한 민주적·자율적 통제를 강화한다.

(6) 업무의 전문성 제고: 민간화는 민간기업의 전문적 지식과 기술, 재정적 부담능력 및 경영관리능력을 활용할 수 있어 업무를 전문적으로 처리할 수 있다.

(7) 정치적 부담감소: 활동이나 자산소유에 있어서 정부의 역할을 줄일 수 있다.

2. 민간화의 한계

(1) 행정책임확보의 어려움

(2) 공급중단의 우려와 공급가격의 상승

(3) 계약절차에 있어서의 부정만연

(4) 공공성의 침해

(5) 역대리 문제발생(도덕적 해이)

(6) 형평성 저해

(7) 시장실패 가능성 유발

3. 민영화의 지체요인

(1) 황금주의 문제: 공기업의 민영화 시 정부가 주식 전체를 양도하지 않고 일부지분을 계속 보유함으로써 기업에 대해 정부가 권한을 계속 유지하면서 통제하려고 한다. 여기서 황금주란 주식은 한 주지만 강력한 의결권을 갖는 주식을 말한다.

(2) 정부의 무한책임주의: 민간과 시장에 대한 불신은 정부로 하여금 비능률적인 상태에서도 지속적으로 공기업을 소유하게 만드는 요인이다.

(3) 주무관청의 반대: 자신들의 권한을 확대하려는 관료의 속성이나 퇴직 후의 낙하산 인사의 자리를 확보할 수 있다는 매력이 공기업의 민영화를 소극적이게 하는 원인이 된다.

(4) 노조의 반대: 민영화가 될 경우 구성원은 극단적인 노조활동을 할 수 없어 임금인상요구의 억제효과가 있으며, 구성원들은 연공서열보다는 경쟁압력에 시달리게 되므로 대체로 민영화를 원하지 않는다.

(5) 크림 탈취현상(Cream Skimming): 공기업이 흑자를 낸다면 정부는 민영화하지 않으려 할 것이며, 적자를 낸다면 민간영역이 이를 인수하지 않으려고 하는 모순이 발생한다(빵 속의 크림만 발라먹는 현상).

13

09 기출

다음 중 공공서비스의 성과지표와 예시가 적절하게 연결된 것은?

> ㉠ 지역사회의 발전
> ㉡ 공사에 참여한 인력과 장비
> ㉢ 포장된 도로의 면적
> ㉣ 차량의 통행속도 증가

① ㉠ – 영향, ㉡ – 산출, ㉢ – 투입, ㉣ – 결과
② ㉠ – 결과, ㉡ – 영향, ㉢ – 투입, ㉣ – 산출
③ ㉠ – 결과, ㉡ – 투입, ㉢ – 영향, ㉣ – 산출
④ ㉠ – 영향, ㉡ – 투입, ㉢ – 산출, ㉣ – 결과

해설
④ ㉠은 영향, ㉡은 투입, ㉢은 산출, ㉣은 결과에 해당한다.

정답 ④

끝장이론 ....

1. 성과평가의 의의와 기준

(1) 성과평가의 의의
① 공공서비스를 수행한 활동의 결과를 일반적으로 성과라고 한다.
② 지방자치단체가 주민의 욕구에 대응·반응하여 행정수요에 대한 충족정도를 나타내는 개념이다.

(2) 성과평가의 기준
① 능률성: 투입에 대한 산출의 비율을 말한다.
② 효과성: 산출의 질과 양에 제공된 인적·물적 자원과 서비스의 적시성에 의하여 좌우된다.
③ 형평성: 배분적 정의의 문제로 어떤 것들이 공평한가에 대한 것이다.
④ 대응성: 주민의 욕구나 기대, 요구, 선호 등이 반영되고 충족되는 정도에 대한 개념이다.

2. 성과지표의 기준

(1) 명확성(Specific): 명확하고 직접적이며 모호하지 않아야 한다.
(2) 측정가능성(Measurable): 측정하고자 하는 것이 모두 포함되어야 하고, 간접적으로 측정하거나 추정적으로 표현되지 않아야 한다.
(3) 원인성(Attributable): 사업과 명확히 연계되어야 하고, 사업의 범위(대상, 예산)를 넘지 않아야 한다.

(4) 신뢰성(Reliable): 재측정하거나 제3자가 측정해도 동일한 결과가 나와야 하고, 정성지표의 경우 과학적으로 설계되어야 한다.

(5) 적시성(Timely): 평가 전에 성과측정이 가능해야 하고, 측정대상기간과 평가대상기간이 일치해야 한다.

3. 공공서비스 성과(Performance)의 성과지표

투입(Input)	재원, 인력, 장비 등 품목별 예산에서 일차적으로 고려되는 요소
업무(Workload)	업무처리과정에 초점을 맞추는 지표로 원재료를 산출물로 전환
산출(Output)	행정활동의 결과로 생산된 일차적 재화와 서비스(직접적 생산물) ◉ 포장된 도로의 면적, 범죄자 체포건수, 화재진압건수 등
결과(Outcome)	정책의 실질적 목표달성도를 의미하며, 정성적인 측면과 정량적인 측면이 결합되어 평가 ◉ 차량의 통행속도 증가, 범죄율 감소, 화재발생률 감소 등
영향(Impact)	장기적 시각에서 질적 평가가 이루어지며, 산출과 결과의 개념과 그로 인한 파급효과까지 포함 ◉ 안전한 지역사회의 형성, 지역사회의 발전, 환경개선 등

[7] 시민사회와 NGO

14

15 기출

다음 중 시민사회와 행정의 관계에 대한 설명으로 옳지 않은 것은?

① 현대적 의미의 시민사회는 민주화와 시장실패에 대처하려는 노력을 통해 부활하였다.

② 시민사회는 공공선을 실현하기 위해 국가에 영향력을 행사한다.

③ 시민사회활동을 대표하는 NGO의 특징으로는 비정부성, 비영리성, 자발성 등을 들 수 있다.

④ 시민사회는 정부와 시장의 기능을 보완하며 서비스를 제공하는 기능을 담당할 수 있다.

해설
정답 ①

① 현대적 의미에서 시민사회는 민주화와 더불어 정부실패에 대처하려는 노력을 통해 부활하였다.

15

08 기출

다음 중 NGO에 대한 설명으로 적절하지 않은 것은?

① NGO는 공익을 추구하는 자발적 조직으로 공적 조직이다.

② NGO는 의회, 정당 또는 행정부의 기능을 일부 보완할 수 있다.

③ NGO는 시장실패, 정부실패, 세계화, 민간화 등으로 인해 등장하였다.

④ NGO는 정책의 각 과정에서 다양한 방법을 통해 참여하게 된다.

해설　　　　　　　　　　　　　　　　　　　　　　　　　　　　　　　정답 ①

① NGO(Non Governmental Organization)는 비정부기구로서 시민들의 자발적이고 능동적인 참여로 이루어지는 사적 조직에 해당한다. 비정부기구는 제3섹터로 일컬어지기도 하는데, 제1섹터인 공공부문 및 제2섹터의 민간부문과 독립적으로 운영된다. 비정부기구는 조직형태가 민간단체(사적 조직)이면서도 공익을 추구하고 공공부문과 민간부문의 보완적 역할을 한다는 특성에서 제3섹터라고 할 수 있다.

끝장이론　...

1. 시민사회와 NGO의 의의

(1) 시민사회의 의의

① 문명화된 사회, 개인들의 자유와 권리가 보장되는 민주사회, 이기적인 욕망충족의 체계, 이윤동기에 의해 형성된 부르주아 계급사회로 사상사에 따라서 각기 상이하게 이해된다.

② 최근에는 국가와 경제에 가려져 보다 심층의 문화영역으로서의 시민사회를 강조한다.

③ 하버마스와 같은 학자는 해당 사회에서 공론을 주도해 나가는 사람들의 집회로서 공공영역 또는 생활세계의 개념을 시민사회로 이해하고 있다.

(2) 시민사회 주역으로서 NGO 개념

① 공공의 목적을 실현하기 위한 자발적인 비영리 시민단체를 의미한다.

② 비정부성, 공익성, 연대성, 자원성, 공식성, 국제성이라는 개념적 특성을 가진 민간단체라고 할 수 있다.

ⓔ 스위스의 국제적십자사, 우리나라의 YMCA, YWCA, 경제정의실천시민연합, 환경운동연합, 대한적십자사, 참여연대, 바르게살기운동 중앙협의회 등

2. NGO의 등장배경

(1) 정부실패: 정부의 시장개입은 다수결의 원칙에 따라 획일적인 서비스를 제공하기 때문에 다양한 시민의 요구를 충족시키지 못하는 결과를 초래한다. 이때 다양한 욕구를 신축적으로 충족시키기 위해 비영리단체가 등장하였다.

(2) 시장실패: 시장은 경쟁을 통한 효율성을 중시하는 메커니즘을 지니고 있다. 그리하여 수익자부담원칙 등을 중시하고 이윤을 강조하기 때문에 시장은 소득분배의 불평등을 야기시키고 이윤이 없는 분야의 투자를 기피하게 된다. 이때 비영리단체가 부족한 공공재를 제공하거나 경제권력을 견제하고 사회적 약자를 보호하는 기능을 수행해야 한다는 것이다.

(3) 국가권력에 대한 통제: 국가권력에 의한 국민의 자유와 권리의 침해방지, 관료의 부패방지, 경제적 불평등에 대한 문제제기, 인권침해에 대한 감시, 환경파괴에 대한 지속적인 관심 같은 여러 분야에서의 국가권력에 대한 감시와 비판을 위해 비영리단체의 활동이 중시되고 있다.

(4) 다원주의 사회의 등장: 다양한 선호가 표출되어 경쟁하는 다원사회의 등장은 정부 혹은 시장이 충족시킬 수 없는 선호와 욕구를 잔존하게 만들었고, 이들 선호와 욕구는 NGO 등과 같은 자발적 단체에 의해 수행된다.

(5) 복지국가의 위기: 자원난 시대(1970년대) 이후에 복지국가의 위기가 제기되면서 정부가 해 왔던 복지기능이 NGO 등과 같은 자발적 단체에 의해 수행되어야만 했다.

3. NGO의 특징

(1) 사적 영역의 조직: 민간부문이 설립하고 운영하는 조직이다.

(2) 공식성(지속성)을 지닌 조직: 영속성을 의미하지는 않으나 일회성 캠페인에 그치는 활동을 하는 비공식적이고 임시적인 조직은 NGO라고 볼 수 없다. 지속성을 지니기 위해서 집행부나 이사회 등의 의사결정기구를 가질 수 있다.

(3) 비영리조직: NGO는 지배구조와 유인구조가 정부나 영리부문과는 달리 편익 비배분의 제약하에 있기 때문에 활동결과로 발생할 수 있는 편익을 조직구성원 누구에게도 배분할 수 없다.

(4) 자발적 자치조직: 자원봉사형태로 자발적 참여가 이루어지며 조직은 자치적으로 운영되어야 한다.

(5) 공익추구: 공익을 추구하되, 정부 및 시장부문과 독립적으로 운영되는 민간조직이다.

---

[8] 사회적 자본

16

19 기출

다음 중 사회적 자본의 특징으로 옳지 않은 것은?

① 사회적 자본은 사용할수록 감소하는 특징이 있다.

② 후쿠야마(F. Fukuyama)는 국가의 경쟁력은 사회에 내재하는 신뢰수준이 결정한다고 주장했다.

③ 사회적 자본은 개인의 네트워크나 결사체에 내재된 공공적 자원이다.

④ 사회적 자본은 정부의 개입 없이도 공동의 문제를 해결할 수 있게 만든다.

해설

정답 ①

① 사회적 자본은 사회구성원 상호간의 이익을 목적으로 하는 협동규범, 규칙, 네트워크 등을 의미한다. 사회적 자본은 거래 당사자가 사용할수록 '증가(축적)'되는 포지티브 섬(Positive Sum)의 특징이 있어 자기강화적이고, 사용할수록 증가하지만 사용하지 않으면 오히려 감소한다.

오답의 이유

② 후쿠야마(F. Fukuyama)는 신뢰를 강조하여 국가의 경쟁력은 사회에 내재하는 신뢰수준이 결정한다고 주장했다.

③ 경제자본은 개인이 소유하고 있는 '개인적 자원'이지만, 사회적 자본은 개인의 네트워크나 결사체에 내재된 '공공적 자원'이다.

④ 오스트롬(E. Ostrom) 등의 신제도주의자들은 공동의 규칙과 같은 사회적 자본이 정부의 개입 없이도 공동의 문제를 해결할 수 있게 만든다고 주장했다.

17

16 기출

다음 중 사회자본의 특징에 대한 설명으로 옳지 않은 것은?

① 사회자본은 지속적인 교환과정을 거쳐서 유지되고 재생산된다.

② 사회자본의 사회적 교환관계는 동등한 가치의 등가교환이다.

③ 사회자본은 사회적 관계에서 거래비용을 감소시키는 기능을 수행한다.

④ 사회자본은 국가 간의 이동성과 대체성이 낮다

> **해설**　　　　　　　　　　　　　　　　　　　　　　　　　　　　　　　　　　　　정답 ②
>
> ② 사회자본은 경제자본처럼 주는 만큼 줄고 받는 만큼 느는 등가물의 교환이 아니다. 즉 사회자본, 호혜규범, 참여, 연계망 그리고 협력 등이 서로를 누적·강화시켜 사용할수록 총량이 늘고 사용하지 않을수록 총량이 주는 특징을 가진다.

18

10 기출

다음 중 사회적 자본과 관련이 없는 것은?

① 사회적 자본은 사람과 사람 사이의 협력, 규범 등의 사회적 자산을 포괄한다.

② 사회적 자본은 행위자에게 이익이 배타적으로 돌아간다.

③ 사회적 자본은 국가 간의 이동성과 대체성이 낮다.

④ 사회적 공동체주의를 지향한다.

> **해설**　　　　　　　　　　　　　　　　　　　　　　　　　　　　　　　　　　　　정답 ②
>
> ② 사회적 자본은 사회구성원들이 협동하여 공동목표를 효율적으로 추구할 수 있게 하는 자본으로, 이를 통해 나온 자산은 공동소유다. 즉, 행위자 한 명에게 그 이익이 배타적으로 돌아가지 않는다.

끝장이론

1. 사회적 자본의 의의

(1) 개념

① 인적·물적 자본 등의 경제적 자본과 구분되는 자본이다.

② 사회적 자본은 공통의 목적을 위해서 협력을 바탕으로 한 사람들 사이의 사회적 구조로서 신뢰, 사회적 네트워크, 호혜성의 규범, 믿음, 규율 등의 특성을 갖는다.

(2) 사회적 자본의 특징

① 사회 내 인간의 활동을 통해 축적된다.

② 개인과 사회의 공식·비공식적 모든 활동과 가치관에 영향을 준다.

③ 사회의 규범, 신뢰, 네트워크를 형성한다.

④ 사회의 발전과 퇴보에 영향을 준다.

⑤ 사회의 변화에 따라 변화되고 축적될 수 있는 성질을 가지고 있다.

(3) 사회적 자본론의 대두배경: 사회적 자본은 모든 사회과학에 적용될 수 있는 개념으로, 사회적 자본의 뿌리는 19세기 고전적 사회학에서 찾을 수 있다.

퍼트남 (Putnam, 1995)	상호이익을 증진시키기 위한 조정과 협력을 촉진시키는 네트워크, 규범 그리고 사회적 신뢰와 같은 사회조직의 특징들로 정의하며, 사회자본의 원천으로 사회적 연계망, 규범, 신뢰 등이 있음
콜먼 (Coleman, 1990)	한 개인이 그 안에 참여함으로써 특정한 행동을 하는 것을 가능하게 만드는 사회구조 혹은 사회적 관계의 한 측면을 강조
후쿠야마 (Fukuyama, 1997)	그룹과 조직에서 공공목적을 위해서 함께 일하는 사람들의 능력이며, 이들 사이에 협력을 가능하게 하는 한 집단의 회원들 사이에 공유된 일단의 비공식적인 가치, 규범 내지는 신뢰의 존재로서 정의
브렘과 랜 (Brehm & Rahn, 1977)	집단행동문제들에 대한 해결을 촉진하는 시민들 사이의 협동적 관계망(사회적 연계망)으로 설명
페나 (Pennar, 1997)	개인적 행태와 경제적 성장에 영향을 주는 사회적 관계망으로 설명
부르디외 (Bourdieu, 1989)	사람들의 협조행동을 활발하게 함으로써 사회의 효율성을 개선할 수 있는 신뢰, 규범, 네트워크 등 사회조직의 특성으로 설명

2. 사회적 자본의 기능

(1) 순기능

① **능력과 자산**: 사회적 자본의 영향은 전체적으로 나타날 뿐 아니라 네트워크 내에서 개인의 행동을 촉진시키는 능력이자 자산의 역할을 수행한다.

② **거래비용 감소**: 신뢰를 토대로 네트워크형 사회에서 나타나는 약한 유대와 구조적 공백은 사회적 관계 속에서 가외성의 필요성을 최소화시키고 거래비용을 감소시켜 능률성 제고에 기여한다.

③ **학습의 원천**: 사회적 자본에서 다양성은 갈등과 대립이 아닌 창의력과 학습의 원천으로 조직의 혁신적 발전을 이끈다.

④ **협력과 효율**: 협력적 행태의 촉진 및 행동의 효율성을 제고한다.

⑤ **사회적 규범**: 도덕적 · 윤리적 규범의 공유로 구성원에 대한 제재력을 발휘한다.

(2) 역기능

① **형성의 불투명성**: 사회적 자본은 정신적 · 무형적 자본이므로 경제적 자본에 비해 형성과정이나 규모가 불투명하고 불확실하다는 특징을 가지고 있다.

② **거래의 불분명성**: 구체화되지 않은 의무, 불확실한 시간적 경계, 호혜성의 기대와 같은 조건이 작용하고 있어 불분명한 것이 일반적이다.

③ **측정의 곤란**: 측정이 용이하지 않고 측정지표도 지역특성에 따라 달라져야 한다.

④ **동조압력**: 동조성이나 집단규범의 강요로 개인의 자유로운 행동이나 사적 선택을 제약한다.

⑤ **집단 간 부정적 관계유발**: 과도한 폐쇄성과 집단결속성으로 인한 집단이기주의 등 다른 집단과의 관계에서 부정적 효과를 나타낼 수 있다.

19

19⑤기출

다음 중 현대행정의 기능적 · 질적 특징으로 옳지 않은 것은?

① 행정조직의 동태화   ② 행정기구의 확대 및 공무원 수 증가
③ 행정의 전문화 · 기술화   ④ 행정평가의 강화

해설   정답 ②

② 행정기구의 확대 및 공무원 수 증가는 양적 특징에 해당한다.

20

20⑦기출

대리정부(Proxy Government)의 특징에 대한 설명으로 옳지 않은 것은?

① 정보의 왜곡현상이 발생할 수 있다.
② 분권화 전략에 의해서 자원의 낭비와 남용을 줄일 수 있다.
③ 대리정부의 형태가 다양하므로 행정관리자의 전문적 리더십이 중요하다.
④ 시민 개개인의 행동이 정부정책의 성과를 결정하기 때문에 높은 시민의식하에 대리정부에 대한 시민의 통제가 중요하다.

해설   정답 ②

② 분권화 전략을 사용하지만 중앙정부로부터 대리정부가 이관받은 임무를 성공적으로 수행하지 못할 경우 생기는 오류를 교정하는 데 비용이 들 수 있다.

오답의 이유

① 주인-대리인 관계에서 나타나는 정보의 왜곡현상(정보의 비대칭현상)이 발생할 수 있다.
③ 대리정부의 형태가 다양하므로 행정관료가 전문적 리더십을 가져야 한다.
④ 시민 개개인의 행동이 정부정책의 성과를 결정하기 때문에 대리정부가 공공서비스 공급을 제대로 할 수 있도록 대리정부에 대한 시민들의 관심과 통제가 중요해진다.

끝장이론

1. 현대행정국가(1930~1970년대)

(1) 의의: 행정국가는 실체적 개념이 아닌 기능적 개념이며, 행정부가 입법부와 사법부에 비해 우월성을 가지는 20세기 국가 또는 행정부가 국민생활의 여러 측면에 개입하는 적극국가로 복지국가, 급부국가를 의미한다.

(2) 등장배경

① 경제대공황 및 시장실패

② 케인즈 경제학과 수정자본주의

③ 뉴딜정책과 정부개입

(3) 특징

① 양적 특징(구조적 측면)

㉠ 행정기능의 확대(직능국가)와 업무량 증가

㉡ 공무원 수의 증가(파킨슨 법칙)

㉢ 재정규모의 확대

㉣ 행정기구의 팽창(행정조직의 증가)

㉤ 전문성(문제해결능력)을 지닌 조직의 증가: 공기업, 준정부조직(제3부문), 위원회조직

② 질적 특징(기능적 측면)

㉠ 행정의 전문화 · 기술화 · 복잡화 · 통합화

㉡ 행정조사 · 통계 중시

㉢ 행정의 광역화 · 국제화

㉣ 행정의 적극적 역할: 사회안정화 기능(질서유지)과 사회변화 · 변동의 유도 및 촉진기능, 수행행정의 사회복지 기능강화(복지국가실현)

㉤ 정책결정 및 기획기능 중시

㉥ 인사행정의 적극화(소극적 실적주의와 폐쇄적 직업공무원제의 수정 · 보완)

㉦ 행정조직의 동태화(탈관료제적 구조의 이용확대)

㉧ 예산제도의 현대화

㉨ 행정책임 · 행정통제의 중시(내부통제 중시), 행정의 분석 · 평가 및 환류 중시

㉩ 중앙집권화(기술적 · 지식적 · 비권력적 집권)

2. 신행정국가(협치, 거버넌스, 1980년대~)

(1) 신행정국가의 등장배경

① 1980년대 들어서는 복지병이라고 불리는 복지국가모델의 한계와 1970년대의 에너지 위기 이후의 스태그플레이션 현상에 대한 정부의 무력함이 드러나기 시작했다. 시장실패를 해결할 수 있다고 믿었던 정부였지만 그 폐해가 오히려 더 크다는 정부실패에 대한 인식이 확산되었다. 이 시기에 신보수주의 또는 신자유주의 사상의 흐름을 타고 정부의 기능축소, 민영화, 규제완화, 네트워크활용 등의 정책방향을 갖는 '작은 정부론'에 대한 시대적 요청이 강하게 대두했다.

② 영국의 대처 수상과 미국의 레이건 대통령의 정책이 대표적인 예이다. 이후 뉴질랜드를 비롯한 영연방국가들이 신공공관리론에 바탕을 둔 정부개혁을 시행한 것은 이런 정부관을 반영한 것이다.

③ 지식정보화, 세계화, 시민사회화가 진행되는 21세기의 정부관은 '더 나은 정부(Better Government)'의 관점이 되어야 한다. 직접적인 서비스제공과 규제보다는 방향을 잡아 주는 정부, 시민의 권리와 시민참여를 보장하는 정부, 시민의 삶의 질을 보장해 주는 정부가 되어야 한다.

(2) 신행정국가의 특징

① 적극국가에서 규제국가로 변화하였다.

② 국가규모의 감축: 국가 전체의 기능 및 규모의 감축여부는 나라별로 차이가 있으며, 아직도 변화과정에 있기 때문에 단정적으로 결론을 내리기 어렵다. 다만, 현시점에서 볼 때 분명한 것은 신자유주의 혹은 신우익 이데올로기의 주창자들이 주장하는 것처럼 실제로 국가의 기능과 규모에 큰 감축이 이루어졌다고 하기에는 아직 이르다는 것이다.

③ **국가권위의 지속성**: 국가의 권력과 권위와 관련하여 감축이 중시되었음에도 불구하고 국가의 권위와 능력은 계속 유지되고 있다.

④ **복지혜택 제공자에서 시장형성자로의 권력이동**: 국가역할 가운데 부를 재분배하고 복지정책을 수행하는 혜택의 제공자로서의 역할에서, 시장의 규칙을 제정하고 갈등을 해소하는 시장형성자로서의 역할이 중시된다.

⑤ **새로운 국정운영방식**: 영국에서 1979년 이후 추진된 신자유주의적 정부개혁은 전통적 국정운영 모형인 '대의민주제 모형'의 의회정체에서 분화된 정체로의 이행을 가져왔다.

㉠ **정책네트워크와 정부 간 관계**: 정책네트워크는 일단의 자원의존적인 조직이다. 단단하게 통합된 '정책공동체(Policy Community)'에서부터 느슨하게 통합된 '이슈네트워크(Issue Network)'까지 여러 가지 유형이 있다. 중심의 통제가 불완전한 가운데 상호의존적이고, 또한 지방화 등에 의해 분권화된 정부 간의 연결망에 의해 전달된다.

㉡ **공동화(Hollowing Out) 국가**: 위로는 유럽연합과 같은 국제기구로, 아래로는 구체적인 목적을 위한 행정단위로, 외부로는 책임운영기관이나 지방정부로 국가의 기능과 조직이 방출되고 있음을 의미한다.

㉢ **핵심정부**: 중앙정부의 정책들을 통합하고 협조하도록 하거나 혹은 정부기구의 요소들 간의 갈등에 대한 행정부 내 최종 조정자로서 행동하는 모든 조직과 구조들을 의미한다. 핵심정부는 기능적 정책네트워크를 통제하고 감독하나 그 자체도 하나의 네트워크이며, 신행정국가에서 핵심정부의 전략적 방향 잡기 기능은 보다 중시되고 있다.

㉣ **신국정관리**: 뉴거버넌스는 조직들 사이에 상호의존적 특성이 있어 자기조직적이고, 조직 간 연결망이 중시된다. 뉴거버넌스에서 국가는 특권적이고 주권적인 위치를 점유하지는 못한다. 그럼에도 불구하고 네트워크를 간접적으로 불완전하게나마 조정할 수 있으며, 행위자들 사이는 비대칭적 상호의존성의 특징을 갖는다.

(3) 대리정부

① **배경**

㉠ 1970년대 이후 '제3자 정부(Third Party Government)' 또는 '대리정부(Proxy Government)'라는 간접통치방식이 국가통치의 주요한 수단으로 급속히 부각하였다.

㉡ 대리정부이론은 작은 정부 경향과 공공선택이론의 이론적 토대를 가진다.

㉢ 대리정부화는 미국과 같은 순수연방제에서 중앙정부의 정책이나 프로그램들이 다른 하위정부 단위들이나 준정부조직, 시중은행, 비공익단체, 병원 등을 통한 제3자 정부에 의해 수행되는 현상을 의미한다.

② **장점**: 국가의 모든 부분에 속하는 전략과 자원을 가장 효율적으로 이용할 수 있으며, 국가정책을 국지적인 상황에 맞게 집행할 수 있고, 교육적인 면에서도 유익하다.

③ **문제점**

㉠ 중앙정부로부터 대리정부가 이관받은 임무를 성공적으로 수행하지 못할 경우 생기는 오류(정보의 비대칭성 등)를 교정하는 비용이 들 수 있다.

㉡ 대리정부에 대한 중앙정부의 재규제는 새로운 중앙집권을 유발시킬 수 있다.

④ **대응방안**

㉠ 중앙정부와 대리정부 간 목표의 상호조정과 책임 있는 환류전략을 통해 상호의존을 긴밀하게 해야 한다.

㉡ 행정관료가 전문가적 리더가 되어야 한다. 예를 들면 행정관리자는 계약에 관련된 사항들을 주지하고 그 계약의 장래 변동사항까지도 미리 예측할 수 있어야 한다.

㉢ 무엇보다도 시민의식에 달려 있다. 시민 개개인이 공익에 부합하는 행동을 할 때 중앙정부의 목표 · 가치와 대리정부의 목표 · 가치가 동일화될 수 있을 것이다.

행정이 추구하는 가치

[1] 행정이념

01

행정이념에 대한 다음 설명 중 옳지 않은 것은?

① 합법성은 법치행정을 추구하여 국민의 자유와 권리를 보호해야 한다는 이념이다.

② 효율성은 행정목표의 달성도를 말하므로 수단적이고 과정적이 아니라 목적적이고 기능적인 이념이다.

③ 민주성은 국민에 대한 대응성을 강조하고 국민을 위한 행정을 수행하자는 이념이다.

④ 사회적 형평성은 가치배분의 공정성을 높여 모든 국민이 균등하게 잘 살게 해야 한다는 이념이다.

해설   정답 ②

② 행정목표의 달성도는 '효율성'이 아닌 '효과성'을 말한다. 즉, 수단적이고 과정적인 개념이 효율성 이념이고, 목적적이며 기능적인 개념은 결과중심의 효과성 이념이다.

끝잠이론

1. 행정이념의 의의

(1) 행정이 지향하는 최고가치, 이상적인 미래상 또는 행정의 지도정신, 나아가 공무원의 행동 지침 및 방향을 의미한다.

(2) 우선순위를 엄격히 구별할 수 있는 것이 아니라 상호보완적·상대적 성격을 띠며, 역사적·정치적·상황적 요인에 따라 그 평가기준이 달라진다.

2. 우선순위에 따른 행정이념

본질적 행정가치	• 가치 자체가 목적이 되는 가치, 결과에 상관없이 만족을 제공 • 행정을 통해 이룩하고자 하는 궁극적 가치 • 정의, 복지, 형평, 자유, 평등
도구적·수단적 행정가치	• 목적실현을 가능하게 하는 가치 • 실제적인 행정과정에 구체적 지침이 되는 규범적 기준 • 사회적 자원의 배분기준에 관한 민주성, 합법성, 능률성, 효과성, 효율성, 합리성, 대응성, 신뢰성, 중립성, 공개성, 투명성, 책임성 등

3. 행정이념의 변천

연대	행정이념	행정이론	개념
19세기 초	합법성	관료제이론	법률적합성
19세기 말	기계적 능률성	기술적 행정학, 과학적 관리론	산출/투입
1930년대	민주성(사회적 능률성)	기능적 행정학, 인간관계론	국민을 위한 행정
1940년대	합리성	행정행태론	목표에 대한 수단의 적합성
1960년대	효과성, 생산성	발전행정론	목표달성도
1970년대	사회적 형평성	신행정론	소외계층 위주의 행정
1980년대	생산성	신공공관리론	능률성+효과성
1990년대	민주성, 신뢰, 투명(인간주의)	뉴거버넌스	정부에 대한 국민의 믿음

[2] 본질적(종국적) 행정가치 1

02

08 기출

다음 중 공익에 대한 설명으로 적절하지 않은 것은?

① 공익은 절대적이며 확정적인 개념이다.

② 공익은 정확히 정의하기는 어려우나, 확실히 정의할 수 있는 몇몇 특징이 존재한다.

③ 공익은 다수 이익이나 사회적 약자의 이익이 포함되어 있다.

④ 공익은 논리상으로는 제약이 없는 개념이다.

해설

정답 ①

① 공익은 시대적·장소적 배경에 따라서 그 내용이 달라질 수 있다. 절대적이며 확정적인 개념이 아니라, 상대적이면서 불확정적인 동태적 성격을 지닌 개념이다.

끝장이론

1. 공익(Public Interest)

(1) 개념

① 공익이란 국민에 대한 책임 있는 의사결정행위[슈버트(Schubert)의 공익론]로, 불특정 다수인의 이익, 사회 전체에 공유된 기본가치, 공동이익을 의미한다.

② 행정의 이념적 최고가치이며 행정이 추구해야 할 본질적인 가치로 행정행위의 규범적 기능이 된다.

(2) 공익에 관한 다양한 접근

① 과정설(소극설)

㉠ 의의: 사익과 본질적으로 구별되는 공익이란 존재할 수 없으며, 공익이란 사익의 총합이거나 사익 간의 타협 또는 집단 상호작용의 산물이다.

㉡ 과정설의 논거
- 공익은 국민들이 향유하는 사익의 합계에 불과하다고 본다(민주주의 공익론의 핵심).
- 사익들 간의 갈등이나 대립 시 타협의 결과로 배분된 사익의 합계를 공익으로 본다. 일종의 제로섬 게임(Zero-Sum Game)을 전제로 한다.
- 사익의 극대화가 공익의 극대화를 가져온다고 본다. 따라서 정부가 간섭하지 않고 자유로운 경제활동이 보장되면 개인은 이익극대화를 위해 노력할 것이고, 시장기구에 의해 자원의 최적배분이 이루어져 경제발전, 즉 공익의 극대화를 가져올 수가 있다고 본다.
- 대표학자: 홉스(Hobbes), 흄(Hume), 벤담(Bentham), 베르그송(Bergson), 새뮤얼슨(Samuelson), 리틀(Little), 애로(Arrow), 벤틀리(Bentley), 슈버트(Schubert), 트루먼(Truman) 등

㉢ 과정설의 문제점
- 집단 간 힘의 불균형이 존재하는 경우에 조직화되지 못한 일반시민이나 잠재집단의 이익, 약자의 이익을 반영하기가 곤란한 집단이기주의의 폐단이 발생할 수 있다.
- 대립적 이익을 공익화할 때 사전평가기준이 없고 특수이익 간 경합·대립이 자동적으로 공익으로 전환된다는 것은 기계적 관념이다.
- 도덕적·규범적 요인이 경시되고, 국가이익이나 공익의 존재를 고려하지 않으며, 토의나 비판과정이 발달하지 못한 신생국가에는 적용이 곤란하다.

② 실체설(적극설)

㉠ 의의: 사익을 초월한 실체적·규범적·도덕적 개념으로서, 공익과 사익의 갈등이란 있을 수 없다고 본다. 구체적으로 정의·형평·복지·인간존중 등 매우 다양하다.

㉡ 실체설의 논거
- 공동사회적 이익이 존재한다고 본다. 공익이란 개별이익과는 별개의 실체로서 선험적으로 존재하는 것으로 파악하고 이것은 사익과 구별된다고 본다.
- 공익으로서의 국민의 기본권과 중요가치들이 실체로서 존재한다고 본다. 즉, 자유와 평등의 기본권과 정의, 사회적 안정 등의 사회적 가치는 중요한 공익의 내용으로 단순한 사익의 합계가 아닌 본질적으로 다른 속성을 지닌 것으로 본다.
- 공익의 실체를 규정하기 위한 엘리트와 관료의 적극적 역할을 강조하고 정부는 국가우월적 지위에서 목민적 역할을 강조한다.
- 대표학자: 플라톤(Plato), 아리스토텔레스(Aristoteles), 루소(Rousseau), 헤겔(Hegel), 마르크스(Marx), 헬드(Held), 롤스(Rawls) 등

㉢ 실체설의 문제점
- 실체설은 공동체가 개인과는 구별되는 자신의 의지를 지니고 공동체가 추구하는 이익이 공익이라는 신비주의적 형이상적 공동체론을 주장한다. 이런 견해는 전체주의적 독재체제나 침략적 민족주의를 유지하면서 개인의 인권을 유린하는 명분으로 악용될 가능성이 있다.
- 인간의 규범적 가치관에 따라 공익관이 달라지므로 통일적 공익관을 도출하기 곤란하고 공익결정에 있어 소수 엘리트들이 적극적 역할을 수행한다.
- 공익개념이 추상적이며 국민 개개인의 주장·이익을 무시할 수 있다.

③ 절충설

㉠ 의의: 공익은 사익의 집합체나 사익 간 타협의 소신도 아니지만 사익과 전혀 별개의 것도 아니다.

㉡ 절충설의 논거

• 과정설과 실체설을 절충한 것으로 이것은 민주성과 전문성을 모두 충족시키려는 방식이다. 절충설은 국민의 대표기관이나 집단을 결정과정에 참여하게 함은 물론 행정인들의 전문적인 직업윤리를 바탕으로 결정에 중요한 역할을 수행하도록 한다.

• 대표학자: 애플비(P. Appleby), 프리드리히(Friedrich), 뷰캐넌과 털록(Buchanan & Tullock), 헤링(Herring)

㉢ 절충설 문제점

• 공익과 사익을 명확하게 설정해 국민일치의 소망을 분별하기는 곤란하다.

• 급격한 변동이 진행 중인 사회에서는 공익의 적절한 평가기준을 제시하지 못한다.

2. 정의(正義, Justice)

(1) **정의의 의의**: 역사가 오래된 가치개념으로 학자들에 의해 다양하게 정의되어 왔다. 여러 학자들의 주장을 종합하면 결국 가치배분의 구체적 원칙에 관한 서술적 의미보다는 '옳다'라고 하는 정의적(情意的) 의미를 많이 담고 있는 가치개념이다. 그 속에서 형평과 평등이라는 사회적 가치의 배분원리에 관한 서술적 의미를 끄집어 낼 수 있다.

(2) **정의의 다양한 개념**

① 플라톤: 옳음(Righteousness, 義) 그 자체이다.

② 아리스토텔레스: 정의는 동등한 사람이 똑같은 배당을 받는 것을 의미하여, 불공정은 불평을 의미한다. 공정은 평등을 의미하는 것으로 본다.

③ 시즈윅(H. Sidgwick): 정의는 권리와 자유, 부담과 혜택을 공정하게 배분하는 것이다.

④ 롤스(J. Rawls): 정의를 공평으로 풀이하면서 배분의 정의가 무엇보다도 평등의 원칙에 입각해야 한다고 주장한다.

[3] 본질적(종국적) 행정가치 2

03

11 기출

사회적 형평성에 대한 설명으로 가장 적절하지 않은 것은?

① 사회적 형평성은 신행정론에서 적극 수용되었다.

② 형평성과 공정성은 동일한 개념으로 사용되고 있다.

③ 사회적 형평성을 강조할 경우 경제적 약자를 최우선적으로 고려해야 한다.

④ 사회적 형평성은 동일한 것은 동일하게, 동일하지 않은 것은 동일하지 않게 대우하는 것이다.

끝장이론 ··

1. 사회적 형평

(1) 개념

① 사회적 형평성이란 사회정의 · 평등과 유사한 것으로, 사회적 · 경제적 · 정치적으로 불리한 입장에 있는 계층이 국가의 특별한 배려로 서비스 배분에 있어서 공평성과 평등성을 보장받는 것을 말한다.

② 사회적 형평은 공공서비스의 평등성, 의사결정과 사업수행에 관련된 행정의 책임성 및 시민의 요구에 대한 대등성의 확보를 의미하며 효과성(Effectiveness), 효율성(Efficiency)과 함께 신행정론의 3E로 언급된다.

③ 비용의 부담자와 효과의 향유자가 누구인가의 문제가 중요시 된다. 정치권력을 배경으로 하여 사회적 가치나 이익을 강제로 배분하는 성질을 가진 공공정책은 비용과 편익을 일정한 기준에 따라 불평등하게 배분하는 성질, 즉 부분이익 선택성(Policy Selectivity)을 갖고 있기 때문에 구성원의 사회 · 경제적 지위에 큰 영향을 미친다.

(2) 대두배경

① **사회적 배경**: 1960년대 미국에서의 다양한 사회문제의 발생(격동기)과 가치중립의 한계 → 행정의 적극적 개입 필요, 특히 1960년대 흑인폭동은 사회적 약자에 대한 고려의 필요성을 부각시켰고, 정부의 적극적 개입에 의한 사회복지정책(존슨의 위대한 사회)이 추진되었다.

② **학문적 배경**: 신행정론의 등장 및 롤스(Rawls)의 정의론에 근거한다.

2. 자유와 평등

(1) 자유

① **의미**: 자유는 일반적으로 '제약과 간섭이 없는 상태'를 말하며, 책임감 없이 행동하는 방종과 구별된다.

② **자유의 유형**

㉠ 소극적 자유와 적극적 자유

• 소극적 자유: 간섭과 제약이 없는 상태로 개인의 자유를 강조하는 정부로부터의 자유(Freedom from Government)

• 적극적 자유: 정부의 간섭주의를 추구하는 정부에 의한 자유(Freedom by Government)

㉡ 시민적 · 정치적 자유와 경제적 자유

• 시민적 · 정치적 자유: 철학적 개인주의 입장으로, 신체자유, 프라이버시의 자유, 사상의 자유, 신앙의 자유, 표현의 자유 등

• 경제적 자유: 경제활동의 자유와 재산의 자유로운 보유처분에 관한 자유

(2) 평등

① 의미: 똑같은 원칙에 따르거나 같은 처지에 있는 사람을 똑같이 대우하는 것을 의미한다.

② 블래스토스(Blastos)의 정당한 분배의 원칙

㉠ 필요에 따른 분배

㉡ 각자의 가치에 따른 분배

㉢ 각자의 일에 따른 분배

㉣ 각자의 능력과 업적에 따른 분배

㉤ 각자가 체결한 계약에 따른 분배

[4] 수단적(도구적) 행정가치 1

04

20 ❾ 기출

디목(M. Dimock)의 사회적 능률에 대한 설명으로 가장 적절하지 않은 것은?

① 사회적 형평성을 보장하기 위한 개념이다.

② 행정의 사회목적실현과 관련이 있다.

③ 경제성과 연계될 수 있는 개념이다.

④ 최소의 투입으로 최대의 산출을 추구한다.

해설   정답 ①

① 사회적 능률은 형평성이 아닌 능률성(합목적적 능률, 상대적 능률, 장기적 능률, 인간적 능률)을 보장하기 위한 개념이다.

05

06 기출

행정의 가치체계에 있어서 능률성이 제1의 공리라고 주장한 학자는?

① 화이트(White)   ② 메이요(Mayo)

③ 가우스(Gaus)   ④ 귤릭(Gulick)

해설   정답 ④

④ 귤릭(Gulick)은 공공조직이나 민간조직을 막론하고 행정의 과학화를 이루기 위해 세워야 할 가장 기본적인 가치척도는 능률성이 되어야 한다고 주장하였다. 귤릭은 고전적 행정이론의 대표적인 학자이다.

06

다음 중 합리성에 대한 설명으로 적절하지 않은 것은?

① 절차적 합리성은 목표에 비추어 적합한 행동이 선택되는 정도이다.

② 실제적 합리성은 개인의 이익을 증진하기 위해 실용적이며, 이기적인 관점에서 그들의 활동을 판단하려고 할 때에 나타난다.

③ 정치적 합리성은 보다 나은 정책을 추진할 수 있는 정책결정구조의 합리성을 의미한다.

④ 기술적 합리성은 하나의 목표를 성취하기 위해서 여러 가지 행위가 취해질 때에 나타난다.

해설 정답 ①

① 실질적 합리성에 대한 설명이다. 사이먼(Simon)은 합리성의 개념을 실질적(내용적) 합리성과 절차적 합리성으로 구분하였다. 절차적 합리성은 결정과정이 이성적인 사유에 따라 이루어졌을 때 존재한다고 보았으며, 과정을 중시하였다. 반면 실질적 합리성은 목표에 비추어 적합한 행동이 선택되는 정도, 즉 효용의 극대화를 가져오는 가장 능률적인 행위를 말한다.

끝장이론 ···

1. 능률성(Efficiency)

(1) 의의: 최소비용으로 최대산출을 얻으려는 것으로 투입에 대한 산출의 비율을 의미한다.

(2) 배경

① 19세기 말 행정국가가 대두하여 행정기능이 확대 · 강화됨에 따라 많은 예산이 필요하게 되고, 엽관주의의 비능률과 예산낭비를 극복하기 위해 과학적 관리론이 도입되면서 강조되었다.

② 미국의 행정학이 '원리의 시대'로 접어들면서 조직관리에서의 능률성이 일종의 복음으로 간주되었으며, 학자 굴릭과 어윅은 능률성을 제1의 공리라고 주장하였다.

(3) 능률의 유형

① 기계적 능률(Mechanical Efficiency)

내용	• 투입(비용)의 극소화, 산출(편익)의 극대화 • 내적 능률성, 운영상 능률성, 단순한 비용 · 편익의 비교: 수단의 합리성만 강조 • 대차대조표적 능률, 산술적 · 합리적 능률, 타산적 · 객관적 능률
한계	• 질적 · 가치적 차원이나 목적을 등한시하고, 수단의 합리성에만 초점을 둠 • 조직 내 문제만을 주로 다뤄 고객인 국민과의 상호관계를 고려하지 않음 • 인간적 가치를 무시한 수량적 개념 • 민주성과의 충돌가능성이 있음

② 사회적 능률(Social Efficiency)

내용	디목(Dimock)은 행정의 능률은 타산적·공리적 관점이 아니라 사회목적의 실현, 다원적 이익의 통합·조정 및 행정조직 내 구성원의 인간가치구현에서 인식할 것을 주장(민주성)
평가	기계적 능률에 대한 반성과 행정의 가치규범을 반영하여 민주적 능률추구를 강조하지만 양적·객관적 평가기준이 모호하고, 능률개념의 확대에 따른 모호화로 인해 능률개념의 유용성·실용성·이론적 정확성이 문제가 됨

2. 합리성(Rationality)

(1) 합리성의 의의

① 일반적으로 합리성이란 이성적 과정(Reasoning Process)을 거친 판단, 즉 심사숙고한 판단을 의미한다.

② 행정학에서는 전통적으로 합리성을 주어진 목표를 달성하기 위한 수단의 적합성으로 쓰고 있다(목적-수단의 연쇄, 목적-수단의 계층제).

③ 정책연구에서는 합리성의 개념을 경제학에서 빌려와 목표의 극대화 또는 과업의 최적화로 이해하였다.

④ 오늘날에는 다양한 형태의 합리성이 존재한다고 본다.

(2) 합리성의 유형

① 사이먼(Simon)의 내용적 합리성과 절차적 합리성의 구분

내용적 합리성 (Substantive Rationality)	• 목표의 극대화에 기초를 둔 개념으로, 주어진 조건과 제약요인의 한계 안에서 목표의 성취에 적합한 행동을 내용적 합리성이라고 함 • 내용적 합리성은 설정된 목표에 비추어 결정 • 과정보다 결과에 관심을 갖는 결과적·객관적 합리성과 연관
절차적 합리성 (Procedural Rationality)	• 인간의 인지력과 여러 상황들을 고려하여 얼마만큼 효과적이었는지를 의미하는 심리학적 개념 • 결정과정이 이성적인 사유에 따라 이루어졌다고 말할 수 있는 정도 • 결과보다는 결정이 생성되는 인지적·지적 과정을 중시하는 주관적·과정적·제한된 합리성과 연관

② 만하임(Mannheim)의 유형

실질적 합리성	• 어떤 현상에 대한 지적 통찰력을 표현할 수 있는 사고작용을 의미 • 합목적성이 포함된 목적가치성
기능적 합리성	• 주어진 목표달성에 기여하는 것을 의미 • 베버의 형식적 합리성과 유사

③ 디징(Diesing)의 분류

기술적 합리성 (Technical Rationality)	• 공공문제에 대한 효과적인 해결방안의 선택과 관련 • 여러 가지 대안 중 목표를 잘 달성할 수 있는 수단을 선택하면 기술적 합리성이 높아짐
경제적 합리성 (Economic Rationality)	• 공공문제에 대한 능률적인 해결방안의 선택과 관련 • 적은 비용으로 많은 결과를 얻는 것
법적 합리성 (Legal Rationality)	• '대안들의 합법적인 정도'를 의미 • 확립된 법규와 선례에 대한 법적 일치성(Legal Conformity)에 따라 대안을 선택하는 것
사회적 합리성 (Social Rationality)	• 가치 있는 사회제도의 유지 및 개선능력, 즉 제도화의 촉진능력에 따라 대안을 선택하는 것 • 사회를 구성하는 여러 요소들 사이에 상호의존성과 결속성의 질서체계
정치적 합리성 (Political Rationality)	• 정책결정구조의 합리성 • 보다 개선되고 올바른 정책을 결정할 수 있는 구조적 장치가 마련될 때 정치적 합리성이 나타남

④ 베버(M. Weber)의 분류

형식적 합리성	산업화나 관료제에 국한된 합리성으로 과학적 · 경제적 · 법률적 영역과 연관된 합리성
실질적 합리성	자유주의, 민주주의, 쾌락주의 등 일련의 가치 전체를 표준으로 하는 행위
실천적 합리성	가장 효과적인 목표달성 방법이며, 개인의 이익을 위한 실용적 · 현실적 측면의 합리성
이론적 합리성	현실경험에 대한 지적 이해, 연역과 귀납, 인과관계의 규명 등 이지적 사유과정

⑤ 라인베리(Lineberry): 개인적 합리성, 집단적 합리성, 사회적 합리성으로 구분하고, 개인적 합리성(사익)의 총합이 집단적 합리성이나 사회적 합리성(공익)을 반드시 보장하지는 않는다(공유지의 비극, 죄수의 딜레마)고 주장한다.

[5] 수단적(도구적) 행정가치 2

07

경합가치모형(CVM: Competing Values Model)에 대한 설명으로 옳지 않은 것은?

① 내부과정모형은 안정성을 강조해 의사소통을 중시한다.
② 합리목표모형은 조직의 성장과 자원확보를 목표로 정보관리와 능률성을 중시한다.
③ 인간관계모형은 조직구성원들의 응집력과 사기를 높이는 것을 중시한다.
④ 개방체제모형은 조직유연성과 환경적응성을 중시한다.

> **해설**   정답 ②
> ② 합리목표모형은 조직의 생산성과 능률성을 목적으로 조직의 기획, 목표성, 합리적 통제를 중요하게 생각한다. 조직의 성장과 자원확보를 목표로 하는 것은 개방체제모형이며, 정보관리를 중요하게 생각하는 것은 내부과정모형이다.

08

목표의 달성도를 의미하는 결과지향적인 행정의 주요이념에 해당하는 것은?

① 합리성
② 효율성
③ 효과성
④ 가외성

끝장이론

1. 효과성(Effectiveness)

(1) 의의

① 효과성이란 행정목표의 달성도(Degree of Goal Attainment)를 의미한다.

② 대두배경: 1960년대 발전행정론이 대두되면서 행정의 발전·변화의 문제를 중요시하게 되고, 이에 따라 목표달성이 강조되면서 등장하였다.

③ 효과성은 실적을 행정목표와 대비시켜 파악할 수 있으므로, 효과성의 측정·평가를 위해서는 행정기관의 목표가 명확하게 설정되어야 한다. **예** 도로포장을 위한 인적·물적 자원의 투입에서 포장면적은 산출, 차량의 원활한 통행은 효과를 의미한다.

(2) 효과성 측정모형

① 목표모형(MBO): 목표의 달성도를 기준으로 효과성을 측정한다.

② 체제모형(OD): 환경에 대한 적응, 생존, 존속 등 결과보다는 과정, 산출보다는 자원의 충분한 투입 등을 중시한다.

③ 내부과정모형: 조직구성원들이 조직의 효과성에 만족감을 느끼는 경우, 조직내부 변환과정의 경제적 효율성이 높은 경우 등을 조직의 효과성이 높다고 본다.

④ 이해관계적 접근법: 조직의 다양한 활동을 통합적으로 보면서 조직의 여러 구성요소, 즉 이해관계자들에게 초점을 둔다.

⑤ 경쟁적 가치법[경합가치모형, 퀸과 로보그(Quinn & Rohrbauch)]

㉠ 의의: 어떤 조직이 효과적인가 하는 것은 가치판단적인 것이라고 지적하고 상충되는 가치에 의한 통합적 분석틀을 제공한다.

구분	조직	인간
통제	합리목표모형 • 목표: 생산성, 능률성 • 수단: 기획, 목표설정, 합리적 통제 • 성장단계: 공식화단계	내부과정모형 • 목표: 안정성, 통제와 감독 • 수단: 정보관리, 의사소통 • 성장단계: 공식화단계
유연성	개방체제모형 • 목표: 성장, 자원획득, 환경적응 • 수단: 유연성, 용이함 • 성장단계: 창업·정교화단계	인간관계모형 • 목표: 인적 자원발달, 능력발휘, 구성원 만족 • 수단: 응집력, 사기 • 성장단계: 집단공동체단계

㉡ 조직성장단계에 따른 모형

• 창업단계: 혁신과 창의성 및 자원의 집결이 강조되므로 개방체제모형으로 조직효과성을 평가한다.

• 집단공동체단계: 비공식적 의사전달과 협동심 등이 강조되므로 인간관계모형을 적용한다.

- 공식화단계: 규칙과 절차 및 활동의 효율성 등을 중시하므로 내부과정모형 및 합리적 목표모형을 적용한다.
- 정교화단계: 조직이 외부환경에 적응하고 환경을 조정하면서 조직 자체의 변화와 성장을 도모하는 구조의 정교화단계에서는 다시 개방체제모형으로 조직의 효과성을 평가한다.

2. 생산성(효율성)

(1) 의의
① 생산성(Productivity)이란 공공부문에서 능률성과 효과성을 포괄하는 개념이다.
② 최소의 비용과 노력으로 최대의 산출을 얻으면서 산출물이 목표를 어느 정도 달성했는가를 나타내는 척도이다.
③ 능률성과 효과성의 조화인 효율성과 같은 의미라 할 수 있다.

(2) 생산성 판단 시 고려사항
① 객관적이고 공정한 생산성 측정(지표개발)
② 환경적 · 상황적 요소통제

(3) 생산성 측정의 난점
① 명백한 산출단위의 부재
② 명확한 생산함수의 부재
③ 정부활동의 다목적적 기능
④ 정부활동의 상호의존성
⑤ 적절한 자료 · 정보의 결여 등

[6] 수단적(도구적) 행정가치 3

09

20 **9** 기출

전통적으로 비효율적인 것으로 인식하여 왔지만 최근 사회문제의 불확실성, 복잡성, 위험성이 존재하여 중요해진 행정가치로 옳은 것은?

① 민주성
② 가외성
③ 신뢰성
④ 성찰성

해설   정답 ②

② 질문에 해당하는 행정가치는 가외성이다.

10

16 기출

다음 중 가외성에 대한 설명으로 틀린 것은?

① 가외성은 효율성을 높인다.

② 가외성은 불확실성에 대한 적응성을 증진한다.

③ 불확실한 상황하에서 행정의 신뢰성을 제고시킨다.

④ 동일한 기능이 여러 기관에서 혼합적으로 수행되는 상태를 말한다.

> **해설**   정답 ①
>
> ① 가외성과 효율성은 상반(갈등)관계에 있다. 가외성(Redundancy)은 란다우(Landau)가 제시한 개념으로 여분이나 초과분, 중첩을 의미한다. 여분 또는 중복을 두어 불확실한 상황에서 행정의 안정성 및 적응성 등을 확보하는 것이 바로 가외성의 역할이다.

11

14 기출

다음 중 가외성에 대한 설명으로 옳지 않은 것은?

① 가외성은 능률성을 높여 준다.

② 중요하지 않은 것에 대해서는 가외성을 두지 않아도 된다.

③ 조직에서 같은 기능이 중복해서 존재하게 되면 적응성이 증진된다.

④ 조직에서 가외성을 두게 되면 창의성이 증진된다.

> **해설**   정답 ①
>
> ① 가외성은 불확실성(위기)에 대비하기 위한 행정의 여유분·초과분으로, 가외성을 두면 비용 및 규모가 증가하므로 경제성이나 능률성과는 상반되는 개념이다.

끝장이론 ···

1. 합법성(Legality)

(1) 의의: 합법성이란 법률의 정신을 최대한 살리는 것으로 시민권의 신장과 자유권의 옹호가 중요했던 입법국가시대에 등장한 행정이념이며, 법치행정의 원리를 말한다.

(2) 효용: 법적 안정성과 행정의 예측가능성 증대, 법 앞의 평등, 자의적 행정방지, 행정의 객관성·공정성 확보, 행정의 통일성·일관성 확보 등 시민의 자유와 권리의 신장에 기여한다.

2. 민주성

(1) 의의: 민주성은 다의적 개념으로, 정치형태(공화국, 국민주권)를 의미하기도 하고, 이념을 의미하기도 하며(인간의 존엄성, 자유, 평등), 생활의 원리(다원주의, 조정, 관용정신 등)로 인식되기도 한다.

(2) 행정에 있어 민주성: 행정과 국민관계(대외적 민주성)라는 측면과 행정조직 내부의 민주성(대내적 민주성)이라는 측면에서 논의된다.

3. 가외성

(1) 의의

① 초과분, 잉여분의 개념이다.

② 당장 보기에는 무용하고 불필요한 낭비적인 것으로 보이나, 특정한 체제가 장래 불확실성에 노출되었을 때 발생할지도 모르는 적응의 실패를 방지함으로써 특정체제의 환경에 대한 신뢰성을 제고하는 것이다.

(2) 등장배경: 능률성의 저해요인으로 파악되었으나 행정체제가 정보처리체계 또는 정책결정체계로 이행되면서, 단기적이고 미시적인 능률과 경제성의 추구보다는 장기적이고 거시적 관점에서 행정체제운영의 안정성과 신뢰성을 확보하려는 노력이 강화되었고, 그 중요성이 높아짐에 따라 린다우(M. Landau)가 행정학에 도입하였다.

(3) 특징

① **중첩성(Overlapping)**: 어떤 문제발생이나 사업·과제부여 시 여러 기관들이 상호의존성을 가지면서 이를 공동으로 관리하는 것을 말한다. 노이만(Neumann)은 조직체가 중첩성을 지니고 있어야 체제 내에서 발생하는 오류를 미리 진단할 수 있고, 또 이미 발생한 오류의 효과를 최소화시킬 수 있다고 주장한다. ⓓ 재난이 발생한 경우 행정안전부와 국토교통부, 경찰, 소방서 등이 합류하여 처리하는 것

② **중복성(Duplication)**: 동일한 기능을 여러 기관이 독립적 상태에서 수행하는 것이다. ⓓ 정보기관의 경쟁

③ **동등잠재력(등전위현상, Equipotentiality)**: 어떤 기관 내에서 주된 조직단위의 기능이 작동하지 않을 때에 동일한 잠재력을 지닌 다른 지엽적이고 보조적인 단위기관에 그 기능이 옮겨져서 수행되는 것으로, 이를 통해 기관은 고도의 적응력을 발휘한다. ⓓ 병원·실험실의 자가발전시설

(4) 기능(효용): 조직의 신뢰성 증진, 위험상태에 대한 적응성, 상호작용으로 인한 창조성, 정보의 정확성 확보, 목표전환현상의 완화기능을 가진다.

(5) 한계: 기능의 중복으로 갈등가능성이 높고, 능률성과 충돌가능성이 높다. 단, 단기적 능률과 가외성은 충돌하지만, 장기적 능률과 가외성은 조화가 가능하다.

(6) 사례: 권력분립(입법부·행정부·사법부), 연방주의(주정부와 연방정부), 대통령의 법률안 거부권제도, 지방자치단체장의 지방의회의결에 대한 재의요구권, 재판의 3심제, 양원제(상원과 하원), 계선과 참모(막료), 합의제(위원회), 품의제(순차적 결재), 예비비, 복수의 대안·목표, 분권화, 직무대리가 있다.

4. 신뢰성

(1) 행정의 신뢰성이란 정부의 정책이나 각종 행태가 국민에게 믿을 만한 것으로 비쳐져 행정의 예측가능성을 높이고 정부와 국민 간의 일체감을 이루는 것을 의미한다.

(2) 특히 자연·물적·인적 자본이 전통적 개념의 자본이라면, 신뢰와 같은 사회적 자본(Social Capital)은 제4의 자본으로서 그 중요성이 새롭게 해석되고 있다.

5. 투명성

(1) 의미

① 정부와 국민과의 관계에 있어서 투명성이란 제도와 시스템, 그리고 정부활동에 대한 가시성과 예측가능성의 정도를 의미한다.

② 투명성은 행정의 공개수준과 정도에 따라 파악할 수 있는데, 공개는 행정과 시민 간의 관계에서 행정기관이 보유 및 관리하는 정보를 외부인에게 개시하는 일체의 행위를 의미한다.

(2) 투명성의 유형

과정투명성	의사결정과정의 투명성	예 의사결정과정에의 민간인 참여, 민원처리과정의 온라인상 공개
결과투명성	집행과정의 투명성	예 서울시의 청렴계약제, 시민옴부즈만
조직투명성	조직자체의 개방성과 공개	예 인터넷 홈페이지를 통한 각종 규정, 정책, 고시, 입찰 등을 공시

[1] 행정학의 학문적 성격에 대한 쟁점

01

20 ⑨ 기출

행정학의 기술성과 과학성에 대한 설명으로 옳지 않은 것은?

① 왈도(D. Waldo)가 'Practice'란 용어로 지칭한 기술성은 정해진 목표를 어떻게 효율적으로 달성하는가 하는 방법을 의미한다.

② 윌슨(W. Wilson) 등 초기 행정학자들은 관리기술이나 행정의 원리 등을 발견하려는 데 초점을 두고 행정학의 기술성을 강조하였다.

③ 행태주의 학자들은 행정학 연구에서 처방보다는 학문의 과학화에 역점을 두고 가설의 경험적 검증 등을 강조했다.

④ 현실문제의 해결은 언제나 과학에만 의존할 수 없으므로 행정학은 기술성과 과학성을 동시에 고려하여야 한다.

해설 〔정답 ①〕

① 왈도(D. Waldo)는 기술성을 'Art' 또는 'Profession'이라는 용어로 지칭하였고, 'Practice'라는 용어로 지칭한 학자는 사이먼(Simon)이다.

1. 과학성 VS 기술성

과학성(Science)	기술성(Art)
• 목적: 이론(Theory) 　– 검증에 의해 증명된 원칙의 체계화된 지식 중시 　– 원인과 결과의 관계, 즉 인과관계를 밝혀 이론을 정립하는 것과 관련이 있음 　– 과학이란 관찰가능한 현상을 기술 · 설명 · 예측하는 데 사용되는 객관적 · 논리적 · 체계적 분석방법 　– 이유를 중심으로 설명성, 인과성, 객관성 및 유형성 강조 • 연구방법: 논리실증주의 　– 자연과학에서 강조하는 논리실증주의는 '이론 → 가설 → 사실조사 → 검증 → 이론'의 과정을 통해 이론을 정립하여야 한다고 주장 　– 논리실증주의를 통해 도출된 과학적 지식은 재생가능성, 객관성, 경험성을 특징으로 함 • 해당이론 　– 정치행정이원론(행정관리설), 행태론에서 강조, 특히 행정행태설에서 강조 　– 과학성을 강조한 학자: 사이먼(H. A. Simon), 랜다우(M. Landau)	• 목적: 실제(Practice) 　– 왈도(Waldo)는 기술성(技術性)을 Art 또는 Profession으로 표시하고, 사이먼(Simon)은 Practice로 표현 　– 사회현상은 자연현상과 달리 그 반복성이 매우 낮으며, 사회과학에서 확립된 이론은 개연적인 확률로 표현될 뿐이므로 과도하게 단순화된 이론을 가지고 수많은 변수가 작용하는 실제현상을 정확히 설명하기 어렵다는 것 • 연구방법: 기법탐구 　– 실제 적용과정에 초점을 두고 현실문제의 해결이나 목표달성을 위한 기법을 중시 　– 실용성, 실천성, 처방성 중시 • 해당이론 　– 행정학의 과학성을 의식적으로 배격하면서, 처방과 실천 위주의 기술성을 강조한 학자: 마르크스(F. Marx), 세이어(W. S. Sayre), 왈도(D. Waldo) 　– 발전행정론이나 신행정론은 상대적으로 기술성을 강조
상호보완	• 과학성 없는 기술성 → 현실에 대한 정확한 진단이나 객관적 설명 없이 내리는 처방은 허구성 · 피상성 · 위험성이 따르기 때문에 실천 · 처방을 강조할수록 과학성이 선행되어야 함 • 기술성 없는 과학성 → 과학성 · 이론성의 지나친 강조는 현실적인 문제해결 능력저하 초래

2. 보편성 VS 특수성

보편성	특수성
• 일반적 경향성 • 정책문제해결을 위해 외국제도를 도입하는 것은 행정의 보편성 때문	• 역사 문화적 상황의 맥락성 • 외국제도의 도입 시 상황의 유사성 여부를 고려해야 하는 것은 행정의 특수성 때문

3. 가치중립 VS 가치지향

가치중립(사실지향)	가치지향
• 연구자의 주관적 가치판단을 배제하고 객관적 사실만을 추구하여 행정현상을 이해하고 파악하려는 연구 • 정치행정이원론, 행태론, 생태론 등	• 가치: 주관적인 평가의식, 선과 악 또는 옳고 그름에 대한 판단으로서 이런 규범적 · 당위적 · 재량적 차원의 연구를 가치중심적 연구라 함 • 통치기능설, 발전행정론, 신행정론 등의 정치행정일원론이나 현상학, 비판행정학 등의 대안적 접근이 이에 해당함

4. 경험지향, 규범지향, 처방지향

경험적 지향 (Empirical Orientation)	• '있는 그대로의 질서'에 관해 설명하고 예측하려는 것 • 정부의 정책이나 사업의 안건을 세우고 집행함에 있어서 여러 가지 사회관계가 행정현상을 설명하고, 예측할 수 있는 정책집행을 위한 수단을 강구하기에 용이
규범적 지향 (Normative Orientation)	• '있어야 되는 질서'가 무엇인지, 즉 바람직한 질서를 찾는 것 • 정의, 선, 정당성, 섭리, 도리, 순리, 합리 등의 기준에 부합된다고 생각하는 질서를 찾고 연구자의 견해를 주장하는 것 • 행정부 또는 행정조직과 사업의 목적을 설정할 때에는 이런 주장을 통해 옹호될 수 있는 것이어야 함
처방적 지향 (Prescriptive Orientation)	• '있을 수 있는 질서'에 관해 제안하는 것 • 행정사업을 수행함에 있어서 규범적 주장에 의해 옹호되는 목적을 설정하고, 그 목적을 달성하기 위해 경험적 연구로부터 받아들인 설명과 예측을 수단으로 연결하면 실현가능성이 높은 행동방안이 강구됨

[2] 행정학의 접근방법

02

10 기출

행정학의 접근방법에 대한 설명으로 옳지 않은 것은?

① 역사적 접근방법은 제도나 정책의 발생 및 기원을 연대기적으로 기술한다.

② 사회학적 접근방법은 행정내부의 관리현상뿐만 아니라 환경과 외부요인 등과의 상호작용관계를 중심으로 연구한다.

③ 제도론적 접근방법은 행정학 분야에서 각종 제도나 직제에 대한 자세한 기술에 관심을 갖는다.

④ 생태학적 접근방법은 후진국의 행정현상을 설명하는 데 크게 기여했으며, 행정의 보편적 이론의 구축을 통한 행정의 과학화에 기여하였다.

해설

정답 ④

④ 생태학적 접근방법은 행정과 환경과의 상호작용관계를 강조하고 행정현상을 자연적·사회적 환경과 관련시켜 연구한 거시적·개방적 접근방법이다. 후진국의 행정현상을 설명하는 데 크게 기여했으나, 행정의 보편적 이론의 구축보다는 중범위이론에 자극을 주어 행정연구의 과학화에 기여했다.

03

다음 중 통제수단이나 제도의 미비로 인해 부패가 발생한다고 보는 접근방법으로 적절한 것은?

① 체제론적 접근

② 도덕적 접근

③ 제도적 접근

④ 사회 · 문화적 접근

해설　　　　　　　　　　　　　　　　　　　　　　　　　　　　　　　　　　　정답 ③

③ 제도적 접근은 사회의 법과 제도상의 결함이나 운영상의 문제로 인해 부패가 발생한다고 보는 접근방법이다.

오답의 이유

① 체제론적 접근은 한 사회의 문화적 특성, 제도상의 결함, 구조적 모순 등 다양한 요소가 복합적으로 작용하여 부패가 발생한다고 보는 접근방법이다.

② 도덕적 접근은 개인의 윤리의식이 부재하여 부패가 나타난다고 보는 접근방법이다.

④ 사회 · 문화적 접근은 해당 사회의 지배적인 관습이나 경험에 의해 부패가 발생한다고 보는 접근방법이다.

04

다음 중 행정학의 접근방법으로 적절하지 않은 것은?

① 신제도론적 접근법은 미시-거시(또는 행위-구조) 간의 매개과정을 규명할 수 있는 중범위이론이다.

② 신행정론은 반실증주의적 태도를 가지고 있다.

③ 현상학적 접근방법에서는 인간의 의도된 행위와 표출된 행태를 구별하고, 그중 관심을 기울여야 할 분야는 의도된 행위라고 본다.

④ 신공공관리론은 참여, 형평성, 적실성 등 사회적 문제에 대한 정부의 공적 역할을 중시한다.

해설　　　　　　　　　　　　　　　　　　　　　　　　　　　　　　　　　　　정답 ④

④ 신공공관리론에서는 정부의 기능과 지출을 감축할 것을 주장하였다. 즉, 정부는 민간부문에서 능률적 · 효율적으로 수행할 수 없는 일만 수행하고, 나머지 정부기능은 민영화할 것을 주장하였다. 따라서 사회적 문제에 대한 정부의 공적 역할을 축소하고 민영화 등을 통해 민간에 이양하여 정부는 관리에만 집중할 것을 강조하였다.

1. 방법론적 개체주의와 방법론적 전체주의

방법론적 개체주의	방법론적 전체주의(신비주의)
• 의미 : 전체를 부분으로 분해해서 이해하는 환원주의(Reductionism)의 관점에서 개별 개체를 분석의 기초로 하여 사회현상을 이해(개체합 = 전체, 사회명목론) • 한계: 부분의 합이 전체와 일치하지 않는 환원주의 오류, 구성(합성)의 오류발생 • 관련이론: 행태론, 공공선택론, 전략적 선택이론, 현상학	• 의미: 전체는 개체의 단순한 합이 아닌 전체로서의 고유의 특성을 지닌다는 관점으로 사회현상의 이해를 위해 전체를 분석대상으로 삼음(개체의 합 ≠ 전체, 사회실재론) • 한계: 집단특성이 개체특성으로 연결되지 않는 생태론적 오류 또는 분할의 오류발생 • 관련이론: 체제론, 조직군 생태론

2. 미시적 접근과 거시적 접근

미시적 접근	미시와 거시의 연계	거시적 접근
• 개인의 단위나 개별행위자와 관련된 요인분석 • 행태론, 현상학	• 중간규모인 개별조직이나 특정한 문제영역에 초점 • 신제도론, 행정문화론	• 사회구조나 제도를 분석 • 구조주의, 기능주의

3. 귀납적 접근과 연역적 접근

귀납적 접근법	연역적 접근법
• 개개의 사실을 종합하여 일반적인 법칙을 도출하는 접근법 • A, B, C는 모두 죽었다 → A, B, C는 모두 사람이다 → 사람은 모두 죽는다 • 사례의 전부를 열거할 수 없으므로 경우에 따라 결론의 비약이 나타나기도 함 예 행태론, 경험적 접근 등 경험과학	• 일반적 원리를 전제로 특수한 다른 사실을 도출하는 접근법 • 사람은 죽는다 → A는 사람이다 → 그러므로 A는 죽는다 • 일반법칙을 전제로 해서 개별적인 명제를 성립시키는 논증을 연역이라 할 때가 많지만 협의로는 1개 또는 2개의 명제를 전제로 한 다음 다른 명제를 성립시키는 논리적 방법을 의미 예 공공선택론, 계량적 모형, 계량행정학

4. 결정론과 임의론

결정론	임의론(자발론)
모든 현상은 반드시 선행원인이 있다고 보고 그 인과관계를 규명 예 행태론, 생태론	선행원인 없이도 특정현상이 발생할 수 있다고 보는 입장 예 발전행정론, 현상학

5. 규범적 접근, 경험적 접근

규범적 접근	경험적 접근
• 바람직하다고 생각하는 기준에 따라 행정현상을 접근하는 실천적 · 처방적 이론 • 목표나 가치와 관련 예 신행정론, 현상학 등	• 현상을 있는 그대로 기술하고 설명하는 과학적 접근법 • 사실과 관련 예 행태론

6. 역사적 접근

(1) 과거와 현재가 서로 연관되어 있음을 강조한다.

(2) 과거를 잘 이해하면 현재의 문제를 보다 효과적으로 해결할 수 있다는 전제 아래 제도의 기원과 전개과정을 중시하는 발생론적 설명방식을 사용한다.

(3) 현재의 일은 과거가 그 원인이기 때문에 역사적인 관점에서 연구는 원인과 해결책을 제시할 수 있을 것이라는 가정을 한다.

7. 법률적 · 제도적 접근

(1) 행정현상은 법률적 관점에서 설명하는 경향을 말한다. 즉 행정과 정책은 공시적 제도와 법률의 산물이라는 관점에서 행정현상을 이해하기 위해 헌법, 정부조직법 등을 분석한다.

(2) 법률적 · 제도론적 접근은 분석대상을 공식적 제도나 법률에 기반을 두고 있기 때문에 제도 이면의 동태적 측면을 파악하기 어렵다.

8. 관리적 · 정치적 · 법적 접근법

구분	관리적 접근	정치적 접근	법적 접근
학자	Wilson, White, Taylor	Sayre, Appleby	Goodnow
행정의 본질	행정 = 관리(경영)	행정 = 정치현상	절차적 적법성 강조
조직 · 가치	관료제, 능률성	대표성, 책임성	적법절차, 합법성
개인 사관	일반화된 사례	집단의 일원	구체적 사례
인식체계	과학적 방법	여론, 이익집단	재결(裁決) 선호
예산제도	합리주의예산	정치적(점증주의) 예산	권리기초예산

05

15 기출

미국의 현대행정학에 대한 설명으로 옳은 것은?

① 해밀턴(Hamilton)은 중앙집권화에 의한 능률적인 행정방식이 최선임을 강조했다.

② 제퍼슨(Jefferson)은 중앙집권화와 지방분권화의 적절한 조화를 통한 민주주의의 실현을 주장했다.

③ 매디슨(Madison)은 공직에 대한 기회균등을 통한 민주주의의 실현을 주장했다.

④ 잭슨(Jackson)은 다양한 이익집단의 요구에 대한 조정을 위해 견제와 균형을 중시했다.

해설

정답 ①

① 해밀턴(A. Hamilton)은 건국초기 미국정치가로 워싱턴 대통령 정권에서 재무장관을 역임한 인물이다. 그는 힘겹게 독립한 미국이 강해지기 위해서는 상공업의 발달을 중심으로 한 경제발전이 중요하다고 생각하였으며, 이를 위해 강력한 연방정부(중앙정부)가 수립되어야 하며 적극적인 역할을 해야 한다고 주장하였다.

오답의 이유

② 제퍼슨(Jefferson)은 지방분권화를 통한 민주주의의 실현을 주장했다.

③ 잭슨(Jackson)의 민주주의에 대한 설명이다.

④ 매디슨(Madison)의 다원주의에 대한 설명이다.

06

19 기출

다음 중 행정 및 행정학의 발전에 대한 설명으로 옳지 않은 것은?

① 행정을 사회문제해결을 위한 정부나 공공조직의 기능과 역할로 보는 관점에서는 공행정과 사행정을 구분한다.

② 윌슨(W. Wilson)이 1887년 발표한 '행정의 연구'는 행정은 순수한 관리현상으로서 수단의 영역에 해당한다고 주장했다.

③ 미국의 초기행정학은 정치학으로부터 출발했다.

④ 행정의 기본가치인 근검절약과 효율성 실천수단은 경영에서 도입되었다.

해설

정답 ③

③ 일반적으로 근대적 의미의 행정학은 미국의 윌슨(T. W. Wilson), 굿노(F. J. Goodnow) 등의 초기 행정학자들로부터 비롯되었다고 판단한다. 이들은 엽관주의에 매몰된 행정을 능률적인 관리체계로 분리하려는 목적을 가지고 연구를 진행했고, 테일러의 과학적 관리법 등의 경영이론을 행정조직에 적용할 것을 주장했다. 이후 행정학은 독립분과 학문으로 분리될 때까지 경영학적 논리의 영향을 받았다.

오답의 이유

①·②·④ 행정 및 행정학의 발전에 대한 옳은 설명이다.

1. 미국행정사의 발달개요

(1) 미국의 행정이론은 무국가성(無國家性) 또는 약한 국가성을 전제로 발전해 왔다. 그것은 미국인들이 유럽식의 국가를 원하지도, 필요로 하지도 않았기 때문이었다. 그 결과 미국 행정은 다원주의적 국가론에 입각한 행정이론 체계를 발전시켜 왔다는 데 그 특색이 있다.

(2) 미국행정이론의 발달과정은 자신들의 현실적인 정치 · 경제 · 사회적인 문제와 행정의 기능변화에 대응하면서 형성되어 왔다. 현실의 문제가 변함에 따라 행정학의 연구대상과 초점이 바뀌게 되었고, 이에 부합하는 새로운 이론과 접근방법이 개발되는 과정을 거쳐 왔다.

2. 미국행정학 성립의 사상적 기초

(1) 해밀턴(Hamilton: 미국 초대국무장관)**의 행정사상(1789~1795)**

① 적극적인 정부역할의 증대를 목적으로 하였으며, 행정기능의 수행을 위해 그 책임에 상응하는 행정권한을 부여하였다.

② 행정의 효과성과 안정성을 확보하기 위한 적절한 재직기간 및 임기를 보장하였으며 행정가를 충원하는 데 있어서 보수의 지급과 훈련된 전문가를 선호하였다(중앙집권, 연방사상).

(2) 제퍼슨(Jefferson: 미국 제3대 대통령)**의 행정사상(1801~1809)**

① 행정에 대한 대중의 자발적 참여를 가장 바람직하게 생각하였고, 행정권을 제한하기 위해 최대한의 분권화(分權化)를 지지하였다.

② 행정에 대한 주민의 감시와 감독을 강조하였으며, 개인의 권리보호, 행정권의 제한, 민중교육을 통한 행정업무에의 민중의 참여를 증진시키려고 노력하였다는 점 등이 있다(공화사상, 지방분권).

(3) 매디슨(Madison: 미국 제4대 대통령)**의 행정사상(1809~1817)**

① 행정과정은 다원주의적으로 설계해야 하며 그 주된 목적을 정치적 합의와 사회적 안정의 증진에 두었다. 토론 · 중재 · 타협 등을 통한 이익들이 균형화를 이루고, 이익중재적이어야 한다는 점을 강조하였다.

② 행정과정은 연방 · 주 · 지방의 전 수준에 걸친 복잡하고 계속적인 상호작용이며, 행정은 특정한 정책문제들에 중점을 두기보다는 제도적 견제와 균형에 중점을 두어야 한다고 하였다(도당, 견제와 균형 강조).

(4) 잭슨식 민주주의(Jacksonian Democracy: 미국 제7대 대통령)**와 행정개혁(1828~1849)**

① **의의:** 최초의 서민출신 대통령으로 서부개척민의 전폭적인 지지를 통해 당선되었다. 그는 '승리자에게 전리품이 속한다'라는 말을 통해 공직의 인사교체제도(Rotation System)를 정립하여 공직이 귀족에 의해 사유화되었던 시기에 일반교양을 받은 사람이면 누구나 공직에 참가할 수 있게 하였다[엽관제도(Spoils System) 도입].

② **행정사상**

㉠ 잭슨은 민주화를 위해 인사교체제도를 창시했으나 그 제도의 결과를 예측하지 못했다는 한계가 있다. 그러나 이런 오점에도 불구하고 잭슨식 민주주의는 미국정치, 행정사에 커다란 족적을 남겼다.

㉡ 잭슨 이전에는 국민을 위한 민주주의가 실행되었으나 1829~1837년에 와서는 국민에 의한 민주주의가 이루어지게 되었다.

3. 미국행정학의 태동

(1) 엽관제로 인한 부패만연

① 19세기 후반 미국의 산업화가 급속하게 진전되면서 정부의 비능률, 부정부패, 서비스의 질 저하 등으로 여러 행정이 어려움에 처하게 되었다.

② 엽관주의가 민주주의에 기여할 것이라는 생각과 다르게 민주주의적 정부의 존속을 위태롭게 하는 등 엽관제는 행정 비효율의 주요원천으로 전락하였다.

③ 엽관제에 의한 부패나 비능률을 개선하고자 진보주의 운동이 전개되었다.

(2) 진보주의 운동의 전개

① 진보주의 운동은 일종의 공무원 개혁운동으로 부패한 정당정치에 의한 행정개입을 개혁하고자 전국적으로 추진되었다.

② 진보주의 운동의 주요내용: 정치와 행정을 분리하여 일반시민을 정치에 참여하게 하는 등 정치제도 개혁, 능률 향상을 위한 전문화를 필요로 하는 행정적 개혁을 주장하였다.

③ 진보주의 운동의 결과: 1881년에는 전국공무원제도 개혁연맹결성 등 개혁운동 전국적 확산, 1883년 펜들턴법(Pendleton Act)의 제정으로 행정의 정치적 중립과 실적주의 인사제도를 실현하였다.

(3) 고전기 행정학의 태동

① 윌슨(W. Wilson)은 1887년 발표한 '행정의 연구'에서 행정은 순수한 관리현상으로서 수단의 영역에 해당한다고 주장했다.

② 굿노는 '정치와 행정'(1900)을 발표하면서 정부에는 국가의사를 표현하는 정치와 그 집행을 다루는 행정의 두 영역이 있다고 지적하였다.

[4] 미국행정학의 성립·발전·다원화기

07

행정재정립운동(Refounding Movement)에 대한 설명으로 옳은 것은?

① 직업공무원의 재량권을 축소하고 정치적으로 임명하는 공무원의 수를 상대적으로 증가시키는 것이다.

② 기존의 정치행정이원론을 재해석하여 정책과정에서 공무원의 적극적인 역할을 옹호하였다.

③ 정부를 재구축하고 민간부문이 공공서비스 공급에 참여할 필요가 있다고 강조하였다.

④ 고객중심적 행정을 주요대상으로 하는 새로운 연구경향이다.

해설

정답 ②

오답의 이유

① 직업공무원제를 옹호했으며, 직업공무원의 적극적 역할을 주장하였다.

③·④ 정부를 재구축하고 민간부문이 공공서비스 공급에 참여할 필요가 있다고 강조하고, 고객중심적 행정을 주요대상으로 하는 입장은 오스본과 개블러(Osborne & Gaebler)의 '정부재창조론'이다.

08

17 기출

다음 중 행정관료의 재량이 늘어난 이유로 적절하지 않은 것은?

① 공황 이후의 복잡한 사회문제의 등장
② 자본주의 발달로 인한 사회문제의 대두
③ 의회의 권력확대
④ 행정문제의 전문화

해설

정답 ③

③ 의회의 권력확대가 아닌 상대적 역할의 약화, 또한 위임입법의 증가로 행정재량권이 확대되었다.

오답의 이유

① 산업화와 도시로의 인구집중에 따라 행정수요가 증가하였다.
② 독점자본주의 출현에 따라 노사의 대립이 자주 등장하였고 이의 해결을 위한 행정의 적극적 역할이 요구되었다.
④ 과학기술의 발달로 행정의 전문화와 기술화, 복잡화가 이루어졌다.

09

14 기출

다음 중 행정학에 관한 설명으로 옳지 않은 것은?

① 우리나라 행정학은 1950년대에 미국의 행정학을 수용하였다.
② 한국의 대학교에서 행정학과는 1940년대 후반부터 생기기 시작하였다.
③ 미국행정학은 정실주의의 비효율을 제거하기 위해서 시작되었다.
④ 고전기의 행정학은 절약과 능률을 최고의 가치로 삼았다.

해설

정답 ③

③ 미국에서는 엽관주의의 폐단을 제거하기 위해 행정학이 시작되었고, 영국에서는 정실주의의 비효율을 제거하기 위해 행정학이 시작되었다.

오답의 이유

① 한국의 행정학은 1950년대부터 미국의 행정학을 도입하면서 시작되었다.
② 1946년 서울대학교 법과대학 행정학과를 시작으로 2년 후에는 부산대학교에, 1955년에는 고려대학교와 중앙대학교에 행정학과를 개설하여 행정학 교육을 담당하게 하였다.
④ 고전기의 행정학은 행정과 경영을 동일시하였으며(공사행정일원론), 절약과 능률을 최고의 가치로 보았다.

10

다음 중 공공선택이론에 관한 설명으로 적절하지 않은 것은?

① 정부를 공공재의 생산자·공급자로, 국민을 소비자로 간주한다.

② 방법론적 개체주의에 입각하여 의사결정의 주체를 개인으로 본다.

③ 공공서비스를 공급하는 전통적인 관료제는 공공선택이론에 부합한다.

④ 공공선택이론은 사회를 유기체가 아니라 개개인의 결합으로 파악하며, 개인의 효용이 증가하면 사회적 효용도 증가한다고 본다.

해설　　　　　　　　　　　　　　　　　　　　　　　　　　　　　정답 ③

③ 공공선택이론은 전통적인 관료제 구조가 고객의 요구에 즉각적으로 반응할 수 없는 구조로 바람직하지 못하다고 간주하였다. 즉, 전통적인 관료제 구조는 공공서비스의 공급과 생산에 바람직한 제도적 장치가 되지 못하므로 새로운 대안적 장치로 중첩적인 관할구역과 분권적인 조직장치가 필요하다고 주장하였다.

끝장이론

1. 미국의 고전기 행정학(1880~1930년대)

(1) 의의

① '행정은 정치의 시녀'라는 엽관주의 입장에서 야기되었던 부패와 무질서, 관직의 남설(濫設), 비전문성 등은 결국 1883년 펜들턴법의 제정을 유도했으며, 행정의 정치로부터의 독립을 주장하게 되었다.

② 행정은 '정치권력' 현상이 아닌 '관리기술'로 파악되어야 한다는 입장(Wilson, White, Gulick, Taylor, Ford 등)이다.

(2) 특징

행정관리설 및 능률주의, 정치행정이원론	행정을 권력현상이 아닌 공공정책의 구체화, 즉 사무·관리·기술·집행현상으로 파악하고 기계적 능률을 추구
공식구조 중심주의 및 합리적 경제인관	최적의 공식구조가 최적의 업무수행을 가져온다고 보고 인간을 합리적 경제인(X이론)으로 가정(피동적인 인간관)
과학적 관리와 원리접근법	과학적 관리론의 영향으로 과학적 원리를 중시 → 원리주의

2. 미국의 반발적 행정학: 신고전적 행정이론과 기능적 행정학(1930~1940년대)

(1) 의의

① 과학적 관리론에 대한 반발로 등장한 1930년대의 인간관계론 등 신고전적 행정이론과 '보이지 않는 손'의 한계가 1929년 경제대공황에 의해 드러남에 따라 행정권이 확대·강화되었다.

② 정치와 행정의 유기적 연계성이 강조되면서 나타난 정치·행정일원론(통치기능설)의 입장(디목과 애플비 등)이다.

(2) 특징: 과학적 원리와 정치 · 행정의 분리에 대한 반발

비공식구조와 사회인관	인간관계론의 영향으로 공식구조보다는 비공식요인이나 대인관계 등의 인적 자원 중시 → 과학적 원리 비판
정치행정일원론 및 공사행정이원론	정치와 행정의 연속성을 강조하며 행정을 정책의 구체화 외에 정책결정과 형성과정으로 파악 → 행정과 환경의 유기적 관계성을 중시(환경유관론, 사회학적 접근)
사회적 능률	행정에 의한 사회문제 해결과 다양한 이익의 통합 등 새로운 능률기준제시

3. 미국 행정학의 분화 및 다원화기(1950~1960년대)

(1) 국외 문제에 관심고조

비교행정론 등장	• '행정학의 연구가 비교연구가 되지 않는 한, 행정학이 과학이라는 주장은 공허한 이야기에 지나지 않는다'라는 달(R. A. Dahl)의 주장이 말해 주듯이 미국의 경험을 행정학의 유일한 기반으로 삼는 데 대해서 불만이 일어나게 되었으며, 이런 불만이 비교행정의 연구로 발전 • 1960년대는 비교행정연구회(Riggs 주도)를 중심으로 활발히 전개
발전행정론 등장	발전행정은 1960년대 들어 미국의 팽창정책과 맞물려 약소국의 발전에 대한 관심을 가지게 되고 이들 국가를 어떻게 발전시킬 수 있는가라는 고민이 발생함으로써 본격적으로 연구되기 시작

(2) 국내문제에 대한 관심고조

① **배경**: 1960년대에 이르러 미국에서는 인종갈등, 존슨 대통령이 추진한 위대한 사회(Great Society) 운동, 베트남전 참전 등 갈등에 대한 국내문제에 관심이 고조되었다. 그러자 신진행정학자들은 적실성과 행동을 강조하는 정책학과 사회적 형평성의 확보를 중시하는 신행정학을 본격적으로 연구하기 시작했다.

② 정책학과 신행정학의 등장

정책학 등장	행정학의 학문적 현실을 문제 삼고 행정학이 보다 사회문제의 해결에 기여해야 한다는 주장이 제기되면서 정책학이 본격적으로 연구되기 시작
신행정학 등장	가치주의, 인본주의를 지향하는 행정흐름을 신행정론(NPA; New Public Administration)이라 함

4. 미국의 현대적 행정학

(1) 1970년대: 감축관리론 등장과 공공선택론 도입

① 1970년대 두 차례 1 · 2차 오일쇼크와 만성적인 스태그플레이션으로 인한 과다한 복지지출로 정부재정이 압박받으면서 신보수주의와 신자유주의가 등장하였다.

② 신보수주의와 신자유주의 영향으로 정부의 재정위기를 극복하기 위해 감축관리론이 등장하였고, 1970년대 초부터 오스트롬(V. Ostrom)에 의해 공공선택론이 논의 · 전개되었다.

(2) 1980년대: 신보수주의 확산과 신공공관리론 등장

① 1970년대 형성된 정부에 대한 불신이 1980년대로 이어오면서 신보수주의가 확산되었고, 공무원 인원감축이나 규제완화, 정부지출감축 및 민영화 등에 대한 작은 정부 논의가 활발히 전개되었다.

② 1980년대 신보수주의 정부가 행정의 관리적 측면을 부각하자 정치행정이원론이 다시 등장하였고, 새롭게 신공공관리론이 등장하였다.

③ 신공공관리론은 시장논리에 따라 행정의 생산성이나 효율성을 중시하는 개념이다.

(3) 1990년대 이후: 행정재정립운동 · 정부재창조론 등장과 뉴거버넌스에 대한 연구

① 행정재정립운동과 정부재창조론 등장

행정재정립운동 (Refounding Movement)	• 1980년대 이후 행정과 직업공무원제에 대한 불신이 증가하면서 엽관주의적 요소가 확대되자 이에 대한 반작용으로 1980년대 후반부터 1990년대 초반까지 직업공무원제를 옹호하는 행정재정립운동 전개 • 스바라(Svara)는 직업공무원제를 옹호하며 정부를 재창조하기보다 재발견해야 한다고 주장하는 등 기존의 정치행정이원론을 재해석해 정책과정에서 공무원의 적극적인 역할을 옹호
정부재창조론	• 행정재정립운동과 반대로 오스본(D. Osborne)과 개블러(T. Gaebler)는 정부재창조론을 통해 정부는 재창조되어야 한다고 주장 • 신공공관리론을 행정개혁에 구체적으로 적용한 것으로 정부를 재구축하고 민간부문의 공공서비스 공급에 참여할 필요가 있다고 강조 • 클린턴 행정부의 '정부재창조운동'의 이론적 기초

② 뉴거버넌스 연구의 전개: 1990년대에 접어들어 공공서비스 공급에 민간부문의 참여가 확대되고, 새롭게 공공서비스 전달체계가 등장하면서 뉴거버넌스에 대한 연구를 다루기 시작하였다.

5. 엽관주의 · 정실주의 · 실적주의의 비교

(1) 엽관주의(獵官主義, Spoils System)

① 미국 7대 대통령인 잭슨이 '승리자에게 전리품이 속한다'라는 슬로건을 내세우고 선거에서 승리한 정당이 관직을 차지하는 엽관주의를 도입한다.

② 정치적 신조나 정당관계를 임용기준으로 하는 인사제도로 정의된다.

(2) 정실주의(情實主義, Patronage System)

① 영국에서 절대군주제 확립 당시 국왕이 자신의 정치세력을 확대하거나 반대하는 세력을 회유하기 위해 고위관직이나 연금을 선택적으로 부여한 데서 비롯되었다.

② 인사권자와의 개인적인 신임이나 친소(親疏)관계를 기준으로 하는 인사제도로 정의된다.

(3) 실적주의(Merit System)

① 당파성이나 혈연, 지연, 학연, 인종, 종교 등과 같은 정치적 요인이나 귀속적 요인이 아니라 실적(Merit)을 임용기준으로 삼는 인사행정의 기본원리 또는 인사제도를 의미한다.

② 실적주의는 기회균등의 원칙(민주성)과 실적에 의한 임용(능률성)을 보장하기 위한 제도적 장치로서 공개경쟁 채용시험을 실시하며, 공무원으로 임용된 후에는 강력한 신분 보장을 해 주는 대신 정치적 중립을 요구한다.

[1] 과학적 관리론

01

20 **9** 기출

테일러(F. W. Taylor)의 과학적 관리론에 대한 설명으로 옳지 않은 것은?

① 테일러(F. W. Taylor)는 과학적 관리의 핵심을 개인적 기술에 두고, 노동자가 발전된 과학적 방법에 따라 작업이 되도록 한다.

② 어림식 방법을 지양하고 작업의 기본요소 발견과 수행방법에 대해 과학적 방법을 발전시킨다.

③ 과업은 일류의 노동자만이 달성할 수 있는 충분한 것이어야 한다.

④ 노동자가 과업을 완수하는 경우 높은 보상, 실패하는 경우 손실을 받게 된다.

해설

정답 ①

① 테일러(Taylor)는 과학적 관리의 핵심을 조직구조의 능률향상에 두고, 노동자가 과학적인 방법을 활용함에 따라 작업이 되도록 하는 것이다.

끝장이론 ··

1. 과학적 관리론의 전제

(1) 의의

① 최소의 비용으로 최대의 성과를 달성하고자 하는 민간기업의 경영합리화 운동이다.

② 객관화된 표준과업을 설정하고 경제적 동기부여를 통해 절약과 능률을 달성하고자 하였다.

(2) 과학적 관리론의 전제

① 과학적 분석에 의해 유일한 최선의 방법을 찾을 수 있다.

② 과학적 방법에 의해 생산성을 향상시키면 근로자와 사용자를 다 같이 이롭게 할 수 있다.

③ 합리적 · 경제적 인간관을 주장한다.

④ 조직의 목표는 명확하게 알려져 있고, 업무는 반복적이다.

(3) 과학적 관리론의 배경

① 능률증진운동이 관리과학화로 전환되던 시점은 테일러(F. W. Taylor)가 필라델피아 철강회사에서 첫 실험을 진행하고 있을 때였다.

② 테일러는 당시 관리방식이 비능률적이었기 때문에 양자의 대립이 발생했다고 생각해 생산능률의 제고가 양자에게 모두 이익이 되는 것을 보여 주려 했다.

③ 테일러의 과학적 관리론이 성립된 배경에는 이처럼 당시 미국의 경제적 환경이 작용했다.

2. 과학적 관리론의 주요내용

(1) 테일러 시스템(과업관리)

① 의의

㉠ 테일러(F. W. Taylor)는 대립하는 기업가와 근로자 모두에게 이익를 가져다준다는 신념하에 『과학적 관리의 원리, 1911』에서 능률을 지향하는 관리방안을 제시하였다.

㉡ 테일러 시스템은 시간연구와 동작연구를 통해 합리적인 개인별 과업량을 설정하고 그 성과에 따라 차등임금을 지불하는 경영방식을 말한다.

② 내용: 과업설정, 공구의 표준화, 근로자의 과학적 선발과 훈련, 기능적 직장제, 차별성과급제, 예외에 의한 관리가 있다.

(2) 포드(Ford) 시스템(동시관리)

① 포드자동차회사의 사장이었던 포드는 1914년 자신이 소유하고 있던 자동차공장에 컨베이어 시스템을 도입하여 대량생산과 이를 통한 원가절감(규모의 경제)을 이루어 냈다.

② 포드의 새로운 생산관리방식을 포드 시스템 또는 동시관리라고 한다.

3. 과학적 관리론과 인간관계론의 비교

구분		과학적 관리론	인간관계론
공통점		• 궁극적 목표: 경영합리화, 즉 능률성 · 생산성 향상 • 인간해석: 인간의 피동성, 동기부여의 외재성, 욕구체계의 단일성 파악 • 환경에 대한 인식: 폐쇄체제(외부환경 무시 → 보수성 · 정태성) • 연구대상: 하급 일반직원만 • 정치행정이원론과 기술적 행정학 발전에 기여 • 기술적 수단으로 인식한 수단적 능률관에 입각 • 인간가치: 인간을 목표달성을 위한 수단으로 인식(인간가치의 수단화) • 조직목표와 개인목표의 양립가능성 인정 및 조화관계로 인식	
차이점	연구의 중점	직무중심	인간중심
	분석대상	공식적 구조	비공식적 인간관계
	인간관	합리적 · 경제적 인간관(X인간)	사회적 인간관(Y인간)
	능률관	가치중립적 · 기계적 능률관	규범적 · 사회적 능률관
	동기부여 요인	경제적 유인체계 강조	사회심리적 욕구충족
	이론적 기초	시간과 동작연구	호손실험
	공헌	절약과 능률증진	민주성 확립

02

15 기출

다음 중 귤릭(Gulick)이 주장한 최고관리자의 7대 기능에 속하지 않는 것은?

① 조직(Organizing) ② 조정(Coordinating)
③ 인사(Staffing) ④ 협력(Cooperation)

해설

정답 ④

④ 협력(Cooperation)은 해당하지 않는다.

오답의 이유

① · ② · ③과 함께 7대 기능에 속하는 것은 기획(Planning), 지휘(Directing), 보고(Reporting), 예산(Budgeting)이다.

끝장이론 ....

1. 행정관리론의 이론적 특성

(1) 조직의 전체적인 효율성을 증가시키기 위해 과학적 관리론과 같이 작업장 수준을 개선하는 것은 조직 전체의 합리화로 이어지는 데 한계가 있다는 인식에서 출발(과학적 관리론과 보완적 관계로 등장)하였다.

(2) 조직의 목적을 생산현장에 연결시키는 과정의 합리화를 중시(관리자의 역할)하였다. 이때 요구되는 관리자의 역할문제를 최초로 제기한 것이 행정관리론이다.

(3) 행정관리론은 행정의 정부부문이나 민간공통적 속성을 전제로 어디서나 적용할 수 있는 행정이나 관리의 보편적 원리를 발견하고, 관리층에서 맡아야 할 조직과 관리작용의 원리들을 개척하는 데 주력했다.

(4) 능률을 기본적 가치로 채택하고 조직단위들의 구조적인 관계, 관리기능의 유형, 관리과정, 분업과 조직에 관련된 원리 등을 연구하는 데 치중했다.

(5) 원리론자들은 페이욜(H. Fayol), 폴렛(M. P. Follett), 귤릭(L. Gulick), 어윅(L. Urwick), 무니(J. D. Mooney), 라일리(A. C. Reiley) 등을 들 수 있다.

2. 행정관리론의 주요내용

(1) 페이욜의 관리원리(관리원칙의 보편성을 찾고자 함)

① 기업이 수행하는 활동에 대한 분류로부터 출발했다.

② 기술활동, 영업활동, 재무활동, 보안활동, 회계활동, 관리활동 등이 있으며, 이 중 앞에 열거한 다섯 가지 활동을 계획하고 조직화하여 조정 · 통제하는 활동을 관리활동이라고 정의하면서, 관리활동의 중요성을 강조했다.

③ 관리활동이 효율적으로 수행되기 위한 14개의 관리원리를 주장하였다.

(2) 귤릭과 어윅의 POSDCoRB(원리접근법)

① 귤릭과 어윅은 1937년에 발표한 『행정과학에 관한 연구(Papers on Science of Administration)』에서 최고관리자가 수행해야 하는 기능으로 계획, 조직, 인사, 지휘, 조정, 보고, 예산을 열거했다.

② 이런 기능들은 이후 머리글자를 따라 POSDCoRB라 지칭하게 되었는데, 이는 관리자의 기능을 표시할 뿐만 아니라 행정학의 연구범위와 대상을 지칭하는 것으로 간주되었다.

③ 관리계층을 연구대상으로 한다.

④ 귤릭은 분업을 조직의 기초이자 조직의 존재이유라는 관점에서 보고, 분업의 네 가지 기준을 '목적과 기능, 과정이나 절차, 일과 사람, 장소 또는 지역'으로 제시하였다.

⑤ 최고관리자의 7대 기능(POSDCoRB)

기획(Planning)	조직목표 달성방법에 대해 구체적인 윤곽을 세우는 일
조직화(Organizing)	수립계획에 따라 업무를 효율적으로 수행할 수 있도록 구체적인 직무와 권한을 배분하여 공식적인 구조를 갖추는 일
인사(Staffing)	신규직원들을 채용 · 훈련시키며, 알맞은 근무조건을 유지하는 일
지휘(Directing)	부하직원들로 하여금 업무상의 명령이나 지시에 따르도록 하는 일
조정(Coordinating)	조직 내의 여러 부서상호 간에 원만한 관계를 유지하고 협력하도록 하는 일
보고(Reporting)	소속상사나 관리자에게 부하직원에게 맡긴 업무의 진행과정이나 결과 또는 연구조사 등을 보고하도록 하는 일
예산(Budgeting)	조직목표나 업무를 수행할 수 있도록 재정기획이나 회계를 담당하는 일

(3) 무니와 라일리의 원리

① 무니(J. D. Mooney)와 라일리(A. D. Reiley)는 GM 자동차회사의 경영자로서, 자동차회사에서의 실무경험과 함께 정부조직에 대한 역사적 평가나 특히 가톨릭교회와 군대조직에 대한 연구자료들을 기초로 하여 1931년에 『미래의 기업』을 발간하였다.

② 조정의 원리(Coordination Principle), 계층제의 원리(Scalar Principle), 기능적 원리(Functional Principle), 막료의 원리(Staff Principle)를 제시하였고, 특히 이 가운데서도 조정의 원리가 가장 중요한 원리임을 강조했다.

[3] 행태론적 접근

03

19춘기출

다음 중 행태론적 접근방법에 대해 옳지 않은 것은?

① 논리실증주의(Logical Positivism)를 도입했다.

② 계량분석법(Quantitative Analysis)을 사용했다.

③ 가치개입(Value-Laden)을 중시한다.

④ 인간형태의 규칙성을 가정한다.

③ 가치개입(Value-Laden)은 신행정이론의 특징이다. 사이먼(Simon)을 필두로 대두되기 시작한 행태주의는 행정의 과학화를 목표로 한다. 가치문제에 대한 진위는 과학적으로 검증될 수 있는 것이 아니기에, 가치문제는 행태주의가 추구하는 영역 밖의 문제라고 보았다.

① 사회현상의 연구도 자연과학처럼 실증적 연구가 가능하다는 전제하에 논리실증주의를 행정의 연구에 도입했다.
② 개념의 조작적 정의를 통해 객관적인 측정방법을 사용하여 자료를 계량적으로 분석하고 이를 통해 규칙성, 상관성 및 인과성을 경험적으로 입증하고 설명할 수 있다고 본다.
④ 규칙성과 인과성을 경험적으로 입증하고 설명할 수 있음을 전제로 한다.

04

19 기출

다음 중 행태론적 접근방법의 특징으로 옳지 않은 것은?

① 가치와 사실의 분리
② 과학적 방법의 적용
③ 다학문성(종합학문성)
④ 자율적 인간관

④ '자율적 인간관'은 비판이론의 인간관에 해당한다. 비판이론은 행태주의의 도구적 이성을 비판하고 실천을 주도하는 자율적 인간관을 주장한다. 반면 행태주의 인간관은 외부자극에 수동적으로 반응하고, 인과의 논리에 지배당하는 '수동적 존재'이다.

① 행태론적 접근방법(행태주의)은 가치와 사실을 구분(분리)하여, 검증이 불가능한 가치를 연구대상에서 제외하고 검증이 가능한 사실만을 연구대상으로 삼는 가치중립적인 특징을 지닌다.
② 행태주의는 사회현상도 자연현상과 마찬가지로 과학적 연구가 가능하다고 보았으며, 논리 실증주의, 계량적 접근 등의 과학적 방법을 적용하여 사회현상에서 보편적 원리를 도출하려 하였다.
③ 행태론은 다학문성(종합학문성)을 강조하였다.

05

15 기출

다음 중 행태론에 대한 설명으로 옳지 않은 것은?

① 행태론은 사실의 경험적 연구를 강조한다.
② 논리실증주의를 철저하게 적용하였다.
③ 대표적인 학자로는 가우스(Gaus)와 리그스(Riggs)가 있다.
④ 인간의 동기는 고려하지 않았다.

06

사이먼(H. A. Simon)이 주장한 행정학의 중심개념은 무엇인가?

① 효율성 ② 정책결정
③ 의사결정 ④ 가치주의

끝장이론 ··

1. 행태론의 의의와 성립배경

(1) 의의

① 행태론적 접근방법은 이념, 제도, 절차 또는 구조보다는 개인 및 집단의 행태나 심리적 경향을 중심으로 행정현상을 분 석하는 것이다(버나드와 사이먼, C. I. Barnard & H. A. Simon).

② 행태론이란 면접이나 설문조사 등을 통해 인간행태에 대한 규칙성·유형성·체계성 등을 발견하여 이를 기준으로 종합 적인 인간관리를 도모하려는 과학적·체계적인 연구를 말한다.

(2) 행태론의 성립배경 및 전개

① 기존의 정통행정학이 신봉하던 원리주의가 검증을 거치지 않은 격언에 불과하다는 비판을 가하면서, 사이먼을 필두로 대두되기 시작한 행태주의는 행정의 과학화에 그 목표를 두고 성립하였다.

② 행정학에서 행태주의는 유럽의 경험주의와 실증주의에 영향을 받은, 논리적 실증주의에 기초한 과학화 운동의 일환으 로 전개되었다고 볼 수 있다.

③ 행태주의가 지나치게 가치중립적인 나머지 1960년대 미국 내 급박한 사회문제의 해결에 도움을 주지 못하자 이스턴 (Easton)은 적실성의 신조(Credo of Relevance)와 실천을 강조하는 후기행태주의 시작을 선언하였다.

2. 행태이론의 방향과 내용 및 특징

(1) 사이먼의 논리적 실증주의를 중심으로 한 행태이론의 구성내용

① 조직의 구조적인 측면보다는 조직구성원이 표출한 행태분석에 연구의 초점을 둔다(미시적·방법론적 개체주의).

② 가치와 사실을 구별하고, 가치를 연구대상에서 제외해야 한다고 주장한다.

③ 계량적인 접근이나 기법을 선호한다.

④ 인간의 행위설명에 초점을 두기 때문에 종합·과학적인 성격을 띤다.

⑤ 행정현상을 의사결정과정으로 파악한다(공사행정일원론). 행정조직은 하나의 집합체로서 의사결정의 단위이며, 개별적인 행정가도 범주 내에서 의사결정을 한다.

⑥ 행정을 다양한 욕구를 가진 개인상호 간 또는 개인과 집단 간의 상호작용의 동적 상호작용(Dynamic Interplay)으로 파악한다.

[2] 이스턴(D. Easton)의 행태주의 신조를 통한 행태주의의 특성

규칙성(Regularities)	정치행정의 행태에는 일정한 규칙이 있으므로 그것을 일반화함으로써 이론을 정립할 수 있음
입증(Verification)	일반화 또는 이론화는 원칙적으로 사실이 경험으로 입증되어야 함
계량화(Quantification)	자료의 분석과 발견된 사실의 진술은 가능한 한 계량화가 필요
기술(Technique)	자료의 수집과 정확한 분석을 위해서는 조사기술이 필요
가치(Value)와 사실(Fact)의 분리	과학적·경험적 연구에서는 가치와 사실이 분리되고, 가치판단이 배제되어야 함
순수과학(Pure Science)의 추구	지식을 사회에 응용하기에 앞서 인간의 행태를 과학적으로 이해하고 설명하는 순수과학을 확립하는 것이 중요
체계화(Systematization)	이론과 연구는 체계적·과학적으로 수행되어야 함. 이론에 의하지 않는 연구는 지엽적일 수밖에 없고 사실적 자료로 증명되지 않는 이론은 쓸모없음
통합(Integration)	집단이나 인간행위를 정확하게 이해하기 위해서는 행정학과 인접사회과학의 밀접한 학문상의 통합이 이루어져야 함

3. 행태론의 공헌과 한계

[1] 공헌

① 행태론은 논리적 실증주의에 의한 행정연구의 과학화에 기여하였다.

② 의사결정과정론과 사회심리학적 접근방법을 개발하였다.

③ 정치행정새이원론과 공사행정새일원론을 대두시켰다.

④ 행태론의 대표학자인 사이먼은 정치와 행정을 연속체로 인식하면서도 연구방법에 있어서는 행정의 과학화를 위해서 가치판단적인 것과 사실적인 것을 구별하고, 공행정과 사행정의 차이는 양적인 것으로 파악하였다.

[2] 한계

① 기술 및 과학적 방법에 치중한 나머지 연구대상과 범위에 제약을 가진다. 지나친 객관주의·조작주의·계량주의로 객관화할 수 없는 인간의 내면세계 등 주관적인 영역을 직접 다루지 못한다. 외부환경적 요인을 고려하지 못한 폐쇄적인 이론이다.

② 정책결정에는 대립적인 가치체계 간의 선택을 할 수밖에 없고 가치판단의 논리적인 배척은 비현실적이며, 가치중립적 입장은 절박한 사회문제를 처방하지 못하고 비현실적인 보수주의를 초래한다.

③ 정치행정새이원론 및 공사행정일원론은 공행정의 특수성이나 행정의 공공성을 무시한다.

④ 합리성을 중시한 나머지 인간을 목표달성의 도구로 인식하는 수동적·원자적 자아관으로 인해 인간의 능동적·주체적 측면을 간과하고 인간성의 상실을 초래한다.

07

16 기출

다음 중 후기행태주의의 특징에 대한 설명으로 옳은 것은?

① 집단의 고유한 특성을 인정하지 않는 방법론적 개체주의의 입장을 취한다.

② 민주적 가치규범에 입각하여 가치평가적인 정책연구를 지향하였다.

③ 개념의 조작적 정의를 통해 객관적인 측정방법을 사용하며 자료를 계량적 방법에 의해 분석한다.

④ 객관적인 현상만을 연구대상으로 삼기 때문에 개인적인 경험은 의식적으로 제외된다.

해설 　　　　　　　　　　　　　　　　　　　　　　　　　　　　　　　　　정답 ②

② 신행정론 장르의 하나인 후기행태주의는 행정학의 실천적 성격과 적실성을 회복하기 위해 정책지향적인 행정학을 요구했으며 전문직업주의, 가치중립적인 관리론에 대한 집착을 비판하면서 민주적 가치규범에 입각하여 분권화, 고객에 의한 통제, 가치에 대한 합의 등을 강조하였다. 즉, 과학적 연구가 지향하는 가치중립적인 연구에서 탈피하여 가치비판적이고 가치평가적인 연구를 할 수 있게 함으로써 정책연구에 기여하였다.

오답의 이유

①·③·④ 행태론에 관한 설명이다.

끝장이론 ....

1. 후기행태주의의 의의

(1) 후기행태주의는 행태주의가 지나치게 논리적 실증주의(Logical Positivism)와 논리적 경험주의(Logical Empiricism)를 과신했다고 비판하였다.

(2) 복잡한 사회문제의 해결을 위해서 학문의 현실적합성과 행동을 강조하였다.

2. 후기행태주의의 특징

(1) 본질이 기법에 우선해야 한다.

(2) 이데올로기를 포기해야 한다.

(3) 실천성을 강조한다.

(4) 가치는 연구의 중심적 변수가 되어야 한다.

(5) 학자들은 인간적 가치를 보호해야 할 책무가 있으며 이에 따라 학자들의 지적 역할을 강조한다.

(6) 지식인들이 사회문제를 이해하고, 행동으로 이를 해결하기 위해 무엇인가를 실천해야 한다.

(7) 직업의 정치화가 필연적일 수밖에 없다.

08

20 7 기출

행정학의 접근방법에 대한 설명으로 옳은 것은?

① 생태론적 접근방법은 행정조직을 개방체제로서 파악하는 입장이며, 발전도상국의 행정현상을 설명하는 데 유용하게 도입되었다.

② 행태론적 접근방법은 인접과학의 협동연구를 중시하는 입장에서 인간행태의 의도에 관심을 가진다.

③ 공공선택론적 접근방법은 방법론적 개체주의 입장에서 공공재의 수요자들 간의 공평한 자원배분에 관심을 가진다.

④ 역사적 접근방법은 각종 행정제도의 성격과 그 형성에 있어서 보편적인 방법을 인식하는 수단을 제공한다.

해설 정답 ①

오답의 이유

② 행태론적 접근방법은 인접과학의 협동연구를 중시하는 입장에서 인간행태에 대해 연구하고, 행위자의 의도나 동기보다는 관찰이 가능한 외면적 행태(표출된 행태)에 관심을 가진다. 인간행위의 의도에 대해 관심을 가지고 연구하는 것은 현상학이다.

③ 공공선택론적 접근방법은 방법론적 개체주의 입장에서 공공재의 수요자들 간의 효율적 자원배분에 관심을 가진다.

④ 신제도주의의 역사적 접근방법은 각종 행정제도의 성격과 그 형성에 있어서 종적 연구를 진행함으로써 보편적 방법이 아닌 특수성을 인식하는 수단을 제공한다.

09

06 기출

생태론적 접근방법에 대한 설명으로 적절하지 않은 것은?

① 바너드(C. I. Barnard), 가우스(J. M. Gaus) 등이 연구하였다.

② 생물학의 한 분야인 생태론을 행정현상의 구명에 활용한 방법이다.

③ 행정조직을 둘러싸고 있는 외부환경의 변화가 행정에 어떠한 영향을 주는가를 연구·분석하는 것이다.

④ 생태론은 폐쇄체제론적 접근방법을 선호한다.

해설 정답 ④

④ 생태론적 접근법은 생물학의 한 분야인 생태론을 행정현상의 구명(究明)에 활용하는 연구방법이다. 행정조직 전체를 하나의 살아 있는 유기체로 보고 내부의 한 부분의 변화가 다른 부분에 어떠한 변화를 가져오는지, 또는 조직을 둘러싼 외부환경의 변화가 어떠한 영향을 주는지를 분석하는 방법이다. 생태론은 외부환경과의 유기적인 상호관련성을 중시하기 때문에 개방체제론적 접근방법을 선호한다.

10

06 기출

일반적으로 발전도상국의 행정기능과 규모는 선진국보다 더 큰 것이 보통이다. 다음 중 그 원인으로 적절하지 않은 것은?

① 취약한 민간부문
② 사회복지의 확충
③ 높은 인구증가율
④ 단기간 내에 경제성장 기대

해설 정답 ②

② 선진국에서 나타나는 행정기능의 확대현상에 해당한다. 발전도상국은 단기간 내에 빠른 경제성장을 기대하고 민간부문이 취약하기 때문에 정부주도형 개발이 주로 이루어진다. 또한 높은 인구증가율로 인해 행정수요가 높아지면서 발전도상국의 행정기능과 규모가 커지게 된다.

끝장이론

1. 생태론적 접근방법의 의의

(1) 개념

① 행정을 하나의 유기체로 파악하고, 그것을 둘러싸고 있는 환경이나 문화의 상호관계를 규명하려는 데 관심을 가진다.
② 개방적 · 거시적 접근방법이다.
③ 행정을 환경의 종속변수로 인식한다.

(2) 도입이유

① 1950년대 기존의 미국행정학의 이론을 개발도상국(신생독립국)에 적용할 수 없는 것에 대한 의문이 제기되면서 시작되었다.
② 과거의 행정학 연구방법은 정태적인 제도중심의 기술법이어서 실제적인 문화 · 환경상의 행정현실을 밝히는 데는 여러 가지 제약이 있다.

(3) 생태론적 접근방법의 내용(생태론의 연구에서 가장 중요한 변수는 환경)

① 행정현상을 자연적 · 사회적 · 문화적 환경상황과 관련시켜 이해하려 한다.
② 행정의 외적인 것을 통해서 행정을 이해하기 때문에 보다 포괄적이고 종합적인 설명이 가능하다. 여기서 비교행정학자들은 후진국의 행정을 이해하기 위해서 문화 · 전통연구에 초점을 둔다. 이때 환경론적 접근은 후진행정의 변칙적인 현상에 대한 설명을 가능하게 한다.
③ 행위자의 수준보다 종합적 행위의 수준에서 행정을 설명한다. 즉, 미시적보다 거시적인 설명을 한다.
④ 행정현상을 행정과 주위세력 간의 상호작용의 관계로 인식한다. 따라서 연구의 초점을 현상과 현상 간의 상호인과관계의 설명에 두기 때문에 처방적인 설명을 싫어한다.

2. 리그스(F. Riggs)의 생태론

(1) 사회이원론: 리그스는 문화횡단적 비교연구를 위해 사회를 크게 농업사회와 산업사회로 나누고 이를 5가지 환경변수를 통해 비교하였다.

환경변수	농업사회	산업사회
정치체제	• 정치권력의 근거는 천명 • 형식적 권력 < 실질적 권력	• 정치권력의 근거는 국민(주권재민) • 형식적 권력 > 실질적 권력
경제적 기반	자급자족적 경제체제, 폐쇄경제	시장경제, 상호의존적인 교환경제
사회구조	• 혈연적 · 개별적 사회구조 • 1차 집단중심	• 기능적 분화와 실적 중심 • 2차 집단중심
이념	육감 · 직관에 의한 인식이 지배적, 지식의 단일성	경험적 방법에 의한 인식 중시, 지식의 다양성, 평등성, 개인주의
의사전달	미약, 상의하달중심	의사전달 원활(유동성이 높음), 하의상달, 수평적 전달이 잘됨

(2) 사회삼원론 프리즘적 모형

① **개념:** 사회이원론이 발전도상국의 과도기적 사회를 설명하지 못한다는 비판이 제기되자, 농업사회를 융합사회, 산업사회를 분화사회로 파악하고, 융합사회에서 산업사회로 이행되어 가는 중간사회인 프리즘적 사회를 제시하였다.

구분	융합사회	프리즘사회	분화사회
사회구조	농업사회	과도(전이)굴절사회	산업사회
국가발전	후진국가	발전도상국가	선진국가
행정인	자유사상가	인텔리겐처	지성인
관료제모형	안방모형 공사 미구분	사랑방 모형 공사 구분과 미구분 혼재	사무실 모형 공사의 구분

② 사회삼원론 프리즘적 모형

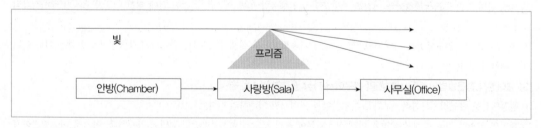

11

다음 중 비교행정론에 대한 설명으로 옳지 않은 것은?

① 미국의 신생국에 대한 경제원조의 실패가 발달요인이다.

② 선진국의 행정체제를 무조건 발전된 형태로 보는 편견이 있었다.

③ 행정의 과학화에 대한 요구가 있었다.

④ 발전행정론에 반박하여 이론을 전개해 나갔다.

해설   정답 ④

④ 1950년대부터 실용주의에 입각하여 목표지향적이고 규범적이며 동태적인 행정이론의 필요성이 강조되면서 발전행정론이 비교행정론의 한 영역으로 출발하였다.

끝장이론 ....

1. 비교행정론

(1) 개념

① 문화적 배경을 달리하는 각국의 행정체계를 비교·연구하여 보편적인 이론을 도출하는 데 초점을 두었던 이론이다.

② 주로 선진국과 후진국 간의 비교문제를 다루었다.

③ 대표학자: 리그스(Riggs), 헤디(Heady) 등이 있다.

(2) 발전배경

① 제2차 세계대전 이후 미국은 새로운 세계질서의 구축에 앞장섰으며, 신생국들에 대한 경제적 원조와 자립지원을 추진하였다.

② 이 과정에서 미국의 행정이론을 신생국의 발전에 적응시키려 하였으나, 그대로 적용하기에는 적합하지 않음을 자각하면서 사회적·문화적 특성에 맞는 행정이론을 모색하기 위한 움직임에서 발달하였다.

③ 포드재단의 지원을 받은 비교행정연구회의 활발한 활동이 비교행정론의 발전에 기여하였다.

2. 발전행정론

(1) 개념

① 발전의 개념: 현재보다 더 나은 바람직한 상태로의 변화를 의미한다.

② 발전행정의 개념: 국가발전을 이룩하기 위한 국가의 모든 발전사업을 행정이 주도적으로 수행하며, 또한 그런 역할과 기능을 수행하기 위해 자체의 능력 내지 역량을 발전시키는 것을 의미한다(발전사업의 관리＋행정의 발전).

(2) 등장

① 1950년대의 기능주의에 입각한 비교연구는 출발과는 달리 보수성과 비실용성을 띠게 되었다.

② 신생국의 변화발전을 촉진시키려는 변혁담당자들에게 유용한 지식을 제공하지 못했다.

③ 1960년대에 들어서면서부터 이에 대한 비판이 제기되었다(정태성).

④ 정책적 · 규범적이며 동태성을 띤 행정연구의 필요성에 따라 발전행정론이 등장하였다.

(3) 특징: 발전행정에서는 환경을 의도적으로 개혁해 나가는 행정인의 창의적 · 쇄신적인 능력을 중요시한다. 또한 행정을 독립변수로 간주해 행정의 적극적 기능을 강조한다.

① **정책결정 기능:** 발전행정은 정치행정이원론 대신 정치행정일원론의 입장을 취한다. 따라서 행정을 국가발전의 목표달성을 위한 정책과 계획의 수립 · 집행과정으로 파악하며, 행정인의 정책결정 능력향상을 중요시한다.

② **효과성의 중시:** 발전행정은 발전사업의 목표달성에 치중하므로, 추구하는 행정이념으로서 목표달성도를 의미하는 효과성을 중시한다.

③ **발전행정인의 역할강조:** 발전행정에서는 발전지향성 · 창업가정신 · 성취욕구를 가진 행정인의 독립변수적 역할을 강조한다.

3. 비교행정론과 발전행정론의 비교

구분	비교행정론	발전행정론
이념	보편성 · 일반성 · 능률성 강조	특수성 · 전문성 · 효과성 강조
이론적 성향	균형이론(정태적 · 보수적)	변동이론(동태적 · 쇄신적)
행정인 자질	지식과 정보	발전지향성과 쇄신성
방법론	기능주의	실용주의
시기	1950년대	1960년대
이론관계	두 이론은 어떤 면에서 상호독립적인 측면이 있으나 비교행정이론은 이론적으로 발전행정이론을 위한 중간역할을 했다고 볼 수 있음	

[7] 신행정이론

12

20 ❾ 기출

행정학에서 가치에 관한 연구가 본격적으로 관심을 끌기 시작한 학문적 계기로 옳은 것은?

① 신행정론의 시작
② 발전행정론의 대두
③ 뉴거버넌스 이론의 등장
④ 공공선택론의 태동

① 미국이 가지고 있는 심각한 도시빈민의 문제, 인종문제 등과 연계된 분배적 정의에 관한 문제를 해결하고자 왈도(D. Waldo)를 구심점으로, 소장학자들이 시대가 요구하는 새로운 패러다임 정립을 위한 제1차 미노브룩 회의를 1968년에 개최하였다. 왈도, 프리드릭슨(H. G. Frederickson), 마리니(F. Marini), 페이지(R. S. Page) 등이 참여했다. 이때 행정학의 새로운 이론으로 신행정론이 제시되었다.

오답의 이유

② 발전행정론은 개발도상국의 국가발전을 이룩하기 위한 국가의 모든 발전사업을 행정이 주도적으로 수행하며, 또한 그런 역할과 기능을 수행하기 위해 자체의 능력 내지 역량을 발전시키는 것을 의미한다. 하지만 행정학에서 가치에 관한 연구가 본격적으로 관심을 끌기 시작한 학문적 계기라고 할 수는 없다.

③ 뉴거버넌스론은 1980년대 이후 신공공관리론에 대한 비판으로 국정운영에 기존의 불평등하고 정부우위적인 시장과의 관례를 청산하고 정부와 시장 그리고 시민사회가 자발적으로 협조하여 보다 효과적이고 민주적으로 국가를 운영한다.

④ 공공선택론은 정치과정을 경제학의 원리와 방법으로 분석한 이론이다.

끝장이론

1. 신행정이론(NPA; New Public Administration)

(1) 신행정이론의 개념

① 규범적 이론을 추구하면서 적절한 규범적 가치를 확인하고 그 가치의 실현을 위한 정책적 수단으로써 변동을 강조한 이론(정통이론에 반발한 이론)이다.

② 신행정학은 행태론의 논리실증주의가 과학적 지식을 사회문제의 해결에 적극활용하지 못했다며 비판하였다.

③ 1960년대 말 미국사회의 격동기 때 발생한 절박한 사회문제를 해결하기 위해 현실적합성과 실천성, 참여를 통한 형평성의 추구를 중시했다.

(2) 신행정이론의 등장원인

① 이론적 측면에서의 등장 원인: 기존의 지배적 행정이론이었던 비교행정론과 행태주의가 지닌 이론적 적실성의 한계에 대한 반발 → 후기행태주의 열풍은 학문의 과학화를 위한, 지나친 행태적 접근이나 계량적이고 몰가치적인 학문적 노력의 당위성에 대해 제동을 걸게 된다(가치개입 강조).

② 현실적 측면에서의 등장원인(격동기 사회)

㉠ 1960년대와 1970년대 초에 걸쳐 확산되기 시작한 정부와 행정에 대한 불신 분위기는, 새로운 가치영역의 인정과 그에 대한 관심의 환기를 가져왔다.

㉡ 소장학자들을 중심으로 행정에 대한 새로운 인식전환과 계량적 접근이 지닌 몰가치성의 한계에 대한 공감대 형성, 그리고 변화를 수용할 수 있는 새로운 학문적 체계를 집대성해야 한다는 필요성이 자연스럽게 제기되었다.

(3) 신행정이론의 전개과정

① 미국이 안고 있는 심각한 도시빈민의 문제, 인종분규의 문제 등과 연계된 분배적 정의 문제를 해결하고자 왈도(D. Waldo)를 구심점으로, 소장학자들의 시대가 요구하는 새로운 패러다임 정립을 위한 제1차 미노브룩 회의를 1968년에 개최하고, 왈도(Waldo), 프리드릭슨(H. George Frederickson), 마리니(F. Marini), 페이지(R. S. Page) 등이 참여했다.

② 행정의 정체성 위기(Identity Crisis)문제를 제기하면서, 이에 대한 새로운 대안으로 사회적 형평성, 인본주의적 철학, 적실성 있는 행정연구, 사회변동에의 대응성 등을 강조하는 규범적 이론을 중심으로 한 새로운 방향을 설정하였다.

③ 마리니(Marini, 1971)는 미노브룩 회의의 중요한 주제가 현실적합성, 후기실증주의, 소용돌이 환경에의 적응, 새로운 형태의 조직, 고객중심의 조직이라고 정리하고 『신행정학을 지향하며』라는 저서를 발표했다.

2. 현상학(Phenomenology, 現象學)

(1) 의의

① 현상이란 인간의 인식대상과 의식의 관계에서 일어나는 경험적 서술을 의미한다. 현상학은 20세기 독일의 철학자 후설(E. Husserl)에 의해 일반철학운동으로 전개되었다.

② 사회적 행위의 해석에 있어서 이런 현상 및 주관적 의미를 파악하여 이해하는 철학적·심리학적 접근법, 주관주의적 접근법(의식적 지향성 중시)으로, 실증주의·행태주의·객관주의·합리주의를 비판하면서 등장하였다.

③ 형상에 대한 개인의 내면적 인식이나 지각으로부터 행태가 나온다고 주장하며, 이면에 내재된 동기나 의도에 대한 해석을 중요하게 생각했다.

(2) 특징

① 인본주의 물화(物化)의 배격: 물상화(Reification)는 현상학의 주요연구대상이다. 물상화는 인간의 주관적인 의지와 가치·목적성을 객관적인 형체에 몰입시켜 인간성 상실이 발생하는 현상이다. 즉, 수단이 목적이 된 현상을 말한다.

② 상호주관성·간주관성(Intersubjectivity) 강조: 사회현상에 대한 이해는 사람들 사이에 인식이 공유되는 상호주관성의 관점에서 이해되어야 한다. 즉, 현상과 사물에 대한 이해는 사람들 사이에 인식이 공유되는 부분을 연구해야 하며 이를 위해서는 상호주관성이나 감정이입, 열린 공간에서의 자유토론이 강조된다.

③ 행태가 아닌 행동연구(Action, Not Behavior): 행태에 대한 연구보다는 인간행동[Action＝의도(동기)＋행태]에 대한 연구를 주장한다. 하몬(M. Harmon)은 행동이론에서 인간행위의 가치는 그 행위 자체에 있는 것이지 그 행위가 야기하는 결과에 있지 않다고 주장하였다. 하몬은 행동의 과정을 중요하게 생각하며, 목적지향적인 과정이 아니라 문제의 본질을 구성원 간에 정확하게 이해하고 공유되며 상호신뢰가 이루어지는 가운데 문제가 해결되는 과정임을 강조한다.

④ 가치주의, 철학적 연구방법: 과학의 대상에서 제외되었던 도덕·철학도 생산적인 것으로, 엄격한 경험과학으로 재정립이 가능하다고 주장하였다.

3. 비판이론적 접근

(1) 사회의 모습을 총체적으로 분석·비판하고 그것을 변화시킬 수 있는 것이 무엇인지 밝히려는 입장으로 특히 인간의 자율성을 억압하고 제약시키는 요인(관료제, 자본주의, 법률, 실증주의 등)을 밝히고, 의미 있는 인간생활을 설계하려는 철학운동이다.

(2) 칸트의 비판철학, 마르크스의 이데올로기 비판에 근거하여 1920년대 이후 독일의 프랑크푸르트학파 및 호르크하이머(Horkheimer), 아도르노(Adorno), 마르쿠제(Marcuse), 하버마스(Habermas) 등이 체계화하였다.

(3) 행정학에 있어서는 1970년대 후반 덴하르트(Denhardt), 던(Dunn) 등에 의해 도입되었으며, 비판이성·해방이성의 맥락에서 행정을 이해한다.

13

19 기출

다음 중 공공선택이론의 특징으로 옳지 않은 것은?

① 1960년대 뷰캐넌(J. Buchanan)과 털록(G. Tullock)이 창시하였으며 집단적 의사결정과정에 경제학적 논리를 적용한다.

② 오스트롬의 민주행정 패러다임은 행정이 정치의 영역 내부에서 이루어진다고 보았다.

③ 사표심리는 공공선택의 규칙하에서 표의 효과를 극대화하려는 전략적 선택이라고 본다.

④ 시장실패의 원인을 분석하였으나 정부실패를 고려하지 않았다.

해설　　　　　　　　　　　　　　　　　　　　　　　　　　　　　정답 ④

④ 공공선택이론은 시장실패를 교정하기 위한 정부의 시장개입이 '왜 자원배분의 효율성을 저해하는가(정부실패)'에 대한 원인을 분석하였다.

오답의 이유

① 공공선택이론은 1960년대 뷰캐넌(J. Buchanan)과 털록(G. Tullock) 등의 버지니아 학파가 창시하였으며, 집단적 의사결정과정에 경제학적 논리를 적용한다.

② 오스트롬(E. Ostrom)은 윌슨식 패러다임을 비판하고, 관료가 권력을 남용하는 독점적 권력구조를 개선하여 다수의 중첩적 관할권을 제안하였다. 오스트롬의 민주행정 패러다임은 행정과 정치를 구분해서는 안 되고, 행정이 정치의 영역 내부에서 이루어진다고 보았다.

③ 공공선택이론은 상호배타적인 대안 중에서 가장 합리적인 하나만을 선택하는 특징(합리적 무시)을 지니며, 이는 투표에도 적용된다. 따라서 공공선택이론에서 사표심리는 개인이 표의 효과를 극대화하려는 전략적 선택이라고 본다.

14

08 기출

다음 중 행정이론에 관한 설명으로 적절하지 않은 것은?

① 하몬(Harmon) 등의 현상학적 행정이론은 상징적 상호주의를 배경으로 한다.

② 리그스(Riggs)는 사회를 융합사회(농업사회), 분화사회(산업사회), 프리즘사회(신생국)로 구분하였다.

③ 윌슨-베버리안의 집권적 능률성 패러다임에 대항하여 공공서비스 공급에서 관할권의 중첩을 통한 경쟁원리를 도입하여 민주행정의 패러다임을 제시한 학자는 왈도(Waldo)이다.

④ 공공선택이론은 정치철학에서는 홉스와 스피노자와 사상적 배경을 같이하며, 정치학에서는 메디슨, 토크빌의 사상과 맥을 같이한다.

③ 윌슨-베버리안의 패러다임을 비판하면서 민주행정 패러다임을 제시한 학자는 오스트롬(V. Ostrom)이다. 오스트롬은 1973년 『미국행정학의 지적 위기』라는 저서를 통해, 행정학에 공공선택론적 관점을 접목시켰다. 또한, 윌슨-베버리안의 집권적 능률성 패러다임을 비판하면서 민주행정 패러다임을 주장하였다. 왈도(C. D. Waldo)는 가치주의와 사회적 형평성의 추구를 학문적 이념으로 삼고 미노브룩 회의에서 젊은 행정학자들과 함께 이른바 신행정론을 전개한 학자이다.

15

12 기출

'발에 의한 투표'로 주민들이 지방정부를 선택한다고 보는 이론은?

① 달 모델

② 티부 모델

③ 피터슨 모델

④ 허쉬만 모델

② 티부가설은 '발에 의한 투표(Voting with Feet)'라는 의미로, 주민들은 각각의 선호에 따라 지역 간의 자유로운 이동을 통해 지방정부를 선택할 수 있다고 본다. 즉, 지방공공재에 대한 주민의 선호가 표시되어 지방공공재 공급의 적정규모가 결정될 수 있다는 가설이다.

끝장이론

1. 공공선택론[비시장적 의사결정(Non-Market Decision Making)의 경제학적 연구]의 의의 및 등장배경

(1) 의의

① 민간부문에서 시장을 통해 소비자의 선호가 전달되는 것처럼 공공부문에서는 정치적 과정을 통해 국민들의 선호가 전달된다.

② 공공선택의 의미는 공공재의 생산에 있어서 그 의미를 파악할 수 있다.

③ 공공선택이론은 유권자, 정치가, 그리고 관료를 포함하는 정치제도 내에서 자원배분과 소득분배에 대한 결정이 어떻게 이루어지는지를 분석하고, 그것을 기초로 하여 정치적 결정의 예측 및 평가를 목적으로 한다.

(2) 등장배경

① 1963년 뷰캐넌(J. Buchnan), 틸록(G. Tullock) 등 버지니아 학파가 집단적·정치적·사회적 의사결정과정에 경제학적 논리를 적용하였다[1967년 공공선택학회지 『공공선택(Public Choice)』].

② 공공재나 외부경제와 같은 시장실패가 존재할 때 시장에 의해서 이루어지는 자원배분상태는 비효율적이 되고, 이런 비효율성이 정부개입의 근거를 제공하면서, 정부의 정책결정이 정확히 어떠한 방식으로 이루어지는가에 관심이 증가하면서, 연구가 시작되었다.

③ 행정학에서는 1970년대 초부터 오스트롬(V. Ostrom)에 의해 논의가 전개되었다.

2. 오스트롬(Ostrom) 부부의 민주행정 패러다임

(1) 의의

① 전통적 행정학의 패러다임인 베버–윌슨식 행정관에 대해 비판하면서 민주행정 패러다임을 제시하였다.

② 관료들이 일반인과 다르지 않으며, 권한이 분권화나 통제되지 못할 경우 악용될 우려가 있다고 보고, 다양하고 상이한 조직장치들이 공공재 공급을 위해 활용(의사결정권의 분산, 동태화된 조직 중시, 정책결정구조의 다조직적 배열 강조)되어야 한다고 주장하였다.

(2) 오스트롬(Ostrom)의 행정관

① 정치적 의사결정권한을 분리하여 정치권 행사는 제한·통제한다.

② 행정은 정치적으로 무관심한 사항이 아니므로, 행정과 정치를 구분해서는 안 된다(정치행정새일원론).

③ 행정구조는 단일중심구조(계층구조)보다는 다중심구조이어야 한다.

④ 주민선호와 환경에 적응하려면 의사결정센터를 다원화시켜 권한의 분산과 관할권의 중첩이 필요하다(지방자치, 지방경찰제 실시).

(3) 행정개혁의 처방

① 시민공동체 구성 촉진

② 적정한 공급영역의 설정(관할권의 중첩, 기능중심의 지방자치)

③ 준시장적 유인 강조(수익자부담주의)

④ 고객위주의 행정

3. 티부가설(Tiebout Hypothesis)

(1) 의의: 주민의 자유로운 지방 간의 이동과 다수의 지방정부가 전제되는 경우 '발로 하는 투표(Vote by Foot)'에 의해 지방공공재 공급의 적정규모가 결정될 수 있다는 이론이다.

(2) 전제조건

① 완전한 정보: 모든 지방정부가 제공하는 서비스의 정보가 공개된다.

② 완전한 이동성: 시민은 자신의 선호에 맞는 지방정부로 자유로운 이동이 가능하다.

③ 다수의 지방정부: 주민들이 선택할 수 있는 지방정부의 수가 많아야 한다.

④ 외부효과의 부존재: 공공서비스로 인한 외부경제나 불경제가 없어야 하며, 국고보조금도 없어야 한다. 외부효과나 보조금이 존재할 경우 이동이 불필요해진다.

⑤ 단위당 평균비용의 동일(규모수익 불변): 규모의 경제가 존재하지 않는다.

⑥ 각 지방별 고정적 생산요소의 존재: 모든 지방정부는 최소한 하나의 고정적인 생산요소가 있어야 한다.

⑦ 최적규모의 추구: 최저평균비용으로 지방공공재를 생산할 수 있는 인구규모이다.

(3) 티부가설의 내용

① 공공재는 중앙정부에 의해서만 공급될 수 있다는 사무엘슨의 공공재이론에 대한 반론으로 제시한다.

② 주민들의 자유로운 선택으로 지방공공재의 적정규모를 결정한다.

③ 소규모의 지방자치의 당위성을 옹호하는 이론으로서 경쟁의 원리에 의한 지방행정의 효율성, 지역 내의 동질성과 소통·접촉은 높아지지만 지역 간 형평성은 저하될 우려가 있다.

(4) 사무엘슨의 공공재이론

① 사람들은 비경합성과 비배제성을 갖는 공공재에 대해 자신의 선호를 표출하지 않는다.

② 사람들은 분권화된 시장메커니즘에 의해서는 공공재의 효율적 공급이 어렵다고 인식한다.

③ 공공재의 공급은 정부의 개입이 필요하고 중앙정부 차원의 공급이 이루어져야 한다.

16

19 기출

다음 중 신제도주의에 대한 설명으로 가장 옳지 않은 것은?

① 사회학적 신제도주의의 동형화이론에는 강압적 동형화, 모방적 동형화, 규범적 동형화가 있다.

② 비공식적인 것은 제도의 범주에 포함되지 않는다.

③ 구제도주의와 달리 신제도주의에서는 제도를 동적인 것으로 본다.

④ 역사적 신제도주의는 시간의 경로의존성을 인정한다.

해설 정답 ②

② 신제도주의는 제도를 공식적인 체제나 구조(법, 정책 등)에 한정하지 않고, 비공식적 규범(규칙, 규범, 인지적 요소 등)까지 포함하여 제도로 본다. 신제도주의는 이런 제도가 행위자와 상호작용하는 동태적 관계(권력관계, 심리적 관계 등)를 분석하려고 한다.

오답의 이유

① 사회학적 신제도주의는 조직구조의 변화가 동형화로 인해 나타난다고 보며, 이런 동형화에는 강압적 동형화, 모범적 동형화, 규범적 동형화가 있다.

③ 구제도주의와 달리 신제도주의는 제도를 '동적인' 것으로 보며, 시간의 흐름에 따른 제도의 변화 원인과 결과, 제도가 사람의 선호에 어떤 영향을 미치는가를 분석한다. 신제도주의에서의 제도는 개인행위의 수동적인 결과물이 아닌 개인과 상호작용하는 관계이다.

④ 역사적 신제도주의는 제도가 시간의 흐름에 따라 상황이 변했음에도 기존의 제도가 새로운 제도를 제약하는 '경로의존성'을 보인다고 주장했다.

17

13 기출

다음 중 행태주의와 제도주의에 대한 설명으로 옳지 않은 것은?

① 행태주의 접근방법은 사회로부터 정치체제에 대한 투입을 중시하였다.

② 행태주의 접근방법은 정치와 행정현상에서 개별국가의 특수성을 중시하였다.

③ 1950년대까지 정치와 정부연구의 주류를 이루었던 전통적 제도주의는 정부의 공식적 구조에만 관심을 가졌다.

④ 1970년 이후 부활한 신제도주의는 제도를 개별행위자들의 행태를 지배하고 제약하는 규칙의 집합으로 본다.

해설 정답 ②

② 행태주의 접근방법은 정치와 행정현상에서 개별국가의 특수성을 간과하고 어디에서도 적용 가능한 보편성과 국가 간의 공통성을 강조하였다.

1. 신제도론에서 '제도'의 개념('제도'를 보는 시각차이 존재)

(1) 제도란 균형을 이루고 있는 상태를 의미한다. 이는 개인들이 상호 간에 선호를 이해하고 이에 따라 최적의 행동을 선택했을 때 존재하는 행태의 안정적 유형(Stable Pattern of Behavior)을 의미한다. 따라서 제도는 일정 시간 동안 어느 정도의 안정성을 전제로 한다.

(2) 제도란 규범이나 규칙이라 할 수 있고, 공식적 또는 비공식적 권리들과 사람들이 다른 사람의 행동에 대해서 공정하고 안정적인 예상을 가능케 하는 규칙과 규범을 의미한다. 이런 점에서 제도는 사회나 정체(政體, Polity)의 구조적 특성을 지칭한다. 따라서 제도는 개인을 초월해 집단의 성격을 띠며, 집단구성원 간의 유형화된 상호작용을 전제한다.

(3) 제도란 인간의 행동을 인도하는 의미의 틀을 제공하는 상징체계인 문화라고 할 수 있다. 이런 측면에서 제도의 구성원들은 가치나 의미를 공유하고 있어야 한다는 사실이 중요하다.

(4) 제도는 개인의 행위에 영향을 미칠 수 있어야 한다. 제도란 어떤 방법으로든 구성원들의 행위를 제약하는 면이 있어야 한다. 이때의 제약이란 공식적일 수도 있고 비공식적일 수도 있다.

2. 신제도주의의 기본전제(제도를 분석해야 하는 이유)

(1) 정치가 사회로부터 분화되어 있기 때문에 정치제도는 상대적으로 자율적인 성격을 지닌다.

(2) 역사적 발전에 대한 인식에서도 비효율성과 비적응성의 가능성을 받아들인다.

(3) 정치적 행위는 의무나 책임과 같은 비공리적인 요인에 의해서도 좌우될 수 있으며, 정치에서의 의미와 상징적 행위의 역할을 대단히 중시한다.

(4) 인간행위의 형성에 결정적인 작용을 하는 정치구조의 역할을 한다.

3. 신제도주의의 등장배경

(1) 신제도주의(New Institutionalism)는 1970년대 말부터 정치학에 등장하였다.

(2) 정치현상을 설명하는 데 법적인 측면이나 공식적인 조직의 영향력에 치중하는 전통적 연구방법 중 하나였던, 법적·제도적 접근을 새로운 내용으로 재구성한다는 의미에서 '신'제도주의로 불린다.

(3) 신제도주의가 등장하게 된 배경은 행태주의에 대한 비판적 측면과 구제도주의와의 차별성이라는 양 측면에서 살펴볼 수 있다.

4. 행태론과 신제도론의 비교

비교	행태론	신제도론
차이점	방법론적 개체주의, 미시주의	거시와 미시의 연계
	제도의 종속변수성 (제도는 개인행태의 단순한 집합)	제도의 독립변수성 (제도와 같은 집합적 선호가 개인의 선택에 영향을 줌)
	정태적	동태적(제도의 사회적 맥락과 영속성 강조)
공통점	제한된 합리성 인정, 공식적 구조(제도)에 대한 반발	

5. 구제도주의와 신제도주의 비교

비교	구제도주의	신제도주의
제도의 개념	공식적인 법령	공유하고 있는 규범
제도 범위	공식적 · 가시적 제도에 국한 예 법구조, 정치제도, 행정조직	비공식적 · 문화적 · 동태적 제도를 포함 예 정책참여자들 간의 역동적 연결관계, 노조와 자본시장의 관계, 문화, 관습 등
분석방법	행정 · 정치제도의 정태적 특성에 대한 비교 · 서술	다양한 제도 간 역동적 관계에 중점
제도의 특성	• 제도의 특성은 외생적 요인에 의해 결정됨 • 제도의 종속변수성	• 제도와 행위자 간 상호영향력의 인정 • 제도의 종속변수성+독립변수성
접근법	거시적 접근(인간에 대한 고려 없음)	거시(제도)와 미시(인간행태)의 연계

6. 신제도주의의 비교

비교	합리적 선택 신제도주의	사회학적 신제도주의	역사적 신제도주의
제도의 개념	개인의 합리적(전략적) 계산	사회문화 및 상징	역사적 특수성(맥락)과 경로의존성
학문적 기초	경제학	사회학	정치학
중점	전략적 행위, 제도의 균형 중시	상징, 인지적 측면	감금효과, 경로의존성, 권력불균형, 역사적 과정
초점	개인 > 제도	개인 < 제도(문화)	개인 ≤제도(국가)
제도의 측면	공식적 측면 > 비공식적 측면	비공식적 측면(규범, 문화, 상징, 의미, 신념, 인지구조 등)	공식적 측면 > 비공식적 측면
제도의 범위	좁음(미시적: 개인 간 거래행위)	넓음(거시적: 사회문화)	넓음(거시적: 국가, 정치체제=제도)
제도의 변화원인	전략적 선택, 비용편익 비교	동형화, 적절성의 논리	외부적 충격, 결절된 균형
개인의 선호형성	안정, 외생적 · 선험적	제한, 내생적(사회가 개인을 창조)	제한, 내생적
접근법	연역론(일반이론 추구), 방법론적 개체주의	귀납적(경험적, 형이상학적 신비주의, 해석학, 민속학, 현상학적 연구)	귀납적(사례연구, 비교연구)

18

19 추 기출

다음 중 신공공관리론에 대한 설명으로 옳지 않은 것은?

① 신공공관리론에서는 권한분산과 하부위임을 통해 관리자의 자율성과 책임성을 강화한다.

② 신공공관리론은 민간부문의 경영방식을 적용하여 고객에 대한 대응성을 높이고자 한다.

③ 신공공관리론은 가격메커니즘과 경쟁원리를 활용한 공공서비스의 제공을 강조한다.

④ 신공공관리론은 시장규제는 완화하고 내부규제는 강화한다.

해설   정답 ④

④ 신공공관리론은 관리자에 대한 중앙의 사전적 통제(내부규제)를 줄이는 대신, 결과에 대해 관리자가 책임지는 것을 강조한다.

오답의 이유

①·②·③은 모두 신공공관리론의 원리적 특징이다.

① 관리자의 신축성 제고: 조직관리·인사관리·재무관리 등의 분야에 있어서 관리자에게 보다 많은 신축성을 부여해야 한다는 측면이다.

② 소비자 중심주의: 성과중시와 품질향상을 강조하고 행정서비스를 이용하는 고객의 요구에 지속적인 관심을 기울여야 한다는 의미를 담고 있다.

③ 시장지향성: 공공부문에 경쟁주의와 고객주의를 실현하는 것으로 공기업의 민영화와 공공서비스의 민영화 등으로 나타난다.

19

18 기출

다음 중 신공공관리론에 대한 설명으로 옳지 않은 것은?

① 정부역할을 방향 잡기(Steering)로 인식한다.

② 고객중심의 논리는 국민을 능동적 존재가 아닌 수동적인 존재로 만들 수 있다.

③ 계층제의 완화 및 탈관료제를 강조한다.

④ 수익자부담의 원칙 강화, 민영화 확대, 규제강화 등을 제시한다.

해설   정답 ④

④ 신공공관리론은 규제강화가 아닌 규제완화를 제시하였다.

20

신공공관리론에 대한 설명으로 옳은 것은?

① 고객지향
② 중앙정부 주도
③ 과정지향
④ 노 젓는 정부

해설   정답 ①

① 신공공관리론은 거대정부에 근거한 정부실패현상을 치유하기 위해 작고 효율적인 정부운영을 중시한다. 즉, 행정의 경영화와 시장화를 중시하는 이론이므로 정부의 역할비중은 적고, <u>고객요구의 충족을 목표로 하는 고객지향적 정부</u>이다.

오답의 이유

② 중앙정부 주도가 아닌 분권화를 지향한다.
③ 과정이 아닌 결과를 지향한다.
④ 노 젓는 정부가 아닌 방향 잡는 정부를 지향한다.

21

신공공관리론에 대한 설명으로 틀린 것은?

① 신공공관리론에서는 행정의 효율성과 전문성을 강조한다.
② 신공공관리론은 개인의 이익보다 집단의 이익을 중시하여 도덕적 해이, 역선택의 문제를 발생시킬 수 있다.
③ 공유지의 비극은 공공재의 과도한 사용으로 인해 사회 전체적으로 비효율적인 결과가 초래되는 현상을 말한다.
④ 신공공관리론은 개인의 이익을 우선으로 하기 때문에 민간기업 등과의 계약에 따라 민간기업이 행정서비스를 제공하는 것이 능률적이다.

해설   정답 ②

② 공공관리론은 작은 정부를 위해 정부의 기능을 대폭 감축하여 민영화를 추구하는 한편, 정부부문에 기업적 경영방식을 도입하여 행정의 성과와 실적을 중시하고 고위관리자의 개인적 책임과 역할을 강조하는 데 그 특징이 있다. 신공공관리론은 민간부문이 정부부문에 비하여 능률적이며 효과적이라는 전제에 입각하고 있다. 또한 집단의 이익보다 개인의 이익을 중요시하기 때문에 도덕적 해이와 역선택의 문제를 발생시킬 수 있다고 본다.

22

10 기출

다음 중 신공공관리론에 대한 내용으로 적절하지 않은 것은?

① 기업가적 정부의 실현
② 수익자부담원칙의 강조
③ 책임성의 약화
④ 정치 · 행정이원론

> **해설**   정답 ③
> ③ 신공공관리론은 작은 정부를 표방하여 보기에는 책임성을 약화하는 것처럼 보이지만, 오히려 성과주의로 인해 공직 내에
>   경쟁원리를 도입하고 성과에 대한 책임을 지도록 하면서 책임성이 강화된 측면이 있다. 또한, 관리자에게 권한을 부여하는
>   대신 고위관리자에게 책임과 역할을 강조함으로써 책임성과 효율성을 강조하였다.

23

07 기출

다음 중 신공공관리론(NPM)의 특징으로 적절하지 않은 것은?

① 정부의 주된 역할을 방향키(Steering)로 인식한다.
② 정부뿐만 아니라 개인 역시 공동생산자로 인식한다.
③ 시장의 기능과 원리를 도입하여 정부의 생산성을 향상한다.
④ 결과보다는 투입과 절차의 과정적 측면을 중시한다.

> **해설**   정답 ④
> ④ 신공공관리론(NPM)은 투입보다는 산출을, 절차의 과정보다는 성과(결과)를 중시한다.

24

07 기출

다음 중 NPM의 정부혁신전략에 대한 설명으로 옳지 않은 것은?

① TQM – 장기적 · 전략적인 품질관리
② 시장성테스트(Market Testing) – 공공부문의 사업에 대한 민영화 검토(공급자보다는 촉진자의 역할 강조)
③ 시민헌장제도 – 서비스기준을 명시적으로 제시
④ 다운사이징(Downsizing) – 업무프로세스를 근본적으로 재설계하는 기법

> **해설**   정답 ④
> ④ 다운사이징(Downsizing)은 조직의 규모를 축소하는 것을 말하며, 신공공관리론에서는 정부의 조직을 축소하는 것을 말한
>   다. 업무프로세스를 근본적으로 재설계하는 기법은 리엔지니어링(Re–Engineering)이다.

25

고객지향적 행정의 장점으로 적절하지 않은 것은?

① 공공서비스 품질의 개선
② 표준화된 공공서비스의 제공
③ 고객들에 대한 행정책임의 향상
④ 공공서비스에 대한 고객의 선택권 부여

해설 　　　　　　　　　　　　　　　　　　　　　　　　　　　　　　　　　　　　 정답 ②

② 표준화되고 획일적인 공공서비스를 제공하는 것이 아니라 고객의 다양한 요구에 대응하고, 고객의 특성을 고려한 맞춤형 공공서비스를 제공하여야 한다.

끝장이론

1. 신공공관리론(NPM; New Public Management)의 의의

(1) 영국을 중심으로 한 신관리주의와 미국중심의 기업가적 정부모형으로, 이 패러다임의 핵심은 고객중심적 · 결과중심적 · 경쟁유도적인 정부의 개혁운동이다.

(2) 시장이론에 대한 기대가 시대적으로 충만해 있었던 영 · 미 정부개혁(1970~1980년대)의 형태를 통해 나타나기 시작했다.

(3) 1990년대 들어 오스본(D. Osborne)과 개블러(T. Gaebler)가 이를 설득력 있게 정리함과 동시에, 고어(A. Gore) 부통령의 국가성과평가위원회(National Performance Review) 보고서에 그 주장이 반영되면서 국제적인 흐름으로 확산되었고 새로운 패러다임을 구성하는 데 기여하게 되었다.

2. 등장배경

(1) 환경적 측면

① 1970년대 말부터 선진국에서 나타나기 시작한 과중한 복지비용부담과 공공부문의 비효율성으로 인한 재정적자에 대해, 유권자들의 개혁요구가 강하게 제기되었다.

② 공공부문의 생산성이 민간부문에 비해 성과가 저조하였고, 정부개입의 효과성에 대한 의문과 곤란한 환경에 적용할 수 있는 새로운 능력에 대한 요구가 있었다.

③ 세계화 추세에 따라 각국의 공통 관심사인 국가경쟁력 강화욕구가 각 국가에서의 신공공관리론의 도입을 촉구(대처총리에 의해 시작된 대처리즘, 뉴질랜드의 정부혁신, 연방정부의 기능감소를 주창하는 미국의 신연방주의, 클린턴 행정부의 정부재창조와 기업형 정부, 캐나다 등의 정부혁신 등)하였다.

(2) 이론적 측면

① 신관리주의는 신테일러주의와 상호교환적으로 사용되는데, 이는 공공영역에 기업식 관리주의를 적용한 새로운 사조를 의미한다.

② 신공공관리이론에 영향을 미친 경제학은 주로 미시경제학(신제도주의 경제학과 조직경제학)을 의미하는 것으로, 공공선택이론과 주인-대리인이론, 거래비용이론 등이 이에 포함된다.

3. 신공공관리론의 원리적 특징

(1) 원리적 특징

① **시장지향성**: 공공부문에 경쟁주의와 고객주의를 실현하는 것으로 공기업의 민영화와 공공서비스의 민영화 등으로 나타난다.

② **관리자의 신축성 제고**: 조직관리·인사관리·재무관리 등의 분야에 있어서 관리자에게 보다 많은 신축성을 부여해야 한다는 측면이다.

③ **성과의 중시**: 성과와 실적중심의 관리를 중요시하며 성과지향적 정부를 구현하겠다는 의미를 담고 있다.

④ **소비자 중심주의**: 성과중시와 품질향상을 강조하고 행정서비스를 이용하는 고객의 요구에 지속적 관심을 기울여야 한다는 의미를 담고 있다.

(2) 주요원리와 전통적 관료제와의 비교

① 오스본과 개블러의 『정부재창조(Reinventing Government), 1992』: 신공공관리의 개념을 오스본이 주장하는 기업가적 정부운영의 10대 원리를 중심으로 정리하면 다음과 같다.

전통적 관료제	기업가적 정부	정부재창조
노젓기(Rowing), 사공	방향키(Steering), 조타수	촉매적·촉진적 정부
행정메커니즘	시장메커니즘(자율적 질서체계)	시장지향적 정부
집권적 계층제(명령·통제)	분권·참여·팀워크·협의·네트워크	분권적 정부
서비스 직접제공	권한의 부여(Empowering)	지역사회가 주도하는 정부
투입중심 예산	성과·결과중심 예산	성과·결과지향 정부
독점적 공급	경쟁도입(민영화, 민간위탁)	경쟁적 정부
지출지향	수익창출	기업가적 정부
규칙·규정중심 관리	임무·사명중심 관리	사명·임무중심 정부
관료(행정)중심	고객(국민)중심	고객지향 정부
사후치료·치유	예측·예견과 사전예방	미래지향적·예견적 정부

② 기업형 정부구현을 위한 5C전략: 오스본(Osborne)과 프래스트릭(Plastrick)

㉠ 핵심전략: 정부가 수행해야 할 기능과 하지 말아야 할 기능을 체크함으로써 정부의 목표를 명확히 하고 방향 잡기 등 핵심적 기능만 수행해야 한다.

㉡ 결과전략: 정부의 비효율을 야기하는 독점적 요소를 제거하고 경쟁적 요소를 적극 도입함으로써 궁극적으로 결과에 중점을 두는 것이다.

㉢ 고객전략: 고객에 대한 책임을 확보하기 위해 고객이 다수의 정부서비스 공급자 중 하나를 선택할 수 있도록 경쟁을 촉진하고 고객에게 서비스기준을 공표하여 품질을 보증하는 것이다.

㉣ 통제전략: 관리자에 대한 중앙의 사전적 통제(내부규제)를 줄이는 대신 결과에 대해 책임지도록 한다는 것으로 일선으로의 권한위임이 핵심이다.

㉤ 문화전략: 기업가적 조직문화를 창출하자는 것이다. 근본적으로 조직구성원들의 사고와 행태가 기업식으로 변화되어야 한다는 것이다.

(3) 신공공관리론의 특징

구분		신공공관리론
정부기능	정부-시장관계의 기본철학	시장지향주의-규제완화
	주요행정가치	능률성, 경제적 가치강조
	정부규모와 기능	정부규모와 기능감축 - 민간화 · 민영화 · 민간위탁
	공공서비스 제공의 초점	시민과 소비자관점의 강조
	공공서비스 제공방식	시장메커니즘의 활용
조직구조	기본모형	탈관료제모형
	조직구조의 특징	비항구적 · 유기적 구조, 분권화
	조직개편의 방향	소규모의 준자율적 조직으로 행정의 분절화
관리기법	조직관리의 기본철학	경쟁과 자율성을 강조하는 민간부문의 관리기법 도입
	통제메커니즘	결과 · 산출중심의 통제
	인사관리	경쟁적 인사관리, 개방형 인사제도

4. 신공공관리론에 근거한 정부혁신의 주요내용

신공공관리론은 고객중심적 행정관리, MBO, TQM 등 민간관리기법의 수용, 벤치마킹시스템, 다운사이징, 그리고 조직의 재구축 · 기술 및 과정의 재설계 · 새로운 사상의 관리목표의 재설정과 같은 각종 Re-기법, 그리고 시장성 테스트 등의 적용을 통해 다양한 정부혁신을 모색하고 있다.

[11] (뉴)거버넌스론

26

19 중기출

다음 중 피터스(B. G. Peters)가 제시한 정부개혁모형에 대한 설명으로 옳지 않은 것은?

① 시장정부모형은 공공서비스가 얼마나 저렴하게 공급되느냐를 주된 공익의 판단기준으로 삼으며, 서비스이용권 등 소비자의 선택권을 중시한다.

② 참여정부모형에서는 조직하층부 일선공무원이나 시민들의 의사결정 참여기회가 최대한 보장될 때 공익이 확보된다고 가정한다.

③ 탈규제정부모형에서는 시장규제 완화를 통한 시장활성화를 추구하기 위해 정부의 권한을 축소해야 한다고 본다.

④ 신축정부모형에서는 정부조직의 항구성을 타파하여 비용을 절감하고 공익을 증진시킬 수 있다고 본다.

27

16 기출

법규 중심보다는 서비스, 서비스보다는 시민이 중심이 되는 것으로 공공기관보다 시민을 더 중시하는 것은?

① 신행정론
② 신공공관리론
③ 공공선택이론
④ 뉴거버넌스

28

15 기출

다음 중 신공공관리론(NPM)과 뉴거버넌스에 대한 설명으로 옳지 않은 것은?

① 신공공관리론은 '신관리주의'와 '시장주의'를 결합하여 전통적 관료제 패러다임의 한계를 극복하고 작은 정부를 구현하기 위해 개발된 이론이다.
② 신공공관리론과 뉴거버넌스 모두 정부의 역할을 방향 잡기(Steering)로 본다는 공통점이 있다.
③ 뉴거버넌스는 고객지향적 관리방식을 취하는 반면, 신공공관리론은 임무중심의 관리방식을 취한다.
④ 신공공관리론은 행정에 경쟁을 도입하여 작동시키고자 하였으며, 뉴거버넌스는 신뢰를 기반으로 한 협력을 통해 행정을 작동시키고자 하였다.

29

피터스(G. Peters)가 제시한 뉴거버넌스에 기초한 정부개혁모형 중 설명이 틀린 것은?

	정부모형	문제의 진단기준	관리개혁
①	시장적 정부모형	전통적 정부의 독점성	성과급, 민간경영기법 도입
②	참여적 정부모형	전통적 정부의 계층제	TQM, 팀제
③	신축적 정부모형	전통적 정부의 영속성	임시적 관리, 임시조직
④	탈내부규제 정부모형	전통적 정부의 내부규제	직업공무원제

해설

정답 ④

④ 탈내부규제 정부모형에서의 관리개혁은 '관리상 재량권 확대'이다. 직업공무원제는 절차적 통제와 더불어 전통적 정부에서의 관리개혁에 해당한다.

30

다음 중 신공공관리론과 뉴거버넌스론의 관계에 대한 설명으로 적절하지 않은 것은?

① 신공공관리론은 정부관료제를 조직·관리하는 새로운 방법을 의미하는 데 비해, 뉴거버넌스는 정부와 사회 간의 새로운 상호작용의 형태를 의미한다.

② 신공공관리론이 신자유주의에 기초하는 데 비해, 뉴거버넌스론은 공동체주의에 기초하고 있다.

③ 신공공관리론이 부문 간 경쟁에 역점을 두고 있는 데 비해, 뉴거버넌스론은 부문 간 협력에 중점을 두고 있다.

④ 신공공관리론이 조직 간 관계를 중시하는 데 비해, 뉴거버넌스론은 조직 내 관계를 중시하는 경향이 있다.

해설

정답 ④

④ 공공관리론은 조직 내 관계를 중시하며, 뉴거버넌스론은 조직 간 관계를 중시한다.

끝장이론

1. 거버넌스의 개념과 특징

(1) 개념

① 거버넌스(Governance): 가장 넓게는 사회문제를 해결하는 제반기제로서 국정관리, 협치(協治) 등 다양하게 정의된다.

② 뉴거버넌스(New Governance): 기존의 정부라는 개념하에서 의미하는 관주도적 행정에서 정부의 좋은 방향으로의 변화를 함축하는 통치의 새로운 운영방식을 의미한다.

③ 최근 신행정국가의 대두와 더불어 국정운영에 기존의 불평등하고 정부우위적인 시장과의 관례를 청산하고 정부와 시장 그리고 시민사회가 자발적으로 협조하여 보다 효과적이고 민주적으로 국가를 운영하고자 하는 새로운 패러다임이라고 할

수 있다(연계망, 네트워크).

④ 등장배경: 전통적 관료제 패러다임의 정부실패와 시대적 환경의 변화를 배경으로 한다.

(2) (뉴)거버넌스의 특징

① 파트너십의 중시

② 유기적 결합관계의 중시(네트워크의 강조)

③ 공식적 · 비공식적 요인의 고려

④ 정치적 특성의 강조

⑤ 세력연합 · 협상 · 타협의 중시

⑥ 정부는 네트워크 관리자로서 역할

⑦ 다수준 · 다접근성(국가 · 정부 중심적 접근 외에 가장 광범위한 지구적 거버넌스, 지역공동체 수준의 지역 거버넌스, 개별국가 외 국가 거버넌스, 시장중심 거버넌스, 시민사회중심 거버넌스, 가상공간의 사이버 거버넌스)

2. 전통적 관료제와 (뉴)거버넌스의 차이

비교의 국면	전통적 관료제	(뉴)거버넌스
정부기능 및 정책지향	• 공공재의 독점적 생산 및 공급 • 정부독점 • 공급자중심의 행정 • 규제와 기획기능 강조 • 해밀턴주의	• 공공기업가 및 조정자 • 정부 및 시장, 시민사회 주제 • 고객 및 시민중심 • 규제완화, 자율규제, 공동체주의 강조 • 메디슨주의
정치 · 행정 및 민간과의 관계	• 정치지도자들이 정책형성 주도 • 내부역동성에 초점	• 관료들의 정책형성 역할 인정: 관료에 대한 통제의 이완과 재량권 부여 • 외적 민간과의 관계강조
조직구조	• 관료제 • 조직구조의 항구성 • 분업 • 계층제: 고층구조 • 집권화 • 대규모 조직	• 네트워크(이슈네트워크 등) • 비항구적 · 유기적 구조 • 집단사고와 업무처리(참여모형) • 비계층적 구조: 저층구조 • 분권화, 권한이양 • 소규모 조직

3. 신공공관리론과 (뉴)거버넌스의 공통점과 차이점

(1) 공통점

① 정부역할 축소

② 방향 잡기 강조

③ 공적 · 사적 영역 간 이분된 것으로 이해하는 것을 거부

④ 민관협력 등을 인정

(2) 차이점

① 신공공관리론은 경쟁의 원리를 중시하지만, (뉴)거버넌스는 시장주의에 입각한 경쟁보다는 신뢰를 기반으로 조정과 협조가 이루어진다.

② 신공공관리론은 행정기능의 상당부분이 민영화, 민간위탁 등을 통해서 국가로부터 민간에게 이양되지만 (뉴)거버넌스에서는 국가의 역할을 부정하기보다는 민간의 힘을 동원하고, 공동체 구성원들의 참여에 의한 공적 문제해결을 중시한다.

③ (뉴)거버넌스는 다조직 네트워크와 지속적 상호작용, 그리고 국민을 주인으로 간주하는 주인중심적 접근을 하기 때문에

능동적이고 적극적인 참여를 강조하지만, 신공공관리론은 조직 내적인 관점에 초점을 두며, 목적달성에만 관심을 두고 국민을 고객으로 간주하는 고객중심적 접근을 하기 때문에 수동적이다.

④ 신공공관리론은 시장논리에 따라 행정의 생산성이나 효율성을 중시하지만 (뉴)거버넌스는 구성원 간의 참여와 합의를 중시하므로 행정의 민주성 등에 초점을 둔다.

⑤ (뉴)거버넌스는 정치적 권위의 영역 내에서 민주적 의사결정의 영역에 관심을 갖는 정치적인 개념인 반면, 신공공관리론은 정치적 권위에 의한 집합적 선택을 반대하고 자발적 교환영역에 관심을 갖는 비정치적인 개념이다.

4. 신공공관리론과 뉴거버넌스의 비교

구분	신공공관리론	(뉴)거버넌스
인식론적 기초	신자유주의 · 신공공관리	공동체주의 · 참여주의
관리기구	시장주의	서비스연계망(공동체)에 의한 공동생산
관리가치	결과(생산성)	과정(민주성, 신뢰)
관료역할	공공기업가	조정자
작동원리	시장메커니즘	신뢰와 협력체제
서비스	민영화, 민간위탁	공동생산(시민 · 기업의 참여)
관리방식	고객지향	임무중심
분석수준	조직 내	조직 간
정치성	정치행정이원론	정치행정일원론
정부역할	방향키(수비수)	방향키(심판관)

5. 피터스(G. Peters)의 모형

(1) 피터스의 (뉴)거버넌스 정부개혁 모형

구분	전통적 정부모형	시장적 정부모형	참여적 정부모형	신축적 정부모형	탈내부규제 정부모형
문제의식	전근대적 권위	독점	계층제	영속성	내부규제
조직개혁	계층제	분권화	평면조직	가상조직	–
관리개혁	직업공무원제, 절차적 통제	성과급, 민간기법	총체적 품질관리(TQM), 팀제	가변적 인사관리, 임시조직	재량권 확대
정책결정 개혁방안	정치 · 행정구분	내부시장, 시장적 유인	전문가회의협의, 협상	실험	기업형 정부
공익기준	안정성, 평등	저비용	참여, 협의	저비용, 조정	창의성, 활동성, 활동주의
조정방안	상의하달식 명령통일	보이지 않는 손	하의상달식 명령통일	조직개편	관리자의 자기이익
공무원제 개혁방안	실적제	시장기제로 대체	계층제 축소	임시고용, SES	내부규제 철폐

(2) 피터스가 8가지 원인으로 제시한 뉴거버넌스 등장을 재촉했던 환경변화

① 국가의 재정 위기

② 시장을 향한 이데올로기적 전이

③ 세계화

④ 국가의 실패

⑤ 신공공관리의 출현

⑥ 사회적 변화와 증가하는 복잡성

⑦ 뉴거버넌스의 새로운 근원의 출현

⑧ 전통적 · 정치적 책임성의 유산 등

[12] 포스트모더니티의 이론

31

15 기출

다음 중 포스트모더니즘에 대한 설명으로 옳지 않은 것은?

① 절대유일의 보편적 가치는 존재하지 않으며 다양한 가치가 공존한다고 본다.

② 주관주의를 중시하며, 언어의 중요성을 강조한다.

③ 타자를 도덕적 타자가 아닌 인식적 타자로 인정한다.

④ 거시적인 사회적 구조와 지시와 제약으로부터 해방되어야 한다고 주장한다.

해설   정답 ③

③ 포스트모더니즘에서는 타자를 인식적 객체로서가 아니라 도덕적인 타자로 인정한다. 이를 타자성(Alterity)이라고 한다.

끝장이론 ··

1. 후기산업사회(포스트모더니티) 행정의 의의 및 대두배경

(1) 인간의 물상화를 배격하고 인간의 이성과 자아를 회복하려는 인본주의운동이다.

(2) 구성주의, 상대주의, 다원주의, 해방주의를 토대로 탈영역, 탈전체, 탈물질, 탈규제, 탈계서, 탈제약, 탈근대, 해체와 해방 등을 제창하는 1980년대 이후의 후기산업사회에서의 행정이론을 포스트모더니즘의 행정이론이라고 한다.

(3) 전통적 행정이론에 대한 회의와 비판 및 대안으로 등장하였다.

2. 포스트모더니티 이론의 특징

상상	• 규칙에 얽매이지 않는 행정운영 • 문제의 특수성 인정
해체	• 탈구성, 해방주의 • 텍스트의 근거를 파헤쳐 재해석
영역해체	탈영역화, 학문 간의 영역파괴
타자성	타인을 인식적 타자가 아닌 도덕적 타자로 인정

3. 모더니티와 포스트모더니티의 행정이론

모더니티의 행정이론			포스트모더니티의 행정이론
전통적 행정이론		상대적으로 체계적인 정립	• 모더니티 자체의 마음가짐에 대한 회의와 그런 마음가짐을 바탕에 두고 있는 행정이론의 한계와 모순에 대한 비판 • 합리성을 기초로 한 행정이론의 한계와 모순을 지적하고 대안에 관한 담론을 형성 • 포스트모더니티 행정이론이 가지는 대안으로서의 가능성 • 아직도 비체계적인 모습
전통적 행정이론에 대한 비판과 대안	해석학적 행위이론	비판적, 대안제시, 다소 비체계적	
	비판행정론		
	행정철학		

4. 포스트모더니티 행정이론

(1) 모더니티에 대한 회의와 비판

① 포스트모더니즘이 비판하는 것은 어떤 이론이나 특정한 패러다임이 아니라, 과학이 특권적 지위를 가진 이성의 형태나 진리의 매개체라는 모더니스트적인 사고의 근본가정에 관한 것이다. 오직 과학적 지식만이 확실한 근거를 가질 수 있다는 과학주의적 주장에 대한 이견(異見)을 제시한다.

② 포스트모더니즘은 과학은 가치중립적이라거나 중립적이어야 한다고 하는 모더니스트적 생각을 비판하고 과학의 실천적 및 도덕적 의미를 강조한다. 포스트모더니스트들은 진리의 기준들은 맥락의존적이라고 주장한다(모더니즘은 과학적 지식은 보편적이며, 특정한 맥락과 상관없는 방식으로 정당화될 수 있다고 본다).

(2) 포스트모더니티 행정이론의 특징

① 파머(D. Farmer)는 반(反)관료제모형에서 포스트모던 행정의 특징을 다음과 같이 설명한다.

㉠ 상상(Imagination): 소극적으로는 규칙에 얽매이지 않는 행정의 운영이며, 적극적으로는 문제의 특수성을 인정하는 것이다.

㉡ 해체(Deconstruction; 탈구성): 텍스트(언어, 몸짓, 이야기, 설화, 이론)의 근거를 파헤쳐 보는 것이다.

㉢ 영역해체(Deterritorialization; 탈영역화, 학문영역 간의 경계파괴): 포스트모더니티에 있어서의 모든 지식은 그 성격과 조직에 있어서 고유영역이 해체된다. 즉, 지식의 경계가 사라진다.

㉣ 타자성(Alterity): 나 아닌 다른 사람을 인식적 객체로서가 아니라, 도덕적인 타자로 인정하는 것이다. 타자성은 타인에 대한 개방성, 다양성의 선호(다른 것에 비해 어떤 특권적 지위를 누리는 의미가 없다는 것을 인정하는 것), 상위설화에 대한 반대(비현실적인 근거들을 해체하는 것), 기존질서에 대한 반대 등을 특징으로 한다.

② 구성주의: 객관주의를 배척하고 현실은 마음(내면) 속에서 구성된다고 보는 주관주의로서 언어의 중요성을 강조한다.

③ 상대주의적 · 다원주의적 세계관: 보편주의나 객관주의는 헛된 꿈이라 비판하고, 절대유일의 보편적 가치는 존재하지 않으며 다양한 가치가 공존한다고 본다.

④ 해방주의: 비판과학에서 묘사하는 해방주의 성향을 추구하며 탈물질화, 탈관료제화를 강조한다. 규칙이나 계급으로부터의 해방을 추구한다. 이는 개인이 거시적인 사회적 구조의 지시와 제약으로부터 해방되어야 하고 서로의 상이성(타자성)을 인정받는 자유로운 존재여야 한다는 원자적·분권적 사회로의 이행을 의미한다. 따라서 소품종 대량생산체제가 아닌 다품종 소량생산체제에서 제공되는 공공서비스가 더 바람직한 것이라고 주장한다.
⑤ 행동과 과정의 중시: 조직과 행정을 정체된 존재가 아니라 계속적으로 만들어 가는 과정으로 본다.

5. 포스트모더니즘의 행정이론

(1) 파머(D. Farmer)의 반관료제이론: 파머는 과학주의, 기술주의, 기업주의 등의 근대성을 탈피하고 탈근대성을 지향하자고 주장하면서, 포스트모더니즘 행정이론의 특징으로 상상, 해체, 탈영역화, 타자성 등을 제시한다.

(2) 폭스와 밀러(Fox & Miller)의 담론이론: 폭스와 밀러는 구성원 간 의사소통을 통한 담론을 행정의 중요한 요소로 인식한다.

(3) 덴하르트(Denhardt)의 신공공서비스론: 전통적 행정이론과 신공공관리론에 대한 반론으로 덴하르트가 제시한 신공공서비스론(고객이 아닌 주인으로서의 시민, 기업가 정신이 아닌 시민성, 시민에 대한 봉사 등)은 후기산업사회의 중요한 이론으로 자리 잡고 있다.

[13] 신공공서비스이론

32

20 ⑦ 기출

신공공서비스론의 주요주장에 대한 설명으로 옳지 않은 것은?

① 책임성은 단순한 것이 아니라는 점을 인식해야 한다.
② 집합적이고 공유된 공익개념을 구축하려는 노력이 필요하다.
③ 전략적으로 생각하고 민주적으로 행동해야 한다.
④ 관료역할의 중요성은 사회의 새로운 방향을 잡고 시민을 지원하는 데 있다.

해설   정답 ④

④ 관료의 역할을 방향을 잡고(Steering) 시민을 지원하는 데 있다고 보는 이론은 신공공관리론이다. 신공공서비스론에서 관료의 역할은 시민에게 봉사하는 것이다.

33

19 기출

다음 중 신공공서비스론(NPS)의 특징으로 옳지 않은 것은?

① 관료는 고객위주의 공공기업가가 되어야 한다.
② 협력적 국정거버넌스에서 정부는 조정자의 역할을 수행한다.
③ 정부는 성과지향적 책임과 공동체적 책임을 모두 지향한다.
④ 행정의 역할은 방향 잡기가 아닌 서비스여야 한다.

> **해설**   정답 ①
> ① '관료는 고객위주의 공공기업가가 되어야 한다.'고 주장하는 것은 신공공관리론(NPM)이다. 신공공서비스론(NPS)은 고객이
> 아니라 시민에게 봉사하는 행정을 강조하였으며, 시민정치론(시티즌십)과 공공서비스의 가치를 중시하였다.
>
> **오답의 이유**
> ② · ③ · ④ 신공공서비스론(NPS)의 특징으로 옳은 내용이다.

34

11 기출

신공공서비스론에 대한 내용으로 틀린 것은?

① 규범적 가치에 관한 이론을 제시했으나, 이런 가치들을 구현하는 데 필요한 구체적 처방을 제시하지 못한
   한계점이 있다.
② 공익과 공유가치 간의 관계를 강조하여, 행정가의 역할을 시민들의 참여와 대화의 촉진을 통한 그들의 공
   유된 가치에 근거하여 공익을 추구할 수 있도록 촉진하는 것이라 본다.
③ 시민을 하나의 고객으로 이해하고 공공서비스의 질을 향상시켜 시민의 만족도를 높이고자 하며, 이의 구체
   적인 구현방식은 서비스헌장 또는 시민헌장 등이다.
④ 행정가들은 공공자원의 관리자, 공공조직의 보호자, 시민의식과 민주적 담론의 중재자, 공동체사회와의
   유기적 관계를 위한 촉매자로서 시민들에게 봉사하는 책임성을 발휘해야 한다고 본다.

> **해설**   정답 ③
> ③ 시민을 고객으로 이해하고 서비스헌장 또는 시민헌장을 구현방식으로 하는 것은 신공공관리론에 대한 설명이다.

끝장이론 ···

1. 신공공서비스이론의 의의

(1) 정부로 하여금 기업가의 지나친 능률성 이념을 강조해 온 신공공관리적 사조에 대한 반작용의 결과로 등장하였다.

(2) 관료들은 민주적 원칙에 입각해서 공공서비스를 제공해야 할 뿐만 아니라 공익, 거버넌스 과정, 민주적 시민의식의 확

대 등과 같은 민주적 이상실현을 위해 많은 관심을 기울여야 함을 강조한다.

(3) 관료들의 태도와 관련해 말하기보다는 듣기를, 조정보다는 봉사를 강조한다.

(4) 지역공동체에 기초한 시민정신과 시민민주주의에 토대를 둔 담론이 강조해 온 민주성이나 형평성에 기초하여, 시민사회가 중심이 된 민주적 공동체를 구축하고자 하는 시대적 사조이자 정부의 소유주인 시민의 권리를 회복시키고 지역공동체의식을 복원하고자 하는 데 초점을 둔다.

2. 신공공서비스이론의 구성내용

(1) 행정의 역할에 대한 시각: 신공공서비스이론은 행정의 역할에 대해 신공공관리이론이 주장하고 있는 것처럼 방향 잡기에 두지 말고, 서비스를 제공하는 데 초점을 두어야 함을 강조한다.

① **정책에 대한 시각:** 신공공서비스이론에서 정책은 다양한 여론과 이익의 혼합물인 동시에, 다양한 집단과 조직의 상호작용결과로 나타났다. 때문에 정부는 사회를 움직이는 과정에서 중요한 역할을 담당하는 하나의 행위자에 불과하므로, 정부가 정책에 대한 책임을 전적으로 감내할 필요가 없다는 입장이다.

② **관료의 역할에 대한 시각:** 과거와 같이 시민들을 통제하고, 사회를 새로운 방향으로 이끌어 가는 것이 아니라 시민들로 하여금 공동의 이해관계를 표명하게 하고 충족할 수 있도록 돕는 데 있다.

(2) 공익에 대한 시각

① **공익을 행정의 부산물이 아닌 목적으로 보는 시각:** 공공선택론자들이 주장하는 것처럼 개인들의 이익을 단순히 합산해 놓은 것이 아니라 공유하는 가치에 대해 대화와 담론을 통해 얻은 결과물로 본다.

② **관료의 역할:** 관료는 시민들이 담론을 통해 공유된 가치(Shared Values)를 표명하고, 이와 함께 공익에 대한 집단적 의미로 발전시킬 수 있는 활동의 장을 만드는 데 능동적인 역할을 해야 한다.

(3) 전략적 사고와 민주적 행동에 대한 시각

① **비전실현에 대한 정부의 역할:** 합의된 비전을 실현하기 위해서는 그에 따른 역할과 책임을 설정하고 공유된 목적을 향해 움직일 구체적인 행동단계들을 개발해야 한다.

② **비전실현에 대한 정치지도자의 역할:** 정치지도자들에게 요구되는 중요한 역할로는, 시민들의 책임을 강화하는 일, 지역공동체의 결속을 다지는 일과 관련된 집단 및 개인들을 지원하는 일이다.

(4) 시민과 정부에 대한 시각

① **시민에 대한 시각:** 신공공서비스이론은 신공공관리이론의 입장과 달리 시민을 고객으로 대하지 말고 봉사하는 입장에서 출발해야 한다는 입장이다.

② **정부의 책임:** 정부가 수행해야 할 책임의 범주는 단순히 시장지향적인 이윤추구를 달성하는 데 있는 것이 아니라 헌법, 법률, 공동체의 가치, 정치규범, 전문직업적 기준, 시민들의 이해 등에 이르기까지 광범위하다.

3. 인간과 가치에 대한 시각

(1) 인간에 대한 시각: 신공공서비스이론은 사람보다 생산성을 지나치게 중시하는 신공공관리이론의 시각을 비판하면서 생산성보다는 사람에게 가장 높은 가치와 초점을 부여하기를 권고한다.

(2) 가치에 대한 시각: 신공공서비스이론은 기업가적 정신보다 시민정신과 공공서비스의 가치가 조금 더 상위개념임을 강조한다.

4. 신공공관리론과 신공공서비스론의 비교

구분	신공공관리론(NPM)	신공공서비스론(NPS)
이론과 인식의 토대	경제이론, 실증적 사회과학에 기초한 정교한 토의	민주주의 이론, 실증주의·해석학·비판이론·후기산업사회를 포괄하는 다양한 접근
합리성모형	기술적·경제적 합리성	전략적 합리성
행태모형	경제인 또는 자기이익에 기초한 의사결정자	정치적·경제적·조직적 합리성에 대한 다원적 검증
공익에 대한 입장	개인들의 총 이익	공유가치에 대한 담론의 결과
관료의 반응대상	고객	시민
정부의 역할	방향 잡기 (시장의 힘을 활용한 촉매자)	봉사(시민과 지역공동체 내의 이익을 협상하고 중재, 공유가치의 창출)
정책목표의 달성기제	개인 및 비영리기구를 활용해 정책목표를 달성할 기제와 유인체제를 창출	동의된 욕구를 충족시키기 위한 공공기관, 비영리기관, 개인들의 연합체 구축
책임에 대한 접근양식	시장지향적(개인이익의 총화는 시민 또는 고객집단에게 바람직한 결과창출)	다면성·복잡성(법, 지역공동체가치, 정치규범, 전문적 기준 및 시민들의 이익에 참여)
행정재량	기업적 목적을 달성하기 위해 넓은 재량허용	재량이 필요하지만 제약과 책임이 수반
기대하는 조직구조	기본적 통제를 수행하는 분권화된 조직구조	조직 내·외적으로 공유된 리더십을 갖는 협동적 구조
관료의 동기유발	기업가정신, 정부규모를 축소하려는 이데올로기적 욕구	공공서비스, 사회에 기여하려는 욕구, 시민정신에의 부응

김태룡(2017), 『행정이론』, 대영문화사

5. 신공공서비스이론에 대한 평가

(1) 긍정적인 측면

① 신공공관리이론이 시장지향적 편향 때문에 간과하거나 경시하였던 행정의 공공성을 재조명하였다.

② 급증하는 시민참여의 확대, 공익의 다원성에 대한 논의, 민주적 거버넌스가 활발하게 논의되고 있는 상황에서 행정의 역할을 규범적으로 제시하고 있다.

(2) 부정적 측면

① 시민의 공동체중심적·공익추구적 성향을 과신한다.

② 다양한 사회세력의 이익을 조정하는 정부의 역할을 과소평가한다.

③ 민주적 목적성취를 위한 수단적·기술적 전문성을 소홀히 다룬다.

④ 신행정서비스이론이 지향하고자 하는 행정의 규범적 특성과 가치가 지나치게 강조됨으로써, 행정에서 요구되는 전문성·효율성 등의 실천적 또는 수단적 가치의 유지를 위한 상호관계의 재정립에 대해서는 논의가 부족하다.

35

17 기출

행정학자와 그 이론을 연결한 것으로 옳지 않은 것은?

① 버나드(C. I. Barnard) – 행태론
② 윌슨(W. Wilson) – 정치행정이원론
③ 애플비(P. H. Appleby) – 정치행정이원론
④ 가우스(J. M. Gaus) – 생태론

해설   정답 ③

③ 애플비(P. H. Appleby)는 통치기능설을 대표하는 학자로서 정치행정일원론자이다.

36

06 기출

다음 중 행정이론의 시대적 발달순서를 바르게 나열한 것은?

㉠ 비교행정론	㉡ 과학적 관리론
㉢ 인간관계론	㉣ 신행정론
㉤ 행정행태론	

① ㉠ – ㉡ – ㉢ – ㉣ – ㉤
② ㉡ – ㉤ – ㉢ – ㉣ – ㉠
③ ㉡ – ㉢ – ㉤ – ㉠ – ㉣
④ ㉢ – ㉠ – ㉡ – ㉣ – ㉤

해설   정답 ③

㉡ 과학적 관리론: 19세기 말~20세기 초[테일러(Taylor), 『과학적 관리법의 원칙(The Principles of Scientific Management), 1911』]
㉢ 인간관계론: 1930년대 전후[메이요(Mayo), 호손 연구, 1920년대~30년대 초]
㉤ 행정행태론: 1940년대[사이먼(Simon), 『행정행태론, 1947』]
㉠ 비교행정론: 1950년대~1960년대[리그스(Riggs), 헤디(Heady)]
㉣ 신행정론: 1960년대 말~1970년대[왈도(Waldo), 프리드릭슨(H. G. Frederickson) 등]
따라서 ③ ㉡ – ㉢ – ㉤ – ㉠ – ㉣이 적절하다.

37

06 기출

자신의 저서 『정책과 행정』에서 행정을 정책결정이라고 주장한 학자는?

① 윌슨(W. Wilson)
② 굿노(F. G. Goodnow)
③ 애플비(P. H. Appleby)
④ 디목(M. E. Dimock)

해설

정답 ③

③ 애플비(P. H. Appleby)는 『정책과 행정(*Policy and Administration*), 1949』에서 "행정은 융합적이고 순환적인 통치과정이다. 그리고 현대행정이 통치과정 중에서 핵심적 부분을 이루고 있다."라고 강조하며 행정의 정책결정기능을 중시하였으며, 정치행정일원론적 입장에서 행정을 통치적 기능으로 파악하는 통치기능설을 주장하였다.

끝장이론

1. 행정학적 접근

연대	행정이론		인물	특징
16~18세기	유럽	독일 관방학	Justi	관방학을 최초로 체계화(유럽행정학의 기원)
		Stein 행정학	Stein	경찰개념을 헌정(정책결정)과 행정(정책집행)으로 분리
18세기 말	미국행정학의 기초사상		Hamilton	연방주의(중앙집권, 능률행정, 정부의 적극적 역할, 행정부 우위)
			Jefferson	공화주의(지방분권, 민주행정, 최소행정) = 최선행정, 입법부 우위
			Madison	다원주의, 다양한 이익집단 간 견제와 균형
			Jackson	엽관주의(공직경질제) 적용
1880년대 (19세기 말)	기술적 행정학 (행정관리론)	고전적 행정이론	W. Wilson	『행정의 연구』(1887, 미국행정학 효시), 행정학 창시자, 엽관주의 비판
			Goodnow	『정치와 행정』(1990), 정치행정이원론 체계화
			L. White	『행정학 입문』 교과서 저술(최초의 행정학 교과서)
		행정(관리) 원리론	Wiloughby	행정의 5대 원리 발견
			Gulick	능률 = 최고이념, 최고관리층 7대 기능(POSDCoRB), 부처편성원리(4P)
			Fayol	전체관리(관리의 14대 원칙 제시)
		과학적 관리론	Ford	동시관리, 기업의 사회봉사성 강조, 백색사회주의로 비판받음
			Taylor	과업관리(시간 및 동작연구로 작업여건 표준화), 기업관리의 원리

1930년대	인간관계론	Mayo	호손실험, 사회적 인간, 생산성 향상요인으로서 사회심리적 요인
	기능적 행정학(통치기능설)	Dimock	사회적 능률(민주성)
		Appleby	정치행정일원론, 『정책과 행정』 저술
1940년대	행정행태론 (행태주의)	H. A. Simon	논리실증주의, 고전적 원리비판, 의사결정의 만족모형
		Barnard	행정을 협동적 집단행태로 파악, '관리자 기능론'
		Waldo	조직론을 고전·신고전·현대적 이론으로 구별
1950년대	생태론	Gaus	7가지 환경요인 제시
		Riggs	사회이원론, 사회삼원론(프리즘적 사회, 사랑방 모형)
	비교행정론	Riggs	비교행정연구회 주도, 신생국행정체제(전이사회(Transitia)), 문화횡단적 연구
		Heady	비교행정접근법, 중범위이론
	체제론	Parsons	체제의 4대 기능(Agil모형)
		Sharkansky	행정체제론
1960년대	발전행정론	Esman	기관형성의 중시 및 불균형적 접근법
		Weidner	불균형적 접근법
		Eisenstadt	균형적 접근법, 변동대응능력의 증진
1970년대	신행정론	Waldo	미노부룩 회의에서 신행정론 주장
		Frederickson	사회적 형평성 주장
		Harmon	현상학적 접근, 조직행위(Action) 이론
1970년대 말	공공선택론	V. Ostrom	정부실패 원인지적, 윌슨의 패러다임 비판, 민주행정 패러다임 주장
		Niskanen	관료이익극대화가설(관료의 예산극대화)
		Leibenstein	X-비효율성(독점으로 인한 관리상 비효율)
1980년대	신공공관리론	Osborne, Gaebler	정부재창조: 기업형 정부(시장지향·고객지향·성과지향 정부)
1990년대	뉴거버넌스	Rhodes	공동체주의, 정부와 민간 간 신뢰와 협력, 시민으로서의 국민
	신공공서비스론	Denhardt	고객이 아닌 주인으로서의 시민, 기업가 정신이 아닌 시티즌십, 시민에 대한 봉사

2. 행정의 개념발달사

구분	행정관리설	통치기능설	행정행태설	발전기능설	신공공관리론	뉴거버넌스
행정의 본질	공공사무 관리	정책결정과 집행	사실적 행태	정책결정과 집행 · 기획	효율적 관리	신뢰와 협력
학파	기술적 행정학	기능적 행정학	행태설	발전행정론	신공공관리론	신국정관리론
시기	1880년대	1930년대	1940년대	1960년대	1980년대	1990년대
정치와 행정의 관계	이원론	일원론	이원론	일원론	이원론	일원론
학자	윌슨(Wilson), 화이트(White)	디목(Dimock), 애플비(Appleby)	버나드(Barnard), 사이먼(Simon)	이스만(Esman), 와이드너(Weidner)	오스본(Osborne), 개블러(Gaebler), 후드(Hood)	로즈(Rhodes)
특징	엽관주의 폐단 극복	행정국가의 대두	행정학의 과학화	개발도상국 중심	신자유주의	신뢰와 협력에 근거한 서비스 연계망

MEMO

PART 2

정책학

[1] 정책대상집단의 분류

01

20 **⑦** 기출

슈나이더와 잉그램(Schneider & Ingram)의 사회구성주의(Social Construction)에서 정책대상집단에 대한 설명으로 옳은 것을 모두 고르면?

> ㉠ 수혜집단(Advantaged) – 과학자, 퇴역한 군인, 중산층이 대표적이다.
> ㉡ 경쟁집단(Contender) – 권력은 상대적으로 많지만 이미지는 부정적이다.
> ㉢ 의존집단(Dependents) – 권력은 상대적으로 적지만 이미지는 긍정적이다.
> ㉣ 이탈집단(Deviants) – 강력한 제재가 허용되지만 제제에 대해 강력히 저항한다.

① ㉠, ㉡

② ㉡, ㉢

③ ㉠, ㉡, ㉢

④ ㉡, ㉢, ㉣

해설

정답 ③

오답의 이유

㉣ 슈나이더와 잉그램(Schneider & Ingram)의 사회구성주의에서 이탈집단은 집단에 대한 사회적 인식은 부정적이며 권력도 약한 집단이다. 이들에게는 강력한 제제가 허용되지만 그것에 대해 강력히 저항하지는 못한다.

끝잠이론

1. 슈나이더와 잉그램(Schneider & Ingram)의 정책대상집단 의의

(1) 현실정책은 합리성에 따른 객관적이고 공정한 집행과 정책에 의한 편익제공보다는 어떤 집단에게는 종종 혜택이 부여되고, 다른 집단에게는 부담이 많이 부여됨으로써 집단 간의 혜택 불균형이 발생하는 불공정한 모습을 보인다.

(2) 이에 대해 사회구성주의의 관점에서 슈나이더와 잉그램은 대상집단의 사회구성이론을 주장하였다.

2. 슈나이더와 잉그램의 정책대상집단의 분류

사회적 형상(인식) (Social Image) 정치적 권력 (Political Power)	긍정적(Positive)	부정적(Negative)
강(Strong)	수혜집단(Advantaged) 예 과학자, 퇴역군인, 노인층, 중산층 등	주장집단(Contenders, 경쟁집단) 예 부장, 노동조합 등
약(Weak)	의존집단(Dependents) 예 어린이, 어머니, 장애인 등	이탈집단(Deviants) 예 범죄자 테러리스트 등

(1) 대상집단은 각 집단의 정치적 권력의 범위와 각 집단에 대한 사회적 인식을 통해 4개의 집단으로 구분된다.

(2) 정책결정자는 이런 기준을 통해 각 집단에게 정책적 혜택과 부담을 할당한다.

① 정치적 권력: 대상집단이 다른 집단과 쉽게 연합할 수 있는지, 얼마나 많은 자원을 보유하고 동원할 수 있는지, 집단구성원들이 높은 전문성을 가지고 있는지의 여부로 결정된다.

② 사회적 형상(인식): 공공정책에 영향을 받는 사람들이나 집단들의 긍정적 혹은 부정적 인식으로 이런 이미지는 정책, 문화, 사회화, 역사, 미디어 등을 통해 형성된다.

[2] 정책목표의 변동

02

18 기출

다음 중 목표의 변동에 관한 내용으로 옳지 않은 것은?

① 목표의 전환은 조직의 항구성 형성에 기여한다.

② 본래의 목표에 동종목표의 추가는 목표의 확대를 가져온다.

③ 복수목표 간에 우선순위가 바뀌는 것을 목표 간의 비중변동이라 한다.

④ 유형목표의 추구는 목표의 전환을 야기할 수 있다.

해설　　　　　　　　　　　　　　　　　　　　　　　　　　　　　　　　정답 ①

① 조직의 항구성 형성에 기여하는 것은 목표의 승계이다.

1. 정책목표의 의의

(1) 정책을 통해 달성하고자 하는 바람직한 미래상태이다.

(2) 방향성과 미래성, 정책의 존재이유, 가치판단에 의존한 주관성과 규범성을 갖는다.

2. 정책목표의 변동

	개념	수단·목표의 전도(수단의 목적화)	
목표의 전환	연구	• 엘리트론(미헬스, Michels): 과두제의 철칙, 소수간부의 권력강화 현상 • 관료제(머튼, Merton): 동조과잉, 법규(수단)의 지나친 중시	
	원인(관료제의 병리현상, 정부실패의 원인)	소수간부의 권력욕	과두제의 철칙
		행정목표의 내부성	니스카넨의 예산극대화 모형
		목표의 과대책정	전시행정, 과시행정
		부처 할거주의	소속부서의 목표나 이익만 중시
		유형목표의 추구	목표의 무형성
	대책	상위목표의 구체화·명백화	
목표의 승계	목표의 종료＋재설정	• 올림픽 조직위 → 국민체육시설관리공단 • 항구적 조직존립(관성) 원인	
목표의 다원화	이질적 목표의 추가	여성취업보호 → 여성·미성년 취업보호	
목표의 확대	• 동종목표의 추가 • 진행 중인 목표의 상향조정	경제성장률 상향조정, 월드컵 목표(16강 → 8강)	

(1) 목표의 전환(Displacement: 왜곡·대치·전도·전치·도치)

① 의미

㉠ 종국적 가치를 수단적 가치로 전환시키는 것을 말한다. 조직이 궁극적으로 달성해야 할 목표를 망각·왜곡하여 그것을 수단으로 격하시키거나 수단을 오히려 목표의 지위로 격상시키는 것이다.

㉡ 관료제 병리현상의 일종이다.

② 발생원인

㉠ 소수간부의 권력욕

• 최고관리자, 소수간부가 일단 권력을 장악한 후 조직의 본래목표를 추구하기보다는 권력과 지위의 유지·강화를 위해 목표를 전환시킨다[미헬스(Michels)의 과두제의 철칙(Iron Law of Oligarchy)].

• 힘이 강한 활동적인 소수의 이익집단으로 인해 잠재집단이나 조용한 다수의 권익이 무시될 수 있다. 특히, 이익집단 자체 내에서 소수간부들의 권력욕에 따른 문제점을 지적하였다.

㉡ 구성원들에게 규칙·법규·절차의 엄수를 강요할 경우 규칙·절차 자체가 목적이 되어 관료적 형식주의(Red-Tape), 의식주의, 양식주의, 동조과잉을 초래한다[머튼과 굴드너(Merton & Gouldner)의 동조과잉(Over-Confirmity)].

㉢ 목표의 지나친 무형성으로 인한 유형(하위)목표의 중시[베르너와 헤이븐스(Werner & Havens)]

㉣ 조직 내부 문제의 중시, 전문화에 따른 훈련된 무능과 할거주의[셀즈닉(Selznick)]

㉤ 조직의 경직화와 변화에의 저항[블라우(Blau)]

㉥ 목표의 과다측정(Over-Measurement)과 전시행정·과시행정

(2) 목표의 승계(Succession)

① 조직의 목표가 달성되었거나 달성이 불가능한 경우, 실현가능한 새로운 목표를 찾아 설정하는 것을 말한다.

② **조직의 항구성 형성에 기여**: 조직의 동태적 보수주의를 초래하여 목표달성 후에도 조직이 존속하는 요건으로 작용한다.

🔟 88올림픽조직위원회는 올림픽 이후 국민체육시설관리공단으로 변경

(3) 목표의 다원화(Multiplication): 기존 목표에 새로운 목표를 추가한다(목표의 질적 변동). 🔟 대학이 학문탐구 목표 외에 사회봉사 목표까지 추가하는 경우

(4) 목표의 확대(Expansion): 목표의 범위를 확대하거나 상향조정한다(목표의 양적 변동). 🔟 일간지를 발행하던 신문사가 주간지·월간지의 발행까지 확대하는 경우, 월드컵 16강 진출을 목표로 했으나 전력증강 등의 이유로 4강 진출로 목표를 높여 잡는 경우

(5) 목표의 종결·폐지: 목표가 달성되면 목표가 종결·폐지된다.

(6) 목표의 비중변동: 복수목표에 있어서 목표 간 우선순위나 비중이 변화한다. 🔟 행정이념의 우선순위변화(합법성 → 기계적 능률 → 사회적 능률 → 효과성 → 형평성)

[**3**] 정책의 유형분류 1

03

20**7**기출

분배정책과 재분배정책에 대한 설명으로 옳지 않은 것은?

① 분배정책이 효율성을 추구한다면 재분배정책은 형평성을 추구한다.

② 분배정책은 정책순응도가 높은 반면에 재분배정책은 정책순응도가 낮다.

③ 분배정책은 불특정다수가 비용부담자라면 재분배정책은 고소득층이 비용부담자이다.

④ 분배정책은 대통령이 주요행위자라면 재분배정책은 관료나 하위정부가 주요행위자이다.

해설   정답 ④

④ 분배정책은 관료나 하위정부가 주요행위자이고, 재분배정책은 대통령이 주요행위자이다.

오답의 이유

① 분배정책은 한정된 자원을 여러 대상에게 배분하는 것을 목표로 하는 자원적 효율성을 추구한다면, 재분배정책은 자원의 재분배를 통한 계층 간 형평성을 추구한다.

②·③ 분배정책은 불특정다수가 비용부담자이기 때문에 정책순응도가 높은 편이고, 재분배정책은 고소득층이 비용부담자이기 때문에 정책순응도가 낮다.

04

다음 중 로위(Lowi)의 정책분류에 대한 설명으로 옳지 않은 것은?

① 누진세는 재분배정책을 강조한다.

② 정부의 조직개편과 기구의 설치는 구성정책에 해당한다.

③ 연구보조금의 지급은 배분정책의 예시이다.

④ 분배정책이 재분배정책보다 반발이 심하다.

> **해설**   정답 ④
>
> ④ 재분배정책은 빈부 간의 계급대립적 성격이 강하고, 비용부담집단이 특정되어 있으므로 비용부담집단의 저항이 심하게 나
> 타난다. 따라서 분배정책보다 재분배정책의 반발이 심하다.

05

다음 중 로위(Lowi)의 정책유형이 아닌 것은?

① 분배정책

② 규제정책

③ 재분배정책

④ 상징정책

> **해설**   정답 ④
>
> ④ 상징정책은 로위(Lowi)가 아닌 앨먼드와 파월(Almond & Powell)이 제시한 정책유형 중의 하나이다.

06

로위(Lowi)의 정책분류에 관한 설명으로 옳지 않은 것은?

① 분배정책의 비용부담자는 자신이 누구를 위해 얼마나 비용부담을 하고 있는지 인지하지 못한다.

② 규제정책은 정책결정 시에 정책으로부터 혜택을 보는 자와 피해를 보는 자를 선택한다.

③ 보호적 규제정책의 경우 다수의 수혜집단이 적극적인 지지활동을 전개하는 경향을 보인다.

④ 재분배정책은 평등한 대우의 문제가 아닌 평등한 소유를 문제로 삼는다.

③ 보호적 규제정책은 로위(Lowi)의 정책분류가 아닌 리플리와 프랭클린(Ripley & Franklin)의 정책분류에 해당하며, 소수의 피해집단(비용부담집단)이 적극적으로 반대활동을 전개하고, 다수의 수혜집단은 '무임승차현상'이 나타나면서 적극적인 지지활동을 전개하는 데 한계를 갖는다.

오답의 이유

① 분배정책은 정부가 국민이 필요로 하는 각종 재화와 용역 등을 바람직하게 분배하는 정책으로, 비용부담자는 자신이 누구를 위해 얼마나 비용부담을 하고 있는지 인지하지 못한다.

② 규제정책은 정책결정 시에 수혜자와 피해자를 선택함으로써, 관련집단 간의 갈등이 발생한다.

④ 재분배정책은 재산권 행사가 아닌 재산 자체를, 평등한 대우의 문제가 아닌 평등한 소유를 문제로 삼는다.

끝장이론

1. 정책의 유형분류

(1) 유형분류: 정책유형론에서는 정책내용이나 정책유형에 따라 정치과정(정책결정과정)이나 정책집행과정이 달라질 수 있다는 관점으로 정책을 독립변수로 파악하였다.

(2) 학자별 유형의 분류

① 로위(Lowi)의 정책유형분류: 분배정책, 규제정책, 재분배정책, 구성정책

② 앨먼드와 파웰(Almond & Powell)의 정책유형분류: 분배정책, 규제정책, 추출정책, 상징정책

③ 리플리와 프랭클린(Ripley & Franklin)의 정책유형분류: 분배정책, 경쟁적 규제정책, 보호적 규제정책, 재분배정책

2. 로위의 분류

(1) 로위의 유형

강제력		적용대상(적용영역)	
		개인의 행위	행위의 환경(사회 전체)
적용방법 (행사방법)	간접적	배분정책	구성정책
	직접적	규제정책	재분배정책

(2) 구성정책(Constitutional Policy)

① 헌정(憲政)수행에 필요한 운영규칙과 관련된 정책

㉠ 주로 정부기구의 구조와 기능 변화와 관련되며, 정치체제에서 투입을 조직화하거나 체제의 구조와 운영에 관련된 정책으로, 정책결정과정에 정당이 중요한 영향을 미친다. **예** 선거구 조정, 정부기관 신설·폐지·변경 등

㉡ 대외적 가치배분에는 직접적인 영향을 주지 않지만 대내적으로는 게임의 법칙이 일어나며, 총체적 기능과 권위적 성격이 특징이다.

② 보수 대 혁신

㉠ 대체적으로 미국과 같이 정치적으로 안정된 상황에서는 헌정질서에 대한 변동이 미약하므로, 새로운 정책이 거의 없기 때문에 그 중요성이 크게 인식되지 않았다.

㉡ 후진국에서는 헌정의 기본질서에 관련된 제도가 수시로 변경되었고 지방의회 의원선거, 지방자치단체장 선거 등 정부의 기본구조에 관한 기본틀이 정착되지 않았기 때문에 구성정책의 범주가 중요하고, 현상유지의 세력과 변경을 시도하는

세력 간에 갈등대립도 심하게 나타난다.

(3) 배분정책(Distributive Policy; 분배정책)

① 국민에게 권리나 이익 · 편익 · 서비스를 배분하는 정책이다. **예** 보조금 지급, 국공립학교 건설, SOC확충 등 급부행정

② 정책내용이 쉽게 세부단위로 구분되고, 각 단위가 다른 단위와 개별적 · 부분적으로 처리될 수 있다. 정책이 여러 사업들로 구성되고, 이 사업들의 집합이 하나의 정책으로 구성된다.

③ 수혜집단은 개인 · 집단 · 지역사회 등 특정적이지만, 비용이 일반국민의 세금에서 나오므로 비용부담집단은 불특정적이다.

④ 수혜집단과 비용부담집단 간 정면대결의 필요가 없다(Non-Zero-Sum Game). 국민의 세금에 의해 정책비용이 지불되고 정책혜택이 분배되므로, 경쟁대상이 존재하지 않기 때문이다.

⑤ 수혜자집단들이 서비스와 편익을 더 많이 배분받으려는 포크배럴(Pork Barrel)이 나타나거나 승자와 패자 간 정면대결의 필요성이 없으므로 서로 상부상조하는 로그롤링(Log-Rolling) 현상이 발생한다.

⑥ 이익집단, 의회해당상임위원회, 소관관료조직의 삼두마차가 철의 삼각을 형성하여 결정적인 역할을 한다.

⑦ 정책평가를 하는 데 수혜자의 평가활동참여는 미미하나, 정부 · 의원의 경우 대국민홍보를 위해 평가자료를 적극 활용한다.

(4) 규제정책(Regulatory Policy)

① 개인이나 일부집단에 대해 재산권 행사나 행동의 자유를 제한 · 억제하여 반사적으로 다른 많은 사람들을 보호하려는 정책이다. **예** 환경오염과 관련된 규제, 독과점규제, 최저임금제도 등

② 비용부담집단은 주로 특정한 개인이나 기업이지만, 수혜집단은 주로 일반대중이므로 불특정적이다.

③ 정책결정 시 비용부담집단과 수혜집단이 명백히 선택되므로, 분배정책과 달리 양 집단 간 정치적 투쟁과 갈등이 심하다.

④ 주된 정치단위는 이익집단이고, 정치단위 간 이합집산이 거듭되어 안정성 · 지속성이 매우 낮다(다원주의적 결정, 포획, 지대추구).

⑤ 규제대상집단(비용부담집단)의 정치적 반발이 심하고, 이들의 저항을 극복하기 위해 정책집행 시 공권력(강제력 행사)이 필요하며, 인권 및 재산권 침해가 뒤따르므로 국가권력의 남용을 막기 위해 법적 근거를 요구하는 경우가 많다.

(5) 재분배정책(Redistributive Policy)

① 정부가 사회적 · 경제적 보상의 기본적 관계를 재구성하는 것과 관련된 정책, 부 · 소득 · 재산 등의 가치를 고소득층에서 저소득층으로 이전하는 것을 목적으로 한다. **예** 누진세, 사회보장비 지출, 직업훈련사업, 실업자구제사업 등

② 고소득층으로부터 저소득층으로의 소득이전을 목적으로 하는 정책으로, 소득분배의 실질적 변경을 가져온다.

③ 재산권 행사가 아니라 재산권 자체를, 평등한 대우가 아니라 평등한 소유를 목적으로 한다(누진세, 사회보장비 지출).

④ 수혜집단(저소득층)과 비용부담집단(고소득층) 모두가 계층분화에 따라 특정적이며, 정책대상집단이 전국적으로 분포되어 있는 점에서 배분정책과 구별된다.

⑤ 빈부 간 계급대립적 성격이 강하며(계급정책), 계층 간 부(富)의 배분이 시장원리가 아닌 정부정책에 의해서 조정 · 통제되므로 정책과정 전반에서 강력한 이해대립과 사회계급, 복지혜택, 평등, 정의, 국가의 역할 등에 관한 이념논쟁(이데올로기적 대립)을 야기한다.

⑥ 비용부담집단이 특정되어 있으므로 비용부담집단의 저항이 심하게 나타나며 정책이 주로 엘리트(지배계층)에 의해 이루어진다(엘리트론적 시각). 즉, 대통령의 주도하에 정상연합회에서 정책내용이 실질적으로 결정되고 의회지도자가 조정 역할을 한다.

07

20 **9** 기출

정책유형별 사례의 연결이 옳지 않은 것은?

① 구성정책: 국경일의 제정, 정부기관개편
② 보호적 규제정책: 최저임금제, 장시간 근로제한
③ 추출정책: 조세, 병역
④ 분배정책: 보조금, 사회간접자본

해설　　　　　　　　　　　　　　　　　　　　　　　　　　　　　　　정답 ①

① 정부기관의 개편은 구성정책이지만, 국경일의 제정은 상징정책에 해당한다.

08

14 기출

다음 중 정책의 유형과 관련된 설명으로 옳지 않은 것은?

① 재분배정책은 엘리트집단에 의해서 독자적 · 집권적 · 안정적으로 결정된다.
② 국민의 건강보호를 위해서 식품위생규제를 하는 것은 보호적 규제정책이다.
③ 항공노선 취항권을 부여하는 것은 보호적 규제정책이다.
④ TV · 라디오 방송권을 부여하는 것은 경쟁적 규제정책의 유형 중 하나이다.

해설　　　　　　　　　　　　　　　　　　　　　　　　　　　　　　　정답 ③

③ 항공노선 취항권을 부여하는 것은 다수의 경쟁자 중 특정개인이나 집단에게 특정권리를 제공하는 정책이므로 경쟁적 규제
정책에 해당한다.

오답의 이유

① 재분배정책은 정책결정과정에서 첨예한 갈등이 발생하지만, 전체적인 틀에서 봤을 때는 정부와 엘리트집단 사이의 협력을
통해 독자적 · 집권적 · 안정적으로 결정된다.

1. 앨먼드(Almond)와 파웰(Powell)의 분류(체제적 관점)

(1) 추출정책(Extractive Policy)

① 정부가 민간부문에서 인적 · 물적 자원을 추출하는 정책이다.

② 민간부문에서 부(富)를 추출하는 조세정책, 인적 자원을 추출하는 징병제도, 공적 사업을 위한 강제적 토지수용 등이 그 예이다.

(2) 분배정책(Distributive Policy)

① 정부가 국민들에게 권리나 이익 또는 서비스를 분배하는 정책이다.

② 정부가 적극적으로 국민들이 필요로 하는 재화나 서비스를 직접산출 · 제공하거나 사회 전체에 유익한 사업을 시행하기 위해 민간부문의 활동에 현금이나 현물을 지원하여 활동을 증진시키는 것과 같은 내용의 정책이다.

③ 정부가 수행하는 사회간접자본(고속전철, 항만시설, 공항시설 등) 구축을 위한 정책 또는 기업의 수출증진을 위해 정부가 기업에 제공하는 각종 지원정책 등이 이에 속한다.

(3) 규제정책(Regulatory Policy)

① 개인이나 집단의 재산권 행사나 행동의 자유에 제한을 가하여 다수의 이익을 보호하기 위한 정책이다.

② 정부가 수행하는 각종 경제적 규제(가격, 독과점 및 불공정거래 등에 대한 규제) 또는 사회적 규제(환경, 산업안전 및 보건, 소비자안전, 사회적 차별 등에 대한 규제)에 대한 활동 등이 이에 해당된다.

(4) 상징정책(Symbolic Policy)

① 정치지도자들이 국민들에게 역사, 용기, 과감성, 지혜 등을 강조하거나, 평등 · 자유 · 민주주의 등의 이념을 호소할 때 사용하며, 미래의 업적 또는 보상을 약속하는 정책을 말한다.

② 국민들 사이에 정치체제 및 정부의 정통성에 대한 인식을 좋게 하고, 정부의 정책에 대한 순응을 확보하려는 것이다.

③ 국경일의 제정이나 '국민의 정부'에 있어서 '제2건국운동', '신지식인운동' 등이 이런 예에 속한다고 볼 수 있다.

2. 리플리와 프랭클린(Ripley & Franklin)의 분류(정부관료제가 달성하려는 정책목적을 기준으로 분류)

(1) 배분정책: 안정적 정책집행을 위한 정례적 가능성이 높고 반발이 적어 가장 집행이 용이한 정책이다.

(2) 보호적 규제정책(Protective Regulatory Policy)

① 개인이나 집단의 권리행사나 행동의 자유를 구속 · 통제하여 일반대중을 보호하려는 정책이다.

② 다수의 집단을 보호하기 위하여 소수의 집단을 규제하는 정책으로 다수의 수혜집단은 무임승차현상이 나타날 수 있어 집행하는 데 어려움이 있다. **예** 소비자보호법, 최저임금제, 독과점규제 및 공정거래에 관한 법률, 근로기준법 설정

(3) 경쟁적 규제정책(Competitive Regulatory Policy)

① 다수의 경쟁자 중에서 특정한 개인이나 단체에게 일정한 재화나 서비스, 권리 등을 공급할 수 있도록 하면서 공익을 위해 서비스제공의 일정한 측면을 규제하는 정책이다. **예** 고속버스 노선허가, 방송국 설립인가, 이동통신 사업자선정, 의사면허, 항공노선 취항권 부여 등

② 지대추구행위(Rent Seeking)의 발생가능성이 크다.

③ 해당 재화 · 용역의 희소성과 그 할당방식에 관해 일반대중의 이해관계가 얽혀 있으므로, 정부개입이 필요하다.

④ 보호적 규제정책과 배분정책이 혼합된 혼합정책의 성격을 지닌다.

(4) 재분배정책

① 부, 소득, 재산 등의 가치를 고소득층에서 저소득층으로 이전하는 것을 목적으로 하는 정책이다.

② 누진세제도와 정부가 시행하는 직업훈련사업, 영세민보호를 위한 생활보호사업, 노인 및 장애자를 보호하기 위한 사업 또는 실업자를 구제하기 위해 정부가 수행하는 각종 구제사업 등이 이에 해당된다.

09

13 기출

윌슨(Wilson)의 규제정치모형 중 기업가적 정치에 대한 설명으로 옳은 것은?

> ㉠ 비용이 소수의 동질적 집단에 집중된다.
> ㉡ 환경오염규제, 자동차안전규제, 위해물품규제 등 주로 사회적 규제이며 의제채택이 어렵다.
> ㉢ 규제의 수혜자들이 잘 조직화되어 있다.
> ㉣ 정부에 의해 해당사업에 대한 신규사업자의 진입이 제한된다.
> ㉤ 편익을 기대할 수 있는 측은 집단행동의 딜레마에 빠진다.

① ㉠, ㉡, ㉣
② ㉠, ㉡, ㉤
③ ㉡, ㉢, ㉤
④ ㉠, ㉢, ㉣

해설

정답 ②

㉠ 비용은 소수의 동질적 집단에 집중되어 있으나 편익은 불특정다수에 분산되어 있다.
㉡ 환경오염규제, 안전규제, 위생규제, 위해물품규제 등 주로 사회적 규제이며, 의제채택이 어렵고 극적인 사건이나 재난, 위기발생 시 채택이 이루어진다.
㉤ 소수의 비용부담자는 막강한 정치적 영향력을 발휘하지만, 다수의 수혜자들은 집단행동의 딜레마에 빠져 조직화되지 못하고 적극적인 지지를 보내지 못한다.

오답의 이유

㉢ 다수의 수혜자들은 '집단행동의 딜레마'에 빠져 조직화되지 못하고 적극적인 지지에 한계를 갖는다.
㉣ '고객정치'에 대한 설명이다. 즉, 조직화된 소수 수혜자집단의 적극적인 포획으로 정부는 소수집단의 이익을 대변하게 되고 신규사업자의 진입이 어렵게 된다.

집단행동의 딜레마
- 의의
  - 공통의 이해관계가 걸린 문제에 대해 무임승차하려는 생각으로 아무런 행동이 나오지 않는 현상이다.
  - 주로 시장실패를 설명하는 데 활용된다.
- 극복방안
  - 정부규제론(Government Regulation): 개도국에서 주로 활용
  - 사회자본론(Social Capital): 선진국에서 활용
  - 사유화론: 소유권의 명확화로 공유자원의 문제해결

10

다음 중 윌슨(J. Q. Wilson)의 규제정치이론에 해당하지 않는 것은?

① 기업가적 정치
② 이익집단정치
③ 정당정치
④ 대중정치

해설

정답 ③

③ 윌슨의 규제정치이론은 비용과 편익에 따라 네 가지 유형으로 규제정치를 구분한다. 여기에는 대중정치, 이익집단정치, 기업가적 정치, 고객지향정치가 해당된다.

끝장이론 ....

1. 윌슨(Wilson)의 정책유형분류(규제정치이론)

구분		편익	
		소수에 집중	다수에 분산
비용	소수에 집중	• 이익집단정치 • 편익을 얻는 집단과 비용을 부담하는 집단 사이의 갈등, 제로섬게임으로 간주됨	• 기업가적 정치 • 공익을 추구하는 집단과 지도자들이 공익을 위해 정책결정자를 설득하지만 비용을 부담하는 집단의 강한 반대에 부딪힘
	다수에 분산	• 고객지향정치 • 정책결정자, 규제자, 피규제자가 긴밀한 고객관계형성	• 다수결의 정치(대중정치) • 비교적 느슨한 집단 또는 그들을 위해 일하는 지도자가 실질적 또는 상징적으로 정책을 추진함 • 때때로 약한, 모호한 정책을 채택하게 함

2. 윌슨의 규제정치모형의 종류

(1) 고객지향정치

① 의의

㉠ 수혜집단은 신속히 정치조직화하고, 입법화를 위한 정치적 압력을 행사하여 정책의제화가 비교적 용이하게 이루어진다.

㉡ 경제적 규제가 여기에 속한다.

② 특징

㉠ 경쟁을 약화시키고 기존사업 종사자들에게 높은 수익성을 보장한다.

㉡ 해당산업에 대한 신규사업자의 진입이 어렵다.

㉢ 규제의 수혜자는 조직화되어 규제기관의 정책과정에서 강한 영향력을 행사한다.

㉣ 일반국민에게 필요이상의 희생을 감수하게 하는 상황이 발생하게 되어 진정한 고객이 일반국민인가 해당산업직종의 종사자들인가에 대한 논란이 있다.

㉤ 정부규제 도입과정에서 은밀한 막후교섭, 로비 등이 나타나며 내부접근형, 음모형에 의해 정책의제화가 되며 수혜집단, 해당관료조직, 의회해당상임위원회 간에 철의 삼각이 형성되기도 한다. 또한 무의사결정이 이루어지기도 한다.

ⓗ 조직화된 소수가 다수를 이용하는 미시적 절연(Micro Decoupling)에 해당한다.

ⓢ 농산물의 최저가격규제, 수입규제, 변호사 자격 등의 직업면허, 택시사업인가 등 대부분의 경제적 규제정책 등이 있다.

③ 문제점

㉠ 규제기관이 피규제기관에 포획되는 현상이 발생한다. 다수의 비용부담집단에서는 집단행동의 딜레마가 발생한다.

㉡ 공익목적을 위한 규제가 사익적 규제로 변질되어 정부규제를 받는 산업, 집단, 기업이 사실상 진정한 고객으로 바뀐다.

(2) 기업가적 정치(운동가의 정치)

① 의의

㉠ 고객정치상황과 반대로 환경오염규제, 소비자보호입법 등과 같이 비용은 소수의 동질적 집단에 집중되어 있으나 편익은 불특정다수에게 넓게 확산되는 경우이다.

㉡ 사회적 규제가 여기에 속한다.

② 기업가적 정치상황에서 정부규제가 가능한 이유

㉠ 경제사회적 위기나 재난의 발생과 같이 점화계기를 만나 정부규제의 입법이나 정책이 채택될 수 있다.

㉡ 정권변동기에 정치적 정통성의 확보를 위해서 혁신적 정책으로서 채택될 수 있다.

㉢ 공익단체의 주도적 활동에 언론기관의 기자, 의회의원, 정치인들이 협력하여 규제정책들이 채택될 수 있다.

③ 특징

㉠ 사회적 분위기와 정치적 계기의 형성을 통해 정책을 의제화하며 이를 위한 상징조작을 한다.

㉡ 규제입법을 요구하는 사회적 분위기와 일반국민의 도덕적 지지로 인해 입법내용이 엄격해진다.

㉢ 기업집단의 로비, 법의 공정한 절차보장, 정부조직 및 예산사정을 감안하여 절차규정에 있어서는 많은 예외적 규정 및 법의 엄격성을 완화하기 위한 규정이 반영된다.

㉣ 규제기관은 피규제집단과 적대적 관계에 놓이면 피규제산업에 포획될 가능성이 있다.

㉤ 환경오염규제, 자동차안전규제, 유해성 물품에 대한 규제, 산업안전규제 등 대부분의 재분배정책이나 사회적 규제정책 등이 있다.

(3) 이익집단정치

① 의의

㉠ 정부규제로 예상되는 비용, 편익이 모두 소수의 동질적 집단에 귀속되고 그것의 크기도 각 집단의 입장에서 볼 때 매우 크기 때문에 양자가 모두 조직화와 정치화의 유인을 강하게 갖고 있고 조직력을 바탕으로 각자의 이익확보를 위해 상호 날카롭게 대립하는 상황이다.

㉡ 경쟁적 관계에 있는 강력한 두 이익집단 사이의 타협과 협상에 따라 규제가 좌우되는 특징을 보이며 일반적으로 소비자 또는 일반국민의 이익은 거의 무시된다.

② 특징

㉠ 정부는 중립적인 이해조정자로서의 역할을 하게 되며 정부규제의 내용은 쌍방이 동의할 수 있는 수준에서 서로의 권리와 의무를 정하는 협약의 형태를 띤다.

㉡ 쌍방이 막강한 정치조직적 힘을 바탕으로 첨예하게 대립하는 경우로서 규제기관이 어느 한쪽에 장악될 가능성이 약하다.

㉢ 어느 쪽에서도 집단행동의 딜레마가 생기지 않으며 세력확장을 위해 국외자와의 연합이나 정치적 상징 등 규제채택과정의 가시성이 높다.

㉣ 노사관계에 대한 각종규제, 대기업과 중소기업 간의 관계에 관한 규제(중소기업 고유업종 지정제도, 대기업 여신규제 등), 의약분업을 둘러싼 논쟁 등이 있다.

(4) 대중정치(다수결의 정치)

① 의의

㉠ 정부규제로 인한 비용과 편익이 쌍방 모두 이질적 불특정다수에 미치지만 개개인으로 보면 대수롭지 않은 경우이다.

㉡ 어느 누구도 해당규제로부터 큰 이익이나 손해를 보는 것이 아니므로 규제를 강력하게 요구하거나 반대하는 집단이 존재하지 않는다.

② 정치적 의제가 가능한 이유: 사회발전에 따라 새로운 사상이나 신념이 대두하고 일반국민의 정서가 뒷받침되면 이것을 정치적 이슈화하여 주도적 역할을 담당하려고 하는 영향력 있는 기업가적 정치인의 노력·활동에 의해 가능하다.

③ 특징

㉠ 대중적 정치상황에서 규제의 필요성 제기는 이익집단보다는 공익집단에 의해 먼저 이루어진다.

㉡ 정부의 대응조치를 촉구하는 여론형성이 중요하다.

㉢ 규제에 대한 이념적 반대가 극복되어야 하며 규제를 함에 있어서 상황의 변화, 사회인식의 변화, 법원의 입장도 중요하다.

㉣ 규제담당기관이 얼마나 적극적으로 이런 유형의 규제업무를 집행하는가는 규제기관의 책임자, 임명권자의 의도에 따라 크게 좌우된다.

㉤ 독과점 및 불공정거래에 관한 규제, 신문·방송·출판물의 윤리규제, 사회적 차별에 대한 규제, 낙태에 대한 규제, 종교 활동에 대한 규제 등이 있다.

[6] 규제정책

11

14 기출

다음 중 '정부의 규제가 또 다른 규제를 낳는다'는 말과 가장 관련이 깊은 이론은?

① 피터의 법칙

② 버블경제

③ 파킨슨 법칙

④ 타르 베이비 효과

해설

정답 ④

④ 타르 베이비 효과(끈끈이 인형효과): 잘못 형성된 정부규제가 다른 정부규제를 불러오는 현상을 말한다.

오답의 이유

① 피터의 법칙: 관료제 내의 승진으로 인한 관료의 무능화 현상에 관한 법칙이다. 특정분야의 업무를 잘해 낼 경우 그 능력을 인정받아 승진하게 되는데, 승진한 지위에 오른 그 사람은 새로운 업무에 대해서는 전혀 경험이 없는 신입이 된다. 이 과정이 계속 반복되며 조직의 상위직급은 무능한 인물로 채워질 수밖에 없다는 이론으로, 관료제의 병리현상과 관련된 이론이다.

② 버블경제: 생산과 같은 실물경제의 활발한 움직임이 없는데도 물가가 오르고 부동산투기가 심해지는 등 돈의 흐름은 활발하지만 실제로는 기업생산이 위축되고 전반적인 국민경제도 성장하지 않는 현상이다.

③ 파킨슨 법칙: 공무원 수는 업무경중이나 업무유무에 상관없이 일정비율로 증가한다는 법칙이다. 부하배증의 법칙(공무원은 업무 시에 동료보다는 부하를 보충받기를 원함)과 업무배증의 법칙(부하가 배증되면 과거와 달리 지시, 감독 등 파생적 업무가 생겨서 기존의 업무량보다 배증됨)이 있다.

1. 규제폐단

(1) 경제적 비효율과 기회의 불공평 야기

① 비효율적 기업이 정부규제의 보호 속에 의존하며, 시장경쟁의 제한(진입규제)으로 피규제산업이 초과이윤을 얻는 반면, 소비자 이윤은 침해당한다.

② 정부의 시장개입으로 경쟁억제에 따른 기술개발의 필요성을 느끼지 못하고, 이에 따라 경제활력이 위축되며, 전반적인 시장경제의 효율성이 약화된다.

(2) 관료부패의 가능성: 기업의 포획이나 지대추구현상 등에 의해 관료부패가 발생하고, 이는 규제실패로 연결된다.

(3) 정부기구의 급격한 팽창: 규제를 담당할 행정기구와 인력, 조직, 예산이 발생한다.

(4) 경제활동의 제약으로 혁신적 기업들의 성장저해: 경제행위의 이윤이 독점력에 의해 확보되기 때문에 새로운 제품을 개발하고 수요자의 기호를 맞추기보다는 이익집단을 형성하고 기득권 유지에 노력한다.

(5) 공익의 저해: 규제비용이 분산되고 규제편익은 집중될 때 조직화된 소수에 의한 포획현상이나 지대추구에 의한 '고객정치형태'가 나타난다. 이로 인해 전체국민의 공익이 저해되는 경우가 발생한다.

(6) 규제의 악순환: 규제가 생기고 나면 쉽게 사라지지 않고 예상치 못한 문제가 발생한다. 이를 보완하기 위해 규제가 또 다른 규제를 낳아 피규제자의 비용부담이 늘어난다.

(7) 규제의 역설: 불합리한 규제로 인해 민간의 행동이 비효율적으로 유도되는 현상으로, 예를 들면 기업의 상품정보공개가 의무화될수록 소비자의 실질적인 정보량은 줄어드는 것을 들 수 있다.

2. 규제의 악순환모형

(1) 비눗방울 효과(Bubble Effect): 일정 용기 안에 비눗방울이 가득 차 있으면 하나가 터져야 다른 하나가 생기듯이 규제도 총량범위 내에서 추가신설을 허용해야 한다는 원리를 말한다.

(2) 스크랩 앤 빌드(Scrap and Build): 적극적으로 노후시설을 폐기하고 능률적인 시설을 갖추는 것을 말하며 규제총량제와 관련된다. 규제의 총량이 정해져 있으므로 새로운 규제를 도입하기 위해서는 기존규제를 폐지해야 한다는 의미이다.

(3) 끈끈이 인형 효과(Tar-Baby Effect): 해리스(J. C. Harris)의 소설 속에서 여우가 토끼를 잡기 위해 검은 칠을 한 인형(Tar Doll)을 이용한 데서 유래했다. 어떤 하나의 규제가 시행된 결과, 원래 규제 설계 당시에는 미리 예기하지 못한 또 다른 문제점이 나타나게 되면 규제기관은 그 문제를 해결하기 위해 또 다른 규제를 하게 됨으로써 결국 규제가 규제를 낳는 결과를 초래한다.

(4) 풍선효과: 풍선의 한 곳을 누르면 다른 곳이 불거져 나오는 것처럼 문제 하나가 해결되면 또 다른 문제가 생겨나는 현상이다.

[1] 정책과정의 특성

01

12 기출

정책과정의 특성에 관한 설명으로 옳지 않은 것은?

① 정책과정은 계속적이고 순환적인 과정이다.

② 정책과정은 참여자들 간에 갈등과 타협이 존재하는 정치과정이다.

③ 정책과정에서는 상이한 성격의 집단 간의 연대가 어렵다.

④ 정책과정은 예측하기 힘든 매우 역동적 과정이다.

> **해설**
> 정답 ③
>
> ③ 정책과정은 정책을 결정하고 이를 실천에 옮기는 과정이다. 즉, 문제인식의 유발로부터 정책의 형성 · 집행 · 평가를 거쳐 종결에 이르는 일련의 전 과정을 의미한다. 따라서 기계적인 과정이 아니라 여러 가지 변수가 작용하는 역동적이고 계속적인 과정이다. 또한 정책에 관련된 대상집단 간에 고도의 정치적 협상, 투쟁, 갈등과 타협이 수반되므로 상이한 성격의 집단 간 연대가 나타날 수 있다.

02

10 기출

다음 중 정책결정과 정책집행에 대한 설명으로 옳지 않은 것은?

① 정책결정은 이해관계자들 간에 갈등이 나타나는 정치적 과정이다.

② 정책집행은 선정된 문제를 해결하기 위해 여러 대안 중 최선의 대안을 선택하는 것이다.

③ 정책결정의 주체는 공식적인 정부이며, 공익을 추구한다.

④ 정책집행은 정책의 내용을 구체화하는 과정이다.

끝장이론

1. 정책과정(Policy Process)

(1) 의제형성과정

① 의제형성(정책형성)이란 사회문제가 정부의 관심을 받아 정책의제로 채택될 때까지 일련의 과정을 지칭한다.

② '문제의 정부귀속화과정', '정부의 문제인지과정' 또는 '정책의제 형성과정'이라고도 불린다.

③ 전체 정책과정을 태동시키는 과정이며, 기능적으로는 정책결정체제에 대한 환경의 요구 및 지지의 투입과정이 된다.

(2) 정책결정과정

① 정책결정은 주로 정부기관에 의한 장래의 활동지침의 결정을 의미한다.

② 결정은 둘 이상의 대안 중에서 하나를 의도적으로 선택하는 행위 및 과정을 말한다.

(3) 정책집행과정

① 정책집행(Policy Implementation)은 결정된 정책을 실천에 옮기는 과정이다.

② 정책집행 담당기관이 정책을 실현하는 활동, 대상집단이 정책실현을 수용하는 활동, 정책산출의 효과가 실제로 발생하게 하는 활동, 관련자들이 발생된 정책효과를 인식하게 하는 활동 등이 포함된다.

(4) 정책평가과정

① 정책평가(Policy Evaluation)는 정책의 전체국면을 측정·평가하여 그 결과를 정책결정에 환류하는 과정이다.

② 넓은 의미의 정책평가는 정책과정의 과정적 측면과 정책산출 및 그 효과를 모두 대상으로 하며, 좁은 의미로는 정책효과의 평가만을 지칭한다.

2. 정책결정(Policy Making)

(1) 정의

① 행정기관이 국가목표를 설정하고, 그것을 달성하기 위한 정책대안을 작성해 그 결과를 예측·분석하고 채택하는 동태적인 과정을 말한다.

② 정책이 추구하는 미래의 바람직한 상태 즉 목표상태를 결정할 뿐만 아니라, 정책목표 달성수단으로서의 정책대안을 개발·분석·채택하는 일련의 과정을 말한다.

(2) 정책결정의 특징

① 공공성·공익성, 복잡성, 행동지향성, 미래지향성

② 정치성(협상과 타협, 권력적 작용)과 합리성(분석적 성격)

③ 최적대안을 선택하기 위한 규범적 가치판단의 과정

④ 미래의 바람직한 행동대안 선택

⑤ 다원적 구성요소로 이루어진 체계적 과정

⑥ 시간에 따라 변화하는 동태적 과정

03

09 기출

다음 중 엘리트이론에 대한 설명으로 적절한 것은?

① 공식적 참여자와 비공식적 참여자 간의 상호작용관계를 포괄적으로 분석한다.

② 국가는 스스로 결정하는 힘을 지닌 실체라고 주장한다.

③ 다양한 이익집단 간의 균형과 조절을 중시한다.

④ 엘리트의 가치와 선호에 의해 의사결정이 이루어진다.

해설

정답 ④

④ 엘리트이론에서 정책은 그 사회의 지배엘리트의 가치와 선호를 반영하며, 지배적 위치를 차지한 소수 엘리트에 의해 일방적으로 정책문제가 채택된다고 본다. 엘리트이론은 시대에 따라서 고전적 엘리트론, 미국의 엘리트론(1950~60년대), 신엘리트론으로 나누어 볼 수 있다.

오답의 이유

① 정책네트워크에 해당하는 설명이다. 정책네트워크는 참여자들 간의 상호작용관계를 포괄적이고 체계적으로 분석하기 위한 모형으로 다원주의, 엘리트이론 등이 설명하지 못하는 한계를 극복하기 위해 등장한 모형이다.

② 신베버주의에 해당하는 설명이다. 신베버주의는 베버(Weber)의 입장을 추종하는 현대 이론으로, 국가를 스스로 결정하는 힘을 지닌 실체로 인식해서 국가의 상대적 자율성을 강조했다.

③ 다원론에 해당하는 설명이다. 다원론은 엘리트이론과 대비되는 이론으로 정부가 다양한 국민들의 의사를 중재하고 조정하여 다수 국민의 의사를 반영하는 것을 민주적으로 보았다.

끝장이론 ···

1. 엘리트론(Elitism)

(1) 의의

① 사회는 권력을 가진 소수엘리트와 대중으로 구분되며 소수엘리트만이 중요한 정책결정에 참여한다.

② 엘리트의 이해와 대중의 이해는 일치하지 않으며 엘리트는 정책결정에서 대중을 대표하지 않는다.

③ 엘리트는 동질적인 집단으로 사회체제의 기본가치 및 체계보존에 합의하며 이런 현상이 유지되는 것을 선호한다. 즉, 엘리트들은 보수적이며, 현재의 경제 · 정치체제가 유지되는 것을 원한다.

(2) 모형

외부통제모형	국가는 외부엘리트에 의해 통제되는 하나의 기구이다.
자율적 행위모형	국가는 외부에 의해 통제되기보다 행정엘리트의 선호를 반영한다.
조합주의적 망	국가는 외부엘리트들이 하나의 통제체제로 통합된 망과 같다.

2. 고전적 엘리트론(19C 말 이후~, 유럽)

(1) 의의

① 고전적 엘리트론에서는 소수집단에 의한 민주적인 다수통제는 기만에 불과하다고 본다.

② 소수의 엘리트집단은 유권자를 매수하고, 협박하며, 교묘한 선전을 통해 선거과정을 조종하여 자신의 목적을 달성할 수 있다고 본다. 선거권자는 엘리트가 받아들일 수 있는 사람들 중에서 지도자를 선택하게 된다는 것이다.

③ 엘리트론자들은 지배엘리트의 존재가 모든 사회에서 필수적인 특징이라고 보며, 소수지배가 역사의 모든 시점에서 확증되었으므로, 엘리트에 의한 지배가 여러 국가에서 역사적으로 증명된 하나의 법칙이라 주장하였다.

(2) 특징

① 고전적 엘리트론에서는 사회조직이라는 집단이 구성되면 소수엘리트에 의한 지배는 필연적이라는 '과두제의 철칙'을 핵심으로 한다. 즉, 사회는 권력을 가진 엘리트와 가지지 못한 일반대중으로 구별되며 소수의 동질적이고 폐쇄적인 정치지도자(엘리트)가 다수의 대중을 지배한다.

② 고전적 자유민주주의론에 회의를 가지고 이에 대해 비판한다.

③ 엘리트들은 다른 계층에 책임을 지지 않으며 자신들의 이해관계를 고려하여 정책결정을 한다.

④ 파레토(V. Pareto)[The Governing Elite(통치 엘리트), Circulation of Elites(엘리트의 순환)], 모스카(G. Mosca)[The Ruling Class(지배계층)], 미헬스(R. Michels)[The Iron of Oligarchy(과두제의 철칙: 소수가 지배하는 것은 필연적 법칙)] 등의 연구가 있다.

3. 미국의 엘리트론(1950년대)

밀스(Mills)의 지위접근법	• 미국사회 전체를 지배하는 권력엘리트 연구 • 현대미국사회에서 권력은 계급 또는 개인의 능력과 같은 속성이 아니라 제도에서 나온다고 봄 • 권력엘리트는 중요한 결과를 초래하는 결정을 내리는 지위를 차지한 사람, 즉 현대사회에서 주요한 계층구조와 조직을 움직이는 사람들로 구성된다는 것 • 정부, 군대, 기업의 지도자를 엘리트로 보는 제도적 접근방법 채택 • 특히 군부엘리트와 산업엘리트 사이의 연계관계를 군·산업복합체로 표현하여 미국의 정책결정에 핵심적인 역할을 담당하는 것으로 주장
헌터(Hunter)의 명성접근법	• 조지아 주 애틀랜타 지역사회의 권력구조에 관한 연구 • 일반대중은 사회적 명성이 있는 소수자(기업인·변호사·고위관료 등)가 담배연기 자욱한 방에서 결정한 것을 조용히 수용한다고 주장

[**3**] 무의사결정론

04

18 기출

신엘리트이론에서 무의사결정론에 대한 설명으로 옳지 않은 것은?

① 무의사결정론은 정책결정자의 무관심과 무능력 때문에 발생한다.

② 정책의제 설정단계에서도 나타나고 진행과정 전반에서도 나타난다.

③ 권력계층의 기득권을 침해할 경우 등장하기도 한다.

④ 다원주의에 대한 반발로서 엘리트주의의 일환이다.

해설　　　　　　　　　　　　　　　　　　　　　　　　　　　　　　　　정답 ①

① 정책결정자의 무관심과 무능력에 근거한 것은 무의사결정이 아닌 의사결정의 소극적 측면이다. 무의사결정은 기존 엘리트
집단이 자신들의 기득권 수호를 위해 대중과 약자의 이익이나 요구를 정책문제 채택과정에서 봉쇄하고 저지한다는 입장으
로, '보이지 않는 권력'을 비밀리에 행사하는 엘리트집단에 의한 무의사결정의 영역이 있음을 강조한다.

오답의 이유

② 무의사결정은 주로 정책의제 설정단계에서 나타나지만 결정 · 집행 · 평가 등 정책진행 과정전반에서도 나타난다.

③ 권력계층의 기득권을 침해할 경우 등장하기도 한다.

④ 무의사결정론은 바흐라흐와 바라츠(Bachrach & Baratz) 등이 다원주의자인 달(Dahl)의 연구를 비판하면서 등장한 이론으
로 엘리트주의의 일환이다.

05

11 기출

바흐라흐와 바라츠(P. Bachrach & M. Baratz)에 의한 무의사결정의 발생원인이 아닌 것은?

① 상급자에 대한 하급자의 반발　　　　　　② 지배적 가치 · 신념에의 집착

③ 기득권 옹호　　　　　　　　　　　　　　④ 특정문제에 대한 정치적 편견

해설　　　　　　　　　　　　　　　　　　　　　　　　　　　　　　　　정답 ①

① 상급자에 대한 하급자의 반발이 아니라 지나친 충성심이 무의사결정을 유발한다. 무의사결정은 의사결정자(엘리트)의 이
익에 반하는 주장을 의도적으로 방치하는 현상이다.

끝잠이론 ···

1. 신엘리트이론의 개념

(1) 엘리트론을 비판한 달(Dahl)의 다원주의를 비판하면서 신엘리트이론이 제기되었다(1960년대 초).

(2) 신엘리트론자들은 달 등의 이론이 명시적으로 드러나 보이는 정치권력의 행사과정만을 분석하는 한계를 보였다고 비판하였다.

(3) 정책문제 채택과정에 엘리트가 보이지 않는 권력을 비밀리에 행사하는 무의사결정의 영역이 있음을 강조하면서 기존 엘리트집단의 이익이나 기득권 옹호를 위해 대중 및 약자의 이익이 무시된다는 무의사결정이론을 제시하고 있다.

2. 무의사결정론(Non-Decision Making)

(1) 의의

① 사회문제 중에서 어떤 문제는 정책의제로 채택되고 어떤 문제는 방치·기각되는가에 대한 물음에서 출발한 이론으로 모든 사회문제가 정책의제화하지 못하는 현상을 설명하고자 한다.

② 무의사결정이란 정책의제 설정과정에서 지배엘리트의 이해관계와 일치하는 사회문제만 정책의제화된다는 이론이다. 즉, 무의사결정이란 의사결정자의 가치나 이익에 대한 잠재적인 도전을 억압하고 방해하는 결과를 초래하는 결정을 의미한다. **예** 우리나라가 1960~1970년대 경제성장과 안보이데올로기에 치중하여 인권, 노동, 환경, 복지 등에 관한 문제를 짓눌러 온 현상

③ 모든 사회문제는 거의 자동으로 정책의제화한다는 다원적인 점증모형에 대한 반발로써 이는 신엘리트이론으로 평가된다.

④ 바흐라흐와 바라츠(Bachrach & Baratz)는 행태주의자인 달(Dahl)의 실증적 접근방법이 단순한 명성에 의해 엘리트의 권력행사를 파악하는 헌터의 방법보다는 우수하지만, 엘리트의 권력행사에 관한 또 다른 측면을 고려하지 못했다고 비난하면서 '정치권력의 두 얼굴'을 통해 무의사결정론을 제시하였다.

(2) 발생원인

① 기득권 옹호를 위한 것으로, 지배계급이 자신들이 불리하게 될 사태를 방지하고자 사용한다. 과잉충성, 즉 행정관료가 지배엘리트에 대한 지나친 충성심에서 스스로 대립적인 견해를 공론화하지 않는 것이다.

② 지배적 가치에 의한 집착으로, 그 시대의 정치문화에 어긋나는 문제는 정책의제화되기 어렵다.

③ 특정문제들에 대해서 정치적 편견을 가지고 있을 때에는 정책의제화되기 어렵다.

④ 관료의 이익과 상충될 때 나타난다.

(3) 정치권력의 두 얼굴(Two Faces of Power)

① 밝은 측면: 지배엘리트가 자신들에게 유리한 방향으로 정책결정이 이루어지도록 하는 측면이다.

② 어두운 측면: 지배엘리트에게 불이익이 되거나 바람직하지 않다고 생각되는 특정쟁점들이 정부 내에서 논의되지 못하도록 봉쇄하는 보이지 않는 권력작용을 말한다. 정책의제 형성을 억제하는 권력의 제한적 측면, 권력의 제2의 측면으로 무의사결정에 해당된다.

(4) 정책과정과 무의사결정

① 무의사결정은 주로 정책의제 설정과정과 관련되지만, 정책과정 전반을 통해 나타나기도 한다.

② 무의사결정의 단계

정책의제 설정단계	엘리트의 이익에 반하는 사회적 이슈와 공중의제의 확산·진입을 막고 정부의제화 저지(무의사결정의 전형적인 양상, 협의의 무의사결정)
정책결정단계	고려되는 정책대안의 범위나 내용을 한정·수정시켜서 내용은 없고, 상징에 그치는 정책대안이 채택되도록 영향력 행사
정책집행단계	정책집행에 필요한 예산을 없애거나 정책집행자를 매수하여 정책집행을 실질적으로 막음
정책평가·환류단계	편견을 동원하여 자신의 이익에 반대되는 정책을 종결시키고 기존정책으로 회귀하도록 압력행사

(5) 무의사결정의 수단

① 폭력이 가장 직접적인 수단이며, 뒤로 갈수록 간접적이고 우회적인 방법이다.

② 무의사결정은 관료의 능력과 무관하며, 공익이념에 배치되기 때문에 의제화를 막는 것도 아니다.

③ 정책의제 설정과정에서의 설득력이 높으나, 의제설정과정에서만 나타나는 현상은 아니다.

폭력	• 가장 직접적인 무의사결정의 수단 • 기존질서의 변화를 주장하는 요구가 정치적 이슈가 되지 못하도록 테러행위를 자행하는 방법
권력	현재 부여된 기득권을 박탈하여 위협하거나 새로운 이익을 부여하여 매수(적응적 흡수)하는 것
편견의 동원 (Mobilization of Bias)	• 새로운 주장에 대해 지배적 규범을 동원하여 매도하거나, 확립된 절차나 규칙에 위반하는 것으로 낙인 찍는 방법 • 문제의 부정적 성격강조 ⓓ 반공 · 국가안보의 명분으로 정치탄압
편견의 수정 · 강화	• 가장 강도가 약한 방법 • 기존의 절차 · 규칙 · 규범을 수정 · 보완하여 정책요구봉쇄

[4] 다원론

06

12 기출

다음 중 엘리트이론과 다원론에 대한 설명으로 틀린 것은?

① 무의사결정론은 신엘리트론이라고 하기도 한다.

② 고전적 엘리트이론에서는 엘리트가 허용하는 소수의 문제만이 정책의제화 된다고 보았다.

③ 다원론에서 엘리트는 다수의 의사보다 자신들의 이익을 추구한다.

④ 엘리트론은 소수의 엘리트들이 정책을 지배하는 이론이다.

해설   정답 ③

③ 다원론은 잠재이익집단론과 중복회원이론을 들어 엘리트들이 자신들의 이익만을 추구할 수 없다고 본다. 즉, 이익집단은 정부의 정책과정에서 동등한 영향력을 갖고 있고, 이는 사회 전체적으로 권력균형이 유지되므로 특정세력이 정책을 주도하지 못한다고 본다.

끝장이론 ┈┈┈┈┈┈┈┈┈┈┈┈┈┈┈┈┈┈┈┈┈┈┈┈┈┈┈┈┈┈┈┈┈┈┈┈┈┈┈

1. 다원론(Pluralism)의 개요

(1) 일반대중들이 정책의제설정에 상당한 영향력을 행사하고 있다고 보는데, 그 중요한 제도적 통로가 이익집단과 주기적인 각종 선거라고 본다.

(2) 대의민주주의 정치제도에서 주요공직자가 공식의제 채택 및 정책형성 과정에서 권한을 행사하는 것은 사실이지만 그들이 계속 정치적 지위를 유지하기 위해서는 다시 선출되어야 하므로 일반대중의 요구에 따라 그 권한을 행사하게 된다.

풍향계 정부	국가는 사회 내 이익집단 간의 힘의 균형을 반영하는 풍향계
중립국가관	국가는 조정자, 심판자, 개입자로서 중립적 공익추구
브로커형 국가	국가는 자기이익을 추구하는 공식 · 비공식적 조직들로 구성

2. 고전적 다원주의론(초기 다원론, 이익집단론, 집단과정이론)

(1) 의의

① 권력은 소수의 엘리트에 집중되어 있는 것이 아니고 널리 분산되어 있다.

② 특정사회문제에 관심을 가진 이해관계세력은 영향력의 행사에 동일한 정도의 접근가능성을 가지고 있다고 본다.

③ 다원론에 의하면 어떤 문제든 정책문제화된다.

(2) 주요이론

① 벤틀리(Bentley)와 트루만(Truman)의 이익집단론

㉠ 이익집단의 요구에 따라 정책을 결정하고 집행하는 것이 가장 민주적이라고 주장하였다.

㉡ 미국의 정치체제는 잠재이익집단론과 중복회원이론의 두 가지 메커니즘에 의해 소수의 특수이익에 좌우되지 않고 다양한 이익집단의 주장과 요구에 부응할 수 있다고 본다(낙관적 이익집단론).

잠재이익집단론	• 정책결정자는 말 없는 '잠재적 이익집단'의 이익을 고려하기 때문에 '활동적 소수'를 위한 특수이익만을 추구하기 곤란하다는 이론 • 잠재적 이익집단: 실질적으로 조직화되지는 않지만 공유된 이해관계를 보유하므로 자신들의 이익침해의 가능성이 있는 경우 조직화될 수 있는 상태의 집단
중복회원이론	이익집단의 구성원은 하나의 집단에만 소속되어 있는 것이 아니라 여러 집단에 중복적으로 소속되어 있기 때문에 특수이익의 극대화가 곤란하다는 입장

② 공공이익집단론

㉠ 특수이익보다는 공익에 가까운 주장을 하는 이익집단의 이익이 정책에 반영될 것이라는 이론이다.

㉡ 특수이익보다는 공공의 이익이 추구된다는 점에서 다원주의적 시각이다.

(3) 일반적 특징

① **권력의 분산**: 서구민주주의 체제에서는 권력(경제적 부, 사회적 명성, 정부의 공식적 지위, 정보 등)이 다양한 세력에게 분산되어 있다. 다만, 권력이 균등하게 배분되어 있지는 않고 분산된 불공평의 형태를 띤다.

② **동등한 접근기회**: 사회의 각종 이익집단은 정부의 정책과정에 동등한 접근기회를 가지고 있으나 이익집단 간의 영향력에는 차이가 있다. 영향력의 차이는 이익집단 내부문제(구성원의 수, 재정력, 응집력 등)에 기인하는 것이지 정부의 차별적인 접근허용에 기인하는 것이 아니다.

③ **균형**: 이익집단들 간에 영향력의 차이는 존재하지만 전체적으로 균형을 유지한다. 그 이유는 잠재적 이익집단의 존재와 이익집단에의 중복가입에 기인한다.

④ **게임의 규칙에 의한 경쟁**: 이익집단 간에는 상호경쟁이 이루어지지만 기본적으로 게임의 규칙을 준수하는 데 합의한다.

⑤ **정부의 역할**: 정책과정의 주도자는 경쟁하는 이익집단들이며 정부의 역할은 갈등적 이익을 조정하는 중개인(브로커형 국가) 혹은 게임규칙의 준수를 독려하는 심판자(중립국가관)로서 다양한 이해관계집단의 요구를 수동적으로 받아들이는 소극적인 역할만을 수행한다(풍향계 정부).

3. 로버트 달(R. Dahl)의 다원론(다원적 권력이론)

(1) 의의

① 로버트 달은 1780년부터 1950년까지 미국 뉴헤이븐 시의 주요 정책결정 내용들을 경험적으로 연구하였다.

② 연구 결과 과두적 사회에서 다원적 사회로 변화했음을 주장하였다.

(2) 특징

① 정치적 자원이 분산되어 동일한 사회계층 출신의 소수엘리트가 전체 지역사회를 지배하지 못한다.

② 정책영역별로 영향력을 행사하는 엘리트들이 각각 다르고, 엘리트 간 서로 경쟁과 갈등이 일어난다.

③ 대중도 선거나 정치참여를 통해 엘리트나 정책에 영향력을 행사할 수 있다고 보기 때문에 미국사회는 공식적으로는 소수가 정책과정을 좌우하지만, 실질적으로는 다수에 의한 정치가 이루어진다고 보았다.

4. 신다원주의(Neo-Pluralism)

(1) 등장배경

① 비판적 관점에서 다원주의를 수용하는 수정다원주의적 입장이다.

② 이익집단의 중요성을 지나치게 강조하여 정책결정에 있어 관료와 정부의 이해관계와 영향력을 무시한 점, 정부에 가해지는 외적인 환경이나 구조적인 제약을 고려하지 못한 점, 정책과정에서의 이데올로기의 역할을 고려하지 못한 점에 대한 인식이 미국정치학계에서 신다원론의 등장을 초래했다.

(2) 특징

① 집단 간 경쟁의 중요성은 여전히 인정하지만 집단 간의 대체적 동등성의 개념을 수정하여 특정집단이 다른 집단보다 더욱 강력할 수 있다는 점을 분명히 하였다.

② 정부는 이익집단의 투입활동에 수동적으로 반응하기보다는 전문화된 체제를 갖추고, 능동적으로 기능하며, 현대사회의 복잡한 사회문제를 해결하기 위해서 정부는 과학적 방법들을 활용하여 합리적인 정책결정을 해야 한다.

③ 불평등구조의 심화를 방지하기 위해서는 구조적 개혁이 필요하다고 인정하였다.

[5] 조합주의

07

17 기출

조합주의에 대한 설명으로 옳지 않은 것은?

① 국가조합주의는 국가의 우월한 권력을 인정한다.

② 조합주의는 다양한 이익집단 간 경쟁성을 특징으로 한다.

③ 사회조합주의는 이익집단의 자발적 시도로 생성된다.

④ 신조합주의는 다국적 기업이 국가와 동맹관계를 유지하면서 정책에 참여한다고 본다.

② 다양한 이익집단 간 경쟁성을 특징으로 하는 것은 다원주의 관점이다. 조합주의에서 이익집단은 단일적, 강제적, 비경쟁적, 위계적 특징을 갖는다.

오답의 이유

① 국가조합주의는 국가의 우월한 권력을 인정한다.

③ 사회조합주의는 이익집단의 자발적 시도에 의한 것이다.

끝장이론

1. 조합주의(Corporatism)

(1) 개념

① 이익집단들이 단일적·위계적·비경쟁적인 전국 규모의 이익대표체계를 형성하고, 한편으로는 국가이익을 대변하면서 그 대가로 특정범주의 이익공동체의 요구를 독점적으로 정책과정에 투입하는 이익대표체계이다.

② 국가권력에 의해 위계적으로 조직된 이익집단이, 집단의 지도자 선정이나 요구와 지지 표명에서 국가의 통제를 받아들이고 그 대가로 각 이익범주에서 구성원의 이익을 대표할 독점적 권리를 부여받는다.

(2) 조합주의에서의 이익집단의 특징

① 이익집단은 단일적, 강제적(국가에 의해 통제됨), 비경쟁적, 위계적 조직형태를 띤다.

② 이익집단은 구성원의 이익증진과 함께 사회적 책임도 중시한다.

③ 이익집단은 준정부기관 또는 확장된 정부기구의 일부로 작용한다.

④ 국가는 자체의 이익을 위해 행동하는 능동적 실체이며 피동적 존재가 아니다.

(3) 다원주의와 조합주의의 비교

다원주의	기본 분석대상인 집단 간 대등한 경쟁관계를 전제로 하며, 국가의 수동적 성격과 이익집단의 국가에 대한 투입기능을 강조
조합주의	국가의 이익확대와 사회질서 유지를 위한 국가의 적극적 사회개입이 특징이며, 국가의 능동적 성격과 국가의 이익집단에 대한 통제기능에 중점

2. 슈미터(P. Schmitter)의 조합주의 유형분류

(1) 국가조합주의(State Corporatism)

① 제3세계 및 후진자본주의에서 국가가 일방적으로 주도하는 이익대표체계이다.

② 국가가 통치력을 강화하기 위해 강제적으로 편성한 이익대표체계로, 정책결정과정에 대한 이익집단의 통제정도에 따라 융합적 조합주의와 배제적 조합주의로 나뉜다.

융합적 조합주의(Inclusive Corporatism)	배제적 조합주의(Exclusive Corporatism)
• 근대화 과정에서 국가가 노동계급집단을 새로운 정치적·경제적 질서 속에 통합하려는 노력에 의해 국가와 사회의 관계를 새롭게 정립하려는 유형 • 국가, 자본, 노동이 수평적으로 협력 체제 형성	• 강압적 수단을 통해 노동계급을 탈정치화시키고 관료적으로 재조직화하여 국가와 사회의 관계를 새롭게 구성 • 국가와 자본이 지배동맹을 형성하여 기업가집단 등의 이익표출활동은 허용하면서, 노동자·농민의 이익표출활동을 탄압하고 지도부를 이용하는 등 이익집단이 오히려 그 구성원들을 통제하기 위해 존재

(2) 사회조합주의(사회코포라티즘, Societal Corporatism: 신조합주의)

① 서구의 선진자본주의국가에서 의회민주주의를 통해 발전한 특정한 이익대표체제이다.

② 1970년대 오일쇼크로 인해 복지국가의 한계가 드러나면서 비대한 정부에 대한 치유전략으로 영·미계의 신자유주의에 대응하여 유럽국가(독일, 스웨덴, 노르웨이, 오스트리아 등)에서 등장하였다.

③ 신자유주의가 민영화를 추구한다면 신조합주의는 완전고용목표를 포기하지 않고 사회적 합의를 통합하여 임금인상의 억제와 고용안정을 추구한다. 또한 다국적 기업과 같은 중요산업조직이 국가 또는 정부와 긴밀한 동맹관계를 형성하고 이들이 경제 및 산업정책을 함께 만들어 간다고 설명한다.

(3) 사회조합주의와 국가조합주의

구분	사회조합주의	국가조합주의
정치체제	민주복지국가	권위주의국가
제도화 과정	이익집단이 국가기관에 자발적으로 침투, 점진적이고 자발적 시도로 생성	국가가 사회집단에 침투, 위로부터 조성
발생요인	사회다원화와 노동계급의 성장	국가의 자본축적 기능강화(국가의 기업화)
헤게모니 상황	부르주아가 헤게모니 장악	국가가 헤게모니 장악
양식	국가와 사회세력의 수평적 협조체제	국가와 사회 사이의 수직적 위계체제
기능	사회부문의 이익대표체제	민중, 노동부문에 대한 국가통제체제

3. 베버주의(Weberianism)

(1) 개념: 국가의 공공성과 합법적인 강제력을 중시하여 국가를 사회의 공동선(公同善)과 국가 자신의 이익을 능동적으로 추구하는 의지적인 행위자일 뿐만 아니라, 절대적인 지배권을 향유하는 초계급적인 실체로 규정하였다.

(2) 특징

① 정부관료제의 절대적 자율성을 강조한다.

② 정부관료제를 국익의 관점으로 여러 이익집단들의 이익을 권위적으로 조정하는 실체적 주체라고 보고 있다.

(3) 신베버주의(헤겔의 전통을 이음)

① 국가와 통치엘리트의 기능적 고유성과 독자성에 주목하고, '국가의 내재적 자율성'을 강조한다.

② 국가가 지배계급의 이익을 초월하여 국가 자신의 이익을 추구한다는 점에서, 국가는 도구성을 탈피하고 자율성을 향유한다고 본다.

③ 국가는 이해를 조정하는 수동적 심판관(다원주의)이 아니며, 자본가계급의 심부름만을 하는 것(마르크스주의)도 아니고, 엘리트의 이익에 좌우되는 것(엘리트론)도 아닌 스스로 결정하는 힘을 지닌 실체이다.

④ 국가가 국제관계, 특히 다른 나라와의 경제관계에 관한 정책결정에서는 특정기업의 이익이 아닌 국가이익을 옹호하는 결정을 하게 된다고 본다.

4. 마르크스주의

(1) 개념: 국가와 정책을 지배계급을 위한 봉사의 도구 또는 수단으로 분류하고 국가의 자율성을 부정하였다.

(2) 특징

① 지배계급이 자신들의 이익을 위해 국가를 장악하므로 국가는 지배계급에 의해 좌우되는 수동적 존재로 보았다.

② 도구주의에 입각한 이론으로 분류된다.

(3) 신마르크스주의

① 경제를 지배하는 자본가계급이 국가를 다시 장악한다고 보는 이론으로 정통 마르크스주의와 다른 점은 국가가 어느 정도 자율성을 가지고 있음을 강조한다.

② 정부가 아닌 민간부문이 실질적인 결정권을 장악한다는 점에서 신베버주의와 구분된다.

[6] 정책네트워크모형

08

18 기출

다음 중 정책네트워크모형에 대한 설명으로 옳지 않은 것은?

① 정부관료, 학자, 연구원 등으로 구성된 전문가집단을 정책공동체라 한다.

② 정책커튼모형은 정부기구 내의 권력장악자들에 의해 정책과정이 독점되는 가장 폐쇄적인 유형으로 이샤이(Yishai)가 주장하였다.

③ 이슈네트워크모형은 유동적이며 불안정적인 일시적인 망으로 특정한 경계가 존재하지 않는다.

④ 권력게임은 정책공동체가 네거티브섬 게임(Negative-Sum Game)인 반면 이슈네트워크는 포지티브섬 게임(Positive-Sum Game)의 성격을 띤다.

해설

정답 ④

④ 정책공동체의 권력게임은 이익을 추구하는 정합게임(Positive-Sum Game)인 반면 이슈네트워크의 권력게임은 네거티브게임(Negative-Sum Game)의 성격을 띤다.

오답의 이유

① 정책공동체의 정책행위자들은 정부부처, 의회의 상임위원회, 특정이익집단, 전문가집단 등을 말한다.

② 정책커튼모형은 이샤이(Yishai)가 주장한 모형으로 정부기구 내의 권력장악자들에 의해 정책과정이 독점되어 외부행위자들의 정책요구가 전혀 고려되지 않는 가장 폐쇄적인 유형이다.

③ 이슈네트워크모형은 특정한 경계가 존재하지 않는 광범위한 정책연계망으로써 매우 많은 참여자들이 형성하는 유동적이고 불안정한 네트워크이다.

09

16 기출

정책네트워크의 특징에 대한 설명으로 틀린 것은?

① 정책네트워크는 제도적인 구조보다 개별구조를 고려하였다.

② 다원주의, 엘리트주의, 조합주의에 대한 대안으로 등장하였다.

③ 다양한 참여자와 비참여자를 구분하는 경계가 있다.

④ 내부 · 외부요인에 의해 정책문제별로 형성되고 변동된다.

10

15 기출

정책네트워크모형 중 이슈네트워크와 구별되는 정책공동체의 특징으로 옳지 않은 것은?

① 참여자의 범위가 넓고, 개방적이다.
② 이슈네트워크에 비하여 국가가 좀 더 주도적이다.
③ 정책결정을 둘러싼 권력게임은 공동의 이익을 추구하는 정합게임(Positive-Sum Game)의 성격을 띤다.
④ 모든 참여자가 교환할 자원을 가지고 참여한다.

해설

정답 ①

① 정책공동체가 아닌 이슈네트워크의 특징이다. 정책공동체에서는 관료, 전문가 등의 제한된 참여가 이루어진다.

오답의 이유

② 정책공동체는 이슈네트워크보다 국가가 더 주도적인 역할을 한다. 이슈네트워크에서는 국가나 관료의 우월적 지위가 인정되지 않고, 정책사안별로 주도자가 되거나 방관자가 되기도 한다.
③ 정책결정을 둘러싼 권력게임에 있어서 정책공동체는 Positive-Sum Game(정합게임)인 반면, 이슈네트워크는 Negative-Sum Game 또는 Zero Sum Game(영합게임)의 성격을 띤다.
④ 정책공동체는 모든 참여자가 자원을 가지고 참여하며 기본관계는 교환관계이다. 이슈네트워크는 보유하고 있는 자원의 격차가 존재하고, 기본관계는 교환관계가 아닌 자문수준이다.

끝장이론

1. 정책네트워크 유형

(1) 정책커튼모형

① 이샤이(Yishai)가 주장한 모형이다.
② 정부기구 내의 권력장악자들에 의해 정책과정이 독점되어 외부행위자들의 정책요구가 전혀 고려되지 않는 가장 폐쇄적인 유형이다.
③ 외부행위자들의 요구는 정책결정의 장으로 진입이 차단되고, 정부엘리트는 외부의 통제를 받지 않고 자율적이며 외부와의 상호작용은 이루어지지 않는다.

(2) 하위정부모형: 철의 삼각

① 의의
㉠ 소정부라고도 하는 하위정부는 비교적 소수의 엘리트들이 협력하여 특정한 영역의 정책결정을 지배하는 양태의 정책네

트워크이다.

ⓛ 참여자는 해당 정책분야에 관련된 국회의원(상임위, 분과위의 구성원)과 그 보좌관, 행정관료, 그리고 이익집단의 대변자이다.

ⓒ 세 부문(국회·행정부·이익집단)의 행동자들이 상호작용하고 협력하는 체제로, 하위정부는 '철의 삼각' 또는 '삼각동맹'이라고 부른다.

② 특징

㉠ 하위정부모형은 주로 미국정치제에서 정책결정구조의 특징을 기술하는 모형으로 제시되었다.

ⓛ 하위정부의 참여자들은 지속적인 상호작용을 통해 협력관계를 형성한다.

ⓒ 연계관계의 안정성과 자율성이 높다.

ⓔ 하위정부모형은 대통령과 공공의 관심이 덜하고 일상화 수준이 높은 분배정책 결정과정을 설명하는 데 유효하다.

③ 정책네트워크의 특성(오석홍)

㉠ 정책문제별 또는 정책영역별로 형성

ⓛ 다양한 참여자(정부부문과 민간부문의 개인과 조직)

ⓒ 연계의 형성

ⓔ 경계의 존재(참여자와 비참여자를 구분하는 경계존재)

ⓜ 제도적 특성(참여자들의 상호작용을 규정하는 공식적·비공식적 규칙의 총체)

ⓗ 가변적 현상(외재적 및 내재적 요인에 의해 변동될 수 있음)

[3] 정책공동체모형

① 의의

㉠ 정책공동체는 1980~1990년대 논의된 정책 네트워크 모형으로, 어떤 정책영역 관련 행정기관과 그 소속공무원, 개별 정치인과 정치인집단, 이익집단과 그 리더, 대학·연구기관·정부조직 등에 근무하는 전문가들로 구성되었다.

ⓛ 참여자 범위는 하위정부보다는 넓고, 이슈네트워크보다는 제한적이다.

ⓒ 정당과 의회를 중심으로 한 미국식 논의의 한계를 극복하고자 로즈(Rhodes) 등 영국학자들을 중심으로 발전된 뉴거버넌스와 연관된 개념이다.

ⓔ 분야별 정책공동체 참여자들은 공통된 관심과 유용하게 활용 가능한 자원으로 상호작용하는 과정에서 문제와 해결대안에 관한 공통된 이해를 형성하고 협력한다.

② 이슈네트워크와 비교한 정책공동체의 상대적 특성

㉠ 참여자가 제한적이다.

ⓛ 모든 참여자가 자원을 가지고 교환관계를 형성한다.

ⓒ 참여자들 사이에 권력균형이 이루어져 있다.

ⓔ 참여자들이 기본가치를 공유하며 그들 사이의 접촉빈도는 높다.

ⓜ 연계작용이 지속적·안정적이며 그에 대한 예측가능성이 높다.

ⓗ 정책결정을 둘러싼 권력게임을 승패가 아니라 공동의 이익을 추구하는 Positive-Sum Game(정합게임)으로 본다.

[4] 이슈네트워크(정책문제망)모형

① 의의

㉠ 미국에서 철의 삼각을 비판하며 대체하려던 개념으로 1970년대 후반 헤클로(Heclo)에 의해 논의된 모형이다.

ⓛ 특정한 정책문제에 이해관계가 있거나 전문적 지식을 가진 참여자들이 구성하는 정책네트워크로, 정책문제망의 경계가 모호하고 개방성은 높기 때문에 관심 있는 사람들은 누구나 자유롭게 참여할 수 있다.

ⓒ 참여자들 가운데는 자신의 의견과 정보를 전달하는 데 그치고 정책결정에 직접적인 영향을 미치지 못하는 사람들도 있다.

ⓔ 정책문제망의 연계관계가 느슨하고 대부분의 행동규칙은 비공식적이며 정책문제망들의 중첩이 심하다.

② 정책공동체와 비교한 이슈네트워크의 상대적 특성

㉠ 참여자 범위가 넓고 경계의 개방성이 높다.

㉡ 교환할 자원을 가진 참여자는 한정적이다.

㉢ 참여자들 사이의 권력배분은 불균등하다.

㉣ 참여자들의 공동체의식은 약하며 그들 사이의 접촉빈도는 유동적이다.

㉤ 연계작용의 안정성과 그에 대한 예측가능성이 낮다.

㉥ 참여자들 사이에 갈등이 있고 지배집단이 일방적으로 정책을 결정하는 경우가 많기 때문에 권력게임을 Negative-Sum Game 또는 Zero Sum Game(영합게임)으로 본다.

2. 정책공동체와 이슈네트워크

구분	정책공동체	이슈네트워크
정책행위자	• 공식·조직화된 행위자에 한정(공무원, 교수, 연구원 등) → 폐쇄적·안정적·지속적 • 경계의 개방성 낮음	다양한 행위자, 이슈에 따라 수시로 변동(이익집단, 전문가, 언론 등 모든 이해관계자) → 개방적·불안정적·유동적
상호관계	• 상호협력 • 상호의존성 강함 • 비교적 균등한 권력 • Positive-Sum Game(정합게임)	• 상호경쟁 • 상호의존성 약함 • 권력의 편차 심함 • Negative-Sum Game 또는 Zero sum Game(영합게임)
참여목적	정책에 대한 기본적 이해의 공유와 협조	• 자신의 이익극대화 • 이슈의 성격에 따라 이합집산
예측가능성	높음	낮음
자원배분	• 모든 참여자가 자원을 가짐 • 교환관계	• 자원보유 면에서 격차 존재 • 교환관계가 아닌 자문 수준
정책결정	최초 정책내용대로 정책결정	정책결정과정 중 정책내용이 많이 변경
정책집행	결정내용 그대로 집행	결정내용과 다르게 집행되는 경우가 많음

[1] 정책오류의 유형

01

정책오류에 대한 설명으로 옳지 않은 것은?

① 옳은 귀무가설을 기각하는 오류는 1종 오류이다.

② 정책효과가 있는데 없다고 판단하는 오류는 2종 오류이다.

③ 3종 오류는 주로 대안을 선정하는 과정에서 나타난다.

④ 정책문제 정의를 잘못하는 것은 3종 오류와 연관된다.

해설   정답 ③

③ 3종 오류는 주로 의제를 채택하는 과정에서 나타난다.

오답의 이유

① 1종 오류는 귀무가설이 옳은데도 불구하고 그 가설을 기각하는 오류로, 정책효과가 없는데 있다고 판단한다.

② 2종 오류는 귀무가설이 잘못되었는데도 그것을 옳은 것으로 받아들이는 오류로, 정책효과가 있는데 없다고 판단한다.

④ 3종 오류는 정책 문제 자체를 잘못 정의한 경우로 문제 자체가 잘못 정의되어 이후의 과정에도 영향을 미치게 한다.

02

잘못된 교통신호체계가 실제로 더 큰 문제임에도 불구하고 자가용 증대문제를 도심교통혼잡의 핵심이라고 잘못 정의하고 이를 해결하려 하는 경우를 나타내는 용어는?

① 환원주의 오류

② 알파오류

③ 베타오류

④ 메타오류

정답 ④

④ 메타오류(3종 오류)는 정책문제 자체를 잘못 인지하거나 정의하여 후속과정에까지 영향을 미칠 수 있는 오류를 말한다. 문제에서 다루고 있는 경우도 잘못된 교통신호체계가 더 큰 문제임에도 불구하고, 자가용 증대문제를 교통혼잡의 핵심으로 잘못 인지한 것이다. 이럴 경우 이후 정책결정과정에도 영향을 주어 근본적인 문제의 해결에 도움을 주지 못하는 정책이 될 수 있다.

끝장이론

1. 정책의제의 개념과 설정

(1) **정책의제의 개념**: 정부가 공식적으로 다루기로 결정한 정책문제, 정책적 해결이 필요한 사회문제이다.

(2) **정책의제의 설정(Policy Agenda Setting)**: 정부가 정책적 해결을 위해 사회문제를 공식적인 정책의제로 채택하는 과정으로 사회문제의 정부귀속화과정을 의미한다.

2. 정책의제 설정의 중요성과 3종 오류

(1) **정책의제 설정의 중요성**

① 정책의제는 정책대안을 개괄적으로 파악할 수 있도록 해 주고, 갈등관계나 경쟁관계에 있는 여러 가지 정책목표와 정책수단들 사이의 우선순위를 암시해 준다.

② 정책의제는 타당한 정책목표의 설정을 위해서 필요하다. 의제를 정확하게 파악하지 못하면 타당한 목표설정이 불가능하고, 실제 문제가 발생해도 해결하지 못하는 오류에 빠지기 때문이다.

(2) **3종 오류**: 정책결정자에게 제안된 정책문제 해결방안에 대해 잘못된 지식과 정보의 산출로 발생하는 근원적 오류를 3종 오류라고 한다.

3. 정책의제의 오류

오류유형	의미	대안선택
제1종 오류(알파오류) 수단선택의 오류	정책대안이 실제효과가 없는데도 있다고 잘못 평가하여 잘못된 대안을 채택하는 오류	• 효과 없는 대안의 채택 • 옳은 귀무가설 기각 • 틀린 대립가설 채택
제2종 오류(베타오류) 수단선택의 오류	정책대안이 실제효과가 있는데도 없다고 잘못 평가하여 올바른 대안을 기각하는 오류	• 효과 있는 대안의 기각 • 틀린 귀무가설 인용 • 옳은 대립가설 기각
제3종 오류(메타오류) 문제인지오류	근본적 오류. 문제정의·목표설정이 잘못되어 대안의 선택까지 잘못하는 오류	잘못된 목표를 위한 대안의 선택
환원주의 오류	개인을 분석단위로 한 연구결과를 집단, 사회 등에 적용할 경우 발생할 수 있는 오류	
생태학적 오류	개인보다 큰 집단이나 사회에서 도출한 결과를 개인에게 적용할 경우 발생할 수 있는 오류	

03

11 기출

다음 중 정책문제의 특징으로 보기 어려운 것은?

① 정책문제는 객관적이고, 인공적 성격을 띤다.
② 정책문제는 역사적 산물인 경우가 많다.
③ 정책문제는 공공성을 띤다.
④ 정책문제는 동태적이고, 상호의존적이다.

> **해설**
> 정답 ①
> ① 정책문제는 객관적이기보다는 주관적이다.

04

10 기출

다음 중 정책문제의 특성이 아닌 것은?

① 하나의 정책문제는 다른 정책문제에 영향을 미친다.
② 정책문제는 정태적인 성격이 강하다.
③ 정책문제는 인간의 주관적인 성격이 강하다.
④ 정책문제는 정치적인 영향을 받으며, 공공성이 강하다.

> **해설**
> 정답 ②
> ② 정책문제는 상황변동에 따라 달라지는 동태성을 지닌다.
>
> **오답의 이유**
> ① 정책문제의 상호의존성
> ③ 정책문제의 주관성
> ④ 정책문제의 정치성 · 공공성

끝장이론

1. 정책문제의 개념과 특성

(1) 정책문제의 개념

① 문제: '바람직하다고 여겨지는 상태와 현실상태 또는 예측되는 미래상태와의 차이'로 인식되는 것이다.
② 정책문제: 문제들 중에서 정책적 해결대상으로 설정된 문제이다.

(2) 정책문제의 특성

① **주관성·인공성**: 사람마다 서로 다른 현실감을 갖고 그에 따른 가치관적 판단을 하기 때문에 서로 다르게 문제를 인식한다.

② **가치판단의 함축성**: 정책문제에는 가치판단이 개입되어 있다.

③ **상호연관성·복잡성**: 문제 간에는 발생원인, 해결방안, 해결의 결과 등에 있어 상호연관성을 가진다.

④ **가변성(동태성)**: 상황 혹은 그에 따른 판단 및 규범 등이 시대에 따라 변화할 수 있기 때문에 관련된 문제도 변화가능성이 있다. 따라서 정책문제는 정책과정 속에서 끊임없이 재정의되어야 한다.

⑤ **중요성·심각성**: 중요한 것으로 여겨지지 않는 문제는 정책문제로 취급되지 않는다.

⑥ **차별적 이해관계성**: 정책문제의 해결이 한 집단에게는 더 큰 이익(손해)을, 또 다른 집단에게는 더 적은 이익(손해)을 배분하는 결과를 가져올 수 있다.

⑦ **정치성**: 특정문제에 대해 이해관계를 갖는 집단들은 자신들에게 유리한 방향으로 정의되도록 정치적 타협과 협상과정을 거치므로 정책문제는 정치적 성격을 갖는다고 할 수 있다.

2. 정책문제의 분석·정의와 구조화

(1) 정책문제의 분석·정의

① 정책문제의 분석은 실질적인 정책문제가 무엇인가를 알기 위해 문제의 내용·구성요소·원인·결과 등을 체계적으로 분석하는 것을 말한다.

② 문제정의는 분석결과 '무엇이 문제인지'를 밝히는 것이다.

(2) 정책문제의 구조화

① 정책문제의 구조화는 정책문제를 정의하기 위해서 문제상황의 개념화를 생성하고 검증하는 과정으로 문제의 감지, 문제의 탐색, 문제의 정의, 문제의 구체화를 포함하는 개념이다.

② 정책문제 구조화단계: 문제의 감지 → 문제의 탐색 → 문제의 정의 → 문제의 구체화 등의 단계를 거친다.

[3] 정책의제 설정과정 단계

05

13 기출

다음 중 정책의제설정에 대한 설명으로 옳지 않은 것은?

① 사회 모든 문제가 다 정책의제가 되는 것은 아니다.

② 무의사결정은 정책의제 설정단계에서만 이뤄진다.

③ 정책의제 중 제도의제는 정책결정자가 직접 검토하고 관심을 가지는 의제를 말한다.

④ 정책의제 중 체제의제는 일반국민이 정부의 소관사항에 속한다고 보는 관심사를 말한다.

② '무의사결정'이란 지배집단의 가치나 이익에 대한 잠재적 도전가능성이 있는 정책문제가 의제의 지위에 도달하기 전에 정책관련자들이 의도적으로 억압·방치하여 집행단계에서 좌절시키는 것을 말한다. 주로 정책의제 설정단계에서 나타나는 현상을 의미하지만, 점차 정책결정과 집행과정까지 확대되어 넓게는 정책과정 전반에 걸쳐 나타난다.

끝장이론

1. 존스(Jones)의 정책의제 설정과정

문제의 인지(Perception)	정치체제의 구성원들이 시정조치 또는 구제방안이 필요한 욕구, 조건 또는 상황을 알게 되는 것
문제의 정의(Definition)	객관적인 상황과 그 영향을 해석하여 해결해야 할 문제를 규정하는 것
결집(Aggregation)	정의된 문제들이 그 문제와 관련된 많은 사람들의 이해관계가 얽힌 문제로 전환되고, 그리하여 많은 사람들이 공통적으로 인식하는 문제로 부각되는 단계
조직화(Organization)	관련 당사자들이 그 문제를 보다 효과적으로 정책의제가 되도록 조직적 활동을 행하는 단계
대표(Representation)	• 공공문제의 정책의제화를 주도하는 집단이 활용할 수 있는 대정부 접근통로 • 정부당국자에게 문제의 심각성과 중요성을 설득하여 해결방안의 모색이 필요하다는 것을 인식시키면 정부의제로 진입가능

2. 콥(Cobb)과 엘더(Elder)의 정책의제 설정과정

사회문제 (Social Problem)	• 개인문제가 불특정다수인에게 장기간에 걸쳐 반복적으로 일어난 문제 • 정책과정 책임자들이 사회문제성격 또는 해결방안에 대해 서로 논쟁하면서 사회문제로 부각됨
사회적 이슈 (Social Issue)	• 사회적 쟁점이라고도 하며 집단들 간에 문제의 원인과 대책에 대해 논쟁의 대상이 된 문제 • 일반인의 관심이 집중되고 여론이 환기됨(확장단계) • 유사사건의 반복적 발생이나 적절한 상징의 활용은 이슈화를 촉진시키는 계기가 됨 • 예상치 못한 사건이나 사고로 특정문제가 갑자기 공중의제로 급속히 부각되는 상황이나 계기를 촉매장치라고 함
체제의제 (Systemic Agenda, 공중의제, 토의의제, 환경의제)	• 일반대중의 주목을 받을 가치가 있어야 함 • 정부가 문제해결을 하는 것이 정당한 것으로 일반국민이 인정하는 문제(정책적 해결·고려의 필요성이 높아진 문제)이어야 함 • 사회 전체적 거시적 시각에서 다루어지는 의제로 추상적이고 일반적인 항목들로 구성 • 구체화·공식화·문제화되지 않는 의제로서 공중의제 또는 환경의제라고도 함
제도의제 (Institutional Agenda, 공식의제, 행동의제, 정부의제)	• 정부의 공식적인 의사결정에 의해 그 해결을 위해 심각하게 고려하기로 정부가 스스로 명백히 구체적으로 밝힌(언명 또는 표명한) 정부 내부의 미시적 시각의 문제 • 제도의제 위치에 놓이면 해결가능성이 매우 높아짐 • 체제의제보다 더 구체적이고 명시적임

3. 기타 이론

(1) 콥(Cobb)과 로스(Ross)의 모형

이슈제기(Initiation)	개인이나 집단에 의해 불평·불만이 표출되는 단계
구체화(Specification)	표출된 불만이 구체적이고 특정한 요구로 전환되는 단계
확산(Expansion)	여러 이익집단·사회단체로 요구가 확대되어 가는 단계
진입(Entrance)	정부의제로 채택된 단계

(2) 아이스톤(Eyestone)의 모형: 사회문제(Social Problem) → 집단에 의한 사회문제의 인지 → 다른 의견을 가진 집단의 관여 → 사회쟁점화(Social Issue) → 공중의제(Public Agenda) → 쟁점 창도자의 활동 → 공식의제(Official Agenda) → 정책결정 → 집단에 의한 관련쟁점의 표출

(3) 앤더슨(Anderson)의 모형

구분	특징
토의의제	• 일반국민이 정부의 소관사항에 속한다고 보는 관심사 • 거시적 시각에서 다루어지는 의제 • 아직 구체화·공식화·문서화되지 않은 의제
행동의제	• 정책결정자가 직접 검토하고 관심을 가지는 문제 • 미시적 시각에서 다루어지는 의제 • 구체적이고 채택된 의제

[4] 정책의제 설정유형

06

`19 기출`

다음 중 콥(R. W. Cobb)의 의제설정모형 중 〈보기〉에 해당하는 것은?

> **보기**
>
> 내부관료 또는 소수외부집단이 주도하여 주도집단이 정책의 내용을 미리 정하고, 이 결정된 내용을 그대로 또는 최소한의 수정만으로 집행하려고 시도하며, 특히 반대할 가능성이 있는 사람에게는 이를 숨기려 한다. 사회문제가 정책담당자들에 의해 바로 정책의제화되지만, 공중의제화는 억제되며 일반대중에게 알리려 하지 않는 일종의 음모형이다. 이 모형은 부와 권력이 집중된 나라에서 주로 나타난다.

① 내부접근형
② 동원형
③ 외부주도형
④ 굳히기형

07

콥(Cobb)의 정책의제 설정모형 중 〈보기〉에 해당하는 모형은?

| 보기 |

정부기관 내에서 제기되거나 정책결정자에게 쉽게 접근할 수 있는 특정외부집단의 주도로 문제가 제기되고 공식의제가 되도록 충분한 압력(설득·로비)을 가한다.

① 내부접근형
② 외부주도형
③ 동원형
④ 굳히기형

08

정책의제설정모형에 대한 설명으로 틀린 것은?

① 동원모형은 이익집단과 국가가 주도하여 정책의제를 채택하는 경우이다.
② 굳히기형은 대중의 지지가 높은 정책문제에 대해 정부가 그 과정을 주도하여 해결을 시도한다.
③ 내부접근형은 동원형에 비해 낮은 지위의 고위관료가 주도한다.
④ 외부주도형은 정책의제를 강요된 문제로 여긴다.

09

13 기출

정책의제 설정모형에 관한 설명으로 옳지 않은 것은?

① 외부주도모형에서 사회적 쟁점은 주도자가 있어야 한다.

② 동원모형은 이슈를 자극하는 점화자의 역할이 중요하다.

③ 행정PR은 내부접근모형에서 가장 중요하다.

④ 동원모형의 과정은 '사회문제 → 정부의제 → 공중의제' 순서로 진행된다.

10

09 기출

다음 중 정책의제설정에서 외부주도형의 과정으로 적절한 것은?

① 사회문제 → 정부의제

② 사회문제 → 정부의제 → 공중의제

③ 사회문제 → 사회이슈 → 공중의제 → 정부의제

④ 사회문제 → 사회이슈 → 정부의제 → 공중의제

끝장이론

1. 의제설정과정의 모형

콥과 로스 (R. Cobb & J. Ross) 모형	• 외부주도모형(Outside Initiative Model) • 동원모형(Mobilization Model) • 내부접근모형(Inside Access Model)
메이(P. J. May) 모형	콥과 로스의 의제설정 유형 세 가지 모형 + 공고화모형(Consolidation Model) 추가

2. 의제설정과정모형의 종류

(1) 외부주도모형(Outside Initiative Model)

개념	• 민간집단에 의해 이슈가 제기되어 먼저 성공적으로 공중의제에 도달한 후 최종적으로 정부의제에 이르는 유형 • 사회문제 → 사회적 이슈(쟁점) → 공중의제 → 정부의제
특징	• 외부집단은 새로운 집단을 끌어들이거나 기존이슈에 연결시켜서 동조세력규합 • 이슈확대에 성공하여 비교적 다수의 집단이 공식적인 행위가 필요한 문제로 여기면 공중의제가 됨 • 공중의제로부터 정책결정자의 진지한 관심을 끌게 되면 정부의제로 전환 • 정부의제의 지위를 확보했다고 정부당국의 최종결정이나 실제 정책집행이 고충집단의 의도대로 이루어진다는 보장은 없으며, 문제와 해결방안이 변형될 수 있음 • 허쉬만(Hirshman)은 '강요된 정책문제'(일반국민의 압력에 의해 채택)라고 함 • 이익집단이 발달하고 정부가 외부요구에 민감하게 반응하는 다원화 · 민주화된 선진국 모형 • 정책과정상 주도집단과 반대집단 간 시간 끌기(Muddling Through)가 심해서 점진적 해결에 그치는 수가 많음 • 정책은 대립되는 이해관계자들 간 타협 · 조정의 산물이므로, 정책내용이 상호충돌 · 모순적이며 단기적 · 단편적 성격을 지니고, 배분정책에서 두드러짐 • 의사결정비용은 증가하나 집행에 대한 순응확보를 위한 노력이 필요없으므로, 집행비용은 감소

(2) 동원모형(Mobilization Model)

개념	• 정책결정자가 제기하여 자동적으로 정부의제가 되고, 성공적인 집행을 위해 공중의제로 전환되는 유형 • 사회문제 → 정부의제 → 공중의제
특징	• 허쉬만(Hirshman)은 '채택된 정책문제'라고 함 • 정부 내의 정책결정자들이 주도하여 정책의제를 채택, 행정 PR 등에 의해 이슈화 및 공중의제화함 • 정부의 힘이 강하고 민간부문의 이익집단이 취약한 후진국이거나 카리스마적 지도자가 있는 경우에 나타남 • 정책결정이 더 분석적이며, 산출로서의 정책내용도 종합적 · 체계적 · 장기적 성격을 띰 • 경부고속철도, 초고속정보통신 기반구축, 가족계획사업, 새마을운동, 88 서울올림픽 유치 등

(3) 내부접근모형(Inside Access Model, 음모형)

개념	• 정부기관 내의 관료집단 내의 문제제기로 이들이 최고정책결정자에게 접근하여 정책의제로 채택되는 경우 • 음모형이라고도 함 • 사회문제 → 정부의제
특징	• 동원형처럼 정책담당자들이 정책의제를 진행하고 쉽게 정부의제화함 • 동원형에 비해 주도세력이 낮은 지위에 있는 고위관료이며, 또 공중의제화하는 것을 막으려 한다는 차이점 • 정책제안이 정부의제의 위치로 올라갈 정도로 충분한 압력을 정책결정자에게 행사하기 위해 제안을 구체화하고 확대하지만 그런 확대의 범위는 정책의 통과나 집행에 영향을 미치는 특정소수집단에 한정시킴. 즉, 정책의 주창자들이 공공의제로 전환시키려 하지 않고 비밀을 유지하려 하기 때문에, 일반대중이 광범위하게 관여하지 않음 • 의도적이고 일방적으로 국민을 무시하는 국가에서 나타날 수 있음 • 이해관계자와 접촉 없이 정부관료제 내부에서만 정책의제화의 움직임이 있으므로 공중의제화 과정(행정 PR)이 생략됨

(4) 공고화모형(Consolidation Model, 굳히기모형)

개념	• 이미 대중의 지지가 높은 정책문제에 대해 정부가 그 과정을 주도하여 해결을 시도하는 유형 • 메이(May)는 의제설정의 세 가지 기본모형(외부주도형, 동원형, 내부접근형)에 새로운 패턴인 공고화모형을 추가
특징	• 정책의제설정에서 주요한 관심사는 정책문제와 관련된 정책하위체제의 성격, 즉 정부부문의 행위자 또는 민간부문의 행위자 중 누가 과정을 주도하는지, 그 해결방안에 대해 대중이 어느 정도 지지하는지에 관한 것 • 정부가 이미 존재하는 대중의 높은 지지를 공고화하여 정책결정단계로 나아가면 된다. 정부가 이와 같이 대중의 지지를 결합하고자 하는 것은 그 정책이 결정된 이후 집행에 유리하기 때문

11

다음 중 정책의제설정에 관한 설명으로 틀린 것은?

① 의사결정론은 정치체제 내부의 능력상 한계보다는 외부환경으로부터 발생한 요구의 다양성 때문에 문제가 의제화되는 데 더 많은 영향을 미친다고 본다.

② 체제이론은 문지기(Gate-Keeper)가 선호하는 문제가 정책의제로 채택된다고 본다.

③ 엘리트론자들은 엘리트들이 정책과정의 전 과정을 압도할 뿐 아니라, 특히 정책의제의 채택과정에서 그들의 권력을 행사한다고 주장한다.

④ 다원주의에서는 어떠한 사회문제든지 모두 정치체제 내로 진입할 수 있다고 주장한다.

해설   정답 ①

① 의사결정론에 의하면, 외부환경으로부터 발생한 요구의 다양성보다 정치체제 내부능력의 한계 때문에 의제선택의 문제가 일어난다고 본다.

끝장이론 ···

1. 특정문제만 의제화된다는 이론

(1) 사이먼(Simon)의 의사결정론(주의집중능력의 한계)

① 인간의 의사결정단계: 주의집중 → 설계 → 선택

② 인간은 연속적으로 정보를 처리하는 기계이므로, 정보인지능력에 한계가 있어서 일시에 많은 문제에 주의를 기울일 수 없다. 조직체도 인간과 마찬가지로 주의집중(Attention Directing: 정책의제 설정단계에 해당) 능력에 한계가 있으며, 정치체제도 마찬가지라고 생각한다. 주의집중능력의 한계로 인해 소수의 사회문제만이 정책문제로 채택된다.

③ 사이먼의 이론은 왜 여러 사회문제 중에서 일부만 정책문제화가 되는지에 대해서는 설명할 수 있으나 왜 특정문제가 정책문제로 채택되고 다른 문제는 제외되는가에 대한 설명은 하지 못한다.

(2) 체제이론[이스턴(D. Easton)의 체제 문지기의 선호]

① 정치체제에는 능력상 한계로 인해 체제 내 전체부하(負荷)의 업무량 감소를 위해 채택할 문제수를 줄여야 한다.

② 요구나 이슈의 정치체제나 그 하위체제에의 진입여부를 결정하는 과정을 게이트키핑(Gate-Keeping)이라 하고, 진입여부를 결정하는 개인·기관·집단을 체제의 문지기(Gate-Keeper)라고 한다.

③ 체제의 과중한 부담을 회피하기 위해 체제의 문지기가 선호하는 문제만 정책문제로 채택된다(Filtering, Coding).

(3) 엘리트이론

① 지배엘리트의 의식과 가치관, 이해관계 등이 정책의제형성에 결정적인 영향을 미친다.

② 지배엘리트의 이익과 합치되는 문제만 정책의제화가 된다는 이론이다.

(4) 하위정부론(Subgovernment)·철의 삼각(Iron Triangle)

① 국가의 중요정책이 의회상임위원회, 정부관료, 이익집단이라는 철의 삼각에 의해 결정된다.

② 3자 간의 이해관계가 장기적·안정적이고 호혜적인 동맹관계가 형성되어 그들의 이익만을 반영한다.

(5) 포획이론(Capture Theory)

① 스티글러(G. Stigler)가 제시한 이론으로 공공의 이익을 위해서 일하는 규제기관이 피규제기관에 의해 포획당하는 현상을 가리킨다.

② 규제기관이 피규제기관과의 빈번한 접촉, 정부의 피규제산업에의 의존, 퇴직 후 일자리보장 등의 이유로 포획되어 공익보다는 피규제산업의 기득이익을 대변·보호하게 된다는 이론이다.

(6) 지대추구이론(Rent-Seeking Theory)

① 정부의 시장개입이 초래하는 사회적 비용을 설명하는 이론이다.

② 정부가 시장에 개입하여 경쟁을 제한하거나 독점적 상황을 만들면, 이로 인해 시장에서는 독점지대가 발생하여 독점자원 소유자에게는 기회비용을 초과하여 이윤이 돌아가게 된다는 것이다.

③ 이익집단들은 이런 독점적 상황을 유지하기 위해 경쟁체제라면 기술개방 등에 투자할 자금을 정부에의 로비 등 비생산적 용도에 사용하게 되어 사회적 손실이 발생한다.

(7) 이익집단 자유주의(Lowi)

① 다양한 이익집단의 요구를 골고루 정책과정에 반영하기 곤란하고 응집력·영향력이 강한 대규모 특정이익집단의 이익이 정책에 반영되며, 조직화되지 않은 소규모 이익집단의 이익은 정책과정에서 배제될 것이라는 입장이다.

② 침묵적 다수보다는 활동적 소수의 이익만 반영되며 공유지의 비극이 발생할 수 있다.

2. 다양한 문제가 의제화된다는 이론

(1) 다원주의

① 정치적 영향력 및 권력은 사회 각 계층에 널리 분산되어 있으며(정치권력의 실질적 소재의 다원화), 정치제도상 중요지위를 점하고 있는 자들은 정치적 지위를 유지하기 위해 일반시민의 요구에 따라 권한을 행사한다는 이론이다.

② 공식적으로는 소수가 정책과정을 좌우하고 있지만, 실질적으로는 다수에 의한 정치가 이루어지며, 어떠한 사회문제도 정치체제로 침투될 수 있다(달, 린드블롬, 폴스비, 윌다브스키).

③ 집단과정론(트루먼, 벤틀리)은 다양한 이익집단의 이해관계가 골고루 정책에 반영되는 근거로 잠재이익집단론·중복회원론을 든다.

(2) 킹던(J. Kingdon)의 정책의 창(Policy Window)

① 정책의 창은 정책의제설정과 정책대안선택의 기회를 말한다.

② 정부의제설정은 문제흐름과 정치흐름이 합류하면서 정책의 창이 열려야 이루어진다. 그런데 정책의 창은 매우 좁고 희소한 자원으로써 오래 열려 있지 않고 금방 사라진다. 아이디어가 반영될 수 있는 시간은 오지만 금방 사라진다는 것이다.

③ 정책의 창이 열릴 경우에도 아무런 행동 없이 지나치게 되면, 그 창은 오랫동안 다시 열리지 않을 수도 있다.

[1] 정책분석과 정책평가

01

12 기출

다음 중 정책분석과 정책평가에 대한 설명으로 틀린 것은?

① 정책분석은 사전적, 정책평가는 사후적 활동이다.

② 정책평가는 내용과, 정책분석은 과정과 관련된다.

③ 정책평가는 거시적 방법을, 정책분석은 미시적 방법을 활용한다.

④ 정책평가는 목표를 중시하여 효과성을 평가한다.

해설

정답 ②

② 정책분석은 대안의 결과와 장단점을 예측하고 이를 비교·분석하는 것으로 과정이 아니라 내용에 관한 분석이다.

오답의 이유

① 정책분석은 집행을 기준으로 사전에, 정책평가는 사후에 이루어진다.

끝장이론

1. 정책분석

(1) 의의

① **광의의 정책분석**: 정책결정·집행·평가 등 정책과정 전반에 관한 연구를 의미하기도 하나, 주된 관심은 정책의 사전적 분석에 있으므로 사후적 평가인 정책평가와 구별된다.

② **협의의 정책분석**: 합리적 정책을 결정하기 위한 정책대안의 체계적인 탐색·평가와 대안의 선택에 관한 전략, 필요한 지식과 정책정보를 창출·제공하는 활동을 의미한다.

(2) 목적과 중요성

① 정책분석은 동태적이고 급변하는 복잡한 사회문제를 파악하며 정책결정을 개선하려는 정책과학의 주요처방으로, 정책 결정자의 판단의 질을 높여 정책결정의 합리성을 제고하려는 것이다.

② 정책결정과 정책집행결과에 대한 책임을 따지는 기초가 되는 정보를 산출해 주며, 국민 각자가 정책이 자기에게 미치는 영향을 판단하여 자기의 이익을 투입하기 위한 활동을 하는 데 도움을 줄 수 있는 정보를 산출해 준다는 점에서 그 중요성 이 높다.

(3) 특징

① 인간의 이성과 증거를 토대로 대안의 결과를 예측하고 비교 · 지적 · 분석하는 활동이다.

② 계량적 측면뿐만 아니라 질적 · 비합리적 · 정치적 측면을 모두 고려하는 포괄적인 지적 · 분석적 활동이다.

③ 합리적 정보제공을 통해 정책결정자의 합리적 판단을 도와주는 활동이나, 결정을 대신하는 것은 아니다.

④ 전문가만 수행할 수 있는 작업이 아니라 여러 사람들에 의해 다양한 형태로 이루어진다.

2. 정책평가

(1) 의의

① 협의의 정책평가: 정책의 내용이나 집행 및 그 영향을 정책목표와 관련해서 객관적이고 체계적으로 재검토하는 과정이다.

② 광의의 정책평가: 정책결과가 바람직한가(효과성, 능률성, 공평성)를 평가하는 사후평가(총괄평가) 외에 정책이 제대로 집행되고 있는가를 평가하는 과정평가(형성평가)나 정책결정단계에서 평가를 의미하는 정책분석도 포함한다. 이 중 핵심은 총괄평가이다.

(2) 정책평가의 목적

① 평가의 가장 중요한 목적으로서 일종의 환류기능을 한다.

② 정책의 정당성 확인, 정책개선에 필요한 정보제공과 정책과정참여자의 지지를 확보한다.

③ 정부재정부문의 팽창, 정책담당자의 책임성을 확보한다.

④ 정책수단과 결과 간의 인과관계를 확인 · 검증하여 이론을 구축하고 학문적 인과성을 밝혀 줌으로써 사회과학의 발전에 기여한다.

⑤ 왜곡된 평가를 막고 체계적 · 과학적인 평가(정책평가조사)로 유도함으로써 정책실험 및 비용을 절감한다.

[2] 정책대안 결과예측방법

02

19 기출

다음 〈보기〉의 설명에 가장 관련성이 높은 의사결정기법으로 옳은 것은?

| 보기 |

토론집단을 대립적인 두 개의 팀으로 나누어 충분한 토론을 진행하는 과정에서 합의를 형성해 내는 의사결정기법으로서 토론과정에서 고의적으로 본래 대안의 단점과 약점을 적극적으로 지적한다. 발생할 수 있는 모든 가능성이 검토되므로 최종대안의 효과성과 현실적응성이 높아진다.

① 델파이기법(Delphi Method)

② 브레인스토밍(Brainstorming)

③ 지명반론자기법(Devil's Advocate Method)

④ 명목집단기법(Nominal Group Technique)

03

다음 중 주관적 미래예측기법에 해당하는 것은?

① 회귀분석
② 선형계획
③ 정책델파이
④ PERT

04

다음 중 정책대안의 결과를 예측하기 위한 직관적 예측기법으로 적절하지 않은 것은?

① 상호영향분석
② 브레인스토밍
③ 선형계획
④ 전통적 델파이

1. 던(W. Dunn)의 정책대안 결과예측 방법

접근방법	근거	기법	결과적 산출물
역사적 예측(추세연장법) (Extrapolative Forecasting)	역사적 경향분석, 귀납적 추론	• 시계열분석 • 지수가중법 • 자료전환법 • 선형경향추정 • 지수평활법 • 격변방법	투사(Projection)
이론적 예측 (Theoretical Forecasting)	이론 · 모형 연역적 추론	• 투입 · 산출분석 • 회귀분석 • 경로분석 • 선형계획(Lp) • 상관관계분석 • 시뮬레이션	예언(Prediction)
직관적 · 주관적 예측 (Intuitive Forecasting)	주관적 판단, 역류적 추론	• 델파이 • 브레인스토밍 • 교차영향분석 • 실현가능성 평가 • 정책델파이 • 역사적 유추 • 패널토의 • 비계량적 시나리오	추측(Conjecture)

2. 역사적 추세예측기법(추세연장적 · 시계열적 예측)

시계열적 예측	• 시계열적 예측의 의의
	  – 과거의 변동추이를 시간적으로 분석하여 그것을 토대로 미래의 결과를 전망하기 위한 비인과적 기법
	  – 시간을 독립변수로 하여 미래를 예측하려는 동태적 종단분석으로서 동일시점에서 여러 사례를 비교 · 분석하는 정태적인 횡단분석과는 반대개념
	• 시계열적 예측의 전제: 시계열분석은 지속성, 규칙성, 자료의 신뢰성과 타당성의 세 가지 기본가정에 기초

선형경향 추정	• 선형성이 강한 시계열분석으로 추세연장의 표준적인 방법 • 시간을 독립변수로 한 회귀분석을 이용하여 미래의 정확한 추정치를 얻는 방법
비선형 시계열	• 선형성, 지속성, 규칙성의 조건을 만족시키지 않는 시계열 • 진동, 순환, 성장, 쇠퇴, 격변 등
자료변환	시계열의 값을 적절히 변환하여 회귀방정식에 이용하는 방법

3. 이론적 예측기법(인과관계적 예측)

회귀분석	• 종속변수와 독립변수 간의 관계형태의 크기를 정확하게 추정하는 통계기법 • 회귀분석은 선형경향추정에서 사용하였던 최소자승법을 똑같이 이용하지만 이론에 기초한 변수들을 사용한다는 점에서 다름

인과모형에 의한 방법	• 모형은 현실에서 필요하고 중요한 측면만을 뽑아 표현한 것으로, 현실의 추상적 표현 • 모형을 통해 원인변수와 결과변수의 인과관계를 규명함으로써 정책대안의 결과예측이 가능
선형계획법 (Linear Programming)	일정한 제약조건에서 편익의 극대화나 비용의 최소화가 가능한 최적분배점을 발견함으로써, 한정된 자원을 가장 효율적으로 이용하기 위한 수리계획모형의 하나
분산분석(변량분석)	두 개 이상 다수의 집단(표본)을 비교하고자 할 때 총 평균과 각 집단의 평균차이에 의해 생긴 집단 간 분산의 비교를 통해 가설검정을 하는 방법
이론지도작성	논증 또는 이론적 가정의 인과구조를 지도로 나타내어 가정을 확인하고 체계화하는 기법
대기행렬이론	어떤 서비스체계에서 고객이 도래하는 수가 시간마다 일정하지 않을 때 가장 적정한 서비스시설(시설규모와 절차, 통로 수, 대기규칙 등)을 결정하기 위해 대기행렬을 관리(대기행렬 길이와 대기시간)하고자 하는 이론
PERT(Program Evaluation Review Technique)	• 관리하기 어려운 대규모의 우주개발사업, 원자로의 건설, 군수사업, 각종 건설사업 등 소요시간을 단축하고 비용을 절감할 목적으로 개발 • 비반복적 · 비정형적인 대규모사업을 최단시간 · 최단경로로 수행하기 위해 네트워크를 활용하는 경로망 관리기법 또는 시간공정관리기법, 사업계획평가검토기법
게임이론	경쟁주체가 상대편의 대처행동을 고려하면서 자기의 이익을 효과적으로 달성하기 위해 수단을 합리적으로 선택하는 행동을 수학적으로 분석하는 이론

4. 주관적 · 직관적(추측, 판단) 접근

델파이(Delphi) 기법	• 1948년 랜드(Rand)연구소에서 개발되어 서면으로(익명성) 전문가들의 의견을 종합하여 미래에 대한 주관적 예측과 합리적인 아이디어를 만들려는 시도로 고안 • 컴퓨터가 통계적 · 계량적으로 의견을 분석 · 처리하지만, 의견의 소스가 주관적이므로 질적 미래예측방법에 해당 • 특징: 익명(Anonymity), 반복(Iteration), 통제된 환류(Controlled Feedback), 통계처리(Statistical Group Response), 전문가합의(Expert Consensus) 등
정책델파이 (Policy Delphi)기법	• 전통적 델파이의 한계점을 건설적으로 극복하여 정책문제의 복잡성에 맞는 새로운 절차를 만들어 내려는 시도 • 주요한 정책이슈의 잠정적 해결책에 대해 있을 수 있는 강력한 반대의견을 창출하고자 하는 것 • 특징: 선택적 익명(Selective Anonymity), 식견 있는 다수의 창도(Informed Multiple Advocacy), 양극화된 통계처리(Polarized Statistical Response), 구성된 갈등(Structured Conflict), 컴퓨터(인터넷)를 이용한 회의 방식의 활동 등
교차영향분석	다른 사건이 일어났느냐 일어나지 않았느냐에 기초하여 미래의 어떤 사건이 일어날 확률에 대해서 식견 있는 판단을 이끌어 내는 기법
실현가능성 평가기법	정책대안의 선택 또는 정책집행과정에서 정책관련자들의 행태를 예측할 수 있도록 도와주는 방법
지명반론자기법	• 토론집단을 대립적인 찬 · 반 두 개의 팀으로 나누어 토론을 진행하는 과정에서 합의를 형성해 나가는 기법 • 특정대안에 대해 찬성하는 역할, 반대하는 역할을 지정하고 이들이 각각 자신의 역할에 충실한 토론을 하는 과정에서 대안의 장점과 단점을 최대한 노출시키고, 의견수렴의 과정을 거쳐 합의를 형성하는 기법
명목집단기법 (Nominal Group Method)	• 집단적 문제해결에 참여하는 개인들이 개별적으로 해결방안에 대해 구상하고 그에 대해 제한된 집단적 토론을 한 다음 해결방안에 표결하는 기법 • 토론이 비조직적으로 방만하게 진행되는 것을 막고 좋은 의견이 고루 개진되는 것을 보장하기 위한 방법

05

17 기출

행정이 불확실한 상황에서 할 수 있는 것 중 옳지 않은 것은?

① 표준화로 불확실성을 감소시킬 수 있다.

② 중첩적인 기능을 없앤다.

③ 환경에 대한 제어를 통해 불확실성을 감소시킨다.

④ 지식 및 정보를 수집한다.

해설   정답 ②

② 중첩적 기능을 없애는 것이 아니라 가외성을 고려하여 중첩분 또는 복수의 대안을 준비해야 한다.

끝장이론 ....

1. 정책분석에서의 불확실성

(1) 의미: 정책대안의 성공에 영향을 미치는 요소들에 대한 예측 불가능성이다.

(2) 불확실성의 발생원인

① 정책문제의 복잡성

② 정책목표와 수단 간의 인과관계의 부재

③ 정책대안과 관련된 정보부족

④ 정책환경의 가변성

⑤ 정책담당자의 지식, 시간, 비용부족 등

2. 불확실성의 대처방안

(1) 적극적 방안: 불확실한 것을 확실하게 하려는 불확실성의 적극적 극복·해소방안이다.

상황에 대한 정보의 획득	불확실성을 야기하는 변수들에 대한 정보를 수집하여 불확실성을 줄임
미래예측기법의 활용	이론·모형의 개발, 정책실험, 정책델파이·브레인스토밍(난상토론) 등을 활용
불확실성을 일으키는 상황· 변수통제 (환경에 대한 제어와 통제)	불확실성을 야기하는 환경을 통제가능한 내생변수화하여 불확실성을 발생시키는 상황 자체를 통제, 환경과의 협상·흥정 등을 통해 불확실한 상황 제거
보험	최악의 경우를 극복할 능력이 없을 때 보험을 이용해 불확실성에 대비

(2) 소극적 방안: 불확실성을 주어진 것으로 전제하고 정책을 결정하는 방안이다.

최악의 가정 (보수적 접근)	• 최악의 경우를 상정하고, 각 대안의 최악의 결과를 예측하여 그중 가장 최선의 대안 선택 • 가장 간단한 위험회피형 태도
가외성(중복성: Redundancy) 장치 마련	• 가외성 · 신축성 등 추가안전장치 마련 • 한 곳의 정보만을 의존할 경우, 정책신뢰성이 상실될 가능성이 크므로 가외적으로 여러 개의 정 보원을 필요로 함
민감도분석 (Sensitivity Analysis)	• 비용 · 편익분석에서 주로 사용 • 모형에서의 변수가 불확실할 때, 이 변수가 취하리라고 생각되는 가능한 값들을 모두 고려하여, 하나하나의 값들에 따라 정책대안의 결과가 각각 어떻게 나오는가를 파악
악조건가중분석 (A Fortiori Analysis)	가장 우수한 정책 대안에서 최악의 상태가 발생하고, 나머지 대안에서 최선의 상태가 발생한다고 가정하고 다시 특정했을 경우 여전히 최초의 대안이 가장 우수한 대안으로 판단되면 이를 채택
분기점분석 (Break–Even Analysis)	• 악조건가중분석에서 최선 및 차선의 결과로 나온 대안들을 대상으로 동일한 결과를 산출하기 위 한 상황을 가정해 보는 방법 • 가장 발생가능성이 높은 대안을 최선으로 선택
복수대안 제시	복수의 대안 제시

(3) 기타 방안

① 표준화 · 공식화 · 한정적 합리성의 확보로 불확실성을 감소시킬 수 있다.

② 문제를 발견하고 그것을 해결하겠다는 의지적 자세(문제의식적 탐색)로 불확실성을 감소시킬 수 있다.

③ 환경변화에 대응한 조직구조의 변화(분권화) 등으로 불확실성을 감소시킬 수 있다.

3. 의사결정분석

(1) 의의: 의사결정자는 확실치 않은 미래상황에 직면하여 문제를 분석할 수 있는 논리적인 준거틀(Framework)을 익히고 응용할 수 있어야 한다. 이런 준거틀을 제시할 수 있는 이론과 기법을 의사결정분석(Decision Analysis)이라고 한다.

(2) 의사결정의 상황

확실한(Certain) 상황	• 의사결정에 필요한 모든 정보가 제공되어, 어떤 대안을 택할 때 어떤 결과가 나타날 것인지를 확 실히 아는 경우 • 선형계획법(LP), 목표계획법(GP), 수송네트워크모형 등
불확실한(Uncertain) 상황	• 의사결정에 필요한 확실한 정보가 없고, 결과상황이 발생할 확률도 모르는 경우 • 넓게는 위험한 상황도 포함
위험한(Risky) 상황	• 확실한 상황처럼 의사결정에 필요한 정보가 확실치는 않지만, 대안들의 성격이나 결과 상황들의 발생확률은 알고 있는 경우 • 대기행렬이론, 동적 계획법, 시뮬레이션 등의 관리과학기법 등

(3) 의사결정의 평가기준

① 불확실한 상황하에서의 의사결정에 쓰이는 평가기준에는 맥시맥스(Maximax)기준, 맥시민(Maximin)기준, 평균기대값기준, 미니맥스(Minimax)후회기준 등이 있다.

② 위험한 상황하에서의 의사결정의 경우에는 최대기대가치기준, 최소기회손실기준 등이 있다.

구분	조건부 값이 이익	조건부 값이 비용
낙관기준	Maximax	Minimin
비관기준	Maximin	Minimax

06

06 기출

'총편익이 총비용보다 클 경우 분배적 정의가 존재할 가능성이 있다'는 내용과 연관이 깊은 것은?

① 공리주의 원칙

② 파레토 기준

③ 칼도─힉스 기준

④ 정의의 원칙

해설

정답 ③

③ 칼도─힉스 기준에 대한 설명이다. 파레토 기준에서는 변화 전과 변화 후에 어느 누구도 손해를 보면 안 되는데, 현실적으로 파레토 기준이 적용되기는 어렵기 때문에 대안으로 제시된 것이 바로 '칼도─힉스 기준'이다. 칼도─힉스 기준에서는 변화 후에 누군가 손해(비용)를 보더라도 증가한 이익(편익)이 손해보다 더 크다면, 후생수준이 증가한 것으로 판단한다. 그리고 이익의 일부를 손해본 사람에게 보상함으로써 파레토 개선이 나타날 수 있다고 보았는데, 여기서의 보상은 실제로 나타나는 보상이 아니라 잠재적으로 가정하는 것이다. 따라서 이를 '잠재적 파레토 개선'이라고 한다.

끝장이론

1. 정책대안의 평가기준

(1) 정책대안 평가기준의 의의

① 정책대안들을 비교하여 정책대안들 간의 우선순위를 정하는 기준이다.

② 소망성 기준과 실현가능성 기준으로 나누어 볼 수 있다.

③ 이 중 실현가능성을 우선적으로 고려한다.

(2) 유형

① **소망성(Desirability)**

㉠ 정책대안이 얼마나 사회적으로 바람직스러운 것인가를 나타내는 것을 의미한다.

㉡ '무엇에 비추어' 바람직한 것으로 보는가에 따라 소망성의 구체적 기준으로 효과성, 능률성, 형평성, 적합성, 적절성 등이 있다[나카무라와 스몰우드(Nakamura & Smallwood)의 기준].

효과성	• 목표달성의 정도를 의미 • 기술적 합리성과 밀접한 관련 • 장점: 효과성을 소망성의 기준으로 사용하면 정책목표를 가장 잘 달성할 수 있는 정책대안이 가장 바람직한 것으로 평가 • 단점: 목표를 달성하기 위해 투입한 정책비용을 고려하지 않음
능률성	• 투입·산출의 비율을 의미 • 목표달성과 성취에 초점을 둠 • 장점: 효과성과 달리 정책효과뿐만 아니라 정책비용을 함께 고려하여 최선의 대안을 선택할 수 있음 • 단점: 정책효과와 정책비용이 누구에게 돌아가는가에 대한 형평성의 문제를 고려할 수 없음

형평성	• 비용과 편익이 여러 집단 사이에 동등하게 배분되었는지의 여부를 의미
	• 능률성과 효과성에서는 편익이 전체적으로 어느 정도 발생하는가를 측정하지만, 형평성은 편익이 누구에게 돌아가는가의 문제를 고려하는 기준
적합성	정책대안의 사회적 중요가치의 반영 여부(방향성)
적절성	정책대안이 문제해결에 기여할 수 있는 정도(충분성)
대응성	성취된 정책과 결과가 특수한 이해관계집단의 욕구, 선호, 가치 등을 만족시켜 주는지 확인
노력	결과를 고려하지 않고, 정책활동에 투자되는 질적 · 양적 투입이나 에너지를 의미

② **실현가능성(Feasibility)**: 정책대안이 정책으로 채택되어 그 내용이 충실히 집행될 가능성과 채택된 후의 집행가능성을 의미한다.

기술적 실현가능성	현재 이용가능한 기술의 실현가능성(과학기술의 발전수준, 전문인력)
경제적 · 재정적 실현가능성	이용가능한 재원으로 정책 또는 정책대안이 예산 또는 사회적 자원으로 실현가능성
행정적 실현가능성	집행조직, 집행요원 및 전문인력 등의 가능성
법적 · 윤리적 실현가능성	정책대안이나 정책의 내용이 타 법률의 내용과 모순되지 않아야 하며, 도덕적 · 윤리적 제약을 받지 않을 가능성
정치적 실현가능성	정치체제에 의한 정책대안의 채택 · 집행가능성

2. 능률성 평가기준

(1) 파레토(Pareto) 기준

① 파레토 최적상태란 어느 한 사람에게도 손실을 끼치지 않고는 다른 사람들의 후생을 증진시킬 수 없는 경제적으로 효율적인 상황이다.

② 정책대안 평가기준으로서 파레토 기준은 만일 어떤 정책이 시행되어 아무도 더 나빠지지 않으면서도 많은 사람들의 후생이 증가하면 이를 바람직한 정책으로 본다. 즉, 어느 누구도 최초의 상태보다 낮은 효용수준을 가지면 안 된다.

③ 개인의 효용은 이질적이므로 효용 간 교환이 불가능하다고 본다. 소득분배의 상황은 이미 주어진 것으로 보고, 그 상태에서 사회전체의 효용을 극대화하려 한다.

(2) 칼도-힉스(Kaldo-Hicks) 보상기준

① 사회전체적인 총후생(총효용)이 총비용(총손실)보다 크면 그것으로 보상이 가능하다는 전체론적 입장이다.

② 어떤 정책의 시행으로 이득을 본 자에게 보상을 해 주고도 남을 때 사회전체적 복지나 후생은 증가하며, 이런 정책이 바람직하다(비용 · 편익분석의 NPV법과 유사).

③ 개인의 효용은 동질적이므로, 효용 간 교환이 가능하다고 본다.

07

17 기출

비용편익분석에 대한 설명 중 옳지 않은 것은?

① 금전적 가치로 평가한다.

② 효과성을 측정할 수 있다.

③ 어떤 사업이라도 같은 효용으로 비교가 가능하다.

④ 유형별로 통일된 평가기준이 있다.

해설   정답 ②

② 효과성을 측정하는 것은 비용편익분석이 아닌 비용효과분석이다.

오답의 이유

① 비용편익분석은 경제적 관점에서 비용과 편익을 모두 현재가치(금전)로 할인하여 비교·측정한다.

③ 어떤 사업이라도 같은 효용으로 비교가능하므로 동종사업뿐만 아니라 이종사업 간에도 정책우선순위를 비교할 수 있다.

08

12 기출

비용편익분석의 평가기준인 내부수익률(IRR)에 대한 설명과 거리가 먼 것은?

① NPV가 0이 되도록 만드는 할인율이다.

② 할인율을 모를 때 적용한다.

③ 내부수익률보다 사회적 할인율이 높아야 타당성이 있다.

④ 일반적으로 내부수익률보다 NPV가 더 정확하다고 평가된다.

해설   정답 ③

③ 사회적 할인율보다 내부수익률이 높아야 정책의 타당성이 인정된다.

09

09 기출

다음 중 비용편익분석에 대한 설명으로 적절하지 않은 것은?

① 대안의 성과를 화폐가치로 환산하여 측정할 수 있을 때에 사용되는 분석기법이다.

② 순현재가치(NPV)가 2보다 크면 사업의 타당성이 있다고 본다.

③ 내부수익률(IRR)이 클수록 바람직하며 투자가치가 있는 사업이다.

④ 복수의 대안평가 시 내부수익률이 큰 사업을 선택해야 오류가 없다.

② 순현재가치(NPV)는 최초투자시기부터 사업종료시점까지 연도별 순편익의 흐름을 각각 현재가치로 환산한 것을 말한다. 즉, 미래에 발생할 모든 편익과 비용을 현재가치로 환산하여 편익의 현재가치에서 비용의 현재가치를 뺀 값을 말한다. 따라서 순현재가치가 0보다 크면 사업의 타당성(경제적 타당성)이 있다고 분석되어 채택가능하다고 판단할 수 있다.

끝장이론

1. 비용편익분석(CBA; Cost Benefit Analysis)

(1) 의의

① 정책목표를 달성하기 위해 예상되는 여러 대안들에 대해 편익과 비용을 계량적으로 비교 · 평가하여 사업의 경제적 타당성과 자원배분의 우선순위를 결정하는 기법이다.

② 편익 · 비용을 화폐적 가치로 계량화하여 현재가치로 할인한 후 비교 · 평가한다.

③ 비용편익분석은 이와 같은 정부의 공공사업을 현명하게 선정하는 데 이용되는 절차와 방법이며, 사업우위에 대한 판정기준은 칼도-힉스 기준을 사용한다.

④ 1933년 미국에서 테네시강 유역 개발공사나 농림성의 사업선정기준으로 활용되었고, 주로 수자원관리의 사업타당성분석에 이용된다.

(2) 절차

① 목표의 설정

② 정책대안의 발견과 사업존속기간의 결정(비용소요기간과 편익이 발생하는 기간측정)

③ 비용 · 편익의 추계(화폐가치로 환산)와 현재가치로 할인

④ 비교기준에 의한 대안의 비용 · 평가[B/C비, 순현재가치법(NPV), 내부수익률기법]

⑤ 민감도분석(대안의 우선순위에 영향을 주는 상황변수의 변화에 따른 비용 · 편익의 영향을 계량적으로 측정)

⑥ 대안의 우선순위 제시

(3) 비용편익분석의 평가기준(편익-B, 비용-C)

① 순현재가치법(NPV; Net Present Value)

개념	• 편익에서 비용을 뺀 개념(NPV = B-C)으로 경제적 타당도를 평가하는 최선의 척도 • NPV가 0보다 크면 경제적 타당성이 있음(NPV > 0)
장점	• 논리적이고 합리적이므로 오류가 적고, 비용편익분석에서 가장 보편적으로 사용 • 현금흐름과 시간에 따른 돈의 가치를 모두 고려한 방법
단점	• 자원의 제약이 없을 경우에 이용하며, 사업규모가 다를 경우 한계를 지님 • 규모가 클수록 순현재가치가 크게 나타나 대규모사업에 유리하다는 오류가 발생

② 편익비용비율(B/C: Benefit-Cost Ratio)

개념	• B/C > 1이면 사업의 타당성이 있다고 판단하는 방법 • 편익비용비(B/C)는 편익의 총현재가치(B)/비용의 총현재가치(C)
특징	• 순현재가치기준은 대규모사업이 유리해지는 한계가 있으므로 이런 한계를 보완하기 위해 사업규모가 다를 경우 편익비용비율을 보조적으로 이용 • 사회적 비용(외부비용: ⊖외부효과)을 편익감소 또는 비용추가에 포함여부에 따라 값이 달라짐

③ 내부수익률(IRR; Internal Rate of Return)

개념	• IRR은 할인율을 몰라 현재가치를 계산할 수 없을 때 사용하는 일종의 투자수익률(주관적 기대수익률)로서 미리 정해져 있지 않고 사업성격, 경제여건 등을 감안하여 그때그때 결정 • 투자로 인한 현금유입액의 현재가치와 현금유출액의 현재가치를 일치시키는 할인율(NPV=0을 만드는 할인율)
특징	• IRR이 존재하지 않거나 복수로 존재할 가능성 • 가법성[Additivity, f(a+b)=f(a)+f(b)]이 불성립 • 이상적인 투자안의 조건 중에서 '기업가치의 극대화와 부합한다'는 조건을 충족시키지 못할 수 있음

(4) 비용편익분석의 효용과 문제점

① 효용

㉠ 복잡한 문제를 체계적으로 정리 · 분석하여 객관적 · 과학적 의사결정에 기여한다.

㉡ 경제적 합리성 기준에 의한 능률적 대안파악을 통해 합리적 자원배분이 가능하다.

㉢ 다양한 정책, 사업 간 정책우선순위의 비교가 가능하다.

㉣ 행정과정에서 의사결정을 행하는 것이 아니라, 정책결정자의 판단에 도움을 준다.

② 문제점

㉠ 비용과 편익의 계량화(화폐가치로 환산)가 곤란하다.

㉡ 형평성 평가가 곤란하다.

㉢ 정치적 합리성이나 정치적 실현가능성을 고려하지 않으므로, 정치적 갈등의 문제를 다루지 못한다.

2. 비용효과분석(CEA; Cost Effectiveness Analysis)

(1) 의의

① 비용편익분석의 한계를 극복하기 위한 분석방법으로, 편익이 비금전적 단위(물건이나 용역의 단위, 기타 측정가능한 효과 등)로 측정할 수 있는 경우 어떤 대안이 적은 비용으로 의도한 성과를 낼 수 있는지를 분석하는 방법이다.

② 각 대안의 비용이 동일하여 효과(효력)만 비교하거나, 효과(편익)가 동일하여 비용만 비교하는 경우에 적합하다.

(2) 비용편익분석과 비용효과분석의 차이점

구분	비용편익분석	비용효과분석
내용	• 공공사업을 선택할 때 경제적 타당성을 측정하기 위한 기법(비용을 화폐가치로 환산가능) • 주로 양적인 분석 → 계량화 가능 • 능률성 측정(편익은 현재가치로 할인하여 표시)	• 편익을 화폐가치로 환산이 어려울 경우 사용하는 분석기법 • 비용편익분석보다 질적인 분석 → 계량화가 곤란함 • 효과성(목표달성도) 측정
척도	금전적(화폐가치), 가변비용	비금전적, 고정비용
적합성	유형적 · 양적 가치(사적재 · 민간재)	무형적 · 질적 가치(공공재 · 준공공재)

정책결정

[1] 정책결정의 참여자

01

09 기출

다음 중 정책과정의 참여자 중 공식적 참여자에 해당하는 참여자는?

① 언론기관
② 비정부기구
③ 정당
④ 사법부

해설

정답 ④

④ 정책과정의 참여자는 크게 공식적 참여자와 비공식적 참여자로 나눌 수 있다. 그중 공식적 참여자에는 행정수반(우리나라는 대통령), 입법부, 사법부 및 행정공무원 등이 있다. 또한 정책결정에 합법적인 권한을 가지고 참여하는 사람들 또는 기관이 공식적 참여자에 해당한다.

오답의 이유

①·②·③ 비공식적 참여자에 해당한다. 비공식적 참여자는 정책결정에 있어서 합법적인 권한을 가지고 있지 않기 때문에, 공식적 참여자와 구분하는 의미에서 비공식적 참여자라고 한다. 이익집단, 정당, 국민, 비정부기구와 같은 시민단체 등이 포함된다. 정당의 경우 일반적으로 비공식적 참여자에 해당하지만, 대통령을 배출하거나 의회의 다수당이 되어 입법부에서 입법활동을 통해 공식적으로 참여할 수 있는 방법이 존재한다.

끝장이론

1. 정책결정의 의의와 특징

(1) 정책결정의 의의

① 행정기관이 국가목표를 설정하고, 그것을 달성하기 위한 정책대안을 작성해 그 결과를 예측·분석하고 채택하는 동태적인 과정을 말한다.

② 정책결정은 정책이 추구하는 미래의 바람직한 상태 즉 목표상태를 결정할 뿐만 아니라, 정책목표 달성수단으로서의 정책대안을 개발·분석·채택하는 일련의 과정을 말한다.

(2) 특징

① 공공성 · 공익성, 복잡성, 행동지향성, 미래지향성
② 정치성(협상과 타협, 권력적 작용)과 합리성(분석적 성격)
③ 최적대안을 선택하기 위한 규범적 가치판단의 과정
④ 미래의 바람직한 행동대안 선택
⑤ 다원적 구성요소로 이루어진 체계적 과정
⑥ 시간에 따라 변화하는 동태적 과정

2. 정책결정과 의사결정의 비교

구분	정책결정(Policy Making)	의사결정(Decision Making)
주체	정부, 공공기관	모든 조직 · 개인(정부 혹은 민간)
결정사항	정부의 활동지침 → 정치성 · 공공성 강함	합리적 대안선정 → 합리성이 강함
추구가치	공익	공익 또는 사익
성격	강제성 · 법규성 · 권위적 성격이 강함	상대적으로 강제성 · 법규성이 약함
대상	일반국민	모든 사회성원
계량화	질적 요인 및 불확실성 때문에 계량화 곤란	계량화 용이
유사점	• 목표지향성 · 미래지향성: 목표설정, 목표달성을 위한 대안탐색 · 선택 • 의사결정 > 정책결정: 정책결정은 의사결정의 부분집합	

3. 정책결정의 참여자

(1) 공식적 참여자

입법부(의회)	• 국민의 대표기관이자 민의의 대변기관 • 입법권을 통해 행정을 감시하고 강력한 정책결정권을 행사 • 최근의 행정국가에 의해 행정부의 재량권과 준입법권이 늘어나면서 의회의 입법기능이 약화됨
대통령 행정수반	• 대통령제하에서 대통령은 국가원수이자 행정수반으로서 임명권 · 준입법권(대통령령)을 행사하고, 모든 정책집행을 감독하는 권한과 책임을 가짐 • 대통령의 결정권한은 국내정책에서는 미약하지만 국방 · 외교정책에서 보면 분배정책보다는 재분배정책에서 크게 나타남
행정부처	• 행정부처의 공식적 권한은 원래 의회가 법률의 형태로 결정한 정책과 대통령이 결정한 주요정책을 충실히 집행하는 것 • 최근의 사회문제해결에 고도의 전문성과 기술성이 요구되면서 사회경제적 위기에 대한 신속하고 일관성 있는 대응의 필요성 증가 등으로 지속적 확대가 이루어짐
사법부	• 법원은 법률의 해석과 판단을 통해 정책에 참여 • 사법부의 판결은 기존의 제도나 정책에 대한 사후적 판단의 성격을 띠지만 그 자체가 정책결정을 의미하는 경우가 많음
지방정부	자치단체장과 관료 및 지방의회도 지역단위의 정책결정을 담당하는 중요한 참여자임

정당	• 정권획득을 목적으로 구성된 결사체 • 정치과정에서 주로 이익결집기능 수행 • 이익의 결집(Interest Aggregation)이란 각종요구들을 행정 및 정치체제에 정책대안으로 전환시키는 기능을 의미
이익집단	• 구성원들의 공통된 이익증진을 목적으로 하는 결사체 • 이익집단의 전형적인 정치적 역할은 이익표출이고, 압력단체로서 활동 • 이익집단의 역할은 트루먼(Truman), 달(Dahl) 등 다원론자에 의해 특히 강조되고 있다. 다원론자들은 이익집단 이야말로 정당한 정치적 요구를 정부에 전달하는 가장 민주적인 정책중재자라고 믿음
NGO (비정부기구)	• 시민사회의 자발적인 행동을 기초로 하여 공익을 추구하는 민간기구 • 현대시민사회에서 정책과정의 중요한 파트너로서의 역할 수행
시민	공직자를 선출하는 간접적 참여와 정책과정에 직접의사를 반영하는 직접참여(주민투표나 주민발안 등)를 통해 정책과정에 영향을 미침
전문가집단 (정책공동체)	• 정책집행과정보다 정책결정과정에서 더 중요한 역할을 함 • 정책대안을 창출·제시하고 대안을 비교·평가하며 정책에 대한 비판적 평가를 수행 • 최근에 전문가들은 정책공동체의 형태로 정책에 참여
언론	• 신문, 방송, 인터넷, 포털사이트뉴스 등 • 대중매체를 통해 여론을 형성하고 사회문제를 제기

[2] 합리모형

02

16 기출

정책결정의 모형에 대한 설명으로 틀린 것은?

① 합리모형은 정치적 합리성은 고려하지 않으며 경제적 합리성만을 추구한다.
② 만족모형은 정책결정의 합리성을 제약하는 요인들을 고려할 때 한정된 대안의 비교분석을 통해 최선을 모색하는 선에서 만족하는 것이 합리적이다.
③ 점증모형은 보수적 성격으로 인해 환경변화에 대한 적응력이 약하다.
④ 최적모형은 정책결정의 지침을 결정하는 데는 합리성을 중시하며, 체제주의는 배제한다.

해설

정답 ④

④ 드로어(Y. Dror)가 제시한 최적모형은 합리성과 초합리성을 동시에 고려하는 최적치 중심의 규범적 모형이다. 정책과정을 체제론적 관점에서 '투입-전환-환류'의 과정으로 이해하며 특히 환류를 중시하였다.

1. 합리모형의 개념 및 전제

(1) 개념: 합리모형이란 특별한 주창자가 있는 것이 아니고, 의사결정자가 목표달성의 극대화, 또는 문제해결의 최적해(가장 좋은 결과)를 구하는 것을 전제로 할 때 따라야 할 과정이나 절차를 의미하는 것으로 쓰인다.

(2) 전제: 의사결정의 합리적 · 종합적 모형의 핵심에는 개별의사결정자의 특성에 관한 두 가지 전제가 있다.

① 개별의사결정자는 자기이익을 추구하며 자신들의 이해관계와 선호가 의사결정상황 이전에 설정된 원자화된 존재이다.

② 인간을 합리적 사고방식을 따르는 경제인(Economic Man)으로 전제하면서, 정책결정자는 전지전능(Omniscience)한 존재라는 가정하에 문제 · 목표를 완전히 파악하고, 대안을 포괄적으로 탐색 · 평가할 수 있는 지적능력이 존재한다.

2. 합리모형의 주요내용 및 정책결정 절차상의 특징

(1) 주요내용

① 해결해야 할 문제의 내용을 완전히 파악하고 달성할 목표를 분명하게 정의한다.

② 문제를 해결하고 목표를 달성할 수 있는 대안들을 광범위하게 탐색한다.

③ 대안들이 선정 · 실행되었을 때 나타나는 모든 결과를 완전하게 예측한다.

④ 대안들을 비교 · 평가하는 대안선택의 명확한 기준이 존재한다.

⑤ 대안선택의 기준을 적용하여 최선의 대안을 선택한다.

(2) 정책결정 절차상의 특징

① 목표수단 분석

② 완전한 합리성 추구

③ 전체의 최적화

④ 결정에 있어서의 수리적 · 연역적 분석

⑤ 의사결정에 있어서의 동시적 · 단발적 문제 해결

3. 합리모형의 평가

(1) 효용

① 합리적 인간(Rational Man)의 가정은 인간본성에 관해 분명하고, 간결하며 단순한 개념을 제시한다.

② 합리모형은 경험적으로 잘못된 것으로 밝혀졌지만, 전능한 합리성을 전제로 하는 고전적 이론은 컴퓨터의 보급과 수리모형의 발전을 계기로 부활시켰으며, 확실성을 의사결정모형에 확률로 포함시키는 데 기여하였다.

③ 급속한 경제발전을 필요로 하는 개발도상국의 쇄신적 결정과 관련된다.

(2) 한계

① 실제 의사결정과정에서는 사전에 달성할 목표가 정의되기 어렵고, 대안탐색에 있어서도 한정된 수의 대안만을 탐색하며, 그 결과도 몇 가지만 예측하는 등의 과정을 거치기 때문에 최선의 대안이 선택되기 어렵고, 비현실적이다.

② 현실의 정책결정상황을 적절하게 묘사하지 못하고 있다는 비판을 받고 있다. 즉, 기술적 · 실증적 이론으로서 타당성이 적다는 것이다(사이먼, 사이어트, 마치 등의 학자, 린드블롬과 윌다브스키 등 점증주의 계열의 학자).

③ 현실적 분석과정에서의 비용(인적 · 물적 자원 · 시간적 제약)이나, 비계량적 · 질적 · 주관적 문제의 분석이 곤란하다.

④ 매몰비용이 존재하는 경우 합리성이 제한된다.

⑤ 인간사회의 동태적 요소를 경시하는 폐쇄이론이다.

03

15 기출

정책결정모형 중 점증주의에 관한 설명으로 옳지 않은 것은?

① 급격한 환경변화에 대한 적응력이 취약하다.
② 다원화된 민주주의가 확립되었을 때 바람직하게 적용된다.
③ 사회가 불안정할 때 유용성이 커진다.
④ 목표와 수단의 상호조절이 이루어진다.

해설   **정답 ③**

③ 점증주의는 사회가 불안정할 때 적용이 곤란해진다. 사회가 불안정하게 되면 정책결정의 요인들이 더욱 불안정해지고 이는 결정절차의 확립이나 선례확보를 어렵게 하여 점증주의적 결정을 저해하기 때문이다.

04

14 기출

다음 중 점증모형에 대한 설명으로 옳은 것은?

① 완전한 합리적인 결정을 통한 '최적의 대안'을 선택하기가 어려우며, 현실적으로 만족할만한 수준에서 결정이 행하여진다고 본다.
② 합리모형의 비현실성을 비판하면서 기존의 정책이나 결정을 점증적이고 부분적으로 수정·개선해 나간다고 본다.
③ 정책은 불확실한 상황 속에서 우연히 정책결정이 이루어진다고 본다.
④ 마치(J. March)와 사이어트(R. Cyert)가 주장한 모형으로, 조직을 서로 다른 목표들을 지닌 구성원들의 연합체로 가정한다.

해설   **정답 ②**

② 점증모형은 합리모형의 비현실성을 비판하면서 정치적 현실을 반영하고, 기존의 정책이나 결정을 점증적이고 부분적으로 수정·개선해 나가는 모형이다. 인간의 지적 능력의 한계(제한된 합리성)와 정책결정의 기술적인 제약(정치적 다원론)을 인정하고, 소폭적 변화만을 대안으로 고려하여 정책을 결정한다는 현실적·실증적·귀납적 이론이다.

오답의 이유

① 만족모형에서 인간은 지각능력과 문제해결능력 등의 한계가 있으므로 완전한 합리적인 결정을 통한 '최적의 대안'을 선택하기란 어려우며, 제한된 합리성에 기초하여 현실적으로 만족할 만한 수준에서 결정이 행해진다고 본다.
③ 쓰레기통모형은 조직화된 혼란상태에서의 의사결정을 설명하는 모형으로 실제의 정책결정은 어떤 일정한 규칙에 따라 행해지는 것이 아니라 불확실한 상황 속에서 우연히 이루어진다고 본다.
④ 회사모형은 회사조직을 서로 다른 목표들을 지닌 구성원들의 연합체로 가정하고, 이들 목표들 간에 갈등이 일어나는 경우 하나의 차원이나 기준으로 통합하는 방법이 없으므로 갈등의 완전한 해결은 불가능하며 '준해결'에 그친다고 본다.

1. 점증주의 모형의 의의 및 발전

(1) 점증주의 모형의 의의

① 린드블롬(C. Lindblom), 윌다브스키(A. Wildavsky) 등에 의해서 제시되었다.

② 실제의 정책결정이 점증적인 방식으로 이루어질 뿐 아니라 점증적으로 결정되는 것이 '다원적 정치체제'에서 바람직하다는 입장을 견지한 것이다.

(2) 린드블롬의 발전

① 단순 점증주의(Simple Incrementalism): 초기 합리모형과 구분하기 위한 점증주의이다(기존 정책+α).

② 분절적 점증주의(Disjointed Incrementalism): 민주체제에 적합한 정치원리로 좀 더 복잡한 문제를 해결한다.

③ 전략적 분석 점증주의(Strategic Incremental Analysis): 복잡한 정책문제를 단순화하기 위해 신중하게 선택한 대안(전략선택)에 한정하여 분석하는 것으로 린드블롬은 점증주의에 대한 비판에 대해 전략적 분석이란 새로운 개념을 추가하여 종래의 주장을 수정하였다. 이는 합리모형 쪽으로 크게 이동한 것이며, 이론 및 쇄신적 정책분석을 수용할 수 있는 근거를 마련한 것이다(합리모형+점증주의).

2. 점증주의 모형의 전제 및 특징

(1) 전제

① 합리적 모형의 비현실성을 비판하는 것으로 완전히 합리적 정책대안은 없다고 전제한다.

② 점증주의에서는 다수의 정책결정자들로 구성되는 정책결정의 상황적 특성에 초점을 맞추어 적절히 조정·타협하는 '정치적 합리성'을 추구한다. 만족모형에서는 정치적 합리성을 고려하지 않는다.

(2) 특징

① 목표와 달성수단이 뚜렷하게 구분되지 않기 때문에 목표 수단 분석은 부적절하다.

② 정책대안의 선택에 앞서 목표나 가치기준을 설정하는 것이 어렵기 때문에 대부분의 경우에 목표와 수단이 동시에 선택된다. 때로는 수단이 선택되어야 목표가 분명해지는 경우도 있다.

③ 정책대안의 판단기준으로서 분석적·기술적 합리성보다는 정책관련자들의 동의가 중요시된다. 어떤 경우에는 정책목표에 대한 합의 없이 정책수단에 대한 합의가 이루어지는 경우도 있다.

④ 정책결정자의 지적능력과 정보의 제한 때문에 대안에 대한 포괄적 분석은 제한된다.

⑤ 정책대안의 비교와 선택은 부분적, 순차적으로 이루어진다.

⑥ 기술적인 모형이면서 동시에 규범적, 처방적 모형의 성격도 지니고 있다.

3. 점증주의 모형의 평가

(1) 효용

① 급격한 정책시행에 따른 돌발적 변화의 가능성을 최소화하고, 정책의 급변에 따른 비용을 최소화할 수 있다.

② 합리모형의 분석에 대한 복잡성이나 비현실성을 줄여 줄 수 있다.

③ 새로운 정책이나 상이한 정책의 영향에 대한 불확실성을 극복할 수 있다.

④ 사회가 안정된 미국과 같은 다원주의 국가에서 정책결정의 실상을 비교적 정확하게 기술할 수 있다.

(2) 한계

① 점증적 변화정도의 기준이 모호하다. 실제로 비점증적 결정도 많고, 안정된 사회라도 점증적으로만 결정되는 것도 아니다.

② 주먹구구식 결정을 합리적·민주적인 것으로 미화한다. 즉, 분석적·합리적 결정을 경시한다.

③ 정책들 간의 상호모순과 일관성을 저해한다(분산적 결정).

④ 기존정책이 그대로 유지되므로, 정책결정의 오류가 반복되고 시행착오가 누적되어 오류의 점증적 확대가 이루어진다.

⑤ 정책결정의 기본방향 및 평가기준이 결여되어 급격한 변화를 경험하는 불안정한 사회(개도국, 권위주의 사회)에는 부적합하며 변화에 대한 적응력이 약하다.

⑥ 사회가치의 근본적인 재배분을 필요로 하는 정책보다 항상 정치적으로 실현가능한 임기응변적 정책의 모색에 집중하며 단기정책에만 관심을 갖게 되고, 장기정책은 등한시하여 위기상황이나 장기적 정책에 부적절하다(전년도 답습주의).

⑦ 정치적 반대를 고려하므로, 축소·종결은 곤란하다(눈덩이 굴리기식 결정).

[4] 사이먼과 마치의 만족모형

05

20 ⑨ 기출

사이먼(H. A. Simon)의 정책결정만족모형에 대한 설명으로 옳지 않은 것은?

① 사이먼(H. A. Simon)은 합리모형의 의사결정자를 경제인으로, 자신이 제시한 의사결정자를 행정인으로 제시한다.

② 경제인은 목표달성의 극대화를, 행정인은 만족하는 선에서 그친다.

③ 경제인은 합리적 분석적 결정을, 행정인은 직관, 영감에 기초한 결정을 한다.

④ 경제인은 복잡하고 동태적인 모든 상황을 고려하지만, 행정인은 실제상황을 단순화시키고, 무작위적이고 순차적으로 대안을 탐색한다.

해설   정답 ③

③ 합리모형에서 의사결정자는 경제인으로서 완전한 합리성하에서 결정을 하고, 만족모형에서 의사결정자는 행정인으로서 제한된 합리성하에서 결정을 한다. 직관과 영감에 기초한 결정을 하는 것은 드로어의 최적모형이다.

오답의 이유

①·②·④ 사이먼(Simon)은 인간을 경제인이 아닌 행정인으로 제시하였는데, 종합적 합리성의 요구조건을 충족하는 데 필요한 정보가 과다하고, 인간의 분석적 능력은 너무 낮기 때문에 행정인이 경제적 인간으로서 합리적 결정을 내리는 것은 불가능하다고 보았다. 따라서 행정인은 완전한 합리성이 아닌 제한된 합리성하에서 결정을 한다고 보았으며, 모든 대안의 탐색이 아닌, 무작위적이고 순차적으로 몇 개의 대안만을 탐색하여 만족할 만한 결과를 가져오는 대안이 나타나면 의사결정을 끝낸다고 보았다.

끝장이론 ....

1. 사이먼과 마치(Simon & March)의 만족모형(Satisficing Model)

(1) 의의

① 사이먼과 마치에 의해 사회심리적으로 접근된 이론으로, 합리모형을 비판하면서 등장하였다.

② 개인의 심리적 제약요인을 고려하는 개인적·행태론적 의사결정모형, 인지모형이며 현실적·실증적 모형이다.

(2) 주요내용

① 사이먼(H. A. Simon)은 합리모형의 의사결정자를 경제인으로, 자신이 제시한 의사결정자를 행정인으로 제시한다.

② 사이먼은 의사결정자인 인간의 정보처리능력에는 한계가 있다는 점과, 의사결정자가 완전한 대안탐색 및 완전한 분석을 수행하는 데 필요한 시간부족 등과 같은 제한된 합리성을 지적하면서 만족모형을 합리모형의 대안으로 제시하였다.

③ 정책결정자는 모든 대안을 탐색하는 것이 아니라 소수의 대안만을 무작위적이고 순차적으로 탐색하여 결정자가 만족하기에 충분한 대안이 떠오르면 그 대안을 선택하여 결정을 끝낸다. 이때 정책결정의 기준은 결정자의 주관적인 만족이다.

④ 만족화란 개별의사결정자가 특정문제의 해결방안을 찾을 때 적용하고자 하는 최소한의 기준을 말한다.

(3) 만족모형의 평가

① 효용

㉠ 만족모형은 합리모형에 따른 정책결정이 이루어지기 어렵다는 점을 체계적으로 지적한 최초의 이론으로 평가된다.

㉡ 실제로 의사결정이 일어나는 현상을 비교적 정확하게 기술·설명하고 있다.

② 한계

㉠ 규범적·처방적 측면에서의 약점을 갖는다.

㉡ 현상유지적·보수적이며, 쇄신적·창조적 대안이나 최선의 대안발굴을 포기하기 쉽다.

㉢ 공무원의 책임회피의식과 보수적 사고방식을 심화시킬 수 있다.

㉣ 일상적 의사결정은 만족수준에서 이루어질 수 있지만, 중대한 의사결정에서는 합리적·분석적 결정이 이루어질 가능성이 높다.

㉤ 개인적 차원의 모형으로, 조직·집단적 차원의 설명은 곤란하다.

2. 드로어(Y. Dror)의 최적모형(Optimal Model)

(1) 의의

① 드로어는 합리모형과 린드블룸의 점증주의, 특히 '진흙탕 싸움'이 과학이라기보다는 타성(Inertia)을 정당화한다고 비판하며 최적모형을 제시하였다.

② 합리성과 직관·판단력·창의력과 같은 초합리적 요인을 체제론적 입장에서 구축한 규범적·처방적 모형이다.

③ 합리적 결정의 효과가 비용보다 클 경우에는 합리모형을 적용하며, 정책결정에 투입될 자원·시간·노력 등을 정책결정의 각 단계에 가장 효율적으로 배분해야 한다.

(2) 주요내용[최적 = 경제적 합리성(양적 모형) ± 초합리성(질적 모형)]

① 가치, 목표, 그리고 결정의 기준을 명백하게 제시한다.

② 새로운 대안발견을 위해 의식적인 노력을 기울인다.

③ 위험최소화전략 또는 혁신전략 가운데 어떤 전략이 바람직한지에 관해 결정하고 여러 가지 대안에 투입되는 기대비용을 사전에 평가한다.

④ 전체 정책결정의 네 단계에 대한 솔직하고 충분한 논의가 이루어진 후에 합의를 통해 최적의 정책을 검토한다.

⑤ 이론과 경험, 합리성과 초합리성을 동시에 고려하여 정책을 결정한다.

⑥ 정책결정의 질을 높이기 위해 과거의 경험에 의한 체계적 학습과 이니셔티브, 창의성을 자극하는 한편, 지적 능력을 고취시키는 일련의 작업이 이루어져야 한다.

(3) 정책결정체제(정책과정의 환류성·순환성·가외성·중복성)

① 최적모형은 사회체제 전체의 입장에서 정책형성체제가 어떻게 전반적으로 합리적으로 운영되어 '최적화(Optimization)'된 결과가 나타날 수 있게 하느냐에 관심을 가진다.

② 드로어는 또한 최적화가 가능하려면 정책형성체제가 전체적으로 잘 설계되어 있어야 한다고 보았다. 그러므로 드로어의 모형은 정책결정자 개인차원의 결정문제에 초점을 맞춘 사이먼의 모형이나 정책결정체제 내에서 정책결정의 특징을 설

명하려 한 린드블롬과는 달리 정책결정체제 전반을 취급한다.

(4) 정책결정단계

① 상위정책결정(Meta-Policymaking, 초정책결정): 7단계로 구성되며, 정책결정체제를 어떻게 설계할 것인가에 관한 결정이다.

② 정책결정(Policymaking): 7단계로 구성되며, 합리모형에서의 결정과정과 유사한 절차이다.

③ 정책결정 이후(Post-Policymaking): 3단계로 구성되며, 정책을 집행 · 평가하는 단계이다.

④ 의사전달과 피드백 단계(Communication & Feedback): 마지막 18단계로, 모든 단계가 환류를 통해 상호연결되는 단계이다.

(5) 최적모형의 평가

① 공헌

㉠ 정책결정이 이루어지는 기본틀인 정책결정체제에 대한 결정의 중요성을 부각시켰다.

㉡ 영감, 직관, 통찰력과 같은 초합리적 요소가 합리적 분석 못지않게 중요하다는 점을 부각시켰다.

② 비판

㉠ 최적의 기준 · 초합리성의 의미, 초합리성 · 합리성의 구별이 불분명하다.

㉡ 초합리성을 지나치게 강조하면 신비주의에 빠질 수 있고, 비합리적인 권위주의적 · 비민주적 결정을 미화시킬 수 있다.

㉢ 경제적 합리성을 추구하여 사회적 · 정치적 결정과정의 측면을 경시한다.

[5] 에치오니의 혼합모형

06

12 기출

다음 중 에치오니(A. Etzioni)가 제시한 정책결정의 이론모형은?

① 점증모형
② 혼합주사모형
③ 만족모형
④ 최적모형

해설

정답 ②

② 에치오니(A. Etzioni)는 합리모형과 점증모형을 변증법적으로 절충하여 혼합주사모형을 제시하였다.

오답의 이유

① 점증모형은 린드블롬(Lindblom), 윌다브스키(Wildavsky) 등이 주장하였다.

③ 만족모형은 사이먼(Simon) 등의 행태론적 학자가 주장하였다.

④ 최적모형은 드로어(Dror)가 제시하였다.

1. 혼합(주사 · 탐색)모형의 의의 및 주요내용

(1) 혼합(주사 · 탐색)모형의 의의

① 에치오니(A. Etzioni)는 완전 · 분석적인 의사결정모형인 합리모형은 지나치게 이상적 · 비현실적이며, 점증모형은 지나치게 근시안적 · 보수적이라고 비판하였다.

② 합리모형과 점증모형을 변증법적으로 통합한 제3의 모형으로서 혼합모형을 제시하였다.

③ 혼합모형은 공공정책의 결정을 2가지로 나누어 설명하였다.

(2) 주요내용

① 근본적 결정과 세부적 결정

구분	기본적 · 근본적 결정(Fundamental Decision)	세부적 · 부분적 결정(Bit Decision)
개념	• 세부결정을 위한 테두리나 맥락을 결정하는 행위 • 환경의 급변, 전체적 문제상황의 변화 시 행함	• 기본적 결정의 구체화 · 집행 • 안정된 상황에서 단기적 변화에 대처
대안탐색 (고려할 대안의 수)	주요 대안을 포괄적으로 모두 고려(포괄적 합리모형)	기본적 결정의 범위 내에서 소수의 대안만 고려(점증주의)
대안분석 (각 대안의 결과예측)	대안들의 중요한 결과만을 개괄적으로 예측(합리모형의 엄밀성을 극복)	대안의 결과는 세밀하게 분석

② 변증법적 절충모형: 규범적 · 이상적이기는 하나 비현실적인 합리모형과 현실적이고 보수적인 점증모형을 변증법적으로 절충한 모형이다.

③ 에치오니는 능동적 사회에 적합한 모형이라고 보았다.

능동적 사회의 특징

• 민주주의 사회체제보다 높은 수준의 합의 형성 능력이 있다.

• 새로운 지식공학과 사회과학적 방법에 의해 통제된다.

• 민주정치체제의 과소기획과 과잉기획 간의 중간 정도의 사회이다.

---

2. 혼합모형의 평가

(1) 효용

① 비현실적인 것으로 평가를 받는 합리모형의 절차를 좀 더 현실에 가깝게 실현할 수 있는 전략을 제시했다.

② 기본적 결정과 세부적 결정을 차별화하여 상황에 따라 융통성 있는 결정이 가능하다.

③ 단기적 변화에 대처하면서 동시에 장기적 안목을 가질 수 있다.

(2) 한계

① 학문세계에서는 이론의 독창성이 학문적 명성평가의 주요기준이라 할 수 있는데, 혼합모형은 점증모형이나 만족모형에 비해 독창성이 떨어진다.

② 기본적 결정과 세부적 결정의 기준을 명확히 제시하지 못한다.

③ 기본적 결정과 점증적 결정 간의 상호전환이 용이하지 않다.

07

14 기출

다음 중 쓰레기통모형에 관한 설명으로 옳지 않은 것은?

① 쓰레기통모형은 문제, 정치, 정책의 흐름이 각각 흘러 다니다가 우연한 계기로 모일 때 결정이 이루어진다고 본다.

② 쓰레기통모형은 대형참사를 계기로 그동안 해결하지 못했던 미해결문제들에 대한 대책을 마련하게 되는 상황을 설명하는 데 적합하다.

③ 조직화된 혼란 속에서 의사결정이 일어나는 과정을 현실성 있게 설명한다.

④ 코헨(Cohen), 마치(March), 올센(Olsen)이 주장하였다.

해설   정답 ①

① 문제, 정치, 정책의 흐름이 각각 흘러 다니다가 우연한 계기로 모일 때 결정이 이루어진다고 보는 것은 킹던(Kingdon)의 흐름창 또는 정책창모형에 대한 설명이다.

끝장이론 ···

1. 쓰레기통모형(Garbage Can Model)의 의의 및 특징

(1) 의의

① 코헨(Cohen), 마치(March), 올즌(Olsen)이 조직구성원 사이의 응집력이 아주 약한 상태, 즉 조직화된 무정부 상태(Organized Anarchy)하에서 의사결정이 이루어지는 과정을 설명하려고 시도한 모형이다.

② 대학과 같이 불확실성이 지배적인 상황을 조직화된 무정부상태라고 규정, 무정부상태의 긍정적·건설적 측면을 강화한 대표적인 기술적 모형 가운데 하나이다.

③ 대학행정의 상황을 가정한 시뮬레이션 결과를 토대로 제시한 것이다.

(2) 조직화된 무정부상태의 특징(전제조건)

① 선호의 불확실성(Problematic Preferences)

㉠ 의사결정의 참여자들이 무엇이 바람직한지에 관한 선호가 분명하지 않은 상태에서 결정에 참여한다.

㉡ 조직의 목표가 분명하지 않고 의사결정 참여자의 선호가 분명하지 않은 상황을 선호의 불확실성이라고 부른다.

② 불명확한 기술(Unclear Technology): 목표와 수단 사이의 인과관계가 명확하지 않다.

③ 일시적 참여자(Fluid Participants)

㉠ 조직에서 의사결정의 참여자들은 시간이 지남에 따라 바뀔 수 있다.

㉡ 참여자들이 의사결정에 몰입하는 정도는 의사결정의 '영역'에 따라 상당히 다를 수 있다.

㉢ 학자들은 조직화된 무정부상태의 특징이 나타나는 조직이 상당히 많으며, 특히 공공조직, 교육조직, 그리고 비합법적인 조직에서 많이 나타난다고 본다.

2. 쓰레기통모형의 의사결정 4요소와 과정

(1) 의사결정의 4요소

문제	해결해야 하는 정책 문제
해결방안	문제해결을 위한 정책 대안
참여자	의사결정이 가능한 지위에 있는 사람
선택기회	의사결정을 위한 회의

(2) 쓰레기통모형의 의사결정 과정

① 문제, 해결방안, 참여자, 선택기회의 4요소가 완전히 독립적이지는 않지만, 상당히 독립적인 흐름을 형성하고 있다.

② 조직에서의 선택은 이런 네 가지 흐름이 우연히 합류할 때 이루어지므로 선택은 이들 흐름의 패턴에 상당히 영향을 받는다.

3. 세 가지 의사결정방식

(1) 문제해결

① 하나의 선택기회에서 일정기간 동안 작업이 이루어진 후 문제가 해결되는 경우이다.

② 문제에 따라 걸리는 시간은 달라지지만 이런 결정방식에서는 문제가 정상적인 절차를 거쳐 해결된다.

(2) 날치기

① 하나의 선택기회에서 해당문제가 제기되지 않았는데도(해당문제는 다른 선택기회에서 처리하도록 예정되어 있었는데), 의사결정자들이 다른 문제들을 결정하고 남은 에너지를 가지고 해당문제의 해결방안을 재빨리 선택하는 경우를 말한다.

② 해당문제에 충분한 시간과 에너지를 투입하지 못하여 제대로 된 해결방안이 선택되었는지 알 수 없으며, 문제 자체가 미해결인 채로 남는 경우가 많다.

(3) 진빼기

① 어떤 선택기회에 너무 많은 문제를 처리하게 되어 있는 경우, 의사결정자들이 해당문제들을 실질적으로 해결할 수 없는 상황이 된다.

② 그런 경우 상당수 문제들에 대한 의사결정은 이루어지지 않으며 다른 선택기회로 넘겨져 해당문제는 해결되지 않고 남게 된다.

4. 쓰레기통모형의 평가

(1) 효용

① 조직목표가 모호하고, 목표 간 갈등이 존재하며, 조직 내외에서 제기된 문제에 대한 이해부족, 의사결정자가 다른 업무에 마음을 두고 있는 상황 등에서도 결정이 이루어지고 문제가 해결된다는 것 자체가 상당한 성취라고 본다.

② 쓰레기통모형은 이후 킹던(Kingdon)이 정책창(Policy Window)모형 또는 다중흐름모형(Multiple Stream Model)으로 발전시켰다.

(2) 한계

① 쓰레기통모형을 문장으로 표현한 언어모형 또는 비공식모형과 컴퓨터 시뮬레이션 모형 또는 공식모형 사이에 차이가 크다.

② 모형에 쓰인 개념 가운데 일부의 의미가 분명하지 않아 개념상 혼란을 초래한다.

08

다음 중 고도의 불확실성 속에서 외부환경의 변화에 자신의 행동을 스스로 조정해 가면서 정보를 지속적으로 제어하고 환류해 나가는 정책결정모형은 무엇인가?

① 회사모형
② 정책딜레마모형
③ 사이버네틱스모형
④ 쓰레기통모형

해설   정답 ③

③ 사이버네틱스(Cybernetics)모형에 대한 설명이다. 합리모형과 가장 극단적으로 대립되는 적응적·관습적 의사결정모형으로 인간의 두뇌를 계산기와 같이 정보와 환류에 의한 제어장치로 보고 이를 의사결정과정에 적용한 것이다. 의사결정과정이란 정해진 목표를 추구하거나 미리 결과를 예측하는 것이 아니라 고도의 불확실성 속에서 정보를 지속적으로 제어하고 환류해 나가는 점진적인 적응과정이라고 본다.

끝장이론

1. 사이버네틱스모형(Cybernetics Model)

(1) 의의

① 사이버네틱스는 인공두뇌학을 말하며 그 창시자인 와이너(Weiner)에 따르면 사이버네틱스는 동물과 기계에 있어서 커뮤니케이션과 제어에 관한 이론을 의사결정과정에 적용한 것이다.

② 와이너는 정보의 획득과 환류에 의한 제어가 학습과 재생의 핵심메커니즘이라고 보았다. 이를 통해 정책결정과 정책문제에 관한 정보를 단순화하는 것이다.

③ 스타인부르너(Steinbruner)는 사이버네틱스를 응용하여 정부관료제에서 이루어지는 정책결정을 묘사하고자 하였고, 정책결정현상을 바라보는 시각을 전통적인 분석적 패러다임(Analytic Paradigm)과 사이버네틱 패러다임(Cybernetic Paradigm)으로 구분하였다.

④ 사이버네틱스모형의 기본전제는 실제로 정부의 복잡한 문제들이 비교적 단순한 메커니즘에 의해 결정이 이루어지는 경우, 대개의 정책문제들이 성공적으로 해결된다.

(2) 특징

① **비(무)목적적 적응모형**: 달성하고자 하는 목표나 가치의 극대화가 아닌 '현상유지'를 추구한다.

② **반응목록에 의한 불확실성의 통제**: 한정된 범위의 변수들에만 집중하고, 나머지 수많은 정보들은 무시함으로써 불확실성을 통제한다.

③ **적응적 의사결정**: 하위부서단위 간의 결정문제를 분리하여, 한정된 변수에만 관심을 쏟아 순차적으로 문제를 해결한다. 정책결정은 하위단위의 맥락 속에서 이루어진다.

④ **집단적 의사결정**: 조직은 다양한 목표를 가진 개인들의 연합이므로 개인의 의사결정논리가 그대로 적용되지는 않는다.

⑤ **도구적 학습**: 결과예측 후 합리적 대안을 선택하는 인과적 학습이 아닌 '도구적 학습·시행착오적 학습'에 의존한다.

(3) 평가

① 효용

㉠ 복잡한 환경에도 불구하고 단순한 의사결정 메커니즘에 의해 적응성이 매우 높게 나타나는 결과에 대해 설명한다.

㉡ 정부관료제에 의한 정책결정의 실제양상이 합리모형에서 상정하는 것과는 현실적으로 상당한 거리가 있음에도 불구하고 많은 경우 성공적으로 문제해결이 이루어진다는 점을 잘 설명할 수 있다.

② **단점**: 문제의 복잡성이 심각하여 하위문제들로 분해될 수 없을 경우에는 사이버네틱스 패러다임으로는 결정할 수 없다.

2. 회사모형(Firm Model: 연합모형)

(1) 의의

① 사이어트(Cyert)와 마치(March)가 제시한 모형으로, 개인적 의사결정에 치중한 만족모형을 한층 더 발전시켜 조직의 의사결정에 적용시킨 모형이다.

② 회사모형은 조직을 결정자에 의해 일사분란하게 움직이는 조직체로 인식하는 것이 아니라 조직을 여러 가지 개성과 목표를 가진 하위조직들의 연합체로 인식한다는 점에서 연합모형으로 불리기도 한다.

(2) 전제

① 이윤극대화뿐만 아니라 다른 목표도 존재한다.

② 완전한 합리성이 아닌 제한된 합리성을 추구한다.

③ 최적대안이 아닌 만족스러운 대안을 선택한다.

(3) 주요특징

① **갈등의 준해결(Quasi-Resolution of Conflict)**

㉠ 조직은 단일의 유기체가 아니라, 상이하고 독립된 목표를 가진 반독립적 하위조직 간의 연합체 → 상이한 목표추구에 따른 갈등 발생 → 갈등의 해결방법이나 통합적 기준이 없으므로, 갈등의 완전한 해결은 불가능하며 전체목표라는 단일기준에 의해 해결되기보다는 상호 간 협상을 통해 잠정적으로 해결되는 준해결상태에 머물게 된다.

㉡ 갈등의 준해결 발생이유

• 독립된 제약조건으로서의 목표(조직의 목표는 하위조직의 행동에 대해 제약조건으로 작용할 뿐임)

• 국지적 합리성

• 받아들일 만한 수준의 의사결정

• 목표의 순차적 관심(조직은 목표를 동시에 고려하지 않고 순차적으로 고려)

② **불확실성의 회피**

㉠ 환경은 유동적이므로 대안이 가져올 결과를 불확실한 것으로 본다.

㉡ 장기적 전략보다는 변화에 즉각 환류·반응할 수 있는 단기계획을 선호한다(단기적 환류의 이용).

㉢ 적극적으로 환경을 통제하거나 타협함으로써 불확실성을 회피하고자 한다.

③ **문제중심적 탐색**

㉠ 조직은 모든 대안을 합리적으로 탐색하지는 않으며 시간과 능력의 제약으로 인해 적극적으로 문제를 발견하고 목표를 설정하는 것이 아닌, 문제가 나타나는 경우에만 문제해결책(대안)을 찾는다.

㉡ 조직은 문제가 해결되지 않는 한 계속적으로 대안을 탐색하고, 해결책이 없는 경우에는 목표수준을 수정한다.

④ **조직의 학습**: 조직은 경험에 의해 학습하고, 갈등해결방법을 배운다.

⑤ **표준운영절차(SOP; Standard Operating Procedure)의 중시**

㉠ 일반적 SOP: 장기적 행동규칙, 장기적 환류에 따라 서서히 변하게 하여 장기적 합리성을 도모한다.

㉡ 구체적 SOP: 단기적 행동규칙, 일반적 SOP를 집행하기 위한 것으로 단기적 환류에 의해 변화한다.

09

19 기출

다음 중 집단적 의사결정의 한계로 옳지 않은 것은?

① 다양한 의견과 지식을 제시할 수 없다.

② 소수의 리더에 의해 의견이 제한될 수 있다.

③ 최선보다 차선책 선택의 오류가 나타날 수 있다.

④ 책임이 불분명하여 무책임한 행태가 나타난다.

해설   정답 ①

① 집단적 의사결정은 리더가 의사를 결정할 때, 구성원이나 전문가의 의견을 참고하여 결정하는 것을 의미한다. '상호작용기법', '델파이기법' 등이 포함되며, 다양한 의견(아이디어)과 지식, 정보를 제시하여 활용할 수 있다는 장점이 있다.

오답의 이유

② 권한을 독점한 소수의 리더에 의해 의견이 주도적으로 결정될 수 있다.

③ 타협과 협상에 의해 최선책보다 차선책을 선택하는 오류가 나타날 수 있다.

④ 무임승차의 성향이 나타나서 책임이 불분명한 무책임한 행태가 나타난다.

끝장이론 ··

1. 집단적 의사결정의 의의와 방법

(1) 집단적 의사결정의 의의

① 위원회나 팀제와 같은 수평적 조직에서 행해지는 의사결정이나 관료제에 의해서 행해지는 의사결정도 집단적 의사결정이다.

② 집단적 결정이 개인적 결정보다 반드시 우수하다는 보장은 없다.

(2) 집단적 의사결정의 방법

① 무반응에 의한 결정: 토론 없이 아이디어의 제안이 지속적으로 이루어지다가 채택할 만한 아이디어가 나오면 선택하는 방법이다.

② 권한에 의한 결정: 다양한 아이디어를 제안하고 토론하지만 구성원들이 해결책에 관한 최종결정을 내리는 것이 아니라, 위원장과 같은 권한 있는 사람이 최종결정을 내리는 방법이다.

③ 소수에 의한 결정: 특정구성원이 다른 구성원들에게 반대의 기회를 주지 않고 자기의견을 관철시키는 방법이다.

④ 다수결에 의한 결정: 투표 등을 통해 다수가 지지하는 해결책을 선택하는 방법이다.

⑤ 합의에 의한 결정: 모든 구성원들이 집단적 의사결정에 자기 몫의 영향을 미쳤다고 생각하고 결과에 승복하도록 하는 방법이다.

⑥ 만장일치에 의한 결정: 구성원 전체가 일치하여 결정하는 방법이다.

2. 집단적 의사결정의 이점과 한계

(1) 집단적 의사결정의 이점

① 다양한 시각을 의사결정에 활용할 수 있다.

② 의사결정의 결과에 대한 수용도와 실행가능성을 높일 수 있다.

③ 결정의 정당성을 높일 수 있다.

④ 모호한 상황을 타개한다.

(2) 집단적 의사결정의 한계

① **무임승차**: 적극적으로 참여하려 하지 않는 현상이다.

② **동조압력**: 집단이 지향하는 문화적 가치와 목표를 수용하도록 강요하는 현상이다.

③ **소수파의 영향력**: 소수가 의사결정을 지배하는 현상이다.

④ **집단극화(집단적 변환; Group Shift)**: 집단이 개인보다 더 극단적인 결정을 하는 현상이다.

⑤ **집단사고(집단착각; Group Think)**: 개인들이 집단을 형성하면서 집단응집성과 합의에 대한 압력으로 각자의 목표나 가치, 영감, 창의력 등이 발현되지 못하고 비판적인 사고가 억제되어 획일적인 방향으로 의사결정되는 현상(만장일치에 대한 환상, 획일적인 사고, 집단동조의식, 집단규범 등으로 나타남)이다.

[1] 나카무라와 스몰우드의 정책집행모형

01

11 기출

나카무라와 스몰우드(R. T. Nakamura & F. Smallwood)의 정책집행모형 중에서 정책을 집행하는 관료들이 많은 권한을 보유하고, 전체적인 정책과정을 좌지우지하는 형태의 유형은?

① 고전적 기술자형
② 관료적 기업가형
③ 지시적 위임가형
④ 재량적 실험가형

해설   정답 ②

② 정책집행자가 전반적인 정책과정을 좌지우지하는 모형은 관료적 기업가형이다.

오답의 이유

① 고전적 기술자형: 정책결정자는 명확한 목표를 제시하며 정책집행자는 그 목표를 충실히 따르는 유형이다.
③ 지시적 위임가형: 정책결정자는 정책집행자 집단에게 목표를 달성하도록 지시하며 그 정책집행자에게 재량적 행정권한을 위임하는 유형이다.
④ 재량적 실험가형: 정책결정자는 목표를 분명하게 제시할 능력이 없어 정책집행자에게 목표를 구체화시키고 목표달성수단을 강구할 수 있는 광범위한 재량권을 부여한다.

02

09 기출

정책결정자들에 의해 목표가 수립되고 대체적인 방침만 정해진 뒤 나머지 부분은 집행자에게 위임되고, 집행자들은 이 목표와 방침에 합의한 상태에서 집행 시에 충분한 재량권을 부여받는 유형에 해당하는 것은?

① 재량적 실험가형
② 지시적 위임가형
③ 고전적 기술자형
④ 관료적 기업가형

해설   정답 ②

② 지시적 위임가형은 정책결정자에 의해 수립된 목표에 대해 집행자는 바람직한 것임을 동의함으로써 정책결정자로부터 상당한 수준의 재량권을 위임받아 정책을 집행하는 모형이다. 정책결정자는 정책형성에 대한 통제권을 가지는 반면, 집행자에게는 수립된 목표의 달성에 필요한 수단을 결정할 광범위한 권한이 부여된다는 점이 특징이다.

1. 나카무라와 스몰우드(Nakamura & Smallwood)의 정책집행유형의 의의

(1) 나카무라와 스몰우드는 정책결정체제의 행위자(공식적 정책결정자)와 정책집행체제의 행위자(공식적 정책집행자) 간의 연계관계를 중심으로 정책집행의 유형화를 시도하였다.

(2) 공식적인 정책결정자와 공식적인 정책집행자 간의 권력관계의 성격을 기초로 정책집행의 유형을 다섯 가지로 분류하였으며, 다섯 번째 유형으로 갈수록 공식적인 정책집행자가 정책결정권한을 실질적으로 행사하게 된다. 그와 더불어 집행에 차질이 발생하여 실패가능성도 높아진다.

2. 나카무라와 스몰우드의 정책집행 유형화 분류

집행유형	정책결정자	정책집행자	차질가능성	정책평가기준
고전적 기술 관료형	• 구체적 목표설정 • 목표달성을 위해 집행자에게 '기술적 문제'에 관한 권한위임	정책결정자가 설정한 목표지지, 목표달성을 위해 기술적 수단을 강구	수단의 기술적 실패	효과성
지시적 위임형	• 구체적 목표설정 • 집행자에게 목표달성에 필요한 수단을 강구할 수 있도록 행정적 권한위임	정책결정자가 설정한 목표지지, 집행자상호 간에 목표달성을 위한 행정적 수단에 관해 교섭이 이루어짐	• 수단의 기술적 실패 • 교섭의 실패(복잡성, 교착상태)	능률성
협상형	• 목표설정 • 집행자와 목표 또는 목표달성수단에 관해 협상	정책결정자와 목표 또는 목표달성수단에 관해 협상	• 수단의 기술적 실패 • 협상의 실패(교착, 부집행) • 코업테이션, 기만	만족도
재량적 실험가형	• 추상적 목표지지 • 집행자가 목표달성수단을 구체화시킬 수 있도록 광범위한 재량권위임	정책결정자를 위해 목표와 수단을 구체화함	• 수단의 기술적 실패 • 모호성 • 코업테이션 • 책임부재	대응도
관료적 기업가형	집행자가 설정한 목표와 목표달성 수단지지	집행자가 정책목표설정, 정책목표 실행수단 강구 후 정책결정자 설득, 목표 · 수단을 받아들이게 함	• 수단의 기술적 실패 • 코업테이션 • 책임부재 • 정책의 선매	체제유지도

03

19 기출

다음 중 정책집행의 성공요건으로 옳지 않은 것은?

① 정치적 기술의 합리성
② 법에 따른 절차, 규정의 명확성
③ 정책목표 우선순위의 유연성
④ 집단의 지속적인 지지

해설

정답 ③

③ 정책목표는 목표에 따라 집행으로 이어진다는 점에서 효과적이고 효율적인 목표를 수립하는 데 많은 비용과 시간이 소모된다. 이렇게 설정된 정책목표는 긴급성·필요성 등의 조건과 여러 요인을 따져 우선순위를 정한다. 이 우선순위는 만약 정책집행과정에서 사회적 변동이 일어나더라도 법령에 규정된 우선순위가 변하지 않고, 기존의 정책과 현저하게 달라지지 않는 '안정성'을 갖추어야 한다.

오답의 이유

①·②·④ 정책집행 성공요건으로 옳은 설명이다.

04

17 기출

정책집행과 관련된 설명 중 옳은 것은?

① 하향적 접근방법은 실제 정책집행과정의 인과관계를 상세히 설명할 수 있다.
② 상향적 접근방법은 정책집행과 정책결정을 분리한다.
③ 하향적 접근방법은 집행과정에 영향을 미치는 다양한 요인들을 귀납적으로 도출하여 처방을 제시한다.
④ 상향적 접근방법은 집행자들의 전문적인 경험을 정책목표에 반영한다.

해설

정답 ④

④ 상향적 접근방법은 일선집행관료의 지식, 전문성이 충분히 발휘되도록 적절한 재량 및 자원을 부여하는 것을 중요시한다.

오답의 이유

① 하향적 접근방법이 아닌 상향적 접근방법을 말한다.
② 정책집행과 정책결정을 분리하는 것은 하향적 접근방법이다.
③ 하향적 접근방법은 집행과정에 영향을 미치는 행위자들의 동기, 전략, 행동, 상호작용 등 다양한 요인을 연역적으로 도출하여 처방을 제시한다.

1. 하향적 모형

(1) 하향적 모형(Top-Down Model)의 의의

① 정책결정자가 분명한 정책목적을 제시하고 집행단계를 통제할 수 있는 능력이 있다는 점을 강조하였다.

② 정책결정자가 설정한 정책목표에서 출발하여 이를 달성할 수 있는 조건과 전략을 찾고자 하였는데 정책결정기구에서 결정한 정책내용, 상부집행기구의 집행지침, 일선집행현장의 집행활동의 순서로 앞으로 나아가면서 연구하였으므로 이를 전방향적 연구방법(Forward Mapping)이라고도 부른다.

(2) 하향적 접근방법의 주요내용

① 정책은 성과를 측정할 수 있는 명확하게 정의된 목표를 가지고 있다.

② 하향식 집행전략은 정책목표를 명확하고 일관되게 정의될 수 있게 하는 능력에 크게 의존한다.

③ 정책은 목표의 실현을 위해 명확하게 정의된 정책수단을 가지고 있다.

④ 정책은 단독법령 또는 다른 권위 있는 정책의 진술로 표현된다.

⑤ 최상부에서 정책메시지가 시작되고 그 안에서 집행이 이루어지는 '집행연계조직'이 존재한다.

⑥ 정책설계자들은 집행자의 능력과 헌신에 대해 충분한 지식을 가지고 있다.

⑦ 정책결정과 집행을 분리한 정치행정이원론의 특징을 가진다.

⑧ 거시적, 연역적 접근방법을 사용하기 때문에 연구목적에 있어 일반론적인 특성을 나타낸다.

(3) 하향적 접근방법의 평가

① 정책결정자가 설계한 정책을 중심으로 정책집행의 전체적인 틀을 체계적으로 파악할 수 있다.

② 연구자들이 제시한 변수들은 일종의 체크리스트로서 집행과정을 점검하는 데 사용할 수 있다.

③ 정책목표와 그 달성을 중시하는 접근방법으로 객관적인 정책평가가 가능하다.

④ 집행과정에서 법적 구조화의 중요성을 일깨워 주었다.

(4) 하향적 접근방법의 단점

① 일선집행관료의 능력과 대상집단의 반응, 반대세력의 전략과 입장 등 집행현장에서 중시되는 요소를 파악할 수 없다.

② 단독 법령 또는 다른 권위 있는 정책의 진술로 표현되는 경우에 적용할 수 있는데 그런 경우가 적기 때문에 이 모형의 적용가능성이 제한된다.

③ 목표와 목적에 대한 분명한 합의가 없을 경우에 성과를 제대로 평가하기 어렵다.

④ 정책집행자(주정부, 지방자치단체)의 반대가 있을 경우, 집행의 어려움을 간과하였다.

⑤ 너무 많은 요소를 나열하여 그들 간의 우선순위를 잘 알 수 없다.

2. 사바티어와 마즈매니언(Sabatier & Mazmanian)의 집행과정 모형화

(1) 의의

① 하향식 접근방법의 대표적인 모형이다.

② 정책문제 자체가 가지는 특성, 정책을 구성하는 법령의 내용(법령의 집행구조화 능력), 그리고 정책과 직접 관련이 없는 여러 가지 상황요인(비법률적 변수)이 정책집행의 성공 또는 실패에 영향을 미친다고 본다.

(2) 집행영향요인

① **문제의 용이성**: 인과관계 및 적절한 기술의 존재, 대상집단행태의 다양성, 대상집단의 규모, 요구되는 행태변화의 정도가 있다.

② **법적 요인(집행에 대한 법규의 구조화능력)**: 법규상 목표의 우선순위의 명확성, 재원, 집행기관의 계층적 통합성(Hierarchical Integration), 집행기관의 결정규칙, 집행담당공무원 및 집행기관의 자세, 국외자(局外者)의 공식적 참여와 감독이 있다.

③ **정치적 요인(비법률적 변수)**: 사회 · 경제 · 기술적 상황과 여건, 대중매체의 관심, 일반대중의 지지, 관련집단의 자원 및 태도, 지배기관의 후원과 관심이 있다.

(3) 사바티어와 마즈매니언(1981)의 효과적인 정책집행을 위한 조건

① 타당한 인과모형으로 정책수단과 정책목표를 달성할 수 있도록 인과성을 가져야 한다.

② 명확한 정책지침과 대상집단의 순응이 극대화되어야 한다.

③ 집행과정에서 정책목표의 우선순위가 변화되지 않아야 한다.

④ 유능하고 헌신적인 집행관료가 있어야 한다.

⑤ 정책집행을 위한 프로그램에 대해 사법부, 입법부, 행정부의 지지가 확보되어야 한다.

3. 하향적 접근과 상향적 접근의 비교

구분	하향적 접근	상향적 접근
주창자	1970년대 프레스만과 윌다브스키(Pressman & Wildavsky), 미터와 혼(Van Meter & Van Horn), 사바티어와 마즈매니언(Sabatier & Mazmanian)	1980년대 엘모어(Elmore), 로위(Lowi), 프랭클린과 리플리(Franklin & Ripley), 히언과 헐(Hjern & Hull)
정책목표	주어진 것으로 인식	인식의 대상으로 소홀히 함
주요행위자	의사결정권자	일선관료
합리성 여부	도구적 합리성(목표를 달성시키는 수단)	제한적 · 절차적 · 진화론적 합리성(환경에의 적응)
성격	합리모형의 성격(규범적 · 처방적)	경험모형의 성격(기술적 · 설명적)
진행방향	정책결정을 하는 정부상층부로부터 일선기관과 정책대상집단으로 하향적 조명	정책집행기관과 정책대상집단으로부터 정부의 정책결정집단으로 상향적 조명
집행절차	표준운영절차(SOP) 사용	상황에 맞는 절차사용
평가기준	목표달성도	현장의 적응력과 문제해결력
성공요건	결정자의 통제력과 집행자의 순응	집행자의 역량과 재량
이론적 배경	정치행정이원론(정책결정과 정책집행 구분)	정치행정일원론(정책결정과 정책집행 미구분)
연구방법	거시적 · 연역적	미시적 · 귀납적

05

19 **중** 기출

다음 중 립스키의 일선관료제론에 대한 설명으로 옳은 것은?

① 일선관료제론은 의제설정단계에서 중요하다.

② 일선관료제론은 결정단계에서 중요하다.

③ 일선관료제론은 의제단계에서 평가단계까지 모니터링이 필요하다.

④ 일선관료제론은 집행현장에서 재량이 적지 않다.

> **해설**   정답 ④
>
> ④ 일선관료제론은 집행현장에서 많은 재량권을 가진다.

06

13 기출

립스키(Lipsky)의 일선관료제는 정책과정에서 주로 어느 단계에 관한 설명인가?

① 정책결정

② 의제설정

③ 정책집행

④ 정책평가

> **해설**   정답 ③
>
> ③ 립스키는 상향식 접근방법에 의한 집행연구의 대표적인 학자로, 그의 논문과 저서에서 정책집행기관에 종사하는 일선관료의 업무환경과 그들의 정책집행에 미치는 영향에 대해 논의하였다. 즉, 립스키의 일선관료제론(일선행정직원론)은 정책집행단계에서 관료역할의 중요성을 강조한 이론이다.

07

08 기출

다음 중 일선관료제의 재량권 강화의 필요성이 아닌 것은?

① 추상적이고 일반적인 정책지침의 현실에 맞는 구체화

② 집행담당자의 자원 · 시간 · 능력의 부족

③ 집행현장마다의 특수성

④ 현장에서 발생한 예기치 못한 사태에 대한 대비

② 집행담당자의 자원·시간·능력이 부족하다면 재량권을 준다 하더라도 재량권을 행사할 수 없으므로 교육·훈련과 순응 확보를 위한 중앙의 강력한 통제가 필요하게 된다.

끝장이론

1. 상향적 접근방법의 의의 및 주요내용

(1) 상향적 접근방법(Bottom-Up Approach)의 의의

① 일선집행자의 관점에서 시작하는 정책집행의 연구를 말한다.

② 집행현장에서 나타나는 모든 행위와 행위에 대한 반응에 초점을 맞춘 접근방법이다.

③ 상향적 연구방법을 채택한 대표적인 학자로는 립스키, 앨모어, 버만 등이 있다.

(2) 상향적 접근방법의 주요내용

① 하향적 모형을 비판하면서 일선관료를 정책전달의 주요행위자로 보며 정책집행을 집행자의 네트워크 내에서의 교섭과정으로 보았다.

② 집행현장에서 집행문제의 처리과정을 객관적으로 기술한다.

③ 일선집행현장에서 일선관료와 대상집단의 행태연구에서 시작하여 상부집행기구의 집행지침, 정책결정기구에서 결정한 정책내용을 파악하는 방식을 채택하므로 후방향적 연구(Backward Mapping)라고도 부른다.

④ 정책결정과 집행 사이에 대한 정확한 구분이 어려워 정치행정일원론적 성격이 있다.

⑤ 집행현장에서 참여자들의 상호작용을 서술하는 미시적·귀납적 접근방법이다.

2. 상향적 접근방법의 평가 및 문제점

(1) 상향적 접근방법의 평가

① 정책집행과정의 상세한 기술과 집행과정의 인과관계파악이 가능하다.

② 정책집행현장을 연구하면서 공식적 정책목표 외에도 의도하지 않았던 효과를 분석할 수 있다.

③ 공공부문과 민간부문의 조직 등 다양한 집행조직의 상대적 문제해결능력을 파악하는 것이 가능하다.

④ 집행현장에서 다양한 공공프로그램과 민간부문의 프로그램이 적용되는 집행영역을 다룰 수 있다.

⑤ 시간의 경과에 따른 행위자들 간의 전략적 상호작용과 변화를 다룰 수 있다.

(2) 상향적 접근방법의 문제점

① 일선집행관료의 영향을 지나치게 강조하고 집행의 거시적 틀의 중요성을 경시한다.

② 집행실적의 객관적 평가가 어려워진다는 것으로 공식적 정책목표의 달성도를 파악하기 어렵다.

③ 일선집행요원들이 쉽게 느낄 수 없는 사회적·경제적·법적 요인들이 무시되기 쉽다.

④ 선거직 공무원에 의한 정책결정과 책임이라는 고전적 대의민주주의 원칙에 위반된다.

⑤ 일관된 분석틀을 구성하기 어렵다는 것이다.

3. 상향적 접근의 주요연구

(1) 립스키(Lipsky)의 일선관료제

① 의의: 일선관료들(Street-Level Bureaucrats)이란 일반국민들과 직접 접촉하는 공무원들로 실질적인 정책결정자이다.

② 직무상 특징

㉠ 기계적인 업무보다 인간적인 차원에서 대처해야 할 상황이 많다.

㉡ 일선관료의 전문지식독점은 중앙관료에 대항할 수 있는 무기가 된다.

㉢ 규칙적인 직무수행과정에서 시민들과 끊임없이 상호작용한다.

③ 일선관료들의 업무 환경

㉠ 일선관료들이 수행할 것으로 기대되는 업무와 비교하면 자원이 만성적으로 부족하다.

㉡ 서비스수요는 공급을 충족하기 위해 많은 재량권을 부여하는 경향이 있다.

㉢ 일선관료들이 업무수행기관에 대한 목표기대는 애매하고, 모호하며, 갈등적이다.

㉣ 목표달성을 지향하는 성과측정이 매우 어렵다.

㉤ 고객들은 대체로 비자발적이다.

④ 일선관료들의 적응 방식

㉠ 단순화와 관례화(Simplification & Routinization)

㉡ 불확실한 상황에의 대응행태

㉢ 서비스초과수요의 해결형태로서 서비스의 할당·배급·제한

㉣ 자신에게 이익이 되는 제한된 수의 선택된 고객에게만 관심

㉤ 한정된 프로그램(사업) 및 해결책에만 관심

(2) 엘모어(Elmore)의 후방향적 집행연구

① 엘모어가 제시한 후방향적 집행연구(1980)는 집행과정의 최하위수준인 집행현장에서 발생하는 상황과 일선관료의 행태에 관한 분석에서 집행연구를 시작한다. 최하위수준에서 집행관련현황이 파악되면 차상위단계로 올라가면서 필요한 재량과 자원을 파악한다.

② 엘모어는 사례연구로 연방정부의 청년층고용 및 훈련프로그램을 검토하여, 집행체계가 과연 문제해결을 위해 효과적인 것인가를 다루었다.

③ 정책효과가 나타나는 일선의 실제적 상황을 기초로 하여 정책결정을 내려야 한다는 것이 후방향적 접근방법의 핵심논리이다.

④ 정책집행성공의 핵심요소라고 여기는 것은 일선집행관료들의 지식과 전문성이 충분하게 발휘될 수 있도록 적절한 재량권과 자원을 부여하는 것이다.

(3) 버먼(Berman)의 적응적 집행

① 버먼은 정책집행을 정형적(거시적) 집행과 적응적(미시적) 집행으로 구분하고 상향적 집행에 해당하는 적응적(미시적) 집행이 중요하다고 하였다.

② 적응적 집행: 정책집행의 문제는 정책과 제도적 환경과의 상호작용에 의해 발생한다고 보고, 제도적 환경을 거시적 집행구조(중앙정부에서 지방의 집행조직에까지 이르는 관련정책분야의 전 참여자와 활동)와 미시적 집행구조(현지의 서비스전달조직)로 구분하였다.

③ 성공적인 집행은 미시집행 국면에서 발생하는 정책과 집행조직의 특성 사이의 상호적응이 이루어질 때 가능하다고 보았다.

적응적 집행구조의 통로	행정	정책을 구체적인 정부프로그램으로 전환하는 것
	채택	구체화된 정부프로그램을 지방정부가 받아들이는 것
	미시적 집행	지방정부가 채택한 사업을 실행사업으로 변화시키는 것
	기술적 타당성	정책성과가 산출되기 위한 마지막 통로로서 정책목표와 정책수단의 인과관계를 의미

미시적 집행구조의 통로	동원	집행조직에서 사업을 채택하고 실행계획을 세우는 것
	전달자의 집행	채택한 사업의 실제 집행단계. 이 단계의 핵심은 적응(Adaptation)
	제도화	채택한 사업의 정형화 · 지속화 단계

(4) 히언(Hjern)과 동료들의 집행구조 연구

① 집행구조(Implementation Structure)가 집행연구의 새로운 분석단위가 되어야 한다고 본다.

② 집행구조란 특정분야의 정책집행과 관련된 모든 행위자들, 즉 행위자들이 사용하는 자원, 전략, 협상, 계약 등을 포함한 개념이다.

③ 집행구조는 하향적으로 설계되는 것이 아니라 집행하게 될 정책과 관련하여 현장에서 자생적으로 형성된다는 것이다.

④ 집행네트워크에는 공공부문만 포함되는 것이 아니라 민간부문의 기관도 포함된다.

[4] 통합모형 1: 사바티어의 정책지지연합모형

08

11 기출

다음 중 정책집행의 통합모형에서 사바티어(P. Sabatier)가 제시한 정책지지연합모형에 대한 설명으로 옳지 않은 것은?

① 신념체계를 기준으로 행위자의 집단을 구분하고, 이에 따른 지지연합이라는 행위자집단에 초점을 두어 이들의 정책학습을 강조한다.

② 시간의 경과에 따라 자신들의 목표달성을 위해 정책의 법적 속성을 조정하려는 다양한 행위자들의 전략과 시도를 강조한다.

③ 정책집행연구의 접근방법을 전방향적 접근(Forward Mapping)과 후방향적 접근(Backward Mapping)으로 구분하고, 전방향적 접근에서는 정책결정자의 의도와 정책목표 집행성과를 비교하고, 후방향적 접근에서는 일선관료의 지식과 전문성이 충분히 발휘될 수 있도록 재량과 자원을 강조한다.

④ 특정한 정부기관이 아니라 정책하위시스템, 즉 공공 및 민간조직의 행위자들로 구성되는 정책하위시스템이 현대산업사회에서 정책변화를 이해하기 위한 가장 유용한 분석단위라고 전제한다.

> **해설** 　　정답 ③
>
> ③ 엘모어(R. F. Elmore)의 통합모형에 대한 주장이다.

1. 통합모형의 의의와 평가

(1) 통합모형의 의의

① 하향적 접근방법과 상향적 접근방법의 개념적 취약점을 회피하기 위해 두 모형의 요소들을 종합하여 집행과정을 연구하는 방법을 의미하며, 절충이론(Hybrid Theories)이라고도 한다.

② 통합적 접근방법을 주장한 학자들은 엘모어(1985), 사바티어(1986), 고긴(1990), 샤프(1978), 윈드호프(1980), 리플리와 프랭클린(1982), 윈터(1990) 등이다.

(2) 통합모형에 대한 평가

① 하향적 집행론과 상향적 집행론 사이의 양극화된 논쟁의 약점을 극복하게 했다.

② 정책형성과정을 고찰하지 않고서는 정책집행을 분석하기 어렵다는 점을 일깨웠다.

2. 사바티어(Sabatier)의 통합모형

(1) 하향적 접근의 대표적인 학자였던 사바티어는 나중에 새로운 통합모형을 제시하였다.

(2) 하향적 접근과 상향적 접근의 장단점을 평가한 후 한계를 극복할 수 있는 방법으로 비교우위접근법과 통합모형을 제시하였다.

① **비교우위접근법**: 하향적 또는 상향적 접근방법 중 하나의 접근방법이 다른 접근방법에 비해 상대적으로 높은 적용가능성이 있는 조건을 발견한 후, 그런 조건에 따라 둘 중 하나의 접근방법을 개별집행연구의 이론틀로 이용한다.

하향적 접근법이 유용한 경우	상향적 접근법이 유용한 경우
특정한 지배정책이 집행현장을 좌우하는 경우	지배적인 정책이나 법규가 없는 경우
연구자가 평균적 · 일반적인 과정과 반응에만 관심을 갖는 경우	공공부문과 민간부문의 다양한 참여자가 존재하는 경우
정책집행에 영향을 미치는 변수들 간의 인과관계 등 이론적 발전이 잘 이루어져 있는 경우	상이한 지역적 상황과 중앙 · 지방 간 역할관계에 관심을 갖는 경우
성공적 정책집행을 위한 조건을 잘 충족하고 있는 경우	지역 간의 다양성에 연구의 초점이 있는 경우

② **정책지지(창도)연합모형**

㉠ 의의: 다양한 집행관련자를 분석단위로 한 상향적 접근방법을 기본으로 하면서 하향적 접근방법을 결합한 통합모형으로 정책학습과 이에 따른 정책변동을 중시하는 모형이다.

㉡ 기본전제

• 정책변화과정을 이해하기 위해서는 10년 이상의 장기간이 필요하다고 본다.

• 정책하위시스템 내의 지지연합 간 경쟁 및 갈등과 타협의 과정을 중시한다.

• 정책하위체제들은 다양한 수준의 정부에서 활동하는 행위자 모두를 포함한다.

• 정책하위체제들 안에서 신념체계를 공유하는 정책지지연합이 있다.

㉢ 분석방법

상향적 접근의 활용	정책문제나 정책하위체제에서 논의를 시작하여 다양한 공공부문과 민간부문에서의 행위자들의 전략적 행위(지지연합 간 갈등과 타협)에 초점을 맞춤
하향적 접근의 활용	법적 · 사회경제적 요소(외적 조건)들이 행위자들의 전략에 미치는 영향을 검토하고 특정정책과 전략 간의 인과과정의 타당성을 검토

ⓔ 정책학습과 정책산출: 지지연합들은 정책지향적 학습을 통해 자신의 정책방향이나 전략을 수정·강화해 나간다. 신념 체계의 수정은 핵심신념을 집행하기 위해 필요한 행정적·입법적 수단에 집중되며 핵심신념 자체가 변화되기는 어렵다.

3. 엘모어(Elmore)의 통합모형

(1) 복수의 이론적 모형을 사용하여 집행을 설명하였다.

(2) 엘모어의 복수의 이론적 모형

구분	체제(시스템) 관리모형	관료적 과정모형	조직발전모형	갈등협상모형
핵심요소	조직을 합리적 가치극대자로 인식	조직의 속성으로 관료의 재량과 루틴 강조	조직구성원의 참여와 헌신 강조	조직을 갈등의 장으로 인식
성공적 집행조건	효율적인 관리통제	조직의 루틴과 새로운 정책의 통합	결정자와 집행자 간 합의	협상과정의 존속여부
집행실패 원인	미숙한 관리	새로운 정책과 현존루틴의 부조화	합의의 결여	정책의 성공 여부는 협상자의 위치에 따라 달라지는 상대적 개념
정책집행 분류이유	정책집행을 네 가지 모형으로 분류한 이유는 집행과정을 목표가 결과로 연계되어 영향을 주고 받는 과정으로 볼 경우 집행과정에 관한 보다 타당성이 높은 설명이 가능			
적용상황	결정된 정책목표가 집행과정에서 어느 정도 성취되었는지를 설명하고 집행과정에서 야기된 문제들을 해결하여 목표를 효과적으로 달성하려면 집행과정에 관해 시스템관리와 관료적 과정 관점의 연구가 도움이 됨		집행과정에 영향을 미칠 수 있는 일선기관과 정책대상집단의 행위에 초점을 맞추어 보면 정책집행을 조직발전측면과 갈등과 협상과정으로 취급할 필요가 있음	

(3) 후방향적 연구의 개념을 전방향적 연구의 아이디어와 통합

① 정책결정자는 정책변화를 위해 정책수단과 가용자원을 고려하는 데에서 출발하여야 한다(전방향적 접근).

② 집행자와 대상집단의 인센티브구조를 확인해야 한다(후방향적 접근).

[5] 통합모형 2: 윈터의 통합모형

09

20 **9** 기출

윈터(S. Winter)가 제시하는 정책집행성과를 좌우하는 주요변수로 옳지 않은 것은?

① 정책형성과정의 특성

② 일선관료의 행태

③ 조직상호간의 집행행태

④ 정책결정자의 행태

끝잠이론

1. 윈터(Winter)의 통합모형

(1) 의의: 윈터는 하향론과 상향론적 관점을 진정으로 종합하려 하기보다는 수많은 개별적인 집행연구 중에서 그 원천을 따지지 않고 가장 효과적인 이론적 요소들을 통합하여 하나의 결합모형으로 만들고자 시도했다.

(2) 특징

① 종속변수와 집행과정의 결과평가기준으로 공식적인 정책목표와 관련된 성과와 결과에 초점을 맞춘다.

② 집행결과에 영향을 미치는 요소들을 두 가지 범주, 즉 정책형성과정과 정책설계, 그리고 집행과정에 영향을 미치는 요소들로 범주화하였다.

③ 윈터의 통합모형에서 정책집행의 성과를 결정하는 주요변수

㉠ 정책형성과정의 특성

㉡ 조직 내 혹은 조직상호 간의 집행행태

㉢ 일선집행관료의 행태

㉣ 정책대상집단의 행태

(3) 모형

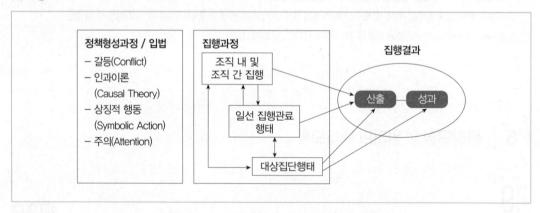

2. 매틀랜드(Matland)의 통합모형

(1) 의의

① 매틀랜드는 집행에 영향을 미치는 변수를 찾는 데 중점을 둔 기존의 집행연구와 달리, 양 접근방법이 어떠한 상황하에 더 잘 적용되는지 그리고 이때 중요해지는 집행변수가 무엇인지를 탐색하였다.

② 집행구조의 상황에 따라 양 접근방법의 설명력이 달라진다고 보고, 모호성과 갈등을 기준으로 4가지 상황을 설정하였다.

(2) 4가지 상황에 따른 집행형태

구분		갈등	
		낮음	높음
모호성	낮음	관리적 집행(하향적 접근이 유용)	정치적 집행
	높음	실험적 집행	상징적 집행(상향적 접근이 유용)

3. 리플리와 프랭클린(Ripley & Franklin)의 정책유형별 정책집행

(1) 리플리와 프랭클린(1982)은 로위(1972)의 정책유형분류를 기초로 배분정책, 규제정책, 그리고 재분배정책을 구분한다.

(2) 각 유형에는 서로 다른 이해관계자 집단이 관여하며 집행단계에서 갈등의 유형 및 수준도 다르다고 주장하였다.

(3) 정책집행과정도 다른 과정과 마찬가지로 정치적 성격이 강하므로 차이가 나타난다는 것이다.

4. 샤프, 오툴, 키커트(Scharpf, O'Toole, Jr. Kickert)의 정책집행 네트워크

(1) 샤프는 정책집행연구에 정책네트워크의 개념을 도입하여 독립적이지만 상호의존적인 행위자들 사이에 조정과 협력이 이루어지는 과정을 중요시하였다.

(2) 오툴은 정책집행을 담당하는 조직 내 특성과 정부조직 간 네트워크라는 관점에서 연구한 대표적인 학자이다. 초기에는 조직 내의 문제가 정책집행에 미치는 영향을 다루었고, 최근에는 정책집행을 위한 조직 간 과정(Inter-Organizational Process)에 관한 모형을 구성하고 계량적인 경험적 연구를 통해 검증하고자 시도하였다.

(3) 키커트, 클리진, 코펜얀도 집행에서 네트워크관리의 중요성을 강조한다.

5. 고긴(Goggin)의 통합모형

(1) 의의: 고긴과 그의 동료들(1990)은 관찰사례 수를 증가시킬 수 있는 비교사례연구 또는 통계적 연구설계의 바탕 위에서 이론의 검증을 시도하는 제3세대 집행연구를 주장하였다.

(2) 제3세대 집행연구란 설명하고 예측할 수 있는 중범위집행이론을 개발·검증하는 연구를 말한다.

(3) 제3세대 접근에서 '과학적'이란 다음과 같은 맥락에서 이해될 수 있다.

① 집행과정을 묘사할 때 사용하는 중심개념들을 분명하게 정의한다.

② 다양한 정책집행사례를 충분히 검토할 수 있도록 '행태와 유형'을 범주화시킨다.

③ 정책집행모형을 구성하는 다양한 변수와 요인들을 측정이 가능하도록 조작화함으로써 정책집행모형으로부터 유추된 가설을 검증한다.

(4) 정책집행에 과학적으로 접근할 수 있는 중범위이론인 정책결정자와 집행자 사이의 의사소통모형을 제시하였다.

10

11 기출

다음은 정책집행의 성패를 좌우하는 요인들이다. 이 중 정책내용적 요인이 아니라, 정책환경적 요인에 해당하는 것은?

① 정책에 대한 순응　　　　　　　　② 정책목표의 명확성
③ 집행기관 간의 상호 관계　　　　　④ 정책집행자의 능력과 태도

해설　　　　　　　　　　　　　　　　　　　　　　　　　　　　　　정답 ①
① 정책에 대한 순응은 정책집행의 성패를 좌우하는 정책환경적 요인에 해당한다.

오답의 이유
② · ③ · ④ 정책집행의 성패를 좌우하는 정책내용적 요인에 해당한다.

끝장이론

1. 정책집행의 성공 요인

(1) 내부적 요인

① 정책목표가 명확하면서 내적 일관성이 있어야 성공할 수 있다.

② 정책집행에 영향을 미치는 인적자원, 물적자원, 정보 및 권한 등이 우수할수록 성공할 수 있다.

③ 정책집행은 권위주의적 구조에서 더 효과적일 수 있다.

④ 정책집행자의 능력이나 태도가 성공여부를 좌우할 수 있다.

⑤ 옳은 정책집행절차와 표준운영절차가 정책집행의 성공을 좌우할 수 있다.

(2) 외부적 요인

① 정책문제와 집단의 특성에 따라 성공여부를 좌우할 수 있다.

② 정치 · 경제 · 사회 등 환경적 여건의 변화에 따라 성공여부를 좌우할 수 있다.

③ 문화적 특성을 고려해서 정책집행을 하여야 한다.

④ 언론의 관심과 대중매체의 지지가 지속적이라면 정책집행은 성공할 수 있다.

⑤ 정책결정기관은 집행과 관련된 자원배분권을 행사할 수 있으므로 정책결정기관의 지원이 정책집행의 성공여부를 좌우할 수 있다.

(3) 성공적 정책집행의 판단

① 정책집행과 성공적 집행은 구별된다.

② 관료나 대상자가 정책에 순응하여 정책수단이 실현되었더라도 정책목표가 반드시 달성되는 것은 아니다. 정책수단이 실현되었더라도 정책목표가 달성되지 않았다면 정책집행은 이루어졌으나 성공적인 집행이라고는 할 수 없다.

③ 정책수단이 실현되지 못한 것은 부집행에 해당하며, 정책목표가 달성되지 못한 것은 정책집행의 실패이다.

④ 정책목표를 달성해도 비용이 많이 들어간 경우에는 성공적 집행이라고 할 수 없다.

⑤ 이런 이유에서 정책성공을 위한 필요조건으로 순응개념이 정책집행에서 중요시된다.

2. 정책집행과 순응(Compliance)

(1) 순응의 개념과 중요성

① 순응이란 특정행동규정에 일치하는 행위자의 행동을 말하며, 불응(Non-Compliance)이란 그런 규정과 일치하지 않는 행동을 의미한다.

② 정책집행에 있어서 순응이란 정책결정자가 결정한 정책의 내용 및 지침과 일치하는 정책집행과정의 참여자, 즉 정책집행자 및 정책대상집단의 행태를 의미한다.

③ 일반적으로 순응은 내면적 가치관의 변화까지를 포함하지는 않는다.

④ 정책이 의도한 목적을 달성하려면 다음과 같은 조건이 충족되어야 한다.

㉠ 첫째, 정책집행과정의 참여자, 즉 정책집행자 및 대상집단이 정책결정자의 의도대로 행태를 변화시켜야 한다.

㉡ 둘째, 이와 같은 행태의 변화가 원래 의도한 효과를 나타낼 것이라는 인과관계의 이론에 결함이 없어야 한다.

㉢ 참여자의 순응은 정책효과가 나타나기 위한 충분조건이 아니라 필요조건이다.

(2) 순응의 주체

공식 정책집행자	중앙정부 각 부처의 공무원과 지방정부 공무원
중간매개집단	• 공공정책의 집행을 돕기 위해 공식 정책집행자로부터 집행의 책임을 위임받은 개인 및 집단 • 2차 집행자, 제3섹터 조직 등 다양한 이름으로 불림 • 공식 정책집행자로부터 집행책임을 위임받고 독립성을 유지하면서 정책집행을 돕는 정부기관, 공공기관, 비영리기관 및 영리기관이 포함될 수 있음
정책대상집단 · 정책대상자	정책의 적용을 받는 집단이나 사람

(3) 정책의 순응요인과 불응요인

순응요인	불응요인
• 정책의 내용요인 • 정책결정 및 집행기관과 관련된 요인 • 순응주체와 관련된 요인	• 정책의 모호성 및 불명확성, 기존가치 체계와의 대립 • 정책의 정통성 결여 • 결정자의 권위에 대한 신념이나 믿음의 결여 • 정책집행자의 형식적 집행태도와 집행자에 대한 불신 • 집행자의 소극적 성향이나 재량권 남용

(4) 불응의 원인

① 불분명한 의사전달에 기인한 불응

② 부족한 자원에 기인한 불응

③ 정책에 대한 회의에 기인한 불응[다수의 시민불복종(Civil Disobedience)]

④ 순응에 수반하는 부담에 기인한 불응

⑤ 권위에 대한 불신에 기인한 불응

[1] 정책평가

01

다음 중 정책평가에 대한 설명으로 가장 적절하지 <u>않은</u> 것은?

① 정책평가는 범학문적인 특성을 가지는 활동이다.

② 총괄평가에는 능률성 평가, 효과성 평가, 공평성 평가 등이 있다.

③ 총괄평가는 정책이 집행되고 난 후에 정책이 사회에 미친 영향을 추정하는 판단활동으로 정책평가의 핵심
이다.

④ 과정평가는 정책중단 등에 영향을 크게 받지 않는다.

해설   정답 ④

④ 과정평가란 정책이나 계획을 집행하는 과정에서 실시하는 평가이며, 그렇기 때문에 도중에 정책이 중단될 경우 과정평가
에 크게 작용하게 된다.

끝장이론 ···

1. 정책평가의 의의와 한계

(1) 정책평가의 의의

① 정책의 내용과 집행 및 그 영향을 추정하거나 평정하는 것을 말한다.

② 목적지향적이며, 범학문적인 경향을 갖는 것이 특징이다.

③ 정책평가는 평가자의 소속에 따라 자체평가·내부평가·외부평가로 분류되기도 하고, 평가목적에 따라서 노력평가·
성과평가·성과의 적정성평가·능률성평가·과정평가 등으로 분류되기도 한다.

④ 정책평가는 정책의 전 과정에서 이루어지지만, 일반적으로 사후적 개념으로 사용되며 사전적인 평가는 정책분석이라는
개념으로 사용된다.

협의의 의의	정책내용이나 집행 및 영향을 정책목표와 관련해서 객관적이고 체계적으로 재검토하는 과정
광의의 의의	• 정책결과가 바람직한가(효과성, 능률성, 공평성)를 평가하는 사후평가(총괄평가) 외에 정책이 제대로 집행되고 있는가를 평가하는 과정평가(형성평가)나 정책결정단계에서 평가를 의미하는 정책분석도 포함 • 핵심은 총괄평가

(2) 정책평가의 한계

① 계량적인 평가보다는 민주성 또는 형평성과 같은 추상적 가치를 평가하는 경우가 많아서 기술적 평가가 어려우며, 평가 기법이나 평가시점에 따라 결과가 달라질 수 있다.

② 정책효과의 광범위성으로 인해 원인과 결과 간의 인과관계의 입증이 어렵다.

③ 정책효과의 광범위성으로 인해 통제집단의 선정이 어렵다. 또한 원래의 대상집단이 아닌 집단에 대한 정책의 확산효과 등을 파악하기 어렵다.

④ 평가가 가져올 정치적 결과에 대한 두려움으로 관료들은 대체로 평가에 비협조적이다.

⑤ 내부평가의 경우 공정한 평가의 가능성에 한계가 있으므로 공정한 평가를 내리기 위해서는 제3의 독립된 전문행정기관을 구축할 필요가 있다.

⑥ 행정관료들은 일반적으로 평가 자체에만 집중하고 평가결과를 잘 활용하지 않는다.

2. 정책평가의 유형

(1) 형성평가(Formative Evaluation, 도중평가, 진행평가)

① 정책이 집행되는 도중, 사업계획을 형성·개발하는 과정에서 수행되는 평가로서 과정평가·도중평가·진행평가 등으로 불린다.

② 정책이 집행되는 과정이 적절한지를 확인하고 정책수단에서 최종목표까지 연계되는 인과관계가 적절한지 등 정책집행 과정에서 발생하는 문제점을 해결하려는 목적으로 수행되는 평가이다.

③ 정책프로그램에 대한 피드백을 위해 주로 내부평가자와 외부평가자의 자문에 의해 평가를 진행하며, 그 결과는 정책집행에 환류된다.

(2) 총괄평가(Summative Evaluation; 사후평가)

① 집행이 완료된 후 정책이 사회에 미친 영향이나 충격 등 그 효과를 평가하는 것으로 효과평가 또는 영향평가가 핵심이다.

② 정책수단과 정책효과 간의 인과관계를 추정하는 것으로 일반적으로 정책평가라 할 때에는 총괄평가를 말한다. 기준에 따라 효과성 평가, 능률성 평가, 영향 평가, 공평성 평가 등으로 나뉜다.

효과성 정책결과 (Outcome) 평가	정책목표의 달성정도에 대한 평가
능률성 평가	효과나 편익이 투입된 비용에 비춰 정당한가를 평가
정책 영향 평가	정책실시에 따른 충격·영향을 평가, 정책영향=정책효과+정책비용
공평성(형평성) 평가	정책효과와 비용의 사회집단 간·지역 간 배분 등이 공정한가 여부
적합성 평가	목표가 주어진 사회적 상황에 바람직한 것인가를 평가, 수단·전략보다는 목표의 가치 자체를 평가

③ 총괄평가는 평가결과에서 산출된 정보를 정책결정과정에 환류하여 현재의 평가대상정책의 지속추진 여부를 결정하고 정책내용의 수정에 필요한 정보제공을 목적으로 한다.

(3) 과정평가(Process Evaluation)

① 정책집행과정을 대상으로 하여 분석하는 활동이다.

② 보다 효율적인 집행전략을 수립하고 정책내용을 수정·변경하며, 정책의 추진여부의 결정에 필요한 정보를 제공하며, 정책효과의 발생경로를 밝혀 총괄평가를 보조하는 기능을 수행한다.

③ 평가의 내용과 목적에 따라 집행과정평가, 좁은 의미의 과정평가, 시간적 기준에 따라 형성평가, 시간적 과정평가로 나누기도 한다.

집행과정평가 (형성평가 · 집행분석)	• 원래의 집행계획이나 집행설계에 따라 의도한 대로 정책집행이 이루어졌는지 확인 · 점검하는 집행 분석을 의미하는데, 평가가 집행도중에 이루어지므로 형성평가(Formulative Evaluation)라고도 함 • 계속적인 점검(모니터링)을 통해 평가하는데, 모니터링이란 하나의 사업을 집행하는 과정에서 발생 하는 사건들에 대한 구체적 정보의 수집과 관리의 활용
협의의 과정평가 (사후적 과정평가, 인과관계경로평가)	• 총괄평가(효과성 평가)의 완성을 위한 보완적 수단으로 정책효과가 어떤 경로를 통해 발생하였는지, 그렇지 않은 경우 어떤 경로에서 문제가 있었는지 등을 밝히는 것으로 사후적 과정평가라고도 함 • 정책(사업)활동 → 하위(중간)목표 → 정책(사업)목표에 이르는 과정에서 변수 간의 인과관계경로를 규명 예 정부미 방출 → 쌀 공급증가 → 쌀값 안정 → 서민생계 안정 • 정책실패의 중요한 원인 중 하나인 인과경로의 잘못을 밝힘

(4) 기타 정책평가

평가성 검토 (Evaluation Assessment; 평가성 사정)	• 본격적 평가가 실시되기 이전에 평가의 유용성(소망성)과 실행가능성, 평가가 정책성과를 향상시키 는 데 공헌할 수 있는가(평가의 소망성) 등을 검토하는 사전적 평가 예 모의고사, 예비고사 • 평가의 공급과 수요가 올바로 합치되도록 유도
메타평가 (Meta-Evaluation)	• 기존평가들의 방법 · 절차 · 결과 등이 제대로 되었는가를 검토하고 종합적으로 평가 • 주로 총괄평가에 적용 • 기존평가자가 아닌 제3의 기관(상급기관, 독립기관, 외부전문기관 등)이 기존평가에서 발견했던 사 실을 다양한 관점에서 재분석
착수직전분석 (사전분석)	• 새로운 프로그램의 평가를 기획하기 위해 착수직전에 수행하는 평가작업 • 평가기획과 유사하며 맥락분석 또는 조망적 평가종합에 해당

[2] 정책평가의 타당도와 신뢰도 비교

02

20 ⑦ 기출

정책평가의 타당성과 신뢰성에 대한 설명으로 옳은 것은?

① 신뢰성이 없는 측정은 항상 타당성이 없다.

② 타당성은 척도 또는 측정도구가 얼마나 일관성 있게 작용하는가에 영향을 받는다.

③ 타당성이 있는 측정은 신뢰성이 있을 수도 있고 없을 수도 있다.

④ 신뢰성은 척도 또는 측정도구가 측정하고자 하는 것을 얼마나 정확히 반영하는가에 영향을 받는다.

해설

정답 ①

① 신뢰도는 타당도의 필요조건으로, 신뢰성이 없는 측정은 항상 타당성이 없다.

오답의 이유

② 신뢰성은 척도 또는 측정도구가 얼마나 일관성 있게 작용하는가에 영향을 받는다.

③ 타당성이 있는 측정은 항상 신뢰성도 높다.

④ 타당성은 척도 또는 측정도구가 측정하고자 하는 것을 얼마나 정확히 반영하는가에 영향을 받는다.

1. 정책평가의 타당도(Validity)

(1) 개념: 정책평가가 정책의 효과를 얼마나 진실되게 평가해 내느냐의 정도를 말한다.

(2) 타당도 유형[쿡과 캠벨(Cook & Campbell)]

구성적 타당도	처리, 결과, 모집단 및 상황들에 대한 이론적 구성요소들이 성공적으로 조작화된 정도
통계적 결론의 타당도	정책효과를 찾아낼 만큼 충분히 정밀하고 강력하게 연구설계(평가기획)가 이루어진 정도로서 제1종 및 제2종 오류가 발생하지 않은 정도
내적 타당도	원인변수와 결과변수 간의 관찰된 관계로부터 도달하게 된 인과적 관계추론의 정확도
외적 타당도 (External Validity)	• 특정상황에서 내적 타당성을 확보한 정책평가가 다른 상황에서도 그대로 적용될 수 있는 정도 • 타당성의 일반화 정도, 경험적 타당성: 조작화된 구성요소들 가운데에서 관찰된 효과들이 당초의 연구가설에 구체화된 것들 이외에 다른 이론적 구성요소들에까지도 일반화될 수 있는 정도 • 특정정책에 관해 특정집단을 대상으로 특정시기에 특정상황에서 연구한 결과로 다른 집단·시기·상황에 일반화시킬 수 있는 범위

① 구성적 타당도 → 통계적 결론의 타당도 → 내적 타당도 → 외적 타당도의 순차적인 확보가 필요하다.

② 전 단계의 타당성이 달성되지 못하면 이후 단계의 타당성 확보가 곤란하다.

2. 정책평가의 신뢰도

(1) 개념: 측정도구의 일관성에 관한 것으로 동일한 측정도구가 동일한 현상을 되풀이해서 측정했을 경우 동일한 결론이 나오는지의 확률을 의미한다.

(2) 타당도와의 관계

① 신뢰도는 타당도의 필요조건이다.

② 신뢰도가 낮으면 타당도도 낮아지나 신뢰도가 높다고 하여 반드시 타당도가 높아지는 것은 아니다.

③ 타당도가 낮아도 신뢰도는 높을 수 있으나, 신뢰도가 낮으면 타당도는 낮아진다.

④ 일관성 있게 같은 결과를 가져오지 못하는 평가는 타당하다고 볼 수 없다.

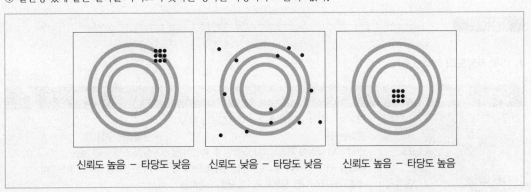

신뢰도 높음 – 타당도 낮음　　신뢰도 낮음 – 타당도 낮음　　신뢰도 높음 – 타당도 높음

(3) 신뢰도 검증 방법

재검사법	동일한 측정도구를 동일한 대상자에게 상이한 시점에서 두 번 측정하여 비교하는 방법
평행양식법 (동질이형법)	유사하다고 인정되는 두 가지 측정도구를 사용하여 결과를 비교하는 방법
반분법	하나의 측정도구에서 반으로 나누어 검사하여 비교하는 방법

[3] 타당도의 저해요소

03

19 추 기출

다음 중 정책평가의 외적 타당성 저해요인으로 옳은 것은?

① 선발요소, 성숙효과

② 호손효과, 성숙효과

③ 크리밍효과, 호손효과

④ 역사효과, 크리밍효과

해설

정답 ③

③ 크리밍효과, 호손효과는 외적 타당성 저해요인에 해당한다.

끝장이론

1. 내적 타당도의 저해요소

유형		의미	통제방안
다른 요인에 의한 변화	성숙요소	• 단순히 시간이 경과함에 따라 대상집단의 특성이 변하는 것 • 만약 어떤 대상에 특정정책을 집행한 후 특성이 달라졌을 경우, 그것이 그 기간 동안 대상집단의 성숙효과인지 아니면 정책효과인지 구별이 어려움	• 통제집단 구성 • 실험(조사) 기간 제한 • 빠른 성숙을 보이는 표본회피
	역사요소	• 조사기간(정책집행기간) 중 우연히 발생한 사건으로 결과변수가 영향을 받는 경우 • 정치 · 경제 · 사회 · 자연환경적 사건들로 대상집단의 특성이 변할 수 있음	• 통제집단 구성 • 실험(조사) 기간 제한

표본의 대표성 관련요인	선발요소	• 정책이나 프로그램집행 후 실험집단과 비교집단 간 결과변수에 대한 측정값의 차이가 정책집행의 효과라기보다 단순히 두 집단구성원들이 다르기 때문에 나타나는 경우 • 자기선발요인: 특히 실험집단이 자원자들로 구성될 경우 선발요인은 유력한 경쟁가설로 등장할 수 있음 • 내적 타당도를 저해하는 요소를 외재적 요인과 내재적 요인으로 나눌 경우 내적 타당도를 저해하는 유일한 외재적 요인에 해당	• 무작위배정 • 사전측정
	상실요소	• 정책집행기간 중 대상집단의 일부가 탈락하여(상실되어) 남아 있는 대상이 처음의 관찰대상집단과 다른 특성을 나타낼 때 효과추정이 어려움 • 일반적으로 중도탈락한 사람들보다 끝까지 남아 있는 사람들의 성취수준이 높음 • 탈락률은 하나의 집단을 대상으로 관찰할 때에도 문제가 되지만, 실험집단과 비교집단의 탈락률이 서로 다를 경우 문제가 더욱 심각함	• 무작위배정 • 사전측정
	회귀인공요소	• 극단적인 사전측정값을 갖는 사례들을 재측정하면 평균값으로 회귀하려는 경향이 있음 • 극단값을 갖는 구성원으로 실험집단을 구성하면 실제로는 정책효과가 없어도 효과가 있는 것으로 나타나고, 효과를 과대(과소)추정하게 됨	• 극단적인 측정값을 갖는 집단 회피 • 신뢰성 있는 측정도구의 사용
관찰 및 측정방법 관련요인	검사요소 (Testing)	• 정책이나 프로그램의 실시 전과 실시 후에 유사한 측정을 반복할 경우 조사대상자들이 그 측정방법에 익숙해져서 측정값에 영향을 미치는 현상 • 검사효과 때문에 정책효과를 과대 혹은 과소추정함으로써 내적 타당성이 낮아짐	• 사전검사를 하지 않은 통제집단과 실험집단 활용 ^예 솔로몬 4집단설계 • 사전검사의 위장 • 눈에 띄지 않는 관찰 방법
	측정수단요소 (Instrumenta- tion)	측정기준과 측정수단이 변화함에 따라 나타나는 차이	표준화된 측정도구의 사용
기타 요인	선발과 성숙의 상호작용	두 집단의 선발상 차이뿐 아니라 두 집단의 성숙속도가 다름으로 인한 현상	
	처치와 상실의 상호작용	두 집단에 대한 다른 처치로 인해 두 집단으로부터 구성원들이 다르게 상실되는 현상	
	오염효과	통제집단의 구성원이 실험집단 구성원의 행동을 모방하는 오염 또는 확산효과로서 모방, 정책의 누출(이전), 부자연스러운 반응 등이 이에 포함됨	

2. 외적 타당도의 저해요소

저해요인	개념
호손효과 (Hawthorne Effect)	• 실험집단의 구성원이 실험대상이라는 사실로 인해 평소와는 다른 특별한 심리적 · 감각적 행동을 보이는 현상 • 외적 타당도를 저해하는 대표적 요인 • 실험조작의 반응효과라고도 하며, 1927년 호손의 실험 결과로 발견
다수적 처리에 의한 간섭	동일집단에 여러 번의 실험적 처리를 실시하는 경우 실험조작에 익숙해짐으로 인한 영향이 발생하며 그 결과를 처치받지 않은 집단에게 일반화하기는 곤란
표본의 대표성 부족	두 집단 간 동질성이 있더라도 사회적 대표성이 없으면 일반화하기 곤란
실험조작과 측정의 상호작용	실험 전 측정(측정요소)과 피조사자의 실험조작(호손효과)의 상호작용으로 실험결과가 나타난 경우 이를 일반화하기 곤란
크리밍효과 (Creaming Effect)	효과가 크게 나타날 사람만 의도적으로 실험집단에 배정한 경우 그 결과를 일반화하기가 곤란 → 선정(선발)과 실험조작(호손효과)의 상호작용

[4] 정부업무평가

04

20 7 기출

정부업무평가에 대한 설명으로 옳지 않은 것은?

① 정부업무평가위원회는 대통령 직속하에 설치한다.

② 행정안전부 장관은 평가의 객관성 및 공정성을 위해서 지방자치단체의 평가를 지원한다.

③ 중앙행정기관장은 성과관리 전략계획에 기초하여 연도별 시행계획을 수립 및 시행한다.

④ 중앙행정기관장과 지방자치단체장은 매년 자체평가위원회를 통해 자체평가를 실시한다.

해설   정답 ①

① 정부업무평가의 실시와 평가기반의 구축을 체계적 · 효율적으로 추진하기 위해 국무총리 소속하에 정부업무평가위원회를 둔다(정부업무평가 기본법 제9조 제1항).

오답의 이유

② 행정안전부 장관은 평가의 객관성 및 공정성을 위해서 지방자치단체의 평가를 지원한다(정부업무평가 기본법 제18조 제4항).

③ 중앙행정기관장은 성과관리 전략계획에 기초하여 연도별 시행계획을 수립 및 시행한다(정부업무평가 기본법 제6조 제1항).

④ 중앙행정기관장과 지방자치단체장은 매년 자체평가위원회를 통해 자체평가를 실시한다(정부업무평가 기본법 제14조 제2항, 제18조 제2항).

1. 정부업무평가 기본법의 제정과 목적

(1) 개별평가에서 통합평가지향, 직접평가에서 자체평가위주, 단편적 성과관리에서 체계적 성과관리를 통한 정부정책의 효율성을 증대하기 위해 제정하였다.

(2) 정부업무평가에 관한 기본적인 사항을 정함으로써 중앙행정기관·지방자치단체·공공기관 등의 통합적인 성과관리체제의 구축과 자율적인 평가역량의 강화를 통해 국정운영의 능률성·효과성 및 책임성을 향상시키는 것을 목적으로 한다.

2. 정부업무평가의 체계

정부업무평가 기본계획	• 정부전체업무의 성과관리 및 정부업무평가에 관한 정책목표와 방향을 설정한 기본계획 • 정부업무평가위원회의 심의·의결을 거쳐 국무총리가 수립

↓

성과관리 계획수립	• 성과관리 전략계획(행정기관의 장 – 3년마다 수정·보완) • 성과관리 시행계획(행정기관의 장 – 연도별)

↓

집행·점검	• 예산·인력 등 자원투입 • 정책품질관리를 통한 과정관리 • 계획추진 실태점검

↓

평가	정부업무평가 기본계획(국무총리 – 3년마다 수정·보완)

↓

환류	• 문제정책의 개선(평가결과의 반영) • 예산배분에 활용(재정사업 자율평가) • 조직관리, 인사·보수관리에 반영 – 평가결과공개 → 국회 소관 상임위원회에 보고

3. 평가주관기관과 평가대상기관

(1) 평가주관기관

① 정부업무평가의 실시와 평가기반의 구축을 체계적·효율적으로 추진하기 위해 국무총리 소속하에 정부업무평가위원회를 둔다(정부업무평가 기본법 제9조).

② 국무총리는 정부업무평가위원회의 심의·의결을 거쳐 정부업무의 성과관리 및 정부업무평가에 관한 정책목표와 방향을 설정한 정부업무평가 기본계획을 수립해야 하며, 최소 3년마다 계획을 수정·보완해야 한다(정부업무평가 기본법 제8조).

(2) 정부업무평가위원회: 과거 민간전문가 중심의 정책평가위원회를 대신하여 2인의 위원장(국무총리와 민간위원장)을 포함한 15인 이내의 위원으로 구성된 정부업무평가위원회와 위원회로부터 위임받은 사항을 처리하기 위한 실무위원회가 평가업무를 총괄하도록 하고 있다(정부업무평가 기본법 제10조).

(3) 평가대상기관: 중앙행정기관(대통령령이 정하는 대통령 소속기관 및 국무총리 소속기관·보좌기관을 포함), 지방자치단체, 중앙행정기관 또는 지방자치단체의 소속기관, 공공기관(정부업무평가 기본법 제2조)이 있다.

4. 종류 및 절차

(1) 중앙행정기관 평가

① 자체평가(정부업무평가 기본법 제14조)

㉠ 중앙행정기관의 장은 그 소속기관의 정책 등을 포함하여 자체평가를 실시하여야 한다.

㉡ 중앙행정기관의 장은 자체평가위원회를 구성·운영하며, 평가의 공정성, 객관성을 확보하기 위해 자체평가위원회의 2/3 이상을 민간위원으로 하여야 한다.

② 재평가: 국무총리는 자체평가 결과를 확인·점검 후 평가의 객관성·신뢰성에 문제가 있다고 판단되는 때에는 위원회의 심의·의결을 거쳐 재평가를 실시할 수 있다(정부업무평가 기본법 제17조). → 일종의 메타평가(상위평가)

(2) 지방자치단체 평가(정부업무평가 기본법 제18조)

① 자체평가: 지방자치단체의 장은 그 소속기관의 정책 등을 포함하여 자체평가를 실시하여야 한다. 지방자치단체장은 자체평가조직 및 자체평가위원회를 구성·운영하며, 평가의 공정성, 객관성을 확보하기 위해 자체평가위원회의 2/3 이상을 민간위원으로 하여야 한다.

② **평가지원**: 행정안전부장관은 평가의 객관성 및 공정성을 높이기 위하여 평가지표, 평가방법, 평가기반의 구축 등에 대해 지방자치단체를 지원할 수 있다.

③ 국가위임사무 등에 대한 합동평가: 자치단체의 국고보조사업 등 국가위임사무 그 밖에 대통령령이 정하는 국가의 주요 시책 등에 대해 행정안전부장관은 관계 중앙행정기관의 장과 합동으로 평가를 실시할 수 있다(정부업무평가 기본법 제21조).

(3) 특정평가: 국무총리는 둘 이상의 중앙행정기관 관련시책, 주요 현안시책, 혁신관리 및 대통령령이 정하는 대상부문에 대해 특정평가를 실시하고 그 결과를 공개하여야 한다(정부업무평가 기본법 제20조).

(4) 공공기관 평가: 공기관에 대한 평가는 공공기관의 특수성·전문성을 고려하고 평가의 객관성 및 공정성을 확보하기 위하여 공공기관 외부의 기관이 실시하여야 한다(정부업무평가 기본법 제22조).

5. 평가결과의 활용

평가결과의 공개	평가를 담당하는 기관의 장은 평가결과를 전자통합평가체계 및 인터넷 홈페이지 등을 통해 공개해야 함
평가결과의 보고	국무총리는 매년 각종 평가결과보고서를 종합하여 이를 국무회의에 보고하거나 평가보고회를 개최한다. 또한 중앙행정기관의 장은 전년도 자체평가결과를 지체 없이 국회 소관 상임위원회에 보고하여야 함
평가결과의 반영 (예산·인사 등)	중앙행정기관의 장은 평가결과를 조직·예산·인사 및 보수체계에 연계·반영하여야 함
평가결과에 따른 자체 시정조치 및 감사	중앙행정기관의 장은 평가결과, 정책 등에 문제점이 발견된 때에는 지체 없이 정책의 집행·중단·축소 등 자체 시정조치를 취해야 함
평가결과에 따른 보상	중앙행정기관의 장은 평가결과에 따라 포상, 성과급 지급, 인사상 우대 등의 조치를 취해야 함

6. 정책평가기구

평가기구	평가대상	주관부처
복권위원회	복권의 발행·평가	기획재정부장관
공기업, 준정부기관 경영평가단	공공기관 경영실적평가	
보조사업평가단	자치단체 등에 대한 국고보조사업	
지방자치단체 합동평가위원회	국가위임사무에 대한 합동평가	행정안전부장관
책임운영기관 운영위원회	책임운영기관 성과평가	
지방공기업정책위원회	지방공기업 경영평가	

[5] 기획

05

15 기출

다음 중 국가기획에 대한 입장으로 옳지 않은 것은?

① 하이에크(Hayek)는 저서 『노예에로의 길(The Road to Serfdom)』에서 큰 정부를 주장하며, 국가기획을 찬성하였다.

② 파이너(Finer)는 저서 『반동에로의 길(The Road to Reaction)』에서 민주적 기획론을 주장하며 국가기획을 찬성하였다.

③ 만하임(K. Mannheim)은 『자유·권력 및 민주적 기획론』에서 민주주의와 기획의 양립을 강조하면서 자유 사회를 위한 민주적 기획을 주장하였다.

④ 홀콤(A. N. Holcomb)은 『계획적 민주정부론』에서 계획적 민주주의의 중요성을 강조하며 기획에 대한 찬성론적인 입장을 견지하였다.

해설

정답 ①

① 하이에크(F. Hayek)는 신자유주의의 입장에서 시장에 대한 정부의 간섭을 비판했던 경제학자이다. 저서 『노예에로의 길』에서 국가기획과 개인의 자유는 양립할 수 없음을 강조하며 사회주의와 전체주의를 비판하였다. 즉, 사회주의 경제체제에서는 경제계산이 불가능하기 때문에 정부개입이 결국 국가적 재앙을 야기할 것이라고 주장하며 국가기획을 반대하였다. 또한 화폐이론과 경기순환론 등에 있어서 케인즈와 대립되는 입장을 취하였다.

06

다음 중 기획과정이 순서대로 바르게 나열된 것은?

① 목표설정 → 상황분석 → 기획전제 설정 → 대안의 탐색 및 평가 → 최종안의 선택
② 목표설정 → 기획전제 설정 → 상황분석 → 대안의 탐색 및 평가 → 최종안의 선택
③ 상황분석 → 목표설정 → 기획전제 설정 → 대안의 탐색 및 평가 → 최종안의 선택
④ 상황분석 → 기획전제 설정 → 목표설정 → 대안의 탐색 및 평가 → 최종안의 선택

해설   정답 ①

① 기획과정은 보통 '목표설정(제1단계) → 상황분석(제2단계) → 기획전제 설정(제3단계) → 대안의 탐색 및 평가(제4단계) → 최종안의 선택(제5단계)'의 순서로 이뤄진다.

끝잠이론 ···

1. 국가기획과 민주주의

(1) 국가기획 반대론

① 하이에크(F. Hayek)는 『노예에로의 길(The Road to Serfdom), 1944』에서 주장하였다.

② 국가기획제도를 도입하면 의회제도를 파괴·무력화시켜 독재를 초래, 시민의 정치적·경제적 자유와 권리의 침해, 이 질성·복합성·융통성이 없는 극히 단조로운 경제사회의 탄생 등으로 자유민주주의 국가들이 전체주의 국가로 전락할 것이라고 보았다.

(2) 국가기획 찬성론

① 파이너(H. Finer)는 『반동(반응)에로의 길(The Road to Reaction), 1945』에서 시민의 자유와 권리를 보장하는 기획이 가능하며(경제위기, 실업문제, 빈곤, 재난 등에 대한 해결책을 강구하기 위한 기획이 가능함), 자본주의의 균형 있는 발전, 질서 있는 현대사회로의 발전을 위해서 국가기획이 불가피하고 타당하다고 보았다.

② 만하임(K. Mannheim)은 『우리 시대의 진단(Diagnosis of Our Times), 1998』에서 자유방임적 경쟁사회나 독재주의가 아닌 민주적 통제방식에 의한 계획적 사회로의 이행이 필연적이라고 보면서, 민주주의 전통(다원적 가치관·다양성의 인정)에 입각하여 자유를 위한 기획을 주장하였다.

국가기획 반대론	국가기획 찬성론
• 하이에크(F. Hayek)의 『노예에로의 길(1944)』	• 파이너(H. Finer)의 『반동에로의 길(1945)』
• 국가기획은 국민을 피동화시키고, 대의제도를 약화시킴	• 자유와 민권의 향유를 늘리기 위해 국가기획 필요
• 립먼(W. Lipman), 프리드먼[M. Friedman(통화주의)], 몽펠랑 협회	• 만하임(K. Mannheim), 프롬(E. Fromm), 루이스(A. Lewis)

2. 허드슨(Hudson)의 기획에 대한 접근법(SITAR)

(1) 총괄적(Synoptic) 기획

① 합리적·종합적 접근으로 개발도상국에 많이 적용된다.

② 국제기구들의 기술원조계획에 의한 자문활동에 많이 적용된다.

③ 대부분의 문제를 체제접근의 관점에서 보며, 관련변수들을 단순화시켜 모형을 구성하고 계량적 분석을 많이 활용하여 지표와 문제, 수단과 제약조건 등이 거시적으로 명확하게 제시된다는 장점이 있다.

④ 문제의 복잡성, 제한된 정보와 자원, 인간능력의 한계 등으로 비현실적이라는 비판을 받는다.

(2) 점진적(Incremental) 기획

① 논리적 일관성이나 최적의 해결책보다 계속적인 조정과 적응을 추구하는 접근법이다.

② 전략적·단편적 점진주의라고 불린다.

③ 민주사회 및 시장경제체제하에서는 이익갈등의 조정과 절충에 의해 분권적인 의사결정과 기획이 이뤄져야 한다고 본다.

④ 합리적 선택을 모색하지만, 정책대안(수단)과 예상되는 결과의 추출·평가 시 완전정보에 의한 종합적 분석이 불가능하므로 제한된 수의 대안만을 고려한다.

⑤ 임기응변적인 문제해결방식에 불과하며, 사회개혁이나 근대화계획 등에 부적합하다는 비판을 받는다.

(3) 교류적(Transactive) 기획

① 공익이라는 불확실한 기준을 내세우기보다는 어떤 결정에 의해 직접적으로 영향을 받는 사람들과 대면접촉을 통해서 계획을 수립한다.

② 자료조사나 통계분석보다는 개인상호 간의 대화를 통한 발전과정에 보다 중점을 둔다.

③ 인간의 존엄성과 효능감을 중시한다.

(4) 창도적(Advocacy) 기획

① 1960년대 법조계에서 형성된 피해구제절차로부터 비롯된 것으로 강자에 대항하여 약자의 이익을 보호하는 데 활용된다.

② 대기업으로부터 공해를 입은 주민과 극빈자 등의 권익을 보호하는 데 기여하고, 주로 지역사회 주민집단의 이익을 대변하고 주창하는 성격이다.

③ 사회에는 다원적인 가치가 혼재하므로, 창도적 기획에서는 이론상 단일의 계획보다는 복수의 다원적인 계획들을 수립하는 것이 바람직하다고 본다.

④ 사회정의라는 기준을 중시하며, 막후의 협상을 공개적인 기획과정으로 흡수한다.

(5) 급진적(Radical) 기획

① 자발적 실행주의 사조에 기초를 두고 단기간 내에 구체적 성과를 가져올 수 있는 집단행동을 실현시키려는 접근방법이다.

② 단편적인 지역사회문제의 해결보다는 사회·경제 전반에 걸친 거시적인 개혁을 시도한다.

3. 기획과정

단계	내용
목표설정(1단계)	달성하고자 하는 목적이 무엇인지를 규정하고 그것을 구체화하는 것
상황분석(2단계)	목표를 설정한 후 목표를 달성하는 데 예상되는 장애요인과 문제점은 어떠한 것이 있는지를 분석하는 것
기획전제 설정(3단계)	기획을 수립하는 과정에서 토대로 삼아야 할 기본적인 예측 또는 가정인 기획전제를 설정하는 것
대안의 탐색 및 평가(4단계)	여러 개의 가능한 행동노선을 탐색하고 그것들을 상호비교·평가하는 것
최종안의 선택(5단계)	비교·분석된 결과에 비추어 최선의 대안을 선택하는 것

PART **3**

조직론

[1] 부서화(부서편성)의 원리

01

06 기출

다음 중 부처조직의 기준으로서 고려하기 어려운 것은?

① 목적　　　　　② 지역　　　　　③ 비공식적 인간관계　　　④ 과정

해설

정답 ③

③ 고전적 행정이론이 강조하고 있는 부서편성의 원리에 의한 편성기준은 목적 · 기능별, 과정 · 절차(기술)별, 고객 · 수혜자 (대상)별, 지역 · 장소별의 4가지가 존재한다.

끝장이론

1. 조직원리론(구조형성에 관한 원리)의 의의

(1) 원리주의의 기본핵심: 행정에는 어떠한 나라에서나 적용될 수 있는 보편타당한 과학적 원리가 존재한다.

(2) 원리주의에 속하는 학자: 귤릭(H. Gulick)과 어윅(L. Urwick), 폴레(M.P. Follet), 윌러비(W. F. Willoughby), 페이욜(H. Fayol) 및 무니(D. Mooney) 등이 있다.

(3) 고전적인 조직의 원리는 특히 사이먼을 중심으로 하는 행태론자들에 의해 '격언'에 불과하다고 비판을 받았다. 이것은 원리주의가 추상적인 주장에 불과하지 과학적인 검증을 거치지 못했음을 의미한다(형식과학, 원리들 간의 상충).

2. 조직원리의 구분

분화에 관한 원리	통합조정에 관한 원리
· 분업의 원리 · 부처편성(부서화)의 원리 · 동질성의 원리 · 참모조직의 원리 · 기능명시의 원리	· 조정의 원리 · 계층제(계서제)의 원리 · 통솔범위의 원리 · 명령통일의 원리 · 명령계통의 원리 · 목표의 원리: 조직 내의 모든 활동은 조직의 목표에 직 · 간접적으로 기여해야 한다는 원리 · 집권화의 원리: 권한구조를 집권화하여 능률을 높여야 한다는 원리 · 권한과 책임일치의 원리

3. 분화에 관한 원리

(1) 전문화(분업)

① 전문화(분업)의 원리: 행정능률은 전문화가 되면 될수록 능률이 올라간다는 것이다. 본래 전문화는 작업과정을 세분해서 한 사람이 세분된 일부분만을 담당케 함으로써 일어나는 작업의 전문화를 가리키는데 이를 통한 인간의 전문화도 일어난다.

순기능	역기능
• 업무의 세분화를 통해 업무를 익히는 데 걸리는 시간을 단축시킴 • 반복적 업무수행을 통해 업무의 능률적 수행촉진 • 특정분야의 전문가 양성에 유리	• 사람들이 일의 보람을 느끼지 못하게 한다는 점 • 의사전달의 애로와 조정의 필요를 크게 한다는 점 • 바람직한 인간관계의 형성을 방해한다는 점 • 인적 전문화를 방해한다는 점 • 피로와 권태감을 크게 한다는 점 등에서 비판

② 전문화의 유형

㉠ 수직적 분업과 수평적 분업: 수평적 분업은 전문화(분업)의 원리를 의미하며, 수직적 분업은 계층제의 원리를 의미한다.

㉡ 일의 전문화와 사람의 전문화: 일의 전문화란 업무를 세분화·단순화하여 반복적·기계적 업무로 만드는 것을 의미하며, 사람의 전문화란 교육·훈련 등을 통해 전문가를 양성하는 것을 의미한다. 일반적으로 분업의 원리는 일의 전문화를 의미한다.

㉢ 상향적 분업과 하향적 분업: 상향적 분업은 작업현장중심의 분업체제를 의미하며(과학적 관리론에서 중시), 하향적 분업은 최고관리층의 기능을 중심으로 한 분업체제를 의미한다(원리주의의 POSDCoRB모형에서 중시).

(2) 부서화(Departmentalization)

① 개념: 개별직위와 직무를 상호의존성이 높은 직무를 중심으로 부서로 묶어 분류

② 부서화의 방식

㉠ 기능부서화(Functional Grouping): 유사기능 혹은 업무과정을 수행하거나 유사한 지식이나 기술을 가진 구성원을 같은 부서로 묶는 방식

㉡ 사업부서화(Divisional Grouping): 구성원을 조직의 생산물에 따라 같은 부서로 묶는 방식

㉢ 지역부서화(Geographic Grouping): 특정한 지역 내의 소비자나 고객에 봉사하기 위해 조직구성원을 조직하는 방식

㉣ 혼합부서화(Multi-Focused Grouping): 두 개의 부서화 대안을 동시에 수용하는 방식

③ 굴릭(Gulick)의 부서편성(부성화)의 원리: 굴릭은 분업을 조직의 기초이며 이유라고 하면서 분업화의 기준인 부서편성의 원리를 제시하고 있다. 부서편성의 원리는 조직을 편성하는 기준을 말하는데 그 기준으로서 목적(기능), 과정(절차), 고객(대상) 및 장소(지역)의 4가지를 들고 있다. 즉, 조직이 4가지 기준에 의해 편성될 때, 행정능률은 올라간다는 것이다.

기준	의의	장점	단점
목적·기능별	목표나 기능에 따라 조직을 편성하는 방법(외교부, 교육부, 국방부)	정부기능에 대한 국민의 이해 용이	할거주의 야기
과정·절차별	동일한 과정·절차·수단을 기준으로 부처를 조직화하는 방법(통계청, 조달청, 국세청, 감사원)	• 행정의 전문화 용이 • 최신기술의 최대한 활용	목표보다는 수단을 중시함으로써 목표전환 초래
대상·고객별	동일수혜자 또는 동일대상물을 기준으로 부처조직을 편성하는 방법(노동부, 국가보훈처, 산림청, 문화재청 등)	• 업무의 조정 용이 • 국민과 정부의 접촉 용이와 행정에 대한 통제 용이	• 고객집단이나 이익집단의 부당한 영향 우려 • 마일(Mile)의 법칙
지역·장소별	행정활동이 수행되는 장소에 따라 조직을 편성하는 방법(지방세무서, 지방병무청 등의 일선기관)	지역적 특성에 부합한 행정	전국에 통일적인 정책수립 곤란

(3) 참모조직의 원리: 계선과 참모를 구별하고 참모는 일반계서의 명령계통으로부터 분리해야 한다는 원리이다.

(4) 동질성의 원리: 각 조직단위가 같은 종류의 활동만으로 구성되게 해야 한다는 원리이다.

(5) 기능명시의 원리: 분화된 모든 기능 또는 업무는 명문으로 규정하여야 한다는 원리이다.

[2] 통합조정의 원리

02

12 기출

부하가 오직 한 사람의 상관으로부터 명령을 받고 보고하도록 하는 명령통일의 원리와 관련이 깊은 조직유형은?

① 막료

② 합의제 기관

③ 계선

④ 위원회

해설　　　　　　　　　　　　　　　　　　　　　　　　　　　　　　　　　　　　정답 ③

③ 명령통일의 원리는 조직 내 질서유지 및 업무의 능률성 · 신속성 확보가 중요한 계선조직에 적용될 수 있다.

03

07 기출

다음 중 계층제의 순기능과 거리가 먼 것은?

① 신속하고 능률적인 업무수행

② 유연성 있는 조직의 변화

③ 질서 및 통일성의 확보

④ 책임의 명확성

해설　　　　　　　　　　　　　　　　　　　　　　　　　　　　　　　　　　　　정답 ②

② 계층제는 조직의 경직화를 초래하게 되어 유연성 있는 조직의 변화가 어렵다. 그렇기 때문에 외부환경의 변화에도 탄력적으로 대응하기 어렵다는 한계점이 있다.

---

1. 계층제의 원리

(1) 의의

① 권한·책임 및 의무의 정도에 따라 직무를 상·하로 등급화시키고 이 등급 간에 명령복종과 지휘감독체계를 확립하는 것을 말한다.

② 계층제는 목적과 기능에 따라 직무가 상하로 구분되는 명령복종의 관계이고 지위와 역할이 계서화된 체계라고 할 수 있으며, 관료제조직을 구조적으로 형성시켜 주는 모체가 된다.

(2) 계층의 필요성: 통솔범위의 한계(통솔범위와 계층은 반비례관계), 권한위임의 통로이다.

순기능	역기능
• 지시, 명령, 권한위임과 의사소통의 통로 • 조직 내 갈등과 분쟁을 조정·해결하는 내부통제수단 • 지시와 감독을 통해 행정조직의 질서와 통일성의 확보 및 조직의 안정성 유지 • 지시, 명령을 통한 신속하고 능률적인 업무수행 • 권한과 책임한계 설정기준 • 승진유인 제공, 인간의 상승욕구 자극	• 의사전달의 왜곡 • 동태적인 인간관계의 형성 저해 • 기관장의 독재화 우려 • 환경변화에 신축적인 적응 곤란(경직화) • 구성원의 개성·창의성 계발과 활동 저해 • 할거주의 초래 • 피터(Peter)의 원리를 야기함 • 자아실현인의 활동무대로 부적합 • 집단사고의 가능성 증대 • 현대적 인간관인 자아실현인, 복잡인과의 부조화

(3) 계층제의 특징

① 계층의 수: 구성원 수의 증가는 조직계층 수와 정비례관계에 있다.

② 계층제와 분업의 관계: 분업은 업무성질에 따른 수평적 분업과 업무의 권한과 책임에 따른 수직적 분업으로 구분된다. 계층제는 수직적 분업과 관련된다.

③ 계층제와 통솔범위의 관계: 통솔범위가 넓어지면 계층의 수는 적어지고 통솔범위가 좁아지면 계층의 수는 많아진다(역관계).

④ 계층수준과 업무: 계층수준이 높을수록 비정형적 업무를, 낮을수록 정형적 업무를 담당한다.

(4) 계층의 양태

구분	고층구조	저층구조
특징	• 통솔범위가 좁고 계층의 수가 많은 구조 • 기계구조(관료제)	• 통솔범위가 넓고 계층의 수가 적은 구조 • 유기구조(탈관료제)

2. 통솔범위의 원리

(1) 의의

① 통솔범위의 원리는 인간의 능력과 주의력에 있어서 한계가 있기 때문에 1인의 상관이 직접 감독할 수 있는 부하의 수는 제한되어 있어야 하는 원리를 말한다.

② 통솔의 범위가 너무 커 부하의 수가 너무 많게 되면 통솔은 약화된다는 것이다.

(2) 통솔범위의 결정요인(확대요인)

① 신설조직보다는 기성조직, 안정된 조직의 경우

② 공간적으로 분산되어 있는 경우보다는 동일장소에 집중되어 있는 경우

③ 업무의 성질이 단순하고 반복적·표준화된 동질적 업무를 다루는 경우

④ 정보통신기술 등 의사전달기술이 발달한 경우

⑤ 부하들이 유능하고 감독자의 능력이 우수한 경우 등

3. 명령통일의 원리

(1) 의의

① 명령통일은 조직 내에서 한 사람이 두 사람 이상으로부터 명령과 지시를 받을 때 혼란과 갈등이 생기기 때문에, 명령을 내리고 보고를 받는 사람이 반드시 한 사람이어야 한다는 것을 의미한다.

② 명령통일을 잘 지키고 이를 위해서 권한이 계층적으로 배열될 때 행정능률은 올라간다고 주장한다.

(2) 문제점: 명령통일이 가능하고 또 바람직한 경우에는 명령통일의 원리를 적용해야 하지만 다음의 경우에는 복수의 상관으로부터 명령을 받도록 하는 장치를 마련해야 한다.

① 업무의 연관성이 높은 경우

② 관리의 기능별 전문화가 필요한 경우

③ 갈등의 발생시점부터 그것을 신속히 해소시킬 필요성이 큰 경우 등

4. 조정의 원리

(1) 의의

① 행정조정이란 행정의 목표를 효율적으로 달성하기 위해 조직의 각 단위 및 구성원의 노력과 행동을 질서정연하게 배열하고 통일시키는 작용이다.

② 오늘날 행정조직은 전문화·세분화되어 있으므로 전체적인 조화와 통합을 위해 조정이 중요하다.

③ 무니(Mooney)는 조정의 원리를 조직의 목표달성과 직결되는 제1의 원리로 표현한 바 있다.

(2) 조정의 저해요인 및 극복방안

저해요인	극복방안
• 행정기능의 다원화 • 전문화, 분업화로 인한 할거주의 • 이익단체의 압력 • 조직목표나 이해관계의 차이	• 조정기구(위원회, 회의 등) 및 계층제(권위)에 의한 조정 • 부서 간 인사교류 확대 • 상위목표의 강조 및 의사결정의 참여

04

18 기출

다음 중 수평적 조정기제에 해당하지 않는 것은?

① 규칙
② 통합관리자
③ 태스크포스
④ 정보시스템

해설

정답 ①

① 규칙은 수직적 조정장치에 해당한다.

05

15 기출

다음 중 다프트(Daft)가 주장한 조정기제에 대한 설명으로 옳지 않은 것은?

① 임시작업단(Task Force)은 수직적 조정기제이다.
② 장기간에 걸쳐 강력한 협동이 요구될 때에는 프로젝트팀이 적합하다.
③ 임시작업단은 각 부서대표로 구성된 임시위원회이다.
④ 수평적 연결기제로 다수 부서 간의 긴밀한 연결과 조정을 위한 태스크포스의 설치 등이 있다.

해설

정답 ①

① 임시작업단(Task Force)은 수평적 조정기제이다.

오답의 이유

② 임시작업단은 단순한 특정문제를 해결하는 데 적합하고, 프로젝트팀은 장기간에 걸쳐 강력한 협동이 요구되는 프로젝트에 좀 더 적합하다.
③ · ④ 임시작업단은 수평적 연결기제로 다수부서 간의 긴밀한 연결과 조정을 위해 각 부서대표로 구성된 임시위원회이다.

끝장이론

1. 논의의 맥락

(1) 부처편성으로 인한 부처할거주의 해소의 필요성이 있다.

(2) 조직 내에서 개인의 과업이 충실히 수행되었다 할지라도 그것은 조직 내 전체과업의 일부분에 불과하기 때문에 조직은 각각의 개인과업을 적절히 상호조정하기 위해 이들을 통합하는 수단이 필요하다.

2. 수직조정

(1) 계층제

① 계층제는 보고와 명령의 체계이다.

② 업무의 조정과 협력이 상관과 부하 사이로 전달되는 것을 의미한다(부총리제도의 신설).

(2) 규칙과 계획

① 반복적 · 일상적 문제들은 보고와 결재 없이 수행하도록 규칙과 계획을 수립한다.

② 규칙은 의사소통 없이 조정을 가능하게 하는 표준정보자료이다.

③ 계획은 장기적인 조정기능을 수행한다.

(3) 계층직위의 추가

① 조직과제가 증대되면 계층제와 규칙 · 계획의 방법으로는 조정이 불가능해진다. 이런 경우 수직적 계층직위를 추가하여 상관의 통솔범위를 줄이고 다시 밀접한 의사소통을 가능하게 한다.

② 주로 스태프를 고용하거나 새로운 라인을 신설하는 경우도 있다.

(4) 수직정보시스템

① 정보화시대에 의사소통은 정보시스템으로 이루어진다.

② 의사소통의 증가는 조정의 증가를 의미한다.

③ ICT기술은 수직정보시스템을 가능하게 한다.

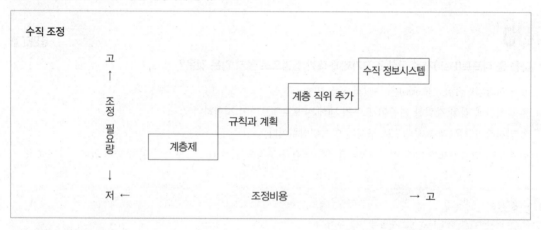

3. 수평조정: 조직 간 조정

(1) 정보시스템: 부처 간에 통합적인 정보공동이용시스템의 구축과 정보의 공동활용 등으로 부처 간에 업무조정을 원활히 한다.

(2) 직접접촉

① 문제관련자들끼리 직접 만나서 조정을 하는 방법이다.

② 연락책을 두어 조직 내에서 연락과 의사소통만 전담한다.

(3) 임시작업단(Task Force)

① 태스크포스는 특정과업을 수행하기 위해 소집되며 과업이 해결된 후에는 해체되는 임시위원회로서 일정 기간 주어진 문제를 집중적으로 연구검토하여 집단 사이의 견해를 수렴하고 문제의 해결을 모색한다.

② 여러 부서가 관련된 경우에는 임시작업단을 구성하는 것이 바람직하다.

③ 임시작업단은 하나의 문제에 관련된 여러 부서의 대표들이 모인 위원회로서 여러 부서 간의 조정 문제를 해결해 준다.

(4) 사업관리자(Project Manager)

① 사업관리자란 조직이 여러 부서로 세분화되어서 부서 간 의사소통문제가 중요하게 대두될 때 종적 경로를 거치지 않고 부서 간의 직접적인 의사전달로 효과적인 조직활동이 가능하도록 하는 방법을 말한다.

② 수평적 연결을 담당할 직위를 신설하는 방법이다.

③ 부처 밖에 위치하여 각 부서들 간의 문제를 조정하는 역할을 한다.

(5) 프로젝트팀(Project Team)

① 프로젝트팀은 영구적인 사업집단으로서 가장 강력한 수평조정장치이다.

② 관련부서들 사이에 장기적이고 강력한 조정을 이끌어 낸다.

③ 대규모사업, 중요한 혁신 등의 업무에서 필요로 한다.

④ 팀조직은 태스크포스와 같은 임시조직인데, 서로 다른 분야에 전문기술을 보유하고 있는 소수의 조직구성원들이 공통된 목표하에 과업을 달성하기 위해 형성하는 조직형태이다.

⑤ 우리나라에서도 조직환경이 더욱 급격히 변화하고 산업이 복잡해짐에 따라 많은 민간기업에서 팀조직을 도입하고 있으며, 정부 역시 행정개혁의 차원에서 과제별 팀조직의 도입을 추진하고 있다.

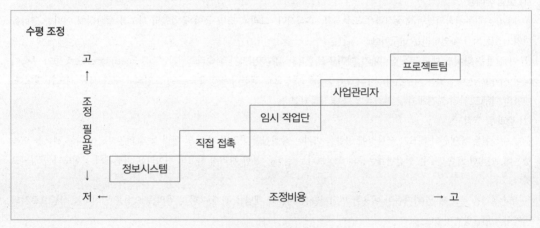

[4] 신고전이론(인간관계론, 행태론)

06

07 기출

다음 중 호손(Hawthorne)실험의 결론으로 적절한 것은?

① 조직구성원의 경제적 보상의 중요성

② 공식조직에서의 의사소통관계의 중요성

③ 조직구성원의 사회적 · 심리적 요인의 중요성

④ 조직의 기계적 능률의 중요성

③ 호손실험을 통해 조직구성원의 사회적·심리적 요인의 중요성을 알게 되었으며, 이는 인간관계론이 성립하는 배경이 되었다. 1920년대 메이요(Mayo) 등이 진행하였던 호손실험은 본래 과학적 관리론의 바탕 위에서 작업장의 조명, 휴식시간 등 물리적·육체적 작업조건과 물질적 보상방법의 변화가 근로자의 동기 유발과 노동생산성에 미치는 영향을 분석하기 위해 설계되었다. 그러나 실험결과 근로자의 생산성에 작업조건보다는 비공식집단의 압력 등의 사회적 요인이 영향을 미친다는 점을 발견하였다. 심리학적으로는 사람들이 자신의 행동이 관찰되고 있다는 사실을 아는 것만으로도 행동을 바꾸어 생산성이 증가함을 발견하게 되었는데, 이를 호손효과(Hawthorne Effect)라고 한다.

끝장이론

1. 호손연구

(1) 실험의 배경

① 1920년대에 시작되었던 호손실험은 노동시간, 휴식시간, 그리고 조명 등이 종업원의 피로와 생산성에 어떠한 영향을 미치고 있는지를 확인하려는 연구이다.

② 이 실험은 하버드 대학교의 심리학자 메이요(E. Mayo)와 경영학자 뢰슬리스버거(F. J. Roethlisberger) 등이 주축이 되어 시카고 근처에 있는 서부전기회사의 호손공장을 대상으로 생산성에 영향을 주는 요인의 연구를 처음 시도한 것이다. 이들의 연구로 인해 인간에 대한 본격적 연구가 시작되었다.

(2) 결과 및 영향

① 호손실험은 종업원의 태도가 생산성에 영향을 미치는 작업집단과 작업 자체 및 관리 등에 의존하고 있다는 결론을 도출했는데, 이러한 호손연구는 인간관계운동의 확산보다는 실험을 통한 관리적 사고의 변화라는 차원에서 공헌도가 인정되고 있다.

② 호손실험을 주도해 온 학자들이 이용한 면접기술은 시간적 개념을 전제로 한 감정의 중요성을 인식하는 상담으로서의 비지식적 접근방법이었다.

③ 이 방법은 인적자원관리의 이론적 개발에 중요한 역할을 하였을 뿐만 아니라 과학적 관리론의 한계를 보완하는 인간관계론이라는 새로운 학문을 탄생시킨 원동력이 되었다.

2. 인간관계론 계보의 조직이론

(1) 비공식조직: 비공식조직은 비가시적이며, 살아 있는 조직으로 감정적인 요소에 기반해서 구성된 조직 내의 부분질서라고 부를 수 있다.

(2) 리더십이론: 리더십이론에서 리더를 핵심적인 조직변수로 삼는 것 자체가 바로 조직 내 인간의 중요성에 주목하는 것이다.

(3) 의사전달이론: 의사전달이론은 조직 내 인간상호 간의 의사전달 또는 이들의 의사전달행태에 주목하는 것으로 대표적인 인간관계론 계열의 이론영역 중 하나이다.

(4) 동기부여이론: 인간의 행위유발요인에 대한 체계적인 연구의 영역이다.

(5) 갈등이론: 갈등이 사회질서에 있어서는 파괴적일 수 있지만, 질서를 유지하는 데 기여할 수도 있다고 주장한다.

07

상황론적 조직이론에 대한 설명으로 옳지 않은 것은?

① 경험적 조직이론으로서 관료제이론과 행정원리론에서 추구한 보편적인 조직원리를 비판하면서 등장했다.

② 중범위라는 제한된 수준 내에서 일반성과 규칙성의 발견을 추구한다.

③ 상대적인 입장을 취해 조직설계와 관리방식의 융통성을 꾀한다.

④ 독립변수나 상황적 조건들을 한정하거나 유형화하지 않는 유연한 분석을 통해 문제에 대한 처방을 추구한다.

해설 　　　　　　　　　　　　　　　　　　　　　　　　　　　　　　　정답 ④

④ 상황론적 조직이론은 개별 조직이 놓인 상황에 따라 적합한 조직구조나 관리방식을 처방해야 한다고 생각한다. 독립변수나 상황적 조건들을 한정하거나 유형화하지 않는 유연한 분석을 통해 문제에 대한 처방을 추구해야 한다는 이론은 중범위이론이다.

오답의 이유

① 상황변수와 조직구조변수의 관계를 경험적으로 연구한 경험적 조직이론으로서 관료제이론과 행정원리론에서 추구한 보편적인 조직원리를 비판하면서 등장했다.

② 일반체제이론의 거시적 관점을 실용화하려는 중범위라는 제한된 수준 내에서 일반성과 규칙성의 발견을 추구한다.

③ 상황에 따라 조직설계와 관리방식이 달라져야 한다는 관점이기 때문에 상대적인 입장을 취해 조직설계와 관리방식의 융통성을 꾀한다.

끝장이론 ··

1. 일반체제이론

(1) 주요개념: 체제란 두 개 이상의 상호의존적인 부분, 구성요소 또는 하위체제로 구성된 환경적인 상위체제와 구별되는 경계에 의해 그 윤곽이 드러나는 단일(單一)의 전체(全體)이다.

(2) 체제의 종류

① 폐쇄체제

㉠ 자급자족적(Self-Contained)이며 환경과는 격리된 체제를 말한다.

㉡ 엄격한 의미에서 폐쇄체제는 이론상으로만 존재하며, 실제로 모든 체제들은 그것을 둘러싸고 있는 환경과 상호작용을 한다.

② 개방체제

㉠ 환경과 에너지교환을 하는 체제를 말한다.

㉡ 개방체제는 외부환경과의 동태적 관계를 유지하며, 환경으로부터 그 투입물을 서비스나 산물로 변형하여 산출한다.

2. 상황이론

(1) 주요개념: 체제이론을 전제로 어떤 조직문제를 다루는 데 필요한 특정 방도를 제시할 목적을 갖고서 조직체제 및 그 하위체제 그리고 환경 간의 상호관계를 분석하고 규명해 봄으로써 체제이론의 추상적인 내용을 구체화시켜 준다.

(2) 주요관점

① 조직은 복수의 하위체제로 구성된, 그리고 환경적인 상위체제와 구별되는 경계에 의해 윤곽이 드러나는 하나의 체제라는 점이 전제되어 있다.

② 조직과 환경 간의 상호관계뿐만 아니라 하위체제와 환경 간의 관계 및 하위체제들 간의 상호관계를 이해하고, 상호관계의 유형이나 각 변수들의 윤곽을 명확히 밝히고자 한다.

③ 조직의 다변량적인 본질을 강조하고, 조직이 변화하는 조건과 특정한 환경에 그때그때 어떻게 대처해 나가는가를 규명하고자 한다.

④ 상황이론이 지향하는 바는 궁극적으로 특정한 상황에 가장 적합한 조직설계와 관리활동을 제시하는 데 있다.

⑤ 모든 상황에 적합한 보편적 원리(Universal Principle)를 거부한다.

(3) 상황이론의 기준

① 체계적으로 수집된 경험적 자료에 근거를 둔 조직에 관한 연구일 것

② 다변량적인(Multivariate) 연구일 것

③ 조직이 상이한 조건하에서 어떻게 기능하는가를 이해하고 설명하려는 의미에서 상황적응적인 연구일 것

④ 접근방법이 폭넓고 다양하게 허용되는 연구일 것

(4) 주요연구

① 번스와 스토커의 연구: 기계적 방식(Mechanistic Style)은 안정된 조건에서 적합한 반면, 유기적 방식(Organic Style)은 가변적 상황에서 적합하다고 결론을 내렸다.

② 우드워드의 연구: 우드워드는 생산회사조직을 그 조직이 사용하는 기술의 유형에 따라 3가지 집단으로 분류하여, 이들 각각의 생산체제에 부합하는 상황이 다르다는 것을 입증하였다.

③ 로렌스와 로시의 연구

㉠ 만약 환경이 불확실하고 이질적이라면 조직은 상대적으로 비구조화 되어야 하고, 또한 관리참모들 사이에 영향력은 넓게 분산되어야 한다.

㉡ 만약 환경이 안정되고 동질적이라면 경직된 구조가 적합하다.

㉢ 만약 외적 환경이 매우 다양하고 내적 환경이 고도로 분화되어 있다면, 조직구조 내에는 매우 복잡한 통합장치가 있어야 한다.

(5) 상황이론연구들의 공통점

① 조직은 개방체제로서 항상 환경(기술 포함)과 연관되어 있고, 환경으로부터 많은 영향을 받는다.

② 조직들이 처하고 있는 환경들은 동일하지 않다.

③ 조직이 변화된 환경에 적합하게 되려면 조직의 설계나 관리, 구조 등 내적 조직변수가 달라져야 한다.

④ 조직의 외적 환경변수와 내적 조직변수 간에는 일정한 상호관계유형이 있다.

[6] 주인-대리인이론

08

09 기출

다음 중 대리인이론에 대한 설명으로 적절하지 않은 것은?

① 대리인이론은 신공공관리론의 이론적 배경이 되고 있다.

② 비대칭적인 정보로 인해 역선택의 문제가 나타날 수 있다.

③ 대리인의 자율성을 강화해야 한다.

④ 비경제적 요인의 고려를 소홀히 한다는 비판을 받는다.

해설 정답 ③

③ 대리인의 자율성을 강화하는 것이 아니라 주인의 직접참여와 대리인의 통제를 강화하여 대리인으로 인한 문제를 해결해야 한다고 주장하고 있다.

끝장이론

1. 주인-대리인 관계의 본질

(1) 주인-대리인 관계는 한 사람(주인)이 다른 사람(대리인)으로 하여금 자신의 이익과 관련된 행위를 그의 재량으로 해 줄 것을 내용으로 하는 계약이 있을 때 성립된다.

(2) 국민과 대통령, 국회, 정부관료제, 공기업 등 우리나라 정치·행정 참여자들의 관계와 각각의 조직 내에서의 구성원들의 관계를 위임자-대리인 관계의 연쇄로 파악할 수 있다.

📖 국민(주인)-국회의원(대리인), 지주(주인)-소작농(대리인), 소송당사자(주인)-변호사(대리인), 주주(주인)-경영자(대리인) 등의 관계가 주인-대리인 관계

2. 대리인이론의 가정

(1) 합리적 인간형 가정

① 대리인이론에서 위임자와 대리인은 효용을 극대화하려고 하는 합리적인 존재이다.

② 대리인은 자신의 노력으로 인한 손해가 효용의 감소로 연결되기 때문에 위임자의 요구대로 행동하지 않으려는 동기가 있다. 그렇지 않다면 대리인 문제는 발생하지 않는다.

(2) 주인과 대리인의 이해관계 상충

① 주인과 대리인은 각각 자신의 효용과 이익을 극대화하려고 하기 때문에 상충되는 이해관계를 가진다.

② 합리적인 인간형을 전제로 할 때, 상급자는 하급자가 더 많은 일을 하기를 바라는 반면에, 대리인은 가급적 작은 노력으로 최선의 보상을 받기를 원한다.

(3) 정보의 비대칭성(Information Asymmetry)

① 위임자는 대리인이 알고 있는 정보를 알고 있지 못하거나 대리인의 행동을 관찰할 수 없다는 것이다.

② 정보가 비대칭적인 경우 대리인은 이런 기회를 자신에게 유리하게 이용하려는 '기회주의적 속성'을 갖는데 이것은 자신의 이익을 극대화하려는 행위자의 합리성 가정에 기인한다.

3. 대리인 문제의 유형

(1) 도덕적 해이(Moral Hazard)

① 대리인이 주인을 위한 업무를 수행할 때, 주인은 대리인의 행위나 노력을 효과적으로 관찰하거나 통제하는 것이 어렵고, 이를 위해서는 과도한 비용이 소요되기 때문에 대리인은 과업의 수행에 필요한 주의와 노력을 기울이지 않을 인센티브를 갖게 되는 것을 의미한다(숨겨진 행동에 관한 정보의 비대칭성: Information Asymmetry of Hidden Action).

② 도덕적 해이는 위임계약 체결 후(Post-Contractual)의 정보의 비대칭성으로 인해 발생하는 문제이다. 위임자가 대리인의 행동을 관찰할 수 없을 때 위임자와 대리인 사이에 이 문제가 발생한다.

(2) 역선택(Adverse Selection)

① 위임계약 체결단계(Pre-Contractual)에서 정보의 비대칭성으로 인해 발생하는 문제이다.

② 주인은 대리인을 선택할 때 그 대리인이 그 위임업무의 처리에 관한 능력과 지식을 충분히 가지고 있는지의 여부를 그 대리인 본인보다는 잘 알지 못하므로, 대리인의 능력보다 많은 보수를 지급하게 되거나 기준미달의 대리인을 선택하는 현상이다.

4. 대리인 비용과 차선의 해(Second-Best Solution)

(1) 대리인 문제가 발생하면 위임자와 대리인의 관계는 가장 바람직한 관계에서 이탈하여 차선의 관계로 전락한다.

(2) 최선의 결과와 차선의 결과로 인한 차이는 위임자에게 미치는 손실인데 이것이 대리인 비용이다.

(3) 차선의 해결책은 최선의 해결책에 비해 대리인, 위임자 모두에게 손해이다. 이를 줄이기 위한 방법이 차선의 해인데, 사람의 욕구나 불확실성은 통제가능성이 매우 낮으므로, 주로 정보의 비대칭을 줄이는 노력이 주가 된다.

5. 정보의 비대칭성을 완화하는 방법

(1) 불확실성과 위험부담

① 주인이나 대리인이 통제할 수 없는 상황의 변화가 불확실성에 관한 문제이며, 불확실성에 기인하는 손실을 주인과 대리인이 어떻게 분담할 것인가에 관한 문제가 위험부담의 문제이다.

② 효율적인 위험부담이론(Theory of Efficient Risk Sharing)에 의하면, 위험부담에 전혀 비용을 느끼지 않는 위험중립적인 계약당사자가 모든 위험을 부담하여야 한다. 즉, 위험회피자가 위험을 부담한다는 것은 효율적이지 않다는 것이다.

③ 대리인의 보수를 100% 성과급에 의존한다면, 위험회피자인 대리인에게 너무 큰 위험을 지우는 것이 되고 따라서 비효율적인 위험부담이 된다. 반면에 월급과 같은 고정급은 대리인에게 아무런 위험부담이 없지만, 대리인에게 더 열심히 업무를 수행할 인센티브를 제공하지 않는다.

④ 인센티브와 위험부담 사이에는 일종의 상충관계가 발생하며 효과적인 인센티브와 위험부담의 균형을 유지하는 것이 보수지급에서 가장 본질적인 문제라고 할 수 있다.

(2) 구체적 방법

① 신호 보내기(Signalling): 대리인 스스로가 자신의 능력과 지식에 관한 정보를 주인에게 드러내는 방법이다.

② 적격심사(Screening): 주인에게 차별화된 복수의 계약을 제공하여 대리인으로 하여금 선택하게 함으로써 능력과 지식에 대한 정보를 얻는 방법이다.

③ 다수의 대리인(Multiple Agents): 다수의 대리인을 고용함으로써 대리인 간의 경쟁, 상호통제, 정보의 제공 등을 피하는 방법이다.

④ 비대칭성 완화: 조직 내에 정보체계나 공동지식을 구축하여 정보의 비대칭성 자체를 완화하는 방법이다.

⑤ 적절하게 고안된 인센티브 제공: 가장 기본적이고 고전적인 방법으로 성과급의 도입 등이 있다.

⑥ 대리인의 능력과 업무성과에 관한 명성(Reputation)

09

18 기출

다음 중 거래비용경제학에 대한 설명으로 옳지 않은 것은?

① 조직비용이 거래비용보다 클 때 내부화한다.

② 거래비용경제학은 조직안팎에서 이루어지는 모든 거래, 즉 소유자와 관리자, 관리자와 부하, 공급자와 생산자, 판매자와 구매자 간의 거래를 분석하여 조직현상을 연구한다.

③ 생산보다는 비용에 관심을 갖고 시장에서 이루어지는 개인 및 조직 간의 거래를 미시적으로 분석한다.

④ 윌리엄슨(Williamson)은 조직 내 거래비용을 최소화하기 위해 종전의 U형(Unitary; 단순)에서 M형(Multi-Divisionalized; 다차원적) 관리로 전환할 것을 주장하였다.

해설 정답 ①

① 거래비용이 조직비용보다 클 때 내부화한다.

끝장이론 ....

1. 거래비용경제학(시장 및 위계이론)의 의의

(1) 의사결정에 따르는 비용을 최소화하기 위한 조직화 원리를 추구하는 이론이다.

(2) 대리인이론을 조직이론에 적용한 것으로, 조직 내외에서 이루어지는 거래(의사결정), 즉 소유자와 관리자, 관리자와 부하, 공급자와 생산자, 판매자와 구매자 간의 거래 등을 분석하여 그 비용을 최소화하려는 조직화의 원리를 찾는다.

2. 거래비용의 개념

(1) **윌리엄슨(Williamson)**: 거래비용을 '경제제도를 운영하는 비용(조정비용, 협상비용, 분쟁관리비용, 보증비용)'으로 본다.

(2) **노스(North)**: 거래비용을 정보획득비용(속성측정비용과 감시, 통제, 집행비용)으로 본다.

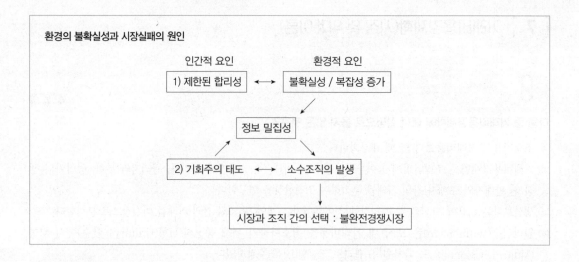

환경의 불확실성과 시장실패의 원인

3. 거래비용 결정요소

(1) 윌리엄슨의 거래비용 결정요소

① 제한된 합리성(Bounded Rationality)

② 기회주의(Opportunism)

③ 자산전속성(특정성)(Asset Specificity)

④ 불확실성(Uncertainty)

⑤ 거래빈도(Frequency)

(2) 노스의 거래비용 결정요소

① 거래비용이 사회적·정치적·경제적 제도의 원천이며, 그중에서 법, 제도를 거래비용의 중요한 변수로 본다.

② 제도(Institution or Rules)란 사회에 적용되는 게임의 규칙으로 일상생활에 구조를 제공함으로써 불확실성을 감소시켜준다.

> 거래비용 = f (자산전속성, 거래빈도, 불확실성, 법·제도·기술·시장)

4. 거래의 내부화(조직통합)

(1) 시장이 관료제적 조직보다 효율적이려면 시장실패를 치유하는 데 소요되는 거래비용이 관료제적 조정비용보다 적어야 한다.

(2) 시장에서 거래비용이 관료제적 조정비용보다 크면 거래비용 최소화를 위해 거래의 내부화가 이루어진다.

(3) 조직의 계층제적 구조는 시장실패의 상황에서 집단행동의 이익을 얻는 수단이며, 기회주의의 발동을 억제한다.

(4) 조직은 기회비용 최소화를 위해 시장기능이 완전경쟁상태에 가까워 효율적인 경우 시장메커니즘을 통해 필요한 자원을 조달하지만, 시장실패현상이 있는 경우 기업의 위계조직을 통해 필요한 자원을 조달하게 된다.

5. M형 조직(Multi–Divisionalized Organization; 다차원적 조직) → 조직 내 거래비용 최소화를 위한 조직형태

(1) 전통적인 기능별 조직인 U형 조직(Unitary Organization; 단일·단순조직)과 대칭되는 조직으로, 기능의 유사성이 아니라 일의 흐름에 따라 편제된 흐름별 조직이다.

(2) 조직이 대규모화되어도 전통적인 조직과 달리 기능이 중첩되어 있어 부문 간 조정이 원활하다.

(3) 오스트롬(Ostrom)의 다중공공관료제(다조직적 구조)나 구조적 상황론자인 민츠버그(Mintzberg)의 분화형태조직 (Divisionalized Form; 수직적으로는 분권, 수평적으로는 분화)과 유사한 조직이다.

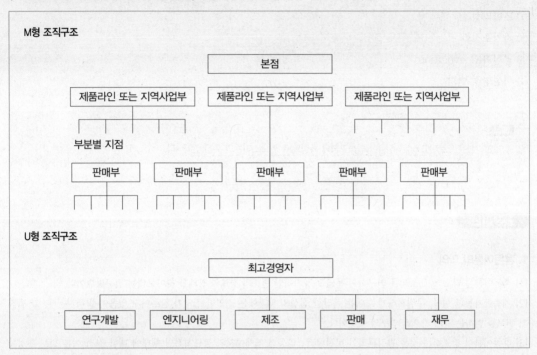

6. 평가

(1) 정부조직에 시장원리를 도입하여 거래비용의 최소화 가능성을 제시하고 공공부문 민간화의 이론적 근거를 제시한다는 장점이 있다.

(2) 효율성 및 시장원리만을 강조한 나머지 민주성과 형평성을 고려하지 못한다는 한계를 지닌다.

10

10 기출

다음 중 카오스(Chaos)이론의 특징으로 적절하지 않은 것은?

① 초합리성

② 자기조직화

③ 공진화(Coevolution)

④ 비선형적 변화

해설

정답 ①

① 초합리성은 드로어(Dror)가 주장한 최적모형의 특징으로, 카오스이론의 특징은 아니다.

끝장이론

1. 혼돈이론의 의의

(1) 혼돈이론은 카오스(Chaos)를 연구하여 폭넓고 장기적인 변동의 경로와 양태를 찾아보려는 접근방법이다.

(2) 예측불가능한 현상, 무질서하게 보이는 복잡한 현상의 배후에는 정연한 질서가 감추어져 있음이 밝혀지는데, 그 법칙의 전모를 밝히는 것이 카오스 연구의 목적이다.

(3) 혼돈이론이 강조하는 것은 결정론적인 비선형적 · 역동적 체제에서의 불규칙적인 행태에 대한 질적 이론으로, 행정학에서도 복잡성과 불확실성이 갈수록 심화되는 상황에 대응하는 노력의 일환으로 혼돈이론을 발전시키고 있다.

2. 혼돈이론의 대상으로서 혼돈의 개념

(1) 불안정하고 불규칙적인 혼돈상태

① 혼돈상태는 예측 · 통제가 아주 어려운 복잡한 현상(행태 · 거동)이다.

② 시간의 흐름에 따라 비선형적으로 변동하는 역동적 체제이며, 불안정적이고 불규칙하기 때문에 고도로 복잡하다.

선형관계	비선형관계
주어진 원인은 단지 하나의 결과만을 가짐	주어진 원인이나 행동은 여러 가지 다른 영향이나 결과를 초래할 수도 있음
• 부분의 합이 곧 총합이라는 점에서 부가적 특질을 가짐 • 선형체제는 부분의 구성요소로 쪼갤 수 있고, 각 부분의 구성요소를 연구하고 설명한 후 이를 다시 결합하면 전체에 대한 설명을 할 수 있음	• 부분의 합은 총합보다 크기 때문에 시너지 효과를 보임 • 전체로서의 체제가 나타내는 행태의 패턴을 이해하려면 전체적 혹은 체제적 접근법을 택해야만 함
초기조건에 민감한 반응을 보이지 않음	• 초기조건에 고도로 민감한 반응을 보임 • 체제의 사소한 오차나 오류가 체제행태에 엄청난 질적 변화를 일으키는 방향으로 증폭될 수 있음

(2) 결정론적 혼돈(Deterministic Chaos)

① 완전한 혼돈이 아닌 한정적인 혼돈이며, 질서 있는 무질서(Orderly Disorder)이다.

② 우연과 필연이 공존하며, 그것 나름대로 하나의 체계나 질서라고 할 수 있다.

③ 개별요소와 사건들은 예측이 곤란하지만, 넓고 장기적 시각에서 변화양태를 파악할 수 있다.

(3) 초기민감성을 가진 혼돈

① 초기적 조건을 조금만 바꿔도 그 결과가 큰 폭으로 변한다면 초기민감성이 높다는 것을 의미한다.

② 혼돈의 초기민감성을 나비효과(Butterfly Effect)라고도 한다.

3. 혼돈이론의 주요특징

(1) 장기적인 행태변화의 일반적 성격을 탐구하는 질적 연구에 역점을 둔다.

(2) 대상체제, 즉 행정조직은 개인과 집단, 그리고 환경적 세력이 교호작용하는 복잡한 체제이다.

(3) 혼돈을 발전의 불가결한 조건으로 이해하여, 회피와 통제의 대상보다는 긍정적 활용대상으로 삼는다.

① 조직의 자생적 학습능력과 자기조직화 능력을 전제한다.

② 혼돈이론의 처방적 선호는 반관료제적이다. 전통적 관료제 조직의 통제중심적 성향과 구조적 경직성을 타파하여 창의적 학습과 개혁을 촉진하기 위해서 제한적 무질서를 용인하고, 필요하다면 이를 의식적으로 조성해야 한다고 처방한다.

③ 혼돈정부는 자연과학의 혼돈이론이나 비선형역학을 정부조직에 적용한 것이다.

4. 혼돈이론에서 보는 조직의 능력

(1) 자생적 학습능력

① 단일고리학습

㉠ 조직의 기본적인 가정이나 규범, 목표에는 변화 없이 기존의 규칙과 행동방식을 정교화하고 개선하는 학습으로 기존의 운영규범이나 지식체계하에서의 오류를 발견하고 수정해 나간다(부정적 환류).

㉡ 체제이론에서 중시되는 학습으로 학습효과가 국소적이다.

② 이중순환(고리)적 학습

㉠ 지배적인 가치나 규범, 전략에 의문을 품고 새로운 조직가치와 규범, 전략, 행위방안 등을 도입해 나가는 학습으로 근본적인 사고방식의 전환이나 기본 가정상의 획기적인 전환을 가져온다(긍정적 환류).

㉡ 혼돈이론에서 중시되며 근본적인 사고방식의 전환으로 전면적인 학습효과가 나타난다.

(2) 자기조직화

① 생명체가 계속적으로 스스로를 쇄신하며 체제적 통합성을 유지할 수 있도록 변동과정을 통제하는 것을 의미한다.

② 체제의 항상성을 유지하면서도, 지속적으로 변화하고 환경과 더불어 창조를 계속해 나가는 특성이 있다.

5. 평가

(1) 복잡한 행정조직체제를 연구하는 데 유용한 안목을 제공한다.

(2) 아직까지 경험적 연구와 현실세계에서의 적용에 필요한 길잡이를 제공한다고는 볼 수 없다. 학제적 연구의 통합도 이루지 못하고, 관념적 혼란도 해소하지 못하고 있다는 평가가 제기된다.

[1] 조직구조의 구성요소

01

조직의 구조요인으로 가장 거리가 먼 것은?

① 규모(Size)

② 권한(Power)

③ 역할(Role)

④ 지위(Status)

해설 정답 ①

① 일반적으로 조직의 구조적 특성을 의미하는 기본변수(구조요인)로는 역할, 지위, 권한(권력), 규범 등이 있으며, 기본변수에 따라서 그 조직의 복잡성, 공식성, 집권성 등의 특성이 결정된다. **규모는 일반적으로 맥락적 요인인 상황변수에 해당한다.**

끝장이론 ⋯⋯⋯⋯⋯⋯⋯⋯⋯⋯⋯⋯⋯⋯⋯⋯⋯⋯⋯⋯⋯⋯⋯⋯⋯⋯⋯⋯⋯⋯⋯⋯⋯⋯⋯⋯⋯

1. 조직구조의 개념

조직구조는 권위관계나 통제체계 등에서 나타나는 조직 내 사람들 간의 체계화된 상호관계의 패턴을 의미한다.

2. 조직구조 구성요소

(1) 역할

① 사회적인 관계에서 어떤 위치를 차지하는 사람들이 해야 할 것으로 기대되는 행동이나 행위의 범주를 의미한다.

② 역할은 조직 내에서 일, 직무, 업무, 임무 및 기능이라고 표현하기도 하며, 특정한 역할은 관련되는 다른 역할들과 결부되어 규정된다.

③ 역할 담당자들이 달라지더라도 일정한 속성을 가지며 유사성과 규칙성, 예측가능성을 갖는다.

(2) 지위

① 특정조직에 있어서 계층적 서열 · 등급 · 순위를 나타낸다.

② 지위의 차이가 보수와 편익, 권한과 책임차등의 근거가 된다.

(3) 권한과 권력

① 조직구성원들이 유형화된 상호작용을 하기 위해 필요한 요소들이다.

② 권한: 조직의 규범에 의해 그 정당성이 승인된 권력을 의미한다.

③ 권력: 개인 또는 조직단위의 형태를 좌우할 수 있는 능력을 의미한다.

(4) 규범

① 역할, 지위, 권력의 실체와 상호관계를 당위적으로 규정하는 것을 말한다.

② 규범이 행동의 보편화된 기준이라면, 역할은 더 분화된 행동의 처방이라 할 수 있다.

[2] 조직구조의 기본변수

02

`20 7 기출`

조직의 분권화가 필요한 상황으로 옳지 않은 것은?

① 지식공유가 원활하고 구성원의 전문성이 높은 경우

② 부서 간 횡적 조정이 어려운 경우

③ 기술과 환경변화가 역동적으로 이루어지는 경우

④ 고객에게 신속하고 상황적응적인 서비스를 제공하여야 하는 경우

> **해설**   정답 ②
> ② 부서 간 횡적 조정이 어려운 경우 상부로 권한을 집중시켜 부서 간 조정을 원활히 할 필요가 있다.

03

`19 춘 기출`

다음 중 조직의 기본변수의 특성에 대한 설명으로 옳지 않은 것은?

① 규모가 커질수록 업무가 분업화되고 부문화가 많아지게 되어 복잡성이 높아진다.

② 조직의 규모가 커질수록 구성원들의 공식화가 낮아진다.

③ 비숙련 업무일수록 복잡성이 높아질 것이다.

④ 관리의 민주화를 실현하기 위해 분권화는 높아질 것이다.

> **해설**   정답 ②
> ② 조직의 규모가 커질수록 구성원들의 공식화가 높아진다. 조직규모가 클수록, 단순하고 반복적인 직무일수록, 안정적인 환경일수록, 집권화된 조직일수록, 외부로부터의 감시와 통제가 많을수록 공식성이 높아진다.

1. 공식성

(1) 개념: 공식화는 업무의 수단과 목적이 문서화된 혹은 비문서화된 규제를 통해 분명하게 특정되어 문서화되는 것이다.

(2) 공식성의 증가: 조직의 규모가 클수록, 단순하고 반복적인 직무일수록, 안정적인 환경일수록, 집권화된 조직일수록, 외부로부터의 감시와 통제가 많을수록 공식성이 높아진다.

(3) 필요성과 문제점

필요성(장점)	문제점(단점)
• 다양한 조직구성원의 행위를 정형화함으로써 구성원의 행위통제 가능 • 매뉴얼화를 통해 업무시간 · 노력 절감 • 불확실성을 감소시켜 행동예측과 통제가능성을 높임 • 행정의 일관성과 안정성을 유지하며 공정하고 공평한 과업수행 가능 • 일상적인 업무의 대폭적인 하부위임 가능 • 관리자의 직접적인 감독의 필요성 감소	• 민주적 가치와 관련해서 공식화는 개인적 자유, 평등, 반응성과는 크게 배치 • 조직구성원들이 누구이고, 이들이 무슨 업무를 수행하든지 간에 이들의 행위를 통일시켜, 결과적으로 조직구성원들의 자율성을 감소시킬 수 있음 • 조직구성원들이 규칙 자체를 위해 규칙을 준수하는 현상을 심하게 유발[동조과잉(목표대치현상)] • 유동적 상황하에서 탄력적 대응력 저하

2. 집권성(집권화, 분권화)

(1) 개념

① 집권화

㉠ 결정권한이 상위수준인 관리자에게 있어서 하위수준의 관리자들은 단지 상위수준의 관리자가 제공한 지침만을 수행하는 역할로 받아들여진다.

㉡ 일반적으로 집권적 관리가 분권적 관리에 비해 경비가 적게 든다(규모의 경제).

② 분권화

㉠ 의사결정권이 행정서비스를 직접 제공하는 하위수준의 관리자에게로 이전되어 있다.

㉡ 업무를 분권화하여 처리하게 되면, 집행 면에서 많은 절차와 문서가 간소화되고, 더 신속한 운영을 할 수 있다.

(2) 집권화와 분권화의 요소

집권화의 요소	분권화의 요소
• 조직이 소규모인 경우 • 역사가 짧은 조직인 경우 • 환경을 위기로 인식하는 경우 • 상하구성원 간에 능력 차이가 커 하부층은 능력이 매우 미약하고, 상부층 직원들이 주로 유능한 자들로 구성되어 있는 경우 • 리더의 권력욕의 정도, 제도보다 개인의 영향력이 많이 미쳐야 한다고 생각하는 정도, 공격적이고 활동적인 리더십의 정도가 강한 경우 • 교통 · 통신 및 정보통신기술의 발달로 의사결정이 필요한 정보가 집중되는 경우 • 동일 내용의 업무를 동일한 방법으로 취급하기를 원하는 경우	• 대규모 조직인 경우 • 오래된 조직인 경우 • 관리의 민주화가 필요한 경우 • 환경이 불확실하여 격동적인 환경에 신속하게 대응하고자 하는 경우 • 인적 전문화 및 조직구성원의 능력 향상을 위한 경우 • 조직이 기술수준의 고도화에 대응하는 경우 • 지방의 실정에 적합한 결정이 필요한 경우 • 일선, 지방, 또는 하위계층의 직원들이 상위계층 관리자로 일할 능력 배양을 위해 이들에게 미리 권한을 위임해서 경험을 쌓도록 하려는 경우

3. 복잡성

(1) 개념

① 분화의 정도

② 홀(Hall)은 수평적 분화(Horizontal Differentiation), 수직적 분화(Vertical Differentiation), 공간(장소)적 분산으로 다시 나누어 설명하고 있다.

(2) 복잡성의 가설적 특징

① 복잡성이 높을수록 조직몰입도는 낮아진다.

② 복잡성이 높을수록 유지관리조직의 규모가 커짐에 따라 행정농도가 높아진다.

③ 복잡성이 높을수록 통솔범위는 좁아진다.

④ 조직이 복잡해지면 사업변동률이 증가한다.

⑤ 조직이 복잡해지면 개혁의 착안단계에서는 유리하지만(다양한 혁신적 아이디어의 개발), 개혁의 시행단계에서는 불리하다(조정과 통합의 어려움).

⑥ 사업의 범위가 넓을수록 수평적 분화가 촉진되고, 난이도(곤란성)가 클수록 수직적 분화가 촉진되어 조직은 더욱 복잡해진다.

(3) 복잡성의 주요요소

① 수평적 분화

㉠ 조직수행업무를 조직구성원들이 횡적으로 분할하여 수행하는 양태를 말한다.

㉡ 직무전문화와 부문화로 다시 세분되어 고찰할 수 있다.

㉢ 직무전문화가 되면 될수록 그 조직은 더욱 복잡성을 띠게 된다.

㉣ 조직 내에 집단화해야 할 전문적인 지식이나 기술을 필요로 하는 직무의 수가 많으면 많을수록 부문화는 많아지고 그 조직의 복잡성은 더욱 높아지게 된다.

② 수직적 분화

㉠ 권한계층의 최상층부터 최하층에 이르는 계층의 수를 증가시키는 것이다.

㉡ 수직적 분화가 증가될수록 복잡성이 증가한다.

③ 공간적 분산

㉠ 업무수행 장소의 수, 물적 시설이 공간적으로 분산되어 있는 정도를 말한다.

㉡ 분산된 시설과 주사무소의 거리, 공간적으로 분산된 인원수 등을 들 수 있다.

04

19 기출

다음 중 조직구조의 특징으로 옳지 않은 것은?

① 공식성이 낮아지면 재량권이 줄어든다.
② 집권성이 높아지면 조직의 위기에 신속하게 대응할 수 있다.
③ 조직규모가 커지면 복잡성도 높아진다.
④ 분화의 정도가 높으면 조정이 어려워진다.

해설   정답 ①

① 공식성은 조직 내의 직무가 표준화되어 있는 정도를 말한다. 구성원의 재량권은 조직구성원의 직무행태가 규칙·절차에 얽매이는 정도가 낮아질수록 늘어나는데 이는 **공식성이 낮아지면 재량권이 늘어나는 것을** 의미한다.

오답의 이유

② 집권성이 높아지면 조직의 위기에 신속하게 대응할 수 있으며, 분권성이 높아지면 신속한 업무처리가 가능해진다.
③ 조직규모가 커지면 복잡성도 높아지고, 조직규모가 작아지면 복잡성이 낮아진다.
④ 분화는 분업을 의미하며, 수직적(위계), 수평적(횡적), 공간적 분화가 있다. 한편 조정은 분화된 업무를 상황에 맞게 정돈하거나 통제하는 것을 의미한다. 따라서 분화의 정도가 높다는 것은 조직이 복잡하다는 것을 의미하고, 조직이 복잡할수록 조정이 어려워진다.

끝장이론 ···

1. 조직구조의 주요변수들 간의 관계

(1) 복잡성 또는 분화는 그 자체의 수준만으로 공식화에 영향을 미치는 것이 아니라, 복잡성 또는 분화의 방향이 수직적이거나 수평인 경우에 따라서 공식화에 영향을 미친다.

(2) 복잡성과 집권화는 대체로 상호반대관계를 보이는 경향이 있다.

(3) 공식화와 집권화의 관계는 분명하지 않으며, 아래 표와 같이 조직의 특성에 따라 다르게 나타난다.

구분	낮음(분권화)	높음(집권화)	비고
낮음	전문가 조직(업무와 관련한 기술적 문제 처리)	전문가 조직(전략적 조직 의사결정 관련, 고위관리업무)	유기적 조직
높음	• 전문가 조직(인사관리문제 관련) • 일반조직(사업부제)	단순작업적 조직(비숙련업무)	기계적 조직
비고	높은 의사결정참여	낮은 의사결정참여	참여수준

2. 조직의 구조변수

구분	변수	특징
기본변수	복잡성	• 수평적 분화(전문화): 일의 전문화와 사람의 전문화 • 수직적 분화: 계층화(계층의 수, 계층제의 깊이 등) • 장소적(지역적) 분산: 공간적 확산 정도
	공식성	직무가 정형화 · 표준화된 정도: 높은 공식성 VS 낮은 공식성
	집권성	의사결정권의 상위계층으로의 집중상태: 집권성 VS 분권성
상황변수	규모	수용능력: 대규모 VS 소규모
	기술	투입을 산출물로 전환시키는 방법: 일상적 기술 VS 비일상적 기술
	환경	단순성과 복잡성, 안정성과 동태성 등: 확실한 환경 VS 불확실한 환경

3. 조직구조의 기본변수와 상황변수의 관계

상황변수 기본변수	규모		기술		환경	
	대규모	소규모	일상적	비일상적	확실 · 안정	불확실 · 불안정
복잡성	↑	↓	↓	↑	↓	↑
공식성	↑	↓	↑	↓	↑	↓
집권성	↓	↑	↑	↓	↑	↓

[4] 번스와 스토커의 기계적 구조와 유기적 구조

05

10 기출

다음 중 유기적 구조의 조직특성에 대한 설명으로 옳지 않은 것은?

① 넓은 직무 범위
② 모호한 책임 관계
③ 비공식적 관계
④ 표준운영절차

해설
정답 ④
④ 표준운영절차는 기계적 구조의 특성이다.

1. 기계적 구조

(1) 안정적인 환경, 반복적인 정형화된 업무를 다루는 조직에 효과적이다.

(2) 높은 전문성·공식성을 가진 조직, 높은 복잡성, 집권화된 구조, 수직적 구조 등과 친화성을 가진다.

(3) 엄격하게 규정된 직무, 많은 규칙과 규정, 집권적 권한, 분명한 명령체계, 좁은 통솔범위, 낮은 팀워크를 지닌 조직으로 내적 통제에 따른 예측가능성이 높다는 장점이 있다.

2. 유기적 구조

(1) 유기적 구조는 동적이고 선례가 없는 비정형화된 업무에 효과적인 조직구조이다.

(2) 낮은 공식성, 낮은 수직적 분화의 특성을 가진다.

(3) 업무가 전문화에 의해 명확하게 구분되지 않기 때문에 중복성이 있는 전문가로 구성된 조직과 친화성을 가진다.

3. 번스와 스토커(Burns & Stalker)의 기계적 구조와 유기적 구조

구분	기계적 구조	유기적 구조
기본변수	복잡성, 공식성, 집권성↑	복잡성, 공식성, 집권성↓
장점	예측가능성	적응성
조직 특성	• 좁은 직무범위 • 표준운영절차(SOP) • 분명한 책임관계, 계층제 • 낮은 팀워크 • 공식적·몰인간적 대면관계 • 좁은 통솔범위	• 넓은 직무범위 • 적은 규칙·절차 • 모호한 책임관계, 분화된 채널 • 높은 팀워크 • 비공식적·인간적 대면관계 • 넓은 통솔범위
상황 조건	• 명확한 조직목표와 과제 • 단순한 분업적 과제 • 성과측정이 가능 • 금전적 동기부여 • 권위의 정당성 확보	• 모호한 조직목표와 과제 • 분업이 어려운 복합적 과제 • 성과측정이 어려움 • 복합적 동기부여 • 도전받는 권위
조직	관료제	탈관료제

06

17 기출

다음 중 다프트(Daft)의 조직유형에 대한 설명으로 옳은 것은?

① 네트워크조직은 핵심기능을 외부에 위임하고 생산기능은 조직 자체에서 수행한다.
② 수평구조는 전문성을 중시한다.
③ 사업구조는 조직을 기능부서별로 분류한 구조이다.
④ 매트릭스구조는 기능구조와 사업구조의 이원적 체제이다.

해설   정답 ④

④ 매트릭스구조는 기능구조와 사업구조를 이중적으로 결합한 이중적 권한구조를 가지는 조직구조로서 기능부서의 전문성과 사업부서의 신속한 대응성을 결합한 조직이다. 수평적 조정 곤란이라는 기능구조의 단점과 비용중복이라는 사업구조의 단점을 해소하려는 조직으로 수직적으로는 기능부서의 권한이 흐르고, 수평적으로는 사업부서의 권한구조가 지배하는 입체적 조직이다.

오답의 이유

① 네트워크 조직은 핵심기능을 조직 자체에서 수행하고 생산기능은 외부환경에 위임한다.
② 전문성을 중시하는 것은 기능구조이다. 기능구조는 조직의 전체 업무를 공동기능별로 부서화한 조직으로 수평적 조정의 필요성이 낮을 때 효과적이다.
③ 조직을 기능부서별로 분류한 구조는 기능구조이다. 사업구조는 산출물에 기반을 둔 조직구조로서 자기완결적 조직단위이다.

07

11 기출

다음 중 네트워크구조의 장점에 대한 설명으로 적절하지 않은 것은?

① 정보기술을 활용하여 조직을 운용한다.
② 최고의 품질과 최저의 비용으로 자원들을 활용할 수 있다.
③ 외부자원의 활용으로 직접감독에 대한 지원이나 관리인력이 많이 필요하지 않다.
④ 환경의 변화에 영향을 받지 않아 매우 안정적이다.

해설   정답 ④

④ 네트워크구조는 유기적이며 개방적인 조직으로, 환경변화에 신속하고 신축적인 대응이 가능하다는 장점이 존재한다. 이로 인해 자원이 유동적이고 환경이 불확실할 때 유용한 조직이다.

1. 다프트(Daft)의 조직구조모형

다프트는 조직구조의 유형을 기계구조와 유기구조로 나누고 양극단 사이를 기능구조, 사업구조, 매트릭스구조, 수평구조, 네트워크구조로 분류하여, 어떠한 조직구조가 배타적으로 기계적 구조 또는 유기적 구조에 해당하는 것이 아니라 연속되는 개념으로 이해한다(❶ → ❼로 갈수록 유기적 구조).

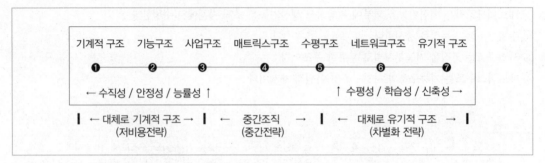

2. 기능구조(Functional Structure)

(1) **특징**: 조직의 전체업무를 공동기능별(인사, 회계)로 조직화한 형태이다.

(2) **장점과 단점**

장점	단점
• 전문화의 이점이 극대화됨 • 동일기능에 동일자원을 사용함으로써 낭비와 중복을 막을 수 있음(규모의 경제실현) • 부처인원이 동질적이기 때문에 부처 내 의사소통과 일치감이 높음 • 수평적 조정의 필요성이 낮을 때 효과적임	• 부처할거주의 발생(기능 간 조정이 어려움) • 환경변화에 둔감(기능전문화에 따른 비효율 발생) • 전문화된 무능이 나타남

3. 사업구조(Divisional Structure), 산출물구조, 전략사업 단위구조

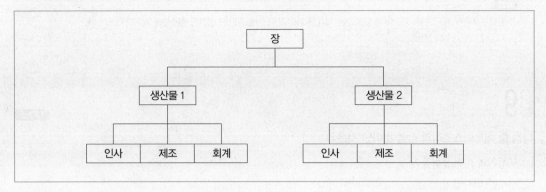

(1) 특징

① 사업구조는 산출물에 기반을 둔 조직구조유형이다.

② 특정지역, 특정고객, 한 제품에 집중할 수 있게 모든 기능적 직위가 부서 내에 배치된 자기완결적(Self-Contained Unit) 구조이다.

③ 기능구조보다 분권적인 조직구조를 가진다.

④ 불확실한 환경, 외부지향적 조직목표를 가진 조직, 비정규적인 조직기술을 사용하는 조직에서 효과적이다.

(2) 장점과 단점

장점	단점
• 산출물 내(부서 내) 각 기능 간 조정이 잘 이루어짐 • 자기완결적 기능단위로 기능 간 조정이 용이하므로 환경변화에 신축적·대응적임 • 특정산출물별로 운영되기 때문에 다양한 고객만족도를 제고할 수 있고, 성과에 대한 책임성 소재가 분명하여 성과관계에 유리	• 각 기능의 중복으로(인사담당이 분산) 낭비와 비능률을 내포 • 사업구조의 부서 내 조정은 증진되지만, 자율적으로 운영되는 부서 간의 조정은 어려움 • 산출물 간 경쟁이 발생하면 조직일체감이 손상됨

[6] 다프트의 조직구조유형 2

08

20⑨기출

매트릭스조직에 대한 설명으로 옳지 않은 것은?

① 이중의 명령 및 보고체제가 허용되어야 한다.

② 기능부서의 장과 사업부서의 장이 자원배분권을 공유할 수 있어야 한다.

③ 조직구성원 간 원만한 인간관계형성에 기여한다.

④ 조직의 성과를 저해하는 권력투쟁이 발생하기 쉽다.

09

12 기출

다음 중 매트릭스조직의 장점이 아닌 것은?

① 구성원의 자아실현유리

② 신속한 의사결정

③ 신축적인 인적 자원활용

④ 특수사업의 추진용이

끝장이론 ....

1. 매트릭스구조(Matrix Structure)

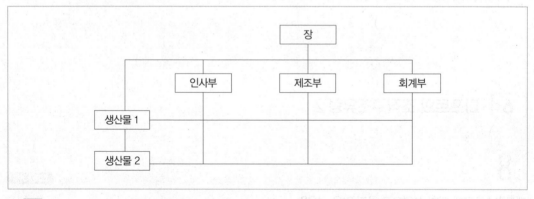

(1) 특징

① 기능구조와 사업구조를 화학적(이중적)으로 결합하여 이중적 권한구조를 가지는 조직구조로, 기능부서의 전문성과 사업부서(프로젝트구조)의 신속한 대응성을 결합한 조직이다.

② 이원적 권한체계(Dual Line of Authority)를 갖는다. 즉, 조직구성원은 동시에 두 상관에게 보고하는 체계를 가진다. 따라서 탁월한 인간관계기술이 필요하다.

③ 조정곤란이라는 기능구조의 단점과 비용중복이라는 사업구조의 단점을 해소하려는 조직으로 수직적으로는 기능부서의 권한이 흐르고, 수평적으로는 사업구조의 권한구조가 지배하는 입체적 조직이다.

(2) 매트릭스(행렬) 조직구조의 탄생조건

① 고도의 정보처리능력이 요구되는 상황과 하나의 자원이 동시적으로 충족되는 경우처럼, 두 가지 영역의 문제에 동일한 비중의 관심을 기울일 때 매트릭스 조직구조가 유용하다.

② 새로운 기능을 기존조직체계 내에서 하나의 단위가 해결할 수 없는 경우에 창조될 수 있다.

(3) 장점과 단점

장점	단점
• 부족한 자원을 공유해야 할 때 효과적임 • 외부환경의 불확실성에 대해 신축적 대응성을 갖출 수 있음 • 개인들은 다양한 경험을 통해 전문기술의 개발과 더불어 좀 더 넓은 시야와 목표관을 가질 수 있어 동기부여 효과가 있음	• 이중권한체계로 인해 기능부서와 사업부서가 갈등이 발생할 경우 개인은 혼란, 갈등에 빠질 수 있음 • 갈등해결에 요구되는 시간과 비용으로 조정비용이 발생

2. 수평구조(Horizontal Structure)

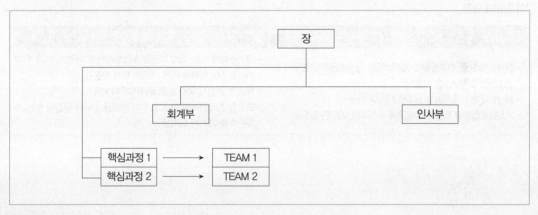

(1) 특징

① 수평구조는 핵심업무과정을 중심으로 조직화하는 방식이다.

② 특정업무과정에서 일하는 사람들을 하나의 팀으로 모아 의사소통과 조정을 증진시키는 구조이다.

③ 팀은 자원사용권과 의사결정권을 가지며 팀 전체의 책임은 과정조정자가 진다.

④ 과거에는 태스크포스, 교차기능팀이 시도되었고 최근에는 상설팀이 조직 전반에 도입되었다.

(2) 장점과 단점

장점	단점
• 고객수요변화에 신속하게 대응함으로써 조직의 신축성을 크게 제고할 수 있음 • 부서 간 경계가 없어 조직전체의 관점에서 업무를 이해하고 팀워크와 조정에 유리 • 조직구성원들에게 자율관리, 의사결정권한과 책임을 위임함으로써 사기진작, 동기부여의 수단이 됨	• 핵심업무에 대한 사전분석이 필요하고, 자율적인 문화, 창의적인 사고를 가진 조직인을 필요로 함 • 팀원들의 무임승차현상이 발생하면 업무의 공동화현상이 나타날 수 있음

3. 네트워크구조(Network Structure)

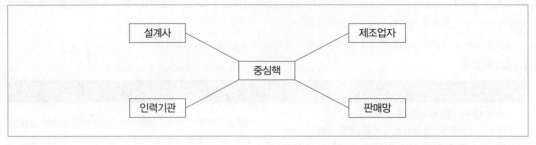

(1) 특징

① 조직의 자체 기능은 핵심역량 위주로 합리화하고 여타 부수적인 기능은 외부기관들과 계약관계를 통해 연계하여 수행하는 유기적인 조직이다.

② IT기술의 확산으로 가능하게 된 조직으로 연계된 조직 간에는 수직적 계층구조가 존재하지 않으며 자율적으로 운영된다.

(2) 장점과 단점

장점	단점
• 전 지구적으로 최고품질과 최저비용의 자원활용에도 불구하고 간소화된 조직구조를 가짐 • 환경변화에 신축적이고 신속한 대응이 가능 • 가치창조업무에 집중하기 때문에 사기부여, 직무만족 유도	• 계약관계에 있는 외부기관을 직접통제하기 어렵고, 여러 외부기관들과의 협력에 따른 대리인 문제 발생 • 제품의 안정적 공급과 품질관리에 어려움 • 모호한 조직경계에 따라 조직의 정체성이 약해 응집력 있는 조직문화를 가지기 어려움

[7] 정부조직법

10

19 기출

다음 중 대통령의 권한과 관련된 설명으로 옳지 않은 것은?

① 역대대통령은 청와대의 규모를 줄이고 국무총리에게 인사권한을 위임했다.

② 야당이 집권당의 다수당을 차지하면 레임덕 현상이 나타난다.

③ 우리나라 정부구성은 대통령제를 원칙으로, 의원내각제적 요소를 가미하고 있다.

④ 시민단체는 비공식적 외부통제에 해당하며 주인-대리인 문제를 시정하여 행정윤리를 강화한다.

① '책임총리제'를 유추할 수 있는 설명으로, 우리나라는 대통령중심제를 채택하여 대통령이 강력한 인사권을 행사한다. 대통령권한의 비대화를 억제하기 위해 과거 책임총리제의 채택이 논의되었으나 실현되지 못하였다.

오답의 이유

② 야당이 집권당의 다수를 차지하면, 대통령의 정치적 입지는 좁아진다. 이로 인해 대통령이 정책실행을 주도적으로 이끌어가기 힘들다는 점에서 레임덕현상이 나타날 가능성이 있다.

③ 우리나라는 대통령중심제를 채택하고 있지만, 국무총리제 등의 의원내각제적 요소를 가미하고 있다.

④ 시민단체는 행정권력 밖의 조직이자 선거권 등으로 정치권력에 압박을 가할 수 있다는 점에서 비공식적 외부통제 행사집단으로 볼 수 있다. 한편 대통령의 행정적 권력은 국민으로부터 나오기 때문에 시민단체와 대통령은 주인-대리인 관계를 가진다. 따라서 시민단체는 대통령에게 압박을 가해 주인-대리인 문제를 시정하여 행정윤리를 강화할 수 있다.

11

다음 중 대통령 소속의 위원회에 해당하는 것으로 옳은 것은?

① 방송통신위원회

② 공정거래위원회

③ 금융위원회

④ 국민권익위원회

① 방송통신위원회는 대통령 소속의 위원회이다.

오답의 이유

②·③·④ 공정거래위원회와 금융위원회, 국민권익위원회는 국무총리 소속의 위원회이다.

12

우리나라의 정부관료제에 대한 비판으로 적절하지 않은 것은?

① 매우 높은 행정농도

② 비통합형 관리체계

③ 지위체제의 과잉경직화

④ 개방형 임용의 비활성화

④ 공직이 민간부문에 비해 경쟁력이 떨어진다는 지적을 받게 되자 정부에서는 2000년에 개방형 직위 및 공모직위의 운영 등에 관한 규정을 제정하여 개방형 직위제도를 도입하였다.

1. 대통령

대통령은 정부의 수반으로서 법령에 따라 모든 중앙행정기관의 장을 지휘·감독한다.

(1) 대통령 산하 기관

① **대통령경호처**: 대통령 등의 경호를 담당하기 위해 대통령 경호처를 둔다(처장은 정무직).

② **대통령비서실**: 대통령의 직무를 보좌하기 위해 대통령비서실을 둔다.

③ **국가안보실**: 국가안보에 관한 대통령의 직무를 보좌하기 위해 국가안보실을 둔다.

(2) 우리나라 대통령의 권한

정책의제 설정	• 국회에 대한 법률안 제출권 • 법률안에 대한 거부권 행사가능	정책의제설정의 주도권
사법부	• 대법원장 임면권 • 대법원판사 임면권	사법부에 대한 영향력
행정부 수반	• 총리 및 각 부처장관 임면권 • 고위공무원 임면권	정책과정 전반에 대한 영향력

2. 국무총리

국무총리는 대통령의 명을 받아 각 중앙행정기관의 장을 지휘·감독한다.

(1) 부총리: 국무총리가 특별히 위임하는 사무를 수행하기 위해 부총리 2명을 둔다(기획재정부장관과 교육부장관이 각각 겸임).

(2) 국가보훈처: 국가유공자 및 그 유족에 대한 보훈, 제대군인의 보상·보호 및 보훈선양에 관한 사무를 관장하기 위해 국무총리 소속으로 국가보훈처를 둔다(처장과 차장은 정무직).

(3) 인사혁신처: 공무원의 인사·윤리·복무 및 연금에 관한 사무를 관장하기 위해 국무총리 소속으로 인사혁신처를 둔다(처장 1명과 차장 1명을 두되, 처장은 정무직으로 하고, 차장은 고위공무원단에 속하는 일반직 공무원으로 보한다).

(4) 법제처: 국무회의에 상정될 법령안·조약안과 총리령안 및 부령안의 심사와 그 밖에 법제에 관한 사무를 전문적으로 관장하기 위해 국무총리 소속으로 법제처를 둔다.

(5) 식품의약품안전처: 식품 및 의약품의 안전에 관한 사무를 관장하기 위해 국무총리 소속으로 식품의약품안전처를 둔다.

3. 대통령 및 국무총리 소속 중앙행정기관과 정부위원회

대통령 소속	국가안전보장회의, 민주평화통일자문회의, 국민경제자문회의, 국가과학기술자문회의, 감사원, 국가정보원, 방송통신위원회, 규제개혁위원회, 국가지식재산위원회, 자치분권위원회, 경제사회노동위원회, 개인정보보호위원회, 국민대통합위원회(폐지), 청년위원회(폐지) 등
국무총리 소속	국무조정실, 국무총리비서실, 법제처, 국가보훈처, 식품의약품안전처, 인사혁신처, 공정거래위원회, 금융위원회, 국민권익위원회, 원자력안전위원회, 정부업무평가위원회 등

13

공공기관에 대한 설명으로 옳지 않은 것은?

① 공공기관은 공기업, 준정부기관, 기타공공기관으로 나뉜다.
② 공기업은 시장형, 준시장형으로 나뉜다.
③ 준정부기관은 기금관리형, 위탁집행형으로 나뉜다.
④ 공공기관 지정은 국무총리가 한다.

해설   정답 ④

④ 공공기관의 지정은 국무총리가 아니라 기획재정부장관이 한다.

끝장이론 ···

1. 준정부부문의 의의

(1) 준정부부문은 그 범위가 명확하지 않으며 점점 더 모호해지는 측면이 있다.

(2) 부처조직들과 독립된 조직으로서 부처의 정책을 수행하기 위해 조직된 조직, 공공기능을 수행하면서 정부의 보조와 통제를 받는 NGO, 정부와 계약관계 또는 보조금지원을 받으면서 정부정책을 수행하는 기업 등이 있다.

(3) 공사, 공단, 협회, 기금, 정부출연기관, 정부보조기관이나 사업단 등 다양한 명칭을 가진다.

2. 공공기관의 의미(공공기관의 운영에 관한 법률 제4조)

(1) 기획재정부장관은 국가·지방자치단체가 아닌 법인·단체 또는 기관으로서 다음의 어느 하나에 해당하는 기관을 공공기관으로 지정할 수 있다.

① 다른 법률에 따라 직접 설립되고 정부가 출연한 기관

② 정부지원액(법령에 따라 직접 정부의 업무를 위탁받거나 독점적 사업권을 부여받은 기관의 경우에는 그 위탁업무나 독점적 사업으로 인한 수입액을 포함)이 총수입액의 2분의 1을 초과하는 기관

③ 정부가 100분의 50 이상의 지분을 가지고 있거나 100분의 30 이상의 지분을 가지고 임원 임명권한 행사 등을 통하여 해당 기관의 정책 결정에 사실상 지배력을 확보하고 있는 기관

④ 정부와 ①부터 ③까지의 어느 하나에 해당하는 기관이 합하여 100분의 50 이상의 지분을 가지고 있거나 100분의 30 이상의 지분을 가지고 임원 임명권한 행사 등을 통하여 해당 기관의 정책 결정에 사실상 지배력을 확보하고 있는 기관

⑤ ①부터 ④까지의 어느 하나에 해당하는 기관이 단독으로 또는 두 개 이상의 기관이 합하여 100분의 50 이상의 지분을 가지고 있거나 100분의 30 이상의 지분을 가지고 임원 임명권한 행사 등을 통하여 해당 기관의 정책 결정에 사실상 지배력을 확보하고 있는 기관

⑥ ①부터 ④까지의 어느 하나에 해당하는 기관이 설립하고, 정부 또는 설립 기관이 출연한 기관

(2) 기획재정부장관은 다음의 어느 하나에 해당하는 기관을 공공기관으로 지정할 수 없다.

① 구성원 상호 간의 상호부조 · 복리증진 · 권익향상 또는 영업질서 유지 등을 목적으로 설립된 기관

② 지방자치단체가 설립하고, 그 운영에 관여하는 기관

③ 방송법에 따른 한국방송공사와 한국교육방송공사법에 따른 한국교육방송공사

3. 공공기관의 구분(공공기관의 운영에 관한 법률 제5조, 시행령 제7조)

(1) 공기업: 직원 정원 50명 이상, 수입액(총수입액) 30억원 이상, 자산규모 10억원 이상으로, 총수입액 중 자체수입액이 차지하는 비중이 100분의 50 이상인 공공기관을 말한다.

시장형 공기업	• 자산규모 2조원과 총수입액 중 자체수입액이 차지하는 비중이 100분의 85 이상인 공기업 • 인천국제공항공사, 한국전력공사, 한국가스공사, 한국석유공사 등
준시장형 공기업	• 시장형 공기업이 아닌 공기업 • 한국조폐공사, 한국철도공사, 한국도로공사, 한국토지주택공사, 한국마사회, 한국방송광고진흥공사 등

(2) 준정부기관: 직원 정원 50명 이상, 수입액(총수입액) 30억원 이상, 자산규모 10억원 이상에 해당하는 공기업이 아닌 공공기관을 말한다.

기금관리형 준정부기관	• 국가재정법에 따라 기금을 관리하거나 기금의 관리를 위탁받은 준정부기관 • 근로복지공단, 예금보험공사, 신용보증기금, 한국주택금융공사, 국민연금공단 등
위탁집행형 준정부기관	• 기금관리형 준정부기관이 아닌 준정부기관 • 도로교통공단, 한국소비자원, 한국교통안전공단, 한국인터넷진흥원 등

(3) 기타 공공기관

① 공기업과 준정부기관 이외의 기관을 말한다.

② 기획재정부장관은 다른 법률에 따라 책임경영체제가 구축되어 있거나 기관 운영의 독립성, 자율성 확보 필요성이 높은 기관 등 대통령령으로 정하는 기준에 해당하는 공공기관은 기타공공기관으로 지정할 수 있다.

기타 공공기관의 지정기준(공공기관의 운영에 관한 법률 시행령 제7조의2)

① 기획재정부장관은 법 제5조제2항에 따라 다음 각 호의 어느 하나에 해당하는 공공기관을 기타공공기관으로 지정할 수 있다.

1. 다른 법률에 따라 책임경영체제가 구축되어 있는 기관으로서 다음 각 목의 어느 하나에 해당하는 기관

　가. 국립대학병원 설치법에 따른 국립대학병원 또는 국립대학치과병원 설치법에 따른 국립대학치과병원

　나. 서울대학교병원 설치법에 따른 서울대학교병원 또는 서울대학교치과병원 설치법에 따른 서울대학교치과병원

　다. 공공보건의료에 관한 법률에 따른 공공보건의료기관

　라. 그 밖에 다른 법률에 따라 별도의 책임경영체제가 구축되어 있다고 기획재정부장관이 인정하는 기관

2. 기관 운영의 독립성, 자율성 확보 필요성이 높은 기관으로서 다음 각 목의 어느 하나에 해당하는 기관

　가. 공공기관이 출연 또는 출자하여 설립한 교육기관

　나. 법무 · 준사법 업무, 합의 · 조정 업무나 국제규범이 적용되는 업무 등을 수행하는 기관

　다. 민간기업과의 경쟁을 고려해 자율경영 필요성이 높은 기관

　라. 연구개발을 주된 목적으로 하는 기관

　마. 그 밖에 가목부터 라목까지의 규정에 따른 기관과 유사한 기관으로서 기관 운영의 독립성과 자율성 확보의 필요성이 높다고 기획재정부장관이 인정하는 기관

3. 그 밖에 기획재정부장관이 필요하다고 인정하는 기관으로서 법 제8조에 따른 공공기관운영위원회(이하 "운영위원회"라 한다)의 심의 · 의결을 거쳐 정하는 기관

② 기획재정부장관은 법 제5조제5항에 따라 기타공공기관 중 다음 각 호의 어느 하나에 해당하는 기관을 연구개발을 목적으로 하는 기관으로 지정할 수 있다.

---

1. 정부출연연구기관 등의 설립·운영 및 육성에 관한 법률에 따라 설립된 정부출연연구기관 및 경제·인문사회연구회
2. 과학기술분야 정부출연연구기관 등의 설립·운영 및 육성에 관한 법률에 따라 설립된 과학기술분야 정부출연연구기관 및 국가과학기술연구회
3. 그 밖에 연구개발을 목적으로 하는 기관으로서 운영위원회의 심의·의결을 거쳐 정하는 기관

③ 한국수출입은행, 한국예탁결제원, 한국산업은행, 한국문화재재단 등이 해당한다.

[9] 공기업

14

13 기출

공기업에 대한 설명으로 옳지 않은 것은?

① 정부주관으로 운영하는 조직이지만 정규직인 정부조직보다는 더 많은 자율성을 누린다.

② 정부기업형은 일반행정기관에 적용되는 조직, 인사, 예산에 관한 규정의 적용을 원칙적으로 받지 않는다.

③ 주식회사형은 정부가 주식의 일부를 소유하여 회사의 관리에 참여한다.

④ 공사형은 전액 정부가 출자하여 설립한 법인이다.

해설   정답 ②

② 정부기업형(정부부처형)은 정부조직법에 의해 설립된 정부기관으로서 일반적으로 정부기관에 적용되는 조직, 인사, 예산에 관한 규정의 적용을 받는다.

오답의 이유

① 공기업은 공공성의 원칙을 실현하기 위한 '통제'와 기업성을 실현하기 위한 '자율'의 조화를 적절히 이루어야 한다.

③ 주식회사형 공기업은 정부가 주식의 일부를 소유한 혼합형태의 기업으로, 출자한 지분만큼의 권한과 책임을 가진다.

④ 공사형 공기업은 특별법에 의해 설립된 정부소유의 기업으로, 전액 정부가 출자하여 설립한 법인이다.

15

08 기출

공기업에 대한 설명으로 적절하지 않은 것은?

① 공기업은 공공수요의 충족을 목적으로 수지적합주의에 입각하여 경영하는 사업을 말한다.

② 시장형 공기업은 특별법에 의해 설치되며 특별법의 적용에 따라 운영된다.

③ 공사형 공기업의 직원은 공무원이다.

④ 공기업은 자체수입액이 총수입액의 50% 이상인 기관 중에서 지정한다.

16

08 기출

공기업의 독립채산제를 설명한 내용 중 옳지 않은 것은?

① 독립채산제에서는 정부가 공기업에 대해 중앙집권적으로 관리한다.

② 독립채산제는 재정과 경영을 분리하는 제도를 의미한다.

③ 독립채산제를 채택한 공기업은 수지채산의 독립과 균형을 확보할 수 있다.

④ 공기업은 독립채산제를 채택함으로써 정부나 의회로부터의 독립성을 확보할 수 있다.

17

06 기출

공기업의 설립요인으로 적절하지 않은 것은?

① 국방 · 전략상의 고려

② 자연독점적 사업의 통제

③ 정치적 신조

④ 균형예산의 달성

1. 공기업의 개념

(1) '국가 또는 지방자치단체가 수행하는 사업 중 기업적 성격을 지닌 것'을 말한다.

(2) 행정조직의 형태로서 공기업은 국가 또는 공공단체가 출자 및 관리하는 공익사업체이어야 한다.

2. 공기업의 발달요인

(1) 일반적 요인

① **민간자본의 부족**: 막대한 자본이 소요되는 거대사업(철도, 전력 등)은 민간자본으로는 감당하기 어렵기 때문에 정부가 투자하여 담당하게 된다.

② **국방·전략상의 고려**: 군수산업이나 방위산업체 등은 군수품의 효율적인 조달과 기밀유지를 위해 정부가 직접경영하는 것이 바람직하다.

③ **독점적 서비스**: 사업의 성격상 독점적(전매사업)인 경우 기업은 이윤의 극대화를 추구하고 민간독점의 사례가 발생할 수 있으므로 정부가 직접경영하게 된다.

④ **국가발전**: 국민복지나 국가발전을 위한 특정사업(원자력 등)을 국가가 직접경영해야 한다는 정책에 의해 공기업화가 이루어지기도 한다.

(2) 개발도상국의 경우

① 경제개발을 강력하게 추진하기 위해 특정분야의 사업에 대해 정부가 선도적 역할을 하는 경우가 있다.

② 국가재정문제로 세입증대를 위해 정부가 특정사업(담배, 인삼)을 직접경영한다.

③ 주택·에너지자원·도로 등의 공공수요에 대한 원활화를 위해 정부가 이와 관련된 사업을 직접경영할 수 있다.

④ 식민지 지배에서 해방 이후 기간산업을 정부가 인수함으로써 공기업화가 이루어진다.

3. 공기업의 유형

(1) 정부부처형 공기업

① **개념**: 일반행정기관과 같이 정부조직법의 적용을 받으며 행정부의 부처와 같은 조직 형태를 지닌 공기업을 말한다.

② **특징**

㉠ 매년 국회의 의결을 거친 예산으로 운영된다.

㉡ 기업성보다 공익성에 더 큰 비중을 둔다.

㉢ 일반행정기관과는 달리 정부기업예산법을 적용하여 특별회계를 마련하고, 독립채산제를 취한다.

㉣ 독립채산제

• 산하기관의 재정을 모(母)기관의 재정으로부터 분리해 운영하는 제도를 말한다.

• 공기업을 국가 또는 지방자치단체의 재정에서 분리해 독자적으로 경영하는 것도 독립채산제에 속한다.

• 수지적 합의 원칙, 자본자기조달의 원칙, 이익금의 자기처분원칙을 모두 충족할 경우에 성립된다.

㉤ 소속직원은 공무원의 신분이다.

㉥ 당사자 능력이 없기 때문에 민사소송이 제기될 경우 국가의 명의로 진행된다.

(2) 공사형 공기업

① **개념**: 자본금 전액이 정부로부터 출자되고 독립적인 특수법인의 형태를 지닌 공기업, 공공단체의 일종이다.

② **특징**

㉠ 특별법에 의해 설립되고, 자본금이 정부로부터 출자된다.

㉡ 공공성과 기업성을 동시에 추구한다.

ⓒ 정부에서 임명된 임원이 운영하며, 최종적 책임은 정부가 진다.

ⓔ 임원은 준 공무원이지만 직원은 공무원의 신분이 아니다.

ⓜ 특별한 회계예산제도의 적용을 받지만 운영상에는 상당한 독립성을 가진다(예산·회계·감사에 관한 법령의 적용을 받지 않으며 재정상 독립채산제를 채택하고, 예외적으로 우리나라의 경우에는 감사원의 감사만은 받음).

ⓗ 법인으로서 당사자 능력을 가진다.

(3) 주식회사형 공기업

① 개념: 회사법(또는 특별법) 규정에 의해 설립되며 정부가 그 주식의 전부 또는 일부를 소유하는 공기업을 말한다.

② 특징

㉠ 상법에 의해 운영하기 때문에 정부가 주식의 매입 또는 매도 등의 조작을 통해 정부의 경제정책을 탄력성 있게 추진한다.

ⓛ 공공성보다 기업성에 더 큰 비중을 둔다.

ⓒ 정부와 민간에서 공동출자를 하며 정부는 정부출자금에 대해서만 책임을 진다.

ⓔ 임원은 주주총회에서 선출하며 소속직원의 신분은 회사원이다.

ⓜ 주식회사형 공기업은 법인이므로 당사자 능력을 가진다.

[1] 베버의 관료제이론(근대관료제)

01

다음 중 관료제의 단점에 해당하지 않는 것은?

① 비공식집단을 활성화시킨다.
② 할거주의를 초래한다.
③ 변동에 소극적이게 된다.
④ 번문욕례가 나타난다.

해설   정답 ①

① 관료제는 집권적·권위적 통제와 지나친 법규 위주의 몰인정성·비정의성으로 조직 내의 인간관계와 비공식적 조직을 소홀히 하여 인격상실을 초래할 수 있다. 이 외에 관료제의 단점에는 민주성·대표성의 제약, 번문욕례, 변동에 대한 저항, 훈련된 무능, 목표전환현상 등이 있다.

02

베버(M. Weber)의 관료제의 특징에 대한 설명으로 옳지 않은 것은?

① 베버의 관료제는 소량생산체제에서 효과적인 생산의 결과를 낳았다.
② 조직이 바탕으로 삼는 권한의 유형을 전통적 권한, 카리스마적 권한, 합법적 권한으로 나누었다.
③ 관료제는 사적 조직과 공적 조직에 공통적으로 존재한다.
④ 관료제는 어떠한 목적달성을 위해 기능하는 가장 합리적인 지배형식이다.

해설   정답 ①

① 베버의 관료제는 소량생산체제가 아닌 대량생산체제에서 효과적인 생산을 가져왔다.

03

다음 중 베버(M. Weber)의 관료제이론에 대한 비판으로 적절하지 않은 것은?

① 관료의 직업적 보상경시
② 비공식조직의 측면경시
③ 번문욕례 및 형식주의 초래
④ 사회변화에 따른 탄력적 대응곤란

해설   정답 ①

① 관료제에서는 관료의 전임화가 이루어지면서 직업적 안정성과 계속성을 확보할 수 있다. 이는 신분보장이 이루어짐을 말하며, 승진과 같은 직업적 보상을 기대할 수 있도록 하는 요인이 된다.

끝장이론 ···

1. 베버(M. Weber)의 관료제이론(근대 관료제)

(1) 의의

① 독일의 사회학자 베버(1864~1920)는 관료제를 이론적으로 체계화한 대표적 학자이다.

② 관료제에 관한 이론의 원형(原型)은 베버의 이념형(Ideal Type)에서 유래한다.

③ 베버는 대규모조직의 활동들이 합리적이고, 이해·예측이 가능하고, 능률적인 것이 되도록 묘사하고 있다.

④ 관료제 개념의 의도는 직무 혹은 과업을 그것을 수행하는 사람과 분리시킴으로써 개인적·인간적 측면보다는 조직적·운영적 측면에서 과업을 규정할 수 있도록 한다.

⑤ 관료제이론의 명제와 전제: 관료제에 정당성을 부여하는 권위의 근거가 합리성에 기초한 합법성으로부터 나온다는 데 있다.

(2) 3가지의 권위유형

카리스마적 권위 (Charismatic Authority)	특정인물이 소유하고 있는 비범한 자질에 대한 믿음 때문에 그로부터의 명령이 정당화되는 경우
전통적 권위 (Traditional Authority)	전통이나 관습에 의해서 명령이 정당화되어 왔기 때문에 이에 복종하게 되는 경우
법적 권위 (Legal Authority)	법규에 규정되어 있기 때문에 명령에 복종하는 경우로, 베버는 이를 관료제라고 봄

2. 관료제의 특성

법규성	관료의 권한과 직무범위는 법규에 의해 규정됨
계층제	조직의 상하관계는 계층제의 원리에 의해 체계가 확립되어 있다. 일반적으로 하위직 또는 하위기관은 상위직의 엄격한 감독과 통제하에서 임무를 수행
문서주의(공식성)	모든 행정행위, 결정 및 규칙은 공식화되고 업무는 문서로 처리
공·사의 분리 (비정의성)	공적 사무는 사적 사무와 분리된다. 개인의 사적 감정에 의한 업무수행이 아니라 비정의적(非情誼的: Impersonal)인 공적(公的) 해결
전문직업성	관료는 시험 등에 의해 공개적으로 채용되며, 관료직을 '생애의 직업'으로 여기고 전념
직업에의 전념화	관료의 공적인 직무시간에는 직무에 전념
계약성	관료제에서 고용관계는 평등한 관계에서 고용의 자유계약이 허용

3. 관료제의 순기능과 역기능

특징	순기능	역기능
계층제	• 조직 내의 수직적 분업체계 • 질서유지 • 명령·복종체계 수립	• 조직 내 의사소통의 왜곡과 지연 • 무사안일주의 • 의사결정의 교착 • 상급자의 권위에 의존 • 책임의 회피와 전가 • 권력의 집중현상
법·규칙의 강조	• 조직구조의 공식성 제고 • 조직활동과 절차의 정확성 촉진 • 공평·공정·통일적인 업무수행 • 조직활동의 객관성·예측가능성·일관성 확보	• 동조과잉 • 목표전환 • 획일성과 경직성 • 조직목표와 성과의 차질 • 변화에 대한 저항 • 반응성의 결여 • 형식주의 • 무사안일주의
비인간화	• 객관적 사실과 법규에 근거한 행정 발전 촉진 • 공평무사한 업무처리	• 비인간적인 관료 양성 • 조직성원의 기계화·소외·부적응에 따른 인격적 관계의 상실
연공서열중시	• 직업공무원제 발전 • 행정의 안정과 재직자 보호	• '피터의 원리'의 작용에 따른 무능력자의 승진 • 무자격자의 보호(베블런, Veblen)
전업성·전임성	• 업무의 능률적 집행 • 직업에 전념	• 훈련된 무능 • 변동에 저항
문서주의	• 공식성·객관성 확립 • 결과보존	번문욕례(Red-Tape; 형식주의, 의식주의, 서면주의)
폐쇄체제		• 적응성·융통성 결여 • 환경변화에 대한 대응능력의 부족

04

14 기출

다음 중 지식정보사회에 관한 설명으로 옳지 않은 것은?

① 지식정보사회는 수평적인 네트워크구조나 가상조직의 형태를 주로 띠게 된다.

② 지식정보사회에서는 개인의 능력이 강조되는 데 반해 조직의 협력적인 부분에 대한 요구는 약해진다.

③ 지식정보사회가 도래함에 따라 오히려 정부의 계층제적 조직구조가 강해질 수 있다.

④ 지식정보사회는 조직의 신축성을 더욱 필요로 하며, 이를 보장해 줄 이론의 도래를 강요하고 있다.

해설 정답 ②

② 지식정보사회가 개인의 능력(역량)을 중요시하는 것은 맞지만, 수평적인 네트워크구조로 인해 조직의 협력적인 부분에 대한 요구도 강해진다.

오답의 이유

③ 정보기술이 발달하게 되면서 정부는 하위계층에 대한 관리 · 감독이 용이해진다. 이것은 조직구조가 계층화되는 도구로 이용될 수 있다.

05

12 기출

지식정보사회에 대한 설명으로 옳지 않은 것은?

① 횡적(수평적) 네트워크형태중심의 사회구조

② 지리적 장벽의 제거

③ 소품종 대량생산체제

④ 탈관료제적 조직확산

해설 정답 ③

③ 지식정보사회는 다품종 소량생산체제를 특성으로 한다. 지식정보사회에서는 탈계층적 구조, 심리적 공간의식이나 지리적 장벽의 제거, 수평적 네트워크구조, 경계를 타파한 이음매 없는 조직과 유연한 조직문화 등의 특징이 나타난다.

끝장이론

1. 지식정보사회의 개념과 특징

[1] 개념: 정보의 확산과 연계를 통해 지속적인 지식성장을 가능하게 하고, 이를 기반으로 사회자원이 끊임없이 재생산되고 분배될 수 있는 사회로 정의할 수 있다.

(2) 특징

① 정보화가 사회전체적으로 큰 비중을 차지한다.

② 정보화사회를 움직이는 힘의 원천은 상상력이 풍부한 지식이다.

③ 정보 그 자체가 중요한 자원이 된다.

④ 정보의 양이 폭발적으로 증가한다.

⑤ 인간의 욕구가 다양화된다.

⑥ 시간적이고 공간적인 한계가 극복될 수 있는 사회이다.

⑦ 업무영역 간 경계의 한계가 극복될 가능성이 크게 예측되는 사회이다.

⑧ 열린사회인 동시에 경쟁사회이다.

2. 수평적 조직

(1) 개념: 업무과정을 중심으로 조직을 설계하여 조직 내의 수직적 계층이 감소되는 조직을 말한다.

(2) 특징

① 업무, 기능, 지리적인 위치보다는 다기능적인 핵심과정을 중심으로 구조가 만들어진다.

② 조직설계와 성과는 개인보다는 책임조직에 기반해 이루어진다.

③ 각 핵심과정은 과정소유자가 전적으로 책임을 진다.

④ 팀구성원들은 팀단위의 성과에 기반해 의사결정을 위한 기술, 도구, 권한 등을 부여받는다.

⑤ 팀은 자유롭고 창조적인 사고를 할 수 있으며, 새로운 도전에 유연하게 반응할 수 있다.

⑥ 고객들은 수평적인 협조가 이루어지도록 요구한다.

⑦ 지속적인 향상을 위한 개방성, 신뢰성, 협동성과 같은 문화가 형성된다.

(3) 장점과 단점

장점	단점
• 조직규모에 비해 관리계층의 규모가 작아서 관리비용면에서 효율적임 • 기능부서 사이에 경계가 없기 때문에, 조직구성원들은 부서의 한정된 목표보다는 좀 더 넓은 조직전체의 목표에 관심을 가짐 • 조직의 중요한 의사결정에 대한 책임을 공유함으로써 조직에 기여할 수 있게 하고, 조직 내에서 더 좋은 삶의 질을 누릴 수 있는 기회를 줌	• 관리자들이 핵심과정을 결정하고, 고객들이 원하는 것을 제공해 주는 곳을 잘 결정하지 못하면 조직성과에 많은 피해를 줄 수도 있음 • 전통적인 관리자들은 이전에 가지고 있던 권한을 포기하도록 강요됨 • 업무의 다기능적 특성으로 인해서, 종업원들에게 전문적인 기술을 배우고 유지할 수 있게 해 주지 못한다면 심화된 지식과 기술의 발전에는 한계가 있을 수도 있음

3. 가상조직

(1) 개념: 정보통신기술의 발달로 인해 조직 간 물리적 거리가 사라짐에 따라 조직들이 시간·공간적 경계를 초월하여 가상공간(Cyber Space)에서 의사교류를 하고, 이를 통해 이전보다 밀접하게, 그리고 효율적으로 문제를 해결해 나가는 모습을 의미한다.

(2) 특징

① 일종의 네트워크 조직이다.

② 정보통신기술을 기반으로 이루어지는 조직이다.

③ 각각의 조직단위들이 갖고 있는 상호의존적인 핵심역량을 기반으로 연계된다.

④ 네트워크에 참여하는 사람이나 집단이 다양한 자원을 서로 제공해서 전체기능을 수행하기 때문에 영구적이라기보다는

잠정적이고 임시적인 조직이다.

⑤ 전통적인 조직이론에서 말하는 기존의 조직개념에서 조직의 물리적 측면이 배제된 조직이다.

⑥ 일반조직과 달리 물리적 차원에서 조직의 경계를 확인하기 어렵다.

⑦ 분산된 조직구조를 가진다.

⑧ 관료제조직의 계층제에 따른 통제와 달리 분산된 조직구조에 기초한 분산된 통제에 의존한다.

(3) 장점과 단점

장점	단점
• 산재해 있는 조직구성원들을 긴밀한 정보교환이 가능한 그룹으로 묶을 수 있음 • 신속·정확한 문제해결 가능 • 환경변화에 따라 새로운 팀의 참여 또는 기존조직의 재구성이 가능한 유연한 조직구조 • 핵심역량의 공유·연계 활성화 가능 • 고객지향적 서비스의 구현 가능	• 가상조직에 대한 전체적인 통제력이 상실될 경우 심각한 문제 발생 • 모든 경우에 적합한 조직은 아니라는 점 • 제품에 대한 소유권 문제, 책임소재의 문제, 조직 간 문화차이에 대한 판단과 그 기준을 설정하는 데 심각한 갈등초래의 가능성 • 가상조직의 장점이기도 한 업무장소의 유동성이 경우에 따라서 문제로 지적 • 고도로 관료화된 조직에서는 실패할 가능성이 큼

4. 산업사회와 정보사회의 비교

구분	산업사회	정보사회
생산체제	소품종 대량생산체제	다품종 소량생산체제
산업구조	제조업(노동)	정보산업(지식)
조직구조	수직적 계층구조	수평적 네트워크구조, 가상조직
지방관계	중앙집권	지방분권
정치형태	의회민주주의	직접민주주의

[3] 팀조직

06

07 기출

다음 중 숑크(Shonk)의 견해에 따른 구분으로 적절하지 않은 것은?

① 프로젝트팀은 단기적 조직이고, 테스크포스는 장기적 조직이다.

② 프로젝트팀은 법적 근거가 없고, 테스크포스는 법적 근거가 있다.

③ 프로젝트팀은 물적 성격이 강하고, 테스크포스는 인적 성격이 강하다.

④ 프로젝트팀은 새로운 과업에 소극성을 나타낼 수 있고, 테스크포스는 행정의 일관성을 저해할 수 있다는 단점이 있다.

07

10 기출

다음 중 팀제의 도입배경과 직접적인 관련성이 가장 적은 것은?

① 정보화 및 세계화의 영향으로 조직 간 외부연계성 강조
② 의사결정의 신속성 중시풍조
③ 민주화와 인본주의 영향의 가속화
④ 조직관리의 공정성 제고의 필요성

끝장이론

1. 팀조직(프로젝트팀, 팀제)의 개념

(1) 하나의 조직 내에 속한 일종의 하위집단이다.
(2) 상호보완적인 기술(Complementary Skills)을 가진 두 사람 이상으로 이루어진 구성원들이 목표달성을 위해 긴밀히 협력하고, 도출된 성과에 대해 공동책임을 지는 조직이다.

2. 팀조직의 도입배경

(1) 정보화 및 세계화의 영향으로 외부환경에 대한 신속한 대응과 신속한 의사결정이 필요하다.
(2) 불확실한 환경에서 융통성 있고 신축적인 대응이 필요하다.
(3) 민주화와 인본주의의 영향이 가속화되면서 협력이 강조된다.
(4) 경쟁상대의 증가에 따른 경쟁력 강화수단이 필요하다.

3. 팀조직의 특징

(1) 집단을 구성하는 정도의 인원으로 구성된다.
(2) 공동의 목표와 과업을 달성하기 위해 존재한다.
(3) 상호보완적인 기술을 가진 사람들로 구성된다.
(4) 구성원들은 개인으로서뿐만 아니라 팀조직 전체로서 책임을 진다.
(5) 구성원들은 공동으로 목표달성을 위한 접근방법을 개발한다.
(6) 그 형태가 매우 다양하다.

4. 팀조직의 유형

(1) 프로젝트팀(Project Team: 특별작업반, 사업조직)

① 특정사업·목적의 달성을 위해 임시적으로 조직 내 인적·물적 자원을 결합하여 만든 문제지향적 동태적 조직이다.

② 계층제 구조가 아니라, 직무의 상호연관성이라는 직무상의 횡적 관련을 중시하여 전통적인 관료제조직과 공존하며 기능을 통합하기 위해 조직된 잠정적인 조직이다.

(2) 태스크포스(Task Force: 전문담당반·전문기동반·전문조사반): 특별한 임무나 목적을 수행하기 위해 각 조직 내의 필요한 전문가를 차출하여 한 사람의 책임자 아래 입체적으로 편성한 조직이다.

(3) 숑크(Shonk)의 프로젝트팀과 태스크포스

구분	프로젝트팀(Project Team)	태스크포스(Task Force)
구조	수평적 구조	입체적(수직적+수평적) 구조
존속기간	임시적·단기적 성향	장기적 성향
규모	소규모(부문 내 설치)	비교적 대규모(부문 간 설치)
설치근거	법적 근거를 요하지 않음	법적 근거를 요함
성향	인적 성격 강함 – 성원교체가 조직변화 초래	물적 성격 강함 – 성원교체와 조직변화 무관
소속관계	소속기관에서 탈퇴하지 않고 일시차출[겸임, 시간제(Part Time)근무]	정규부서에서 이탈해 전임제(專任制)로 근무(파견근무)

5. 팀조직의 장점과 단점

장점	단점
• 생산성 및 품질향상 • 종업원의 업무조건 향상 • 비용절감 • 이직율과 결근율의 감소 • 갈등 감소 • 혁신 증대 • 조직의 적응성과 유연성 증대	• 팀구성원들 상호 간에 협력하려는 의지가 약할 수 있음 • 관리층이 팀조직을 도입하는 데 적극적인 지지를 보내지 않을 수도 있음 • 팀 사이에 협력적 분위기가 이루어지지 못할 경우 심각한 문제 초래

08

네트워크조직에 대한 설명으로 옳지 않은 것은?

① 수직적 · 수평적 통합을 지향한다.

② 정보와 지식의 교환 · 공유 · 축적으로 조직학습을 촉진시키며, 새로운 지식이나 가치의 창조 · 활용이 용이하다.

③ 제품의 안정적 공급과 품질관리가 가능해진다.

④ 통합관리가 어려워 감시비용이 많이 든다.

> **해설**
> 정답 ③
>
> ③ 네트워크조직은 제품의 안정적 공급과 품질관리가 어렵다.
>
> **오답의 이유**
>
> ① · ② 네트워크조직은 수직적 · 수평적 · 지리적 통합을 지향하는 조직으로 정보와 지식의 교환 · 공유 · 축적으로 조직학습을 촉진시켜 조직의 경쟁력을 높일 수 있다.
>
> ④ 네트워크조직은 외부기관과 계약관계에 있기 때문에 직접통제가 어렵고, 외부기관들의 협력관계상 대리인 문제가 발생되기 쉬워 조정 및 감시비용이 증가한다.

09

다음 중 네트워크조직의 효용성에 대한 설명으로 적절하지 않은 것은?

① 조직 내의 안정성 및 정체성을 보다 확고히 할 수 있다.

② 정보통신기술의 활용으로 시간적 · 공간적 제약을 완화할 수 있다.

③ 인적 자원과 물적 자원의 투입을 줄임으로써 가격경쟁력을 높일 수 있다.

④ 환경변화에 신축적이고, 신속한 대응이 가능해진다.

> **해설**
> 정답 ①
>
> ① 네트워크조직은 조직경계의 모호성으로 인해 응집력 있는 조직문화의 형성이 어려우며, 구성원들이 조직에 충성하는 문화를 기대하기 어렵다는 단점이 있다.

10

다음 중 네트워크조직에 대한 설명으로 적절한 것을 모두 고른 것은?

> ㉠ 정보통신기술이 필수적 기반시설이다.
> ㉡ 계약관계에 있는 외부기관에 대한 통제가 용이하다.
> ㉢ 환경변화에 신속하고 신축적인 대응이 가능하다.
> ㉣ 조직의 자체기능을 핵심역량 위주로 구성한다.

① ㉠, ㉡, ㉢

② ㉠, ㉡, ㉣

③ ㉠, ㉢, ㉣

④ ㉡, ㉢, ㉣

해설

정답 ③

③ 네트워크조직은 조직활동을 핵심역량 위주로 구성하고 나머지 분야는 아웃소싱 또는 전략적 제휴를 통해 외부전문가에게 맡기는 조직을 말한다. 네트워크조직은 정보기술을 이용한 조직이므로 정보통신기술이 필수적으로 확보되어야 한다. 또한 조직구조가 간소화되어 있고, 개방적인 특성을 가지고 있기 때문에 외부의 환경변화에 빠르고 탄력적인 대응이 가능하다는 특징을 가진다.

오답의 이유

㉡ 네트워크조직은 계약관계에 있는 외부기관에 대한 직접통제가 어렵기 때문에 대리인 문제의 발생 가능성이 높고, 이를 예방하기 위해서는 조정 및 감시비용이 증가할 수밖에 없다.

끝장이론 ....

1. 네트워크조직의 개념

(1) 둘 이상의 조직들이 강한 연계를 가지면서 환경에서 제기되는 복잡한 문제들을 해결하기 위해 공동으로 대응하는 상황을 말한다.

(2) 조직 내에서 모든 기능을 수행하는 것을 벗어나 핵심자원만 보유하고 나머지는 네트워크를 통해 자원을 공유(예 전략적 제휴, 아웃소싱, 컨소시엄)함으로써 초경쟁시대의 새로운 가치창출을 위한 대안적 조직을 말한다.

2. 네트워크조직의 특징

(1) 공동의 조직목표를 추구한다.

(2) 구성단위들은 높은 수준의 독자성을 지니며, 신뢰나 협력관계의 구축이 필수적이다.

(3) 구성단위들은 수평적 관계를 유지하며, 그 형태와 분석수준에 따라 매우 다양하다.

(4) 느슨하게 결합된 조직(Loosely-Coupled Organization)이다.

(5) 역량 있는 여러 명의 지도자를 필요로 한다.

(6) 모든 계층은 함께 노력하고 조직 전체의 한 부분으로 기능하며, 수평적이고 유기적이다.

258 PART 03 조직론

(7) 환경이 제공하는 복잡한 문제를 해결하기 위해 수직적 통합(계층통합)뿐만 아니라 수평적·공간적으로 공식적인 조직 경계를 뛰어넘는(공간적 통합) 통합메커니즘을 갖춘 조직이지만 업무성취에 관한 과정적 자율성이 높은 조직이다(집권과 분권의 조화).

3. 네트워크조직의 유형

집권형(중심-분권형)	중간조직이 다른 참여조직들의 활동을 집권적으로 조정할 수 있는 네트워크
분권형(군집형)	중심조직 없이 참여조직 간 수평적 상호조정을 통해 활동하는 네트워크(참여단위들의 네트워크 가담은 자발적이며, 자율성과 독자성이 높음)

4. 네트워크조직의 장점과 단점

장점	• 조직의 개방화에 대비한 활동능력 배양 • 내부조직 슬림화에 기여 • 수평적 통합과 능력 배양에 기여 • 조직구성원들의 동기부여에 기여 • 혁신을 통해 경쟁력 제고
단점	• 네트워크에 의해 조직의 전략이나 행동이 제약을 받음 • 네트워크와 환경과의 원활한 상호교류가 이루어지지 않을 가능성 • 네트워크관리상 외부환경과 상호관계가 적절하게 이루어지지 않으면, 기술, 경영노하우 등을 네트워크 외부조직과 공유하는 과정에서 지식이 쌍방향으로 흐르지 않고 일방적으로 유출되어 네트워크 파트너가 경쟁자로 둔갑할 가능성이 존재 • 네트워크는 신뢰를 바탕으로 존재하기 때문에 상대방이 바뀌는 경우 예상치 못한 기회주의에 봉착할 가능성이 큼 • 네트워크 내의 조직들에 대해서는 상호신뢰에 기반한 유연하고 유기적인 시스템을 구축할 수 있지만 네트워크 밖에 있는 조직에 대해서는 폐쇄적인 성격을 띨 수도 있으므로 사회 전체적으로는 효율성을 떨어뜨릴 수도 있음

[5] 학습조직

11

19 기출

다음 중 학습조직의 특징으로 가장 적절하지 않은 것은?

① 외부의 압력에 의한 동형화와 전문화 과정을 통한 동형화 현상이 나타난다.
② 중간관리자들의 지식관리와 정보의 수직적 및 수평적 흐름이 중시된다.
③ 전 직원이 문제해결에 참여하므로 조직문화에 적응적이다.
④ 학습조직의 기본단위는 업무프로세스 중심의 통합기능팀이다.

12

16 기출

다음 중 조직에 관한 설명으로 틀린 것은?

① 매트릭스조직은 조직환경이 복잡해지면서, 기능부서의 기술적 전문성이 요구되는 동시에 사업부서의 신속한 대응성의 필요가 증대되면서 등장한 조직의 형태이다.
② 삼엽조직(Shamrock Organization)은 소규모 전문직 근로자들, 계약직 근로자들, 신축적인 근로자들로 구성된 조직의 형태이다.
③ 네트워크조직은 조직의 자체기능은 핵심역량 위주로 하고 여타기능은 외부계약관계를 통해서 수행한다.
④ 학습조직은 공동의 과업, 소수의 규정과 절차, 비공식적이고 분권적인 의사결정을 특징으로 하는 기능분립적 구조이다.

끝장이론

1. 학습조직의 개념과 특징

(1) 개념: 조직구성원들이 지식을 공유하고 이를 활용하여 끊임없이 새로운 지식을 창출 · 축적해 낼 뿐만 아니라, 조직행태를 변화시키고 조직성과를 향상시키는 조직의 역동적 모습을 의미한다.

(2) 학습조직의 특징

① 조직을 학습이 일어나는 장소로 인식한다.
② 조직 자체가 학습을 촉진하기 위한 메커니즘을 갖추고자 한다.
③ 어떤 실체가 있는 구체적인 조직이라기보다는 조직의 모습과 조직구성원들의 역할이 어떠해야 하는가에 대한 일종의 태도 혹은 철학이다.

④ '안정적 상태'를 가정하지 않는다.

⑤ 문제해결에 중요한 가치를 둔다.

⑥ 문제해결과정에 조직구성원들의 참여를 강조한다.

⑦ 집합적 행동이 중요시된다.

(3) 전통적인 기계적 조직과 구별되는 학습조직의 특징

① 기능보다 업무프로세스 중심으로 조직을 구조화한다.

② 위계적 통제보다 구성원 간의 수평적 협력을 중시한다.

③ 학습조직의 활성화에 리더의 역할이 상대적으로 중요하다.

④ 조직의 목표달성을 위해 구성원의 권한 강화를 강조한다.

2. 셍게(P. Senge)의 학습조직이 되기 위한 5가지 수련

셍게에 의하면 학습조직이란 개방체제모형과 자기실현적 인간관을 전제로 한 조직으로 구성원의 지식욕구를 끊임없이 창출하고, 창의적인 사고방식으로 전환시켜 주며, 집단적 열망이 충만하여 구성원들이 학습을 지속해 가는 조직이다. 이를 위해 셍게는 5가지 수련을 제시한다.

시스템적 사고 (Systems Thinking)	조직에 영향을 미치는 사건, 조직, 환경들의 상호관련성을 장기적이면서 전체적으로 조망하는 시스템적인 사고 중시
전문적 소양 (자기완성 · 자기숙련, Personal Mastery)	학습하는 개인이 없으면 조직학습도 없으므로, 개인이 스스로 지속적으로 자신의 비전과 에너지를 충만하게 북돋고, 현실을 인지하고 능력과 기술을 습득해야 함
사고의 틀 (Mental Models)	학습조직의 구성원들은 현실세계를 객관적으로 이해하고 어떤 활동을 할 것인가에 대한 깊은 이해와 형상화를 통해 기존 사고방식을 깨는 과정을 겪어야 함
공동의 비전 (Shared Vision)	조직비전에 스스로 열의를 갖고 몰입하게 하여 학습을 촉진해야 함
팀학습 (Team Learning)	대화를 통해 구성원들이 함께 사고하고 조직의 의미를 자연스럽게 구체화함으로써 전체 시스템적 사고에 도움을 줌

3. 기타 학습조직

(1) 노나카 이쿠지로 & 히로타카 다케우치의 하이퍼텍스트(Hypertext)조직: 지식경영을 위해, 지식의 창조 · 활용 · 축적 측면을 구성요소로 하는 조직을 말한다.

① 프로젝트팀층(지식창조): 제품개발 등의 새로운 지식을 창조하는 일을 한다. 팀 구성원은 다양한 사업단위에서 차출되어 하나의 프로젝트가 끝날 때까지 팀에 전속하며 원래 소속된 부서에서는 완전히 손을 떼고 프로젝트에만 전념하는 시스템이다.

② 비즈니스시스템층(지식활용): 통상적 업무의 효율성을 높이기 위해서 명령과 실행의 피라미드형 위계질서에 입각한 기존의 관료제적 구조가 이용된다. 이 층은 전통적인 '계층 · 분업 · 전문화'를 특징으로 하지만, 지식을 활용하기 위한 최적의 프로세스를 내재화한다.

③ 지식베이스층(지식기반층): 프로젝트팀에서 창출된 지식이 재분류되고 재구성된다. 지식베이스는 양쪽에서 창출된 전혀 다른 성격의 지식이 축적되고 교환되는 장소로 '저장소 겸 교환소'의 역할을 수행한다.

(2) 삼엽조직(클로버형 조직)

① 직원 수를 소규모로 유지하면서 산출을 극대화하기 위해 조직을 세 가지 파트(삼엽)로 구분한다.

② 삼엽조직의 조직구조와 고용체계는 직원 수를 소규모로 유지하는 반면에 산출의 극대화를 가능하도록 설계된다. 따라서 조직구조는 계층 수가 적은 날씬한 조직이 되며, 고품질의 상품과 서비스를 동시에 공급할 수 있는 장점을 지닌다.

㉠ 제1엽: 핵심직원(소규모 정규직 노동자)

㉡ 제2엽: 계약직 노동자

㉢ 제3엽: 비정규직 시간제, 임시직 노동자

4. 학습조직에 대한 장점과 단점

장점	단점
• 급변하는 환경에 신속하게 대응할 수 있는 능력 제고 • 조직의 민주성 제고 • 조직의 대응성 제고 • 수평적이며 분권화된 조직 지향	• 학습조직이 지향하는 목표가 구성원들 사이에 적절히 공유되지 않으면 학습내용이 조직혁신에 적합한 것이 되기 힘듦 • 학습내용이 조직변화의 방향과 부합한다고 하더라도, 기득권을 저해시키거나 구성원들에게 물질적·심리적 부담을 주는 것으로 이루어지면 조직구성원들이 적극적으로 학습하려는 의욕을 보이지 않게 됨

[6] 공식조직과 비공식조직

13

17 기출

비공식조직의 단점으로 옳지 않은 것은?

① 내부직원들의 불평을 증폭시킨다.

② 조직내부에 파벌화를 조장한다.

③ 공식조직의 경직성을 강화한다.

④ 관리자의 공식권위를 약화한다.

해설

정답 ③

③ 비공식조직은 공식조직의 경직성을 완화하는 장점이 있다.

오답의 이유

① 비공식집단은 개인의 불만을 동료의식을 가진 집단에 확산시켜 집단적 불만으로 확산시키기도 한다.

② 상이한 비공식조직 간 이해관계의 대립은 상호 간에 적대감정을 조성하여 공식조직의 기능을 저해한다.

1. 공식조직 VS 비공식조직(공식성을 기준으로 분류)의 개념

(1) 공식조직: 조직목표를 달성하기 위해 법령 등에 의해 공식적으로 업무와 역할을 할당하고 권한과 책임을 부여한 조직을 의미한다.

(2) 비공식조직: 구성원들 간의 접촉이나 인간관계로 인해 공식조직 내에 형성되는 조직으로 구조가 명확하지 않은 조직을 의미한다.

구분	공식조직(제도적 조직)	비공식조직(자생적 · 비제도적 조직)
개념	인간의 감정을 배제하고 기능적 합리성의 원칙에 따라 인위적으로 제도화한 조직	현실적인 인간관계를 토대로 자연발생적으로 형성된 조직 ⑩ 공식조직 내의 동창회, 계, 동호회, 향우회
강조이론	고전이론(과학적 관리론, 원리접근법, 베버의 관료제)	신고전적 조직론(인간관계론)
형태	외면적 · 외재적 · 가시적	내면적 · 내재적 · 비가시적
활동성격	전체적 질서를 위한 활동, 비교적 대규모	부분적 질서를 위한 활동, 비교적 소규모
목적	공적 성격의 목적 추구	사적 성격의 목적 추구

2. 공식조직과 비공식조직 간의 관계

(1) 조직은 양 측면을 모두 가지며, 양 조직 간 협동관계와 적대관계가 혼재한다.

(2) 비공식조직은 공식조직의 단결성 유지, 공식조직의 의사전달 기능 보완, 쇄신적 분위기 조성 역할을 통해 공식조직과 상호보완관계를 형성한다.

(3) 비공식조직이 공식조직과 대항적 성격을 띠는 경우 응집성이 커서 조직의 생산성에 미치는 역기능이 커지므로, 이 두 조직을 상호보완과 공존의 관계로 발전시키는 것이 바람직하다.

3. 비공식조직의 순기능과 역기능

순기능	역기능
• 심리적 안정감, 귀속감, 사기양양 • 구성원의 불평과 불만을 해소시켜 줌으로써 구성원의 심리적 욕구충족 • 공식조직(계층제)의 경직성 완화 → 신축성 · 적응성 증진 • 사기증진을 통한 쇄신적 분위기 조성과 업무의 능률적 수행에 도움 • 쇄신적 분위기 조성 – 창의성 고취 분위기 조성 • 공식적 의사소통망의 보완 • 공식조직의 응집력을 높이는 작용 • 지식과 경험의 공유를 통한 지도자의 능력 보완	• 적대감정의 형성(공식조직과 비공식조직, 비공식조직 간) • 개인적 불안을 비공식적 조직의 불안으로 확대 • 비생산적 규범(Norm)형성 가능성 • 파벌조성과 정실행위의 만연우려(혈연 · 지연) • 관리자의 소외 및 공식적 권위의 약화 • 비공식적 의사전달의 역기능(왜곡, 근거 없는 정보)

4. 비공식조직의 특징

(1) 공식조직 내에 존재하며 복합적이고 다양한 기능을 수행한다.

(2) 공식조직으로부터 끊임없이 영향을 받는 타율성을 지닐 뿐만 아니라 그 존폐여부가 공식조직의 통제에 달려 있다.

(3) 공식조직에 비해 훨씬 동태적이고 변칙적이며, 조직 내의 응집성 정도는 공식조직보다 더 높다.

(4) 자기특유의 생활에 적합한 행동규범과 기준을 발전시키고, 감정의 논리가 지배할 뿐만 아니라 구성원의 통제에 있어서도 사회적 통제에 의한다.

(5) 비공식적 조직 내에도 특유의 신분체제나 지위체제가 존재한다.

[7] 계선(Line) VS 막료(Staff) - 담당직무의 성질에 따른 구분

14

18 기출

다음 중 보조기관이 아닌 것은?

① 계장   ② 차관   ③ 실장   ④ 차관보

해설   정답 ④

④ 차관보는 보조기관이 아니다.

오답의 이유

① · ② · ③ 모두 보조기관에 해당한다.

15

07 기출

다음 중 막료기관의 특징으로 적절한 것을 모두 고른 것은?

> ⊙ 목표달성에 직접적으로 기여한다.
> ⓒ 전문지식의 활용으로 합리적 결정에 기여한다.
> ⓒ 조직에 신축성을 부여한다.
> ⓒ 수직적 계층제이다.

① ⊙, ⓒ   ② ⊙, ⓒ   ③ ⓒ, ⓒ   ④ ⓒ, ⓒ

해설   정답 ③

③ 막료기관(참모기관, Staff)은 계선기관에 정보 · 지식 · 기술 등을 제공하여 계선기관이 효과적으로 직무를 수행할 수 있도록 보좌하는 기관을 말한다. 계선기관에 비하여 비계층적인 성격을 가지며, 수평적인 관계를 가지고 있는 것이 특징이다.

오답의 이유

⊙, ⓒ은 계선기관(Line)에 해당하는 설명이다.

---

1. 담당직무의 성질에 따른 계선과 막료의 구분

비교	계선(系線: Line)	막료(幕僚)·참모(參謀: Staff)
의의	• 상하명령 복종관계를 가진 수직적·계층적 구조의 계열을 형성하는 기관 • 정책결정, 법령집행, 국민에게 직접접촉하고 봉사하는 기관	• 계선기관이 원활한 기능을 수행할 수 있도록 지원·보조·촉진함으로써 조직의 목표달성에 간접적으로 공헌하는 기관 • 자문·권고·협의·정보의 수집과 판단·기획·통제·인사·회계·법무·공보·조달·조사·연구 등의 기능 수행
예	기관장 → 차관 → 실·국장 → 과장	• 보조형 막료: 조직을 유지·관리·보조하는 기관으로 계선기관에 서비스를 제공하는 기관(인사, 예산, 조달, 문서 및 사무관리 등의 기능 수행) • 자문형 막료: 좁은 의미의 참모기관으로 기획·조사·자문·연구 등의 기능을 담당하는 기관
	정부조직법상 보조기관: 차관·차장·실장·국장·과장	정부조직법상 보좌기관: 정책관·기획관·담당관
특징	• 대체로 계층제적 성격 • 조직목표달성에 직접 기여, 직접적 행정책임 • 국민이 직접접촉 • 의사결정권·명령권·집행권 행사 • 수직적 명령복종관계 • 일반행정가 • 보수적·실용적, 현실적 경험·기존가치 존중	• 대체로 비계층제적 성격 • 조직목표달성에 간접적으로 기여, 간접적 행정책임 • 국민과 직접접촉하지 않음, 계선에 직접접촉·봉사 • 원칙적으로 의사결정권·명령권·집행권이 없음 • 수평·대등한 관계 • 전문행정가 • 혁신적·이상적 성향
장점	• 권한과 책임의 명확화로 능률적 업무수행 • 신속한 결정으로 시간과 경비절약 • 적은 운영비용 • 강력한 통솔력 행사 • 소규모조직에 적합	• 전문적 지식과 경험활용을 통한 합리적·창의적 결정 • 계선기관장의 활동영역과 통솔범위 확대 • 계선의 업무경감 • 계층제의 경직성 완화, 변화에 대한 신축성·적응성 증대 • 계선기관 간 수평적 업무조정
단점	• 전문가의 지식과 경험 활용 곤란 • 대규모조직에서는 최고관리자의 과중한 업무부담 • 계선의 업무량 증가 • 폐쇄성·보수성·경직성, 관료제의 병리 우려 • 최고관리자의 주관적·독단적·자의적 결정 우려	• 계선기관과의 대립·충돌 가능성 • 결정의 지연 가능성 • 참모기관에 소요되는 경비의 과다 • 막료의 계선권한 침해 가능성 • 조직규모의 확대 가능성

2. 골렘뷰스키(Golembiewski)의 계선과 막료의 관계

(1) **중립적·열등적 도구모형(NII형)**: 전통적 모형. 계선이 주(主)가 되고, 막료는 2차적, 보조적 존재로 계선에 봉사한다.

(2) **변형된 자아모형(Alter-Ego형)**: 막료는 지휘관의 지휘권 행사를 지원한다.

(3) **동료모형(Colleague형)**: 현대적 모형. 참모는 계선과 동등하거나 하나의 팀을 형성한다. 막료는 계선에게 종속되지 않고 독립적 권한을 가지며, 상호협조·협상관계에 의한 목표달성에 중점을 둔다.

(4) '중립적·열등적 도구모형 → 변형된 자아모형 → 동료모형' 순으로 참모의 지위가 상승하고, 막료가 의사결정에 적극적으로 참여할 때 조직은 효율적으로 운영된다.

3. 보조기관과 보좌기간

(1) 보조기관(행정기관의 조직과 정원에 관한 통칙 제2조 제6호): 행정기관의 의사 또는 판단의 결정이나 표시를 보조함으로써 행정기관의 목적달성에 공헌하는 기관 **예** 차관, 차장, 실장, 국장 및 과장 등(정부조직법 제2조 제3항)

(2) 보좌기관(행정기관의 조직과 정원에 관한 통칙 제2조 제7호): 행정기관이 그 기능을 원활하게 수행할 수 있도록 그 기관장이나 보조기관을 보좌함으로써 행정기관의 목적달성에 공헌하는 기관 **예** 정책관·기획관·담당관 등(정부조직법 제2조 제5항, 행정기관의 조직과 정원에 관한 통칙 제12조 제2항)

[8] 위원회조직

16
09 기출

다음 중 위원회조직의 장점으로 적절하지 않은 것은?

① 합의에 의한 신속한 의사결정을 할 수 있다.

② 정책결정은 기관장이 단독으로 하지 않고 다수의 위원들이 집단적으로 참여하여 함께한다.

③ 행정의 중립성과 정책의 계속성을 확보하고 조직의 안정성을 높일 수 있다.

④ 각 부문 간의 이해관계와 의견의 대립을 조정하고 통합할 수 있다.

해설   정답 ①

① 위원회조직은 다수의 위원이 참여한다는 점에서 민주적인 형태를 갖추고 있으나, 신속한 의사결정이 힘들다.

끝장이론 ···

1. 의사결정의 유형

(1) 단독제(독임형): 1인이 의사결정을 하며, 1인이 그 결정에 책임을 지는 조직이다.

(2) 위원회(Committee, 합의제 행정기관): 다수가 의사결정을 하고 다수가 책임을 지는 조직이다.

2. 위원회조직의 특징

(1) 합의제조직: 단독제(독임형)의 전통적 행정기관과는 달리 위원회는 복수의 구성원으로 이루어지는 합의제조직으로 다원적 의사결정체제이다.

(2) 계층제의 완화, 분권화: 계층제의 경직성 완화, 분권화, 동태적 조직의 일종이다.

(3) 민주적 성격: 다수의 참여, 토론, 합의·조정, 분권적·참여적 조직이다.

(4) 탈관료제적 조직: 계층제조직에 비해 수평화된 유기적·탈관료제적 조직의 일종이다.

3. 위원회조직의 유형

(1) 자문위원회: 조직전체에 대한 자문에 응하게 할 목적으로 설치된 참모기관성격의 합의제 기관으로, 위원회의 결정은 정치적 영향력만 가질 뿐 법적 구속력은 없다(행정관청이 아님).

(2) 행정위원회: 일반적인 위원회로, 원칙적으로 법률에 의해 설치되며, 그 결정은 법적 구속력을 갖는다. 즉, 행정관청적 성격을 지니며, 일반적으로 준입법권, 준사법권, 정책 · 기획 · 조정업무 등을 수행한다. **예** 금융위원회, 공정거래위원회, 방송통신위원회 등

(3) 조정위원회: 조직 간, 개인 간 상이한 여러 의견 · 입장을 조정 · 통합할 목적으로 설치된 합의제조직으로, 위원회의 결정은 자문의 성질만 가진 경우도 있고 법적 구속력(의결권)이 있는 경우도 있다. **예** 경제장관회의, 환경분쟁조정위원회, 행정협의조정위원회 등

(4) 독립규제위원회(Independent Regulatory Commission)
① 광의의 행정위원회의 일종으로, 행정부로부터 독립해 준입법적 · 준사법적 기능을 수행하고 위원의 신분이 보장된 합의제행정기관
② 19세기 말 미국에서 산업경제의 급격한 발달로 초래된 경제적 · 사회적 문제를 규제하기 위해 발전, 1887년의 주간통상위원회를 시초로 '머리 없는 제4부'로 불림

위원회 성격 · 권한 중심으로의 구분

유형	개념	의결	집행	사례
자문위원회	• 자문기능만 수행 • 구속력 있는 의결기능은 없음	×	×	노사정위원회
의결위원회	• 구속력 있는 의결기능만 수행 • 집행기능은 없음	○	×	공직자윤리위원회, 각부처 징계위원회
행정위원회 (합의제 행정관청)	구속력 있는 의결기능과 집행기능을 모두 수행	○	○	금융위원회, 공정거래위원회

4. 위원회조직의 장점과 단점

장점	단점
• 결정의 공정성 · 객관성 · 중립성 · 신중성 • 결정의 합리성 · 전문성 향상(민간전문가의 참여) • 행정의 계속성(임기의 차등화, 위원의 부분적 교체), 안정성(가외성 장치) • 계층제의 경직성 완화, 관료주의 완화 • 자유로운 의견교환으로 창의적 결정 가능 • 각 부문 간 이해관계와 의견대립을 조정 · 통합, 이견조정 – 수평적 조정(수평적 의사전달, 할거주의 완화), 다수의 지지 · 신뢰 획득 • 민주성(인간관계와 의사소통의 원활화, 다수의 참여) • 행정국가의 출현에 따른 권력재분배에 유익	• 정치적 이슈를 중화시키기 위한 수단으로 악용 • 결정의 신속성 · 기밀성 유지 곤란 • 비용 · 시간 · 노력의 과다소모로 행정의 비능률성 야기 • 책임회피로 책임성 저하 • 타협적 결정의 가능성 • 사무국의 우월화 현상(사무국이 의제통제 등을 통해 위원회를 지배) 야기 • 이익대표성에 의해 압력단체의 활동무대로 전락할 가능성

17

20 9 기출

에치오니(A. Etzioni)의 조직목표유형으로 옳지 않은 것은?

① 질서목표
② 문화적 목표
③ 경제적 목표
④ 사회적 목표

> **해설**　　　　　　　　　　　　　　　　　　　　　　　　　　　　　　　정답 ④
> ④ 에치오니(A. Etzioni)의 조직목표유형에 사회적 목표는 포함되지 않는다.

18

20 9 기출

파슨스(T. Parsons)의 조직유형 중 조직체제의 목표달성기능과 관련된 유형으로 옳은 것은?

① 경제적 생산조직
② 정치조직
③ 통합조직
④ 형상유지조직

> **해설**　　　　　　　　　　　　　　　　　　　　　　　　　　　　　　　정답 ②
> ② 조직체제의 목표달성기능과 관련된 유형은 정치조직이다.

끝장이론

1. 블라우와 스콧(Blau & Scott)의 분류(조직의 주요 수혜자에 따른 분류)

구분	주요수혜자	특징	예
호혜적 조직	조직 내 조직구성원	민주적인 절차가 강조되는 조직이지만 시간이 지날수록 집권화되는 조직(Michels의 과두제의 철칙)	정당, 노동조합, 계모임 등
기업조직	조직 내 조직소유자	경쟁적 상황에서 능률의 극대화가 중시되는 조직	사기업 · 은행 · 생산조직 등
봉사조직	조직 외 고객집단	고객에 대한 전문적 봉사를 강조하는 조직이지만 고객의 요구와 행정적 절차의 마찰, 갈등이 존재	병원 · 학교 · 사회사업기관 등
공익조직	조직 외 일반국민	국민의 참여와 통제를 위한 민주적 절차 중시	행정기관 · 경찰 · 군대 등

2. 에치오니(Etzioni) 유형(지배복종의 관점)

에치오니는 지배방식과 복종방식이 일치하는 조직을 세 가지로 유형화하고 나머지는 이원접합조직이라 하였다.

구분	목표	권력 · 관여	예
강제적 지배	질서목표	소외적(굴종적) 복종	강제수용소, 교도소
보수적 지배	경제적 목표	계산적(타산적) 복종	사기업, 이익단체
규범적 지배	문화적 목표	도의적(규범적) 복종	종교단체, 정당

3. 카츠와 칸(Katz & Kahn)의 분류, 파슨스(Parsons)의 분류(기능에 따른 분류)

기능	내용	카츠와 칸(Katz & Kahn)	파슨스(Parsons)
적응기능	환경에 대한 적응기능을 수행하는 조직	적응조직 (대학 · 연구기관 · 조사기관 등)	경제적 조직 (회사 · 공기업 등)
목표달성기능	사회체계의 목표를 수립, 집행하는 기능	경제적 · 생산적 조직 (회사 · 공기업 등)	정치적 조직 (행정기관 · 정당 등)
통합기능	사회구성원을 통제하고 갈등을 조정하는 기능	정치적 · 관리적 조직 (행정기관 · 정당 등)	통합조직 (사법기관, 경찰, 정신병원 등)
현상유지기능	체제유지기능: 사회체제의 유형 유지기능	현상유지조직 (학교 · 종교단체 · 가정 등)	체제유지조직 (학교 · 교회 · 가정 등)

4. 카리스마(권력) 분포구조에 따른 조직유형

구분	특징	예
T구조(Top구조)	권력자가 조직의 상층부에 위치	회사 등과 같은 공리조직
L구조(Line구조)	권력자가 조직의 상하로 걸쳐 있음	관료제조직
R구조(Rank구조)	권력자가 횡으로 분포되어 있음	대학이나 연구소 등 동태적 조직

5. 콕스(Cox. Jr.)의 유형(조직의 문화에 따른 분류)

(1) 의의: 콕스는 문화론적 시각에서 문화적 다양성에 대한 조직의 방침, 문화변용의 과정, 구조적 통합의 수준, 비공식적 통합의 수준, 인적 자원관리상의 제도적 · 문화적 편견, 집단 간 갈등 등을 기준으로 조직을 유형화하였다.

구분	획일적 조직	다원적 조직	다문화적 조직
문화적 다양성에 대한 조직의 방침	묵살되거나 적극적으로 봉쇄	용납되거나 묵살	존중되고 촉진
문화변용의 과정	동화	동화	상호적이며 다원화
문화적 이질집단 간의 구조적 통합의 수준이나 비공식적 통합의 수준	없음	부분적이거나 한정적	상호공존
인적 자원관리상의 제도적·문화적 편견	제도적·문화적 편견의 만연	제도적·문화적 편견이 존재	제도적·문화적 편견의 최소화나 제거
집단 간의 갈등	구성원들의 높은 문화적 동질성에 의한 집단 간의 갈등이 최소화	상당 수준의 집단 간 갈등 존재	문화적 다양성을 능동적으로 관리하기 때문에 집단적 갈등은 최소화

[10] 조직유형 2

19

19④기출

다음 중 임시체제(Adhocracy)에 해당하지 않는 것은?

① 매트릭스(Matrix)조직
② 네트워크(Network)조직
③ 귤릭(Gulick)조직
④ 테스크포스(Task Force)

해설

정답 ③

③ 귤릭(L. Gulick)은 1937년 루즈벨트 대통령이 설치한 브라운로 위원회에서 POSDCoRB(원리접근법)를 주장한 고전적 조직이론가로, 관리계층을 연구대상으로 삼았다.

20

15 기출

민츠버그의 조직유형에 대한 설명으로 옳지 않은 것은?

① 사업부제 구조는 산출물의 표준화를 중시하며 성과관리에 적합한 조직이다.
② 전문적 관료제는 중간관리자의 힘이 강한 유형으로 단순하고 안정적인 환경에 적합한 조직이다.
③ 애드호크라시(Adhocracy)는 동태적이고 복잡한 환경에 적합한 조직이다.
④ 기계적 관료제는 작업(업무)의 표준화를 중시하는 조직이다.

21

15 기출

임시체제(Adhocracy)의 특징에 대한 설명으로 옳지 않은 것은?

① 환경이 복잡하고 동태적인 곳에 적합하다.

② 구조적으로 책임이 불분명하다.

③ 전문화가 높게 나타난다.

④ 입체적인 조직의 특징을 가진다.

22

11 기출

다음 중 애드호크라시의 특징에 대한 설명으로 적절하지 않은 것은?

① 높은 수준의 수평적 분화와 낮은 수준의 수직적 분화를 추구한다.

② 전문적 지식과 기술을 가진 동질적 집단으로 조직된다.

③ 의사결정권이 전문가에게 분권화되어 있는 특징을 가지고 있다.

④ 칼리지아(Collegia)구조의 형태를 띤다.

23

다음 중 애드호크라시(Adhocracy)의 특성으로 옳지 않은 것은?

① 비정형적 조직
② 횡적 분화의 발달
③ 고정된 계층구조유지
④ 조직구성 및 운영의 유연성

해설   정답 ③

③ 관료제의 특징에 해당하는 설명이다. 애드호크라시(Adhocracy, 다공성조직)는 문제해결을 위한 다양한 전문가들로 구성된 이질적 집단이며 특별히 정형화된 형태가 존재하지 않는 조직이다. 종적 분화(수직적 분화)보다 횡적 분화(수평적 분화)가 발달하였으며, 조직구성 및 운영에 있어 유연성을 가진다. 집권성이 낮고 의사결정권이 문제해결의 전문성을 가진 팀에 분화되어 있다.

끝장이론 ···

1. 민츠버그(Mintzberg)의 5가지 조직유형 – 복수국면 접근 방법(조직성장 경로모형)

(1) 의의: 조직구조는 조직의 역사, 규모, 기술, 환경 및 권력 등과 같은 여러 상황변수들에 의해 결정되며, 이들 상황변수와 조직구조 간의 적합도를 높여야만 조직효과성을 제고할 수 있다고 주장한다.

(2) 조직의 구성성분

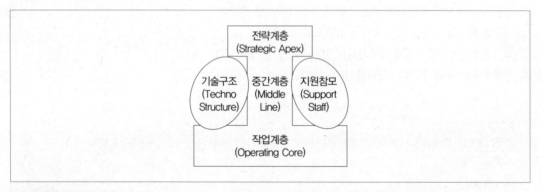

① **전략계층:** 전략적 방향을 설정
② **작업계층:** 제품이나 서비스를 생산
③ **중간관리층:** 작업계층을 통제하고 감독하며, 자원을 공급
④ **기술구조:** 조직 내의 과업 과정과 산출물이 표준화되는 시스템을 설계하는 분석가들로 구성되어 있는 곳
⑤ **지원참모:** 핵심운영층의 업무를 간접적으로 지원

(3) 조직구조의 설계

두드러진 부문	조직구조
전략부문	단순구조
핵심운영부문	전문적 관료제
중간라인부문	사업부제(분할구조)
기술구조부문	기계적 관료제
지원막료부문	임시조직, 애드호크라시

(4) 조직의 특징

구분	분류	단순구조	기계적 관료제	전문적 관료제	사업부제 구조	애드호크라시
조정 기제와 구성 부문	조정 기제	최고관리자 직접통제	• 조직적 분화 • 업무(작업)표준화	• 수평적 분화 • 기술표준화	• 하부단위 준자율적 • 산출표준화	• 수평적 분화 • 상호조절
	구성 부분	최고(전략)층	기술구조	핵심운영층 (작업계층)	중간관리층 (중간계선)	지원참모
상황 요인	역사	신생조직	오래된 조직	가변적	오래된 조직	신생조직
	규모	소규모	대규모	가변적	대규모	가변적
	기술	단순	비교적 단순	복잡	가변적	매우 복잡
	환경	단순, 동태적	단순, 안정적	복잡, 안정적	단순, 안정적	복잡, 동태적
	권력	최고관리층	기술관료	전문가	중간관리층	전문가
구조적 특성	전문화	낮음	높음	높음(수평적)	중간	높음(수평적)
	공식화	낮음	높음	낮음	높음	낮음
	통합· 조정	낮음	낮음	높음	낮음	높음
	집권· 분권	집권	제한된 수평적 분권	수평·수직적 분권	제한된 수직적 분권	선택적 분권
예		신생조직	행정부, 교도소	학교, 종합병원	재벌기업	연구소
장점		• 신축성, 적응성이 높음 • 유지비용이 적게 듬	• 효율성이 높음 • 전문성 제고 • 예측가능성 증진	• 전문성이 높음 • 전문가들에게 자율성 부여	• 적응성, 신속성이 높음 • 성과관리 용이 • 책임성이 높아짐	적응력과 창조력 증진
단점		• 장기적 전략결정의 소홀 • 권력남용의 우려	• 상하 간 갈등 • 환경부적응 • 부처할거주의 발생	• 환경부적응 • 전문화된 무능과 갈등 발생	• 권한 간 마찰 • 활동과 자원의 중복으로 인한 비용 증가	• 책임 불분명, 갈등유발 • 잠정적인 작업체계로 심리적 긴장감 조성

2. 애드호크라시(Adhocracy)의 개념 및 특징

(1) 개념

① 베니스(Bennis)가 처음 사용하였으며, 급속히 변하는 사회와 기술에 대응하기 위해 전문적 지식이나 기술을 가진 이질적인 전문가들이 모인 집단을 의미한다.

② 토플러(A. Toffler)는 임시적 · 유동적 · 유기적 구조로 애드호크라시를 제시하였으며, 정보화사회에서는 산업사회의 관료제조직 대신에 유기체적인 조직이 보편화될 것을 예측했다.

③ 민츠버그는 애드호크라시의 개념을 더 발전시켜, 더욱 빠르고 혁신적인 기능에 집중된 조직이나 기존조직에서 임시적으로 형성된 조직에서 나타나고 중간계층이 기술관료와 지원스태프의 역할을 겸한다고 보았다.

(2) 특징 및 장단점

특징	• 단순한 조직구조이며, 수평적 분화가 발달 • 형식주의나 공식성에 얽매이지 않음 • 전문성이 강하고 운영에 융통성 발휘 가능 • 의사결정권이 전문가로 구성된 팀에 분화됨
장점	• 환경변화에 적응성이 뛰어남 • 조직구성원의 창의력 발휘에 적합 • 전문가집단으로 복잡한 문제해결에 적합 • 민주성과 자율성이 강함
단점	• 조직 내 전문가 사이의 갈등과 긴장이 불가피함 • 구성원들 간에 권한과 책임의 한계가 불명확함 • 관료제조직에 비하여 효율성이 다소 떨어짐

조직과 환경

[1] 리비트의 조직혁신의 주요대상변수

01

20**9**기출

리비트(H. Leavitt)가 제시하는 조직혁신의 주요대상변수로 옳지 않은 것은?

① 업무   ② 인간   ③ 구조   ④ 규범

> **해설**
> 정답 ④
> ④ 리비트(H. Leavitt)가 제시하는 조직혁신의 주요대상변수는 과업, 기술, 인간, 구조이다.

끝장이론 ....

1. 조직혁신(Organizational Innovation)의 개념

(1) 새로운 아이디어 도입 · 실행 등의 계획적 변화를 통해 조직을 보다 나은 상태로 변화시키는 것을 의미한다.

(2) 조직혁신은 구조, 관리, 행태, 서비스 등 조직의 모든 부분에서의 의식적 · 계획적 변화를 의미한다.

(3) 조직혁신은 순환적 과정을 통해 이루어지며, 조직혁신의 기본단계는 인지단계, 입안단계, 시행단계, 평가단계로 구분할 수 있다.

2. 조직혁신의 기본단계

인지단계	현실수준이 기대에 미치지 못하는 차이를 발견하고 혁신의 필요성을 확인하여 그에 관한 합의를 형성하는 단계
입안단계	기준과 현재의 실적 사이의 차질을 해소시킬 수 있는 대안을 탐색하여 채택하는 단계
시행단계	입안된 혁신사업을 실천에 옮기고 그 혁신을 정착시키는 단계
평가단계	조직혁신의 성과를 분석 · 평가하여 그 결과를 적절한 단계에 환류시키거나 새로운 혁신을 촉발하는 정보를 제공하는 단계

3. 조직혁신의 이론적 모형

(1) 목적적 접근방법: '무엇을 변화시킬 것인가'에 초점을 두는 것이다.

① 조직에 관련된 많은 변수들 중에서 어떤 변수를 중심으로 해서 변화를 일으킬 것이냐의 문제이다.

② 리비트(Leavitt)의 조직혁신의 대상

구조(Structure)	의사전달 · 권위와 역할 · 작업의 흐름 등
인간(People)	조직 내의 구성원
기술(Technology)	문제해결을 위해 사용되는 업무수행상의 기술
업무(Task, 과업)	행정의 존립목적이 되는 기본활동

(2) 수단적 접근방법: '어떻게 변화시킬 것인가'에 초점을 두는 것이다.

① 어떤 방법을 통해서 조직을 바람직한 방향으로 변화시킬 것인가의 문제이다.

② 그레이너(Greiner)의 권력활용변수

일방적 권력 (Unilateral Power)	권력 · 권한을 소유한 상급자가 일방적으로 변화를 주도할 수 있다는 것
공유적 권력 (Shared Power)	조직에 유능한 부하가 있다면 중요한 변화결정을 할 때 권력을 유능한 부하와 공유할 수 있다는 것
위임된 권력 (Delegated Power)	상급자의 권력 위임으로 부하들이 변화프로그램의 착수에서부터 이행에 이르기까지 적극적으로 참여하는 것

[1] 켈리의 귀인이론

01

20 ❼ 기출

켈리(Kelly)의 귀인이론에서 주장되는 귀인의 성향으로 옳지 않은 것은?

① 개인이 동일한 사건에서 다른 사람들과 동일하게 행동하는 정도가 높다면, 그 행동의 원인을 외적 요소에 귀인하려는 경향이 나타난다.

② 개인이 다른 사건에서 달리 반응하는 정도가 높다면, 그 행동의 원인을 외적 요소에 귀인하려는 경향이 나타난다.

③ 개인이 다른 사건에서 미래에 동일하게 반응하는 정도가 높다면, 그 행동의 원인을 내적 요소에 귀인하려는 경향이 나타난다.

④ 개인이 동일한 사건에서 과거와 동일하게 반응하는 정도가 높다면, 그 행동의 원인을 내적 요소에 귀인하려는 경향이 나타난다.

해설

정답 ③

③ 개인이 다른 사건에서 미래에 동일하게 반응하는 정도가 높다면, 그 행동의 원인을 외적 요소에 귀인하려는 경향이 나타난다.

끝장이론 ....

1. 지각(Perception)의 개념

(1) 환경에 의미를 부여하기 위해 감각상의 자극을 조직화하고 해석하는 과정 혹은 환경에 대한 정보를 받아들이고 의미를 부여하는 과정으로 정의한다.

(2) 정보분류 및 해석방법뿐만 아니라 어떤 정보에 관심을 가질 것인지를 결정하는 것도 포함된다.

(3) 지각이란 개인이 환경을 이해하고 해석하는 과정을 말한다.

(4) 동일한 환경이라도 사람에 따라 서로 다른 의미를 부여하며, 동일한 현상과 사물에 대해 사람들은 지각하는 바에 따라 다르게 해석할 수 있다.

(5) 지각은 조직행동(Organizational Behavior) 연구에서 중요하게 인식되는데, 그 이유는 사람들의 행동은 현실 그 자체에 기반을 두는 것이 아니라 현실에 대한 자신들의 지각에 기초하고 있기 때문이다. 즉, 지각된 세상이야말로 행태적으로 중요한 의미가 있는 세상인 것이다.

2. 켈리(Kelly)의 귀인이론

(1) 귀인이론(Attribution Theory)이란 지각의 대상과 상황을 종합하여 지각과정의 원리를 밝히는 것을 말한다.

(2) 자신이나 타인의 행동에 대해 원인과 결과를 추론하는 과정을 귀인이라 한다.

(3) 귀인이론은 하이더(Heider)에 의해 창시되고 켈리에 의해 발전되었다.

(4) 귀인의 유형

① 내적 귀인: 개인의 기질, 성격, 특성, 태도, 능력, 동기, 경험 등

② 외적 귀인: 외부압력, 사회적 규범, 자원의 유용성, 우연한 기회, 상황, 운 등

(5) 켈리의 공변모형(Covariance Model)

① '합의성, 특이성, 일관성'의 세 가지 정보를 토대로 원인귀속의 방향을 결정한다고 정의한다.

합의성 (Consensus)	• 특정행동이 많은 사람들에게 동일하게 나타나는 현상으로 동일한 상황에 접한 사람들이 동일한 결과를 일으키는지를 의미 • 다른 사람들이 얻은 결과와 비교
특이성 (Distinctiveness)	• 특정결과가 특정이유가 있을 때만 나타나는 것으로 원인이 없으면 결과도 없다는 것을 의미 • 다른 사건의 결과와 비교
일관성 (Consistency)	• 시간과는 상관없이 특정상황에서는 항상 동일한 행동을 하는 것을 의미 • 과거 역사와 비교

② 사람들은 이 세 가지 차원을 종합적으로 사용하여 귀인판단을 내린다는 것이다.

③ 세 가지 차원의 관계

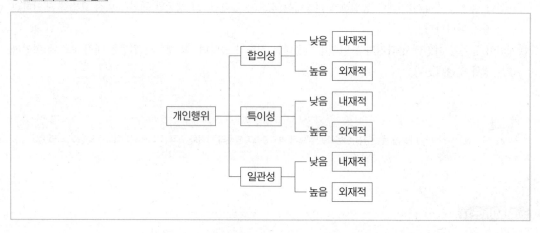

02

20**7**기출

윌리엄스와 앤더슨(Williams & Anderson)에 의해 주장되는 조직에 대한 조직시민행동(OCB-O)으로 옳지 않은 것은?

① 신사적 행동(Sportsmanship)
② 성실행동(Conscientiousness)
③ 시민의식행동(Civic Virtue)
④ 이타적 행동(Altruism)

해설 정답 ④
④ 이타적 행동은 개인에 대한 조직시민행동(OCB-I)에 속한다.

끝장이론 ···

1. 조직시민행동(Organizational Citizenship Behavior)의 의의

(1) 조직시민행동(OCB)은 역할 외 행동을 말한다.

(2) 직무명세서에 기재된 행동이 역할 내 행동이라면, 그 외의 행동이 역할 외 행동이다.

(3) 반드시 내가 해야 할 업무가 아님에도 불구하고 자발적으로 조직의 효과성을 위해 노력하는 행동을 말한다.

(4) 조직시민행동이 많아질수록 구성원들 간의 관계가 원만해지고, 직무만족도가 높아지며, 조직의 성과를 높일 수 있다.

2. 조직시민행동의 5가지 하위 차원

개인차원의 조직시민행동 (OCB-I)	이타적 행동	타인을 도와주려는 친사회적 활동	결근한 직원이나 아픈 동료의 일을 대신해 주는 것 등
	예의적 행동	자기 때문에 남이 피해를 보지 않도록 배려하는 시민의식행동	코로나 위기 시 남을 위해 마스크를 쓰는 행동 등
조직차원의 조직시민행동 (OCB-O)	신사적 행동	정정당당히 행동하는 것	남을 험담하지 않는 것 등
	양심적 행동 (성실행동)	양심에 따라 조직이 요구하는 것 이상의 봉사나 노력을 하는 성실행동	쓰레기 줍기 등
	공익적 활동	조직활동에 책임의식을 갖고 솔선수범하는 활동	시키지 않아도 회사제품을 홍보하는 활동 등

03

다음 중 동기부여의 내용이론이 아닌 것은?

① 맥클리랜드(McClelland) - 성취동기이론
② 브룸(V. H. Vroom) - 기대이론
③ 매슬로(A. Maslow) - 욕구계층이론
④ 허즈버그(Herzberg) - 욕구이원론

> **해설**   정답 ②
> ② 브룸(V. H. Vroom)의 기대이론은 과정이론 중의 하나이다.

04

다음 중 동기이론에 관한 설명으로 옳지 않은 것은?

① 동기이론은 내용이론과 과정이론으로 나눌 수 있는데, 맥그리거의 이론은 내용이론에 속하고 브룸의 이론은 과정이론에 속한다.
② 허즈버그는 동기요인은 만족감을 느끼게 하는 것이 아니고 불만을 막는 작용을 하는 것이라고 주장하였다.
③ 매슬로는 하위욕구가 충족될 때 상위욕구가 순차적으로 유발된다고 하였다.
④ 아지리스는 조직목표와 개인목표가 일치하는 조직이 건강한 조직이라고 하였다.

> **해설**   정답 ②
> ② 허즈버그(Herzberg)는 동기-위생이론에서 사람의 욕구구조를 크게 위생요인과 동기요인의 이원적 구조로 분류하였다. 동기요인은 인간에게 만족을 주고 우수한 직무수행을 위해 동기를 유발하는 데 작용하는 요인으로, 만족감을 느끼게 하는 요인이다. 충족했을 때 불만을 막는 작용을 하는 것은 위생요인에 해당한다.

05

다음 중 동기부여이론에 대한 설명으로 옳지 않은 것은?

① 내용이론에는 욕구계층이론, ERG이론이 있다.
② 욕구충족요인 이원론은 동기요인, 위생요인으로 구분한다.
③ 기대이론은 수단성, 유인가, 기대감의 상호작용으로 동기부여를 설명한다.
④ 과정이론에는 성취동기이론과 직무특성이론이 있다.

끝장이론

1. 동기부여의 개념

(1) 동기부여를 나타내는 'Motivation'은 라틴어의 움직인다는 뜻에서 온 것으로 구성원들이 조직의 목표를 달성하기 위해
노력을 발휘하고자 하는 자발성을 향상시키는 것을 의미한다.

(2) 어떤 사람이 동기부여되었다고 말할 때 그는 바람직한 결과를 얻기 위해 열심히 일하는 것을 의미한다.

(3) 동기부여는 목표지향적인 지속적 노력의 정도이다.

2. 동기부여의 구성요소

노력	동기부여된 사람은 동기부여되지 않은 사람보다 목표달성을 위한 노력을 더 많이 함
지속성	목표달성에 공헌하기 위해서는 지속적 노력이 중요
방향	동기부여가 목표달성에 공헌하기 위해서는 노력의 방향이 목표달성에 유리한 방향으로 발휘되어야 함
목표	동기부여된 행동은 그것이 지향하는 목표가 있어야 함
동기부여와 성과의 관계	동기부여의 목표는 조직의 성과를 향상시키는 것임

3. 동기부여에 대한 견해

(1) 전통모델(Traditional Model): 생산에 대한 관심

① 보통의 근로자들은 게으르고 주로 화폐에 의해 동기부여 된다는 것이다.

② 과학적 관리법의 창시자인 테일러는 이런 동기부여방법이 근로자를 착취하는 것보다는 추가적인 산출에 따라 급여가
상승되기 때문에 근로자의 이해관계를 가장 잘 반영한다고 보았다.

③ 소득의 증가와 세분되고 일상화된 공장의 일을 교환한다고 보았다.

(2) 인간관계모델(Human Relation Model): 인간에 대한 관심

① 장기적인 생산성을 유지하기 위해서는 인간적 요소를 고려해야 된다는 관점이다.

② 1930년대에 인간관계운동으로 널리 알려지게 되었다.

③ 이 모델을 통해 사람들이 일에서 유용하고 중요한 존재로 대우받기를 원한다는 방향으로 인간관이 변화하였으며, 이런
욕구는 화폐만큼 중요하다고 보았다.

④ 사회적인 것을 강조하였다.

(3) 인적 자원모델(Human Resource Model): 사람과 생산성에 대한 관심

① 최근에는 인간관계론이 인간에 대해 갖는 가정이 작업에서의 인간행동을 이해하는 데 불완전하다는 것을 인식하게 되
었다.

② 작업행동에 영향을 미치는 요인은 많고 복잡하다. 인센티브시스템의 특성, 사회적 영향, 직무의 특성, 감독스타일, 근
로자의 욕구와 가치관, 작업환경에 대한 지각 등의 수많은 요인이 작업행동에 영향을 미친다.

③ 이 접근법에서는 근로자들은 사람에 따라서 직무로부터 요구하는 보상이 다르다고 생각한다. 근로자들은 일에서의 자율과 자기통제를 통해 조직에 공헌하기를 원한다고 보았다. 말하자면 근로자들을 인적 자원으로 인식한다.
④ 인적 자원의 욕구와 목표를 조직의 목표와 통합시키는 것이 행정의 책임이다.

4. 동기부여이론의 체계

구분	초점	해당이론(기본이론 → 발전이론)
내용이론	욕구의 내용과 욕구충족	• 맥그리거(McGregor)의 X · Y이론 → Z이론 • 매슬로(Maslow)의 욕구계층이론 → 알더퍼(Alderfer)의 ERG이론 • 허즈버그(Herzberg)의 위생–만족이론 • 샤인(Schein)의 복잡인모형 • 아지리스(Argyris)의 미성숙 · 성숙모형 • 맥클랜드(McClelland)의 성취동기이론 • 머레이(Murray)의 명시적 욕구이론 • 핵만과 올드햄(Hackman & Oldham)의 직무특성이론
과정이론	동기의 유발과정	• 기대이론: 브룸(Vroom)의 기대이론, 포터와 로울러(Porter & Lawler)의 업적 · 만족이론, 조고폴로스(Georgopoulos)의 통로 · 목적이론, 앳킨슨(Atkinson)의 기대모형 • 아담스(Adams)의 형평(공정)성 이론 • 학습이론(순치이론)

(1) 내용이론: 무엇(What)이 동기부여에 영향을 미치는가에 대한 이론으로, 그에 대한 해답을 욕구에서 찾는다. 내용이론에는 교환모형, 통합모형, 복잡인모형이 있다.

① **교환모형:** 인간을 경제적 합리인으로 보고 경제적 보상을 통해 동기부여가 가능하다고 보는 합리적 경제인모형과 인간을 사회인으로 보고 사회성과 집단성의 보장을 통해 동기부여가 가능하다고 보는 사회인모형이 있다.

② **통합모형:** 인간을 자아실현인으로 보고 통합적 관리전략의 모색을 통해 개인목표와 조직목표의 조화를 추구하는 모형이다(행태론의 동기부여 이론 – 매슬로의 욕구단계이론, 알더퍼의 ERG이론, 맥그리거의 X · Y 이론, 허즈버그의 욕구충족요인론 등).

③ **복잡인모형:** 개인욕구의 다양성과 변이성을 인정하고 상황적응적 관리를 중시하는 현대적 모형으로 Z이론 계열의 이론이 여기에 속한다.

(2) 과정이론: 인간의 욕구충족과 동기부여 사이에 직접적인 인과관계를 인정하지 않고 인간행동의 동기유발이 어떠한 과정(How)을 거쳐 이루어지는가에 초점을 둔 연구로, 동기유발에 관련된 변수 간의 관련성이나 동기부여과정에서 인간의 지각과정과 기대요인의 작용을 강조한다. 내용이론을 보완하는 데 초점이 있으며 목표설정이론, 공정성이론, 기대이론 등이 있다.

① **브룸의 기대이론:** 일정한 노력을 기울이면 성과(목표달성)를 가져올 수 있는 주관적 믿음을 '기대(Expectancy)'라 표현하고, 성과(목표달성)와 보상과의 상관관계에 관한 인지도를 '수단성', 보상에 대한 개인의 선호를 '유인가(유의성, Valence)'로 표현하여 전체적인 동기부여는 '동기부여＝S(기대×수단성×유인가)'로 결정된다고 제시하였다.

② **아담스의 형평(공정)성 이론:** 모든 사람이 공정하게 대접받기를 원한다는 전제에 기초를 두고 있으며 동기부여, 업적의 평가, 만족의 수준 등에서 공정성이 중요한 영향을 미친다고 본다. 공정성의 평가기준은 절대적이라기보다 일정한 보상을 받기 위해 자신이 투입한 노력과 그 결과로 받은 보상의 비율을 준거인물의 그것과 비교하는 상대적인 것이다.

06

09 기출

다음 중 인센티브제도에 대한 설명으로 적절하지 않은 것은?

① 행태보상제도는 관리층이 권장하는 특정행동에 대해 인센티브를 제공하는 제도이다.

② 성과보너스는 탁월한 성과를 거둔 구성원에게 금전적 보상을 지급하는 제도이다.

③ 제안제도는 조직운영이나 업무개선에 대한 창의적인 의견을 제안하여 채택되는 경우 보상하는 제도이다.

④ 종업원인정제도는 조직에 대한 특수한 기여를 인정해 금전적 보상을 제공하는 제도이다.

해설 정답 ④

④ 종업원인정제도는 종업원에 대한 신뢰, 능력인정 및 존중, 지원을 통해 동기를 부여하는 제도를 말한다. 대표적인 예로 '이 달의 우수사원'과 같은 형태가 있으며, 금전적인 유인보다는 직원에 대한 인정을 통한 동기부여를 이끌어 내는 방식으로 진행된다.

07

07 기출

다음의 공무원의 사기앙양방법 중에서 사회적 욕구를 충족시키는 방법으로 적절한 것은?

① 직무확충

② 각종상담제도

③ 연금제도

④ 공무원신분보장

해설 정답 ②

② 각종상담제도는 사회적 욕구를 충족시키는 방법에 해당한다. 매슬로(Maslow)의 5단계 욕구이론에서 사회적 욕구에 해당하는 것은 소속 및 애정의 욕구이며, 상담제도를 통해 이런 욕구들을 해소할 수 있다.

오답의 이유

① 자아실현욕구에 해당하는 방법이다.

③ · ④ 안전의 욕구(개인적인 안정과 재정적인 안정)에 해당하는 방법이다.

1. 매슬로(Maslow)의 욕구단계이론(만족 - 진행형)

(1) 매슬로이론의 전제

① 사람은 충족되지 못한 욕구들을 충족하기 위해 동기화되어 있는 존재이며 그런 욕구에는 생리적 욕구, 안전의 욕구, 사회적 욕구, 존경의 욕구, 자기실현욕구 등이 있다.

② 이런 욕구 가운데 충분하게 만족되지 않는 욕구 때문에 긴장이 발생하며, 이런 긴장을 감소시켜 형평상태를 유지하기 위해 행동이 발생한다.

③ 일단 욕구가 충족되면 그것이 다시 결핍되어 긴장을 유발할 때까지 동기로서의 힘을 상실하게 된다.

④ 일단 낮은 계층의 욕구가 충족되면 그 다음 계층의 욕구가 동기화의 원인이 된다.

(2) 욕구의 계층

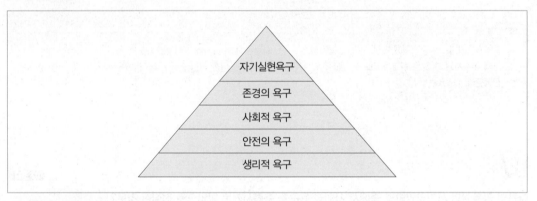

① 생리적 욕구(Physiological Need)

㉠ 동기의 시발점이며 가장 강력한 욕구이다.

㉡ 굶주림, 갈증, 성, 수면 등이 이에 해당한다.

㉢ 조직에서 제공할 수 있는 생리적 욕구의 충족수단은 통풍, 냉·난방장치 등과 같은 작업조건과 임금이 이에 해당된다.

㉣ 생리적 욕구가 충족되어야 그 이상의 상위욕구의 지배를 받게 된다.

② 안전의 욕구(Safety Need)

㉠ 일단 생리적 욕구가 충족되면 욕구계층상의 상위욕구인 안전의 욕구가 행동을 조직화하는 역할을 한다.

㉡ 물질적 욕구나 타인의 위협과 재해로부터의 안전을 확보하는 것과 관련된 것이다.

㉢ 조직이 제공할 수 있는 안전욕구의 충족수단은 고용의 보장, 생계수단의 보장, 안전한 작업조건 등이다.

㉣ 경제·사회적 패배자들은 비교적 안전욕구의 지배를 받고 있는 사람들이 많다.

③ 사회적 욕구 혹은 애정의 욕구(Social Need or Love Need)

㉠ 초기의 욕구이론상에서 말하는 1차적 욕구인 생리적 욕구와 안전의 욕구가 충족되면 2차적 욕구의 가장 기초적인 욕구인 사회적 욕구가 행동의 원인이 된다.

㉡ 애정, 사랑, 소속, 관계의 욕구이다.

㉢ 조직이 제공할 수 있는 사회적 욕구의 충족수단은 작업집단에서의 인간관계, 우호적인 감독자 등이다.

㉣ 매슬로는 문명화된 사회의 정상인은 사회적 욕구가 적절하게 충족될 수 있다고 보았다.

④ 존경의 욕구(Self-Esteem Need)

㉠ 타인으로부터 존경을 받고 집단이나 조직에서 자신이 중요한 존재라는 것을 느끼고 싶어 하는 욕구이다.

㉡ 자율성, 존엄성, 타인으로부터의 존경으로 구성되어 있다.

ⓒ 조직이 제공할 수 있는 수단은 포상, 승진, 동료나 상사의 인정, 더 큰 책임의 부여, 중요업무의 할당 등이다.

ⓓ 자존심이 충족되면 자신감, 자기가치감 등을 갖게 되며, 이런 욕구들이 극단적으로 충족되지 못하면 열등감과 무력감에 빠지게 된다.

⑤ **자기실현욕구(Self-Actualization Need)**

ⓐ 자기완성(Self-Fulfillment)에 대한 갈망을 나타내는 것이며 잠재력을 지닌 인간이 그런 잠재력을 실제로 발휘하려는 욕구이다.

ⓑ 자아의 발전과 이상적 자아를 실현하고 싶은 욕구이다.

ⓒ 조직이 제공할 수 있는 수단은 도전적 과업, 창의성 개발, 잠재능력 개발기회의 제공 등이다.

(3) 비판

① 실제 인간의 욕구는 동태적이며, 욕구의 단계구분은 비고정적이고 불명확하다.

② 하나의 욕구가 하나의 행동을 유발한다고 보기 때문에 두 가지 이상의 욕구가 하나의 행동을 유발할 수 있음을 간과하고 있다.

③ 욕구는 지속적·반복적 충족을 요하며, 한 번 충족된 욕구가 소멸되거나 동기유발과 무관한 것은 아니다.

④ 욕구발현과정의 단계적 전진성(Progression)만 강조하고, 후진적 진행(퇴행, Regression)을 부인하고 있다.

⑤ 욕구의 개인차를 고려하지 못해 욕구단계가 모든 사람들에게 획일적이다.

2. 알더퍼(Alderfer)의 ERG이론

(1) 알더퍼의 욕구의 종류(매슬로와 비교)

매슬로		알더퍼
자기실현욕구		성장욕구(G; Growth)
존경의 욕구	자기존중	
	타인의 인정	
사회적 욕구(소속 및 애정의 욕구)		관계욕구(R; Relatedness)
안전의 욕구	신분보장	
	물리적 안전	
생리적 욕구		존재욕구(E; Existence)

(2) 욕구의 세 가지 원리

욕구충족의 원리	각 단계의 욕구가 덜 충족될수록 그에 대한 욕구가 커짐
욕구강도의 원리	하위욕구가 충족되면 상위욕구의 강도가 더 커짐
욕구좌절의 원리	상위욕구가 충족되지 않을수록 하위욕구가 커짐

08

다음 중 허즈버그(Herzberg)의 욕구충족이원론의 특징으로 옳지 않은 것은?

① 위생요인의 충족 시에는 단기적으로 불만을 줄일 수 있으며, 동기요인의 충족 시에는 생산성 향상을 가져온다.

② 위생요인과 동기요인은 서로 연관되어 있어서, 위생요인이 충족이 되면 동기요인의 충족을 실현하고자 한다.

③ 보수, 작업조건, 상관과 부하와의 인간관계는 위생요인에 해당되며, 직무, 책임감은 동기요인에 해당된다.

④ 허즈버그(Herzberg)의 욕구충족이원론에 따르면 불만과 만족은 별개의 차원에 있으며, 만족하지 못하는 상태가 불만인 것은 아니다.

> **해설** 정답 ②
> ② 조직구성원들에게 불만을 주는 위생요인과 만족을 주는 동기요인은 상호독립적인 요인이다.
>
> **오답의 이유**
> ④ 불만을 주는 요인과 만족을 주는 요인은 서로 다르다. 즉, 만족과 불만은 반대개념이 아니다.

09

허즈버그(Herzberg)의 욕구충족이원론 중 위생요인과 관련 없는 것은?

① 보수

② 교육기회의 부여

③ 감독

④ 상관과 부하와의 대인관계

> **해설** 정답 ②
> ② 허즈버그(Herzberg)의 욕구충족이원론(동기-위생이론)에서 '교육기회의 부여'는 직무만족을 유발하는 동기요인에 해당한다.

끝장이론 ···

1. 허즈버그(Herzberg)의 욕구충족이원론(동기-위생이론)의 개요

(1) 허즈버그는 '직무로부터 극단적으로 만족한 경우와 불만족한 경우'를 질문하여 위생요인과 동기요인으로 구분하였다.

(2) 욕구충족의 2대 요인

불만요인(Dissatisfier) = 위생요인(Hygiene)	만족요인(Satisfier) = 동기요인(Motivator)
• 불만유발 또는 불만해소에 작용 • 생산성향상과 직접적 관계없음(동기의 감소를 막아 주는 요인) • 불만의 역은 불만이 없는 상태 • 불만의 역이 만족은 아님	• 만족 또는 직무수행 동기유발에 작용 • 생산성향상과 직접관련(동기의 증가요인) • 만족의 역은 만족이 없는 상태 • 만족의 역이 불만족은 아님
직무환경적 요인	직무 자체 요인
• 조직의 정책과 관리 · 감독 • 물리적 환경(소음 · 조명) • 신분안정 • 보수 • 대인관계(상사 · 동료 · 부하직원과의 관계)	• 직무상 성취감 · 인정감 • 직무 자체(보람 있는 일) • 책임의 증대 • 성장 · 발전 • 직무충실화(Job Enrichment) • 승진
아담(Adam)적 존재	아브라함(Abraham)적 존재

2. 동기-위생요인의 효과

(1) 불만과 만족은 서로 별개의 차원이며, 불만의 반대나 역이 만족은 아니다.

① 만족의 반대는 불만이 아니라 만족이 없는 상태, 불만의 반대는 만족이 아니라 불만이 없는 상태이다.

② 불만 · 위생요인과 만족 · 동기요인은 서로 별개이며 독립적이다.

(2) 동기와 생산성의 상관관계

① 불만요인의 제거 → 동기의 감소를 줄여 주는 소극적 요인, 근무태도변화에 단기적 영향을 줄 수 있으나, 장기적으로 생산성을 높여 주지는 못한다.

② 만족요인의 확대 → 자기실현욕구를 자극, 적극적 만족을 유발, 동기유발에 장기적 영향을 준다.

③ 불만의 제거는 동기부여의 필요조건이지만 충분조건은 아니므로, 생산성증대와 직접적 관계가 없고 작업의 손실을 막아 줄 뿐이며, 만족 · 동기요인이 생산성을 직접 향상시키는 충분조건이다.

④ 조직원의 만족감과 동기유발을 위해 직무충실화를 주장한다.

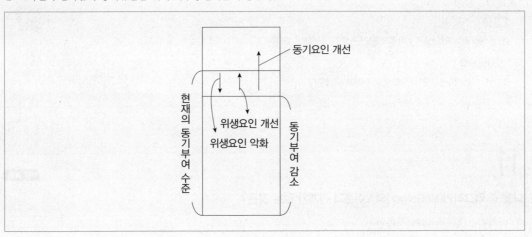

3. 동기-위생이론의 평가

공헌	비판
• 직무태도를 중심으로 직무동기를 최초로 연구한 현장연구 • 직무수행을 통해 일 자체에서 얻을 수 있는 내재적 보상과 만족의 중요성을 강조함으로써 이전까지 직무내용이 아니라 직무환경요인의 관리를 중시하던 방식을 변화시키는 데 영향을 미침 • 동기요인은 매슬로의 상위욕구와 유사하며 위생요인은 하위욕구와 유사하다. • 고차원의 욕구충족을 추구하는 성장지향적인 직무설계에 시사하는 바가 큼	• 직무의 만족이 동기부여의 원인이라는 증거가 없음에도 불구하고 이 이론은 직무의 만족만이 동기부여의 힘이 있다고 주장 • 직무만족을 측정할 수 있는 전체적 요인을 개발하지 않음 • 상황요인의 무시 • 만족 → 생산성이라는 인과관계를 검증 없이 제시

[6] X이론, Y이론, Z이론

10

11 기출

맥그리거(D. McGregor)의 Y이론적 인간관의 관리전략으로 적절하지 않은 것은?

① 권위주의적 리더십

② 비공식적 조직활용

③ 분권화와 권한위임

④ 개인 · 조직목표의 통합

해설　　　　　　　　　　　　　　　　　　　　　　　　　　　　　정답 ①

① 권위주의적 리더십은 X이론적 인간관의 관리전략에 해당한다.

오답의 이유

② · ③ · ④ Y이론적 인간관의 관리전략에 해당한다.

11

07 기출

다음 중 맥그리거(McGregor)의 Y이론과 관계가 없는 것은?

① 아지리스(Argyris)의 성숙인

② 허즈버그(Herzberg)의 동기요인

③ 리커트(Likert)의 체제 I

④ 샤인(Schein)의 사회인관

끝장이론

1. 맥그리거의 X이론과 Y이론의 의의

(1) 조직의 생산성 향상이라는 목표를 위해 개발된 이론이라는 점에서는 공통점을 가지고 있으나, 인간관에 따라 관리전략·동기부여방법이 달라야 함을 주장하였다.

(2) 명령·통제를 강조하는 전통적 X이론을 비판하고, 개인과 조직의 통합을 강조한 이상적 Y이론을 제시하였다.

구분	X이론	Y이론
인간 특성	경제인·합리인 • 인간은 본성적으로 일하기 싫어하고 게으름 • 인간은 외적 강제에 의해 피동적으로 따름 • 인간은 안전을 원하고 변화에 저항적임 • 인간은 본질적으로 자기중심적이며 조직의 필요에 무관심 • 인간은 야망이 없고 책임지기 싫어함 • 인간의 동기유발은 주로 생리적 욕구나 안전욕구를 자극함으로써 가능	자아실현인 • 인간은 자기표현과 자제의 기회를 참여를 통해 발견하면 자기행동의 방향을 스스로 정하고 자율적으로 자기를 규제 • 인간은 이기적으로만 행동하는 것이 아니며 타인을 위해 행동하기도 함 • 적절한 조건만 갖추어지면 책임지기를 원하며 책임 있는 행동을 수행 • 인간의 동기유발은 생리적 욕구, 안정욕구, 소속욕구, 존경욕구, 자아실현욕구 등 모든 욕구의 자극을 통해 가능
관리 기법	• 관리층은 금전·물자·인간·기계 등의 생산요소를 조직화할 책임을 지고 있고, 이 책임의 수행에 있어서 경제적 보상을 극대화하는 것만이 유일한 기준이어야 함 • 위와 같은 목적을 위해 직원들의 동기를 자극하고, 조직 측의 요구를 충족시키는 방향으로 이들의 행동을 통제·변화시키기 위해 지휘 • 직원들은 수동적이며, 특별히 설득당하거나 처벌받거나 통제당하지 않으면 조직의 요구에 때로는 반항함	• 권위는 공식적인 것뿐만 아니라 비공식적 근원으로부터도 발생하며, 상향적·하향적·횡적으로 흐르며, 또 이를 장려해야 함 • 감독은 일반적이며, 통솔범위가 넓어야 하고, 상관이 부하에게 권한을 위임해야 하며, 분권적 구조를 가져야 함 • 직무는 개인의 전인성(全人性)을 인정하여 만들어진 것이라야 하고, 직무다양화를 통해 자기직무에 만족할 수 있게 해야 함 • 업적평가는 직무를 수행하는 본인이 할 수 있게 해야 함

(3) 비판

① 지나친 2분법(상대적·복합적인 인간의 욕구체계를 지나치게 양극화·단순화)

② Y이론의 이상주의(인간자율성에 대한 과도한 신뢰)

③ X이론과 Y이론 중 어느 것이 실제 효율적인지는 상황조건에 달려 있다.

2. Z이론(Theory Z)의 의의

(1) 맥그리거의 전통적인 X, Y이론의 한계점(이분법)을 지적하면서 현대인의 복잡한 심리상태를 묘사하기 위해 제시된 다양한 모형들이 Z이론이다.

(2) Z이론은 개념, 정의, 내용이 학자마다 상이하다.

(3) Z이론

① **룬트스테트(Lundstedt)의 Z이론 – 방임형 관리**

㉠ 룬트스테트는 X형 조직을 독재형 조직, Y형 조직을 민주형 조직, Z형 조직을 자유방임형 조직으로 구분한다.

㉡ 인간은 타인의 간섭을 싫어하고 자유로운 상태를 추구하므로, 자유방임형 리더십이 필요하다고 본다.

② **롤리스(Lawless)의 Z이론 – 상황적응적 관리**: 인간과 조직, 집단은 변동하는 객관적 사실을 파악하여 업무환경, 조직특성 등을 고려한 융통성 있고 상황적응적인 관리전략을 세워야 한다고 주장한다.

③ **라모스(Ramos)의 Z이론 – 괄호인**

㉠ X이론의 인간을 작전인, Y이론의 인간을 반응인, Z이론에 해당하는 제3의 인간모형을 괄호인(호형인, 비판적 이성인)이라 명명한다.

㉡ 괄호인이란 이지(理智)를 대표하는 인간으로, 자기 내부세계나 환경을 떠나서 환경적 조건을 괄호 안에 넣고, 자아(Ego)를 객관적으로 검토·비판할 수 있는 능력의 소유자이다.

④ **베니스(Bennis)의 Z이론 – 탐구형 인간**

㉠ 베니스는 적응적·유기적 조직인 후기관료제모형의 인간형으로 탐구형 인간을 상정한다.

㉡ 탐구형 인간을 관리하는 방안으로 개인에 대한 재량권 부여, 자율화, 행동양식의 비프로그램화 등을 강조한다.

⑤ **오우치(W. G. Ouchi)의 Z이론 – 경영가족주의**

㉠ 오우치는 1970년대 후반 일본의 경제가 미국의 경제를 압도하자 미국기업들이 일본기업의 경영방식을 배워야 한다는 의미에서 미국의 경영방식(A이론)과 일본의 경영방식(J이론)을 결합한 경영방식을 제시하면서 이 이론을 Z이론(미국기업에서 이루어지는 일본식 경영)이라 명명하였다(J관리, Z관리가 A관리보다 성과가 높다고 주장).

㉡ 특징

구분	전형적 일본조직(J)	Z유형의 미국조직(Z)	전형적 미국조직(A)
평가	엄격한 평가와 느린 승진(연공서열 중시)		신속한 평가와 빠른 승진
통제	비공식적·암시적·묵시적 통제		공식적·가시적 통제
인간에의 관심	총체적 관심(Holistic Concern)		개인의 조직 내 역할에 관심
의사결정	집단적 의사결정(합의의 과정, 품의제)		개인적 의사결정
책임	집단책임	개인책임	개인책임
고용	종신고용(가족주의경영)	장기고용	단기고용(실적제)
경력경로	비전문화된 경력경로(순환보직)	다기능적 경력경로	전문화된 경력경로

12

13 기출

다음 중 동기부여이론에 대한 설명으로 옳은 것은?

① 허즈버그(Herzberg)는 불만족을 야기시키는 위생요인이 충족되면 동기가 유발된다고 하였다.

② 맥그리거(McGregor)가 제시한 X · Y인간관은 매슬로(Maslow)의 욕구단계이론과 관련이 없다.

③ 브룸(Vroom)의 선호-기대이론은 동기이론의 범주 가운데 내용이론에 포함된다.

④ 페리(Perry)는 공공선택이론에 대한 대안으로 신공공서비스이론에 입각하여 시민정신에의 부응을 통한 관료들의 동기유발을 제시하였다.

해설

정답 ④

④ 공공봉사동기(PSM; Public Service Motivation)에 대한 정의는 다양하지만, 국민과 사회, 그리고 국가를 위해 봉사하려는 이타적 동기를 가지고 공익증진 및 공공의 목표달성을 위해 헌신적으로 기여하고자 하는 공무원들의 고유한 동기로 정의할 수 있다.

오답의 이유

① 허즈버그(Herzberg)는 동기요인(만족)과 위생요인(불만족)을 이원화하여 별개의 것으로 보았다. 따라서 불만족을 야기시키는 위생요인이 충족되더라도 동기가 유발되지 않는다.

② 맥그리거(McGregor)는 매슬로의 욕구단계이론을 바탕으로 X · Y인간관과 관리전략을 제시하였다.

③ 브룸(Vroom)의 선호-기대이론은 동기이론의 범주 가운데 과정이론에 속한다.

끝장이론 ....

1. 공공봉사동기(PSM; Public Service Motivation)의 의의

(1) 공공봉사동기의 정의: 국민과 사회, 그리고 국가를 위해 봉사하려는 이타적 동기를 가지고 공익 증진 및 공공의 목표 달성을 위해 헌신적으로 기여하고자 하는 공무원들의 고유한 동기로 정의할 수 있다[페리와 와이즈(Perry & Wise), 1990].

(2) 공공봉사동기의 기본명제

① 개인의 공공서비스동기가 크면 클수록 개인이 공공조직의 구성원이 되려는 가능성이 더욱 클 것이다.

② 공공조직에서는 공공서비스동기가 성과와 정(+)의 관계에 있다.

③ 높은 공공서비스 동기수준을 갖는 사람을 유인하는 공공조직은 개인성과를 효과적으로 다루기 위해 실용적인 인센티브에 보다 적게 의존할 것이다.

(3) 공공봉사동기의 등장배경

① 성과급과 같은 외재적 보상과 구조적 · 관리적 기법을 통해 조직성과를 향상시키려는 신공공관리론적 개혁에 대한 비판과 반성으로부터 출발했다.

② 공공부문의 종사자들은 민간부문의 종사자들과 다르게 자신의 일을 직업이라기보다는 소명 · 의무라고 여기며, 대중과 공공의 이익에 봉사하려는 희망에 의해서 동기부여되고, 외재적 보상보다도 내재적 보상을 우선시하는 윤리에 의해서 특징지어진다고 한다[휴스턴(Houston), 2000].

③ 공공부문의 관리에 있어 민간과 차이가 있기 때문에 이를 반영한 관리체계가 필요하다.

2. 공공봉사동기(PSM)의 세 가지 차원

(1) 합리성 차원(Rational Dimension)

① 공직종사자들도 합리적 계산, 즉 자신의 효용의 극대화라는 이기적 동기로 공직봉사를 한다는 것이다.

② 공무원이 특정정책을 수립하고 적극추진하거나 동일시하는 것은 자신의 자아실현적 욕구를 충족시키는 차원에서 정책과 자신을 동일시하여 나타난다는 것이다.

(2) 규범성 차원(Normative Dimension)

① 공익의 본질적 차원으로서 이타적인 것을 의미한다.

② 소수가 아닌 전체이익에 대한 봉사를 해야 한다는 의무감, 정부는 국민전체를 위해 존재하기 때문에 복종해야 한다는 의무감, 사회에서 강자보다는 약자에게 좀 더 우호적으로 정책이 실행되어 형평성이나 정의를 실현해야 한다는 의무감 등이 규범성을 구성하는 요소이다.

(3) 감성적 차원(Emotional Dimension)

① 이성에 의한 계산이나 의무감보다는 감정적으로 생기는 봉사를 해야겠다는 느낌이 동인이 되는 동기이다.

② 사회적으로 중요한 정책을 보고 느끼는 감정이나 애국가를 부를 때나 국기를 볼 때 생기는 애국심 등이 예이다.

3. 행정학에서 PSM 연구의 의의 및 시사점

(1) 기존 동기이론의 한계보완: 사적부문과 다른 공공조직의 동기부여의 특성설명에 유용하다.

(2) PSM과 공무원의 무사안일의 관계: 공공봉사동기↑ ⇒ 무사안일↓

(3) PSM과 조직성과의 관계: 연구결과에 따르면 일반적으로 공직의 보람 때문에 공무원이 된 사람들은 그렇지 않은 사람들에 비해 조직 내에서 긍정적인 행태를 보이며, 구체적으로 공무원의 공공봉사동기는 직무만족과 조직성과의 향상에 긍정적인 영향을 미친다.

13

14 기출

다음 중 강화(학습)이론에 대한 옳은 설명만을 고른 것은?

> ㉠ 학습된 행동이 유발되는 과정이나 행동의 결과에 초점을 두었다.
> ㉡ 학습이론의 유형 중 고전적 조건화이론은 조건화된 자극의 제시를 통해 조건화된 반응이 도출되는 것을 설명한다.
> ㉢ 강화의 유형 중 소거는 행동자가 원하지 않는 상황을 제공함으로써 바람직하지 못한 행동의 감소를 가져온다.
> ㉣ 학습이론의 유형 중 '행동에는 외적 선행자극보다 내면적 욕구와 만족, 기대 등이 영향을 미친다'는 이론의 유형은 인식론적 학습이론이다.
> ㉤ 강화의 유형 중 소극적 강화는 보상의 부여를 통해 자극을 주고, 처벌은 보상을 주지 않음으로써 자극을 준다.

① ㉠, ㉢, ㉣   ② ㉠, ㉡, ㉣

③ ㉡, ㉢, ㉤   ④ ㉢, ㉣, ㉤

해설   정답 ②

㉠ 강화(학습)이론은 행동에 대한 심리적, 신경과학적 관점에 중점을 두어 환경을 어떻게 최적화하는지 설명한다.
㉡ 고전적 조건화이론은 조건화된 자극을 통해 조건화된 반응이 도출되는 과정을 설명하는 이론으로 대표적으로 파블로프(Pavlov)의 실험이 있다.
㉣ 현대적 학습이론 중 인식론적 학습이론은 외부자극보다 내면적 욕구, 만족, 기대 등이 행동을 결정하는 데 영향을 미친다는 이론으로 심리적 · 정신적 과정을 중시한다.

오답의 이유

㉢ 행동자가 원하지 않는 상황을 제공함으로써 바람직하지 못한 행동의 감소를 가져오는 것은 처벌에 대한 설명이다. 소거는 행동자가 원하는 상황의 제공을 중단함으로써, 바람직하지 못한 행동의 감소를 가져오는 것이다.
㉤ 소극적 강화는 불편한 자극을 철회함으로써 자극을 주고, 처벌은 질책과 해고와 같은 불편한 자극을 부여한다.

끝장이론

1. 학습이론의 의의

(1) 학습의 개념: 학습은 경험의 결과 발생하는 비교적 영속적인 행동의 변화이다.

(2) 학습이론의 계보

① 행동주의적 학습이론(Behavioral Learning Theory)

㉠ 파블로프(Pavlov), 손다이크(Thorndike), 스키너(Skinner) 등의 이론이다.

㉡ 이 중에 파블로프의 학습이론을 고전적 조건강화이론(Classical Conditioning Theory)이라 하고, 스키너의 것을 조작적 조건강화이론(Operant Conditioning Theory)이라 한다.

② 인지학습이론(Cognitive Theory of Learning)

㉠ 학습과정에서 인지의 역할과 중요성을 강조하는 학습이론이다.

㉡ 고전적 조건강화나 조작적 조건강화와 같은 이른바 자극반응이론은 학습과정에서 인간의 내적 측면은 고려하지 않고 보상이나 처벌과 같은 외적 요인만을 지나치게 강조한다.

㉢ 인지학습이론은 행동주의 학습이론이 지니는 한계점을 극복하고 인간의 학습과정을 보다 깊게 이해하려는 취지에서 시작된 것이다.

㉣ 대표적인 학자는 톨만(Tolman)이다.

③ 사회학습이론

㉠ 인간의 행동이 사람의 인지와 행동 및 환경의 상호작용에 의해 형성된다고 본다.

㉡ 반두라(Bandura)는 상호결정주의(Reciprocal Determinism)를 통해 이것이 가능하다고 보았다.

㉢ 학습자의 학습을 상당한 정도의 통제력을 갖는 역동적이고 상호작용적인 과정으로 본다.

2. 고전적 조건강화이론

(1) 파블로프는 개를 이용한 조건반사실험을 이용하여 인간의 행동변화도 자극과 반응의 관계인 S-R로 설명할 수 있다고 보았다.

(2) 고전적 조건강화이론은 반응자의 반사적 행동에만 초점을 두었다는 비판을 받는다.

(3) 자극에 대한 결과로서 비자발적인 반응의 설명에 한정되어 복잡한 학습기제를 설명하는 데 한계를 가진다.

3. 조작적 조건강화이론

(1) 조작적 조건강화이론에서는 강화의 효과, 바람직한 행동 등에 초점을 둔다.

(2) 손다이크(Thorndike)는 행동은 활동의 결과로 받은 보상에 의해 영향을 받는다는 효과의 법칙(Law of Effect)을 주장하였다.

(3) 스키너는 인간의 행동이 행동의 결과, 즉 보상이나 벌에 의해 영향을 받는다고 주장하였다. 인간의 행동을 결정하는 것은 내적 정신과정이 아니고 외부환경에서 제공되는 상과 벌이며 이 중에서 상을 주는 것을 강화(Reinforcement)라고 본다. 스키너의 행동공식은 S(자극) → R(반응) → C(보상)로 표시할 수 있다.

(4) 조작적 조건강화이론의 강화개념을 활용하여 조직행동의 변화전략에 적용한 것이 강화전략이다. 강화의 일정계획은 강화전략에 학습기간을 적용한 것이다.

① 강화전략과 행동변화

강화의 유형	부하의 행동	관리자의 행동	자극
적극(긍정)적 강화 (Positive Reinforcement)	바람직한 행동증가	바람직한 결과제공	보상부여(음식, 애정, 칭찬, 급료인상, 승진)
소극(부정)적 강화 (Negative Reinforcement) [회피학습(Avoidance Learning)]	바람직한 행동증가	바람직하지 않은 결과의 제거	불편한 자극철회(벌칙의 제거, 괴로움의 중지·제거)
소거, 중단 (Extinction)	바람직하지 못한 행동감소	바람직한 결과제거	보상되지 않음(급료인상철회·동결, 승진배제)
처벌(Punishment)	바람직하지 못한 행동감소	바람직하지 않은 결과제공	불편한 자극부여(질책, 해고)

② 합성전략: 조직에서 관리자들이 가장 손쉽게 사용하는 관리전략은 적극적 강화전략과 벌을 사용하는 합성전략 (Strategy Mix)이다. 이것은 전통적인 사람관리 전략인 당근과 채찍의 법칙을 사용하는 것이다. 그러나 가장 이상적인 합성전략은 적극적 강화와 소거를 사용하는 것이다. 맥그리거(McGregor)는 벌의 효율적 관리를 위해 뜨거운 난로의 법칙 (Hot Stove Rule)을 제안하였다.

4. 고전적 조건강화이론과 조작적 조건강화이론

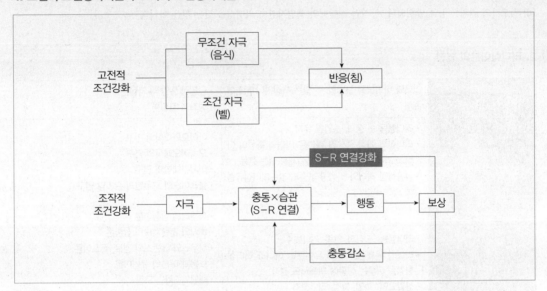

[9] 리더십 특성이론(자질론, 속성론)

14

13 기출

다음 중 리더십이론에 대한 설명으로 옳지 않은 것은?

① 특성론은 신체, 성격, 사회적 배경 등에서 리더로서의 요인이 타고나는 것으로 보는 이론이다.

② 형태론은 리더의 자질이 태어나면서부터 주어지는 것이 아니라 태어난 후에라도 리더의 행동특성을 훈련 시킴으로써 리더를 만들어 갈 수 있다는 이론이다.

③ 아이오와대학모델, 오하이오대학모델, 미시간대학모델 등은 리더십의 상황론을 연구한 리더십모델이다.

④ 관리망모델은 리더의 생산과 사람에 대한 관심을 중심으로 리더십을 분류하여 각각 부족한 리더십을 훈련 시키고자 하는 모델이다.

해설

정답 ③

③ 아이오와, 오하이오, 미시간대학의 모델 등은 상황론이 아니라 형태론을 연구한 리더십모델이다.

1. 리더십의 개념

(1) 조직구성원에게 동기를 부여하고 조직의 목적을 달성할 수 있도록 영향력을 행사하는 것이라고 할 수 있다.

(2) 리더십은 목표를 전제로 행동이 전개되는 것을 의미하고, 지도자와 추종자 간의 관계에서 일어난다.

(3) 지도자가 추종자에게 일방통행적 행동을 강요하는 것은 아니며 어디까지나 상호작용의 과정을 통해서 발휘된다.

(4) 지도자의 권위를 통해 발휘되나, 공식적 계층제의 책임자만이 리더십을 갖는 것은 아니다.

2. 리더십이론의 변천

특성론 (1920~1950년대)	리더와 비리더를 구별할 수 있는 특성이나 특징이 존재	• 단일적(통일적) 자질론 • 성좌적 자질론
행동이론 (1950~1960년대)	• 리더행동 → 성과, 종업원 유지 • 리더십의 가장 중요한 측면은 리더의 특성이 아니라 리더가 여러 상황에서 실제로 하는 행동 • 성공적인 리더와 비성공적인 리더는 리더십유형에 의해 구별	• 아이오와대학의 연구 • 오하이오대학의 연구 • 미시간대학의 연구 • 블레이크와 모우턴의 관리망 연구
상황이론 (1970년 이후)	• 리더행동 → 성과, 만족, 기타변수 • 리더의 유효성은 그의 유형뿐만 아니라 리더십 환경을 이루는 상황에 의해서도 결정 • 상황요인: 과업, 특성, 집단성격	• 피들러의 상황이론 • 허시와 블랜차드의 상황론 • 하우스와 에반스의 경로–목표이론 • 브룸과 예튼의 규범이론 • 레딘의 3차원 모형 • 텐넨바움과 슈미트의 상황이론 • 유클의 다중연결모형
신속성론 (1980~1990년대)	최고관리자의 자질특성에 관한 연구	• 변혁적 리더십 • 서번트리더십 • 슈퍼리더십 • 카리스마적 리더십 • 커와 저미어의 리더십대체물접근법 • 그랜과 댄소로우의 수직적 쌍방관계 연결이론

3. 리더십 특성이론(자질론, 속성론)

(1) 특성이론의 의미

① 리더십에 대한 첫 번째의 관점은 '리더 자신이 어떤 특성을 구비하는 것이 바람직한가'에 대한 것이다.

② 초창기 연구자들은 위대한 인물들이 어떻게 막강한 영향력을 행사하는 리더가 될 수 있었던가에 관심을 집중하였다. 그 결과 연구자들은 거의 공통적으로 이 리더들이 보통사람보다 우수한 어떤 자질을 지니고 있기 때문이라는 의견을 모으게 되었다.

③ 효과적인 리더를 만드는 리더의 자질을 찾아내려는 연구들을 특성이론(Trait Theory)이라 한다.

④ 특성이론에서는 리더가 일정한 특성을 가지고 있으면 어떠한 상황에서든지 효율적인 리더가 될 수 있다고 생각한다.

(2) 특성이론의 유형

① **단일적(통일적) 자질론**: 지도자는 하나의 단일적 · 통일적 자질을 구비한다고 보아 이런 자질을 가진 자는 어떤 상황에서든 지도자가 된다고 본다.

② 성좌적 자질론: 이 견해는 단일적·통일적 자질론을 보완하기 위해 등장한 이론으로 여러 가지 자질의 결합에 의해 지도자의 인성을 파악하려는 견해이다.

(3) 특성이론의 내용

① 신체적 특성(Physical Characteristics)

② 사회적 배경(Social Background)

③ 지능과 능력(Intelligence and Ability)

④ 성격(Personality)

⑤ 과업관련 특성(Task-Related Characteristics)

(4) 특성이론의 한계

① 좋은 리더를 만드는 많은 자질을 연구했음에도 불구하고 리더와 비리더를 구분할 수 있는 특성의 일반화에는 실패하였다.

② 상황요인을 고려하지 않고 있다.

③ 이 이론은 누가 리더인가를 확인해 주기는 하지만 리더가 어떻게 해서 하급자들에게 영향력을 행사하는지를 제시해 주지 못한다.

[10] 리더십의 행동이론(행동유형론)

15

`17 기출`

리더십이론에 대한 설명으로 옳지 않은 것은?

① 블레이크와 모우턴은 리더십을 4가지 유형으로 분류하였다.

② 오하이오대학 리더십연구는 행태주의를 기반으로 한다.

③ 피들러의 상황적응모형은 관계지향적 리더와 과업지향적 리더로 나누어 연구하였다.

④ 변혁적 리더십은 조직의 변화를 추구한다.

해설   정답 ①

① 블레이크와 모우턴(Blake & Mouton)의 관리망모형은 리더십의 유형을 생산에 대한 관심과 인간에 대한 관심의 두 차원으로 나누어 다섯 가지로 분류하였다.

끝장이론 ···

1. 행동이론의 의미

(1) 행동 유형론은 특정 리더가 나타내는 행동에 초점을 둔 연구로 효율적인 리더에게는 타인과 구별되는 행동적 특성이 있다는 입장이다.

(2) 특성이론의 초점이 어떤 특성을 가진 리더가 효과적인가(What is the leader?)를 규명하는 것이라면, 행동이론(Behavioral Theory)의 초점은 어떠한 행동을 하는 리더가 효과적인가(What does the leader do?)를 밝히는 것이었다.

(3) 행동이론도 특성이론과 마찬가지로 모든 상황에서 가장 잘 작용할 수 있는 유일·최선의 리더십유형을 찾으려는 시도를 하였다.

2. 행동(행태)이론의 분류

(1) 리더의 행동차원을 기준으로 분류

① 2원론

민주적 리더십	권위적 리더십
• 종업원 중심적 리더십 • 관계지향적 리더십 • 배려주도 • P형	• 직무중심적 리더십 • 과업중심적 리더십 • 구조주도 • M형

② 3원론: 과업지향적인 스타일(권위적)과 관계지향적인 스타일(민주적)에 '유효성'을 결합한 것이다.

(2) 연구자와 연구기관별 분류

① 아이오와(Iowa)대학의 연구: 화이트(White)와 리피트(Lippitt)의 리더십유형론

㉠ 1939~1940년에 아이오와대학 연구팀은 권위적 리더(Authoritarian Leader), 민주적 리더(Democratic Leader), 방임적 리더(Laissez-Faire Leader) 유형을 중심으로 청소년들의 행동을 관찰했다.

㉡ 그룹구성원들은 권위적 리더보다 민주적 리더를 더 선호하고, 그룹 내에서의 적대행위는 민주적 그룹에서보다 권위적 그룹과 방임적 그룹에서 분명히 더 높은 것으로 나타났다.

㉢ 그룹의 생산성은 다른 두 유형의 리더보다 민주형 리더가 더 높은 것으로 나타났다.

② 오하이오(Ohio)대학의 연구

㉠ 오하이오대학의 연구팀들은 리더십을 이루는 구성요인을 배려와 구조의 두 차원으로 구분하고, 두 가지 국면에 의해 리더의 행동을 4가지로 구분하였다.

㉡ 배려(Consideration): 리더와 그의 집단구성원들 사이의 관계에 있어 우정, 상호신뢰, 존경 등을 표시하는 행위를 말한다.

㉢ 구조(Structure): 직무나 인간을 조직화하는 것을 말한다. 예 집단 각 구성원의 역할을 정하고 직무수행의 절차를 정한다거나 지시, 보고 등을 포함한 집단 내의 커뮤니케이션 경로를 설정한다든가 하는 것

㉣ 높은 구조와 높은 배려의 스타일이 가장 효과적인 리더십스타일임을 보여 준다.

	낮음	구조 설정	높음
높음 배려 낮음		㉠ 낮은 구조 설정, 높은 배려	㉡ 높은 구조 설정, 높은 배려
		㉢ 낮은 구조 설정, 낮은 배려	㉣ 높은 구조 설정, 낮은 배려

③ 미시간(Michigan) 대학의 연구

㉠ 1940년대 말부터 1950년대 초까지 미시간대학의 SRI(Social Research Institute)에서 리커트(Likert) 등이 중심이 되어 리더의 행동과 집단과정 및 집단성과의 관계를 연구하였다.

㉡ 직무중심적 리더와 부하중심적 리더로 분류하였다.

ⓒ 집단의 성과와 만족감을 높이기 위해서는 부하중심적인 리더의 태도와 행동이 효과적이라는 것이 리더십 행동이론의 일반적인 결론이다. 그러나 집단의 생산성과 구성원의 만족감 사이에는 높은 수준의 일관성 있는 관계가 나타나지 않았다.

④ 블레이크(Blake)와 모우턴(Mouton)의 관리망(Managerial Grid)

㉠ 블레이크와 모우턴은 리더십을 2차원으로 생각한 관리망의 개념을 정립하였다.

㉡ X축은 생산에 대한 관심의 정도를 파악할 수 있도록 9등급으로 나누고, Y축은 인간에 대한 관심의 정도를 파악할 수 있도록 역시 9등급으로 나누었다. 따라서 이론적으로는 81가지의 리더의 유형이 있는 것으로 이해할 수 있다.

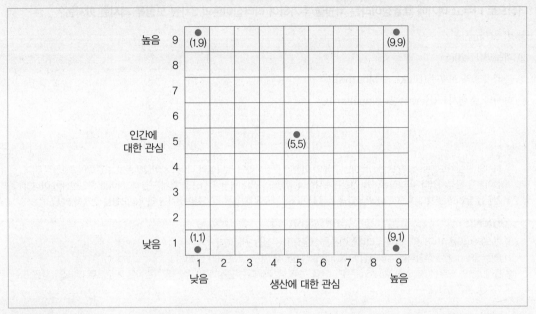

㉢ 기본적인 형태로서 (1 · 1)형(무관심형), (9 · 1)형(과업형), (1 · 9)형(친목형), (5 · 5)형(타협형), (9 · 9)형(단합형, 팀형)을 들 수 있다.

무관심형 (빈약형)	생산 및 인간에 대한 관심이 모두 낮아 주로 조직 내 자신의 직분을 유지하기 위한 최소의 노력만 기울이는 무관심형
친목형	인간에 대한 관심은 높으나 생산에 대한 관심은 낮아 인간적인 분위기를 조성하는 데 주력
과업형	생산에 대한 관심은 높으나 인간에 대한 관심은 낮아 과업에 대한 능력을 중시
타협형(절충형)	인간과 생산에 절반씩 관심을 두고 적당한 수준의 성과를 지향
단합형	생산과 인간에 대한 관심이 모두 높아 조직의 목표달성을 위해 조직과 조직구성원들의 상호의존관계와 공동체의식을 강조함으로써 조직목표달성을 위해 헌신하도록 유도

㉣ 이론에 따르면 가장 바람직한 리더십 유형은 팀(9 · 9)형이라고 결론지었다. 팀(9 · 9)형은 생산과 관계의 유지에 모두 지대한 관심을 보이는 유형으로 종업원의 자아실현의 욕구를 만족시켜 주고 신뢰와 지원의 분위기를 이루며 한편으로는 과업달성을 강조하는 유형이다. 그러나 팀(9 · 9)형 리더십이 바람직한 것으로 보이지만, 이런 유형의 리더십이 항상 효과적인가에 대해서는 의문의 여지가 있다.

[11] 리더십 상황이론

16

08 기출

다음 중 리더십의 효율성은 상황에 의존한다고 전제하면서 리더의 행동을 인간중심적 리더십과 과업중심적 리더십으로 나누고 여기에 효율성이라는 차원을 추가하여 리더십이론의 3차원 모형을 제시한 학자는?

① 번스(Burns)

② 피들러(Fiedler)

③ 블레이크와 모우턴(Blake & Mouton)

④ 허시와 블랜차드(Hersey & Blanchard)

해설

정답 ④

④ 허시와 블랜차드(Hersey & Blanchard)는 그들이 이전에 주장하였던 리더십의 라이프사이클이론을 보완하여 3차원적 리더십이론을 완성하였다. 리더십유형을 인간관계지향적 유형과 과업지향적 유형으로 크게 구분하고, 이를 단일선상이 아니라 차원을 달리한 별개의 축으로 나타낸 다음 효율성이라는 새로운 차원을 추가하여 3차원 리더십모형을 전개하였다.

오답의 이유

① 번스(Burns)는 1978년에 변혁적 리더십이론을 처음으로 주장한 인물이다.

② 피들러(Fiedler)는 상황적응적 리더십 모형(상황결정이론)을 연구·발전시킨 인물이다.

③ 블레이크와 모우턴(Blake & Mouton)은 관리망을 통해 생산에 대한 관심과 인간에 대한 관심을 기준으로 리더십유형을 5가지로 분류하였다.

끝장이론 ....

1. 리더십 상황이론

(1) 리더십의 특성이론이나 행동이론의 일관된 과제는 유일한 이상적인 리더십 형태를 발견하려는 것이었다. 그러나 이들 연구들은 모두 리더십의 유효성 측면을 적절하게 설명하지 못하고 있다.

(2) 어떤 상황에서나 효과적으로 적용될 수 있는 단일의 리더십스타일이란 환상을 깨고 리더십의 유효성을 상황과 연결시키려는 상황이론이 등장하게 되었다.

2. 피들러(Fiedler)의 상황이론

(1) 피들러는 리더십의 유효성이 리더와 집단구성원의 상호작용유형과 상황의 호의성에 의해 결정된다고 주장하였다.

(2) **상황의 특성**: 상황의 호의성을 결정하는 변수는 리더와 구성원의 관계의 질, 과업의 구조화 정도, 리더의 직위권한의 강·약이다.

① 리더와 구성원 간의 관계

㉠ 리더와 구성원 간의 관계의 질이 상황의 호의성을 결정하는 변수이다.

㉡ 구성원들이 리더를 신뢰하고 존경하며 리더를 받아들이는 정도가 높을 때는 과업의 구조화나 직위권력이 약할 경우라도 리더는 구성원들에게 큰 영향력을 행사할 수 있다.

② 과업의 구조화

㉠ 목표의 명확성, 목표달성수단의 다양성, 의사결정의 구체성, 의사결정의 검증가능성 등으로 측정한다.

㉡ 과업의 구조화 수준이 높을수록 언제, 누가, 무슨 일을, 어떻게 실행해야 할지가 정해져 있기 때문에 리더에게는 유리하다.

③ 리더의 직위권한

㉠ 직무와 관련하여 구성원들에게 영향력을 행사할 수 있는 보상과 처벌의 권한이다.

㉡ 다른 조건이 동일할 경우 보상 등의 권한이 강할수록 리더에게는 유리한 상황이 된다.

(3) 피들러는 리더의 행동특성을 LPC(Least Preferred Co-Worker) 척도를 통해 과업지향적 리더십과 관계지향적 리더십으로 구별한다.

(4) 리더십 상황이 리더에게 유리하거나 불리한 경우에는 과업지향적 리더가 효과적인 반면, 리더십 상황이 리더에게 유리하지도 않고 불리하지도 않은 상황에서는 관계지향적 리더가 효과적이라고 하였다.

효과적인 리더십의 유형		과업지향 리더십		관계지향 리더십		과업지향 리더십	
리더십 상황		유리한 상황 ←				→ 불리한 상황	
상황 요건	리더와 부하의 관계	좋은 관계				나쁜 관계	
	과업구조	구조화		비구조화		구조화	비구조화
	직위권력	강	약	강	약	강	약	강	약
	상황적 유리성	매우 유리함			적당히 유리함		매우 불리함	

3. 허시(Hersey)와 블랜차드(Blanchard)의 상황이론

(1) 의의

① 허시와 블랜차드는 부하의 성숙도를 상황변수로 채택하여 리더십의 수명주기이론(Life Cycle Theory of Leadership)을 제시하였다.

② 이 이론에서는 리더십스타일을 관계지향적인 것과 과업지향적인 것으로 구분하였다. 리더는 부하의 성숙도에 적합한 리더십을 행사할 때 유효성을 확보할 수 있다고 보았다.

(2) 부하의 준비성(성숙도): 부하의 준비성(Readiness)은 특정과업의 성취를 위한 능력과 자발성(의지)이다. 이것은 자질이 아니라 특정과업의 수행을 위해 준비된 정도이다.

높음	중간		낮음
R4	R3	R2	R1
능력 높음, 의지 강함	능력은 있으나 의지는 약함	의지는 있으나 능력이 약함	의지, 능력이 없음
↓			↓
부하주도			리더주도

(3) 결론

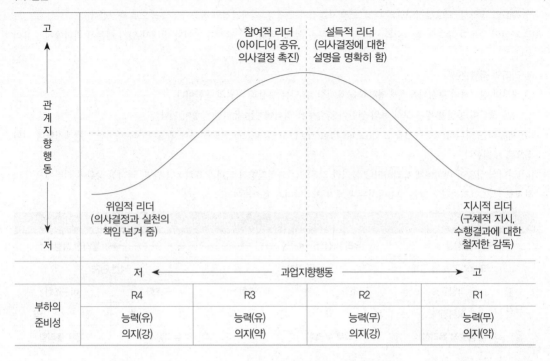

부하의 준비성	R4	R3	R2	R1
	능력(유) 의지(강)	능력(유) 의지(약)	능력(무) 의지(강)	능력(무) 의지(약)

[12] 변혁적(전환적) 리더십 및 서번트리더십

17

14 기출

다음 중 변혁적 리더십과 관련이 없는 것은?

① 영감적 리더십

② 카리스마적 리더십

③ 거래적 리더십

④ 개별적 배려

해설   정답 ③

③ 거래적 리더십은 지도자와 부하들 간에 서로 필요로 하는 것의 협상과 교환과정을 통한 효과적인 리더십을 강조하는 전통
적 리더십이다. 변혁적 리더십은 불확실한 시대에서 변화에 능동적으로 적응하는 최고관리층의 리더십으로 리더는 조직구
성원들의 사기를 높이기 위해 비전을 제시하고 부하들의 가치관과 태도변화를 유도하여 성과를 이끌어 낸다. 변혁적 리더
십의 요소로는 카리스마적 리더십, 영감적 리더십, 개별적 배려, 지적 자극이 있다.

1. 변혁적(전환적) 리더십(Transformational Leadership)

(1) 의의

① 번스(Burns) 및 바스(Bass), 왓슨과 레이니(Waston & Rainey, 1978)가 주장한 전환적 · 변혁적 리더십이란 종래 행태론자들이 합리적인 교환관계를 토대로 주장한 보수적인 교환적 · 거래적 리더십에 대비되는 개념으로서 안정보다는 변화에 능동적으로 적응하거나 변화를 유도하는 최고관리층(최상층)의 리더십을 말한다.

② 변혁적(전환적) 리더십은 인간의 행태나 상황뿐 아니라 리더의 개인적 속성도 다시 재생시키고 있으므로 신속성론에 해당하며, 기본적으로 카리스마적 · 영감적 리더십과도 깊숙이 연관된다.

③ 변혁적 리더십에 반대되는 것으로서 교환적 리더십은 부하의 이기심에 호소하여 그들을 동기부여시킨다. 즉 정치적 리더의 경우에 자기에게 투표한 사람에게 직무의 제공이나 정부와의 계약을 약속하거나, 기업의 리더들이 구성원들의 작업노력과 급여, 지위 등의 교환을 매개로 사람들에게 영향력을 행사하는 경우가 그 예에 속한다. 반면, 번즈는 교환에는 가치관도 포함된다고 보았으며 이런 가치관에는 정직, 공정, 책임, 호혜주의 등이 있다고 하였다.

(2) 변혁적 리더십의 요소

카리스마적 리더십 (이상적 영향력)	부하들에게 존경심 · 자긍심과 강한 일체감을 심어 주고 부하들로부터 존경과 신뢰를 얻음
영감(Inspiration)적 리더십	부하에게 도전적 목표와 임무, 미래에 대한 비전을 받아들이도록 격려
지적 자극 (Intellectual Stimulation)	형식적 사고와 관례를 타파하고 새로운 관념을 촉발시키고 창조적 사고를 하도록 유도
개별적 배려 (Individualized Consideration)	개인의 존재가치를 인정하며, 개개인의 특성과 다양성을 고려

(3) 거래적 리더십과 변혁적 리더십의 비교

구분	거래적 리더십	변혁적 리더십
변화관	안정지향 · 현상유지, 폐쇄적, 소극적	변화지향, 개방체제적, 적극적
관리계층	하위관리층, 중간관리층	최고관리층
관리전략	리더와 부하 간 교환관계나 통제	영감과 비전제시에 의한 동기유발
	즉시적 · 가시적인 보상으로 동기부여	자아실현 같은 높은 수준의 장기적인 개인목표를 동경하도록 동기부여
행위표준	부하들이 명령 · 지시에 충실할 것을 의도	변환적이고 새로운 시도에 도전하도록 부하를 격려
문제해결	부하에게 문제를 해결하거나 해답을 찾을 수 있는 곳을 알려 줌	질문을 하여 부하 스스로 해결책을 찾도록 격려하거나 함께 일함
이념	능률지향 – 단기적인 효율성과 타산	적응지향 – 장기적인 효과와 가치의 창조
조직구조	기술구조(기술 위주)나 기계적 관료제에 적합	경계작용적 구조, 단순구조나 임시조직에 적합
리더십 사용	과소사용	리더십을 통해 고차원 욕구 활성화

2. 서번트리더십(Servant Leadership)

(1) 의의

① 그린리프(Greenleaf)가 1970년에 헤세의 『동방순례(Journey to the East)』를 읽고 『리더로서의 하인(The Servant as Leader)』이라는 책을 출판하면서 정립된 이론이다.

② 그린리프는 '서번트리더가 되기 위해서는 먼저 리더 자신이 서번트가 되어야 한다.'라고 주장하였다.

(2) 서번트리더가 갖추어야 할 요건(Spears)

경청과 동정(감정이입), 치료	• 경청: 다른 사람의 이야기에 진지하게 귀 기울이는 것 • 경청은 다른 사람의 시각에서 사안을 이해하는 감정이입을 가져오고 이를 통해 리더와 공동체 안의 사람들의 신뢰가 강화되게 함 • 리더의 경청과 진심어린 감정이입으로 조직원 개개인의 내면에선 잠재적인 치유 발생 • 리더는 부하의 입장에서 보고 느낄 수 있어야 함을 의미
인지	부하의 강약점을 관찰하여 알려 줌
설득	• 지위에 따른 권위보다 설득을 통해 결정 • 설득은 강요와 달리 리더와 조직원이 의사결정에 주인의식을 갖고 동참한다는 장점이 있음
개념화와 예견	• 비전을 형성하는 개념화에 대한 능력이 필요 • 개념화: 조직을 위한 가장 바람직한 비전을 보다 명확히 판단하는 능력 • 예지력: 미래예측능력으로 개념화와 직접적인 관련이 있음
청지기 의식과 사람들의 성장에 관심을 기울이기	• 청지기(리더)는 업무에 대한 책임뿐 아니라 조직원의 복지에까지 책임을 느끼며 사람의 성장에 관심을 기울임 • 사람들의 성장에 관심을 기울인다는 것은 개인의 관심사를 이해하고, 의사결정과정에 조직원의 참여를 권장하며, 그들의 능력발전을 위해 적극적으로 지원하는 것을 의미
협동	조직 내에 공동체를 건설하고 공동체의식을 형성·조장함으로써 조직 내의 불신을 극복하고 구성원들 간의 신뢰를 형성

[13] 갈등

18

20 **7** 기출

공공정책갈등에서 각 프레임과 그에 대한 설명으로 가장 적절하지 않은 것은?

① 정체성 프레임 – 갈등 당사자는 스스로에게 정책의 피해자라는 일정한 특징을 부여하여 자신들을 범주화한다.

② 사회적 통제 프레임 – 권력의 정당성에 대한 갈등해결 당사자들의 인식을 의미한다.

③ 손익 프레임 – 문제상황이 자신에게 어떤 이익과 손해를 가져오는지에 대한 당사자의 평가에 달려 있다.

④ 특징부여 프레임 – 갈등이슈와 관련된 위험수준과 유형에 대한 당사자의 평가를 의미한다.

④ 특정부여 프레임은 갈등상대방이 속한 집단과 구성원에 대한 의미부여를 의미하고, 갈등이슈와 관련된 위험수준과 유형에 대한 당사자의 평가는 위험 프레임에 해당한다.

끝장이론

1. 갈등의 의미

(1) 갈등은 목표의 양립 불가능성, 사실에 대한 해석의 차이, 행동기대의 불일치 등으로 인해 발생한다.

(2) 한 집단이 자신들이 관심 있는 어떤 것에 대해 다른 집단이 부정적으로 생각하고 있다고 지각하는 것 때문에 발생하는 과정이다.

2. 갈등의 기능

순기능	역기능
• 창의력의 향상 • 좋은 의사결정 • 응집성의 증가 • 능력의 새로운 평가	• 목표달성 노력의 약화 • 긴장 · 초조 · 불안한 심리상태 • 서비스 질의 저하

3. 갈등의 유형

구분	유형	특징	
갈등주체(의사결정자) (Simon & March)	개인적 갈등	의사결정자 개인 – 비수락성, 비비교성, 불확실성	
	의사결정주체 간 갈등	조직 내 집단 간 갈등	상하계층 또는 동일계층 간(계선과 참모)
		조직 간 갈등	상 · 하급기관 간, 중앙 · 지방정부 간, 부처 간
갈등의 성격 (L. R. Pondy)	협상적 갈등	이해당사자 간 예 노 · 사 임금협상의 갈등	
	관료제적 갈등	상 · 하계층 간	
	체제적 갈등	동일수준의 개인 · 집단 간	
조직에 미치는 영향 (L. R. Pondy)	마찰적 갈등	조직구조에 변화를 초래하지 않는 갈등	
	전략적 갈등	조직구조에 중대한 변화를 초래하는 갈등	
개인심리적 유인가 (Miller & Dollard)	접근 – 접근 갈등	두 가지 대안이 모두 긍정적 가치를 지닌 경우	
	회피 – 회피 갈등	두 가지 대안이 모두 부정적 가치를 가진 경우	
	접근 – 회피 갈등	한 가지 대안이 긍정적 가치와 부정적 가치를 함께 지닐 경우 선택여부의 갈등	
조직에 미치는 영향	소모적 갈등	조직의 팀워크와 단결을 깨고 조직의 생산성을 저해하는 역기능적 · 파괴적 갈등	
	생산적 갈등	조직성과나 조직혁신에 도움을 주는 건설적 갈등	

갈등의 내용	**수직적 갈등**	• 조직의 상·하계층 간에 발생하는 갈등 • 권한, 목표, 업무량, 근무조건, 보수, 노·사 간 갈등 등
	수평적 갈등	• 동일계층의 개인이나 부서 간에 발생하는 갈등 • 목표의 분업구조, 과업의 상호의존성, 자원의 제한 등

4. 갈등프레임의 유형(심준섭)

정체성 프레임 (Identity Frames)	• 갈등당사자 자신 또는 자신이 속한 집단을 어떻게 정의하는가 • 당사자들이 갈등상황의 맥락 속에서 '피해자'나 '희생자' 등 특정한 정체성을 지님
특징부여 프레임 (Characterization Frames)	• 갈등상대방이 속한 집단과 구성원을 어떻게 정의(규정)하는가 • 상대방에 대한 자신들의 행동을 정당화하고 자신들의 정체성을 강화하는 데 사용
갈등관리 프레임 (Conflict Management Frames)	• 갈등관리방안과 절차에 대한 당사자의 선호 • 갈등당사자 간 갈등관리프레임이 유사할수록 갈등해결의 가능성이 높아짐
사회적 통제 프레임 (Social Control Frames)	• 문제해결주체에 대한 인식 • 사회적 이슈들은 누구에 의해 어떤 방식으로 결정되어야 하는가에 대한 인식 • 권력의 정당성과 권력행사의 절차와 기준에 대한 인식
위험 프레임 (Risk Frames)	• 갈등이슈와 관련된 위험유형과 수준에 대한 당사자의 평가 • 과학적이고 객관적인 평가여부와 별개로 당사자 개인의 주관적인 판단에 의해서도 위험인식여부가 결정됨
손익 프레임 (Gain VS Loss Frames)	• 갈등상황에서 자신의 이익과 손해에 대한 평가 • 위험 프레임과도 연관되어 있음 • 갈등당사자들은 손실과 이익의 관점에서 프레이밍 되는 방식에 따라 다르게 반응

5. 갈등관리

갈등의 해소전략			갈등의 조장전략
사이먼과 마치 (Simon & March)의 갈등해결방안	분석적· 합리적 방법	문제해결	• 공식·비공식적 의사전달통로의 의도적 변경 • 경쟁조성 • 조직 내 계층수 및 조직단위수 확대와 의존도 강화 • 계선조직과 막료조직의 활용 • 정보전달의 통제(정보량 조절: 정보전달억제나 과잉노출) • 의사결정권의 재분배 • 기존구성원과 상이한 특성을 지닌 새로운 구성원투입(구성원의 유동), 직위 간 관계재설정
		설득	
	비분석적· 정치적 방법	협상	
		정략	
토마스(Thomas)의 갈등관리모형	협력성과 단정성의 두 차원을 통해 5가지 갈등처리 방식 제시	회피	
		경쟁	
		순응	
		타협	
		협동	

19

프렌치와 레이븐(J. R. French & B. Raven)의 권력원천에 따른 권력유형으로 옳지 않은 것은?

① 전문적 권력은 조직에서의 공식적 지위와 무관하게 형성된다.

② 일반적으로 직위가 높으면 높을수록 합법적 권력 또한 더욱 커지는 경향이 있다.

③ 보상적 권력은 다른 사람들에게 보상을 주거나 중개할 수 있는 능력으로부터 나온다.

④ 강압적 권력은 상대방을 처벌할 수 있을 때 발생하는 권력으로서 권한과 그 개념이 유사하다.

해설   정답 ④

④ 강압적 권력은 상대방을 처벌할 수 있을 때 발생하는 권력으로, 인간의 공포에 기반을 둔 권력이다. 권한과 개념이 유사한 권력은 합법적(정통적) 권력이다.

끝장이론

1. 권력의 의의

권력이란 '상대방의 행동을 자신이 의도하는 방향으로 조종하고 움직이게 할 수 있는, 즉 영향을 미칠 수 있는 능력 또는 잠재력'이라고 할 수 있다.

2. 권력의 특징

(1) 권력은 두 사람 이상의 상호 간의 관계에서만 존재한다.

(2) 권력은 상대방의 저항을 극복하고 그들로 하여금 권력의 작용이 없었다면 하지 않을 일을 권력을 행사하는 사람의 의지대로 하게 할 수 있는 힘이다.

(3) 권력은 상황특정적이다.

(4) 권력관계는 동태적이며 가변적인 것이다.

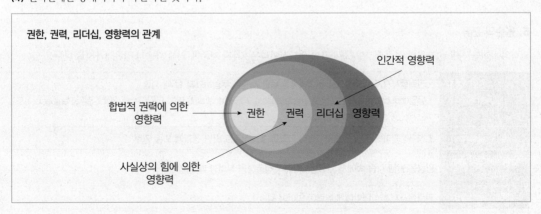

권한, 권력, 리더십, 영향력의 관계

인간적 영향력

합법적 권력에 의한 영향력 → 권한 권력 리더십 영향력

사실상의 힘에 의한 영향력

3. 권력의 원천

(1) 조직내부: 지식, 응집력, 리더십, 공식적 지위, 경력, 준거, 개인적 연계

(2) 조직외부: 조직에 대한 환경의 지지, 고객집단의 규모와 범위, 행정기관에 대한 국회의 지지

(3) 권력의 확보전략: 객관적 기준의 선택적 사용, 외부전문가의 영입, 무의사결정(Non-Decision Making), 연합형성, 적응적 흡수(Co-Optation), 위원회제도

4. 프렌치와 레이븐(J. R. French & B. Raven)의 권력원천에 따른 분류

권력원천	의의	특징	권력행사에 대한 반응
준거적 권력	• 리더의 개인적 성격특성에 기반한 권력 • 복종자가 자기행동의 모형을 권력행사자로부터 찾으려 할 때 성립	• 부하에 대한 공정한 대우 • 부하들의 이익보호 • 부하들의 욕구와 감정에 민감하게 대처 • 역할모형화 시도	몰입가능성 높음
전문적 권력 (Expert Power)	리더의 전문기술 및 지식에 기반을 둔 권력	• 전문적 이미지 증진 • 전문성에 관한 신뢰의 계속적 유지 • 결단력 있고 자신있게 행동 • 지속적인 정보수집 • 부하들의 관심사 파악	몰입가능성 높음
정통적 권력 (합법적 권력) (Legitimate Power)	권력행사의 상대방이 권력행사 주체의 영향력 행사권을 인정하고 그에 추종해야 할 의무가 있다고 생각하는 것을 바탕으로 하는 권력	• 예의 바르고 성의 있게 지시 • 자신감 있게 지시 • 권력을 규칙적으로 행사 • 복종을 강조 • 적절한 명령계통을 통해 지시 • 부하들의 관심사에 민감하게 대처	복종가능성 높음
보상적 권력	상대방이 가치 있다고 생각하는 보상을 줄 수 있는 능력에 근거를 둔 권력	• 합리적이고 실행가능성 있는 지시 • 윤리적이고 적절한 지시 • 부하들에게 바람직한 보상 제공	복종가능성 높음
강압적 권력 (Coercive Power)	• 공포에 기반을 둔 권력 • 권력행사가 상대방을 처벌할 수 있을 때에 생기는 권력	• 부하에게 조직 내의 규정과 벌칙을 고지 • 처벌하기 전에 경고 • 처벌은 일관성 있고 일률적으로 시행 • 처벌에 대한 신뢰성 유지	저항가능성 높음

5. 올슨의 분류

권력의 유형을 사용된 자원의 성질과, 권력행사자의 의도성이라는 2가지 기준에 의해 다음과 같은 4가지로 나누고 있다.

힘(Force)	• 권력행사자가 의도적으로 권력행사를 위한 자원을 투입하고자 할 때 성립 • 유인(Inducement) 또는 보상(Compensation), 제약(Constraint) 또는 박탈(Deprivation), 설득(Persuasion) 또는 확신(Convincement) 등으로 구분
지배(Dominance)	조직구성원이 자기의 원래활동이나 역할을 효과적으로 하면 생기게 되는 권력
권력형태로의 권위 (Authority)	명령을 받는 사람 속에서 권위행사자에게 정통성을 부여할 때 성립
매력(Attraction)	권력행사자가 상대방에게 매력이 있어야 됨

6. 에치오니(Etzioni)의 권력분류

강제적 권력 (Coercive Power)	육체적 징벌이나 징벌의 위협, 행위의 제한을 통해 좌절감을 가지게 하거나, 음식·성·안일 등과 같은 욕망 충족을 강제적으로 규제하는 등 물리적·육체적 강압을 주요통제수단으로 함으로써 얻어지는 권력
보수적 권력 (Remunerative Power)	물질적 자원과 보수(급료·이익배당·용역과 재화의 배분)를 통제수단으로 함으로써 얻어지는 권력
규범적 권력 (Normative Power)	위신·존경·애정·관용과 같은 사회적 상징을 조작·통제함으로써 얻어지는 권력

7. 직위권력과 개인권력

(1) 직위권력

① 사람과는 관계없이 직위 자체로 인해 부여받은 권력을 의미한다.

② 직위권력은 직권력 및 합법적 권력과 연관되며 권한과 유사하다.

(2) 개인권력

① 직위와 관계없이 개인 자체로 인해 발생하는 권력을 의미한다.

② 리더십 및 준거적 권력과 연관된다.

(3) 직위권력과 개인권력의 상호작용

① 직위권력과 개인권력 모두를 갖고 있는 구성원은 전체권력이 가장 강하지만, 직위권력과 개인권력이 모두 낮은 상태의 구성원은 전체권력이 가장 약한 상태이다.

② 두 권력 중 하나의 권력은 많지만 다른 권력을 적게 가진 구성원은 중간정도의 전체권력을 갖게 된다.

[15] 행정정보공개

20

13 기출

우리나라의 정보공개제도에 관한 설명으로 옳은 것은?

① 국내에 학술·연구를 위해 일시적으로 체류하는 외국인은 우리나라의 정보공개제도를 이용할 수 없다.

② 국회, 법원, 헌법재판소의 정보는 공개청구의 대상에서 제외되어 있다.

③ 일부 지방자치단체의 정보공개제도가 국가의 정보공개제도보다 앞서 도입되었다.

④ 지방자치단체를 포함한 공공기관은 직무상 작성·취득하여 관리하고 있는 정보에 대해 공개의 청구가 있으면 이에 따라야 한다.

끝장이론

1. 행정정보공개의 의의

(1) 광의: 공공기관이 보유하고 있는 정보를 외부인에게 공개하는 일체의 행위(능동적)

(2) 협의: 국민이나 주민의 청구에 의한 의무적인 정보공개. 공공기관이 보유한 정보에 대해 국민으로부터 청구가 있는 경우 당해 정보를 청구자에게 의무적으로 공개하도록 하는 제도(수동적)

(3) 정보공개의 목적 · 필요성: 정보공개의 목적은 국민의 알권리 충족, 국정운영의 투명성 확보와 행정통제, 국민의 국정 참여보장, 행정의 부패방지, 행정개혁 촉진 등이다.

(4) 제도연혁

① 1992년 지방자치단체(청주시)에서 최초로 행정정보공개 조례가 제정

② 중앙정부에서는 1996년 공공기관의 정보공개에 관한 법률이 제정됨

(5) 외국의 행정정보공개제도

① 스웨덴: 출판의 자유에 관한 기본법(1766)

② 미국: 정보자유법(1966)

③ 프랑스: 행정문서의 접근의 자유(1978)

④ 독일: 정보공개법(2006)

2. 공공기관의 정보공개에 관한 법률의 주요내용

(1) 총칙

① **목적(제1조):** 이 법은 공공기관이 보유 · 관리하는 정보에 대한 국민의 공개 청구 및 공공기관의 공개의무에 관해 필요한 사항을 정함으로써 국민의 알권리를 보장하고 국정(國政)에 대한 국민의 참여와 국정운영의 투명성을 확보함을 목적으로 한다.

② **정보공개의 원칙(제3조):** 공공기관이 보유 · 관리하는 정보는 국민의 알권리 보장 등을 위해 이 법에서 정하는 바에 따라 적극적으로 공개하여야 한다.

③ 적용범위(제4조)

㉠ 정보공개에 관한 일반법으로서의 지위

• 정보의 공개에 관해서는 다른 법률에 특별한 규정이 있는 경우를 제외하고는 이 법에서 정하는 바에 따른다.

• 지방자치단체는 그 소관사무에 관하여 법령의 범위에서 정보공개에 관한 조례를 정할 수 있다.

㉡ 적용제외: 국가안전보장에 관련되는 정보 및 보안업무를 관장하는 기관에서 국가안전보장과 관련된 정보의 분석을 목적으로 수집하거나 작성한 정보에 대해서는 이 법을 적용하지 아니한다.

(2) 정보공개청구권자와 공공기관의 의무: 정보공개청구권자는 국민과 외국인도 포함된다(제5조).

① 모든 국민: 모든 국민은 정보의 공개를 청구할 권리를 가진다. 이해관계인에 한정하지 않으며, '모든 국민'에는 자연인뿐만 아니라 법인 및 법인격 없는 단체도 포함되고 이 경우 설립목적을 불문한다. 따라서 시민단체 등에 의한 행정감시를 목적으로 하는 정보공개청구도 가능하다. 지방자치단체는 정보공개법 제5조에서 정한 정보공개청구권자인 '국민'에 포함되지 아니한다.

② 외국인(가능): 외국인의 정보공개 청구에 관하여는 대통령령으로 정한다.

㉠ 국내에 일정한 주소를 두고 거주하거나 학술·연구를 위하여 일시적으로 체류하는 사람

㉡ 국내에 사무소를 두고 있는 법인 또는 단체

(3) 정의(제2조)

① 개설

㉠ 정보 및 공개

• 정보: 공공기관이 직무상 작성 또는 취득하여 관리하고 있는 문서(전자문서를 포함한다. 이하 같다) 및 전자매체를 비롯한 모든 형태의 매체 등에 기록된 사항을 말한다.

• 공개: 공공기관이 이 법에 따라 정보를 열람하게 하거나 그 사본·복제물을 제공하는 것 또는 전자정부법에 따른 정보통신망(이하 "정보통신망"이라 한다)을 통하여 정보를 제공하는 것 등을 말한다.

㉡ 공공기관

• 국가기관: 국회, 법원, 헌법재판소, 중앙선거관리위원회, 중앙행정기관(대통령 소속기관과 국무총리 소속기관을 포함한다) 및 그 소속기관, 행정기관 소속 위원회의 설치·운영에 관한 법률에 따른 위원회

• 지방자치단체

• 공공기관의 운영에 관한 법률 제2조에 따른 공공기관

• 지방공기업법에 따른 지방공사 및 지방공단

• 그 밖에 대통령령으로 정하는 기관

② 공개대상정보

㉠ '공공기관이 보유·관리하는 정보'이다.

㉡ 이 경우 그 문서 등이 반드시 원본일 필요는 없고 사본도 해당된다.

㉢ 대상정보가 폐기되었거나 공공기관이 더 이상 그 정보를 보유·관리하지 않게 된 경우에는 공개를 청구할 수 없다.

㉣ 공공기관이 사경제의 주체라는 지위에서 행한 사업과 관련된 정보라도 정보공개법의 적용대상인 정보에 포함된다.

③ 비공개대상정보(제9조)

공공기관이 보유·관리하는 정보는 공개대상이 된다. 다만, 다음 각호의 어느 하나에 해당하는 정보는 공개하지 아니할 수 있다.

㉠ 다른 법률 또는 법률에서 위임한 명령(국회규칙·대법원규칙·헌법재판소규칙·중앙선거관리위원회규칙·대통령령 및 조례로 한정한다)에 따라 비밀이나 비공개 사항으로 규정된 정보

㉡ 국가안전보장·국방·통일·외교관계 등에 관한 사항으로서 공개될 경우 국가의 중대한 이익을 현저히 해칠 우려가 있다고 인정되는 정보

ⓒ 공개될 경우 국민의 생명·신체 및 재산의 보호에 현저한 지장을 초래할 우려가 있다고 인정되는 정보

ⓔ 진행 중인 재판에 관련된 정보와 범죄의 예방, 수사, 공소의 제기 및 유지, 형의 집행, 교정(矯正), 보안처분에 관한 사항으로서 공개될 경우 그 직무수행을 현저히 곤란하게 하거나 형사피고인의 공정한 재판을 받을 권리를 침해한다고 인정할 만한 상당한 이유가 있는 정보

ⓜ 감사·감독·검사·시험·규제·입찰계약·기술개발·인사관리에 관한 사항이나 의사결정과정 또는 내부검토과정에 있는 사항 등으로서 공개될 경우 업무의 공정한 수행이나 연구·개발에 현저한 지장을 초래한다고 인정할 만한 상당한 이유가 있는 정보. 다만, 의사결정 과정 또는 내부검토과정을 이유로 비공개할 경우에는 통지를 할 때 의사결정 과정 또는 내부검토 과정의 단계 및 종료 예정일을 함께 안내하여야 하며, 의사결정과정 및 내부검토과정이 종료되면 제10조에 따른 청구인에게 이를 통지하여야 한다.

ⓗ 해당정보에 포함되어 있는 성명·주민등록번호 등 개인에 관한 사항으로서 공개될 경우 사생활의 비밀 또는 자유를 침해할 우려가 있다고 인정되는 정보(이하 생략)

조직발전과 조직관리기법

[1] 목표에 의한 관리(MBO; Management By Objectives)

01

12 기출

목표관리(MBO)에 대한 설명으로 옳은 것은?

① 환류가 이루어지지 않는다.

② 의사결정은 하향적으로 이루어진다.

③ 목표를 중시하는 민주적 · 참여적 관리기법으로 참여를 중시한다.

④ 단기적 목표보다 장기적 목표에 치중한다.

해설   정답 ③

③ MBO의 진행과정을 점검하고 토론하기 위해 관리자와 부하 간에 이루어지는 정기적인 회합과 같은 참여가 중요하다.

오답의 이유

① MBO는 환류를 중요시한다.

② MBO는 구성원들의 민주적 · 참여적 관리기법으로 진행되기 때문에 상향적 의사결정과정을 보인다.

④ MBO는 장기적 목표보다 단기적 목표에 치중한다.

02

11 기출

조직구성원들의 참여과정을 통해 명확하게 조직의 공동목표를 설정하여 활동하고, 수행결과를 측정 및 평가하는 조직관리기법으로 알맞은 것은?

① QC

② MBO

③ TQM

④ QWL

끝장이론

1. MBO의 의의

(1) 조직구성원 간 면대면 접촉을 통해 목표가 설정되고 추적되는 산출관리체제이다.

(2) MBO란 상하 조직구성원들의 참여과정을 통해 조직의 공통목표를 명백히 설정하고, 그에 따라 조직구성원들이 개개의 목표 내지 책임분야를 결정하여 생산활동을 수행하도록 하며 활동결과를 평가하고 피드백하여 궁극적으로 조직의 효율성을 향상시키고자 하는 관리체제이다.

2. MBO의 역사

(1) MBO의 기본개념은 1950년대 이후부터 구체적인 관리기법으로 체계화되기 시작했으며, 피터 드러커(Peter Drucker)를 통해 크게 유행하였고, 다른 많은 학자들에 의해 오늘날까지 발전되어 왔다. 오늘날에는 MBO라는 이름이 적시되어 있지 않을 뿐이지 목표기획체제(Goals Planning System), 성과관측체제(Performance Tracking System) 등의 이름으로, 많은 정부기관은 사실상 MBO체제를 활용하여 많은 일들을 처리하고 있다.

(2) 공공부문에서는 1973년 미국의 닉슨(Nixon) 대통령이 PPBS를 대신할 예산관리기법으로 도입하였다[목표관리(MBO)는 조직관리기법이지만 공공부문에 예산관리기법으로 도입].

3. MBO의 구성요소(목표설정, 참여, 환류)

(1) 달성날짜가 정해진 주요목표

(2) 달성날짜가 정해진 각각의 목표를 달성하는 데 거치는 과정들

(3) MBO의 진행과정을 점검하고 토론하기 위해 관리자와 부하 간에 이루어지는 정기적인 회합

(4) 연말의 평가 및 다음 주기의 MBO 계획에의 피드백

(5) 목표설정의 지침(MBO의 핵심)

① 목표는 조직의 중요한 영역에 관심을 가져야 한다.

② 목표는 확장목표여야 한다. 즉, 목표는 되도록 과거의 목표보다 더 범위가 확장되고 더 많은 성과를 지향하는 것이어야 한다.

③ 목표는 달성할 수 있는 범위 내의 것이어야 한다.

④ 목표는 명확할 뿐만 아니라 산출지향적인 달성점(Achievement Point)으로 연계되어야 한다(단기적이고 구체적 목표, 계량적 목표를 중시).

4. MBO의 운영과정

(1) MBO를 위한 준비

① MBO의 진행에 대한 조직구성원들의 이해가 필요하고 현실성 있으며 실현가능성이 있는 목표를 설정하기 위해 현재조직이 처해 있는 상황, 조직구성원의 욕구, 조직이 처한 문제와 이슈들이 정확히 진단되어야 한다.

② 이 단계에서 부하들의 직무를 명확히 정의해야 한다.

(2) 목표의 설정

① 조직이 실제로 달성하고자 하는 미래의 상태인 목표를 명확히 해 두는 창조적 단계이다.

② 목표라고 할 때에는 비교적 단기적이면서 측정가능한 구체적인 목표를 말한다.

③ MBO의 목표설정은 상관과 부하직원들의 적극적 참여를 기본으로 한다. 즉, 상관과 부하들의 협의를 통해 목표가 설정된다.

(3) 목표의 수행: 설정된 목표를 달성하기 위한 계획을 수립하고 이 계획에 입각하여 목표를 달성시키기 위한 행동과정이다(자율적·분권적 분위기).

(4) 목표의 평가: 평가를 통해 그 결과를 활용함으로써 관리자에게 앞으로 나아갈 방향에 대한 현재의 위치를 확인해 준다. 나아가 평가결과는 관리자로 하여금 목표완수를 위한 의사결정을 가능하게 해 준다. 이런 목표의 평가는 크게 두 가지로 정리될 수 있다.

① 중간평가: 평가기간 중 종업원과 관리자가 공통으로 목표달성을 향한 과정을 점검하는 것을 말한다.

② 최종평가: 목표수행이 끝나고 난 뒤에 종업원과 관리자가 목표수행의 결과를 검토하는 것을 말한다.

(5) 피드백(시정조치): 목표수행에 대한 평가결과가 다음의 목표를 설정하는 데 피드백되는 과정이다.

5. MBO의 장점과 단점

장점	단점
• 목표수행과정에서 참여자들 간에 빚어질 역할갈등의 감소 • 조직관리의 민주화 촉진 • 관료제 병폐 완화·제거 • 조직참여자들의 사기진작(참여) • 조직의 미비점의 신속한 발견 • 과정 대신 산출·결과 강조(효과성 제고) • 정보의 상·하향 개선 • 계선관리자(Line Manager)들로 하여금 하위집행기관 내 기획도 가능케 함 • 인사평가의 용이성(다면평정의 기초 제공) • 조직목표와 개인의 목표의 일치	• 적합한 목표설정의 어려움 • 성과의 질적 측면보다 양적 측면만 강조하는 경향 • 많은 운영시간소요 및 관리자들의 과중한 서류작업 • 단기목표만을 강조하는 경향(장기목표 경시, 전체목표 경시) • 인간중심적인 관리방식에 대한 경험이 없는 조직에 이 제도를 도입할 경우 MBO에 대해서 매우 소극적이고 저항감 있는 태도를 보이기 쉬움 • 조직환경이 급변할 경우에 신속한 대처관리방안으로는 부적합(폐쇄적 관점) • 권위주의적인 관리자에 의해 운영되고, 신축성이 없는 관료주의적 정책이나 규칙에 의해 지배되는 경우 성공하기 어려움 • Y론적 인간관에 대한 편견이 내재됨

[2] 전략적 관리(SM; Strategic Management)

03

14 기출

다음 중 전략적 관리기법에 대한 설명으로 옳지 않은 것은?

① 장기적 시간관과 조직이 처한 환경에 대한 이해를 강조한다.

② 하버드정책모형의 SWOT 분석을 활용한다.

③ 조직의 내부역량분석을 강조한다.

④ 조직활동의 분산을 강조한다.

해설   정답 ④

④ 전략적 기획은 조직활동을 분산시키기보다는 조직활동의 연계·통합을 강조한다. 전략적 관리는 조직과 그 조직이 처한 환경에 대해 이해하고 장기적인 관점에서 최적의 전략을 수립하는 것으로 보다 나은 상태로 나아가려는 목표지향적·개혁적 관리기법이다. 대내적으로 조직의 강점과 약점을, 대외적으로 환경으로부터의 위협과 기회를 분석하는 SWOT 분석을 통해 최적의 전략을 수립한다.

끝잠이론 ··

1. 전략

(1) 개념: 조직의 목표를 설정하거나 달성하기 위한 통합된 의사결정, 행동, 계획이라는 개념에서부터 이를 구현하기 위한 수단 모두를 포함하는 것이다.

(2) 특징

① 조직의 목표와 관련된다.

② 일련의 의사결정과 조직활동의 과정을 포함하는 것이어야 한다.

③ '조정(Matching)'은 전략과 전략적 관리에 있어서 매우 중요한 요소이다.

(3) 전략의 유형

기능적 전략 (Functional Strategies)	보통 1년 이내의 짧은 기간 동안에 조직의 다양한 기능들을 목표지향으로 전환하려는 의사결정과 그 실행을 의미
경쟁적 전략 (Competitive Strategies)	조직이 특정사업에서 어떻게 경쟁하는지에 관한 내용
협동적 전략 (Cooperative Strategies)	조직의 상위수준에는 '우리가 어떤 사업에 속해 있고 또 속하길 원하며, 우리가 속한 사업에서 무엇을 할 것인가'라는 장기적이고 광범위한 문제에 대해 고려하는 전략

2. 전략적 관리(SM; Strategic Management)

(1) 개념: 조직구성원들이 현재상황을 해석하고, 전략을 결정하고, 이를 실행하며, 필요에 따라 전략을 평가·변경하는 일련의 과정을 말한다.

(2) 전략적 관리의 특징

① **외부지향적 성격**: 조직이 외부환경과 상호작용하는 것을 강조한다.

② **내부지향적 성격**: 조직의 다양한 기능적 영역과 활동 간에 상호작용을 하는 데 초점을 맞춘다.

③ **미래지향적 성격**: 조직의 미래지향적인 선택에 초점을 맞추고 있다.

3. 전략적 관리의 과정

(1) 상황의 분석(하버드정책모형의 SWOT 분석을 주로 사용): 환경에서 나타나는 기회(Opportunity)와 위협(Threat)을 파악하고 조직의 강점(Strength)과 약점(Weakness)을 인식하여 전략적 도전방법을 찾아낸다.

(2) 전략의 형성(SWOT 매트릭스 활용): 적절한 조직의 전략을 선택하고 디자인하는 것을 의미한다.

구분		환경	
		위협(Threat)	기회(Opportunity)
역량	약점(Weakness)	방어적 전략(WT전략)	방향전환적 전략(WO전략)
	강점(Strength)	다양화 전략(ST전략)	공격적 전략(SO전략)

(3) 전략의 집행: 수립된 전략에 따라 구체화된 운영계획을 옮기는 단계라고 볼 수 있다.

(4) 전략의 평가: 평가대상의 장점이나 가치를 판단, 의도했던 목표나 요구의 달성정도, 이런 평가가 의사결정에 얼마나 기여하고 있는지에 대한 검토가 이루어져야 한다.

(5) 계속적으로 반복되는 전략적 관리: 전략의 형성, 집행, 평가가 지속적인 순환과정이라는 것을 인식해야 한다.

4. 공공부문에 있어 전략적 관리의 적용 제약요인

(1) 임무와 목표의 추상성: 공공부문에서 설정하는 조직의 목표는 보통 지나치게 추상적이므로 공공영역에서 각 사업부서에 무슨 일을 해야 할지를 결정해 주는 것은 확실히 어려운 문제라는 것이다.

(2) 창의성과 혁신성에 따른 오해: 특정한 상황 아래에서는 창의적이고 혁신적인 계획이라고 할지라도 이런 창의성과 혁신성에는 기본적으로 오해가 있을 수 있다.

(3) 정치적인 제약: 전략적 관리가 도입되어 성공에 이르려면 의사결정과정에서 조직의 자율성이 많이 부여되어야 하지만, 공공부문의 조직은 보통 정치적인 제약을 받을 수 있는데, 이 경우 독자적인 전략적 결정을 내리기가 어렵다.

(4) 행정책임성: 전략적 기획은 정치적 의사결정을 대체하지 못한다. 대신 조직에 혜택을 줄 수 있는 방식으로 제기된 문제에 대해 해결책을 제시함으로써 정치적인 의사결정을 향상시키는 데 도움을 줄 수 있다.

(5) 시간적 제약: 공공부문은 단기적인 시계를 가지고 있어서 장기적인 사고방식과 관리방식을 기반으로 하는 전략적 관리의 도입 및 정착이 어려울 수 있다.

(6) 관리자의 재량권 부족

5. 그레이너(Greiner)의 조직성장이론 – 위기관리(Crisis Management)

(1) 그레이너는 조직의 성장단계를 5단계로 나누고, 조직이 각 단계에서 점진적 성장과 혁신적 변화를 반복하면서 성장한다고 본다.

(2) 조직성장단계

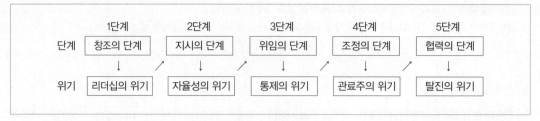

① 제1단계(창조의 단계): 소규모 신설조직 조직단계로서 구성원 간 돈독한 비공식관계가 형성된다. 그러나 점차 조직규모가 커지면서 창업주의 통솔범위의 한계로 인한 리더십의 위기가 발생한다.

② 제2단계(지시의 단계): 리더십의 위기극복을 위해 전문경영인을 두어 점진적 성장을 이룩한다. 그러나 지나친 지시와 감독은 자율성(상실)의 위기를 초래한다.

③ 제3단계(위임의 단계): 자율성의 위기극복을 위해 권한위임에 초점을 두고 점진적 성장을 이룩한다. 그러나 분권적 경영은 일선관리에 대한 통제의 위기를 발생하게 한다.

④ 제4단계(조정의 단계): 기업전체의 업무통제장치로 점진적 성장을 이룩한다. 그러나 형식주의(문서주의)를 야기함으로써 관료주의의 위기를 발생하게 한다.

⑤ 제5단계(협력의 단계): 문서주의 위기극복을 위해 구성원 간 협력을 강조하는 유연한 조직관리(팀제 등)로 점진적 성장을 이룩한다. 그러나 팀워크와 창조적 쇄신에 대한 강한 압력에 지쳐서 탈진(피로감)의 위기를 발생시킨다.

[3] 균형성과표(BSC: Balanced Score Card)

04

09 기출

다음 중 균형성과표(BSC)에 대한 설명으로 적절하지 않은 것은?

① 카플란과 노턴(R. Kaplan & D. Norton)이 재무적 수단에 의존하는 전통적 평가방법의 한계를 극복하기 위해 주장하였다.

② 균형성과표는 과정중심의 성과관리보다는 결과중심의 성과관리에 초점을 맞춘다.

③ 균형성과표(BSC)의 평가기준에는 재무적 관점, 고객관점, 내부프로세스 관점, 학습과 성장 관점 등이 있다.

④ 재무상태가 양호해도 고객만족도나 내부프로세스의 효율성이 낮다면 전체적인 균형성과표의 점수는 낮게 나타난다.

해설
정답 ②
② 균형성과표는 재무적 수단을 통해 결과만을 산출하던 전통적 평가방법에서 벗어나 과정을 중심으로 다양한 관점에서 균형을 추구하고자 한다. 그렇기 때문에 재무상태가 양호해도 고객만족도나 내부프로세스의 효율성이 낮고 구성원의 학습과 성장상태가 좋지 않다면, 전체적인 균형성과표의 점수가 낮게 기록된다.

1. 균형성과표(BSC; Balanced Score Card)의 의의

(1) 현재 세계적으로 각광받는 새로운 경영방법론이다.

(2) 1992년 하버드대학교의 카플란(Kaplan) 교수와 르네상스솔루션사의 노턴(Norton)이 공동으로 개발한 균형성과측정 기록표를 의미한다.

(3) 조직의 사명과 전략들을 전략적인 측정 및 관리시스템을 위한 틀을 제공하는 포괄적인 측정지표들의 집합으로 바꾸어 주는 일련의 틀이다.

(4) 과거의 재무측정지표(⑩ 투하자본수익률)들을 포함하고, 또한 미래성과를 창출하는 성과동인들에 대한 측정지표를 보완하고 있다.

(5) BSC는 독창적인 4가지 관점(재무, 고객, 내부 비즈니스 프로세스, 그리고 학습과 성장의 관점)에 의해 조직의 전략과 비전을 가시화하고, 목표를 달성할 수 있게끔 이끌어 준다.

(6) 4가지 관점이 독립적으로 존재하는 것이 아니라 전략적 관점에서 서로 유기적으로 연계되어 있다. 기업중심의 BSC에 서는 재무관점이 가장 상위의 지표가 되며, 학습 및 성장 관점이 가장 하위의 지표가 된다.

2. 성과측정지표

재무관점	우리 조직은 주주들에게 어떻게 보일까?	매출신장률, 시장점유율, 원가절감률, 자산보유수준, 재고수준, 비용절감액 등
고객관점(외부시각)	재무적으로 성공하기 위해서는 고객들에게 어떻게 보여야 하나?	고객확보율, 고객만족도, 고객유지율, 고객불만건수, 시스템회복시간 등
내부프로세스 관점	프로세스와 서비스의 질을 높이기 위해서는 어떻게 해야 하나?	전자결재율, 화상회의율, 고객대응시간, 업무처리시간, 불량률, 반품률 등
학습 및 성장 관점 (미래시각)	우리 조직은 지속적으로 가치를 개선·창출할 수 있는가?	성장과 학습 지표, 업무숙련도, 사기, 독서율, 정보시스템활용력, 교육훈련투자 등

3. 기존의 성과평가시스템과 BSC의 차이점

(1) BSC에는 4가지 관점 내에 포함되어 있는 지표들 간의 인과관계가 설정되어 있다.

(2) BSC는 내부 비즈니스프로세스와 고객서비스 및 제품의 개선이 어떻게 재무적 성과로 나타나는지를 보여 준다.

(3) BSC는 결과평가지표와 동인평가지표가 균형을 이루고 있다.

(4) BSC의 평가지표는 조직의 행동과 프로세스를 변화시킬 수 있다. 따라서 각 평가지표는 바람직한 성과를 가져올 수 있도록 변화관리프로그램과 반드시 연결되어야 한다.

4. BSC 도입의 이점

(1) 재무관점의 평가지표를 통해 단기적인 성과에 관심을 기울이는 동시에, 나머지 세 관점의 평가지표로 장기적인 성과의 향상에 기여하는 성과동인의 관리가 가능하다.

(2) 주주와 고객을 위한 외부평가지표(재무, 고객)와 내부 비즈니스프로세스, 학습과 성장이라는 내부평가지표 간에 균형을 이룬다.

(3) 재무지표와 비재무지표 간의 균형결과와 동인지표 간의 균형을 이룬다.

5. BSC 설계

6. 공공부문에의 적용

(1) BSC는 사업단위의 성과표이다. 따라서 공공부문에 도입 시 필연적으로 팀제가 구성되어 있어야 한다.

(2) 지표들 간 인과관계 재배열: BSC는 재무관점을 인과적 배열의 최상위에 두지만, 공공영역에서는 재무적 가치가 궁극적 목적이 될 수 없기 때문에 기업과는 다른 BSC의 인과구성이 필요하다.

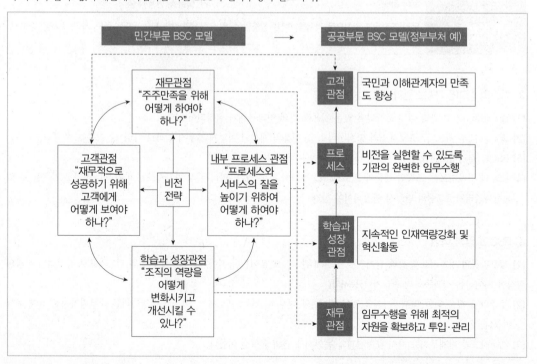

PART 4

인사행정론

[1] 엽관주의

01

엽관주의 인사제도가 필요한 이유로 가장 옳은 것은?

① 행정의 안정성과 계속성 확보

② 행정의 공정성 확보

③ 국민의 요구에 대한 관료적 대응성 향상

④ 유능한 인재 등용

해설 정답 ③

③ 엽관주의의 이론적 정당성은 정당에 의한 행정공무원의 지배이며 민주주의 원리를 실현한다는 데에 있다. 공무원의 임면은 민의와 직결되어야 한다는 이념 때문이다(정치적 책임성 확보, 국민에 대한 대응성).

오답의 이유

① 엽관주의는 선거에서 승리한 정당이 적극적인 지지자에게 대가로 관직을 주는 제도로 정당이 바뀔 때마다 관료가 바뀌기 때문에 행정의 안정성과 계속성을 확보할 수 없다.

② 엽관주의는 충성도에 따라 관직이 배분되므로 행정의 공정성을 확보할 수 없다.

④ 엽관주의는 충성도에 따라 관직이 배분되므로 유능한 인재의 등용을 담보할 수 없고 이를 극복하기 위해 실적주의가 등장하였다.

02

다음 중 엽관주의에 대한 설명으로 옳지 않은 것은?

① 엽관주의는 인사권자의 개인적인 친분관계를 기준으로 하는 것이 아니다.

② 엽관주의는 행정의 민주성을 강화한다.

③ 엽관주의는 정당정치와 함께 발달하였다.

④ 엽관주의는 지도자들의 공무원 통제가 힘들다.

④ 엽관주의는 정당에 대한 기여도에 따라 공직 임용이 이루어진다. 따라서 지도자와 공무원들이 같은 정치적 성향을 가지고 있기 때문에 통제가 용이하고 정치적 리더십 강화에 기여한다.

① 인사권자의 개인적인 친분관계(혈연, 지연 등)를 기준으로 하는 것은 정실주의이다.
② 엽관주의는 책임성 · 대응성 · 민주성 등 정부관료제의 민주화를 강화한다.
③ 엽관주의는 민주주의 · 정당정치와 함께 발달하였다.

03

현대행정에서 엽관주의를 필요로 하는 이유로 가장 적절한 것은?

① 공직 임용의 기회균등 실현
② 공무원의 정치적 중립 확보
③ 정권교체 시 정책추진력의 확보
④ 행정의 안정성과 계속성 확보

③ 엽관주의란 집권정당이 관직을 마치 전리품처럼 취급하였다는 것에서 유래한 것으로, 공직 임용에 있어서 정당에 대한 기여도 또는 충성도를 기준으로 하여 인사관리를 하는 제도를 말한다. 엽관주의에 따른 인사관리를 할 경우 정권교체 시 정당의 기조를 공유하는 공직자들에 의하여 정책을 실행할 수 있는 추진력이 확보된다는 장점을 가지고 있다.

① · ② · ④ 실적주의에 대한 설명이다.

끝장이론 ···

1. 엽관주의(獵官主義, Spoils System)

(1) 의의

① 공무원의 인사관리나 공직임용에 있어 그 기준을 정치성 · 당파성 · 충성심에 두는 인사제도이다.
㉠ 민주국가의 선거에서 승리한 정당이 정당활동에 대한 공헌도와 충성심의 정도에 따라 공직에 임명하는 제도이다.
㉡ 'Spoils'는 전리품을 의미하며, 선거에서 승리한 정당이 관직을 전리품처럼 임의로 처분할 수 있는 제도로, 공직경질제라고도 한다.
② 엽관제의 이론적 정당성은 정당에 의한 행정공무원의 지배이며 민주주의 원리를 소박하게 실현한다는 데에 있다.
㉠ 공무원의 임면은 민의와 직결되어야 한다는 이념 때문이다(정치적 책임성 확보, 국민에 대한 대응성).
㉡ 다수 국민의 지지를 획득한 정당은 그 공약을 충실히 실현하는 방법으로서 자기의 심복이나 여당 운동원을 실제 행정담당자로 임명한다.

(2) 엽관주의와 정실주의의 비교

① **영국의 정실주의**: 1688년 명예혁명 후 내각책임제가 발전함에 따라 의회에 대한 국왕의 세력이 약화되었을 뿐만 아니라, 관리에 대한 실권이 국왕에서 의회의 다수당으로 이동하게 되었고, 이에 따라 1714년 하노버 왕조 이후부터 국왕이 아닌 정당의 지도자들이 선거운동의 공로자들에게 관직과 연금을 부여하는 제도로 바뀌었다.

② **엽관주의와 정실주의의 차이**

㉠ 초기의 은혜적 정실주의(18C 중엽 이전의 국왕중심기): 국왕이 총애하는 신하나 반항적인 의회를 조정하기 위하여 자기편이 되는 의원에게 관직(종신직)을 주는 것(군주와 친근한 집단을 임용)

㉡ 후기의 정치적 정실주의(명예혁명 이후의 의회중심기): 명예혁명 이후 내각책임제도가 발전됨에 따라 정당의 지도자가 관직을 정치적 고려에 의하여 제공하는 관례 확립(미국의 엽관주의와 유사)

비교	발달국가	임용기준	신분보장	대량경질
엽관주의	미국	정치성(충성심, 당파성)	신분보장 안 됨	대폭경질(정권 교체 시)
정실주의	영국	정치성+신분·혈연·지연	신분보장 됨	소폭경질(공석 발생 시)

③ **우리나라의 엽관주의**: 이승만 정권의 권력 강화를 위한 1952년 자유당 창당을 계기로 대두되어, 1956년 선거 후 부분적으로 성행하였으나 대폭 경질이나 민주정치 발달과 관련 없이 이뤄졌으므로 미국의 엽관주의보다 오히려 영국의 정실주의와 유사하다. 우리나라는 공식적으로 엽관주의를 법제화한 적은 없지만 실제로는 지연에 의한 인사, 학연, 정치적 충성도에 따른 다양한 인사가 이루어지고 있다.

2. 엽관주의의 발달배경

(1) 정당정치의 발달: 행정부가 강력한 의회의 통제로부터 벗어나려는 수단으로서 정당이 발달하였고 정당의 유지, 정당원의 통솔·통제, 선거전 등을 위해 정당에의 충성도를 활용하는 엽관주의의 존재가 요청되었다.

(2) 행정의 단순성·소극성: 행정은 질서유지적인 단순업무가 주를 이루었으며, 누구나 임무를 수행할 만큼 용이했으므로 고도의 전문적·기술적 능력이 요구되지 않았다.

(3) 민주정치의 발전과 국민의 지지: 잭슨 대통령은 자신을 지지해준 대중에게 공직을 개방하는 것이 그들의 의사를 정책에 반영하고, 민주정치를 가능하게 한다고 믿었다. 미국의 엽관주의는 집권정당과 관료 기구와의 동질성을 확보하고, 공직을 일반 국민에게 개방하여 민주주의를 실현하기 위한 실천적인 인사 원리로써 채택되었다.

(4) 대통령의 지지세력 확보(공무원의 충성심 확보), 정치적 보상기회 필요: 대통령 중심제하에서 대통령이 장려한 정책추진을 위해 행정수반에 대한 충성심 있는 인재의 등용이 필요하였다.

3. 엽관주의의 장·단점

(1) 장점

① **정치적 책임성 확보**: 공무원을 정당에 충성하는 사람들로 임용함으로써, 정당이념의 수행과정에서 공무원들의 적극적인 지지와 노력을 통해 정당이념을 철저히 실현할 수 있다.

② **관료의 특권화 방지와 평등이념에 부합**: 관직이 선거결과에 따라 경질됨으로써 공직을 장기간 담당할 수 없기 때문에 공무원의 특권화 내지 관료주의화를 막을 수 있다. 또 관직이 개방됨으로써 평등의 이념에 부합되어 평등이념을 실현할 수 있다.

③ **공직침체화의 방지**: 공직의 경질을 통하여 관료사회에 새로운 기풍을 불어 넣어 관료사회의 침체를 막을 수 있다.

④ **민주적 통제의 강화와 행정의 민주화**: 국민의 지지를 받은 정당의 당원이 임용되므로 국민에 의한 민주적 통제가 가능하고, 국민의 요구에 따른 행정이 수행되므로 행정이 민주화될 수 있다.

⑤ 정책변동에의 대응과 정치적 리더십 강화: 중대한 정책변동에 대응이 유리하고 관리자 양성이 용이하며, 정치적으로 승리한 선출직 공무원이나 국정지도자들이 관료집단에 대한 통제를 용이하게 함으로써 관료제의 대응성을 높이고 정치적 리더십 강화에 기여한다.

(2) 단점

① 행정의 부패 초래: 관료는 신분이 보장되지 않는 정당관료제하에서 관직에 계속 머물기 위하여 공금을 남용하여 정치자금으로 헌납하는 등 행정의 부패를 초래한다.

② 책임 없는 행정: 관료가 정당 사병화됨으로써 국민이 아니라 정당을 위해 봉사하게 되어 행정책임을 확보하기가 어렵게 된다.

③ 행정의 비전문성과 안정성의 미확보: 정권교체 시마다 공무원이 대량 경질되므로 경험을 갖춘 유능한 공무원이 배제되어 행정의 무질서와 비전문화 · 비능률화가 초래된다. 또한 정치변화에 따른 빈번한 교체로 행정의 중립성 · 안정성 · 지속성 · 계속성의 확보가 어려워진다.

④ 예산 낭비: 불필요한 관직의 남발과 매관매직(賣官賣職), 행정의 비능률적인 수행 등으로 예산의 낭비가 심각해진다.

⑤ 기회균등의 정신 위배: 모든 사람은 누구나 일정한 자격만 갖추면 공직에 취임할 수 있다는 기회균등의 정신에 위배된다(실적제도와 충돌).

[2] 실적주의(Merit System)

04

17 기출

실적주의에 대한 설명으로 옳지 않은 것은?

① 리더의 정치적 통제가 용이하지 않다.
② 엽관주의와 인간관계론적 요소를 도입하였다.
③ 공무원의 신분이 보장된다.
④ 실적주의는 과학적 관리론의 영향을 받아 인사행정에 소극적이다.

해설   정답 ②

② 적극적 인사행정에 대한 설명이다. 적극적 인사행정이란 실적주의의 한계, 즉 인사행정의 소극화와 인간 경시풍조를 극복하기 위하여 엽관주의적 요소와 인간관계론적 측면을 결합한 인사행정을 말한다.

오답의 이유

③ 공무원의 신분보장에 기여함으로써 행정의 안정성과 계속성을 확보(사기앙양)하며, 전문적인 관료제를 실현할 수 있다.
④ 인사행정의 지나친 소극성과 비용통성을 초래하였다는 것은 실적주의의 단점이다.

05

12 기출

다음 중 실적주의의 본질적 요소가 아닌 것은?

① 공무원의 신분보장
② 공개경쟁시험
③ 공직취임의 기회균등
④ 정치적 충성

해설　　　　　　　　　　　　　　　　　　　　　　　　　　　　　　정답 ④

④ 정치적 충성은 엽관주의의 특징이다. 실적주의는 정치적 중립을 강조한다. 실적주의의 본질적 요소에는 정치적 중립, 공개경쟁시험제도, 독립된 인사기구, 공무원의 신분보장, 능력 중심의 공직임용 등이 있다.

06

12 기출

다음 중 공무원의 정치적 중립을 확보하기 위한 수단이 아닌 것은?

① 엽관주의 강화
② 실적주의 및 직업공무원제의 확립
③ 내부통제 강화
④ 평화적인 정권교체 정착

해설　　　　　　　　　　　　　　　　　　　　　　　　　　　　　　정답 ①

① 엽관주의는 정치적 중립이 아니라 오히려 정당에 대한 충성을 중요시한다. 이러한 엽관주의에 대한 반발로 등장한 것이 정치적 중립을 강조하는 실적주의이다. 실적주의 및 직업공무원제의 확립, 내부통제, 평화적인 정권교체 정착 등은 공무원의 정치적 중립을 확보하는 데 중요한 요소가 된다.

끝장이론　···

1. 실적주의(Merit System)

(1) 의의

① 공직임용의 기준을 개인의 객관적인 능력·자격·성적에 두는 인사행정제도를 말한다.
② 엽관주의의 병폐를 극복하기 위하여 도입된 실적주의는 반엽관주의라는 소극적 성격을 띠고, 주관적 요인을 완전히 배제하려는 것이기 때문에 과학적 인사행정의 확립을 위한 기반이 되었다.

(2) 발달배경

① 엽관제의 폐해를 극복하기 위하여 대두되었다.
② 과학적 관리에 의한 인사행정의 필요성에서 대두되었다.

③ 행정국가의 등장이나 능률적인 인사행정의 요청에 의해서 대두되었다.

④ 역사적으로 볼 때 1882년 당시 집권당이었던 공화당이 중간선거에서 참패함으로써 다가오는 1884년 대통령 선거에 대한 자신감 상실로 엽관주의를 폐지하였다.

(3) 실적주의의 구성요소

① **정치적 중립**: 관료가 모든 국민의 봉사자가 되도록 하기 위하여 정치적 중립이 요구된다.

② **공무원의 신분보장**: 공무원은 법에 저촉되지 않는 한 본인의 의사에 반하여 신분상의 불이익을 받아서는 아니 된다.

③ **능력 · 자격 · 실적 중심의 공직임용**: 공무원의 임용은 능력 · 실적 · 자격 중심으로, 공개경쟁채용 시험제도를 전제로 한다.

④ **인사행정의 합리화 · 과학화 · 객관화**: 과학적 관리론의 영향을 받아 인사행정의 합리화 · 과학화 · 객관화를 추구한다.

⑤ **공직취임의 기회균등**: 공직은 모든 국민에게 개방되며, 성별 · 종교 · 사회적 신분 · 학벌 등을 이유로 어떠한 차별도 받지 않는다.

⑥ **초당적 · 독립적 중앙인사기관의 설치와 인사권의 집권화**: 공정하고 독립적인 인사행정을 위해 초당적 기구로서 독립된 중앙인사기구를 설치 · 운영하여 인사행정을 통일적이고 집권적으로 수행한다(실적주의의 구성요소라 보기 힘들다는 견해도 있지만, 펜들턴법에서 정치적 임용을 막기 위한 중앙인사기구 설치를 강조).

⑦ **개방형 임용**: 유능한 인재를 임용하기 위해 개방형 임용을 활용한다(미국은 실적주의 확립 후 직위분류제를 채택하여 개방형을 취했으나, 영국은 실적주의 이후 계급제를 채택함으로 폐쇄형을 취했다).

2. 실적주의의 수립과정

(1) 영국의 정실주의 극복

1853년 노스코트-트레벨리언 보고서 (Northcote and Trevelyan Reports)	실적주의 공무원제, 공개경쟁시험, 독립적인 중앙인사기관 설치 등을 제시한 행정개혁보고서 → 당시 정실주의의 수혜자였던 공무원의 비판을 받았고, 신흥계급인 중산층만이 우호적이었다.
1855년 1차 추밀원령 (Order in Council)	독립적인 인사위원회 설치
1870년 2차 추밀원령 (영국 실적주의 확립)	공개경쟁시험제도의 확립(일반 교양과목), 계급의 분류(공무원을 행정, 집행, 서기, 서기보 계급으로 구분), 재무성의 인사권 강화

(2) 미국

성립배경	1868년 젠크스(Jenkes) 법안과 1871년 그랜트(Grant)위원회의 활동에 의해 실적주의가 주창되기 시작했으며, 공화당은 1882년 하원의원선거 패배 이후 차기 대선에서의 패배를 예측하고, 자신들이 임명했던 공무원을 보호할 목적으로 1883년 펜들턴(Pendleton)법을 제정(미국 실적주의 확립)하였다.
펜들턴법 (1883, 실적주의의 확립)	공개경쟁시험제도에 의한 임용제도 채택, 초당적 · 독립적 중앙인사행정기관(CSC; 인사위원회) 설치, 시험에 합격한 공무원에 대한 시보임용 기간제의 채택, 공무원의 정치헌금 및 정치활동의 금지(공무원의 정치적 중립을 최초로 규정), 시험제도가 실제적 성격을 가지면서 전문과목 위주의 시험과목 편성, 정부와 민간부문 간 폭넓은 인사교류 인정, 제대군인에 대한 특혜 인정
펜들턴법 이후	1920년 퇴직법, 1923년의 직위분류법, 1939년의 해치법(Hatch Act; 정치적 중립강화) 등의 법제적인 보완을 거쳐 발전해 오다가 1978년에는 공무원개혁법을 통해 중앙인사기구를 개편하고 고위공무원단을 채택하였다.

3. 실적주의의 장 · 단점

(1) 장점

① 공무원의 임용에 있어서 정실이나 당파성을 배제하고 객관적인 능력 · 자격 · 성적을 중시함으로써 행정의 합리화 · 과학화 · 객관화를 지향할 수 있다.

② 공개경쟁시험제도에 의해 실적을 평가함으로써 인사행정의 합리화를 도모할 수 있다.

③ 성별 · 인종 · 종교 · 지역 · 학력상의 차별을 배제하고 공직에서 기회균등을 기하여 헌법의 기본이념에 부합된다.

④ 공무원의 신분을 보장함으로써 지식 · 경험이 풍부하고 유능한 공무원의 확보와 정치적 중립성을 확립하고, 이를 통한 행정의 능률화 · 전문화 · 기술화를 기할 수 있다.

(2) 단점

① 합리적인 인사행정을 추구한 나머지, 인사처리 기준에 얽매임에 따라 적극적으로 유능한 인재를 유치하기가 어려워져 인사행정의 소극화를 초래한다.

② 인사행정의 지나친 집권화를 초래하여 창조적이고 민주적인 인사행정을 어렵게 한다.

③ 객관적인 인사절차나 법규에 지나치게 집착하여 인사행정의 형식화를 초래할 우려가 있다.

④ 공무원의 지나친 신분보장은 행정수반의 강력한 정책수행을 어렵게 한다.

⑤ 일부 계층 또는 집단에 대하여 불리한 제도로 작용하여 형평성을 저해할 우려가 있다.

⑥ 시험 응시기회의 균등만을 보장할 뿐 소득격차에 따른 교육기회의 불평등을 고려하지 못하여 형평성 · 대표성 확보가 어렵다.

⑦ 중앙인사기능의 강화와 엄격한 기준의 적용으로 실질적 행정수요에 부응하는 인사가 이루어지기 어렵다.

⑧ 신분보장으로 인한 관료특권화를 야기하여 행정에 대한 민주통제가 곤란하다.

⑨ 신분보장으로 인하여 공무원의 무사안일주의와 복지부동을 야기한다.

⑩ 정치적 중립으로 인하여 정치적 변동에 대응하는 데 한계가 있다.

[3] 적극적 인사행정

07

07 기출

다음 중 적극적 인사행정에 대한 내용으로 적절하지 않은 것은?

① 실적주의의 강화
② 공무원단체의 활동 인정
③ 근무훈련, 근무성적평정제도의 활용
④ 엽관주의의 신축적 수용

해설

정답 ①

① 실적주의의 대표적인 폐해로 인사행정의 소극화를 꼽을 수 있다. 따라서 실적주의의 강화는 적극적 인사행정의 내용으로 적절하지 않다.

1. 적극적 인사행정의 의의와 대두배경

(1) 의의

① 실적주의의 한계를 비판하고 실적주의와 엽관주의의 조화 및 인간관계론적 인사행정을 추구하는 것을 말한다.

② 인사관리에 있어 인간적 · 적극적 · 신축적이며 분권적인 인사행정을 지향하는 것을 말한다.

(2) 대두배경

① 1930년대 인간관계론: 인간을 사회인으로 파악하고 인간적 요소를 중시한다.

② 대표관료제의 가미: 공직구성에 비례대표제 방식(성, 지역, 계층, 인종, 학벌)을 적용했다.

③ 1960년대 후기 인간관계론: 인간을 Y이론적 시각에서 자아실현인으로 파악하고 인적자원관리(HRM; Human Resources Management), QWL(Quality of Working Life, 노동생활의 질)을 강조한다.

④ 1980년대 신공공관리론: 개방형과 계약직 임용의 확대, 성과급 도입 등 성과지향적 인사행정이다.

(3) 현실적 대두배경 – 실적주의의 한계

① 인사행정의 비융통성: 과학적 · 합리적 인사행정의 지나친 강조로 비융통성(경직성)을 초래한다.

② 인사행정의 소극성: 당파성과 정실배제의 지나친 강조로 인사행정의 소극성을 야기한다.

③ 인사행정의 집권성: 중앙인사기관에 지나친 인사권 집중으로 실제 운영기관의 실정을 무시한다.

④ 과학적 인사관리의 결함: 과학적 인사관리로 인한 조직구성원의 인간적 요소를 과소평가한다.

2. 적극적 인사행정의 주요 내용

(1) 적극적 모집과 재직자의 능력발전

(2) 과학적 인사관리(엄격한 실적주의)의 지양과 인사권의 분권화

(3) 대표관료제의 가미

(4) 계약직 공무원의 활용(임용의 융통성) 및 공무원노조의 허용(공무원의 권익보호)

(5) 복지제도 및 재직자의 사기관리

[4] 대표관료제(Representative Bureaucracy)

08

20 ❼ 기출

대표관료제에 대한 설명으로 가장 적절하지 않은 것은?

① 소극적 대표성이 적극적 대표성으로 연결되지 않을 수 있다.

② 실적주의와 조화되어 행정능률 향상에 기여한다.

③ 할당제 등으로 인한 역차별의 문제가 발생한다.

④ 공무원의 적극적 대표성은 민주주의에 반할 위험도 존재한다.

09

대표관료제에 대한 설명으로 옳은 것은?

① 내부통제가 용이하다.

② 소외집단이나 소수집단의 공직취임기회를 박탈하여 사회적 형평성을 저해할 수 있다.

③ 공무원들이 출신 집단별로 구성되어 집단이기주의를 감소시킬 수 있다.

④ 지역별, 성별 임용할당제(쿼터제)는 헌법상의 평등원리에 어긋나며 역차별(Reverse Discrimination)의 문제가 있어 도입하기가 곤란하다.

10

대표관료제에 대한 설명으로 옳지 않은 것은?

① 행정에 대한 비공식 내부통제의 한 방안이다.

② 공직임용에 있어 개인의 능력 · 자격을 2차적인 기준으로 삼기 때문에 행정의 전문성과 생산성을 저해할 우려가 있다.

③ 대표관료제는 뉴거버넌스를 저해한다.

④ 국민의 다양한 요구에 대한 정부의 대응성을 제고시킨다.

11

다음 중 대표관료제에 대한 설명으로 적합하지 않은 것은?

① 대표관료제는 그 사회를 구성하는 주요 집단으로부터 인구비례에 따라 관료를 충원한다.

② 대표관료제는 관료제 내에 민주적 가치를 주입시키려는 의도에서 발달되었다.

③ 대표관료제는 사회적 강자인 지배집단들의 이익을 보장해 주고자 한다.

④ 대표관료제는 정부관료제가 그 사회의 모든 계층과 집단에 공평하게 대응하도록 하는 제도이다.

> **해설**   정답 ③
>
> ③ 대표관료제는 지배집단의 이익을 보장하기 위한 제도가 아니라 사회의 모든 계층과 집단을 대변함으로써 전체적인 국민의 공익을 보장하고 민주성을 보장하기 위한 제도이다.

12

다음 중 대표관료제의 특성에 대한 설명으로 옳지 않은 것은?

① 국민에 대한 책임을 중시하는 내부통제수단이다.

② 우리나라에서는 총액인건비제에서 적용되고 있다.

③ 실질적 기회균등보장과 수직적 형평성을 제고한다.

④ 인구집단의 규모에 직접 비례해서 관료들을 그 규모에 해당하는 비율로 충원하는 제도이다.

> **해설**   정답 ②
>
> ② 총액인건비제는 대표관료제와 무관하다. 우리나라에서는 양성평등채용목표제, 장애인 의무고용제 등과 같은 대표관료제의 임용정책을 시행하고 있다.
>
> **오답의 이유**
>
> ① 대표관료제는 내부통제를 강화하여 정부관료제에 민중통제를 내재화하는 내부적 · 비제도적 통제제도이다.
>
> ③ 대표관료제는 기회균등을 적극적으로 보장하고 수직적 형평성(결과의 공평)을 제고하기 위한 장치이다.
>
> ④ 대표관료제는 관료 선발에 있어 출신집단을 고려함으로써 사회집단의 구성비와 관료제 내의 구성비를 일치시키는 인사제도이다.

13

다음 중 대표관료제의 특징으로 적절하지 않은 것은?

① 행정의 자율성과 정치적 중립성을 강화한다.

② 다양한 집단의 참여로 관료제의 민주화를 촉진한다.

③ 공직임용에 있어서 실질적 기회균등을 보장한다.

④ 역차별이 발생할 우려가 존재한다.

> **해설**   정답 ①
> ① 대표관료제는 행정의 자율성을 높이는 정책이라기보다는 정부의 내부통제를 강화하는 수단에 해당한다.

끝짱이론

1. 대표관료제(Representative Bureaucracy)의 의의와 대두배경

[1] 대표관료제의 의의와 이념

① 의의

㉠ 사회를 구성하는 모든 주요 집단으로부터 인구비례에 따라 관료를 충원하고, 그들을 정부관료제 내의 모든 직무분야와 계급에 비례적으로 배치함으로써, 정부관료제가 사회의 모든 계층과 집단에 공평하게 대응하도록 하는 인사제도이다.

㉡ 대표관료제는 전통적인 관료제가 정책결정 등 실질적으로 의회를 대체하여 '보이지 않는 정당'으로서의 기능을 하게 됨에 따라 그 논의의 필요성이 더욱 증가하였다.

㉢ 대응성의 확보에 실패한 임명직 관료집단을 어떻게 민주적으로 행동하도록 통제하는가와 관련된 쟁점이다(대표관료제는 외재적 책임을 확보하기 위한 수단이지만, 통제방법으로 보면 비공식 내부통제에 속함).

② 이념

㉠ 국민의 정치적 대표성 보강, 정부관료제의 민주화, 외집단의 고용기회 확대를 위해 개발

㉡ 공직취임의 실질적 기회균등, 행정의 민주적 가치와 공익 추구, 관료제 내부통제 확대, 사회적 형평

[2] 대표관료제의 대두배경

① 실적주의의 한계, 형식적 기회균등에 대한 수정 요구: 공직취임에 있어서 실질적 기회균등을 확보하지 못한다.

② 사후적 외부통제의 한계: 행정관료의 전문화로 인해 입법·정책결정과정에 중대한 영향을 미치지만 외부통제에는 한계(내부통제의 필요성 증가)가 있다.

③ 소외계층에 대한 대응성 상실

④ 민주성·대표성과 중립적 능률성의 조화 추구

2. 소극적 대표와 적극적 대표

[1] 소극적·수동적 대표관료제(Passive Representative Bureaucracy): 전체사회 인구구성의 특성을 그대로 관료제의 구성에 반영하는 관료제의 인적 구성 측면을 강조한다. 관료는 다른 사람을 위하여 실제로 행동하는 것이 아니라 단지 그들을 상징적으로 대표할 뿐이다.

(2) 적극적·능동적 대표관료제(Active Representative Bureaucracy): 관료제 구성이 전체사회 인적 구성의 특성을 그대로 반영할 뿐만 아니라 관료들이 출신집단·출신계층·출신지역의 이익을 적극적으로 대변하고 그들에게 책임을 지는 것이다.

3. 대표관료제의 적용 사례

(1) 미국의 제도

적극적 고용증진계획에 의한 고용평등기회법 (Equal Employment Opportunity Act, 1972)	인종, 피부색, 성, 종교, 연령, 과거의 국적 또는 합법적 임용기준이 될 수 없는 요인을 기초로 어떤 개인을 불리하게 취급하거나, 그의 임용기회를 박탈하는 것을 효과적으로 막기 위한 일련의 인사정책, 절차, 운영 방법을 지칭한다.
소수 집단 우대정책 (Affirmative Action, 호혜적·우대적·적극적 조치)	과거의 차별을 보상하는 보상적 처우에 의하여 비(非)혜택집단의 구성원들이 공직에 적절히 대표되게 하려는 시책이다.

(2) 우리나라의 대표관료제 사례(균형인사제도)

양성평등채용목표제	시험실시단위별 채용목표인원(이하 '목표인원'이라 함)은 시험실시단계별 합격예정인원에 30%를 곱한 인원수로 한다(균형인사지침).
여성관리자 임용 확대	인사혁신처장은 중앙행정기관 등의 여성관리자 임용 확대를 위하여 각 기관의 연도별 임용 목표비율을 포함한 중장기 계획을 수립하여 시행할 수 있다. 단, 여성관리자 임용 비율이 기관 전체 여성 비율을 초과한 기관은 관리자급의 양성평등을 위한 계획을 수립하여 시행한다(균형인사지침).
장애인공무원 인사관리	신규채용인원의 1천분의 36(2024년 이후: 1천분의 38) 이상을 장애인으로 채용하되, 장애인 공무원 수가 의무고용률의 미만이면 그 비율의 두 배 이상을 채용하여야 한다(장애인고용촉진 및 직업재활법 제27조).
이공계공무원 인사관리	5급 공무원 공개경쟁채용, 경력경쟁채용, 임기제공무원 임용 등 채용경로에 관계없이 정부 전체 5급 및 이에 준하는 신규채용 총 인원의 40%(연구직·지도직은 산정비율에서 제외)를 이공계 인력으로 채용하도록 노력하여야 한다(균형인사지침).
지방인재채용목표제	시험실시단위별 채용목표인원(이하 '목표인원'이라 함)은 시험실시단계별로 당초 합격예정인원에 20%(7급 공무원 공개경쟁채용시험은 30%)를 곱한 인원수로 한다(균형인사지침).
저소득층 공무원 채용	• 9급 공개경쟁채용시험: 선발예정인원의 2% 이상(균형인사지침) • 9급 경력경쟁채용시험: 부처별 연간 신규채용인원의 1% 이상(균형인사지침)
기타	지역인재 7급 수습직원, 기능인재추천채용제 등

4. 대표관료제의 효용과 문제점

(1) 대표관료제의 효용

① 정부관료제의 대응성·책임성 제고와 관료제의 대외적 민주성 향상

② 실질적인 기회균등과 사회적 형평성의 제고

③ 비공식적 내부통제의 강화

④ 실적제의 폐단 시정

⑤ 정부관료제의 정통성 강화

⑥ 소외집단의 요구에 대한 정부정책의 대응성 향상

(2) 대표관료제의 문제점

① 소극적 대표와 적극적 대표의 불명확한 관계(재사회화)

② 관료가 출신집단의 이익을 대표할 수 있는 제도적 장치가 현실적으로 마련되어 있지 못하다.

③ 조직의 목표보다 출신집단의 이익을 우선적으로 추구할 경우에는 조직으로부터 여러 형태의 제재나 불이익을 받는다.

④ 대표관료제를 엄격하게 적용할 경우 소수집단 우대정책처럼 실제로는 할당제를 강요하는 결과를 낳고, 역차별의 문제를 야기한다.

⑤ 실적주의와의 상충(전문성 저해, 정치적 중립성 저해)

⑥ 적극적 대표가 지나치게 활성화되어 정부관료제 내의 각 관료집단들이 자신들의 출신집단의 이익을 극대화하기 위해 경쟁할 경우, 사회적 형평성을 제고하기보다는 오히려 소수집단에 더욱 불리한 결과를 초래한다.

⑦ 대표관료제를 통한 책임성 확보는 경험적으로 입증되지 않았으며, 공무원 수의 구성에 있어서 인구비례에 따른 정태적 균형을 유지하는 것은 기술적으로 곤란하다.

⑧ 집단중심의 사고로 개인중심의 자유민주주의 원리에 어긋난다(자유주의 원리와 충돌).

⑨ 관료제 전체의 대표성을 강조하지만, 관료제에서 권력과 영향력이 전체적으로 균등하게 배분되어 있지 않으며, 정책결정은 주로 고위관료 또는 연합관료 엘리트가 주도한다.

⑩ 내부통제의 강화는 외부통제를 받지 않기 위한 수단으로서 작용할 수 있다는 비판이 있다.

[5] 중앙인사기관

14

`19 총 기출`

다음 중앙인사기관의 유형 중 독립합의형의 장점으로 옳지 않은 것은?

① 엽관주의의 영향력을 배제함으로써 인사행정의 공정성을 확보할 수 있다.

② 다수의 위원에 의한 신중한 의사결정을 할 수 있다.

③ 인사행정에 대한 이익집단의 요구를 균형있게 수용할 수 있다.

④ 책임소재를 명확히 할 수 있다.

> **해설**
> `정답 ④`
> ④ 독립합의형은 다수의 위원들에 의하여 의사가 결정되기 때문에 책임소재를 명확히 할 수 없다.

15

중앙인사기관의 필요성이 대두된 배경과 거리가 먼 것은?

① 국가기능의 축소와 작은 정부의 실현
② 인사관리의 공정성과 중립성 확보
③ 정실주의 및 엽관주의의 폐해 극복
④ 행정의 전문화 대두

해설　　　　　　　　　　　　　　　　　　　　　　　　　　　　　　　　　정답 ①

① 중앙인사기관은 국가기능의 확대와 그에 따른 공무원 수의 지속적인 증가에 따라 이를 합리적으로 관리할 필요에 의해 설치되었다.

끝장이론 ···

1. 중앙인사기관

(1) 개념: 정부의 인사행정을 전문적으로 연구하고 정책을 수립하며 집행을 총괄하는 중앙인사기구를 말한다.

(2) 설치 이유 및 목적

① 국가기능의 확대·강화로 인하여 공무원의 수가 증가함으로써 인사전담기구의 필요성이 인식되었다.
② 인사행정의 공정성·중립성을 위해 합의성과 독립성을 가진 인사기관이 요구된다.
③ 공무원의 권익보호를 위하여 제3자적인 중립적 인사기관의 설치가 전제되어야 한다.
④ 엽관주의·정실주의를 배제하고 각 부처 인사행정을 전체적으로 조정·통제할 수 있는 강력한 상설 인사기관이 필요하다.

2. 중앙인사기관의 기능

준입법적 기능	법률의 위임범위 안에서 인사행정 전반에 관한 규칙을 제정
준사법적 기능	소청심사재결, 징계처분
집행기능	임용, 교육, 훈련, 승진, 보수, 연금 등을 인사법령에 따라 집행
감독기능	중앙인사기관은 법령에 따라 부처 인사기관을 감독하는 기능
권고적·보좌적 기능	행정수반의 인사행정에 관한 정책에 대해 권고적·보좌적 기능

3. 중앙인사기구의 조직적 성격

(1) 구조적 특성: 중앙인사기관은 독립성·합의성·집권성의 구조적 특징을 지니고 있었다. 그러나 최근에는 인사행정에서 인사권이 분권화되고 중앙인사기구의 형태가 다양화됨에 따라 비독립성·단독성·분권성이 강조되는 추세이다.

(2) 인사기관의 유형

구분	합의형	단독형
독립형	독립합의형 [인사위원회(CSC), 실적제도보호위원회(MSPB)]	독립단독형
비독립형	비독립합의형	비독립단독형 [인사관리처(OPM), 인사혁신처]

① **독립합의형(위원회형)**: 중앙인사기관이 행정부로부터 독립된 위원회 형태를 지닌 조직 형태

사례	미국 연방인사위원회(FCSC, 1883~1978), 1978년 실적제보호위원회(MSPB; Merit System Protection Board), 연방노사관계청(FLRA; Federal Labor Relation Authority) 등
장점	엽관주의 폐해 방지 및 실적주의 확립, 행정부패 및 무질서 방지, 정치적 중립 보장, 인사권자의 전횡과 독단 방지, 의사결정의 신중성, 공정성 확보, 위원들의 부분교체제를 통한 인사행정의 계속성 확보
단점	막료기능을 행정수반으로부터 분리함으로써 책임한계의 불분명 및 인사통제 곤란뿐만 아니라 강력한 정책 추진 곤란, 책임소재의 불분명으로 인한 책임전가 현상, 신속한 결정의 어려움으로 시간과 비용의 과다 소모

② **비독립단독형**: 중앙인사기관이 행정수반의 직접적 통제를 받으며, 의사결정도 행정수반에 의하여 임명된 한 사람의 기관장이 하는 일반 행정부처와 같은 조직 형태(집행부 형태)

사례	한국의 인사혁신처, 미국의 인사관리처(OPM; Office of Personnel Management), 영국의 인사관리처(OPS; Office of Public Service) 등
장점	행정수반이 국가의 주요정책을 신속하고 강력하게 추진함으로써 능률적 행정 수행, 인사행정의 책임소재 분명, 인사행정의 신속성 확보, 행정환경변화에 신속한 대응
단점	초당적 문제해결의 어려움, 행정수반의 능률적이고 신속한 인사행정의 강조로 공무원의 권익 침해 가능성, 단독제 기관장의 독선적 · 자의적 결정, 기관장 변경 시 인사정책의 변화가 야기되어 인사행정의 일관성 · 계속성 결여

③ **절충형**: 독립합의형과 비독립단독형의 장점을 취하기 위한 조직 형태

비독립합의형	중앙인사기관이 독립성은 없으나 합의제 의사결정구조를 갖춘 형태(과거 우리나라의 중앙인사위원회)
독립단독형	중앙인사기관이 독립성이 있으며, 한 사람이 의사결정을 하는 형태

4. 우리나라의 중앙인사기관(행정부 중심)

(1) 인사혁신처

① **의의**: 공무원의 인사 · 윤리 · 복무 및 연금에 관한 사무를 관장하기 위하여 국무총리 소속으로 인사혁신처를 둔다. 인사혁신처에 처장 1명과 차장 1명을 두되, 처장은 정무직으로 하고, 차장은 고위공무원단에 속하는 일반직 공무원으로 보한다[비독립 단독형(차관급)].

② **기능**: 공무원이 인사정책 및 인사행정의 운영의 기본방침에 관한 사항과 인사집행(고시, 교육훈련 등) 및 소청심사기능 수행(징계기능은 징계위원회의 기능), 각 부처에 대한 인사운영 감사권과 개방형 대상직위 지정 협의 및 직무분석 기능을 수행한다.

③ **조직구성**

㉠ 인재정보기획관, 공무원노사협력관, 재해보상정책관, 기획조정관, 인재채용국, 인사혁신국, 인사관리국, 윤리복무국

㉡ 소속기관: 소청심사위원회, 국가공무원인재개발원

(2) 소청심사위원회

① 소청: 징계처분과 기타 그 의사에 반하는 불리한 처분이나 부작위에 대하여 공무원이 불복하는 경우, 관할소청심사위원회에 그 심사를 청구하는 제도를 말한다.

② 행정부 공무원의 소청은 인사혁신처 소속기관인 소청심사위원회에서 담당한다. 소청심사위원회는 합의제 행정기관으로, 위원장 1명을 포함한 상임위원 5명과 7명의 비상임위원으로 구성한다.

③ 기능: 소청사건의 결정은 재적위원 3분의 2 이상의 출석과 출석위원 과반수의 합의에 따르되, 의견이 나뉠 경우에는 출석위원 과반수에 이를 때까지 소청인에게 가장 불리한 의견에 차례로 유리한 의견을 더하여 그중 가장 유리한 의견을 합의된 의견으로 본다.

㉠ 소청심사위원회의 결정은 처분 행정청을 기속한다.

㉡ 행정소송은 소청심사위원회의 심사·결정을 거치지 않으면 제기할 수 없다(필요적 전심절차).

㉢ 소청심사위원회의 결정에 의하면 근무성적 평정의 결과는 소청의 대상이 되지 않는다.

㉣ 소청결정에 대한 중앙인사기관장의 재심청구권은 폐지한다.

㉤ 중앙고충처리 기능도 소청심사위원회가 담당한다.

㉥ 공무원의 징계사유가 금품 및 향응 수수, 공금의 횡령·유용인 경우에는 해당 징계 외에 금품 및 향응 수수액, 공금의 횡령액·유용액의 5배 내의 징계부과금 부과처분이 가능하도록 징계부과금제도가 신설됨에 따라 소청심사위원회는 징계뿐만 아니라 징계부과금에 대한 소청심사도 담당한다.

[1] 공직의 분류

01

다음 중 제시된 공무원 인사제도에 대한 설명 중 옳은 것으로만 묶인 것은?

> ㉠ 자치경찰은 경력직 공무원 중 특정직 공무원이다.
> ㉡ 차관은 특수경력직 중 별정직이다.
> ㉢ 국가직과 지방직 모두 고위공무원단이 운영되고 있다.
> ㉣ 국가직과 지방직 공무원 모두 공무원 연금법의 적용을 받는다.

① ㉠, ㉡

② ㉠, ㉣

③ ㉡, ㉢

④ ㉡, ㉣

해설

정답 ②

㉠ 경찰, 소방, 교육공무원, 군인, 군무원, 검사, 법관은 모두 경력직 공무원 중 특정직 공무원에 해당한다. 자치경찰과 국가경찰 모두 특정직 공무원이다.

㉣ 선거로 선출되는 공무원을 제외한 국가직과 지방직 공무원 모두 공무원 연금법의 적용을 받는다.

오답의 이유

㉡ 장관과 차관은 특수경력직 중 정무직이다. 별정직은 주로 업무보좌를 수행하는 보좌관, 비서관, 국회 수석전문위원과 특정한 업무수행을 위해 지정된 국가정보원 기획조정실장이 해당된다.

㉢ 고위공무원단의 공모직위 대상은 국장(3급) 이상의 고위급 국가직 공무원과 지방으로 파견된 고위급 국가직 공무원에게만 해당된다. 따라서 지방직에는 따로 고위공무원단이 운영되고 있지 않다.

02

다음 중 공무원에 관한 설명으로 옳지 않은 것은?

① 일반직은 실적에 따라 임용되며 경력직공무원이다.

② 별정직은 특정한 업무를 담당하기 위하여 별도의 자격기준에 의하여 임용되는 공무원으로서 법령에서 별정직으로 지정하는 공무원을 말한다.

③ 정무직은 국민의 입장에서 정치적 판단 등이 필요하므로 개방형 임용을 통해 취임한다.

④ 특정직은 각 개별 법률에 의해 별도의 계급체계를 유지하고 있다.

해설   정답 ③

③ 정무직공무원 중 선거에 의해 취임하는 공무원에 대한 설명이다. 정무직공무원은 국민의 입장에서 정치적 판단이 필요해 선거에 의해 취임하는 공무원도 있지만, 대법원장 및 대법관과 같이 중립적이고 객관적인 측면에서 업무를 수행하기 위해 국회의 동의를 요하는 공무원도 있으며, 국가정보원장이나 안보실 차장과 같이 고도의 정책결정 업무를 담당하거나 이러한 업무를 보조하는 공무원으로 법령에서 정무직으로 정하고 있는 공무원도 있음을 유의해야 한다.
- 선거에 의해 취임(정치적 임용)하거나 임명에 있어서 국회의 동의를 요하는 공무원: 대통령, 국회의원, 지방자치단체장, 지방의회의원, 감사원장, 대법원장과 대법관, 헌법재판소장과 재판관, 중앙선거관리위원회 위원, 국무총리 등
- 고도의 정책결정업무를 담당하거나 이러한 업무를 보조하는 공무원으로서 법령에서 정무직으로 지정하는 공무원: 국무위원, 국무조정실장, 국가정보원장 및 차장, 국회의 사무총장, 선거관리위원회의 사무총장, 감사원위원, 헌법재판소 사무처장, 대통령정책실장, 대통령비서실보좌관 및 수석비서관, 국가안보실장 등

03

통상적인 근무시간보다 짧은 시간(주 15~35시간)을 근무하는 공무원으로서 일반 공무원처럼 시험을 통해 채용되고 정년이 보장되는 공무원으로 옳은 것은?

① 시간선택제전환공무원

② 시간선택제임기제공무원

③ 시간선택제채용공무원

④ 한시임기제공무원

해설   정답 ③

오답의 이유
① 시간선택제전환공무원: 통상적인 근무시간(주 40시간, 일 8시간) 동안 근무하던 공무원이 본인의 필요에 따라 시간선택제 근무를 신청하여 근무하는 제도(2010년부터 시행 중)
② 시간선택제임기제공무원: 통상적인 근무시간보다 짧은 시간(주당 15시간 이상 35시간 이하의 범위에서 임용권자 또는 임용제청권자가 정한 시간을 말한다)을 근무하는 공무원으로 임용되는 일반임기제공무원 또는 전문임기제공무원(공무원임용령 제3조의2 제3호)
④ 한시임기제공무원: 휴직하는 공무원의 업무를 대행하기 위하여 1년 6개월 이내의 기간 동안 임용되는 공무원으로서 국가공무원법 제26조의2에 따라 통상적인 근무시간보다 짧은 시간을 근무하는 임기제공무원(공무원임용령 제3조의2 제4호)

04

07 기출

다음 중 특정직 공무원이 아닌 것은?

① 군무원
② 국가정보원 직원
③ 소방공무원
④ 감사원 직원

> **해설**
> 정답 ④
>
> 국가공무원법상 특정직 공무원에는 법관, 검사, 외무공무원, 경찰공무원, 소방공무원, 교육공무원, 군인, 군무원, 헌법재판소 헌법연구관, 국가정보원 직원과 특수 분야의 업무를 담당하는 공무원으로서 다른 법률에서 특정직 공무원으로 지정하는 공무원 등이 해당된다.
> ④ 감사원의 일반 직원은 일반직 공무원에 해당하며, 감사원장과 감사위원은 정무직 공무원에 해당한다. 감사원 사무처의 사무총장은 정무직 공무원이며, 사무차장은 시험 당시(2007)에는 별정직 공무원이었으나, 2015년 감사원법 개정으로 인하여 현재는 일반직 공무원에 해당한다.

05

13 기출

다음 중에서 현재 정부의 행정 각부 장관과 그 소속 행정기관이 바르게 연결된 것끼리 묶은 것은?

> ㉠ 교육부장관 – 교육청
> ㉡ 환경부장관 – 기상청
> ㉢ 농림축산식품부장관 – 식품의약품안전처
> ㉣ 산업통상자원부장관 – 중소기업청

① ㉠, ㉢
② ㉡, ㉣
③ ㉡, ㉢
④ ㉠, ㉣

> **해설**
> 정답 ②
>
> ㉡ 기상청은 환경부장관 소속이다.
> ㉣ 특허청은 산업통상자원부장관 소속이며, 종전의 중소기업청은 문재인 정부 때 중소벤처기업부로 승격·독립하였다.
>
> **오답의 이유**
> ㉠ 지방자치법 제135조에 따라 지방자치단체의 교육을 분장하기 위하여 별도의 기관을 두고 있는데, 이것이 바로 각 지방자치단체에 있는 교육청이다. 교육청은 교육부장관 소속의 행정기관이 아닌 각 지방 교육감 소속의 행정기관이다.
> ㉢ 식품 및 의약품 안전에 관한 사무를 관장하기 위하여 국무총리 소속으로 식품의약품안전처를 둔다.

06

18 기출

국가공무원법상 중앙인사관장기관의 장이 아닌 것은?

① 대법원장
② 국회사무총장
③ 중앙선거관리위원회사무총장
④ 인사혁신처장

> **해설**
> 정답 ①
> ① 법원의 중앙인사관장기관의 장은 법원행정처장이다.

07

19 중기출

다음 중 군무원에 대한 설명으로 옳지 않은 것은?

① 군무원의 봉급에 관한 사항은 국방부장관이 정한다.
② 군무원은 법관, 검사, 헌법재판소 헌법연구관 등과 같은 특정직 공무원이다.
③ 군무원은 군인에 준하는 대우를 한다.
④ 대한민국 국적과 외국 국적을 함께 가지고 있는 사람은 군무원에 임용될 수 없다.

> **해설**
> 정답 ①
> ① 군무원의 봉급에 관한 사항은 대통령령으로 정한다(군무원인사법 제24조 제1항).
>
> **오답의 이유**
> ② "경력직 공무원"이란 실적과 자격에 따라 임용되고 그 신분이 보장되며 평생 동안(근무기간을 정하여 임용하는 공무원의 경우에는 그 기간 동안을 말한다) 공무원으로 근무할 것이 예정되는 공무원을 말하며, 그 종류는 다음과 같다(국가공무원법 제2조 제2항).
> - 일반직 공무원: 기술·연구 또는 행정 일반에 대한 업무를 담당하는 공무원
> - 특정직 공무원: 법관, 검사, 외무공무원, 경찰공무원, 소방공무원, 교육공무원, 군인, 군무원, 헌법재판소 헌법연구관, 국가정보원의 직원, 경호공무원과 특수 분야의 업무를 담당하는 공무원으로서 다른 법률에서 특정직 공무원으로 지정하는 공무원
> ③ 군무원은 군인에 준하는 대우를 하며 그 계급별 기준은 대통령령으로 정한다(군무원인사법 제4조).
> ④ 대한민국의 국적을 가지지 아니한 사람, 대한민국 국적과 외국 국적을 함께 가지고 있는 사람, 국가공무원법 제33조 각 호의 어느 하나에 해당하는 사람은 군무원에 임용될 수 없다(군무원인사법 제10조).

08

다음 중 감사원에 대한 설명으로 옳지 않은 것은?

① 감사원장은 각 부 장관의 동의를 얻어 대통령이 임명하며, 감사위원은 감사원장의 제청으로 대통령이 임명한다.

② 대법원과 국회에 소속한 공무원은 감사원의 직무감찰 대상이 아니다.

③ 감사원은 국가나 지방자치단체의 회계검사를 수행한다.

④ 감사원은 세입·세출의 결산을 매년 검사하여 대통령과 차년도 국회에 그 결과를 보고하여야 한다.

> **해설**   정답 ①
> ① 감사원장은 국회의 동의를 얻어 대통령이 임명한다(감사원법 제4조 제1항).
>
> **오답의 이유**
> ② 감사의 직무감찰 대상이 되는 공무원에는 국회·법원 및 헌법재판소에 소속한 공무원은 제외한다(감사원법 제24조 제3항).
> ③ 감사원법 제22조
> ④ 헌법 제99조

09

다음 중 책임운영기관에 관한 설명으로 옳지 않은 것은?

① 성과의 측정이 가능하거나 재정수입의 전부 또는 일부를 자체 확보할 수 있는 사무에 한하여 적용된다.

② 책임운영기관 구성원의 신분은 공무원이다.

③ 책임운영기관은 규제·집행·서비스 전달기능과 정책기능을 일괄적으로 수행한다.

④ 수익자 부담주의, 기업회계원칙 등 민간경영방식으로 운영된다.

> **해설**   정답 ③
> ③ 책임운영기관은 정책기능으로부터 분리된 집행 및 서비스 기능을 수행하는 집행 중심의 사업부서 조직이다.

끝장이론 ··

1. 국가공무원과 지방공무원 – 임용주체를 기준으로 하는 분류

(1) 국가직 공무원: 중앙정부(국가)가 임용하고, 국가사무를 처리하는 공무원을 말한다(국가공무원법).

(2) 지방직 공무원: 지방자치단체가 임용하고 지방사무를 수행하는 공무원을 말한다(지방공무원법).

(3) 국가공무원과 지방공무원의 비교

구분	국가공무원		지방공무원	
법적 근거	국가공무원법		지방공무원법	
임용권자	• 5급 이상 – 대통령 • 6급 이하 – 소속장관 또는 위임된 자		지방자치단체의 장	
보수 재원	국비		지방비	
공직 분류	일반직	직군, 직렬별로 분류되는 공무원	일반직	직군, 직렬별로 분류되는 공무원
		연구·지도직: 2계급		연구·지도직: 2계급
	특정직	법관, 검사, 경찰공무원, 소방공무원, 군인, 군무원, 헌법재판소 헌법연구관, 국가정보원 직원 등	특정직	자치경찰공무원, 지방소방공무원, 공립대학 교육공무원 등
	정무직	대통령, 국무총리, 국회의원 등	정무직	• 지방자치단체장 • 특별시의 정무부시장
	별정직	국회수석 전문위원	별정직	광역시·특별자치시의 정무부시장
공무원 구성	• 전체 공무원 중에 차지하는 비중이 65% • 국가공무원 중 특정직이 가장 많음		• 전체 공무원 중에 차지하는 비중이 35% • 지방공무원 중 일반직이 가장 많음	

2. 경력직과 특수경력직 – 실정법상

(1) 경력직 공무원

① 의의: 실적과 자격에 따라 임용되고 그 신분이 보장되며 평생 동안 공무원으로 근무할 것이 예정되는 공무원을 의미한다(직업공무원).

② 종류

일반직 공무원	• 직업공무원의 주류를 형성하며, 1급부터 9급까지의 계급으로 구분하고, 직군과 직렬별로 분류한다. 다만, 고위공무원단에 속하는 공무원은 그러하지 아니한다. 또한 특수업무 분야에 종사하는 공무원, 연구·지도·특수기술 직렬의 공무원은 대통령령이 정하는 바에 따라 계급 구분이나 직군 및 직렬의 분류를 적용하지 아니할 수 있다.
	• 전문경력관직위
	  – 전문경력관직위 지정: 법원행정처장은 일반직 공무원 직위 중 순환보직이 곤란하거나 장기재직 등이 필요한 특수업무 분야의 직위를 전문경력관직위로 지정할 수 있다. 특수업무 분야 등 전문경력관직위의 지정에 필요한 사항은 법원행정처장이 정한다.
	  – 직위군 구분: 전문경력관직위의 군은 직무의 특성·난도 및 직무에 요구되는 숙련도 등에 따라 가군, 나군 및 다군으로 구분한다.
	  – 임용: 대법원장은 법원행정처장에게 전문경력관 가군의 임용권을 위임한다. 대법원장은 전문 경력관 나군 및 다군의 임용권을 소속기관의 장에게 위임한다.

특정직 공무원	• 특수분야의 업무를 담당하는 공무원으로, 법률에서 특정직 공무원으로 지정하는 공무원을 말한다(법관, 검사, 외무공무원, 경찰공무원, 소방공무원, 교육공무원, 군인, 군무원, 헌법재판소 헌법연구관 및 국가정보원의 직원과 검찰총장, 경찰청장). • 특정직 공무원은 담당직무가 특수하여 거기에 필요한 별도의 인사법령이 적용되며, 별도의 계급체계를 가지고 있다.

③ 임기제 공무원과 시간선택제 공무원

임기제 공무원	의의	전문지식, 기술이 요구되거나 임용관리에 특수성이 요구되는 업무를 담당하게 하기 위해 근무기간을 정하여 임용되는 경력직 공무원으로 폐지된 계약직 공무원들이 대부분 임기제로 전환되었다(2013. 12).
	특징	• 임기 동안 신분이 보장되는 경력직 공무원이며, 일반직과 동일한 직급 · 직위 · 명칭 사용이 가능하다. • 개방형 직위에 임용되는 공무원(외부에서 임용되는 경우)이나 책임운영기관장, 시 · 도선거관리위원회의 상임위원 등이 해당된다.
	종류	일반임기제, 전문임기제, 시간선택임기제, 한시임기제 공무원
시간선택제 공무원	의의	통상적 근무시간(주 40시간, 일 8시간)보다 짧은 시간을 근무하는 조건으로 신규 채용하는 일반직 공무원(임기제 공무원 제외), 유연근무제(Flexible Work)의 대표적인 유형이다.
	임용령 개정	근무시간을 기존 최장 25시간에서 35시간(1주)으로 확대, 7급에서 6급으로 근속승진기준을 기존 22년에서 15년으로 단축하였다.
	특징	• 경력경쟁채용으로 선발하며 정년까지 신분보장이 되고, 5급 이하 직위를 대상으로 채용하고 승진소요최저연수 · 보수 및 수당은 근무시간에 비례하지만 복리후생적 수당과 1년 단위 승급은 전일제 공무원과 동일하다. • 영리업무 및 겸직은 원칙상 금지되나, 기관장 허가 시 겸직이 가능하다. • 전일제 전환은 경쟁에 따른 신규채용절차를 거쳐야 한다. 전일제로 임용 시 어떠한 우선권도 인정하지 않는다. • 연금은 공무원연금이 아닌 국민연금을 적용한다.

(2) 특수경력직 공무원

① 의의: 경력직 이외의 공무원으로 실적주의나 국가공무원법의 획일적 적용을 받지 않고 특수한 직무를 담당하는 공무원(직업공무원 예외)으로 계급구분이 없고, 정치적 임용이 필요하다.

② 종류

정무직 공무원	• 선거로 취임(정치적 임용)하거나 임명에 있어서 국회의 동의를 요하는 공무원(대통령, 국회의원, 지방자치단체장, 지방의회의원, 감사원장, 대법원장과 대법관, 헌법재판소장과 재판관, 중앙선거관리위원회 위원, 국무총리 등) • 고도의 정책결정업무를 담당하거나 이러한 업무를 보조하는 공무원으로서 법령에서 정무직으로 지정하는 공무원(국무위원, 국무조정실장, 국가정보원장 및 차장, 국회의 사무총장, 선거관리위원회의 사무총장, 감사원위원, 헌법재판소 사무처장 등)
별정직 공무원	• 비서관 · 비서 등 보좌업무 등을 수행하거나 특정한 업무수행을 위하여 별도의 자격기준에 따라 임용되는 공무원으로서 법령에서 별정직으로 지정되는 공무원을 말한다(주로 공정성 · 기밀성이 요구되거나 특별한 신임을 요하는 직위에 임용된다). • 국회수석전문위원, 감사원 사무차장, 특별시 · 광역시 · 도 선관위 상임위원, 국가정보원 기획조정실장 등

10

10 기출

다음 중 계급제에 대한 설명으로 옳지 않은 것은?

① 계급제는 전문행정가를 양성한다.

② 계급제는 배치전환이 용이하다.

③ 계급제는 개개인의 자격·능력·신분으로 분류된다.

④ 계급제는 직업공무원제의 확립이 용이하다.

해설   정답 ①

① 계급제는 일반행정가를 양성한다. 직위분류제가 전문행정가를 양성하여 행정의 전문화를 촉진할 수 있다.

오답의 이유

② 계급제는 탄력적인 인사운영으로 배치전환이 용이하다.

③ 계급제는 사람 중심으로 개개인의 자격·능력·신분에 의해 분류된다.

④ 계급제는 강한 신분보장으로 직업공무원제의 확립이 용이하다.

끝장이론

1. 계급제(Rank System)

(1) 개념

① 학력·경력·자격·능력과 같은 공무원이 가지는 개인적 특성을 기준으로 유사한 개인의 특성을 가진 공무원을 하나의 범주나 집단으로 구분하여 계급을 형성하는 제도이다.

② 업무의 성격보다는 공직을 수행하는 사람을 중심으로 신분상의 격차인 계급이라는 관념에 기초를 두고 공무원의 상대적 지위, 자격 및 능력에 따라 상이한 대우와 직책을 부여하는 제도이다.

③ 농업사회적 전통이 강한 영국·독일·프랑스 등의 서구권 국가와 우리나라·일본 등의 아시아 국가에서 채택한다.

(2) 특징

① **4대 계급제**: 교육제도상의 계층이나 신분계층과 관련하여 4개의 계층으로 구분한다.

② **폐쇄형 인사제도**: 대개 신규채용되는 공무원은 누구나 원칙적으로 당해 계급의 최하위직에 임용되며 상위 계급은 내부 승진에 의해 충원된다.

③ **계급 간의 차별**: 각 계급별로 학력·경력·출신성분 등에 큰 차이가 있고, 사회적 평가나 보수 등의 차이가 크며, 계급 간의 승진도 매우 곤란하다.

④ **고급공무원의 엘리트화**: 고급공무원의 수는 소수, 높은 학력 요구, 보수 등의 인사면에서 높은 대우, 사회적으로도 높은 평가를 받게 한다.

⑤ **일반행정가 지향성**: 공직 채용 후, 다양한 경험·지식을 축적시켜 조직 전체나 국가전반의 시각에서 업무를 파악·처리할 수 있는 일반행정가를 지향하고, 계급제는 인사이동의 탄력성이 높아 순환보직의 범위가 넓으며 상위직에 올라갈수록 그 범위가 넓어진다.

2. 계급제의 장 · 단점

장점	단점
• 특정 직무에 대한 전문적 지식이나 기술보다 장래의 발전가능성과 잠재력을 지닌 사람을 채용하므로 장기적으로 보면 좀 더 유능한 인재를 공직에 흡수할 수 있다. • 전직 · 전보가 용이하고 승진의 폭이 넓으므로 인사관리의 탄력성이 크고, 따라서 공무원이 조직 단체에 대한 폭넓은 시각과 이해력을 갖게 되어 공무원의 능력이 다방면에 걸쳐 발전할 수 있고, 일반 행정가의 양성에 유리하다. • 공무원들로 하여금 직업적 연대의식과 일체감을 갖게 하고, 부처 간 조정이 용이하다. • 일반적으로 폐쇄형으로 운영되므로 공무원의 신분보장과 직업공무원제의 확립이 용이하다. • 계급수가 직위분류제의 직급수에 비하여 적기 때문에 인사관리가 수월하고 비용도 절감되며, 분류구조와 보수체계가 단순하고 융통성이 있으므로 인력활용의 융통성과 효율성을 높여준다.	• 동일계급하에서는 직무종류 · 성격에 관계없이 동일보수가 지급되므로 직무급 체계를 확립하기 어렵다. • 여러 직책을 옮겨다니기 때문에 행정의 전문화에 부응하지 못한다. • 직급 간 차별이 심하므로 독단적 결정의 가능성이 높고 엘리트 의식에 빠지기 쉬워 의사결정의 합리화나 적실성을 기대하기에 어렵다. • 폐쇄형을 유지하므로 무사안일에 빠지거나 특권집단화 할 가능성이 높다. • 직위에 알맞은 적임자를 채용 · 배치하지 못하여 행정의 능률이 저하된다. • 직위 간의 직무경계가 불명확하여 갈등이 생길 소지가 많으며, 업무의 전가가능성이 높아 행정업무의 지연 및 민원인에게 불편을 초래할 가능성이 높다.

[3] 직위분류제 - 일 중심 분류

11

18 기출

다음 중 직위분류제의 구성요소에 대한 설명으로 옳지 않은 것은?

① 직위란 1인에게 부여할 수 있는 직무와 책임을 말한다.

② 직급이란 직무의 종류와 곤란도, 책임도가 유사한 직위의 군을 말한다.

③ 직렬이란 직무의 종류는 유사하나 책임과 곤란도가 상이한 직급의 군을 말한다.

④ 직류란 직무의 성질이 유사한 직렬의 군을 말한다.

해설

정답 ④

④ 직류가 아닌 직군에 대한 설명이다.

12

다음 〈보기〉 중 옳은 것을 고른 것은?

| 보기 |

㉠ 실적주의는 직위분류제 확립에 기여하였다.
㉡ 직위분류제는 일반행정가 양성에 기여한다.
㉢ 엽관주의는 관료제 내 민주화에 기여한다.
㉣ 엽관주의는 현재 민주주의에서 쓰이지 않는다.

① ㉠, ㉡
② ㉠, ㉢
③ ㉡, ㉢
④ ㉢, ㉣

해설 　　　　　　　　　　　　　　　　　　　　　　　　　　정답 ②

오답의 이유
㉡ 직위분류제는 일반행정가가 아닌 전문행정가 양성에 기여한다.
㉣ 현재 민주주의 국가에서도 고위직 임용 시 엽관주의 방식을 취하고 있다. 이를 적극적 인사행정이라 하기도 한다.

13

직급에 대한 설명으로 옳은 것은?

① 직무의 종류, 곤란성과 책임도가 상당히 유사한 직위의 군
② 직무의 성질이 유사한 직렬의 군
③ 직무의 종류는 유사하나 책임과 곤란성의 정도가 서로 다른 직급의 군
④ 같은 직렬 내에서 담당 분야가 같은 직무의 군

해설 　　　　　　　　　　　　　　　　　　　　　　　　　　정답 ①

① 직급은 직무의 종류, 곤란성과 책임도가 상당히 유사한 직위의 군을 말한다. 동일 직급에 대하여는 임용자격, 시험, 보수 등을 같이 취급하며 동일 인사대우의 척도가 된다. 직위분류제에 있어 가장 중요한 요소이다.

오답의 이유
② 직무의 성질이 유사한 직렬의 군은 직군이다.
③ 직무의 종류는 유사하나 책임과 곤란성의 정도가 서로 다른 직급의 군은 직렬을 의미한다.
④ 같은 직렬 내에서 담당 분야가 같은 직무의 군은 직류라 한다.

14

다음 중 우리나라 공무원제도에 대한 설명으로 옳지 않은 것은?

① 직위분류제 토대에 계급제가 가미되었다.

② 1963년에 직위분류제를 규정한 국가공무원법과 직위분류법이 제정되고, 1967년부터 적용키로 하였으나 실패, 1973년에는 관계법령이 개정되고 직위분류법은 폐지되었다.

③ 고위공무원단에 속하는 모든 일반직 공무원의 신규채용 임용권은 대통령이 가진다.

④ 1981년 국가공무원법의 개정으로 현재의 직위분류제 도입의 토대가 구축되었다.

> **해설** 정답 ①
> ① 우리나라는 계급제를 기반으로 직위분류제를 결합하고 있다.

15

다음 중 직무의 종류는 유사하나 곤란도 · 책임도가 서로 다른 직급의 계열에 해당하는 것으로 알맞은 것은?

① 직류
② 직렬
③ 직군
④ 직위

> **해설** 정답 ②
> ② 직렬이란 직무의 종류가 유사하고 그 책임과 곤란성의 정도가 서로 다른 직급의 군을 말한다(국가공무원법 제5조). 직군과 직렬, 직류가 적용되는 예를 들면 일반행정직은 '행정직군 – 행정직렬 – 일반행정직류'의 분류 체계를 가지고 있다. 행정직 렬은 일반행정, 인사조직, 법무행정, 재경, 국제통상 등 다양한 직류로 분류하고 있다.
>
> **오답의 이유**
> ① 직류란 같은 직렬 내에서 담당 분야가 같은 직무의 군을 말한다.
> ③ 직군이란 직무의 성질이 유사한 직렬의 군을 말한다.
> ④ 직위란 1명의 공무원에게 부여할 수 있는 직무와 책임을 말한다.

16

다음 중 인사제도와 관련된 설명으로 적절하지 않은 것은?

① 직위분류제도는 인사행정의 능률성과 합리성을 수단으로 하며 엽관주의를 배경으로 추진되었다.

② 실적주의는 인사권자의 탄력적 · 신축적인 인적자원 운용에 걸림돌이 될 수 있다.

③ 엽관제도는 1829년 미국의 잭슨 대통령이 의회에서 발표한 연두교서에서부터 더욱 강화되었다.

④ 직업공무원제도는 젊고 유능한 인재들을 공직에 유치해 일생 동안 공무원으로 근무하도록 운영하는 인사 제도이다.

17

08 기출

다음 중 직위분류제의 장·단점에 대한 설명 중 적절하지 않은 것은?

① 동일직무에 대한 동일보수의 원칙은 보수의 합리화를 실현함으로써 공평한 보수체계의 확립을 이루어냈다.

② 인적 자원의 관리와 활용에 있어서 융통성이 있고 탄력적으로 운용이 가능하다.

③ 직무의 내용을 구체적으로 명시하므로 근무성적평정의 합리적 기준을 세우는 데 유용하다.

④ 구성원 간의 관계가 사무중심으로 이루어지므로 인간관계가 지나치게 사무적이게 된다.

해설

정답 ②

② 직위분류제는 인사행정의 객관적이고 합리적인 기준을 제공한다는 장점이 존재하지만, 원칙적으로 동일한 직렬에서만 승진 또는 전보가 가능하다는 점으로 인하여 인사관리에 있어서 융통성이 떨어지고 탄력적인 운용이 어렵다는 것이 단점에 해당한다.

끝장이론

1. 직위분류제

(1) 의의

① 직무 또는 직위라는 관념에 기초하여 직무의 종류·성질에 따라 직류·직렬·직군별로 수직적 분류를 하고 직무의 곤란도(난도)·책임도를 기준으로 직급·등급별로 수평적 분류를 하는 제도이다.

② 계급제(공무원의 개인적 특성에 따라 종적으로 구분하여 계층 구분)와 달리 직무의 특성·차이를 중심으로 공직구조를 형성하는 직무지향적 제도이다.

(2) 발전배경: 농업사회로부터 관료제의 전통이 별로 없이 산업화된 미국과 그 영향을 받은 캐나다, 필리핀 등에서 채택되었다. 미국에서는 엽관제의 개방형적 요소와 직무수행에 필요한 지식과 기술에 의한 임용이라는 실적제의 요소를 모두 충족시켜 준다는 점에서 직위분류제가 발전하였다. 미국은 과학적 관리론의 영향(직무급: 동일한 직무에 대한 동일한 보수)과 실적주의의 영향으로 1912년 시카고 정부에서 최초로 채택했고, 연방정부에서는 1923년 직위분류법을 채택하여 도입하였다.

(3) 특징

① 권한책임의 명확화

② 조직구조와 공직구조가 일치

③ 개방형 충원방식, 전문행정가 지향성

④ 인사행정의 합리화·객관화, 동일직무 동일보수 구현

⑤ 상하 간의 계급의식이 약함

(4) 직위분류제의 구성요소

구분	내용	예
직위	한 사람의 공무원에게 부여할 수 있는 직무와 책임	기상통보관, 예보관
직급	직무의 종류와 곤란성·책임도가 유사한 직위의 군(동일직급에 속하는 직위에 대해서는 임용자격·시험·보수 등에 있어서 동일한 취급)	행정 7급
등급	직무의 종류는 다르지만 직무의 곤란도·책임도가 유사하여 동일한 보수를 줄 수 있는 직위의 군	9급 서기보
직군	직무의 성질이 유사한 직렬의 군	행정직군, 기술직군
직렬	직무의 종류가 유사하고 그 책임과 곤란성의 정도가 서로 다른 직급의 군	행정직군 내 행정직렬, 세무직렬
직류	같은 직렬 내에서 담당 분야가 같은 직무의 군	행정직렬 내 일반행정직류, 법무행정직류

2. 직위분류제의 장·단점

장점	단점
• 직무급 확립을 통한 보수의 형평성 제고(직무급) • 직위가 요구하는 직무의 내용, 성격, 자격요건에 따라 채용 시험, 교육훈련, 전보·전직, 승진 등을 시행함으로써 인사 행정의 합리적 기준을 제공한다. • 개인이 가지고 있는 능력과 경험, 자격요건을 직무의 특성과 연계시켜주므로 직무 중심의 인사행정을 수행할 수 있게 된다. • 직무의 특성이나 성격 및 내용을 구체적으로 나타내므로 근무성적평정을 객관적으로 할 수 있는 기준을 확립한다. • 직책이 요구하는 자격을 밝히는 직위분류제의 확립은 교육훈련 수요파악을 용이하게 한다. • 직무의 내용이나 수준이 명확하게 나타나므로 직위 간의 권한과 책임의 한계를 명확히 해준다. • 행정의 전문화가 향상된다. • 인건비 산출의 근거를 제공함으로써 예산행정의 능률화를 촉진하고 국민에게 공무원의 서비스와 인건비 간의 논리적 관계를 밝혀 줌으로써 행정의 민주적 통제에 기여한다. • 분업화된 조직구조와 공직분류가 연계된다.	• 특정 직위의 전문가를 요구하므로 일반적 관리 능력을 가진 일반행정가의 확보나 양성이 어렵다. • 동일 직렬에서의 승진이나 전보는 가능하나 다른 직렬로의 전직이 어렵기 때문에 인사관리의 탄력성과 신축성이 결여된다. • 업무통합의 어려움(협조와 조정 곤란)이 있다. • 특정 직위의 직무수행능력에 관한 인물의 적합성을 최우선으로 하기 때문에 공무원의 장기적인 발전 가능성이나 잠재력을 더 중시하는 직업공무원제의 확립을 어렵게 한다. • 공무원의 신분이 특정 직위나 직무와 관련되어 있기 때문에 조직개편이나 직무의 불필요성 등으로 직무 자체가 없어진 경우 공무원의 신분 보장이 위협을 받는다. • 인간적 요소를 고려하지 않는다(인간소외). • 직무수행에 필요한 투입에 초점을 두고 있으며, 산출을 소홀히 한다. • 개인이 수행할 직무를 분석단위로 삼고, 거기에 관심을 집중시키는 편협한 안목 때문에 직위관리를 일반관리 기능으로부터 고립시킨다.

18

10 기출

다음 〈보기〉에서 설명하고 있는 직무평가방법으로 알맞은 것은?

| 보기 |

사전에 작성된 등급기준표에 의해 직무의 책임과 곤란도 등을 파악하는 방법으로 정부 부문에서 많이 사용한다.

① 서열법 ② 분류법 ③ 점수법 ④ 요소비교법

해설   정답 ②

② 〈보기〉는 분류법에 대한 설명이다.

오답의 이유

① 서열법: 직무를 전체적·종합적으로 평가하여 상대적 중요도에 의해 서열을 부여하는 자의적 평가법으로 상위직위와 하위직위를 선정한 다음 대상직위를 이에 비교하여 결정한다.
③ 점수법: 직위의 직무구성요소를 정의하고 각 요소별로 직무평가기준표에 의하여 평가한 점수를 총합하는 방식으로 신뢰도·타당도가 높다.
④ 요소비교법: 직무를 평가요소별로 나누어 계량적으로 평가하되 기준직위를 선정하여 이와 대비시키는 방법으로 보수액 산정이 동시에 이루어진다.

끝장이론

1. 직위분류제 수립절차

직무조사 → 직무분석 → 직무평가 → 직급명세서작성 → 정급

직무조사 (직무기술서의 작성)	• 분류될 직위의 직무에 대한 객관적 정보를 수집하고 기록하는 작업이다. • 직무조사에서는 직무의 내용, 책임도, 곤란성, 자격 요건 등에 관한 모든 자료를 수집해야 한다. • 직무조사에는 질문지법, 면접법, 관찰법 등을 사용한다.
직무분석	• 직무기술서를 토대로 직무를 종류별로 구분하는 작업이다. • 직무의 종류가 같거나 유사한 직위들을 묶어 직류·직렬·직군을 형성하는 종적인 분류작업이다(사실상 횡적인 분업과 유사). • 직렬의 폭을 어느 정도로 한정할 것인가와 혼합직의 축소가 가장 중요한 쟁점이 된다.
직무평가	• 직무를 책임도·난도·곤란성·복잡성 등의 기준을 통해 각 직위가 내포하고 있는 상대적 가치를 구분하는 횡적인 분류방법이다(사실상 종적인 분업과 유사). • 직무평가에 의하여 직급이 결정되고, 등급이 결정된다. • 직무평가의 일차적 목적은 직무의 상대적 수준에 따라 조직 내의 보수 격차를 결정하는 데 있다.

직급명세서의 작성	직급명세서란 직무분석과 직무평가에 따른 각 직위의 직급별 특성을 설명한 것으로 원래 정급의 지표를 제시하기 위한 것이나 모집, 선발, 훈련, 근무성적 평정 등 인사관리의 기준을 제시해 주는 문서로도 활용된다. 직급명세서에는 각 직급별로 직급명칭, 직무 개요, 직무수행의 예시, 자격 요건 등을 명시하여야 한다.
정급(定級) 및 유지·관리	해당 직급에 직위를 부여하는 행위이다.

2. 직무평가의 방법

구분		특징	비고
비계량적인 방법 (직무 전체)	서열법	• 가장 단순한 방법으로서 직무기술서의 정보를 검토한 후 직무 상호 간에 직무 전체의 중요도를 종합적으로 비교하는 방식이다. • 단순기능을 수행하는 작은 규모의 조직에서 사용할 수 있다(상호비교방식). • 단순하고 경제적이며, 짧은 시간에 평가를 용이하게 마칠 수 있다는 장점이 있지만, 직무의 수가 많아지면 평가가 상당히 어려워진다. 더구나 평가자의 주관이 개입할 소지가 가장 많기 때문에 다른 방법에 비해 신뢰성이 가장 낮을 수밖에 없다.	직무와 직무의 비교 (상대평가)
	분류법 (등급법)	• 전체를 종합적으로 판단하여 미리 정해 놓은 등급기준표와 비교해서 등급을 결정하는 방식이다. • 등급기준표라는 비교기준을 준비하고 있다는 점에서 서열법보다 정교한 방식이지만 아직 계량적 측정을 도입하는 단계에는 이르지 못하고 있다.	직무와 등급기준표의 비교 (절대평가)
계량적인 방법 (직무의 구성요소)	점수법	• 계량적인 척도를 도입하면서도 평가가 비교적 쉽고 명료하다는 점에서 가장 널리 이용되고 있는 방법이다. • 직무를 구성하는 하위의 여러 요소로 나누어 그 요소별로 가치를 점수화하여 측정한다. 요소별 점수를 합산한 총점은 직무의 상대적 가치를 나타낸다. • 기업체에서 가장 많이 활용되는 기법으로 체계적이고 과학적이어서 평가 결과의 타당성과 신뢰성이 인정되나 평가절차가 복잡하고 까다로워 평가 요소의 점수화가 임의적이라는 단점이 있다.	직무와 직무평가 기준표의 비교 (절대평가)
	요소 비교법	• 점수법과 마찬가지로 직무를 요소별로 계량화하여 측정한다. 차이점은 등급화 된 척도에 따라 직무를 평가하는 것이 아니고, 대표가 될 만한 직무들을 선정하여 기준직무로 정해 놓고 각 요소별로 평가할 직무와 기준직무를 비교해 가며 점수를 부여한다는 것이다. • 점수법에 비해 보다 객관적인 평가가 될 수 있으며 각 평가요소에 대하여 관찰 가능한 직무와 직무를 직접 비교하기 때문에 그만큼 주관성을 줄일 수 있다. • 보수액을 사용하는 경우 평가대상직무의 보수를 바로 산출해 낼 수 있다는 장점이 있다. 그러나 요소비교법은 그 어느 방법보다도 요소비교표를 만들기까지 복잡한 과정이 필요하다.	직무와 직무의 비교 (상대평가)

19

18 기출

다음 중 직위분류제와 계급제에 대한 설명으로 옳지 않은 것은?

① 직위분류제는 행정의 안정성 확보에 기여한다.
② 계급제는 직위분류제보다 직업공무원제도 확립에 더 유리하다.
③ 직위분류제는 인사배치의 신축성을 제약한다.
④ 계급제는 인사관리자의 높은 리더십 구현에 기여한다.

해설

정답 ①

① 직위분류제는 개방형 채용으로 신분보장이 어려워 행정의 안정성을 저해하고 경력발전이 곤란한다.

오답의 이유

③ 직위분류제는 인사행정의 공정성과 객관성을 확보할 수 있지만 다른 직렬로의 이동 곤란 등 인사배치의 융통성 및 신축성이 부족하다.
④ 계급제는 엄격한 기준에 따르지 않고 융통성 있는 인사배치를 할 수 있기 때문에 인사권자의 높은 리더십 구현에 기여할 수 있다.

20

17 기출

다음 중 ㉠~㉣에 들어갈 내용을 바르게 연결한 것은?

구분	계급제	직위분류제
인사행정의 형평성	㉠	㉡
관리자의 리더십	㉢	㉣

	㉠	㉡	㉢	㉣
①	낮음	낮음	높음	높음
②	낮음	높음	높음	낮음
③	높음	낮음	높음	낮음
④	높음	높음	낮음	낮음

해설

정답 ②

② 계급제는 인사행정의 형평성이 낮고 관리자의 리더십이 높은 반면, 직위분류제는 인사행정의 형평성이 높고 관리자의 리더십이 낮다.

---

1. 직위분류제와 계급제의 조화

(1) 최근 영국과 같이 계급제 채택국가는 사회분화에 따른 행정의 기술화·전문화를 충족시켜야 하므로 직위분류제적 요소를 도입·확대 적용하고 있고, 미국처럼 직위분류제에 비교적 충실했던 국가에서는 지나친 직무의 분화로 인한 행정의 통합과 신축성 결여 때문에 계급제적 요소를 도입하고 있다.

(2) 이와 같이 대부분의 국가는 직위분류제와 계급제를 절충하여 혼용하면서 각 제도의 장점을 취하려 하고 있다. 그 예로 직위분류제와 계급제의 조화로서 고위공무원단제도가 운영되고 있다.

2. 직위분류제와 계급제의 비교

구분	직위분류제	계급제
분류 대상	직무중심, 직무의 종류와 성질+직무의 책임도와 난이도(종적 분류+횡적 분류)	인간중심, 신분, 개인의 능력이나 자격
채택국가	미국, 캐나다, 필리핀	영국, 독일, 프랑스
행정가	전문행정가	일반행정가
시험과 채용 (임용)	시험과목은 전문과목 위주, 시험과 채용의 연계성 높음(내용타당성 높음)	시험과목은 일반교양과목 위주, 시험과 채용의 연계성 낮음(내용타당성 낮음)
조직구조와 관계	공직분류와 조직구조와의 연계성 높음	공직분류와 조직구조와의 연계성 부족
인력계획	단기적 직무수행능력 중시	장기적 발전가능성 중시
배치전환 인사이동	• 배치전환의 비신축성·비융통성 – 동일직군 내 이동 • 배치전환기준의 공정성·합리성(적재적소 배치)	배치전환의 신축성·융통성 – 능력발전 중시, 배치전환기준의 비합리성
조정, 협조	훈련된 무능(전문가) → 수평적 조정·협조 곤란	일반행정가 → 수평적 조정·협조 용이
임용방식	개방형	폐쇄형
신분보장	약함	강함
승진·보상기준	개인의 직무능력과 성과	연공서열과 계급
직업 공무원제	확립 곤란	확립 용이
보수	직무급(동일직무, 동일보수) 보수체계의 합리적 기준, 업무와 보수 간의 공평성	생활급(사회윤리적 요인 고려) 보수의 적정화·현실화

21

18 기출

다음 중 개방형 인사제도에 대한 설명으로 옳지 않은 것은?

① 외부로부터 참신하고 유능한 인재를 직접 영입할 수 있어 신진대사를 촉진할 수 있다.

② 행정의 전문성을 제고한다.

③ 공직의 유동성을 높여 관료주의화 및 공직사회의 침체를 방지할 수 있다.

④ 행정에 대한 민주적 통제가 어렵다.

> **해설**   정답 ④
> ④ 개방형 인사제도는 행정에 대한 민주적 통제가 용이하나 신분보장이 어렵고 행정의 안정성을 저해하므로 직업공무원제 확립이 어렵다는 단점이 있다. 또한 공직사회의 일체성과 일관성을 저해할 우려가 있다.
>
> **오답의 이유**
> ② 개방형 인사제도는 전문성이 요구되는 경우 일정한 직무수행요건을 갖춘 자를 내 · 외부에서 임용할 수 있으므로 행정의 전문성을 제고할 수 있다.

22

16 기출

다음 중 개방형 직위에 대한 설명으로 틀린 것은?

① 행정의 전문성과 효율적인 정책수립을 위해 공직 내 · 외부에서 인재를 공개적으로 선발하는 제도이다.

② 개방형 직위는 행정에 대한 민주적 통제가 어렵다.

③ 개방형 직위는 임용기회의 형평성을 제고한다.

④ 생산성과 능률성 저하를 야기한다는 비판이 있다.

> **해설**   정답 ②
> ② 개방형 직위는 폐쇄형에 비해 공직으로의 진입이 개방되어 있기 때문에 행정에 대한 민주적 통제가 용이하다.

끝짱이론

1. 폐쇄형

(1) 의의: 농업사회 전통이 강한 나라에서 발전한 것으로 하위직만 외부충원을 허용하여 승진제도를 통해 관리자를 내부에서 양성하는 방식이다[계층구조의 중간에 외부로부터 신규임용을 허용 안 함(계급제와 결합)].

(2) 폐쇄형의 장·단점

장점	단점
• 신분보장이 강화되어 행정의 일관성·안정성 확보에 유리 • 재직공무원의 승진기회가 확대되어 사기 양양 • 이직률이 낮아 직업공무원제의 확립에 유리 • 장기경험을 활용하여 행정능률 향상 • 경력위주의 승진제도이므로 객관성 확보에 유리	• 전문성 확보 곤란 • 무사안일·복지부동 등 관료주의화 및 공직사회의 침체 초래 • 관료주의화로 인한 행정의 대응성 저해 • 관료에 대한 민주통제 곤란 • 공직에 우수한 인재 등용 곤란

2. 개방형

(1) 의의: 산업사회 전통이 강한 나라에서 발전한 것으로 하위직뿐 아니라 중·상위직까지 외부충원을 허용하여 전문관리자를 외부에서 영입하는 방식이다[공직의 모든 계급이나 직위 불문 신규임용 허용(직위분류와 결합)].

(2) 개방형의 장·단점

장점	단점
• 공직 내·외에서 공직후보자를 선택하므로 우수 인재 확보에 유리 • 공직의 유동성 및 신진대사의 촉진으로 관료주의화 방지 • 개방과 경쟁을 통한 행정의 전문성 향상으로 성과관리 촉진 • 임용에 있어 인사권자에게 재량을 부여하여 조직장악력 향상 • 행정에 대한 민주통제 용이(시민의 요구에 민감하게 반응) • 관료의 복지부동 및 무사안일을 방지하고 재직자의 자기계발 노력 촉진 • 공직의 전문성 제고 • 인력양성을 위한 교육·훈련비용 감소	• 직업공무원제 저해 • 조직의 응집성 및 안정성 저해 • 정실인사 가능성 • 재직공무원의 사기 저하 • 임용 이원화로 인한 폐단(폐쇄형 임용공무원과 개방형 임용공무원 간의 갈등)

[7] 공직구조 관련 인사제도 - 직업공무원제도

23

19 충기출

다음 중 직업공무원 제도를 성공적으로 수립하기 위한 조건으로 옳지 않은 것은?

① 행정의 안정성

② 적절한 수준의 보수

③ 평생 고용

④ 상시 고용

24

다음 중 직업공무원제에 대한 설명으로 옳지 않은 것은?

① 직업공무원제는 공직을 평생직업으로 일할 수 있도록 직업의 안정을 보장한다.
② 직업공무원제는 결원 발생 시 내부임용을 통하여 충원한다.
③ 직업공무원제는 젊고 유능한 인재유치에 장애요소로 작용한다.
④ 직업공무원제는 공개경쟁 채용시험을 거쳐 임용한다.

끝장이론

1. 직업공무원제(Career Civil Service System)

(1) 개념: 공무원들이 정부관료제에 종사하는 것이 전생애(全生涯)에 걸쳐 보람과 긍지를 가질 수 있는 직업이 될 수 있도록 조직·운영하는 인사제도를 말한다. 직업공무원제의 핵심은 젊은이들이 그들의 첫 직업으로 공직을 선택하여 그것을 명예로운 직업이라 생각하고 거기에 일생을 바치게 하는 데 있다.

(2) 확립요건

① 실적주의를 확립하여 공직에의 기회균등, 공무원의 정치적 중립, 신분보장 등이 확립되어야 한다. 그러나 실적주의가 확립되었다고 해서 직업공무원제가 반드시 확립되는 것은 아니다. 따라서 실적주의는 직업공무원제의 필요요건일 뿐 충분조건은 아니다.
② 공공서비스의 봉사자로서 공직에 대한 높은 사회적 평가가 이루어져야 한다.
③ 젊은 인재를 채용하여 일생을 거쳐 고위직까지 승진하게 하여야 한다(어느 정도의 학력과 연령 제한).
④ 개인의 잠재적인 능력과 소질을 개발하고 발전시켜 성취감과 자아실현에 도움을 주어야 한다.
⑤ 보수의 적정화, 적절한 연금제도 등을 갖추어야 한다.
⑥ 장기적인 안목에서 인사의 불공정, 침체를 방지하기 위하여 직급별 인력수급계획을 세워야 한다.

2. 직업공무원제의 장·단점

(1) 장점

① 공무원의 직업의식(사명감, 국가의식, 봉사의식)을 강화시킬 수 있다.

② 공무원 개개인의 신분이 안정되며 공무원의 사기와 근무의욕을 향상시킨다.

③ 국가행정의 계속성과 안정성을 확보할 수 있다.

④ 전문직업주의에 입각해 있어 공무원들이 불편부당한 정치적 간섭을 배제하고 민주적으로 설정된 목표를 능률적으로 수행하는 데 기여할 수 있다.

⑤ 정치적 중립을 전제로 하는 직업공무원제는 행정활동의 중립성과 공익성을 확보한다.

⑥ 장기적인 근무를 유도하여 고급공무원 양성에 유리하다.

⑦ 젊고 유능한 인재를 조기에 발굴하여 공무원의 질적 향상에 기여한다.

⑧ 정부와 공무원 사이에 의존적이며 온정적인 관계가 강화된다.

⑨ 공직의 요청에 부응하는 행동을 하게 함으로써 엄격한 근무규율이 수용되기에 용이하다.

⑩ 이직률을 줄일 수 있다.

(2) 단점

① 직업공무원제의 실시는 공직자에 대한 민주적 통제를 어렵게 한다(지나친 신분보장).

② 심한 학력 및 연령의 제한은 공직임용의 기회균등을 저해할 수 있다.

③ 폐쇄적 제도를 채택하기 때문에 특정분야의 전문가 채용을 어렵게 한다.

④ 동태적 환경에 적응하기 힘들고 변동과 개혁에 저항하는 경향을 보이게 된다.

⑤ 행정의 특권집단화와 관료주의화를 초래할 우려가 있다.

⑥ 직업공무원제는 계급제적 운영(순환보직)과 친숙하므로 전문행정가보다는 일반행정가 육성에 적합하다. 이로 인해 행정의 전문성을 저해할 수 있다.

⑦ 직업공무원제는 능력과 실적보다는 연공서열을 중시하므로 행정의 능률성을 저해할 수 있다.

⑧ 직업공무원제에서 공무원은 공직에만 종사하는 특수한 직업인으로 굳어져 다른 직업으로의 전환이 곤란하다.

⑨ 직업공무원제는 연공서열 중시, 경쟁 결여, 전문가의 외부충원 곤란 등의 문제로 공직사회의 전반적인 질을 저하시킨다.

3. 직업공무원제의 전개

(1) 직업공무원제를 운영해 온 국가(우리나라 등): 미국식 직위분류제와 개방형 공무원 및 전문가주의 특성이 도입되고 있다. 그러나 이러한 조치들은 전통적인 직업공무원제가 지니고 있는 한계를 보완하기 위한 것이지, 직업공무원제 자체를 부인하는 것은 아니다. 즉, 행정은 단순한 기술적 전문성뿐만 아니라 민주성, 공익성, 봉사성 등 경영과는 다른 독자적인 가치기준과 윤리규범을 요구하고 행정업무의 연속성·일관성 등도 확보해야 한다는 점에서 직업공무원제는 여전히 효용을 무시할 수 없다.

(2) 직위분류제를 운영해 온 미국: 고위공무원단제도의 도입을 통해 계급제나 폐쇄형 임용 및 일반행정가주의에 입각한 직업공무원제도의 장점을 도입하므로, 양자가 조화되는 방향으로 전개되고 있다.

25

17 기출

다음 중 공모직위제도에 관한 내용으로 옳은 것은?

① 공모직위를 통해 내부에서 채용할 수 있다.

② 고위공무원단 직위 총수의 100분의 20 이내에서 임용한다.

③ 일반직 · 특정직 · 별정직을 대상으로 한다.

④ 임용기간은 5년 범위 안에서 소속장관이 정하되, 최소 2년 이상으로 한다.

해설

정답 ①

오답의 이유

② 경력직공무원으로 임명할 수 있는 고위공무원단 직위 총수의 100분의 30 이내의 범위에서 공모직위를 지정한다.

③ 일반직 · 특정직을 대상으로 한다.

④ 임용기간에 특별한 제한은 없다.

끝장이론 ....

1. 개방형 직위제도

(1) 의의: 전문성이 특히 요구되거나 효율적인 정책수립을 위하여 필요하다고 판단되는 직위의 공직사회 경쟁력 제고를 위하여 공직내외를 불문하고 공개모집에 의한 선발시험을 거쳐 직무수행 요건을 갖춘 최적격자를 선발하여 임용하는 제도이다.

(2) 도입 배경: 그동안 공직은 신분의 보장과 연공서열에 의한 인사운영 등으로 경쟁시스템이 미흡해 민간부문에 비해 경쟁력이 떨어지고 생산성이 낮다는 지적을 받았다. 이에 따라 정부에서는 외부전문가 유치를 통해 행정의 전문성을 강화하고, 부처 간 인사교류를 활성화하며, 경쟁에 따른 공무원의 자질향상을 통해 정부의 생산성을 제고하기 위하여 개방형 직위제도를 도입하게 되었다.

(3) 임용절차 및 방법

① 선발시험위원회는 개방형 직위(경력개방형 직위는 제외)의 임용예정 직위별로 3명 이내의 임용후보자를 선발하여 소속장관에게 추천하고, 소속장관은 선발시험위원회에서 추천한 임용후보자 중에서 임용하여야 한다(소속장관이 임용후보자 추천 순위를 변경하려는 경우 인사혁신처장과 협의하여야 한다).

② 소속장관은 임용후보자 중에서 고위공무원임용심사위원회의 심사대상자가 있는 경우에는 고위공무원임용심사위원회의 심사를 거쳐야 한다.

③ 소속장관은 경력경쟁채용(과거 특별채용) 등의 방법으로 개방형 직위에 임기제 공무원으로 임용한다. 다만, 개방형 임용 당시 경력직 공무원(임기제 공무원은 제외하며)인 사람은 전보, 승진 또는 전직의 방법으로 임용이 가능하다.

선발시험	공직 내외(민간 포함), 경력개방형 직위는 외부에서만 모집	
지정요건	전문성이 특히 요구되거나 효율적인 정책수립	
지정범위	중앙행정기관	• 고위공무원단 직위 총수 20% 범위 • 과장급 직위 총수 20% 범위
	지방자치단체	• 광역: 1~5급 10% 범위 • 기초: 2~5급 10% 범위
임용기간	5년의 범위에서 소속장관이 정하되, 최소한 2년 이상, 임기제 공무원으로 임용되는 경우에는 특별한 사정이 없는 한 최소 3년 이상	
전보제한	임용 당시 경력직 공무원이었던 경우 개방형 직위의 임용기간 내에 다른 직위에 임용될 수 없음	
지정권자	소속장관	
직종	일반직 · 특정직 · 별정직	

2. 공모직위제도

(1) 의의: 효율적 정책수립 또는 관리를 위하여 직위별로 임용자격요건을 미리 정해놓고 결원 발생 시 그 요건을 갖춘 자를 정부내부(기관 간) 공개모집을 통하여 적격자로 선발하는 제도이다.

(2) 공모직위 선발시험위원회: 소속장관이 시험을 실시하는 경우에는 임용예정 직위별로 5명 이상의 심사위원으로 이루어진 선발심사위원회를 구성하여야 한다.

(3) 임용절차 및 방법

① 선발심사위원회는 공모직위의 임용예정 직위별로 2명 또는 3명의 임용후보자를 선발하여 소속장관에게 추천하고, 소속장관은 선발심사위원회에서 추천한 임용후보자 중에서 임용하여야 한다. 공모직위에 임용되는 공무원은 전보, 승진, 전직 또는 경력경쟁채용 등의 방법으로 임용하여야 한다.

② 공모직위에 전보, 승진, 전직 또는 경력경쟁채용 등의 방법으로 경력직 공무원을 임용하는 경우 보통승진심사위원회의 심사와 전직 또는 경력경쟁채용 등의 시험은 공개모집에 따른 선발시험으로 갈음한다.

선발시험	부처 내외(재직자)	
지정요건	효율적 정책수립 또는 관리	
지정범위	중앙행정기관	• 고위공무원단 직위 30% 범위 • 과장급 직위 20% 범위
	지방자치단체	• 고위공무원단 직위 30% 범위 • 과장급 직위 20% 범위
임용기간	기간제한 없음	
전보제한	임용된 날부터 2년 이내에 다른 직위에 임용될 수 없음	
지정권자	소속장관	
직종	경력직에 한함(일반직 · 특정직)	

26

19 추 기출

다음 중 현재 국가공무원에는 해당이 되지만 지방공무원에는 해당되지 않는 공무원은?

① 고위공무원단에 속하는 공무원
② 별정직 공무원
③ 특정직 공무원
④ 정무직 공무원

해설   정답 ①

① 고위공무원단에 속하는 공무원은 지방공무원에 해당하지 않는다. 다만, 지방에서 근무하는 국가직 고위공무원은 고위공무원단에 소속될 수 있다.

27

19 기출

다음 중 직업공무원제의 개선에 직접적으로 관련되지 않은 것은?

① 직장협의회
② 고위공무원단
③ 개방형 인사제도
④ 성과급

해설   정답 ①

① 직장협의회는 공무원의 권익향상을 위한 제도이므로 직업공무원제의 개선과는 직접적인 관련성이 없다.

오답의 이유

② 고위공무원단은 업무와 실적 중심에 따라 차등된 보수를 지급, 적격심사를 통해 부적격 판정을 받은 경우 인사조치, 공모직위제도 및 역량평가를 거쳐 임용되기 때문에 전문성 향상 등을 통해 직업공무원제의 공직침체를 개선할 수 있다.
③ 개방형 인사제도는 외부의 전문가를 채용하여 공직의 전문성 향상을 기대할 수 있다는 점에서 직업공무원제의 단점인 관료주의와 공직침체, 폐쇄적 조직구조 개선에 도움을 준다.
④ 성과급제는 공무원의 실적에 영향을 주어 업무 능력 및 전문성의 향상을 기대할 수 있다는 점에서 개선방안으로 적절하다.

끝장이론

1. 고위공무원단제도의 의의

(1) 개념: 국가마다 그 제도의 내용이나 의미가 다를 수 있지만, 일반적으로는 고위직공무원을 관리하는 방식이라고 할 수 있다. 다만, 고위공무원단에 소속된 공무원은 그가 소속된 기관이나 종류에 따라 관리되는 일반적인 방식과 달리, 동일한 집단으로 간주되어 관리된다. 즉, 어느 부처에 소속된 공무원이라기보다는 고위공무원단이란 고위공무원 집단에 속한 공무원으로 관리되는 것이다.

(2) 목적: 고위공무원단제도는 크게 두 가지 목적을 가지고 각국 고위직 인사시스템에 도입되는 것으로 파악된다.

① 고위직에 우수인력을 유치하고 육성하는 한편, 현직 우수관료들이 공직외부로 유출되는 것을 방지하고자 하는 관리적 목적이다.

② 국민의 대표기관인 대통령과 국회에 대한 고위공무원의 순응과 협조를 이끌어내고 국민에 대한 고위공무원들의 직접적인 책임성을 강화하기 위한 인사정책 수단 차원의 목적이다.

(3) 특징

① 지방공무원은 고위공무원단에 소속되지 않는다. 다만, 지방에서 근무하는 국가직 고위공무원은 고위공무원단에 소속될수 있다(지방자치단체는 고위공무원단제도 미도입).

② 고위공무원단에 속하는 공무원은 현재 고위공무원단 직위에 재직하고 있는 사람뿐 아니라 고위공무원단 직위에 재직 중 파견이나 휴직 등의 사유로 별도로 관리되고 있는 공무원을 포함한다.

2. 우리나라의 고위공무원단제도

(1) 도입 취지: 정부의 주요 정책결정 및 관리에 있어서 핵심적 역할을 담당하는 실·국장급 공무원을 범정부적 차원에서 적재적소에 활용하고 개방과 경쟁을 확대하며 성과책임을 강화함으로써 역량 있는 정부를 구현하고자 도입되었다. 고위공무원단제도는 미국이 1978년 공무원개혁법에 의해 최초 도입한 이후 영국, 호주, 캐나다 등 OECD 정부혁신 선도국가들이 도입하였으며, 우리나라는 2006년 7월 1일부터 시행하였다.

(2) 실·국장급이 대상: 고위공무원단은 행정기관 국장급 이상 공무원으로 구성한다. 일반직·별정직·특정직(외무직)·감사고위공무원 등 약 1,500여 명이 고위공무원단의 구성원이 되고, 부지사·부교육감 등 지방자치단체에 국가공무원으로 보하는 일부 고위직도 고위공무원단에 포함된다.

(3) 충원: 과거 1~3급의 계급을 폐지하고 직무와 직위에 따라 인사관리를 한다. 이에 따라, 계급에 구애되지 않는 폭 넓은 인사로 적격자를 임용한다.

(4) 성과관리: 계급과 연공서열보다는 엄격한 성과관리를 통한 업무와 실적에 따라 보수를 지급한다. 즉, 직무의 중요도·난이도 및 성과에 따라 보수를 차등 지급한다.

(5) 고위공무원단제도의 효용과 한계

효용	한계
• 정치적 대응성과 전문적 업무수행능력을 모두 구비한 고급공무원 양성 • 인사운영의 융통성 제고, 부처 간 인사교류의 활성화로 부처이기주의와 인사침체 완화 • 직위·직무 중심의 관리로, 계급구조 타파 • 개방과 경쟁 촉진 • 대통령·장관 등 인사권자들의 인사상 재량범위를 확대하여 강력한 정책 추진력 확보 • 연공서열이 아닌 능력중심의 인사관리	• 정치적 임용의 확대로 공무원 직무수행의 자율성 손상 • 신분보장 완화로 직업공무원제의 약화 및 공무원의 사기 저하 • 고위직은 정치논리(고위공무원단)로 하위직은 기업논리(공무원노조)로 운영(행정의 분절화 현상) • 인기 있는 부처 또는 기관에만 지망자가 집중되는 문제 야기 • 고위공무원의 업무 장악력 저하

임용

[1] 외부임용(발생)

01

06 기출

다음 공무원의 응시자격요건 중 적극적 요건에 해당하는 것은?

| ㉠ 학력 | ㉡ 거주지 | ㉢ 기술 | ㉣ 지식 | ㉤ 가치관 | ㉥ 연령 |

① ㉠, ㉡, ㉢

② ㉡, ㉤, ㉥

③ ㉢, ㉣, ㉤

④ ㉢, ㉤, ㉥

> **해설**
> ③ 공무원의 응시자격요건 중 적극적 모집요건에는 기술, 지식, 가치관 등이 있다.

정답 ③

02

13 기출

다음 중 시험의 효용성에 대한 설명으로 옳지 않은 것은?

① 매년 다른 기술과목을 시험 보는 것은 신뢰도(reliability)가 낮은 것이다.

② 주관식 시험은 객관식 시험에 비해 객관도(objectivity)가 더 높다.

③ 일반직 공무원에게 기술지식을 측정하는 것은 타당도(validity)가 낮은 것이다.

④ 면접시험은 필기시험에 비해 시험관의 주관성이 개입될 우려가 있고 신뢰도가 낮다.

> **해설**
> ② 객관식 시험이 주관식 시험보다 객관도(채점의 공정성)가 더 높다.

정답 ②

03

공무원 임용령상 보직관리의 기준에 따른 직위의 직무요건이 아닌 것은?

① 직위의 성과책임
② 직렬 및 직류
③ 직무수행의 난이도
④ 직무수행요건

해설   정답 ②

② 직렬 및 직류는 직위의 직무요건이 아니라 공무원의 인적요건에 해당한다.

끝장이론 ....

1. 외부임용(발생)

행정조직 외부에서 사람을 선발하여 쓰는 것을 의미하며, 유형으로는 공개경쟁채용과 경력경쟁채용이 있다.

외부임용 (발생)	공개경쟁채용	자격 있는 모든 사람에게 평등하게 지원기회 부여. 수평적 평등차원, 실적주의에 입각한 채용의 원칙
	경력경쟁채용	• 경쟁범위를 제한하여 별도의 선발절차 거침, 공개경쟁채용 제도 보완, 필요한 인력의 확보 용이 • 복잡·다양한 현대정부의 인력수요로 인해 필요성이 증대되고 있지만, 서류전형과 면접 위주 선발이므로 정실개입 우려

2. 공개경쟁채용

(1) 개념: 자격 있는 모든 사람에게 지원할 기회를 주고 경쟁시험을 통해 임용후보자를 결정하는 방법으로 실적주의를 강조하는 현대 인사행정하에서 일반적인 방식이다.

> 모집 → 시험 → 채용후보자 명부작성 → 시보임용 → 임명 및 보직

(2) 지원자격의 제한과 우대: 직위분류제 국가에서는 기술교육 경험, 능력 등에 대한 요건을, 계급제에서는 직무수행요건보다는 국적·교육·연령·거주지·성별 등에 대한 일반적 기준을 정하여 지원자격을 제한하고 있다.

소극적 기준 (부적격자 배제)	학력, 연령, 국적, 성별, 지역 • 직업공무원제 국가(영국)는 젊고 유능한 인재채용을 위해 연령과 학력을 제한한다.
적극적 기준	지식, 기술, 가치관, 태도, 경험 • 지식(교육내용, 시험과목) 면에서 미국은 전문과목, 독일은 법률과목, 영국은 일반교양과목, 프랑스는 사회과학, 우리나라는 일반교양과목 중심에 전문과목을 가미한다.

(3) 시험의 종류 및 효용도

① **형식적 분류:** 필기시험, 실기시험, 면접시험, 서류심사 등이 있다.
② **목적별 분류:** 일반지능검사, 적성검사, 성격검사, 업적검사, 체력검사 등이 있다.

③ 시험의 효용도: 시험이 목적하는 바를 효율적으로 성취할 수 있는 정도를 말한다.

㉠ 타당도: 시험이 측정하고자 하는 요소를 정확하게 측정하는 정도 또는 직무수행능력이 가장 우수한자를 정확하게 식별하는 정도를 의미한다.

구분	사례	판정기준
기준 타당도	• 시험응시자가 받은 시험성적과 이후 근무실적의 상관관계 • 상관분석을 실시하여 상관계수 값이 크면 기준타당도가 높다고 판단	시험성적과 임용 후 근무성적의 비교
내용 타당도	• 시험이 특정한 직위에 필요한 능력이나 실적과 직결되는 실질적인 능력요소(태도, 기술 등)를 포괄적으로 측정하였는가에 관한 기준 • 운전면허시험에서 실제적인 운전상황에서의 운전자에 대한 전반적인 사항을 평가하기 위해 도로주행시험을 실시하는 것	직무상 능력요소와 시험내용의 비교
구성 타당도	• 시험이 이론적(추상적)으로 구성된 능력요소를 얼마나 정확하게 측정할 수 있느냐에 관한 기준 • 구성 타당도 검증은 구성된 능력요소가 현실성 있고 직무수행의 성공과 연관되어 있는지 확인 후 시험의 내용과 구성된 능력요소 사이의 관계를 분석	이론적 구성요소와 시험내용의 비교

㉡ 신뢰도(Reliability, 일관성): 측정도구가 측정대상을 일관성 있게 측정하는 정도를 말한다.

㉢ 객관도: 어느 누가 평정하여도 동일한 결과가 나와야 한다는 것이다. 즉, 채점자의 주관·감정이 개입해서는 안 된다.

㉣ 난이도: 상·중·하로 적당하게 분류한다.

㉤ 실용도: 시험의 실시시기·비용 등을 고려한다. 국가직 시험은 공휴일·일요일에 실시하는 것과 관련이 깊다.

[4] 시보임용(試補任用, Probationer)

① 개념: 임용후보자에게 임용예정직의 업무를 상당기간 실제로 수행할 기회를 주고, 적격성 여부를 판단하는 제도이다.

② 목적: 공직 적격성 판정, 초임자의 적응훈련, 예비적인 실무습득, 시험, 시험제도의 연장을 위해 시행한다.

③ 대상: 신규채용되는 5급 이하 공무원(4급 이상부터는 시보 없음)

④ 시보기간: 5급은 1년, 6급 이하 및 기능직은 6개월로 정해져 있다.

⑤ 신분보장의 제약성: 시보공무원은 징계처분을 받았을 경우 소청심사를 청구할 수 있다. 그러나 시보임용기간 중에 있는 공무원이 근무성적 또는 교육훈련 성적이 불량한 때에는 면직시키거나 면직을 제청할 수 있으며 이에 대한 소청심사청구는 할 수 없다.

[5] 임명 및 보직

① 임명: 특정인에게 공무원의 신분을 부여하는 신분 설정행위이다.

② 보직: 공무원을 일정한 직위에 배치하는 행정행위이다.

> **공무원임용령 제43조(보직관리의 기준)**
> ② 임용권자 또는 임용제청권자는 소속 공무원을 보직할 때 다음 각 호에서 정한 직위의 직무요건과 소속 공무원의 인적요건을 고려하여 적재적소(適材適所)에 임용하여야 하며, 직무분석규정에 따른 직무분석 또는 이 영 제10조의3에 따른 역량평가 또는 공무원 성과평가 등에 관한 규정 제28조에 따른 다면평가를 실시한 경우 그 결과를 활용할 수 있다.
> 1. 직위의 직무요건
>   가. 직위의 주요 업무활동 / 나. 직위의 성과책임 / 다. 직무수행의 난이도 / 라. 직무수행요건
> 2. 공무원의 인적요건
>   가. 직렬 및 직류 / 나. 윤리의식 및 청렴도 / 다. 보유 역량의 수준 / 라. 경력, 전공분야 및 훈련실적 / 마. 그 밖의 특기사항

③ 우리나라의 임명 및 보직

㉠ 5급 이상 공무원: 대통령이 임명한다.

㉡ 6급 이하 공무원: 소속장관이 임명한다.

3. 경력경쟁채용

(1) 의의 및 특징

① 개념: 공개경쟁시험에 의한 채용이 부적당하거나 곤란한 경우 경력 등 응시요건을 정하여 같은 사유에 해당하는 다수인을 대상으로 경쟁의 방법으로 채용하는 시험으로 공무원을 채용하는 제도(구 특별채용)이다.

② 대상: 퇴직자의 재임용, 관련 자격증 소지자, 외국어 능통자, 특수학교 졸업자, 특수 전문 분야 또는 도서·벽지 등 특수지역에 근무할 자, 1급 공무원(실장급)을 임용하는 경우, 과학 기술 분야 등 학위소지자를 우선 채용해야 한다.

(2) 장점 및 단점

① 장점: 인력채용의 융통성 있는 확보, 복잡하고 유동적인 행정환경에 대응, 적극적 인사행정 방안이다.

② 단점: 정실임용의 가능성이 있다.

[2] 내부임용(변경)

04

20 ❾ 기출

공무원의 임용에 대한 설명으로 옳지 않은 것은?

① 신규채용은 공개경쟁 채용시험을 통해 채용하지만 퇴직공무원의 재임용의 경우에는 경력경쟁채용시험에 의한다.

② 전입은 국회·행정부·지방자치단체 등 서로 다른 기관에 소속되어 있는 공무원의 인사이동을 의미한다.

③ 고위공무원단이나 그에 상응하는 계급으로의 승진은 능력과 경력을 고려하며, 5급으로의 승진은 별도의 승진시험을 거쳐야 한다.

④ 국가직은 고위공무원단을 포함한 1급~5급에 해당하는 직위 모두를 개방형 직위로 간주한다.

해설

정답 ③, ④(복수정답)

③ 고위공무원단이나 그에 상응하는 계급으로의 승진은 능력과 경력을 고려하여 고위공무원임용심사위원회의 승진심사를 거쳐 임용 제청한다. 별도의 승진시험은 존재하지 않으며 역량평가를 통해 일정 점수를 넘기지 못하면 통과하지 못한다.

④ 개방형 직위의 범위는 특별시·광역시·도 또는 특별자치도별로 1급부터 5급까지의 공무원 또는 이에 상응하는 공무원과 시·군 및 자치구별로 2급부터 5급까지의 공무원 또는 이에 상응하는 공무원으로 임명할 수 있는 직위 총수의 100분의 10 범위에서 지정한다.

1. 내부임용(변경)

공무원 신분관계를 변경시키는 행위에는 수직이동, 수평이동뿐만 아니라 무직위로의 변경 등도 있다.

내부임용 (변경)	수직적 임용	상향적 임용	승진: 직무의 책임도·곤란도가 높은 상위 직급·계급으로의 이동
		하향적 임용	강임: 직무의 책임도·곤란도가 낮은 하위 직급·계급으로의 이동
	수평적 임용	배치전환	전직, 전보, 전입 등
	무직위로의 변경		휴직, 직위해제, 정직 등

2. 수직적 인사이동

(1) 승진(국가공무원법 제40조)

① 개념: 하위계급 또는 하위직급에서 상위계급 혹은 상위직급으로의 종적·상향적인 인사이동을 말한다. 직책·위신·보수 및 부하직원의 증가를 수반하며, 종적 이동이라는 점에서 횡적·수평적인 인사이동인 배치전환(전직·보직·파견근무나 전입)과 구별되고, 신분의 향상과 직무의 곤란도 및 책임의 증대를 수반한다는 점에서 동일직급에서 단순히 보수의 증가만을 수반하는 승급과 구별된다.

② 승진의 종류

일반승진	·당해 직급에서 일정기간 이상을 근무한 자를 승진시키는 것을 말한다. ·일반승진에는 승진시험에 의한 것과 승진시험 없이 근무경력 및 근무성적 등을 기준으로 심사하여 행하는 승진이 있다. ·계급별 승진임용 　- 고위공무원단으로의 승진임용: 능력과 경력을 고려하여 고위공무원임용심사위원회의 승진심사를 거쳐 임용 제청한다. 　- 5급 공무원과 7급 이하 공무원(우정직공무원의 경우에는 우정4급 이하 공무원): 해당 기관의 승진후보자 명부의 높은 순위에 있는 사람부터 차례로 임용하려는 결원 수에 대하여 별표 5(임용하려는 결원 수에 대한 승진심사 대상 범위)에 해당하는 사람을 심사 대상으로 하여 보통승진심사위원회의 승진 심사를 거쳐 임용 　- 6급 공무원을 5급 공무원으로 승진임용: 승진시험 또는 보통승진심사위원회의 심사를 거쳐 임용한다. 　- 6급 이하 공무원: 보통승진심사위원회 심사 또는 근속승진제를 적용한다.
특별승진	우수공무원 등에 대해 승진소요연수와 승진후보자명부상의 순위에 의한 제한을 받지 아니하고 승진시키는 것을 말한다.

③ 승진임용의 제한

㉠ 징계의결 요구, 징계처분, 직위해제, 휴직, 시보임용기간 중에 있는 경우

㉡ 징계처분의 집행이 끝난 날로부터 다음의 기간이 경과하지 아니한 자(강등·정직 18개월, 감봉 12개월, 견책 6개월)

(2) 강임(하위직급으로 이동)

① 임용권자는 직제 또는 정원의 변경이나 예산의 감소 등으로 직위가 폐직되거나 과원이 된 경우 또는 본인이 동의한 경우에는 소속 공무원을 강임할 수 있다.

② 이에 따라 강임된 공무원은 상위직급 또는 고위공무원단 직위에 결원이 생기면 우선 임용된다. 다만, 본인이 동의하여 강임된 공무원은 본인의 경력과 해당기관의 인력사정 등을 고려하여 우선 임용될 수 있다(강등은 징계, 강임은 인사이동임을 구별).

3. 수평적 인사이동(배치전환)

(1) 배치전환의 개념: 공무원이 종래의 책임수준과 같은 직위로 이동하는 것, 즉 동일등급 내의 인사이동으로서 보수액의 변동이 수반되지 않는다. 여기에는 전직·전보·파견근무·전입 등이 있다.

(2) 유형

전직	직렬을 달리하는 직위로 수평적 이동을 하는 것이며 시험을 거쳐야 한다.
전보	동일한 직렬 내에서 직위만 바꾸는 이동으로 시험을 거칠 필요가 없다
전·출입	인사 관할을 달리하는 기관 상호 간에 소속 공무원을 이동시키는 것을 말한다. ⑩ 행정안전부 소속에서 서울특별시 소속 공무원으로 인사이동
파견근무	업무수행 또는 그와 관련된 행정지원이나 연수, 기타 능력개발 등을 위하여 공무원을 다른 기관으로 일정기간 이동시켜 근무하게 하는 것을 말한다. 즉, 원래의 소속을 바꾸지 않고 보수도 원래의 소속 부서에서 받으면서 임시로 다른 기관에서 일하는 것이다. 공동 업무수행의 필요성, 특수한 업무의 지원이 필요할 때 실시한다. ⑩ 국세공무원의 검찰청 파견
겸임	1인 2직위를 겸하는 것

4. 무직위로의 변경

휴직	• 공무원으로서 신분을 보유하면서 일시적으로 직무에 종사하지 못하게 하는 것을 말한다. • 종류: 공무원의 의사와 관계없이 임용권자가 직권으로 행하는 직권휴직과 공무원 본인의 요구에 의하여 행하는 의원휴직이 있다.
정직	• 공무원의 신분은 유지하나 정직기간 중 직무에 종사하지 못하게 하는 것을 말한다. • 정직은 1개월 이상 3개월 이하의 기간으로 하고, 그 기간 중 보수를 전액 감한다. • 정직은 징계처분의 하나인 점에서 휴직이나 직위해제와 성질을 달리한다.
직위해제	• 직위를 계속 유지시킬 수 없는 일정한 사유가 있는 경우 공무원의 신분은 그대로 보유하면서 직위만을 부여하지 아니하는 것을 말한다(보직해제를 의미하며, 복직이 보장되지 않는다). • 직위해제는 공무원의 신분을 박탈하지 않고 직무에 종사하지 못하게 하는 점에서는 휴직과 같으나, 공무원에게 고유한 직무수행에 장애가 되는 사유를 이유로 행해지며 징계의 유형은 아니지만 제재적인 의미를 가진다는 점 등에서 휴직과 다르다. • 신분을 유지하므로 면직과도 구별된다.

[3] 공무원 신분관계의 소멸

05

국가공무원법상 징계의 종류로 옳지 않은 것은?

① 강등 ② 해임 ③ 직권면직 ④ 감봉

해설

③ 직권면직은 징계제도가 아닌 유사징계에 해당된다.

끝장이론 ....

1. 공무원 신분관계의 소멸

소멸	강제퇴직	직권면직, 징계면직, 정년퇴직, 당연퇴직
	임의퇴직	의원면직, 명예퇴직, 조기퇴직

2. 강제퇴직

당연퇴직	• 임용권자의 의사와 관계없이 법이 정한 일정한 사유의 발생으로 당연히 공무원관계가 소멸되는 것을 말한다. • 당연퇴직의 경우 퇴직발령통지서가 발부되는데, 퇴직발령통지서의 발부는 퇴직의 유효요건이 아니며, '사실상의 확인행위'에 불과하다. • 당연퇴직 사유는 국가공무원법 제33조에 규정되어 있으며, 그 외 사망, 국적 상실의 경우가 이에 해당한다.
직권면직	공무원이 일정한 사유에 해당되었을 경우 임용권자가 본인의 의사와 무관하게 처분에 의해 공무원의 신분을 박탈하는 것을 의미한다.
정년퇴직	정년은 조직의 신진대사를 촉진시키기 위해 일정한 기준(연령, 근속기간 등)을 넘으면 본인의 의사와 관계없이 퇴직시키는 제도이다.
징계면직 (파면 · 해임)	• 징계는 의무 위반에 대한 제재로서, 파면 · 해임 · 강등 · 정직 · 감봉 · 견책으로 구분한다. 이 중 파면과 해임이 징계면직에 해당한다. • 징계의 종류와 유형 　– 견책(譴責): 전과(前過)에 대하여 훈계하고 회개하게 한다. 　– 감봉: 1개월 이상 3개월 이하의 기간 동안 보수의 3분의 1을 감한다. 　– 정직: 1개월 이상 3개월 이하의 기간으로 하고, 정직 처분을 받은 자는 그 기간 중 공무원의 신분은 보유하나 직무에 종사하지 못하며 보수는 전액을 감한다. 　– 강등: 1계급 아래로 직급을 내리고(고위공무원단에 속하는 공무원은 3급으로 임용하고, 연구관 및 지도관은 연구사 및 지도사로 한다) 공무원신분은 보유하나, 3개월 간 직무에 종사하지 못하며 그 기간 중 보수는 전액을 감한다. 　– 해임: 공무원을 강제로 퇴직시키는 처분으로 3년간 재임용이 불가하다. 연금법에는 크게 영향을 주지 않으나, 금품 및 향응수수, 공금의 횡령 · 유용으로 징계 해임된 경우에는 퇴직급여의 1/8 내지는 1/4을 감한다. 　– 파면: 공무원을 강제로 퇴직시키는 처분으로 5년간 재임용이 불가하며 퇴직급여의 1/4 내지는 1/2을 감한다.

3. 임의퇴직

의원면직	공무원 희망에 의한 퇴직을 의미한다(사표).
명예퇴직	공직경력 20년 이상 근속한 자가 정년 전에 자진하여 퇴직하는 경우, 정부는 예산의 범위 안에서 명예퇴직 수당을 지급할 수 있다.
조기퇴직	20년 미만 근속한 자가 정년 전에 자진하여 퇴직하는 것을 말한다.

[1] 경력개발제도(CCP)

01

다음 중 경력개발의 절차와 그에 대한 설명이 알맞게 연결된 것은?

> ㉠ 경력과 관련된 목표를 설정하고 교육방향, 경력 경로를 구체적으로 선택하는 과정 등에 도움을 주는 단계이다.
> ㉡ 개개인의 직무경력이나 교육훈련 경력 등의 데이터를 관리하는 것으로 경력 계획의 효율적인 실천을 돕는다.
> ㉢ 목표했던 경력 계획의 달성 정도를 평가하고 그에 따른 보완점을 모색하며 반영하는 단계이다.
> ㉣ 직무의 구체적인 내용이나 직무수행 방법, 다른 직무들과의 연계 등을 설계하는 단계이다.

> ⓐ 직무설계
> ⓑ 경력설계
> ⓒ 경력관리

① ㉠ – ⓐ

② ㉡ – ⓑ

③ ㉢ – ⓒ

④ ㉣ – ⓐ

해설

정답 ④

④ 직무의 구체적인 내용이나 직무수행 방법, 다른 직무들과의 연계 등을 설계하는 것은 경력개발의 첫 단계인 ⓐ 직무설계 단계이다.

오답의 이유

① ㉠ – ⓑ 경력설계

② ㉡ – ⓒ 경력관리

③ ㉢ – 평가 및 보완

1. 경력개발제도의 의의

(1) 개념: 정부조직의 필요와 공무원 개인의 목표를 보다 밀접하게 결합시켜 공무원의 능력을 지속적으로 향상시키고 정부조직이 본래 목적하는 바를 효과적으로 달성하려는 목적을 가진 임용에서부터 퇴직에 이르는 장기적이고 종합적인 인적자원관리제도로 우리나라에서는 2005년 12월 공무원 임용령 개정으로 도입(노무현 정부)되었다.

(2) 도입배경

① **조직차원:** 급변하는 행정환경변화에 대처하기 위하여 공직경쟁력 및 행정전문성 강화를 위한 분야별 인재육성 및 역량개발의 필요성이 대두되었고(잦은 순환보직으로 인한 전문성 상실), 승진정체 현상이 심화되면서 승진이 동기부여 수단으로서의 역할을 충분히 수행하지 못함에 따라 직무와 능력개발을 통한 동기부여의 필요성이 증대되었다.

② **개인차원:** 상시적인 구조조정에 따른 경력관리 중시경향이 정부부문의 공무원에게도 영향을 미쳐 전문분야에서의 일관된 경력발전을 희구하게 된 점과 개인의 자기발전 및 삶의 향상욕구가 증가하여 조직에의 맹목적 충성보다 자신의 성장과 만족을 높이는 경향으로 전환되고 있는 현상이 심화되었다.

2. 경력개발제도의 과정

(1) 조직차원의 접근(4단계): 직무설계 → 경력설계 → 경력관리 → 평가 및 보완

직무설계	직무의 구체적인 내용이나 직무수행 방법, 다른 직무들과의 연계 등 직무 분석을 통해 직무를 분류하는 단계이다.
경력설계	자기 진단 후, 진단에 부합되는 목표를 설정하고 교육방향, 경력 경로 등을 구체적으로 선택하는 단계이다.
경력관리	개개인의 직무경력이나 교육훈련 경력 등의 데이터를 관리하는 것으로 개인의 경력 경로에 따른 효율적인 실천을 돕는다.
평가 및 보완	목표했던 경력 계획의 달성 정도를 평가하고 그에 따른 보완 작업을 수행하는 단계이다.

(2) 개인차원의 접근(5단계): 자기평가 → 관심 있는 경력 탐색 → 경력목표 설정 → 실행계획 수립 → 경력 관리

3. 경력개발제도의 원칙

자기주도 (상향식)의 원칙	조직구성원 스스로가 적극적인 정보수집을 통해 경력목표와 경력개발 계획을 작성하고 능동적으로 학습을 실시하여야 한다는 원칙이다.
인재육성 책임의 원칙	경력개발은 상사와 부하의 공동책임사항이고, 상급감독자는 소속직원에 대한 육성의 역할을 수행해야 하며, 인사부서는 경력개발 활동을 돕는 지원시스템을 구축해야 한다는 원칙이다.
승진경로의 원칙	부처의 조직을 수 개의 전문분야와 공통분야로 구분하여 공무원의 경력, 전공, 적성 등을 종합적으로 고려하여 전문분야를 지정하여야 한다는 원칙이다.
직무와 역량 중심의 원칙	직급이 아닌 직무 중심의 경력계획을 세우고, 직무에서 요구하는 역량과 개인 보유 역량간의 적합 여부 판단 및 필요역량 개발에 중점을 두어야 한다는 원칙이다.
개방성 및 공정 경쟁의 원칙	경력개발의 기회는 모든 직원에게 공평하게 제공되어야 하고, 보직이동의 기회도 역량을 갖춘 직원들에게 공정한 경쟁을 통해서 제공되어야 한다는 원칙이다.
적재적소의 원칙	구성원의 적성, 지식, 경험 등과 조직의 목표달성에 필요한 직무가 잘 조화될 수 있게 구성원을 적재적소에 배치하여야 한다는 원칙이다.

02

다음 중 다면평가제에 대한 설명으로 옳지 않은 것은?

① 다면평가제는 상급자뿐만 아니라 동료, 부하, 민원인까지 참여하여 평가하는 제도이다.

② 다면평가제는 객관성 확보가 가능하고, 인기투표로 변질될 위험이 적다.

③ 담합에 의해서 평가가 왜곡되어 나타날 가능성이 있다.

④ 평가의 공정성·신뢰성을 높여준다.

해설

정답 ②

② 다면평가제는 일면평가제보다는 객관성 확보가 용이하지만, 인기투표로 전락할 위험이 크다.

03

다음 중 다면평가제도에 대한 설명으로 적절하지 않은 것은?

① 조직의 계층적 구조가 완화되고 팀워크가 강조되는 현대사회의 새로운 조직유형에 부합되는 제도이다.

② 평가자가 복수라서 평가의 객관성과 공정성을 높일 수 있다.

③ 고객의 평가가 포함되면서 고객 중심적 행정을 실현하는 데 도움을 줄 수 있다.

④ 입체적이며 다면적인 평가를 통해 인간관계 중심의 인기 위주의 투표화를 방지한다.

해설

정답 ④

④ 다면평가제도는 주변의 인간관계에 의하여 평가가 달라질 수 있기 때문에, 일종의 포퓰리즘적인 행태가 나타날 수 있다는 단점이 존재한다. 즉 다면평가제는 상사 및 동료와 부하, 고객으로부터 받는 인기투표에 지나지 않을 수도 있다.

1. 근무성적평정의 의의

(1) 개념: 공무원의 근무실적, 능력, 태도 등을 체계적·정기적으로 평가하는 것으로, 그 결과를 인사행정에 반영함으로써, 조직 전체의 생산성을 높이고자 하는 데 주된 목적이 있다.

(2) 유사개념과 차이

① 시험: 시험이 채용 전에 사람의 능력을 측정하는 것이라면, 근무성적평정은 채용 후 재직자의 능력을 측정한다는 점에서 차이가 있다. 또한 측정 목적도 다르다. 유사점은 사람이 측정대상이라는 점에서 유사하다.

② 직무평가: 직무평가는 직급과 등급을 결정하는 것으로 평가대상이 일(직무)이라면, 근무성적평정은 사람을 평가대상으로 한다. 뿐만 아니라 직무평가에 의해 직무급이 결정되나, 근무성적평정은 성과급 결정에 활용된다.

2. 근무성적평정 방법

(1) 도표식 평정척도법(Graphic Rating Scales): 가장 대표적인 평정방법으로, 직무수행실적·직무수행능력·직무형태 등에 관한 평정요소를 나열하고 각각에 대한 우열의 등급을 표시하는 평정척도를 그린 평정표를 통한 평정방법이다.

(2) 강제배분법(Forced Distribution)

① 도표식 평정척도법에 따른 성적 분포가 과도하게 집중되거나 관대화되는 것을 막기 위하여 성적 분포의 비율을 미리 정해 놓는 방법이다.

② 장점: 관대화·집중화 오차를 방지한다.

③ 단점: 유능한 구성원들로 구성된 조직이 상대적으로 불리하고, 평정자가 미리 강제배분 비율에 따라 평정대상자를 각 등급에 분포시키고 그 다음에 역으로 등급에 해당하는 점수를 부여하는 이른바 역산식(逆算式) 평정이 야기된다.

(3) 행태기준 평정척도법(BARS; Behaviorally Anchored Rating Scales)

① 도표식 평정척도법과 중요사건 평정법의 단점을 극복하고, 장점을 통합시킨 방법이다.

② 주관적 판단을 배제하기 위하여 직무분석에 기초하여 직무와 관련된 중요한 과업분야를 선정하고, 각 과업분야에 대해서는 가장 이상적인 과업행태에서부터 가장 바람직하지 못한 행태까지를 몇 개의 등급으로 구분하고, 각 등급마다 중요행태를 명확하게 기술하고 점수를 할당한다.

(4) 서열법(Ranking Method; 대인비교법)

① 평정대상자를 상대적으로 비교하여 서열을 정하는 방법이다. 직무평가에서의 서열법과 기본구상은 같다. 가장 단순한 형태는 평정대상자의 실적, 능력, 특성, 장·단점 등을 포괄적으로 평가하여 우열을 정하는 것이다.

② 서열법은 평정방법의 허술함에도 불구하고 평정대상자가 소규모이고, 그중에서 실적급, 교육훈련, 승진 등의 대상자를 선정해야 할 때 널리 이용되고 있다.

(5) 체크리스트법(Check List Method; 프로브스트식 평정법, 사실표지법)

① 직무와 관련된 일련의 항목(단어나 문장)을 나열하고 그중에서 평정대상자에 해당하는 항목을 체크하여 나가는 방식이다.

② 나열항목을 동일하게 평가하기보다는 항목의 중요성에 따라 가중치를 부여하는 것이 일반적이다. 이 방식을 가중 체크리스트법이라 한다.

③ 평정대상자에 대한 종합평가는 체크된 항목의 가중치 점수를 모두 합한 것이 된다.

(6) 다면평가제(360° 평정법, 집단평정법 또는 복수평정법)

① 개념: 상급자·동료·부하·고객 등 여러 사람이 동시에 평가하는 경우를 다면평정법이라 한다.

② 다면평가제의 효용과 역기능

효용	역기능
• 소수인의 주관과 편견, 그리고 이들 간의 개인 편차를 줄임으로써 객관성과 공정성을 높일 수 있는 제도이다. • 감독자 이외에도 동료·부하·고객 등 다양한 사람들의 참여를 통해 평정에의 관심도와 지지도를 높일 수 있다. • 관료조직의 권위적 관리를 억제한다. • 동료나 부하의 업적에 '무임승차'하려는 행태 또한 억제할 수 있다. • 정실주의를 차단한다. 즉, 인맥이 더 이상 통하지 못한다는 것을 공무원들이 자각하고, 부당한 '줄서기'나 청탁 대신에 자기계발을 통하여 조직의 목표달성을 위해 기여하려는 자세를 갖추고자 노력하게 될 것이다. • 다수자에 의한 평가방식을 통해 근속연한보다 능력의 탁월성을 보다 용이하게 인정받을 수 있다. • 고객에 대한 대응성이 향상된다.	• 담합에 의한 관대화 현상 등 평가결과에 왜곡이 나타날 수 있다. • 응답자마다 평가기준이 다르기 때문에 평가의 형평성이 저해될 수 있다. 응답자에 따라 지나치게 관대하거나 비판적으로 평가를 내리는 등 편차가 클 수 있다. • 평가자가 피평가자의 능력을 잘 모르면서 피상적으로 평가를 내려야 하는 상황에서 '여론몰이식 투표'가 이루어질 수 있다. • 인간관계가 좋은 사람이 능력이 우수한 사람보다 평정결과가 더 좋게 나오는 '인기투표'로 변질될 수 있다. 또한 인간관계에 얽매여 소신 있는 결정을 내려야 하는 상황에서 주위의 눈치를 살피고, 업무처리가 저해되는 등의 우려가 제기된다[조직 내 포퓰리즘(Populism)을 초래할 수 있음]. • 시간이나 비용이 많이 소요되며 정확한 평가모형을 구성하기가 곤란하다.

[3] 근무성적평정의 오류

04

15 기출

다음 〈보기〉의 근무성적평정의 오류가 나타나는 평정기법은?

┤ 보기 ├

• 관대화의 오차 　　　　　　• 집중화의 오차 　　　　　　• 연쇄화 효과

① 행태기준 척도법　　　　　　　② 체크리스트법
③ 도표식 평정방법　　　　　　　④ 서열법

해설　　　　　　　　　　　　　　　　　　　　　　　　　　　　　　　　　　　　정답 ③

③ 도표식 평정방법에 해당하는 설명이다. 도표식 평정방법은 실적·능력 등의 평점요소와 우열을 표시하는 것으로 가장 많이 이용되나 등급비교기준이 명확하지 않으며 평정이 임의적이다.

오답의 이유

① 행태기준 척도법: 도표식 평정방법에 중요사건 기록법을 결합한 것으로 평정의 타당성을 높이기 위하여 실제로 발생한 행태를 가지고 평정척도로 삼는다.
② 체크리스트법: 질문항목을 중심으로 이에 대한 가부를 표시하는 평정방법으로, 질문마다 가중치를 두어 수치로 환산할 수 있다.
④ 서열법: 피평정자 간의 근무성적 비교를 통해 서열을 정하는 방법이다.

05

13 기출

다음 중 헤일로 효과(Halo Effect)에 대한 설명으로 옳은 것은?

① 헤일로 효과란 특정 평정요소의 평정결과가 다른 평정요소에 영향을 주는 착오를 말한다.
② 헤일로 효과란 근무성적평정에서 최근의 실적·사건이 평정에 영향을 주는 근접오류를 말한다.
③ 헤일로 효과란 평정자의 편견이나 선입견 등에 의한 오차를 말한다.
④ 헤일로 효과란 근무성적평정에서 평정자가 무난하게 중간점수를 주려는 경향을 말한다.

해설

정답 ①

① 헤일로 효과는 특정 평정요소의 평정결과가 다른 평정요소에 영향을 주는 착오로서, 연쇄효과를 말한다.

오답의 이유

② 시간적 오류에 대한 설명이다.
③ 상동적 오류에 대한 설명이다.
④ 집중화의 오류에 대한 설명이다.

끝장이론 ···

1. 근무성적평정의 오류

(1) 연쇄효과(Halo Effect)

① 평정자가 가장 중요시하는 하나의 평정요소에 대한 평가결과가 성격이 다른 나머지 평정요소에도 연쇄적으로 영향을 미쳐 유사한 수준에서 평가결과가 나타나는 것을 말한다.
② 연쇄효과는 도표식 평정기법에서 자주 발생한다.
③ 방지대책: 평정척도를 만들 때 등급을 서로 달리할 수 있다. 또 다른 방법은 평정을 평가자별이 아니라 평정요소별로 하는 것이다. 하나의 평정요소에 대하여 모든 평정대상자의 평정을 마치고 다음 평정요소로 넘어가도록 한다.

(2) 집중화 경향(Central Tendency)

① 평정척도상의 중간등급을 중심으로 평가하는 경향이다. 아주 높거나 낮은 평가를 하는 데서 오는 심리적 부담을 줄이고자 할 때 자주 나타나는 현상이다.
② 평가요소를 정확히 이해하지 못한 상태에서도 마찬가지의 결과가 나오기 쉽고, 실제로는 무능력한 사람에 대하여 '좋은 게 좋다'는 식의 후한 평가를 하는 경우에도 나타난다.
③ 방지대책: 상대평가를 반영하는 강제배분법이다. 평가요소와 등급의 의미가 모호한 도표식 평정척도법보다는 행태를 기준으로 한 평정척도법(BARS)을 사용하여 불확실한 상태에서의 평정을 배제시키거나, 평정요소의 중요성이 평정자에게 공개되지 않아 의도적으로 중간을 택할 수 없는 체크리스트법을 활용할 수도 있다.

(3) 관대화·엄격화 경향(Leniency Tendency·Strictness Tendency)

① 관대화 경향: 실제수준보다 관대하게 평가하는 경향이다. 평정결과의 분포를 그린다면 전체적인 등급이 상향조정됨으로써 평가가 좋은 쪽으로 치우친 분포를 나타내게 된다. 평정자가 사물에 대하여 전반적으로 너그럽게 평가하는 인지구조를 가지고 있거나 또는 평정결과가 공개되는 경우에 평정대상자와 불편한 인간관계에 놓이는 것을 피하려는 경우에 흔히 발견된다.
② 엄격화 경향: 평가기준을 엄격하게 적용함으로써 실제수준보다 저평가하는 경우로 흔한 일은 아니다.

③ **방지대책**: 집중화 경향과 마찬가지로 강제배분법이 관대화 · 엄격화 경향을 방지하는 데 효과적이다. 그러나 강제배분법을 적용하는 경우에 우수집단에서 선의의 피해자가 나오고 무능한 집단에서 '불로이득'이 발생하는 단점이 있다. 따라서 보다 근원적인 해결은 평정자에 대한 사전교육을 통해 평정의 자세를 전환시키는 것이 필요하다.

(4) 시간적 오차[첫머리 효과(최초 효과)와 막바지 효과(최신 효과)]

① **최신 효과(Recency Effect)**: 평정대상기간 중에서 평정시점에 가까운 실적이나 사건일수록 평정에 더 크게 반영되는 경향이다.

② **첫머리 효과**: 전체 기간의 근무성적을 평가하기보다는 초기의 업적에 영향을 크게 받는 현상이다.

③ **방지대책**: 과정을 평가하지 않고 오직 결과로 나타난 실적을 기준으로 평가하는 MBO평정법을 활용하거나 독립평가센터 운용 및 중요사건 기록법을 통해 평정일지를 계속 기록함으로써 근접 효과를 예방할 수 있다.

(5) 선입견(상동적 오차)

① 선입견은 평정대상자의 개인적 특성인 종교, 성, 연령, 교육수준, 출신학교나 지역 등에 대하여 평정자가 평소에 가지고 있는 편견이 평정과정에 반영되는 것이다.

② **방지대책**: 개인의 귀속적 요인에 대한 신상정보 비공개, 직속상관 외에 제3자를 평정자로 활용하는 것을 말한다.

(6) 논리적 오차: 평정요소 간에 존재하는 논리적 상관관계에 의해 생기는 오류로 한 요소의 평정점수가 논리적 상관관계에 있는 다른 요소의 평정점수를 결정하는 오류를 의미한다.

(7) 규칙적 오류와 총계적 오류

① **규칙적 오류**: 어떤 평정자의 가치관 및 평정기준의 차이 때문에 다른 평정자들보다 언제나 후하거나 나쁜 점수를 주는 것을 말한다.

② **총계적 오류**: 평정자의 평정기준이 일정하지 않아 관대화 · 엄격화 경향이 불규칙하게 나타나는 것을 말한다.

③ **방지대책**: 규칙적 오류는 후하거나 박한 정도를 감안하여 그 수치를 가감하는 방식으로 사후에 조정할 수 있으나, 총계적 오류는 사후조정이 불가능하다. 다만, 각 평정자의 평정 경향을 숫자로 파악하여 이를 평정자에게 알려 줌으로써 스스로 평정 습성을 시정하도록 할 필요가 있다.

(8) 기타 오차

투사에 의한 착오	자신의 감정이나 특성을 다른 사람에게 전가하려는 것이다.
선택적 지각의 착오	모호한 상황에서, 부분적인 정보만을 받아들여 판단을 내리는 것이다.
기대성 착오	사전에 가지고 있는 기대에 따라 무비판적으로 사실을 지각하는 것이다.
방어적 지각의 착오	자신의 습성이나 고정관념에 어긋나는 정보를 회피하거나 왜곡시키는 것이다.
이기적 착오	자신의 실패에 대한 책임은 지지 않고 성공에 대한 개인적 공로는 강조하려는 것이다.
유사적 오차	평정자가 객관성 있는 기준에서 평정하기보다는, 자기 자신을 기준으로 하여 판정하는 경향을 말한다. 평정자가 피평정자를 평정할 때 자기가 가지고 있는 특성을 피평정자가 가지고 있으면 그 특성에 대한 평점을 높게 준다.
대비오차	평정자가 평정대상자를 바로 직전의 피평정자나, 평정자 자신의 특성과 비교하거나 고의로 실제 피평정자의 속성과 반대로 평정하는 것이다.
근본적 귀속의 착오	타인의 성공을 평가할 때에는 상황적 요인을 과대평가하고, 실패를 평가할 때에는 개인적 요인을 과대평가함으로써 나타나는 착오를 말한다.
피그말리온 효과	평정자의 기대, 믿음, 예측대로 피평정자가 행동하는 경향으로 인한 평정오류(로젠탈 효과)를 말한다.

06

19 기출

다음 중 우리나라 공무원의 근무성적평정에 관한 설명으로 옳지 않은 것은?

① 4급 이하 공무원은 대부분 근무성적평가를 받는다.

② 다면평가는 신뢰성과 객관성을 높일 수 있다.

③ 공무원 인사기록카드에는 학력, 신체사항에 대한 정보를 기재하지 않는다.

④ 직무평가는 직무의 상대적 차이에 따라 구분하는 단계이다.

해설

정답 ①

① 4급 이상 공무원은 성과계약평가를 받으며, 5급 이하 공무원의 대부분은 근무성적평가를 받는다(공무원 성과평가 등에 관한 규정 제7조, 제12조).

오답의 이유

② 다면평가는 상사뿐만 아니라, 동료, 부하, 내·외부 고객 등의 다수가 평가자로 참여하는 평가를 말한다. 이를 통해 평가의 신뢰성과 객관성을 높일 수 있고, 평가대상의 전체적인 모습을 파악할 수 있게 된다.

③ 인사혁신처는 2016년에 인사기록카드 기재사항을 개선했다. 이에 따라 공무원 인사기록카드에는 학력, 신체사항에 대한 정보를 기재하지 않으며, 주요 교육훈련 실적, 성과급 등급, 근무성적평가등급 등을 기재해 인사관리와 연계할 수 있는 성과주의를 강조했다.

④ 직무분석은 직무의 '절대적' 차이(직무수행에 요구되는 능력 등)에 따라 구분하는 단계이고, 직무평가는 '상대적' 차이(조직목표 달성의 직무별 공헌도 등)에 따라 구분하는 단계이다.

07

06 기출

다음 중 경력평정의 원칙으로 적절하지 않은 것은?

① 습숙성의 원칙

② 발전성의 원칙

③ 근시성의 원칙

④ 연고성의 원칙

해설

정답 ④

④ 연고성의 원칙은 경력평정의 원칙으로 적절하지 않다.

1. 근무성적평정(성과계약평가+근무성적평가)

(1) 근무성적평정의 종류
① 성과계약평가(4급 이상): 성과계약에 의한 목표달성도의 평가
② 근무성적평가(5급 이하 및 우정직 등): 근무실적 및 능력에 대한 평가

(2) 평가시기
① 성과계약평가: 매년 12월 31일, 연 1회
㉠ 평가항목: 소속장관은 성과계약 등 평가의 평가항목을 성과목표 달성도, 부서 단위의 운영 평가 결과, 그 밖에 직무수행과 관련된 자질이나 능력 등에 대한 평가 결과 중에서 하나 또는 그 이상으로 정할 수 있다.
㉡ 평가자 및 확인자: 평가자는 평가대상 공무원의 업무수행 과정 및 성과를 관찰할 수 있는 상급 또는 상위감독자 중에서, 확인자는 평가자의 상급 또는 상위감독자 중에서 각각 소속장관이 지정(단, 평가자의 상급감독자가 없을 경우 확인자를 지정하지 않을 수 있음)한다.
② 근무성적평가
㉠ 정기평정: 6월 30일과 12월 31일, 연 2회(다만, 소속장관이 필요하다고 인정하는 경우에는 정기평가 또는 정기평정 기준일을 달리 정할 수 있고, 정기평가 또는 정기평정을 연 1회 실시할 수도 있다)
㉡ 수시평정: 승진후보자명부의 조정사유가 발생한 경우에 실시
㉢ 평가자 및 확인자: 평가자는 평가대상 공무원의 업무수행 과정 및 성과를 관찰할 수 있는 상급 또는 상위감독자 중에서, 확인자는 평가자의 상급 또는 상위감독자 중에서 각각 소속장관이 지정(단, 평가자의 상급감독자가 없으면 확인자를 지정하지 않을 수 있음)한다.
㉣ 근무성적평가의 평가항목
• 근무실적 및 직무수행능력으로 하되, 소속장관이 필요할 경우 인사혁신처장이 정하는 범위에서 직무수행태도 또는 부서 단위의 운영 평가결과를 평가항목에 추가할 수 있다.
• 평가항목별 평가요소는 소속장관이 직급별 · 부서별 또는 업무분야별 직무의 특성을 반영하여 정하되 기본항목과 요소는 아래 내용과 같다.
– 근무실적: 업무난이도, 완성도, 적시성
– 직무수행능력: 기획력(의사전달력), 협상력(추진력), 신속성(팀워크), 성실성(고객지향성) 등

2. 경력평정 및 가점평정

(1) 경력평정
① 개념: 지난 경력에 대해 점수화하는 것을 말한다. 우리나라의 경우 경력평정은 5급 이하의 공무원의 승진후보자명부 작성 시 최대 20퍼센트까지 반영한다.
② 경력평정의 대상: 정기평정 기준일 현재 승진소요 최저연수에 도달한 5급 이하 공무원이다.
③ 경력평정의 확인자: 경력평정의 확인자는 각급 기관의 인사담당관이 된다. 다만, 소속장관은 특히 필요한 경우에는 확인자를 달리 지정할 수 있다.
④ 경력평정의 대상기간: 경력평정은 정기평정 기준일부터 경력평정대상 공무원의 승진소요 최저연수 이상의 범위에서 소속장관이 정하는 기간 중 실제로 직무에 종사한 기간을 대상으로 하여 실시한다.
⑤ 경력평정점의 산출: 경력평정점의 총점은 30점을 만점으로 한다.

(2) 가점평정: 소속장관은 승진후보자명부를 작성할 때에는 직무 관련 자격증의 소지 여부, 특정 직위 및 특수지역에서의 근무경력, 근무성적평가 대상 기간 중의 업무혁신 등 공적 사항, 그 밖에 직무의 특성 및 공헌도 등을 고려하여 해당 공무원에게 5점의 범위에서 가점을 부여할 수 있다.

3. 역량평가(고위공무원단 인사규정)

고위공무원으로 신규채용되려는 사람 또는 4급 이상 공무원이 고위공무원단 직위로 승진임용되거나 전보(고위공무원이 아닌 연구관·지도관을 고위공무원단 직위로 전보하는 경우만 해당한다)되려는 사람을 대상으로 신규채용, 승진임용 또는 전보 전에 실시하여야 한다.

[1] 보수

01

12 기출

다음 중 가계보전수당에 해당하는 것은?

① 생활보조수당

② 정근수당

③ 직무수당

④ 휴일근무수당

해설 　　　　　　　　　　　　　　　　　　　　　　　　　　　　　정답 ①

① 가계보전수당은 생활비를 보조하기 위한 수당이다. 생활보조수당에는 주택수당, 가족수당 등이 있다.

끝장이론 ··

1. 보수의 의의

(1) 개념: 공무원이 근로한 대가로 정부로부터 받는 금전적 보상이다(봉급+각종 수당).

(2) 민간부문의 임금과 차이

① **생활보장적 성격:** 공무원의 보수에는 보수의 가장 일반적 성격인 노무에 대한 반대급부적 측면 이외에도 '공무원과 그 가족의 최저생활을 보장하기 위한' 생활보장 급부의 성격을 가지고 있다.

② **비시장성:** 근무에 대한 반대급부의 성격을 가진다 하더라도 근무의 가치를 정확하게 계산할 수 없어 합리적 보수수준이 어느 정도인지 결정하기 곤란하다.

③ **제약성 및 경직성:** 보수수준의 결정에서 상당한 법적 · 정치적 · 경제적 환경의 외부영향을 받는다.

④ 노사협약에 의해 결정되는 민간부문의 임금과는 달리 정부의 일방적 결정에 의해서 보수가 결정되는 경우가 많다.

2. 보수의 구성

보수의 실질적인 지급항목을 보면 **기본급**과 **부가급**으로 구성된다. 우리나라에서는 법적으로 봉급과 수당이라는 용어를 각각 사용한다.

(1) 기본급: 공무원의 자격·능력·학력·연령·근속연한·등급·직무의 양과 질 등 다양한 기준에 의해 결정되는 보수구성의 핵심부분이다. 즉, 기본급은 임금체계를 대표하는 근간으로서 보수관리는 기본급을 중심으로 이루어지게 된다.

① 생활보상: 생활급, 연공급(근속급)

㉠ 생활급: 공무원과 그 가족의 기본적인 생활 내지 생계유지에 필요한 경비를 중심으로 보수를 결정하는 것이다. 따라서 생활급은 지출과 상관성이 높은 연령이나 가족상황, 특히 교육비 지출을 요하는 자녀 수를 고려하게 된다(계급제).

㉡ 연공급(근속급): 근속연수·연령·경력·학력 등 속인적 요소의 차이에 따라 보수에 격차를 두는 보수체계이다.

② 근로대가: 직능급, 직무급, 성과급(실적급)

㉠ 직능급: 직무수행능력을 측정하여 그 능력이 우수할수록 보수를 우대하는 보수체계이다.

㉡ 직무급: 직무의 난이도와 책임의 정도에 따라 직무의 가치를 결정하고 그 가치를 보수와 연결시킨 보수체계이다.

㉢ 성과급: 직무수행의 성과를 측정하여 그 결과에 따라 보수를 차등지급하는 보수체계이다. 성과급은 성과와 보수를 연계시킴으로써 근로자의 동기를 유발시킬 수 있다는 점이 가장 큰 장점이라 할 수 있다.

(2) 부가급: 기본급을 보완하는 것으로 수당과 상여금을 포함한다.

생활보조금적 수당 (가계보전수당)	생활비를 보조하기 위한 수당(가족수당)
직무부가급적 수당	직무의 차이에 대한 보수의 조정이 기본급의 조정만으로 불충분할 때 활용되는 수당(특수업무수당)
성과급적 수당	금전적 유인의 부여로 직무능률의 향상을 꾀하고 탁월한 직무수행을 보상하기 위한 수당(상여수당)
초과근무 수당	표준근무시간을 초과하여 근무하는 사람에게 지급하는 수당(시간 외 근무수당)
지역 수당	근무하는 지역에 따라 생기는 생활상의 격차를 해소 및 보상하기 위해 지급하는 수당(특수지 근무수당)

공직부패 및 공직윤리와 행위규범

[1] 공직부패

01
12 기출

공직부패에 대한 설명으로 틀린 것은?

① 체제론적 접근법은 사회의 법과 제도의 결함이 부패의 원인으로 작용한다고 본다.

② 금품을 제공받은 업소를 단속에서 제외하는 것은 일탈형 부패이다.

③ 공무원 부패는 사익을 추구하고 공익을 침해하는 것이다.

④ 부패의 전형적 행위로는 뇌물수수가 있다.

> **해설**   정답 ①
> ① 체제론적 접근법에서 부패는 문화적 특성이나 구조상의 모순, 관료의 도덕성 등 다양한 요인에 의해 복합적으로 나타난다고 본다. 사회의 법과 제도의 결함으로 부패가 일어난다고 보는 것은 제도적 접근법이다.

02
13 기출

다음 중 공직부패(corruption)의 원인에 대한 시각과 접근법의 설명으로 옳지 않은 것은?

① 도덕적 접근은 부패의 원인을 공무원 개인의 윤리의식의 문제로 본다.

② 시장·교환적 접근은 부패를 시장실패 등 시장경제의 근본적인 모순에서 찾는다.

③ 제도적 접근법은 사회의 법과 제도상의 결함이나 운영상의 문제 등 부작용이 부패의 원인으로 작용한다고 본다.

④ 사회문화적 접근은 특정한 지배적 관습이나 경험적 습성이 부패를 조장한다고 본다.

> **해설**   정답 ②
> ② 시장·교환적(경제학적) 접근은 정치·경제 엘리트 간의 야합과 이권 개입에 의한 공직 타락을 원인으로 보는 입장이다.

03

다음 중 행정권 오용의 경우로 볼 수 없는 것은?

① 재량권을 행사하지 않고 적극적이지 않은 무사안일한 태도
② 법규 중심의 융통성 없는 인사
③ 실책을 은폐하기 위한 정보의 선별적 배포
④ 입법의도의 편향된 해석

해설   정답 ②

② 법규 중심의 융통성 없는 인사는 행정권의 오용 사례가 아니다. 다만 융통성 있고 신축적인 인사를 저해하는 요인이 될 뿐이다.

끝장이론

1. 부패

(1) 개념: 부정, 부조리, 비리, 비위 등으로 쓰이는데, '공직을 이용해서 사적 이익을 추구하는 행위 또는 공직자가 공권력을 남용하거나 또는 공직에 있음을 계기로 공익과는 다른 사익을 추구 또는 확장하는 행위'라고 정의되고 있다.

(2) 행정권의 오남용: 행정업무가 복잡해지고 전문화됨에 따라 공무원들에게 부여된 재량의 범위가 넓어지고, 그에 따라 공무원들이 비윤리적 일탈행위를 할 가능성이 그만큼 커지게 되었다. 이와 같이 행정윤리를 벗어나는 행정권 오용의 유형은 다음과 같이 범주화할 수 있다.

부정행위	공무원들이 고속도로 통행료를 착복하고 영수증을 허위 작성하는 등의 부정행위
비윤리적 행위	공무원들이 비록 특혜의 대가로 금전을 수수하지는 않더라도, 친구 또는 특정 정파에 호의를 베풀거나 자신의 경제적 이익을 위해 어떤 결정을 내리는 행위
법규 경시	공무원들이 법규를 무시하거나 자신의 행위를 정당화하려는 방향으로 법규를 해석하는 경우
입법 의도의 편향된 해석	행정기관이 법규를 위반하지 않는 합법적인 테두리 안에서 특정 이익을 옹호하는 경우
무능	의도가 아무리 좋더라도 부여된 업무를 적절히 수행하지 못하여 그 책임을 다하지 못한 공무원이 되는 경우
실책의 은폐	일부 공무원들이 자신의 실책을 은폐하려 하거나 입법부 또는 시민 간의 협력을 거부한 경우
무사안일	일부 공무원들이 부여된 재량권을 행사하지 않고 적극적인 조치를 취하기를 꺼리는 무사안일에 빠짐으로써 직무를 유기하는 경우

2. 부패원인에 대한 다양한 접근

(1) 기능주의적 · 후기기능주의적 접근법

① 기능주의적 접근: 비교행정이나 발전론의 관점으로, 거대한 관료제를 국가발전을 위한 필요악으로 간주하듯이 관료부패마저도 발전의 부산물 내지는 종속물로 보는 입장으로서 대체로 개발도상국에서 근대화의 부산물로 간주한다.

② **후기기능주의적 접근**: 기능주의에 대한 반발로 1970년대 이후부터 등장한 관점이다. 부패란 자기 영속적인 것이며, 국가를 성장·발전한다고 해서 파괴되는 것이 아닌 다양한 원인을 먹고 사는 하나의 괴물로 파악하는 입장이다.

(2) 도덕적 접근법: 부패를 개인의 윤리, 자질 탓으로 돌리는 경우를 말한다.

(3) 사회문화적 접근법: 특정한 지배적 습관이나 경험적 습성 같은 것(건전한 시민문화의 미성숙)이 관료부패를 조장한다고 보는 입장이다.

(4) 법적·제도적 접근법: 사회의 법이나 제도상의 결함, 운영상의 문제, 예기치 않았던 부작용 등이 부패의 원인으로 작용한다고 보는 입장으로 대체로 개발도상국에서 나타나는 관점이다.

(5) 체제론적 접근법: 부패를 그 나라의 문화적 특성, 제도상의 결함, 구조상의 모순 등 다양한 요인에 의하여 복합적으로 나타난다고 보는 입장으로, 이 입장에 의하면 관료부패를 지엽적이고 부분적인 대응만으로는 억제하기 어렵다.

(6) 권력 문화적 접근: 공직의 사유관과 권력남용에 의해 부패가 유발된다.

(7) 정치적·경제학적(시장·교환적)·정경유착적 접근: 성장이념이라는 합리화에 근거한 정치·경제엘리트 간의 야합과 이권 개입에 의해 공직의 타락과 부패유발이 나타난다고 본다.

[2] 국가공무원법

04

20❼기출

국가공무원법에 규정된 공무원의 의무에 대한 설명으로 옳지 않은 것은?

① 공무원은 소속 상관의 허가 또는 정당한 사유가 없으면 직장을 이탈하지 못한다.

② 공무원은 공무 외에 영리를 목적으로 하는 업무에 종사하지 못하며 소속 기관장의 허가 없이 다른 직무를 겸할 수 없다.

③ 공무원이 외국 정부로부터 영예나 증여를 받을 경우에는 소속 기관장의 허가를 받아야 한다.

④ 사실상 노무에 종사하는 공무원으로서 노동조합에 가입된 자가 조합 업무에 전임하려면 소속 장관의 허가를 받아야 한다.

해설

정답 ③

③ 공무원이 외국 정부로부터 영예나 증여를 받을 경우에는 대통령의 허가를 받아야 한다(국가공무원법 제62조).

오답의 이유

① 공무원은 소속 상관의 허가 또는 정당한 사유가 없으면 직장을 이탈하지 못한다(국가공무원법 제58조).

② 공무원은 공무 외에 영리를 목적으로 하는 업무에 종사하지 못하며 소속 기관장의 허가 없이 다른 직무를 겸할 수 없다(국가공무원법 제64조 제1항).

④ 사실상 노무에 종사하는 공무원으로서 노동조합에 가입된 자가 조합 업무에 전임하려면 소속 장관의 허가를 받아야 한다(국가공무원법 제66조 제3항).

05

국가공무원법상 공무원의 의무에 대한 설명으로 옳지 않은 것은?

① 공무원은 직무를 수행할 때 소속 상관의 직무상 명령에 복종하여야 한다.

② 공무원은 직무의 내외를 불문하고 그 품위가 손상되는 행위를 하여서는 아니 된다.

③ 공무원은 퇴직 후에도 직무상 알게 된 비밀을 엄수하여야 한다.

④ 공무원은 외국 정부로부터 영예나 증여를 받을 수 없다.

해설

정답 ④

④ 국가공무원법 제62조에 따르면 공무원이 외국 정부로부터 영예나 증여를 받을 경우에는 대통령의 허가를 받아야 한다.

오답의 이유

① 국가공무원법 제57조

② 국가공무원법 제63조

③ 국가공무원법 제60조

06

다음 중 국가공무원법 제65조에서 규정하고 있는 공무원의 정치운동금지에 대한 내용으로 적절하지 않은 것은?

① 문서나 도서를 공공시설 등에 게시하거나 게시하게 하는 것을 금지하고 있다.

② 투표를 하거나 하지 아니하도록 권유운동을 하는 것을 금지하고 있다.

③ 공무원이 다른 공무원에게 정치적 행위에 대한 보상 또는 보복으로서 이익 또는 불이익을 약속하는 것을 금지하고 있다.

④ 정치적 행위의 금지에 관한 한계를 국무총리령 등으로 정한 것으로 하고 있다.

해설

정답 ④

④ 국무총리령이 아닌 대통령령이다. 국가공무원법 제65조 제4항에는 '정치적 행위의 금지에 관한 한계는 대통령령 등으로 정한다.'라고 명시되어 있다.

다음 중 행정윤리에 대한 설명으로 옳지 않은 것은?

① 특정직 공무원도 공직자윤리법의 적용을 받는다.

② 정치와 행정의 상호작용이 활발해지면 행정윤리의 확보가 어려워질 가능성이 높아진다.

③ 국가공무원법, 공직자윤리법은 부정부패 방지 등을 위한 구체적이고 적극적인 행정윤리를 강조한다.

④ 공무원의 행동규범은 공직윤리를 체현(體現)하는 태도와 행동의 기준이다.

해설

정답 ③

③ 국가공무원법, 공직자윤리법 등 법령에 의한 윤리는 공무원들이 하지 말아야 할 사항들을 규정한 것으로 소극적이고 타율적인 성격을 가지나 구속력이 있어 실효성이 높다.

오답의 이유

② 정치와 행정의 상호작용이 활발해지면 공무원의 정치화를 초래하며 이는 행정윤리의 확보를 곤란하게 한다.

끝장이론

1. 법적 · 강제적 공직윤리

국가공무원법, 공직자윤리법 등 법령에 의한 윤리는 공무원들이 하지 말아야 할 사항들을 규정한 것으로 소극적이고 타율적인 성격을 가지나 구속력이 있어 실효성이 높다.

2. 국가공무원법

(1) 목적: 이 법은 각급 기관에서 근무하는 모든 국가공무원에게 적용할 인사행정의 근본 기준을 확립하여 그 공정을 기함과 아울러 국가공무원에게 국민 전체의 봉사자로서 행정의 민주적이며 능률적인 운영을 기하게 하는 것을 목적으로 한다.

(2) 국가공무원법상의 13대 의무

선서의무	공무원은 취임할 때에 소속기관장 앞에서 대통령령 등으로 정하는 바에 따라 선서(宣誓)하여야 한다.
성실 의무	모든 공무원은 법령을 준수하며 성실히 직무를 수행하여야 한다.
복종의 의무	공무원은 직무를 수행할 때 소속 상관의 직무상 명령에 복종하여야 한다.
직장이탈 금지	공무원은 소속 상관의 허가 또는 정당한 사유가 없으면 직장을 이탈하지 못한다. 수사기관이 공무원을 구속하려면 그 소속 기관의 장에게 미리 통보하여야 한다. 다만, 현행범은 그러하지 아니하다.
친절 · 공정의 의무	공무원은 국민 전체의 봉사자로서 친절하고 공정하게 직무를 수행하여야 한다.
종교중립의 의무	공무원은 종교에 따른 차별 없이 직무를 수행하여야 한다. 공무원은 소속 상관이 종교중립의 의무에 위배되는 직무상 명령을 한 경우에는 이에 따르지 아니할 수 있다.
비밀 엄수의 의무	공무원은 재직 중은 물론 퇴직 후에도 직무상 알게 된 비밀을 엄수(嚴守)하여야 한다.
청렴의 의무	공무원은 직무와 관련하여 직접적이든 간접적이든 사례 · 증여 또는 향응을 주거나 받을 수 없다. 공무원은 직무상의 관계가 있든 없든 그 소속 상관에게 증여하거나 소속 공무원으로부터 증여를 받아서는 아니 된다.

외국 정부의 영예 등을 받을 경우	공무원이 외국 정부로부터 영예나 증여를 받을 경우에는 대통령의 허가를 받아야 한다.
품위 유지의 의무	공무원은 직무의 내외를 불문하고 그 품위가 손상되는 행위를 하여서는 아니 된다.
영리 업무 및 겸직 금지	공무원은 공무 외에 영리를 목적으로 하는 업무에 종사하지 못하며 소속 기관장의 허가 없이 다른 직무를 겸할 수 없다.
정치 운동의 금지	공무원은 정당이나 그 밖의 정치단체의 결성에 관여하거나 이에 가입할 수 없다. 또한, 특정 정당 또는 특정인을 지지 또는 반대하기 위한 행위를 하여서는 아니 된다.
집단 행위의 금지	공무원은 노동운동이나 그 밖에 공무 외의 일을 위한 집단 행위를 하여서는 아니 된다. 다만, 사실상 노무에 종사하는 공무원은 예외로 한다.

(3) 공무원의 정치적 중립성

① 헌법은 '공무원은 국민전체에 대한 봉사자로서 국민에 대하여 책임을 진다. 공무원의 신분과 정치적 중립은 법률에 의하여 보장된다'라고 규정하여 공무원의 정치적 중립을 천명하고 있다.

② 국가공무원법(제65조): 공무원은 정당이나 그 밖의 정치단체의 결성에 관여하거나 이에 가입할 수 없으며, 선거에서 특정 정당 또는 특정인을 지지 또는 반대하기 위한 다음의 행위를 하여서는 아니 된다.

㉠ 투표를 하거나 하지 아니하도록 권유 운동을 하는 것

㉡ 서명 운동을 기도(企圖)·주재(主宰)하거나 권유하는 것

㉢ 문서나 도서를 공공시설 등에 게시하거나 게시하게 하는 것

㉣ 기부금을 모집 또는 모집하게 하거나, 공공자금을 이용 또는 이용하게 하는 것

㉤ 타인에게 정당이나 그 밖의 정치단체에 가입하게 하거나 가입하지 아니하도록 권유 운동을 하는 것

[3] 공직자윤리법 - 재산등록의무 & 공개의무

08

20 ❾ 기출

공직자윤리법상 재산등록 및 공개에 대한 설명으로 가장 옳지 않은 것은?

① 공직유관 단체에는 공기업이 포함된다.

② 재산등록의무자는 5급 이상의 국가공무원 및 지방공무원과 이에 상당하는 보수를 받는 별정직 공무원이다.

③ 등록할 재산에는 본인의 직계존속 것도 포함된다.

④ 등록할 재산에 혼인한 직계비속인 여성 것은 제외한다.

② 재산등록의무자는 4급 이상의 일반직 국가공무원 및 지방공무원과 이에 상당하는 보수를 받는 별정직 공무원이다(공직자윤리법 제3조).

① 공직유관 단체에는 공기업이 포함된다(공직자윤리법 제3조의2).
③ 등록할 재산에는 본인의 직계존속 것도 포함된다(공직자윤리법 제4조).
④ 등록할 재산에 혼인한 직계비속인 여성 것은 제외한다(공직자윤리법 제4조).

09

공직자 재산등록 등 우리나라의 행정윤리 및 공무원 부패와 관련된 설명으로 옳지 않은 것은?

① 공직자윤리법에 의하여 1급 이상(이에 상당하는 고위공무원 포함)의 일반직 국가 및 지방공무원은 재산을 등록·공개하고 있다.
② 법관 및 검사에 대하여는 공직자윤리법, 부패방지 및 국민권익위원회 설치와 운영에 관한 법률이 아닌 대법원 규칙이 적용된다.
③ 공공기관의 사무처리에 관하여 국민감사청구제를 시행하고 있다.
④ 부패행위를 신고한 사람에 대한 내부고발자보호제도가 시행되고 있다.

② 법관 및 검사에게도 공직자윤리법과 부패방지 및 국민권익위원회 설치와 운영에 관한 법률이 적용된다. 추가적으로 법관 및 법원공무원 등에게는 공직자윤리법의 시행에 관한 대법원규칙과 부패방지 및 국민권익위원회 설치와 운영에 관한 법률의 시행에 관한 대법원규칙을 적용하여, 세부적인 사항을 적용하고 있다. 그러나 대법원규칙이 있다 하여 상위에 있는 공직자윤리법과 부패방지 및 국민권익위원회 설치와 운영에 관한 법률의 적용대상에서 제외되는 것은 아니다.

끝장이론 ··

1. 재산등록의 의무

(1) 재산등록의무의 내용 및 친족의 범위: 공직자윤리법상 재산등록의무자는 본인·배우자·직계존속 및 직계비속의 보유재산을 등록하고 변동사항을 신고해야 한다(배우자는 사실상의 혼인관계에 있는 사람을 포함하며, 혼인한 직계비속인 여성과 외증조부모, 외조부모, 외손자녀 및 외증손자녀는 제외한다).

(2) 재산등록의무자(공직자윤리법 제3조)
① 대통령·국무총리·국무위원·국회의원 등 국가의 정무직공무원
② 지방자치단체의 장, 지방의회의원 등 지방자치단체의 정무직공무원
③ 4급 이상의 일반직 국가공무원(고위공무원단에 속하는 일반직공무원을 포함한다) 및 지방공무원과 이에 상당하는 보수를 받는 별정직공무원(고위공무원단에 속하는 별정직공무원을 포함한다)
④ 대통령령으로 정하는 외무공무원과 4급 이상의 국가정보원 직원 및 대통령경호처 경호공무원

⑤ 법관 및 검사

⑥ 헌법재판소 헌법연구관

⑦ 대령 이상의 장교 및 이에 상당하는 군무원

⑧ 교육공무원 중 총장·부총장·대학원장·학장(대학교의 학장을 포함한다) 및 전문대학의 장과 대학에 준하는 각종 학교의 장, 특별시·광역시·특별자치시·도·특별자치도의 교육감 및 교육장

⑨ 총경(자치총경을 포함한다) 이상의 경찰공무원과 소방정 이상의 소방공무원

⑩ 제3호부터 제7호까지 및 제9호의 공무원으로 임명할 수 있는 직위 또는 이에 상당하는 직위에 임용된 국가공무원법 제26조의5 및 지방공무원법 제25조의5에 따른 임기제공무원

⑪ 공공기관의 운영에 관한 법률에 따른 공기업(이하 "공기업"이라 한다)의 장·부기관장·상임이사 및 상임감사, 한국은행의 총재·부총재·감사 및 금융통화위원회의 추천직 위원, 금융감독원의 원장·부원장·부원장보 및 감사, 농업협동조합중앙회·수산업협동조합중앙회의 회장 및 상임감사

⑫ 제3조의2에 따른 공직유관단체(이하 "공직유관단체"라 한다)의 임원

⑬ 그 밖에 국회규칙, 대법원규칙, 헌법재판소규칙, 중앙선거관리위원회규칙 및 대통령령으로 정하는 특정 분야의 공무원과 공직유관단체의 직원

2. 재산공개의 의무(공직자윤리법 제10조)

① 대통령·국무총리·국무위원·국회의원·국가정보원의 원장 및 차장 등 국가의 정무직 공무원

② 지방자치단체의 장, 지방의회의원 등 지방자치단체의 정무직 공무원

③ 일반직 1급 국가공무원(고위공무원단에 속하는 일반직 공무원을 포함한다) 및 지방공무원과 이에 상당하는 보수를 받는 별정직 공무원(고위공무원단에 속하는 별정직 공무원을 포함한다)

④ 대통령령으로 정하는 외무공무원

⑤ 고등법원 부장판사급 이상의 법관과 대검찰청 검사급 이상의 검사

⑥ 중장 이상의 장성급 장교

⑦ 교육공무원 중 총장·부총장·학장(대학교의 학장은 제외한다) 및 전문대학의 장과 대학에 준하는 각종 학교의 장, 특별시·광역시·특별자치시·도·특별자치도의 교육감

⑧ 치안감 이상의 경찰공무원 및 특별시·광역시·특별자치시·도·특별자치도의 시·도경찰청장, 소방정감 이상의 소방공무원

⑨ 지방 국세청장 및 3급 공무원 또는 고위공무원단에 속하는 공무원인 세관장

⑩ 제3호부터 제6호까지, 제8호 및 제9호의 공무원으로 임명할 수 있는 직위 또는 이에 상당하는 직위에 임용된 임기제 공무원

⑪ 공기업의 장·부기관장 및 상임감사, 한국은행의 총재·부총재·감사 및 금융통화위원회의 추천직 위원, 금융감독원의 원장·부원장·부원장보 및 감사, 농업협동조합중앙회·수산업협동조합중앙회의 회장 및 상임감사

⑫ 그 밖에 대통령령으로 정하는 정부의 공무원 및 공직유관단체의 임원

⑬ ①부터 ⑫까지의 직(職)에서 퇴직한 사람 중 제6조(변동사항 신고) 제2항의 경우

10

다음 중 공직자윤리법에서 규정한 공무원의 기관업무의 취급제한 내용에 대하여 옳은 것은?

> 기관업무기준 취업심사대상자는 다른 법률에 특별한 규정이 있는 경우를 제외하고는 퇴직 전 (   )년부터 퇴직할 때까지 근무한 기관이 취업한 취업제한기관에 대하여 처리하는 제17조 제2항 각 호의 업무를 퇴직한 날부터 (   )년 동안 취급할 수 없다.

① 3, 5   ② 2, 2   ③ 1, 4   ④ 5, 3

해설

정답 ②

② 공직자윤리법에 따르면 해당 빈칸에 들어가는 내용은 2, 2이다.

제18조의2【퇴직공직자의 업무취급 제한】
② 기관업무기준 취업심사대상자는 다른 법률에 특별한 규정이 있는 경우를 제외하고는 퇴직 전 2년부터 퇴직할 때까지 근무한 기관이 취업한 취업심사대상기관에 대하여 처리하는 제17조 제2항 각 호의 업무를 퇴직한 날부터 2년 동안 취급할 수 없다.

11

공직자윤리법에 대한 설명으로 옳지 않은 것은?

① 재산등록의무자는 4급 이상(고위공무원단 포함)공무원과 이에 상당하는 공무원이다.
② 재직 중에 안 사실을 퇴직 후에 누설해서는 안 된다.
③ 재산등록의무자이던 공직자 등은 퇴직 전 5년 이내에 담당했던 직무와 관련 있는 기업체에 퇴직일로부터 3년간은 취업할 수 없다.
④ 공직자의 이해와 관련되어 공정한 업무수행이 곤란치 않도록 해야 한다.

해설

정답 ②

② 공직자윤리법이 아닌 국가공무원법의 내용이다.

국가공무원법 제60조【비밀 엄수의 의무】
공무원은 재직 중은 물론 퇴직 후에도 직무상 알게 된 비밀을 엄수(嚴守)하여야 한다.

오답의 이유

① 공직자윤리법 시행령 제3조
③ 공직자윤리법 제17조
④ 공직자윤리법 제2조의2

1. 퇴직공직자 취업제한 의무

(1) 적용대상: 재산등록의무자였던 퇴직공직자

① 4급 이상 공무원, 경찰 · 소방 · 감사 및 조세 · 건축 · 토목 등 인허가부서 근무자는 5~7급 공무원도 해당된다.

② 공직유관단체 임원(상근 이사 · 감사 이상), 일부 공직유관단체 직원(금감원, 한국은행, 예금보험공사) 등이 있다.

(2) 기간: 퇴직 후 3년간 취업이 제한된다.

(3) 내용: 퇴직 전 5년 간 소속부서(고위공직자는 소속기관) 업무와 밀접한 업무관련성이 있는 기관에 취업이 제한된다.

(4) 심사: 취업 전 퇴직 당시 소속되었던 기관의 장을 거쳐 공직자윤리위원회의 업무관련성 유무 확인, 취업승인

(5) 적용 제외: 변호사 · 회계사 · 세무사 자격증 소지자가 관련 업체로 취업하는 경우는 취업심사 없이 취업 가능하다(변호사 → 법무법인 등, 회계사 → 회계법인, 세무사 → 세무법인, 그러나 재산공개대상자는 자격증이 있더라도 사전 취업심사 대상임).

(6) 위반 시 제재

① 퇴직공직자가 공직자윤리위원회의 취업제한 심사 결정에도 불구하고 해당 업체로 취업하거나 취업상태를 유지하는 위반자에 대해 해임을 요구하여야 한다.

② 해임요구를 거부한 취업제한기관의 장에게 1천만 원 이하의 과태료 부과

③ 관할 공직자윤리위원회는 해당인에 대해 고발조치

④ 취업제한 위반의 죄(공직자윤리법 제29조): 2년 이하의 징역 또는 2천만 원 이하의 벌금에 처한다.

2. 퇴직공직자 업무취급 제한

(1) 본인이 직접 처리한 업무: 재직 중 본인이 직접 처리한 공직자윤리법 제17조 제2항 각 호의 업무를 특별한 규정이 있는 경우를 제외하고는 퇴직 후에 취급할 수 없다.

① 적용대상: 모든 공무원 또는 공직유관단체 임직원

② 기간: 영구적 취급제한

③ 위반 시 제재(공직자윤리법 제29조): 2년 이하의 징역 또는 2천만 원 이하의 벌금에 처한다.

(2) 기관업무기준 취업심사대상자 업무취급 금지

① 대상: 기관업무기준 취업심사대상자(재산공개의무대상자 등)

② 내용: 퇴직 전 2년부터 퇴직할 때까지 근무한 기관이 취업한 취업제한기관에 대해 처리하는 제17조 제2항 각 호의 업무 취급 금지

③ 위반 시 제재(공직자윤리법 제30조): 업무를 취급하는 경우 5천만 원 이하의 과태료

3. 퇴직공직자 등에 대한 행위제한(부정한 청탁 · 알선행위 금지)

(1) 퇴직한 모든 공무원과 공직유관단체의 임직원(이하 "퇴직공직자"라 한다)은 본인 또는 제3자의 이익을 위하여 퇴직 전 소속 기관의 공무원과 임직원(이하 "재직자"라 한다)에게 법령을 위반하게 하거나 지위 또는 권한을 남용하게 하는 등 공정한 직무수행을 저해하는 부정한 청탁 또는 알선을 해서는 아니 된다(공직자윤리법 제18조의4 제1항).

(2) 재직자는 퇴직공직자로부터 직무와 관련한 청탁 또는 알선을 받은 경우 이를 소속 기관의 장에게 신고하여야 한다(공직자윤리법 제18조의4 제2항).

(3) 누구든지 퇴직공직자가 재직자에게 청탁 또는 알선을 한 사실을 알게 된 경우 해당 기관의 장에게 신고할 수 있다(공직자윤리법 제18조의4 제3항).

PART

5

재무행정론

재정과 재정 관련 법

[1] 우리나라 예산 관련 법률 - 헌법

01

13 기출

다음 예산 관련 내용 중 헌법 규정사항이 아닌 것은?

① 예산총계주의
② 계속비
③ 예비비
④ 추가경정예산

해설

정답 ①

① 예산총계주의는 국가재정법 제17조에 의해 규정된다.

> **제17조【예산총계주의】**
> ① 한 회계연도의 모든 수입을 세입으로 하고, 모든 지출을 세출로 한다.
> ② 제53조에 규정된 사항을 제외하고는 세입과 세출은 모두 예산에 계상하여야 한다.

오답의 이유

② 계속비: 한 회계연도를 넘어 계속하여 지출할 필요가 있을 때에는 정부는 연한을 정하여 계속비로서 국회의 의결을 얻어야 한다(헌법 제55조 제1항).

③ 예비비: 예비비는 총액으로 국회의 의결을 얻어야 한다. 예비비의 지출은 차기국회의 승인을 얻어야 한다(헌법 제55조 제2항).

④ 추가경정예산: 정부는 예산에 변경을 가할 필요가 있을 때에는 추가경정예산안을 편성하여 국회에 제출할 수 있다(헌법 제56조).

02

다음 중 정부의 예산과 관련하여 옳지 않은 것은?

① 헌법은 정부가 회계연도마다 예산안을 편성하여 회계연도 개시 90일 전까지 국회에 제출하여야 한다고 규정한다.

② 지방세는 조세법률주의에 대한 예외로서 구체적인 부과 · 징수에 관한 사항을 조례로 정할 수 있다.

③ 국고채무부담행위에 대한 국회의 의결은 국가로 하여금 다음 연도 이후에 지출할 수 있는 권한과 채무를 부담할 권한을 부여한다.

④ 예비비는 기획재정부가 관리하지만 지출한 금액과 예산과목은 국회의 사후 승인을 얻어야 한다.

해설　　　　　　　　　　　　　　　　　　　　　　　　　　　　　　정답 ③

③ 국고채무부담행위에 대한 국회의 의결은 국가로 하여금 다음 연도 이후에 지출할 수 있는 권한까지 부여하는 것은 아니고, 채무를 부담할 권한만을 부여하는 것이므로 채무부담과 관련한 지출에 대해서는 다시 국회의 의결을 얻어야 한다.

오답의 이유

① 헌법 제54조에서는 정부가 예산안을 회계연도 개시 90일 전까지 국회에 제출할 것을 규정하고 있다. 그러나 개정된 국가재정법 제33조에서는 정부가 예산안을 회계연도 개시 120일 전까지 국회에 제출하여야 한다고 규정하고 있다.

끝장이론 ···

1. 헌법

(1) 헌법은 국가재정에 관한 최상위 법원(法源)으로서 국가 재정기능에 대한 원칙적인 사항들을 규정하고 있다.

(2) 헌법은 국민의 대표기관인 국회가 제정한 법률과 국회의 통제 하에 국가의 재정활동이 이루어져야 한다는 재정민주주의를 선언하고 있고, 조세법률주의 · 예산의결원칙 등을 규정하고 있다.

2. 재정 관련 헌법 내용

(1) 납세의무(제38조)와 조세법률주의(제59조)

① 헌법 제38조: 모든 국민은 법률이 정하는 바에 의하여 납세의 의무를 진다.

② 헌법 제59조: 조세의 종목과 세율은 법률로 정한다.

(2) 국회의 예산안 및 추가경정예산안의 심의 · 확정권(제54조, 제56조)

① 국회는 국가의 예산안을 심의 · 확정한다.

② 정부는 회계연도마다 예산안을 편성하여 회계연도 개시 90일 전까지 국회에 제출하고, 국회는 회계연도 개시 30일 전까지 이를 의결하여야 한다.

③ 정부는 예산에 변경을 가할 필요가 있을 때에는 추가경정예산안을 편성하여 국회에 제출할 수 있다.

(3) 계속비에 대한 국회의 의결권(제55조 제1항): 한 회계연도를 넘어 계속하여 지출할 필요가 있을 때에는 정부는 연한을 정하여 계속비로서 국회의 의결을 얻어야 한다.

(4) 예비비 설치에 관한 의결권과 그 지출승인권(제55조 제2항): 예비비는 총액으로 국회의 의결을 얻어야 한다. 예비비의 지출은 차기국회의 승인을 얻어야 한다.

(5) 국채의 모집과 예산외에 국가의 부담이 될 계약의 체결에 대한 의결권(제58조): 국채를 모집하거나 예산외에 국가의 부담이 될 계약을 체결하려 할 때에는 정부는 미리 국회의 의결을 얻어야 한다.

(6) 재정적 부담을 지우는 조약의 체결 · 비준에 대한 동의권(60조): 국회는 상호원조 또는 안전보장에 관한 조약, 중요한 국제조직에 관한 조약, 우호통상항해조약, 주권의 제약에 관한 조약, 강화조약, 국가나 국민에게 중대한 재정적 부담을 지우는 조약 또는 입법사항에 관한 조약의 체결 · 비준에 대한 동의권을 가진다.

(7) 국가의 세입 · 세출 결산을 위한 감사원 설치규정(제97조): 국가의 세입 · 세출의 결산, 국가 및 법률이 정한 단체의 회계검사와 행정기관 및 공무원의 직무에 관한 감찰을 하기 위하여 대통령 소속하에 감사원을 둔다.

(8) 감사원의 결산검사(제99조): 감사원은 세입 · 세출의 결산을 매년 검사하여 대통령과 차년도국회에 그 결과를 보고하여야 한다.

[2] 우리나라 예산 관련 법률 - 국가재정법

03

18 기출

국가재정법상 추가경정예산안의 편성사유가 아닌 것은?

① 전쟁이나 대규모 재해가 발생한 경우
② 경기침체, 대량실업, 남북관계의 변화, 경제협력과 같은 대내 · 외 여건에 중대한 변화가 발생하였거나 발생할 우려가 있는 경우
③ 세계잉여금이 남았을 때
④ 법령에 따라 국가가 지급하여야 하는 지출이 발생하거나 증가하는 경우

해설　　　　　　　　　　　　　　　　　　　　　　　　　　　　　　**정답 ③**

③ 세계잉여금이 남았을 때는 추가경정예산안의 편성사유에 해당하지 않는다.

04

15 기출

다음 중 우리나라의 예산에 대한 설명으로 옳지 않은 것은?

① 정부는 재정건전성의 확보를 위하여 최선을 다하여야 한다.
② 한 회계연도의 모든 수입을 세입으로 하고, 모든 지출을 세출로 한다.
③ 중앙관서의 장은 다른 법률에 특별한 규정이 있는 경우를 제외하고는 그 소관 수입을 국고에 납입하여야 하며 이를 직접 사용하지 못한다.
④ 조세의 종목과 세율은 각 자치단체별로 행정규칙으로 정한다.

④ 조세의 종목과 세율은 헌법 제59조에 의거하여 법률로 정한다(조세법률주의). 단, 지방세는 조세법률주의의 예외로써 각 지방자치단체가 세목, 과세대상, 세율 등을 조례로 정한다. 하지만 지방자치단체에 지방세에 대한 자율권이 있음에도, 그 범위를 지방세기본법 또는 지방세관계법 운영 예규 등에서 한정하고 있다.

오답의 이유

① 국가재정법 제86조

> **제86조 【재정건전화를 위한 노력】**
> 정부는 건전재정을 유지하고 국가채권을 효율적으로 관리하며 국가 채무를 적정수준으로 유지하도록 노력하여야 한다.

② 국가재정법 제17조

> **제17조 【예산총계주의】**
> ① 한 회계연도의 모든 수입을 세입으로 하고, 모든 지출을 세출로 한다.

③ 국고금 관리법 제7조

> **제7조 【수입의 직접 사용 금지 등】**
> 중앙관서의 장은 다른 법률에 특별한 규정이 있는 경우를 제외하고는 그 소관 수입을 국고에 납입하여야 하며 이를 직접 사용하지 못한다.

끝장이론

1. 국가재정법

(1) 헌법의 재정 조항(재정헌법)을 구체화한 법이며, 국가재정의 기본법이다.

(2) 이 법은 재정운용의 일반원칙, 예산 및 기금의 편성 · 집행 · 결산 · 성과관리 및 국가채무 등에 대해 규정하고 있다.

2. 국가 재정법의 주요 내용

(1) 국가재정운용계획의 수립

(2) 성과 중심의 재정운용

(3) 주요 재정정보의 공표

(4) 회계 및 기금 간 여유재원의 신축적인 운용

(5) 성인지 예 · 결산제도의 도입

(6) 예비비의 계상 한도 등

(7) 조세지출예산서의 도입

(8) 예산 총액배분자율편성제도의 도입

(9) 국가채무관리계획의 수립

(10) 총사업비관리제도 및 예비타당성조사 등의 도입

(11) 기금운용계획의 변경 가능 범위축소

(12) 재정건전화 원칙

> **국가재정법 제16조(예산의 원칙)**
>
> 정부는 예산을 편성하거나 집행할 때 다음 각 호의 원칙을 준수하여야 한다.
>
> 1. 정부는 재정건전성의 확보를 위하여 최선을 다하여야 한다.
> 2. 정부는 국민부담의 최소화를 위하여 최선을 다하여야 한다.
> 3. 정부는 재정을 운용할 때 재정지출 및 조세특례제한법 제142조의2 제1항에 따른 조세지출의 성과를 제고하여야 한다.
> 4. 정부는 예산과정의 투명성과 예산과정에의 국민참여를 제고하기 위하여 노력하여야 한다.
> 5. 정부는 예산이 여성과 남성에게 미치는 효과를 평가하고, 그 결과를 정부의 예산편성에 반영하기 위하여 노력하여야 한다.
>
> **국가재정법 제86조(재정건전화를 위한 노력)**
>
> 정부는 건전재정을 유지하고 국가채권을 효율적으로 관리하며 국가채무를 적정수준으로 유지하도록 노력하여야 한다.
>
> **국가재정법 제17조(예산총계주의)**
>
> ① 한 회계연도의 모든 수입을 세입으로 하고, 모든 지출을 세출로 한다.
> ② 제53조에 규정된 사항을 제외하고는 세입과 세출은 모두 예산에 계상하여야 한다.

(13) 추가경정예산안 편성사유의 제한

> **국가재정법 제89조(추가경정예산안의 편성)**
>
> ① 정부는 다음의 어느 하나에 해당하게 되어 이미 확정된 예산에 변경을 가할 필요가 있는 경우에는 추가경정예산안을 편성할 수 있다.
>
> 1. 전쟁이나 대규모 재해가 발생한 경우
> 2. 경기침체, 대량실업, 남북관계의 변화, 경제협력과 같은 대내·외 여건에 중대한 변화가 발생하였거나 발생할 우려가 있는 경우
> 3. 법령에 따라 국가가 지급하여야 하는 지출이 발생하거나 증가하는 경우
> ② 정부는 국회에서 추가경정예산안이 확정되기 전에 이를 미리 배정하거나 집행할 수 없다.

(14) 세계잉여금을 국가 채무상환에 우선 사용

(15) 불법 재정지출에 대한 국민감시제도의 도입

(16) 국세감면율 제한

[1] 예산의 정의와 기능

01

다음의 예산의 기능 중 쉬크(A. Schick)가 강조하였으며 통제 기능, 관리적 기능, 계획 기능으로 구분되는 것은?

① 경제적 기능 ② 정치적 기능 ③ 법적 기능 ④ 행정적 기능

해설   정답 ④

④ 예산의 기능은 크게 정치적 기능, 법적 기능, 경제적 기능, 행정적 기능으로 분류할 수 있으며, 쉬크(A. Schick)가 제시한 통제적 기능, 관리적 기능, 계획적 기능으로 구분될 수 있는 기능은 행정적 기능에 해당한다.

끝장이론 ....

1. 예산의 의의

(1) 실질적 의미: 1회계연도 동안의 국가의 세입과 세출의 내용을 담고 있는 계획서를 말한다.

(2) 형식적 의미의 국가재정법: 예산은 정부가 회계연도마다 작성하여 국회에 제출하고, 국회가 심의·확정한 것으로, 예산총칙·세입세출예산·계속비·명시이월비 및 국고채무부담행위로 구성된 1회계연도 동안의 국가 재정활동계획이다.

(3) 예산의 특성

① 예산결정은 사실판단과 가치판단의 이중결정으로 이루어져 있다.

② 예산은 목적을 효율적으로 달성해야 하는 경제적·합리적 측면과 현실적으로는 배분 과정에서 서로 많은 몫을 차지하려는 참여자들 간의 정치권력적 측면이 모두 작용한다.

③ 행정부의 관리도구로서 공공사업과 서비스를 제공하는 방법과 수단일 뿐만 아니라 정부활동을 효율성과 공평성 측면에서 평가하는 기준이다.

④ 국회의 사전심의 등을 통하여 공무원의 책임성을 확보하기 위한 회계도구이다.

⑤ 예산은 지출항목으로 표시된 금액을 가지고 인력과 물자를 조달해 어떤 일정한 일을 하면 어떤 결과가 나올 것이라는 인과관계의 설명이다.

⑥ 예산은 다양한 정책과 관련된 정보를 창출하는 도구로서의 기능을 갖는다.

⑦ 예산은 정부정책 중 가장 보수적인 영역이다. 따라서 예산은 전년 대비 일정 비율의 변화에 국한되는 점증주의적 성격이 강하게 나타난다.

⑧ 정부 정책의 회계적 표현이다.

2. 예산의 기능

(1) 정치적 기능(윌다브스키, A. Wildavsky): 예산은 입법부 · 행정부 · 정당 · 압력단체 등 다양한 이해관계의 갈등 · 투쟁 · 타협 · 협상 · 조정과정을 통해 결정된다. 이러한 다양한 이해관계의 조정과정에서 예산결정은 정치적 성격을 지닌다.

(2) 법적 기능: 입법부가 행정부에 대하여 재정권을 부여한 형식이므로 국민의 대표기관인 국회가 심의 · 확정한 범위 내에서만 지출할 수 있다. 이는 예산이 정부에 대해 법적 구속력을 가질 뿐만 아니라 정부예산 사용에 대한 안정성과 예측가능성을 높일 수 있다.

(3) 경제적 기능(머스그레이브, R. Musgrave)

① 자원배분기능: 예산을 통해 시장실패를 교정하고 재화와 용역의 사회적 최적 생산과 최적 소비수준이 이루어지도록 하는 기능을 말한다.

② 소득재분배기능: 빈부의 격차를 해소하는 기능을 말한다.

③ 경제안정기능: 예산은 거시경제의 운영에서 총수요를 조절함으로써 경기를 안정화시키는 기능을 수행한다. **예** 불황(총수요 확대), 과열(총수요 축소)

④ 경제성장 촉진기능: 특정산업 육성이나 사회간접자본 건설 등의 방식으로 경제성장을 촉진하는 것을 의미하고 주로 후진국에서 강조되는 예산의 기능이며, 머스그레이브가 제시한 기능은 아니다.

(4) 행정적 기능(쉬크(A. Schick), 라빈과 린치(Rabin & Lynch))

① 통제기능: 예산은 행정부의 재정활동에 대하여 민주적으로 통제하는 역할을 수행한다. **예** 품목별 예산제도

② 관리기능: 예산은 자원을 능률적으로 활용 · 관리하도록 하는 역할을 수행한다. **예** 성과주의 예산제도

③ 계획기능: 단기적인 예산을 통해 장기적인 행정부 계획을 뒷받침하는 기능을 수행한다. **예** 계획예산제도

④ 참여적 기능: 구성원의 참여에 의한 예산 운영을 강조한다. **예** 목표예산

⑤ 감축기능: 정부실패 이후 예산감축을 위해 사업의 우선순위에 따라 원점에서 예산을 배분하는 기능이 있다. **예** 영기준 예산

---

[2] 전통적 예산의 원칙

02

다음 중 한정성 예산원칙의 예외에 해당하는 것으로만 묶인 것은?

㉠ 이용과 전용	㉡ 기금
㉢ 신임예산	㉣ 예비비

① ㉠, ㉡   ② ㉠, ㉣

③ ㉡, ㉢   ④ ㉡, ㉣

해설

정답 ②

② ㉠ · ㉣ 이용과 전용, 예비비는 예산의 용도(목적) 외 사용을 금지하는 질적 한정성의 예외이다.

오답의 이유

㉡ 기금은 예산 단일성의 원칙과 통일성의 원칙의 예외에 해당한다.

㉢ 신임예산은 공개성의 원칙의 예외에 해당한다.

03

`19 추 기출`

다음 중 예산 통일성 원칙의 예외로 옳지 않은 것은?

① 추가경정예산

② 특별회계

③ 수입대체경비

④ 기금

해설

정답 ①

① 추가경정예산은 예산의 단일성, 한정성의 원칙의 예외이다.

04

`16 기출`

다음 중 전통적 예산원칙의 내용으로 틀린 것은?

① 이용: 한정성의 원칙에 대한 예외

② 추가경정예산: 통일성의 원칙에 대한 예외

③ 전용: 사전의결의 원칙에 대한 예외

④ 기금: 완전성의 원칙에 대한 예외

해설

정답 ②

통일성의 원칙(국고통일주의 원칙)은 특정한 세입과 세출이 바로 연계됨이 없이 국고가 하나로 통일되어야 한다는 원칙이다. 예외로는 목적세, 수입대체경비, 특별회계, 기금 등이 있다.

② 추가경정예산은 통일성의 원칙에 대한 예외에 해당하지 않는다.

05

11 기출

전통적 예산원칙 중 다음 〈보기〉에 해당하는 원칙은?

| 보기 |

예산은 주어진 사용목적·금액 및 기간에 따라 한정된 범위 내에서 집행되어야 한다.

① 통일성의 원칙　　　　　　　　② 한정성의 원칙

③ 정확성의 원칙　　　　　　　　④ 사전승인의 원칙

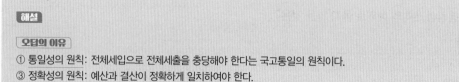

해설　　　　　　　　　　　　　　　　　　　　　　　정답 ②

오답의 이유

① 통일성의 원칙: 전체세입으로 전체세출을 충당해야 한다는 국고통일의 원칙이다.

③ 정확성의 원칙: 예산과 결산이 정확하게 일치하여야 한다.

④ 사전승인의 원칙: 예산은 집행하기 전에 국회의 의결을 받아야 한다.

06

10 기출

다음 중 입법부 우위의 예산원칙으로 적절하지 않은 것은?

① 예산 공개의 원칙　　　　　　　② 예산 완전성의 원칙

③ 예산 통일의 원칙　　　　　　　④ 예산 다원적 절차의 원칙

해설　　　　　　　　　　　　　　　　　　　　　　　정답 ④

④ 현대적 예산원칙인 행정부 우위의 예산원칙에 해당한다.

07

06 기출

다음 중 노이마르크(F. Neumark)가 제시한 예산의 원칙으로 적절하지 않은 것은?

① 보고의 원칙　　　　　　　　　② 예산통일의 원칙

③ 예산사전의결의 원칙　　　　　④ 예산공개의 원칙

해설　　　　　　　　　　　　　　　　　　　　　　　정답 ①

① 보고의 원칙은 스미스(H. D. Smith)가 제시한 현대적 예산원칙 중에 하나이다.

1. 전통적 예산의 원칙-입법부 우위의 원칙(F. Neumark)

입법국가 시대에 강조된 예산의 원칙으로, 행정부에 대한 국회의 통제를 강조하는 예산의 원칙이다.

2. 전통적 예산 원칙의 특징과 예외

전통적 예산원칙		특징	예외
공개성		예산과정이 국민에게 공개되어야 한다.	정보비, 신임예산
명확성 · 명료성		국민과 국회가 이해하기 쉽게 수입 · 지출 근거와 용도가 명확하게 구분되어야 한다.	총괄(총액)예산, 신임예산, 예비비
엄밀성 · 정확성		예산과 결산이 일치되어야 한다.	예산의 신축성 확보장치로 인한 예산과 결산 간 불일치 초래
한정성	양적 한정성	금액한도 제한	추가경정예산, 예비비
	질적 한정성	비용의 용도 · 목적 제한	이용, 전용
	시간적 한정성	회계연도 독립의 원칙, 예산1년주의	이월(명시이월 · 사고이월), 국고채무부담행위, 계속비, 과년도수입 · 과년도지출, 긴급배정, 조상충용
통일성		예산은 특정세입을 특정세출에 연계하면 안 된다는 원칙(정부의 모든 수입은 하나로 합쳐져서 지출되어야 한다는 원칙으로 수입금 직접 사용 금지의 원칙이라고도 함)	기금, 특별회계, 수입대체경비, 수익금마련지출, 목적세
완전성 · 예산총계주의		예산에는 모든 세입과 세출이 빠짐 없이 계상되어야 한다는 원칙	순계예산, 기금, 현물출자, 수입대체경비의 초과수입의 초과지출, 전대차관, 차관물자대 등
단일성		예산은 구조면에서 단일(하나)해야 한다.	특별회계, 기금, 추가경정예산
사전의결		예산의 성립 · 집행 · 변경 시 국회의 사전의결을 얻어야 한다.	준예산, 사고이월, 전용, 이체, 예비비(이견 있음), 긴급재정경제명령 · 처분

08

18 기출

다음 중 스미스(H. D. Smith)가 주장한 현대적 예산 원칙에 해당하지 않는 것은?

① 보고의 원칙

② 적절한 수단구비의 원칙

③ 행정부책임의 원칙

④ 명확성의 원칙

> **해설** 　　　　　　　　　　　　　　　　　　　　　　　　　　　　　　　　　　　정답 ④
>
> ④ 명확성의 원칙은 전통적 예산의 원칙에 해당된다.

09

11 기출

다음 예산의 원칙 중 성격이 다른 하나는?

① 완전성의 원칙

② 단일성의 원칙

③ 책임의 원칙

④ 공개성의 원칙

> **해설** 　　　　　　　　　　　　　　　　　　　　　　　　　　　　　　　　　　　정답 ③
>
> ③ 책임의 원칙은 현대적 예산원칙에 해당한다. 즉, 정부가 예산을 쓸 때 책임을 지고 경제적으로 운영해야 한다는 원칙으로,
> 행정부는 가장 효율적이고 경제적인 방법으로 예산 금액을 지출할 책임이 있다는 원칙이다.
>
> **오답의 이유**
>
> ① · ② · ④ 전통적 예산원칙에 해당한다.
>
> ① 완전성의 원칙: 국가의 모든 수입과 지출은 예산과목에 편성되어야 한다.
>
> ② 단일성의 원칙: 예산은 구조면에서 단수이어야 한다.
>
> ④ 공개성의 원칙: 예산과 결산은 국민에게 모두 공개되어야 한다.

1. 현대적 예산의 원칙-행정부 우위의 원칙(Smith)

행정국가 시대에 강조된 예산의 원칙으로, 행정부의 재량과 융통성을 강조하는 예산의 원칙이다.

2. 현대적 예산 원칙의 특징

행정부 책임의 원칙	행정부가 경제적 · 효율적으로 예산을 집행할 책임을 진다(합법성보다 효과성 · 능률성 중시).
상호교류적 예산기구 원칙	중앙예산기구와 각 부처 예산기구는 상호교류적 관계에 있으며, 양자 사이에는 활발한 상호작용과 의사소통을 통해 능률적 · 적극적인 협력관계가 확립되어 있어야 한다는 원칙이다.
보고의 원칙	예산과정은 선례 · 관습보다 각 수요기관이 제출한 정확한 재정보고 및 업무보고를 참고로 편성 · 심의 · 관리한다.
다원적 절차의 원칙	정부예산은 행정의 효율성을 제고하기 위해 정부 사업의 성격에 따라 일반회계 외에 특별회계, 기금 등과 같은 서로 다른 다양한 제도에 의해 운영되어야 한다는 원칙이다.
적절한 수단 구비의 원칙	예산의 효과적 이용을 위하여 유능한 공무원이 배치된 예산기관, 분기별 배정계획, 준비금제도 등의 수단을 강구해야 한다. 재정 통제수단과 신축성 유지수단이 마련되어야 한다.
시기신축성의 원칙	상황변화에 따라 사업계획 실시 시기를 행정부가 신축적으로 조정(이월 · 계속비 · 과년도수입)한다.
행정부 재량의 원칙	행정부에게 예산집행의 재량성을 부여(총괄예산, 지출통제예산)한다.
행정부 계획의 원칙	예산은 행정수반의 정치적인 계획을 반영한 것으로 행정수반의 감독 하에 편성해야 하며, 사업 계획과 예산편성을 유기적으로 연계해야 한다는 원칙이다.

[4] 예산의 종류

10

19⊕기출

다음 중 우리나라 특별회계에 대한 설명으로 옳지 않은 것은?

① 특별회계는 법률로써 설치하되, 국가재정법에 규정된 개별 법률에 의하지 아니하고는 이를 설치할 수 없다.
② 재정팽창을 예방할 수 있다.
③ 단일성의 원칙과 통일성의 원칙의 예외이다.
④ 출연금, 부담금 등을 재원으로 한다.

해설

정답 ②

② 우리나라의 특별회계는 재정팽창의 수단이다.

1. 일반회계

(1) 개념: 국가의 중심회계로서 정부의 모든 조세수입 등을 주요 세입으로 하여 국가의 일반적인 세출에 충당하기 위해 설치하며, 기본적인 국가 고유활동과 주요 재정활동은 일반회계를 통하여 처리된다.

(2) 특징

① 세입: 조세수입이 90% 이상을 차지한다.

② 세출: 국가사업을 위한 기본적인 경비지출로 구성된다.

③ 예산 통일성의 원칙과 예산 단일성의 원칙에 입각해 있다.

2. 특별회계

(1) 개념: 국가에서 특정한 사업을 운영하고자 할 때, 특정한 자금을 보유하여 운영하고자 할 때, 특정한 세입으로 특정한 세출에 충당함으로써 일반회계와 구분하여 계리할 필요가 있을 때에 법률로 설치하는 회계를 말한다.

(2) 특징

① 수입원: 국민의 세금이 아닌 별도의 특정한 수입이 재원이 된다. 주로 정부부처형 공기업의 사업소득이나 책임운영기관의 사업소득, 부담금, 수수료 등과 일반회계의 전입금이 재원이 된다.

② 단일성의 원칙과 통일성의 원칙의 예외이다.

③ 일반회계와 같이 국회의 통제대상이지만, 세부적인 측면에서 일반회계보다 신축성과 자율성이 높다.

(3) 특별회계의 문제점

① 예산구조의 복잡화(방만한 재정운영)

② 예산통제의 어려움

③ 재정운영의 칸막이 현상 야기

④ 재정팽창의 수단

3. 기금

(1) 개념: 국가가 특정한 목적을 위하여 특정한 자금을 신축적으로 운용할 필요가 있을 때 법률로써 설치하는 것을 말하고, 예산원칙의 일반적인 제약으로부터 벗어나 재정을 탄력적으로 운영하기 위해 설치된 특정자금이다(단일성, 통일성, 완전성 원칙의 예외).

(2) 법률에 의해서만 기금 설치 가능: 기금의 설치 근거를 법률에 한정하는 예외적인 재정운영 형태로, 기금이 과다하게 설치·운영됨에 따른 방만하고 비효율적인 재정운영을 방지하기 위해 기금신설을 억제하는 데 그 목적이 있다.

(3) 기금 운용의 특수성

① 기금은 세입세출예산에 의하지 아니하고 운용할 수 있다. 이는 국가의 특정 목적을 효율적으로 달성하기 위해 세입세출예산의 엄격성을 완화하여 탄력적으로 대처하기 위한 것이다.

② 예산과 달리 기금의 경우 배정요구 절차 없이 기금관리주체가 확정된 기금운용계획에 따라 기금의 월별 수입 및 지출계획서를 작성하여 기획재정부장관에게 제출하게 된다.

③ 세출예산과 달리 기금의 경우, 연도 내에 지출원인행위를 하고 불가피한 사유로 연도 내에 지출하지 못한 금액에 대해서만 다음 연도에 이월하여 사용할 수 있도록(사고이월) 예외적인 경우를 마련하고 있다. 이 경우 기금관리주체는 이월명세서를 작성하여 다음 연도 1월 31일까지 기획재정부장관과 감사원에 각각 송부하면 된다. 기금은 불가피한 사유로 미사용 시, 보다 신축적으로 다음 연도 기금운용계획에 다시 편성하여 자체적으로 운용할 수 있다.

(4) 기금의 과정

① 기금관리주체의 기금운용계획안 수립

② 기획재정부장관과 운용주체간의 협의 · 조정

③ 국회의 심의 · 의결로 확정

[5] 재정정책 관련 예산제도 - 조세지출예산제도

11

20 ❾ 기출

조세지출예산제도에 대한 설명으로 옳지 않은 것은?

① 비과세, 감면 등의 세제혜택을 통해 포기한 액수를 조세 지출이라 한다.

② 지방재정에는 지방세지출제도가 도입되지 않았다.

③ 조세지출의 내용과 규모를 주기적으로 공표해 관리하는 제도이다.

④ 국가재정법에 따라 조세지출예산서를 작성해 국가에 보고한다.

해설   정답 ②

② 우리나라는 중앙정부차원에서 2011년 회계연도부터 조세지출예산제도를 도입하여 시행하고 있으며, 지방정부 역시 2010년 회계연도부터 지방세지출예산제도를 도입하여 시행하고 있다.

끝장이론 ·····································

1. 조세지출예산제도

(1) 조세지출의 개념

① 조세감면 · 비과세 · 소득공제 · 세액공제 · 우대세율적용 또는 과세이연 등 조세특례의 방식으로 재정을 지원하는 것으로, 조세특례에 의하여 납세자의 세금부담 경감을 목적으로 발생하는 국가세입의 감소이다.

② 조세지출은 동일한 액수만큼의 보조금을 준 것과 같다는 의미에서 '숨은 보조금(Hidden Subsidies)'이라 부르기도 한다.

(2) 조세지출예산의 개념: 조세지출의 무분별한 확장은 과세(課稅)의 공평성을 저해하고, 국가재정의 건전성을 침해할 수 있는바, 조세특례제한법은 조세특례제한법 및 국세기본법, 조약 그리고 조세특례제한법이 명시한 법률 외에는 조세특례를 정할 수 없도록 규정하고, 조세특례 유형별로 요건을 엄격히 명시하고 있으며, 조세지출 예산서 작성을 통해 조세특례를 통한 재정지원을 세출예산의 기능별 분류에 따라 작성 · 공표함으로써 세출예산과 연계하여 재정운용의 투명성을 제고하도록 하였다.

2. 조세지출예산제도의 특징

(1) 연원: 조세지출예산제도는 1959년 서독에서 최초로 도입되었다. 우리나라는 중앙정부차원에서 2011년 회계연도부터 조세지출예산제도를 도입하여 시행하고 있으며, 지방정부 역시 2010년 회계연도부터 지방세지출예산제도를 도입하여 시행하고 있다.

(2) 조세지출의 특징

① 조세감면은 정부가 징수해야 할 조세를 받지 않고 그만큼 보조금으로 지급한 것과 같은 경제적 효과를 내므로 형식은 조세이지만 실질은 지출이다.

② 합법적인 세수손실만을 의미하며, 불법적인 탈세 등은 포함되지 않는다.

③ 법률에 따라 집행될 뿐만 아니라 눈에 잘 띄지 않아 예산지출에 비하여 지속성과 경직성이 높다.

④ 특정 사업을 육성하기 위한 유효한 정책수단 중에 하나이다.

⑤ 조세지출 항목의 선정에 있어 관료들의 자의적인 판단이 개입될 수 있다.

⑥ 조세납부액이 적은 저소득층에게 더 불리할 수 있다.

(3) 한계: 조세지출은 보조금의 성격을 갖고 있고, 조세지출예산은 이를 알 수 있는 근거자료를 제공하므로 개방된 국제무역 환경에서 무역마찰을 야기할 소지가 있다.

[6] 재정정책 관련 예산 - 성인지 예산 · 결산제도

12

19 기출

다음 중 성인지예산에 대한 설명으로 옳지 않은 것은?

① 여성위주의 예산편성과 집행으로 성평등에 기여한다.

② 성인지예산의 적용범위에는 기금(基金)도 포함된다.

③ 성별영향분석평가는 정책이 성평등에 미칠 영향을 사전에 분석한다.

④ 예산의 편성, 심의, 집행, 결산 과정에 모두 적용된다.

> **해설**
> 정답 ①
>
> ① 성인지예산은 여성위주의 예산편성과 집행을 목표로 하지 않는다. 기존의 예산이 성평등에 미치던 영향을 분석하여 궁극적으로 남녀 간 적극적인 결과의 평등을 구현하려는 것을 목표로 한다.
>
> **오답의 이유**
>
> ② 성인지예산의 적용범위에는 예산과 기금(基金)이 모두 포함된다.
>
> ③ 성별영향분석평가는 성별영향분석평가법에 의거해 중앙정부와 지방자치단체장이 정책이 성평등에 미칠 영향을 사전에 분석하여 예산과 기금에 반영하는 제도이다.
>
> ④ 성인지예산은 예산안과 결산안을 별도로 심사하지 않고, 예산안과 결산안의 부속서류를 포함시켜 예산의 편성, 심의, 집행, 결산 과정에 모두 적용된다.

1. 성인지 예산 · 결산제도

(1) 개념: 예산이 여성과 남성에게 미칠 영향을 미리 분석하여 이를 예산편성에 반영 · 집행하고, 여성과 남성이 동등하게 예산의 수혜를 받고 예산이 성차별을 개선하는 방향으로 집행되있는지를 평가하여 다음 연도 예산편성에 반영하려는 것이다.

(2) 도입

① **외국:** 호주 정부가 1984년에 처음으로 채택했다.

② **우리나라의 중앙정부:** 2010년 회계연도부터 성인지 예산서 및 결산서를 작성 · 제출하도록 규정했다

③ **우리나라의 지방정부:** 2013년 회계연도부터 지방의회에 제출하는 예산안에 첨부하도록 한다.

(3) 성인지 예산의 특징: 성인지 예산은 여성만을 위한 별도의 예산을 의미하는 것이 아니며, 성중립적으로 보이는 국가재정 지출을 남성과 여성의 수요를 분석하여 예산이 기존의 성불평등에 미치는 영향을 파악하고, 국가의 재원이 평등하고 효율적으로 배분될 수 있도록 분석결과를 예산과정에 반영하는 것이라 할 수 있다.

2. 성인지 예산 · 결산제도의 법적 근거 및 기대효과

(1) 법적 근거: 국가재정법은 예산이 성평등을 제고하는 방향으로 시행될 수 있도록 성별 수혜분석과 성과목표 설정을 통해 예산이 여성과 남성에게 미칠 영향을 미리 분석한 '성인지 예산서의 작성(국가재정법 제26조)'과 여성과 남성이 동등하게 예산의 수혜를 받았는지 또한 성평등을 제고하는 방향으로 사업(예산)이 집행되었는지를 평가하는 '성인지 결산서의 작성(국가재정법 제57조)'을 규정하고 있다.

(2) 성인지 예산제도의 기대효과

① 여성과 남성의 서로 다른 정책수요를 고려하여 예산을 편성함으로써 성별 격차를 감소시키고 자원을 공정하게 분배할 수 있다.

② 여성과 남성의 서로 다른 욕구에 대응하여 예산을 배분함으로써 양질의 효과적인 서비스를 제공할 수 있다.

③ 편성, 심의, 집행, 평가 등 모든 예산과정에서 정책효과를 고려함으로써 공공예산에 대한 보다 투명한 이해를 가능하게 한다.

④ 모든 예산의 성평등 효과를 분석하고 적절한 대안을 모색함으로써 실질적인 양성평등 실현에 기여할 수 있다.

13

12 기출

다음 중 우리나라에서 시행 중인 예산제도가 아닌 것은?

① 가예산

② 예비타당성조사

③ 주민참여예산제도

④ 성인지예산제도

> **해설**
>
> 정답 ①
>
> ① 가예산은 예산불성립 시 제1공화국에서 사용했던 예산제도로서 지금은 준예산을 채택하고 있다. 아직 준예산이 실제로 사용된 적은 없다.
>
> **오답의 이유**
>
> ② 국가재정법 제38조
>
> > **제38조 【예비타당성조사】**
> > ① 기획재정부장관은 총사업비가 500억 원 이상이고 국가의 재정지원 규모가 300억 원 이상인 신규 사업으로서 다음 각 호의 어느 하나에 해당하는 대규모사업에 대한 예산을 편성하기 위하여 미리 예비타당성조사를 실시하고, 그 결과를 요약하여 국회 소관 상임위원회와 예산결산특별위원회에 제출하여야 한다. 〈중략〉
>
> ③ 주민참여예산제도는 재정운용상의 협치로 지방정부에서 시행되고 있는 제도이다(지방재정법 제39조).
>
> ④ 성인지예산제도는 남녀평등을 구현하려는 예산으로 2010년 회계 연도부터 도입됐다(국가재정법 제26조).
>
> > **제26조 【성인지예산서의 작성】**
> > ① 정부는 예산이 여성과 남성에게 미칠 영향을 미리 분석한 보고서 [이하 "성인지(性認知)예산서"]를 작성하여야 한다.

14

06 기출

다음 중 현재까지 우리나라에서 채택한 적이 없는 제도에 해당하는 것은?

① 가예산

② 준예산

③ 통합예산

④ 잠정예산

> **해설**
>
> 정답 ④
>
> ④ 영국, 캐나다, 일본 등에서는 잠정예산을 채택하였으나, 우리나라는 잠정예산을 채택한 적이 없다.
>
> **오답의 이유**
>
> ① 가예산은 1948년부터 1960년까지 제1공화국에서 채택했던 예산제도이며, 실제로 편성한 적이 있다.
>
> ② 준예산은 1960년 이후 채택하였으며, 헌법상 명시되어 있다. 그러나 중앙정부에서는 단 한 차례도 사용한 적이 없고, 지자체에서는 2004년 부안군이 최초로 준예산을 사용한 적이 있다.
>
> ③ 우리나라는 1979년 이래 IMF의 재정통계 작성 기준에 따라 통합예산제도를 도입하였다.

1. 예산 성립시기에 따른 구분

(1) 본예산(당초예산)

① 정기국회에서 다음 회계연도 예산에 대해 의결·확정한 예산을 의미한다.

② 본예산은 새로운 회계연도를 위해 최초로 성립한 예산이다.

(2) 수정예산

① 정부가 편성하여 국회에 제출한 본예산안에 대하여 정부에서 다시 수정하여 국회에 제출한 예산안을 말한다.

② 수정예산안이 제출되면 기존에 제출된 예산안은 자동으로 철회된다.

③ 수정예산안은 본예산안과 동일하게 국무회의 심의와 대통령의 승인을 거쳐 국회에 제출된다.

(3) 추가경정예산

① 개념: 예산 성립 후에 생긴 사유로 인하여 필요한 경비의 부족 등이 발생하여 본예산에 추가 또는 변경을 가한 예산을 의미한다. 본예산이 성립한 후에 발생한 사정 변화에 따른 예산변경(예산단일성원칙의 예외)이다.

② 특징

㉠ 추가경정예산의 편성 시기는 예산 성립 후 당해 편성 사유가 발생하는 때이다. 본예산이 국회에서 계류 중인 경우에는 수정예산의 제출이 가능하기 때문에 추가경정예산안을 제출할 수 없다.

㉡ 추가경정예산의 편성 절차는 기본적으로 본예산의 편성절차와 동일하다. 그러나 추가경정예산안을 편성할 때는 예산편성지침의 작성 등 일부 절차가 생략되며, 국회에 제출할 때에도 예산안의 첨부서류 일부를 생략할 수 있다.

㉢ 추가경정예산의 편성 횟수 제한은 없으나 우리나라는 잦은 편성을 통제하기 위하여 국가재정법에서 추가경정예산의 사유를 엄격히 제한하고 있다.

㉣ 정부는 국회에서 추가경정예산안이 확정되기 전에 이를 미리 배정하거나 집행할 수 없다.

③ 편성 사유

㉠ 전쟁이나 대규모 자연재해가 발생한 경우

㉡ 경기침체, 대량실업, 남북관계의 변화, 경제협력과 같은 대내·외 여건에 중대한 변화가 발생하였거나 발생할 우려가 있는 경우

㉢ 법령에 따라 국가가 지급하여야 하는 지출이 발생하거나 증가하는 경우

2. 예산 불성립 시 예산집행을 위한 장치

(1) 각국의 예산 불성립 시 예산집행을 위한 장치

종류	기간	국회의 의결	지출항목	채택국가
준예산	무제한	불필요	한정적	현재 우리나라, 독일
잠정예산	무제한	필요	전반적	영국, 미국, 일본, 캐나다
가예산	최초 1개월	필요	전반적	프랑스, 한국의 제1공화국

※ 우리나라는 1948년 정부수립 후 가예산제도를 이용했으나, 1960년부터 준예산제도를 채택하고 있다.

(2) 우리나라의 준예산제도

① 개념: 새로운 회계연도가 개시될 때까지 예산이 국회에서 의결되지 못한 때, 의회의 승인 없이 전년도 예산에 준하여 경비를 지출할 수 있는 예산이다.

② 준예산 제도가 적용되는 경비

㉠ 헌법이나 법률에 의하여 설치된 기관 또는 시설의 유지비·운영비

㉡ 법률상 지출의 의무가 있는 경비

㉢ 이미 예산으로 승인된 사업의 계속을 위한 경비 등

③ 준예산에 의하여 집행된 예산은 당해 연도 예산이 성립되면 그 성립된 예산에 의하여 집행된 것으로 간주한다.

④ 준예산은 사전의결 원칙의 예외이다.

⑤ 준예산은 집행기간의 제한이 없으나, 용도에 대한 제한은 있다.

⑥ 준예산 제도는 우리나라에서 3차 개헌(1960년, 제2공화국 이후) 때 채택되었으나 지금까지 단 한번도 준예산이 편성되어 본 적이 없다(지방정부 차원에서는 성남시와 부안군에서 편성된바 있고, 가예산제도는 중앙정부차원에서 활용한 실적이 있음).

[8] 예산의 분류

15

10 기출

다음 중 우리나라 예산분류의 일반적 기준에 해당하지 않는 것은?

① 조직별 분류　　　② 기능별 분류　　　③ 투입별 분류　　　④ 품목별 분류

해설　　　　　　　　　　　　　　　　　　　　　　　　　　　　　정답 ③

③ 투입별 분류는 우리나라 예산분류의 일반적 기준에 해당하지 않는다.

끝장이론 ....

1. 예산 분류의 의의

(1) 개념

① 세입과 세출의 내용을 일정한 기준에 따라 체계적으로 배열하는 것을 말한다.

② 예산정보는 누가, 어떤 목적으로 예산을 필요로 하는가에 따라 다양한 형태로 작성될 수 있다.

③ 일반적 예산 내용의 분류방법으로는 기능별, 조직별, 품목별, 그리고 경제성질별 분류 등 네 가지 유형이 주로 활용된다.

(2) 예산 분류의 목적

① 사업계획의 수립 및 예산심의 용이

② 예산집행의 효율화

③ 회계책임의 명확화

④ 경제분석의 용이성

⑤ 국민의 이해증진

⑥ 재원의 효과적 운용

2. 예산 분류의 방식별 장·단점

종류	특징	장점	단점
기능별 분류	• 공공활동영역별 분류 • 세출에만 적용 • 시민을 위한 분류	• 행정부의 사업계획 수립에 용이 • 입법부의 예산심의 용이 • 예산집행의 신축성, 지출의 효율성 • 정부활동의 이해 용이 • 국가사업의 우선순위 명확	• 대항목은 어느 한 부처의 예산만 다룰 수는 없음 • 회계책임 불명확 • 공공사업을 별개의 범주로 삼지 않음 • 정부활동사업의 중복 • 일반행정비는 가능한 적게 책정
조직체별 분류	부처별·기관별·소관별로 예산 분류	• 국회의 예산심의에 가장 의의가 있는 방법 • 회계책임 명확 • 입법부의 재정통제 용이	• 지출의 목적·효과 불분명 • 국가경제의 동향 파악 곤란 • 국가사업의 우선순위 파악 곤란
품목별 분류	• 지출대상 항목에 따른 분류 • 예산항목 중 목에 해당	• 입법부의 행정통제 용이 • 회계책임 명확 • 인사관리에 유용한 정보제공 • 회계검사 용이	• 국가사업의 우선순위 파악곤란 • 지출의 목적 이해 곤란 • 예산의 신축성 저해 • 국민경제의 동향 파악 곤란
경제성질별 분류	• 예산의 지출이 국민경제에 미치는 영향 기준 • 단독활동이 곤란하므로 다른 분류방법과 병행해야 함	• 국민경제 동향파악 가능 • 정부거래의 경제적 효과분석 가능 • 경제정책수립에 유용 • 경제분석가능 • 국가 간의 예산비교 가능	• 예산의 유통과정 파악 곤란 • 입법부의 통제곤란 • 회계책임 불명확 • 경제적 영향의 일부분만 측정 • 소득분배, 산업부문별 분석 불가능 • 단독활용 곤란

[9] 우리나라 예산과목의 분류 체계

16

20 7 기출

예산과목의 분류체계에 대한 설명으로 옳지 않은 것은?

① 세입예산과 세출예산 모두 장·관·항·세항·목으로 구분한다.

② 예산과목 중에서 장·관·항은 입법과목이며, 세항·목은 행정과목이다.

③ 세입세출예산은 필요한 때에는 계정으로 구분이 가능하다.

④ 세입세출예산은 독립기관 및 중앙관서의 소관별로 구분한 후 소관 내에서 일반회계·특별회계로 구분한다.

해설
① 세입예산은 관·항·목으로 구분하고 세출예산은 장·관·항·세항·목으로 구분한다.

정답 ①

1. 우리나라 예산과목의 분류 체계

> **국가재정법 제21조(세입세출예산의 구분)**
> ① 세입세출예산은 필요한 때에는 계정으로 구분할 수 있다.
> ② 세입세출예산은 독립기관 및 중앙관서의 소관별로 구분한 후 소관 내에서 일반회계 · 특별회계로 구분한다.
> ③ 세입예산은 제2항의 규정에 따른 구분에 따라 그 내용을 성질별로 관 · 항으로 구분하고, 세출예산은 제2항의 규정에 따른 구분에 따라 그 내용을 기능별 · 성질별 또는 기관별로 장 · 관 · 항으로 구분한다.
> ④ 예산의 구체적인 분류기준 및 세항과 각 경비의 성질에 따른 목의 구분은 기획재정부장관이 정한다.

(1) 세입예산과목의 분류

① 관(款) · 항(項) · 목(目)으로 구분한다. 이때 관 · 항은 입법과목, 목은 행정과목이다.

② 입법과목은 국가재정법에 의거해 구분하고, 행정과목(목)은 기획재정부장관이 정한다.

(2) 세출예산과목의 분류

① 기능별 · 성질별 · 기관별로 장(章) · 관(款) · 항(項) · 세항(細項) · 목(目)으로 구분한다. 이때 장 · 관 · 항은 입법과목, 세항 · 목은 행정과목이다.

② 입법과목은 국가재정법에 의거해 구분하고 행정과목은 기획재정부장관이 구분한다.

2. 예산과목의 변경

(1) 입법과목의 융통: 이용

예산의 이용은 예산이 정한 장 · 관 · 항(입법과목)에 각각 상호 융통하는 것을 말한다. 예산 이용제도는 국가재정법 제45조에 따른 예산의 목적 외 사용금지원칙의 예외로서, 예산집행에 신축성을 부여하여 예산집행주체가 집행과정에서 발생한 여건변화에 탄력적으로 대응할 수 있도록 미리 국회의 의결을 받은 경우에 한하여 허용되고 있다.

(2) 행정과목의 융통: 전용

예산이 정한 각 세항 또는 목(행정과목)의 금액을 상호 융통하는 것을 의미한다. 예산 전용제도는 예산의 목적 외 사용금지원칙의 예외로서, 의회의 승인 없이 융통을 허용하고, 예산집행에 자율성을 부여하여 사업의 효율적인 추진을 도모하기 위한 제도이다.

예산결정

[1] 예산결정모형 - 총체주의(합리모형)

01

20**7**기출

총체주의적 예산결정모형에 대한 설명 중 옳지 않은 것은?

① 집권적이며 하향식으로 자원을 배분한다.

② 품목별 예산제도를 바람직한 예산편성방식으로 인식한다.

③ 목표와 수단 간 연계관계를 명확히 밝혀 합리적 선택을 모색한다.

④ 연역법적 방법론에 의하며 가치와 사실을 구분한다.

> **해설**
> 정답 ②
>
> ② 총체주의적 예산결정모형에서는 계획예산(PPBS), 영기준예산(ZBB) 등이 대표적인 예산제도이다. 품목별 예산제도는 점증
> 주의적 예산결정모형이다.

끝잠이론 ···

1. 총체주의(합리모형)

(1) 총체주의의 의의: 총체주의적 예산결정은 합리모형에 입각한 예산상의 의사결정을 의미하는데 합리적 선택모형은 의사결정에서의 합리적·분석적 선택을 의미한다. 예산결정과정을 합리화하여 예산상의 편익을 극대화하기 위한 결정방식으로서 규범적 성격이 강하다.

(2) 과정 측면에서의 총체주의: 합리적·분석적 의사결정단계를 거쳐서 결정하는 것이다.

① 목표의 명확한 정의(문제 확인)

② 목표달성을 위한 탐색 단계

③ 각 대안의 결과 예측 단계

④ 대안들의 결과 평가 및 비교 단계

⑤ 최선의 대안 선택 단계

⑥ 선택된 대안 및 사업에 예산 배분 단계

(3) 결과 측면에서의 총체주의: 사회후생을 극대화하도록 예산을 배분하는 것으로 파레토 최적을 실현한 예산배분상태를 지칭한다.

① **거시적 배분:** 민간부문과 공공부문 간의 자원 배분 → 예산의 적정규모와 관련된 배분

② **미시적 배분:** 예산 총액의 범위 내에서 각 기능 또는 사업 간의 자금 배분 → 소비자가 주어진 소득으로 효용을 극대화하도록 재화의 소비량을 결정하는 원리와 같다(한계효용 균등의 원리).

(4) 계획예산(PPBS), 영기준예산(ZBB) 등이 대표적인 예산제도이다.

2. 총체주의의 한계

(1) 총체주의는 완전한 지식과 정보를 가정하고 있는데 실제로 예산을 결정하는 데에는 인간의 인지능력의 한계, 상황의 불확실성 등의 제약 조건이 존재하기 때문에 모든 대안의 탐색과 정확한 결과의 예측은 현실적으로 불가능하다.

(2) 총체주의에서는 해결할 문제나 달성할 목표가 명백히 주어져 있는 것으로 가정하지만 문제가 명백히 주어져 있는 경우는 드물다.

(3) 총체주의에서는 사회적 가치의 우선순위 및 사회후생함수가 알려져 있는 것으로 가정하지만 공공재에 대한 선호도를 파악하기 어렵기 때문에 사회후생함수를 찾아내는 것은 거의 불가능하다.

[2] 예산결정모형 - 점증주의(점증모형)와 예산문화론

02

`16 기출`

예산결정문화론에서 선진국처럼 국가의 경제력이 크고, 예측 가능성이 높은 경우에 해당하는 예산의 형태는?

① 점증예산　　　　　　　　　　　② 반복예산

③ 양입예산　　　　　　　　　　　④ 보충예산

해설　　　　　　　　　　　　　　　　　　　　　　　　　　　　　　　정답 ①

① 점증예산에 대한 설명이다.

03

`08 기출`

다음 중 점증주의 예산결정이론에 대한 설명으로 적절한 것은?

① 예산규모는 사회후생의 극대화를 기준으로 결정한다.

② 예산은 한계효용관점에서 상대적 가치를 중시하여 결정한다.

③ 예산은 정부기관 및 이익집단 간의 갈등을 원만히 해결하여 결정한다.

④ 규범적 성격이 강한 예산결정이론이다.

해설

점증주의 예산결정이론은 총체주의(합리주의)의 기본 전제를 다소 현실적으로 파악한 이론으로 상황의 불확실성과 인간의 능력에 한계가 있다는 것을 전제로 하고 있다. 제약된 정보와 의사결정자의 분석 능력의 불완전성으로 인하여 모든 대안을 살펴볼 수 없기 때문에, 현존하는 예산에서 소폭의 변화를 대안으로 고려한다. 총체주의가 규범적 성격이 강하다면, 점증주의는 현실적이며 정치적 성격이 강하다.
③ 점증주의는 당파적 상호조정을 통하여 예산결정에서 발생할 수 있는 갈등을 원만히 해결하는 방식을 취하고 있다.

오답의 이유

①·②·④ 모두 총체주의(합리주의)에 대한 설명에 해당한다.

끝장이론 ···

1. 점증주의(Incrementalism)

(1) 점증주의의 의의

① 총체주의와 대비되는 모형으로 상황의 불확실성과 인간 능력의 부족을 전제로 한 결정모형을 제시한다.

② 점증주의는 인간의 지적능력의 한계와 의사결정상의 기술적인 제약 때문에 이미 알려진 대안들을 중심으로 선택적 모방에 의해 대안들을 탐색한다.

③ 가장 대표적인 대안탐색의 접근 방법으로 린드블롬(C. E. Lindblom)과 윌다브스키(A. Wildavsky)에 의해 대표되는 이론으로서 합리모형을 전적으로 거부하고, 정책의 실현 가능성을 중시하는 이론이다.

④ 이러한 접근 방법은 기존의 정책이나 결정을 점증적으로 개선하는 것에 관심을 둔다. 대안탐색은 제한된 범위에서 부분적·순차적으로 진행한다. 기존 정책을 가장 첫 대안으로 생각하여 거기에 약간의 수정을 하는 경향이 있기 때문에 예산배분 등에서는 전년도 예산답습주의라고도 한다.

(2) 과정 측면에서의 점증주의

① 미시적 과정: 연속적이고 제한된 비교분석 과정이다.

㉠ 예산결정자는 제한된 대안만을 비교해 결정하는 방식을 취하고 이런 제한된 비교방식은 연속적으로 진행된다. → 시행착오를 거치면서 환류되는 정보를 수집·분석해 이를 이용하는 방식으로 결정한다.

㉡ 예산과정의 복잡성을 단순화시키는 형태를 의미한다.

㉢ 개인적 차원의 결정 과정이다.

② 거시적 과정: 상호 조정 과정이다.

㉠ 예산결정과정에서 협상과 타협을 통해 합의에 도달하는 과정이다.

㉡ 결정의 내용이 최선인지에 대해서는 알 수 없고, 예산을 정치적 측면에서 볼 때 예산은 관료, 정치인, 유권자를 포함한 수많은 주체들 간의 협상 과정에서 나오는 결과라고 본다.

(3) 산출 측면에서의 점증주의: 예산의 '소폭적 변화(증감)'라는 점증성으로 표현된다.

① 점증성의 정도: 10%나 30% 이내를 점증적으로 보고 있다. 그러나 왜 10%가 소폭의 판단 기준이 되어야 하는지에 대해서 뚜렷한 근거가 있는 것은 아니다.

② 점증성의 대상(총예산 규모): 점증적 총예산 규모 차원에서 전년도 예산과 비교할 때에는 예산 결정의 점증주의적 특성이 훨씬 더 뚜렷하게 나타난다.

③ 기관 간 관계: 선형적·안정적 → 점증적 결과를 초래하는 요인이다.

④ 사업별 예산(비점증적)

㉠ 분석단위를 예산 총액이 아닌 사업별로 볼 때에는 사업마다 비점증적이다.

ⓛ 예산상의 점증주의는 받아들이되 예산 결정과정의 안정성은 반대하는 입장이다.

(4) 점증주의의 한계

① 혁신적인 것이 불가능하다.

② 어느 정도를 점증적으로 볼 것인가의 기준이 불명확하다.

③ 점증성을 판단할 분석단위 또는 측정단위에 따라 점증성의 결과가 다르게 나온다.

④ 예산 산출결과가 비점증적인 경우도 많으며 정책도 비점증적으로 결정되는 경우가 많다.

⑤ 실증적 이론으로는 높은 평가를 받고 있지만 규범적 관점에서는 한계를 갖고 있다.

2. 예산문화론 – 윌다브스키(Wildavsky)

(1) 의의: 윌다브스키는 예산행태에 영향을 미치는 요인으로 경제력, 재정의 예측가능성, 예산규모, 정치구조와 정치지도자들의 가치관 등을 들면서 재정에 대한 예측가능성, 경제력 등에 따라 다음 네 가지의 예산결정유형이 나타난다고 주장하였다.

(2) 예산문화의 유형

구분		국가의 재정력	
		부유	빈곤
재정의 예측력	높음	• 점증적 예산 • 선진국(미국연방정부)	• 양입제출적(세입적) 예산 • 미국의 지방정부
	낮음	• 보충적 예산 • 행정능력이 낮은 경우 • 중동의 산유국	• 반복적 예산 • 후진국

[1] 우리나라의 예산편성 절차

01

12 기출

총액배분 자율편성예산제도에 대한 설명으로 옳지 않은 것은?

① 주어진 지출한도 내에서 각 부처는 정책과 사업을 구상한다.

② 상향적 의사결정이다.

③ 전략적 배분과 국가의 통제를 중시한다.

④ 지출한도는 일반회계와 특별회계 및 기금까지 포괄하여 설정한다.

해설   정답 ②

② 총액배분 자율편성예산제도는 중앙예산기관이 예산 총액에 대해 사전에 총액을 결정해주므로 상향적 의사결정이 아니라 하향적 의사결정이다. 각 부처는 주어진 지출한도 내에서 예산을 편성하게 되므로 국가의 전략적 배분과 통제를 중시하는 제도이다.

끝장이론 ···

1. 예산편성의 의의와 특징

(1) 예산편성의 의의: 다음 회계연도에 정부가 수행할 정책이나 사업계획을 재정적인 용어와 금액으로 표시하는 것이다.

(2) 예산편성의 유형은 정부형, 입법부형, 독립형 등이 있지만 행정부가 편성해 입법부에 제출하는 것이 현대행정국가의 추세이며, 이를 '행정부제출 예산제도'라고 한다.

① 행정부제출 예산제도의 장점

㉠ 예산편성의 전문성 제고 및 관련 정보 · 자료관리 용이

㉡ 행정수요의 객관적 판단 · 반영 용이

㉢ 집행할 부처가 직접 편성하므로 정책결정과 집행의 유기적 연결 용이

② 행정부제출 예산제도의 단점

㉠ 국민에 대한 책임성 확보 곤란

㉡ 예산통제 곤란 및 의회의 기능 약화

(3) 예산편성을 주도하는 기관을 중앙예산기관이라 하는데, 우리나라는 기획재정부가 예산편성을 주도한다.

(4) 정부형태에 따라 그 특성이 다르며, 대통령제 국가보다 의원내각제 국가에서 예산편성의 중요성이 강조된다.

2. 총액배분자율편성제도(Top-Down)-우리나라의 예산 편성 절차

(1) 개념: 중앙예산기관이 분야별·부처별 지출한도를 설정하면, 부처는 주어진 한도 내에서 예산을 자율적으로 편성하는 제도를 말한다(2005년부터 전면 도입).

(2) 운영절차(거시적 접근, 하향적 예산편성 방식): '국가재정운용계획 수립 → 국무위원 재정전략회의에서(대통령, 국무총리 및 각 부처 장관 등이 참여) 분야별·부처별 지출한도를 미리 설정 → 각 부처는 지출한도의 총액 내에서 자율적으로 사업의 우선순위를 정하여 예산을 편성 → 재정당국이 이를 최종적으로 점검·보완'을 통해 정부예산안이 마련된다. 이때 각 부처의 예산편성 내역이 지출한도를 준수한 경우에는 재정당국은 세부 예산내역을 심사하지 않고 이를 최대한 인정하여 자율성을 보장하는 것을 원칙으로 한다.

(3) 도입 배경

① 단년도 중심의 예산편성에 따라 중기적 시각의 재정운용이 어려웠고, 개별 사업 중심으로 예산편성이 이루어져 국가의 정책적 우선순위에 입각한 거시적 재원배분이 어려웠다.

② 예산투입에 대한 통제에 치중해 재정지출의 사후 성과관리가 미흡하였고, 이로 인해 개별 사업별·비목별 예산편성이 경직성을 띠고 현장의 수요를 효과적으로 반영하지 못하는 등의 문제가 있었다.

(4) 제도의 기대효과

① 주어진 지출한도 내에서 부처가 예산을 편성하므로 부처의 과다요구와 중앙예산기관의 대폭삭감이라는 불합리한 관행이 개선될 수 있다는 점이다.

② 각 부처는 우선순위가 높은 사업위주로 예산에 반영하므로, 국정우선순위에 따라 한정된 배분을 합리적으로 배분할 수 있다.

③ 총량은 예산당국이 배분하고, 개별 사업 예산은 내용을 잘 아는 소관 부처가 편성을 주도하므로 부처의 전문성에 기초한 예산편성이 가능하다.

④ 부처에 예산편성의 자율성을 대폭 부여한 대신 재정지출의 성과책임을 강화함으로써 성과관리의 기반을 마련할 수 있다.

(5) 제도의 문제점

① 각 부처가 제도 도입 초기 법령에 따른 의무적 지출 소요를 전략적으로 과소요구하여 재량사업을 확대한다.

② 대규모 재정사업에 대해 첫 해 소규모의 예산을 요구하여 신규 진입을 용이하게 하려는 유인작용이다.

③ 총액배분자율편성제도의 분야별·부처별 지출한도의 결정은 고위 정책결정자들 간의 '책임 있는 판단'에 의해 결정된다. 우리나라의 경우 이런 결정이 '밀실행정'을 야기할 수 있다.

④ 자율적 예산편성이 가능하다는 점에서 조직 내부의 권력관계에 의해 특정 정책에 과다한 예산이 배정될 위험성이 존재하며, 편법성 예산편성 가능성이 있다.

⑤ 예산총액을 준수해야 한다는 점에서 충분한 예산확보가 어렵기 때문에 신규사업은 모두 포기하고 기존 사업에 대해서만 재원을 배분하는 책임을 뒤로 미루는 예산을 편성할 가능성이 있다.

02

13 기출

다음 중 예산편성의 형식 순서로 옳은 것은?

ㄱ 세입세출예산   ㄴ 명시이월비
ㄷ 국고채무부담행위   ㄹ 예산총칙
ㅁ 계속비

---

① ㄱ – ㄴ – ㄷ – ㄹ – ㅁ

② ㄹ – ㄱ – ㅁ – ㄴ – ㄷ

③ ㄹ – ㄷ – ㅁ – ㄱ – ㄴ

④ ㄱ – ㄷ – ㄹ – ㄴ – ㅁ

해설

정답 ②

② 예산편성 형식의 순서는 'ㄹ 예산총칙 – ㄱ 세입세출예산 – ㅁ 계속비 – ㄴ 명시이월비 – ㄷ 국고채무부담행위' 이다.

끝장이론

1. 국가재정법 제19조(예산의 구성)

국가재정법 제19조(예산의 구성)
예산은 예산총칙·세입세출예산·계속비·명시이월비 및 국고채무부담행위를 총칭한다.

2. 우리나라 예산편성 형식

(1) 예산총칙: 세입세출예산·계속비·명시이월비 및 국고부담행위 등 예산전반에 관한 총괄적 규정과 그밖에 국채 발행, 차입금의 한도액, 재정증권 발행한도 등 기초적인 사항과 예산집행에 필요한 사항을 정한 것을 말한다.

(2) 세입세출예산

① 국가의 일반회계 및 특별회계의 모든 수입과 지출의 세부사항을 정한 것으로서, 세입예산과 세출예산을 총칭하는 용어이다.

② 세입예산은 회계연도에 발생할 금전적 수입을 견적하여 예산서에 표시한 것이며, 세출예산은 행정목적 달성을 위해 필요한 지출의 내역을 예산서에 표시한 것이다.

(3) 계속비

① 여러 해에 걸친 사업의 경비를 미리 일괄하여 국회의 의결을 얻고, 이를 변경할 경우 외에는 다시 의결을 얻을 필요가 없는 경비이다.

② 국가의 예산은 회계연도마다 새로 심의 · 결정하는 것이 원칙이나, 계속비는 예외이다. 국가가 지출할 수 있는 연한은 그 회계연도부터 5년 이내로 한다. 다만, 사업규모 및 국가재원 여건을 고려하여 필요한 경우 예외적으로 10년 이내로 할 수 있다.

(4) 명시이월비

① 경비의 성질상 연도 내에 그 지출을 끝내지 못할 것이 예측되는 때 그 취지를 세입세출예산에 명시하여 미리 국회의 승인을 얻는 경우 다음 연도에 이월하여 사용할 수 있도록 하는 경비이다.

② 부득이한 사유와 금액을 명시하여 기획재정부장관의 승인을 얻은 범위 안에서 지출원인행위를 할 수 있다.

(5) 국고채무부담행위

① 국가가 예산의 확보 없이 미리 채무를 부담하는 행위를 의미한다.

② 국고채무부담행위는 일반적인 채무부담행위와 재해복구를 위한 채무부담행위로 분류된다.

③ 일반적인 채무부담행위는 법률에 따른 것, 세출예산금액 또는 계속비 범위 안의 것 외에 채무를 부담하는 것이며, 사전에 사업 및 금액이 특정되어 국회의 의결을 거쳐 확정되게 된다. 재해복구를 위한 채무부담행위는 예산총칙에서 한도액을 규정하고, 그 한도 내에서 필요에 따라 사용할 수 있다.

[3] 우리나라의 예산심의 절차

03

19 기출

다음 중 우리나라 예산심의의 특징으로 옳지 않은 것은?

① 우리나라는 대통령중심제이기 때문에 의원내각제의 국가보다 예산심의과정이 엄격하지 않다.

② 우리나라의 예산은 미국과 달리 법률보다 하위의 효력을 가진다.

③ 본회의 중심이 아니라 상임위원회와 예산결산특별위원회 중심이다.

④ 국회는 정부의 동의 없이 정부가 제출한 지출예산 각항의 금액을 증액할 수 없다.

해설

정답 ①

① 우리나라는 대통령중심제이기 때문에 의원내각제의 국가보다 예산심의과정이 더 엄격하다. 대통령중심제는 삼권분립에 입각하여 행정부와 입법부 간 견제와 균형이 작용하므로 의회의 예산심의가 엄격하다. 이에 비해 의원내각제는 의회 다수당이 내각(집행부)을 구성하므로 예산심의가 비교적 엄격하지 않다.

오답의 이유

② 우리나라는 예산이 법률의 형식을 취하지 않아 하위의 효력을 가지지만, 미국의 예산은 세출예산법안을 의회에 제출해 의결하는 형식으로 통과되는 '예산법'의 형태이다.

③ 우리나라의 예산은 본회의에서 심의 · 의결되지만 형식성이 강하고, 실질적인 심사는 상임위원회(예비심사)와 예산결산특별위원회(종합심사)에서 진행된다.

④ 우리나라의 국회는 정부의 동의 없이 정부가 제출한 지출예산 각 항의 금액을 증액할 수 없다.

04

예산심의에 대한 설명으로 틀린 것은?

① 헌법상 정부는 회계연도마다 예산안을 편성하여 회계연도 개시 90일 전까지 국회에 제출하고, 국회는 회계연도 개시 30일 전까지 이를 의결하여야 한다.

② 한 회계연도를 넘어 계속하여 지출할 필요가 있을 때에는 정부는 연한을 정하여 계속비로서 국회의 의결을 얻어야 한다.

③ 예산심의절차는 상임위원회의 예비심사 – 예산결산특별위원회의 종합심사의 2단계로 이루어진다.

④ 예비비는 총액으로 국회의 의결을 얻어야 하고, 예비비의 지출은 차기국회의 승인을 얻어야 한다.

해설   정답 ③

③ 예산심의절차는 '국정감사 – 시정연설 및 제안설명 – 상임위원회의 예비심사 – 예산결산특별위원회의 종합심사 – 본회의의 의결'의 단계로 이루어진다.

오답의 이유

① 헌법상으로 정부는 회계연도 개시 90일 전까지 국회에 제출이 맞다. 그러나 2016년도 예산편성부터 회계연도 개시 90일이 아닌 120일 전까지 국회에 제출하도록 국가재정법이 개정되면서, 실질적인 절차는 국가재정법에 따라 120일 전까지 제출로 조정된 상황이다(개정된 국가재정법은 헌법상의 90일보다 앞서므로 조문상 위헌에 해당하지는 않는다).

05

다음 중 우리나라 예산심의과정에 대한 설명으로 옳지 않은 것은?

① 우리나라 국회에서의 예산심의기간은 헌법상 90일이다.

② 상임위의 예비심사를 마친 예산안은 예결위에서 종합심사를 한다.

③ 전년도 결산안은 내년도 예산안보다 먼저 국회로 제출된다.

④ 예산결산특별위원회는 소관 상임위원회에서 삭감한 예산금액을 증액하거나 새 비목을 설치하고자 할 경우 소관상임위의 동의를 얻어야 한다.

해설   정답 ①

① 대한민국 헌법 제54조 제2항에서 "정부는 회계연도마다 예산안을 편성하여 회계연도 개시 90일 전까지 국회에 제출하고, 국회는 회계연도 개시 30일 전까지 이를 의결하여야 한다."라고 명시되어 있다. 정부가 회계연도 개시 90일 전까지 국회에 예산안을 제출하고, 국회는 회계연도 개시 30일 전까지 이를 의결하여야 하므로 60일의 심의기간이 보장되어 있는 것이다.

06

다음 중 현재, 국가재정법 상 옳지 않은 것은?

① 각 회계연도의 경비는 그 연도의 세입 또는 수입으로 충당하여야 한다.

② 한 회계연도의 모든 수입을 세입으로 하고, 모든 지출을 세출로 한다.

③ 예산안을 회계연도 개시 90일 전까지 국회에 제출하여야 한다.

④ 국회에 제출하여야 하는 매년 당해 회계연도부터 5회계연도 이상의 기간에 대한 국가재정운용계획에는 조세부담률 및 국민부담률 전망이 포함되어야 한다.

해설   정답 ③

③ 국가재정법 제33조에 따르면 예산안을 회계연도 개시 120일 전까지 국회에 제출하여야 한다. 대한민국헌법 제54조 제2항에 따르면 정부는 회계연도마다 예산을 편성하여 회계연도 개시 90일 전까지 국회에 제출해야 하고, 국회는 회계연도 개시 30일 전까지 이를 의결하여야 한다.

오답의 이유

① 국가재정법 제3조

② 국가재정법 제17조 제1항

④ 국가재정법 제7조 제1항·제2항

끝장이론 ....

1. 예산심의의 의의

(1) 개념: 국회가 행정부의 예산안을 심의·확정하는 것을 말한다. 의회에 의한 예산심의는 국민의 의사를 집약하고 반영한다는 정치적 의미를 내포하고 있다. 따라서 행정부에 대한 재정통제의 도구, 즉 행정통제의 강력한 무기로서 사용된다는 데 그 의의가 있다.

(2) 예산심의 기능

① 의회의 예산심의과정은 국민의 부담을 줄이고 예산의 효율을 높일 수 있다.

② 예산심의는 정부 정책에 대한 국민비판의 기회가 되고 재정민주주의를 높일 수 있다.

③ 예산서에서 사업이란 정책목표를 달성하기 위한 대안들로 예산을 심의한다는 것은 곧 정책형성기능을 말한다.

2. 예산심의의 절차

정부가 회계연도 개시 120일 전(9월 3일 전)까지 예산안을 제출하며, 국회는 회계연도 개시 30일 전(12월 2일 전)까지 예산안을 의결한다.

국정감사 – 예산안 제출 및 회부 – 상임위원회의 예비심사 – 예산결산특별위원회의 종합심사 – 본회의의 의결

---

(1) 국정감사

① 국회는 국정전반에 대하여 소관 상임위원회별로 매년 정기회 집회일 이전 감사 시작일로부터 30일 이내의 기간을 정하여 감사를 실시한다(국정감사 및 조사에 관한 법률 제2조 제1항).

② 본격적인 예산 심의에 앞서 예산심의에 필요한 정보를 수집하는 단계이기 때문에 예산심의단계의 일부로 보아야 한다.

(2) 예산안의 제출 및 회부

① 의장은 정부가 편성하여 제출한 예산안을 소관상임위원회에 회부하고 소관상임위원회는 예비심사를 하여 국회의장에게 보고한다.

② 본회의에서 예산안에 대한 정부의 시정연설을 청취한다.

(3) 상임위원회 예비심사

① 예산안이 상임위원회에 회부되어 상임위원회의 심사 · 의결을 거친다.

② 상임위원회의 심사는 법률안과 달리 예산결산특별위원회의 심사 전에 수행하는 예비적 성격을 가지므로 예비심사라 하며, 원칙적으로 예산결산특별위원회에 대한 구속력이 없다.

(4) 예산결산특별위원회 종합심사

① 예산결산특별위원회는 여 · 야 의원 50인 이내로 구성되는 특별위원회이다.

② 상임위원회의 예비심사 결과를 종합, 고려하여 심사를 개시하며 기획재정부장관의 제안 설명과 전문위원의 검토보고가 이루어진다.

③ 다음 단계로 정부의 시책방향, 경제정책 등에 대한 종합정책질의와 부별심사가 이루어지며, 이후 예산안 및 기금운용계획안 조정소위원회에서 각 상임위원회의 예비심사 결과, 종합정책질의, 부별심사, 소위원회 위원 및 전문위원 의견 등에 근거하여 예산안을 조정하고, 예산안의 수정안을 마련하여 예산결산특별위원회 전체 회의에 보고한다.

(5) 본회의 의결

① 본회의에 예산안이 상정되면, 예산결산특별위원장은 예산안의 심사경과 및 결과를 보고한다.

② 예산결산특별위원회의 수정안에 대하여 이견이 있는 경우 찬반토론을 수행하지만 일반적으로 예산결산특별위원회의 안건대로 확정되고 있다.

③ 예산은 법률이 아니므로 공포절차가 불필요하다. 우리나라는 회계연도 개시 30일 전까지 의결해야 하나 법정의결기한을 넘기는 경우가 많다.

④ 기금운용계획안도 회계연도 개시 30일전까지 의결하여야 한다.

3. 우리나라 예산심의 과정의 특징

(1) 대통령 중심제: 대통령 중심제에서는 예산심의가 의원내각제의 비해 비교적 상세하고 엄격하다(삼권분립주의). 그러나 실제로는 예산안 심의가 정치적 협상의 대상이 됨으로써 수정비율이 크지 않다.

(2) 단원제 국회: 우리나라 국회는 단원제이므로 양원제보다 신속하지만, 신중한 심의가 어려운 단점이 있다.

(3) 위원회 중심의 심의: 본회의 중심이 아니라 상임위와 예결위 중심으로 예산이 심의된다. 이는 심의능률의 향상, 안건의 신속한 처리, 전문성과 기술성의 확보, 의회운영의 탄력성 등을 통하여 행정의 감시와 통제의 성과를 높일 수 있는 장점이 있다.

(4) 의결주의: 의회가 의결한 예산은 입법부가 행정부에게 재정권을 부여하는 형식이 되고, 의회의 의결로 예산이 확정되므로 예산에 대한 행정수반의 거부권은 일반적으로 인정되지 않는다.

(5) 정부 동의 없는 증액이나 새 비목 설치 금지: 국회는 심의과정에서 정부의 동의 없이 정부예산안에 대한 금액을 증가시키거나 새로운 비목을 설치하지 못한다.

07

20 9 기출

예산집행의 신축성을 확보하기 위한 제도에 대한 설명으로 옳지 않은 것은?

① 총괄예산제도   ② 예산의 이용   ③ 예산의 전용   ④ 예산의 재배정

해설

정답 ④

④ 예산의 재배정은 통제방안으로 각 중앙관서의 장이 승인된 예산 또는 법령의 규정에 따라 특정된 금액을 집행하기 위하여 그 산하기관의 종사자에게 지출원인행위 등을 할 수 있도록 할당하는 것을 말한다.

08

20 9 기출

정부조직 개편으로 예산을 조직간 상호 이용하는 것으로 예산의 원칙 중 목적 외 사용 금지 원칙의 예외인 것으로 옳은 것은?

① 예산의 전용   ② 예산의 배정   ③ 예산의 이월   ④ 예산의 이용

해설

정답 ④

④ 예산의 이용은 입법과목(장, 관, 항)간의 융통으로 국회의 의결과 기획재정부 장관의 승인이 필요하다.

오답의 이유

① 예산의 전용은 행정과목(세항, 목)간의 융통으로 기획재정부 장관의 승인이 필요하다.
③ 예산의 이월은 예산을 회계연도를 넘겨 사용하는 것으로 예산의 시간적 한정성 원칙의 예외다.

09

19 증 기출

다음 중 예산집행의 신축성을 확보하기 위한 제도로 옳지 않은 것은?

① 총괄예산제도와 추가경정예산   ② 이용과 전용
③ 예산의 배정과 재배정   ④ 계속비와 예비비

해설

정답 ③

③ 예산의 배정과 재배정은 예산의 통제 수단이다. 예산배정은 성립된 예산을 집행부서에서 사용할 수 있도록 자금을 사용하는 권리 및 실제자금을 배정하는 것을 말한다. 예산의 재배정은 각 중앙관서의 장이 승인된 예산 또는 법령의 규정에 따라 특정된 금액을 집행하기 위하여 그 산하기관의 종사자에게 지출원인행위 등을 할 수 있도록 할당하는 것을 말한다.

10

다음 중 예산집행과정에서 신축성 유지 방안에 해당하지 않는 것은?

① 배정 · 재배정

② 총괄예산주의

③ 긴급배정

④ 추가경정예산

해설   정답 ①

① 배정과 재배정은 재정통제 방안에 해당된다.

11

다음 중 정부예산집행의 신축성 유지 방안이 아닌 것은?

① 이용과 전용

② 총액계상예산

③ 예비비

④ 예산의 배정과 재배정

해설   정답 ④

④ 예산의 배정과 재배정은 재정 통제 방안에 해당한다. 예산의 배정은 한 회계연도의 합리적 배분을 위하여 기획재정부가 중앙관서의장에게 예산을 배분하는 것이며, 재배정은 중앙관서의 장이 산하 기관의 장에게 예산을 다시 배분하는 것이다.

12

다음 중 신축성을 유지하기 위한 예산집행 장치로 볼 수 없는 것은?

① 총괄예산제도

② 예산의 이용과 전용

③ 예산의 이체와 이월

④ 예산의 배정과 재배정

해설   정답 ④

④ 예산의 배정과 재배정은 재정통제 장치에 해당한다.

오답의 이유

① · ② · ③ 모두 신축성 유지 방안에 해당한다.

13

예산의 이용에 대한 설명으로 가장 적절하지 않은 것은?

① 기관 간 또는 입법과목 간의 상호 융통을 의미한다.

② 예산의 신축성을 부여하는 방안이다.

③ 사전의결의 원칙의 예외가 된다.

④ 전용과 함께 한정성의 원칙의 예외에 해당한다.

해설   정답 ③

③ 예산의 이용(移用)은 기관 또는 입법과목(장 · 관 · 항) 간의 상호 융통을 의미하며, 사업의 내용이나 규모를 변경시키는 것이므로 원칙적으로 국회의 의결을 필요로 한다. 따라서 사전의결의 원칙의 적용을 받는다. 예산의 전용(轉用)은 행정과목(세항 · 목) 간의 상호 융통을 의미하며, 의회의 의결을 필요로 하지 않기 때문에 사전의결의 원칙의 예외에 해당한다.

끝장이론

1. 예산집행의 의의와 목표

(1) 예산집행의 의의

① 개념: 국가의 수입지출을 실행하는 모든 행위를 말한다.

② 예산안이 국회에서 심의 · 확정되면 행정부가 예산을 집행하게 되는데, 이때 단순히 예산에 계상된 금액을 국고에 수납하고 국고로부터 지출하는 것만을 의미하는 것이 아니다.

③ 수입지출을 실행하는 행위에는 국고채무부담행위와 지출원인행위도 포함되며, 예산 성립 후에 일어날 수 있는 세입세출의 모든 실행이 포함된다.

(2) 예산집행의 목표

① 예산통제: 입법부는 예산집행 시 입법부의 의도를 구현하고 입법부에서 정해준 재정적 한계를 지키기를 원한다.

② 신축성 유지: 예산 성립 후의 여건변화에 따라 신축성을 유지하여야 한다고 주장한다.

③ 통제와 신축성의 조화: 현대국가들은 예산집행에 있어서 입법부의 의도를 구현하기 위하여 예산집행을 통제할 수 있는 장치를 마련하고 있고, 이와 동시에 예산집행에 있어서 신축성을 유지하기 위한 장치도 마련하고 있다.

2. 예산집행의 재정통제 수단

(1) 예산의 배정 · 재배정

① 배정: 성립된 예산을 집행부서에서 사용할 수 있도록 자금을 사용하는 권리 및 실제자금을 배정하는 것을 말한다.

② 재배정: 각 중앙관서의 장이 승인된 예산 또는 법령의 규정에 따라 특정된 금액을 집행하기 위하여 그 산하기관의 종사자에게 지출원인행위 등을 할 수 있도록 할당하는 것을 말한다.

(2) 회계기록 및 보고제도: 각 중앙관서는 자체의 수입 및 지출을 회계 처리해 기록할 뿐만 아니라, 각종 서식에 의거하여 기획재정부에 월별, 분기별, 그리고 회계별 결산보고를 하게 되어 있다.

(3) 총사업비 관리제도: 재정지출의 효율성을 제고하기 위해 국가의 예산 또는 기금으로 시행하는 대규모 사업의 총사업비를 사업추진 단계별로 합리적으로 조정하고 관리하는 것을 말한다.

110 PART 05 재무행정론

(4) 예비타당성 조사제도: 대규모 신규사업에 대한 사전 타당성 검증·평가를 통해 재정사업의 신규투자를 투명하고 공정하게 결정함으로써 예산낭비를 방지하고 재정운영의 효율성을 제고하기 위한 것이다.

(5) 정원과 보수에 대한 통제: 인건비는 경직성 경비로 국가예산 중 큰 비중을 차지하고 있어 공무원 정원이나 보수는 법정화되어 있고, 공무원 증원 및 처우 개선은 각각 행정안전부 및 인사혁신처 소관이지만 중앙예산기관장과 사전에 협의해야 한다.

(6) 지출원인행위의 통제: 국가의 지출 원인이 되는 계약 또는 기타 행위인 지출원인행위는 재무관이 배정된 예산 또는 기금운용계획 금액의 범위 내에서 회계연도 내에 행해져야 한다.

3. 예산집행의 신축성 유지방안

(1) 예산의 이용·전용: 이용과 전용은 목적 외 사용금지의 예외이며, 전용은 사전의결원칙의 예외이다.

① 이용(移用): 예산의 이용은 예산이 정한 장·관·항 간(입법과목)에 각각 상호 융통하는 것을 말한다.

② 전용(轉用): 예산이 정한 각 세항 또는 목(행정과목)의 금액을 상호 융통하는 것을 의미한다.

(2) 예산의 이체·이월

① 이체: 정부조직 등에 관한 법령의 제정·개정 또는 폐지로 인하여 그 직무와 권한에 변동이 있는 경우 관련되는 예산의 귀속을 변경하여 예산집행의 신축성을 부여하는 제도이다(사전승인원칙의 예외로 보지 않음).

② 이월: 당해 회계연도 예산의 일정액을 다음 연도에 넘겨서 사용하는 것을 말한다(회계연도 독립 원칙의 예외).

(3) 예비비와 계속비

① 예비비: 예측할 수 없는 예산 외의 지출 또는 예산초과지출에 충당하기 위하여 총액으로 국회의 승인을 얻어 세입세출예산에 계상한 금액이다. 예비비의 종류에는 일반예비비와 목적예비비가 있다.

일반예비비	예측할 수 없는 재정지출 수요를 충당하기 위한 것으로 일반회계 예산총액의 100분의 1 이내의 금액이다.
목적예비비	사용목적이 예산총칙 등을 통하여 제한되어 있는 예비비이다.

② 계속비: 완성에 수년도를 요하는 공사나 제조 및 연구개발사업을 그 경비의 총액과 연부액(年賦額)을 정하여 미리 국회의 의결을 얻은 범위 안에서 수년도에 걸쳐서 지출할 수 있는 경비이다.

(4) 국고채무부담행위와 수입대체경비

① 국고채무부담행위: 정부가 법률에 따른 것과 세출예산금액 또는 계속비 총액의 범위 안의 것 외에 채무를 부담하는 것을 말한다.

② 수입대체경비: 국가가 용역 또는 시설을 제공하여 발생하는 수입과 관련되는 경비를 의미한다.

(5) 총액계상예산제도와 추가경정예산

① 총액계상예산제도: 세부사업이 정해지지 않고 총액규모만을 정하여 예산에 반영하는 것을 말한다.

② 추가경정예산: 세부내용을 미리 확정하기 어려운 사업은 총액으로 예산 계상하는 것을 말한다.

(6) 기타: 국고여유자금의 활용, 조상충용(繰上充用), 수입과 지출의 특례, 정기배정을 제외한 긴급배정·당겨배정·조기배정·수시배정·감액배정 등을 말한다.

14

다음 중 지출원인행위를 담당하는 공무원에 해당하는 것은?

① 세입징수관
② 재무관
③ 지출관
④ 출납공무원

해설

정답 ②

② 지출원인행위란 세출예산 · 계속비 · 국고채무부담행위 및 기금운용계획에 따라 지출의 원인이 되는 계약 등을 행하는 것을 말하며, 이러한 행위를 할 수 있도록 위임받은 공무원을 재무관이라고 한다. 지방은 경리관이 담당한다.

오답의 이유

① 세입징수관은 세입의 징수에 관한 사무를 위임받은 공무원이다.
③ 지출관은 재무관이 행한 지출원인행위에 대한 관계 서류를 송부받아 출납기관에 지출을 명령하는 공무원을 말한다.
④ 출납공무원은 조세 기타 세입의 수납 사무를 수행하며, 현금 또는 물품을 출납 보관하는 공무원을 말한다.

끝장이론 ··

1. 세입예산의 집행

(1) 수입: 조세, 기타 세입을 법령에 의해 징수 또는 수납하는 것을 말한다.

(2) 수입사무기관

① **수입총괄기관:** 기획재정부장관

② **수입사무관리기관:** 중앙관서의 장

③ **수입의 징수기관:** 수입징수사무(조사, 결정, 납입고지)를 위임받은 공무원

④ **수입의 수납기관:** 수납기관으로는 출납공무원, 한국은행 및 금고은행(특별회계 또는 기금의 출납사무를 취급하는 금융기관)

⑤ **겸임 금지:** 수입징수관과 수입금 출납공무원의 직무는 원칙적으로 서로 겸임할 수 없음

(3) 수입의 원칙과 특례

① **원칙**

㉠ 수입은 법령이 정하는 바에 따라 징수 또는 수납하여야 한다.

㉡ 중앙관서의 장은 다른 법률에 특별한 규정이 없는 한 그 소관에 속하는 수입을 국고에 납부하여야 하며 이를 직접 사용하지 못한다.

㉢ 수입의 회계연도 소속구분은 발생주의에 따른다.

② **수입의 특례**

㉠ 지난 연도(과년도) 수입: 출납이 완결된 연도에 속하는 수입은 모두 현 연도의 수입에 편입하여야 한다. 과년도 수입은 현금주의 방식에 의한 것으로 발생주의의 예외이다.

㉡ 과오납금의 반환: 잘못 납입한 수입금이 있는 경우에는 반환하여야 한다.

ⓒ 수입금의 환급: 수입으로서 납입된 금액 중 법률의 규정에 따라 환급할 금액이 있을 때에는 세출예산 또는 기금운용계획과 관계없이 대통령령이 정하는 바에 따라 환급하여야 한다(국고금관리법 제16조).

ⓔ 선사용자금: 정부기업예산법 규정에 따른 특별회계는 수입금을 국고에 납입하기 전에 미리 사용하고 지출금으로 대체 납입하는 자금인 선사용자금으로 운용한다.

ⓜ 수입대체경비: 중앙관서의 장은 국가재정법 규정에 따른 수입대체경비에 있어서는 그 수입이 확보되는 범위 안에서 직접 지출할 수 있다(지출의 특례로 보는 입장도 있음).

2. 세출예산의 집행

(1) 지출의 총괄기관: 기획재정부장관

(2) 예산배정요구서의 제출: 각 중앙관서의 장은 예산이 확정된 후 예산 배정요구서를 기획재정부장관에게 제출

(3) 예산의 배정: 기획재정부장관은 분기별 예산배정계획을 작성하여 국무회의의 심의와 대통령의 승인을 얻은 후 각 중앙관서의 장에게 예산을 배정

(4) 예산의 재배정: 중앙관서의 장이 배정 금액 내에서 산하 재무관에게 예산액을 배정

(5) 지출사무의 절차: 지출사무는 예산배정과 자금공급, 재무관의 지출원인행위, 지출관의 지출행위, 지급 기관의 지급 절차로 이루어진다.

(6) 지출원인행위와 지출

① **재무관**: 지출원인행위를 하는 공무원

② **지출관**: 지출을 결정하고 명령(계좌이체)하는 공무원

③ **출납공무원**: 지출명령에 따라 현금을 지급하는 공무원

(7) 지출의 원칙과 예외

① **지출의 원칙**

㉠ 해당 연도 세입예산으로부터 지출한다.

㉡ 회계연도 개시 후에 지출한다.

㉢ 채무액이 확정되어야 하며, 이행기가 도래해야 한다.

㉣ 지출은 지출관별·월별 세부자금계획의 범위 안에서 해야 한다.

㉤ 지출은 계좌로 이체하여 지급하여야 한다. 예외적으로 정보통신 장애가 발생할 경우 현금 등을 채권자에 직접 지급할 수 있다.

㉥ 채권자를 수취인으로 하는 경우 외에는 지출을 금지한다.

② **지출의 특례**

㉠ 선금급: 상대방의 급부가 있기 전에 미리 지급한다.

㉡ 개산급: 채무액이 미확정된 상태에서 지출하고, 사후정산이 필요하다.

㉢ 관서운영경비: 관서를 운영하는 데 드는 경비이고, 그 성질상 법적 절차에 따라 지출할 경우 업무수행에 지장을 가져올 우려가 있는 경비에 대해서는 필요한 자금을 지출관으로부터 교부받아 출납공무원으로 하여금 지급한다.

㉣ 과년도 지출: 지나간 연도의 경비가 현 연도 예산으로 지출된다.

㉤ 상계: 채무와 채권이 동일인에게 귀속되는 경우 상계 처리가 가능하다.

㉥ 지출금의 반납: 지출된 금액이 반납된 경우에는 각각 그 지출한 과목에 반납하여야 한다. 출납이 완결된 경우에는 현 연도의 수입에 편입하여야 한다(수입의 특례로 보는 입장도 있음).

㉦ 회계연도 개시 전 자금 교부: 관서운영경비나 연도 말에 출항하는 선박에 관한 경비의 경우 연도 개시 전에 지급한다.

[1] 회계제도의 유형

01

회계제도 가운데 복식부기제도에 대한 설명으로 옳지 않은 것은?

① 현금주의에 주로 적용한다.

② 부정이나 오류를 발견하기 쉽다.

③ 자산, 부채, 자본을 인식하여 거래의 이중성에 따라 차변과 대변을 나누어 계상한다.

④ 총량 데이터를 확보할 수 있어 최고경영자에게 유용하다.

해설   정답 ①

① 복식부기는 발생주의에 주로 적용된다. 우리나라도 중앙정부에서는 2007년에 국가회계법을 제정하여 정부회계를 복식부기와 발생주의 회계로 변경하였다.

오답의 이유

② · ③ 복식부기는 하나의 거래를 대차평균의 원리에 따라 왼쪽(차변)과 오른쪽(대변)에 이중 기록하는 방식으로 회계처리에 있어서 자동적으로 오류가 검증되는 자기검증기능을 지니고 있다.

④ 복식부기는 총량 데이터를 확보할 수 있기 때문에 최고경영자에게 유용한 정보를 적시에 제공할 수 있는 장점을 가지고 있다.

02

발생주의 회계에 대한 설명으로 틀린 것은?

① 인식 · 측정 가능하고 징수가능한 때에 수입으로 기록한다.

② 자기검정기능이 있다.

③ 부채를 정확하게 파악하여 재정의 투명성 · 책임성 확보에 유리하다.

④ 종합적인 재무정보를 반영할 수 있다.

해설   정답 ①

① 수정발생주의에 대한 설명이다. 발생주의는 수입과 지출의 실질적인 원인이 발생하는 시점을 기준으로 하여 회계처리를 한다.

03
09 기출

다음 중 현금주의와 비교하여 발생주의에 대한 설명으로 적절하지 않은 것은?

① 재정성과에 대한 정보공유가 가능하다.
② 상대적으로 자의적인 주관의 개입 여지가 적다.
③ 대차평균의 원리에 의해 이중거래를 통한 자기검증기능을 가진다.
④ 복식부기가 용이하게 적용될 수 있다.

해설   정답 ②

② 발생주의 회계에서는 거래의 발생 시점을 인식하는 과정에서 주관성이 개입할 가능성이 있다는 단점이 존재한다. 그 밖에도 현금주의에 비해 복잡하여 작성 비용이 많이 들고, 수익의 과대평가가 이루어질 가능성도 있다.

04
08 기출

예산회계제도에 대한 다음 설명 중 적절하지 않은 것은?

① 현금주의는 현금이 수납되었을 때 수입으로 기록하고 현금이 지급되었을 때 지출로 기록하는 것이다.
② 발생주의는 채무가 발생하였을 때 지출로 기록하고, 세입의 징수결정이 이루어졌을 때 수입으로 기록한다.
③ 재정융자특별회계의 출자계정에서는 정부출자 및 출연을 수행하였으나 지금은 폐지되었다.
④ 채무부담주의회계는 채무부담이 발생한 시점을 기준으로 기록·보고하는 방식으로 물품구매나 공사 등 주문이나 계약에 부적합한 제도이다.

해설   정답 ④

④ 채무부담주의회계는 채무부담이 발생한 시점을 기준으로 기록·보고하는 회계 방식을 말한다. 즉, 지출원인행위가 행해진 시점을 기준으로 기록·보고하는 방식으로 물품구매나 공사 등 주문이나 계약에 유용한 제도이다. 이 방식은 지출이 있을 때 비용으로 기록하지 않고, 예산잔고에서 감하므로 예산 초과 지출을 억제하는 예산 통제로서 기능할 수 있다.

오답의 이유

③ 재정융자특별회계는 1997년에 설치된 특별회계이며, 그 이전에 시행되고 있던 재정투융자특별회계에 있던 출자계정은 재정융자 특별회계로 바뀌면서 일반회계로 편성되었고, 재정융자특별회계에서는 융자계정과 차관계정만으로 구성되었다. 그러나 2007년 1월 공공자금관리기금법이 개정되면서 현재는 공공자금관리기금으로 통합 운영되고 있다.

1. 기장방식(記帳方式)에 의한 구분: 단기부기와 복식부기

(1) 단식(Single-Entry)부기
① 단식부기는 거래의 영향을 단 한 가지 측면에서 수입과 지출로만 파악하여 기록하는 기록 방식이다.
② 현금주의와 주로 결합한다.
③ 사용이 간편하고, 회계처리의 비용이 적게 드는 장점이 있지만, 단식부기는 자산·부채변동을 비망기록으로 한다.

(2) 복식(Double-Entry)부기
① 거래의 이중성을 회계처리에 반영해 장부에 기록하는 방식으로 자산, 부채, 자본을 인식하여 거래의 이중성에 따라 차변과 대변에 이중 계상한다.
② 발생주의에서 주로 채택하는 부기 방식이다.

구분	단식부기 (Single-Entry Bookkeeping)	복식부기 (Double-Entry Bookkeeping)
정확성	오류의 검증기능이 없어 채무 및 손익파악이 불완전	이중적 회계작성을 통한 오류의 검증기능이 있어 채무 및 손익파악이 완전
기록방법	가계부나 일기장 쓰듯이 기록	대차평균의 원리에 따라 기록
장점	• 단순하고 작성 및 관리가 용이 • 관리비용 저렴	• 총량데이터의 확보 • 대차평균의 원리에 의한 기장으로 데이터의 신뢰성 확보 • 회계정보의 이해가능성 증진 • 기업식 예산의 전제 • 책임성과 투명성 확보 • 사업의 원가 파악 용이
단점	• 이익과 손실의 원인 파악 어려움 • 자동검증장치의 결여	• 회계처리비용 과다 • 전문적 회계지식 필요

2. 거래의 인식기준에 의한 구분: 현금주의와 발생주의

(1) 현금주의(Cash Basis)
① 현금의 유입과 유출시점을 기준으로 수익과 비용을 인식하는 것을 말한다.
② 현금주의는 현금의 흐름에 초점을 맞추어 수익과 비용을 파악하기 때문에, 현금의 유입이나 유출이 수반되지 않는 수익·비용 및 자산 혹은 부채의 증감은 고려할 수 없을 뿐만 아니라 자본운영에서 중요한 요소인 감가상각비 또한 제외된다.

(2) 발생주의(Accrual Basis)
① 현금이 유입되거나 유출된 시점과는 관계없이 재무상태를 변동시킨 거래나 사건이 실제로 발생한 시점, 즉 지출원인행위가 발생한 시점을 중심으로 수익과 비용을 인식하는 것을 말한다.
② 관리적 의사결정의 목적에 비추어 볼 때 발생주의 회계가 매우 유용하고 현금회계는 그렇지 못하다. 발생주의 회계에서는 부채와 자산의 증감, 감가상각 등에 대해서도 논의할 수 있기 때문이다.

(3) 현금주의와 발생주의의 차이점

구분	현금주의	발생주의
거래의 해석과 분류	현금수불의 측면	쌍방흐름(이원거래 개념)측면
수익비용의 인식기준	현금의 수취·지출	수익의 획득/비용의 발생
선급비용·선급수익	수익·비용으로 인식	자산과 부채로 인식
미지급비용·미수수익	인식 안 됨	부채와 자산으로 인식
감가상각, 대손상각, 제품보증비, 퇴직급여충당금	인식 안 됨	비용으로 인식
상환이자지급액	지급시기에 비용으로 인식	기간별 인식
무상거래	인식 안 됨	이중거래로 인식
정보 활용원	개별 자료 우선	통합 자료 우선
추가 정보 요구	별도 작업 필요	기본시스템에 존재
적용 예	가계부, 비영리 공공부문	기업, 일부 비영리부문

(4) 현금주의와 발생주의의 장·단점

구분	현금주의	발생주의
장점	• 절차가 간편하고 이해와 통제가 용이 • 회계제도 운영상 경비 절감 • 회계처리의 객관성, 외형상 수지균형의 확보 용이	• 재정의 실질적 객관성 확보(감가상각비, 유동부채나 자산의 변동 등의 인식) • 경영성과 파악 용이(총량정보의 제공) • 복식부기와 결합, 자기검증기능으로 회계오류의 시정 • 정보의 적시성 확보 • 자동이월기능
단점	• 회계책임 확보 곤란 • 채무에 대한 정보를 제공하지 않아 가용재원의 과대평가 가능성 • 자산과 부채를 인식하지 못함(비망기록으로 관리) • 자산의 증감 파악 곤란 • 거래의 실질 및 원가 미반영(감가상각 등의 미반영) • 재정성과 파악 곤란	• 절차가 복잡하여 작성비용이 많이 듦 • 부실채권의 인식으로 인한 수익의 과대평가 가능성 • 현금흐름 파악 곤란 • 공공서비스의 무형성으로 인한 자산가치의 정확한 파악 곤란 • 채권·채무의 자의적 추정 • 자산평가나 감가상각의 주관성

(5) 기타 회계제도

① 수정현금주의

㉠ 현금주의를 기본으로, 발생주의를 일부 도입하는 방식이다.

㉡ 현금의 유입과 유출을 기준으로 하되, 회계기간이 끝나더라도 며칠 동안 유예기간을 두어 회계기한 중 마치지 못한 지출 혹은 수입에 대해 유예기간 동안 허용하는 방식이다.

② 수정발생주의

㉠ 발생주의를 기본으로, 측정가능하고 지정된 기간 내 징수나 지불이 가능한 경로로 비용과 수익을 인식하는 방식이다.

㉡ 현금의 수지와 관계없이 거래를 인식하다는 점에서는 발생주의와 비슷하지만 거래 인식에 있어서 모든 경제자원이 아닌 유동자산이나 부채 등 고정자산을 제외한 재무자원에 한정한다는 측면이 발생주의와 차이점이다.

[1] 예산개혁의 정향과 개관

01

14 기출

예산제도의 변화를 바르게 나열한 것은?

㉠ 성과주의 예산제도
㉡ 품목별 예산제도
㉢ 신성과주의 예산제도
㉣ 계획예산제도
㉤ 영기준예산제도

① ㉡ - ㉠ - ㉣ - ㉤ - ㉢
② ㉡ - ㉤ - ㉣ - ㉠ - ㉢
③ ㉠ - ㉤ - ㉡ - ㉣ - ㉢
④ ㉠ - ㉣ - ㉡ - ㉤ - ㉢

해설

정답 ①

① 예산제도는 '㉡ 품목별 예산제도 → ㉠ 성과주의 예산제도 → ㉣ 계획예산제도 → ㉤ 영기준예산제도 → ㉢ 신성과주의 예산제도'의 흐름으로 변화해왔다.

끝장이론

1. 예산제도의 변천

(1) 제도변천의 의의: 예산제도는 예산개혁의 결과로 새로 구성되는 예산과정을 지칭한다. 미국 연방정부를 중심으로 예산제도의 개혁에 대한 노력은 예산과정에 합리적인 절차를 도입하려는 방향으로 전개되어 왔다.

(2) 예산제도의 변천

구분	품목별 예산 (LIBS)	성과주의 예산 (PBS)	계획 예산 (PPBS)	목표 관리 (MBO)	영기준 예산 (ZBB)	일몰법	정치관리형 예산 (BPM)	신성과주의 예산 (NPBS)
발달 및 등장	1920년대 완성	1950	1960	1970	1970	1970	레이건 정부	1990
기본 방향	통제	관리	기획	관리, 참여	감축관리	감축	지출한도 통제	예산 = 성과

2. 예산을 바라보는 관점

(1) 예산론자들은 정부예산을 정부활동에 대한 통제, 관리 및 기획 그리고 감축 등에 사용할 수 있다고 주장하고 있다.

(2) 쉬크(A. Shick)는 예산이 가지는 기본적인 세 가지 기능, 즉 통제기능, 관리기능, 기획기능 중 중앙예산기관이 어느 쪽에 더 중점을 두느냐에 따라 예산제도의 개혁이 '통제 → 관리 → 기획기능' 순서로 이루어졌다고 보았다.

(3) 라빈과 린치(Rabin & Lynch)는 여기에 참여와 감축기능을 더하여 다음과 같이 변천해 왔다고 보았다.

통제지향	• 재정민주주의와 관련하여 정부의 예산지출은 의회에서 승인한 세출의 권한 내에서 이루어져야 한다. • 미국의 예산개혁을 볼 때 초기의 예산개혁은 바로 이러한 통제지향의 예산개혁이 주를 이루었으며 대표적인 제도가 품목별 예산(LIBS)이다.
관리지향	• 관리지향의 예산개혁은 투입–산출에 관심을 가지며 능률성을 중요시한다. • 관리기능을 강조한 대표적인 예산제도가 성과주의 예산(PBS)이다.
계획(기획)지향	• 예산은 장기적인 계획기능을 수행하며 사업을 계속하거나 새로운 사업을 개발하거나 혹은 자원을 배분하는 의사결정수단이라 할 수 있다. 즉, 예산의 본질적 속성 속에는 사업에 대한 계획이 자리 잡고 있다. • 기획기능을 강조하는 예산제도는 계획예산(PPBS)이다.
참여지향	구성원의 참여에 관심을 갖는 상향적 예산이다. → 1970년대 MBO
감축지향	정부실패 이후 서구 선진국들은 예산의 팽창을 억제해야 하는 상황에 직면하여 이로 인한 재정낭비를 줄이고 저성장에 따른 세입감소에 대응할 수 있는 감축관리가 요구되었는데, 이에 근거한 대표적인 예산제도가 영기준예산(ZBB)이다.

[2] 전통적 예산제도의 변천(1) - LIBS, PBS

02

`11 기출`

다음 중 예산제도에 대한 설명으로 적절하지 않은 것은?

① 품목별 예산은 점증주의에 입각한 예산제도이나, 계획예산은 총체주의에 입각한 예산제도이다.

② 성과주의 예산은 책임이 집중되고, 계획예산은 책임이 분산된다.

③ 성과주의 예산은 1년도로 편성되고, 계획예산은 5개년 이상의 장기적 시계에 입각하여 편성된다.

④ 계획예산은 결정의 흐름이 상의하달식이나, 영기준예산은 결정의 흐름이 하의상달식이다.

`해설`   `정답 ②`

② 성과주의 예산은 하의상달식 결정 흐름이기 때문에 계획 기능에 대한 책임이 분산적인 반면, 계획예산제도는 상의하달식의 결정 흐름을 통해 알 수 있듯이 상부의 관리층에 결정권이 있기 때문에 책임이 집중된다는 특징을 가지고 있다.

1. 품목별 예산제도(LIBS; Line Item Budgeting System)

(1) 개념: 예산을 지출대상(품목)별로 분류하여 편성하는 예산제도이다. 즉, 지출대상인 급여 · 여비 · 수당 · 시설비 등 품목별로 분류하여 지출대상과 그 한계를 규정함으로써 예산통제를 기하려는 제도이다. 따라서 재정민주주의에 입각하여 행정부에 대한 재정통제라는 근대예산제도의 원칙에 가장 충실할 수 있는 예산제도라 할 수 있다.

(2) 연혁: 미국의 시정연구소(1899), 뉴욕시정연구소(1906) 등이 시정개혁운동을 전개하여 1907년 뉴욕시보건국에 품목별 예산제도를 도입하였다. 이러한 움직임은 1912년 테프트위원회에 영향을 주어 1920년 대부분의 부처들이 이 제도를 도입하였다.

(3) 품목별 예산의 특징: 통제지향적 예산, 투입 중심 예산, 점증주의적 예산, 상향적 · 미시적 예산 결정

(4) 예산편성 방법: 인건비(기본급, 수당 등), 물건비(관서운영비, 업무추진비, 여비 등), 경상이전비(보상금, 배상금, 출연금 등), 자본지출비(토지매입비 등), 융자금 및 출자금, 보전지출, 장부내부거래, 예비비 및 기타 등의 항목으로 편성된다. 우리나라 예산편성과목 중 목(目)에 해당한다.

(5) 품목별 예산제도의 장 · 단점

장점	• 회계책임과 예산통제를 용이하게 할 수 있다. • 지출대상별로 세부적으로 분류되어 있기 때문에 급여와 재화 및 서비스의 구매에 효과적이다(인사행정의 유용한 자료). • 예산편성 및 심의 과정에서 예산 삭감이 이루어질 때 이익집단의 저항을 덜 받는다는 점에서 정치적인 이점을 갖는다. • 예산 지출의 합법성이 보장된다.
단점	• 지출의 목적 파악이 어렵다. • 지나친 규제와 세밀함은 예산집행의 신축성과 탄력성을 저해시킨다. • 각 부처의 입장에서 볼 때 예산확보를 위해서 예산 항목에만 관심을 기울이기 때문에 정책 및 사업의 우선순위를 소홀히 할 수 있다. • 투입과 산출의 연계가 없어 정부사업의 성격을 알지 못하고, 사업성과를 평가할 수 없다. • 합법성 위주의 재정운영으로 동조과잉이나 번문욕례를 야기한다. • 예산편성 시 점증주의적 성격을 띠며 전년도예산을 기준으로 하므로 신규사업을 창안하고 시행하는데 적합하지 않다. • 구체적인 지출항목에 집중되어, 계획과 예산의 연계가 미흡하다.

2. 성과주의 예산제도(PBS; Performance Budgeting System)

(1) 개념

① 투입요소를 중심으로 예산을 편성하고 운영했던 품목별 예산과는 달리, 성과주의 예산제도는 정부의 기능 · 활동 · 사업을 중심으로 예산을 분류 · 편성하는 제도이다.

② 성과주의 예산제도는 정부가 수행하는 업무에 중점을 두는 관리지향적 예산제도이다.

(2) 연혁

① 1차 후버위원회(1949)와 2차 후버위원회(1955): 기존에 기능별 예산 또는 활동별 예산으로 불리던 것을 1949년에 성과주의 예산제도라는 말을 처음으로 사용하였으며, '정부에 의하여 지출될 돈보다 수행될 목표에 더욱 관심을 갖는 예산제도'라고 정의하였다(1950년 트루먼 대통령 때 도입).

② 단위원가 산정의 어려움 등의 문제로 PPBS가 도입되면서 폐기되었다.

③ 우리나라는 1961년에 국방부가 단독으로 성과주의예산 도입을 시도하였다. 1962년부터 일부 부처에 도입되었지만 1964년 공식적으로 폐기되었다.

④ 최근 신성과주의(New Performance Budget) 제도로 재등장하였다.

(3) 성과주의 예산의 특징: 능률지향적 예산, 관리지향적 예산, 상향적·미시적 예산결정, 점증주의적 성격, 관리책임의 집중화(관리책임은 집중적이지만 통제책임과 계획책임은 사업단별로 분산적이다), 단위사업 중심, 입법통제 약화·내부통제 강화

(4) 예산편성의 구성요소

① 사업: 기본적으로 재원을 사업별로 배분하는 것으로 사업은 주요사업(기능), 단위사업(사업), 세부사업(활동)으로 분류한다.

② 업무단위(Work Unit, 업무 측정단위): 업무단위는 하나의 사업을 수행하는 과정에서의 활동과 최종산물(성과·실적)로 이루어진다. **예** 고속도로 건설사업의 경우 건설된 도로 1km(최종산물), 경찰 순찰활동의 경우 순찰활동 1회(활동), 방역사업의 경우 방역활동 1회(활동) 등

③ 단위원가(Unit Cost): 한 단위 업무를 수행하는 데 소요되는 경비를 말한다. 한 단위 업무를 수행하는 데 소요되는 원가를 산정한다는 것은 표준원가를 정한다는 뜻이다.

(5) 성과주의 예산의 장·단점

장점	• 업무단위의 선정과 단위원가의 과학적 계산에 의해 합리적이고 효율적인 자원배분 및 투입되는 예산의 성과를 파악할 수 있다. • 계량화된 정보를 통해 합리적 의사결정과 관리 개선에 도움을 받을 수 있다. • 사업 또는 활동별로 예산이 편성되기 때문에 정부가 무슨 사업을 추진하는지 국민들이 쉽게 이해할 수 있다. • 사업별로 예산 산출 근거가 제시되기 때문에 의회에서 심의하기에 용이하다. • 행정관리에 있어서 계획과 통제를 내재적으로 활용할 수 있음을 의미한다. • 사업별 예산이므로 품목별 예산에 비해 장기계획 수립이 용이하다. • 사업계획과 예산을 연계할 수 있다. • 실·국 단위의 예산편성에 도움을 주는 예산제도로 행정기관의 관리층에게 효과적인 관리수단을 제공한다.
단점	• 업무단위의 선정이 곤란하다. • 단위원가의 계산이 어렵다. 단위원가를 계산하기 위해서는 원가회계 등의 회계학적 지식이 필요하다. • 성과지표로서의 업무단위가 실질적으로는 중간산출물일 경우가 대부분이다. • 의회는 엄격하고 통제위주의 품목별 예산을 선호하며 품목별 예산에 더 익숙하므로 성과주의 예산에 반대하거나 겉으로는 찬성하지만 실제로는 비협조적일 수가 있다. • 장기적이고 거시적인 계획과 연계보다는 단위사업만을 중시한다는 점에서 전략적인 목표의식이 결여될 수 있다. • 점증주의적 성격을 가진다(지엽맥락의 예산결정).

03

19 기출

다음 중 '계획예산제도(PPBS)'의 특징으로 옳지 않은 것은?

① 정치적 합리성보다는 경제적 합리성을 더 중시한다.

② 부서별 자원배분이 아닌 부서의 경계를 초월한 정책 또는 프로그램별로 자원배분이 이루어진다.

③ 영기준예산제도(ZBB)보다 운영 면에서 전문성을 적게 요구하므로 모든 조직 구성원들이 진지하게 참여한다.

④ 목표 달성을 위한 대안 사업을 분석할 때 환류(Feedback)가 이루어진다.

해설

정답 ③

③ 계획예산제도(PPBS)는 영기준예산제도(ZBB)보다 운영에 높은 전문성을 요구하기 때문에 조직 구성원들의 예산 과정에 대한 참여가 제한된다. 또 계획예산제도를 시행할 경우 예산 편성 과정이 일어나는 중앙과 고위층에 권한이 지나치게 집중될 가능성이 있다.

오답의 이유

① 계획예산제도(PPBS)는 경제적 합리성을 더 중시한다.

② 계획예산제도(PPBS)는 통합적인 목적이나 행정조직에 상관없이 조직의 목표 달성에 가장 적합한 정책과 프로그램의 기획 및 계획, 예산제도 등에 자원을 효율적이고, 유기적으로 배분한다.

④ 계획예산제도(PPBS)는 목표 달성을 위해 하위사업들을 선정하는데, 이 과정에서 비용–편익분석을 실시하여 하위사업에 대한 과거의 예산 정보가 환류(feedback)되어 분석에 활용된다.

04

10 기출

자원배분에 대한 경제적 적용이 어려운 이유로 옳지 않은 것은?

① 자원배분 시 시간과 노력, 비용 등이 과다하게 발생한다.

② 자원배분을 위해서는 정치적 접근이 필요하다.

③ 자원배분이 비현실적인 면이 있다.

④ 자원배분 시 소수의 의견이 무시된다.

해설

정답 ①

① 시간과 노력, 비용 등이 과다하게 발생하는 것은 자원배분에 대한 경제적 적용이 어려운 이유로 볼 수 없다.

05

다음 중 기획담당자와 예산담당자의 특성을 비교한 것으로 적절하지 않은 것은?

① 기획담당자는 발전지향적이며, 예산담당자는 현상유지적이다.

② 기획담당자는 보수적이며, 예산담당자는 혁신적이다.

③ 기획담당자는 미래지향적이며, 예산담당자는 비판적이다.

④ 기획담당자는 소비지향적이며, 예산담당자는 저축지향적이다.

해설   정답 ②

기획기구와 예산기구가 이원화되면서 기획담당자의 성향과 예산담당자의 성향에 차이가 발생하게 되는데, 기획담당자의 경우 대체로 미래지향적이며 발전지향적이고, 혁신적이며 소비지향적인 성향을 보인다. 반면 예산담당자는 비판적이며 보수적이고, 현상유지를 하려는 성향을 보이고 저축지향적인 모습을 보인다.
② 기획담당자는 혁신적이며, 예산담당자는 보수적인 성향을 띤다.

06

다음 중 예산제도에 대한 설명으로 옳지 않은 것은?

① PPBS는 장기적인 계획에 치중하기 때문에 정책결정권이 고위층에 있다.

② 통제지향적 예산은 하향적 의사결정구조를 가지며 활동에 정보의 초점이 있다.

③ 성과주의예산은 전략계획서, 연간성과계획서 및 사업성과보고서 작성을 본질로 한다.

④ MBO는 단기적 목표에 치중한다.

해설   정답 ②

② 통제지향적 예산에 해당하는 대표적인 예산제도는 품목별 예산제도(LIBS)이다. 품목별 예산제도는 하향적 의사결정구조가 아닌 상향적 의사결정구조를 가지는 것이 특징이며, 일을 하는 데 필요한 재화와 용역(품목)에 따라 예산을 편성하는 제도이다. 조직의 활동이나 사업에 정보의 초점을 두는 예산제도는 성과주의예산(PBS)이다.

07

다음 중 계획예산제도(PPBS)의 장점으로 적절한 것은?

① 성과의 계량화가 가능

② 예산의 분권화

③ 입법부의 지위 강화

④ 예산의 절약과 능률의 제고

끝장이론 ....

1. 계획과 예산

(1) 의의

① 계획: 정부가 목표달성을 위해 장래활동에 관한 최선의 방법을 준비하는 것

② 예산: 계획을 달성하기 위해 세입·세출에 관한 재정계획을 수립하는 것

(2) 계획과 예산의 괴리요인

① 계획과 예산의 업무상 특성: 계획은 추상적·거시적·장기적 성격, 예산은 단기적·구체적·정치적 성격이 강하다.

② 재원의 부족: 재원의 부족으로 예산이 계획을 뒷받침하지 못하는 경우이다.

③ 예산과정의 정치성: 계획을 구체화하는 예산편성·심의·집행과정에서 각종 이익집단·의원·관료의 정치적 영향력으로 예산과 기획이 불일치할 수 있다.

④ 계획 및 예산제도의 결함

⑤ 계획기구와 예산기구의 이원화

⑥ 계획(기획)담당자와 예산담당자의 성향 차이: 계획담당자는 주로 미래지향적·이상적·확대지향적인 것에 비해, 예산담당자는 주로 현상유지적·보수적·저축지향적 성향을 지닌다.

(3) 계획과 예산의 연계방안

① 계획기구와 예산기구의 일원화

② 인사교류와 공동훈련

③ 계획예산제도 도입

④ 예산집행의 신축성 유지

2. 계획(기획)예산제도(PPBS; Planning Programming Budgeting System)의 의의

(1) 개념

① 장기적인 계획과 단기적인 예산편성을 프로그램을 활용해 유기적으로 연결시킴으로써 합리적인 자원배분을 이룩하려는 제도이다.

② 목표를 분명히 정의하고, 이를 달성할 사업계획을 수립하며, 다년간에 걸친 사업재정계획을 수립하는 장기적 시계를 갖고 있다는 점이 특징이다.

(2) 연혁

① 1953년 노빅은 정부의 새로운 예산 및 회계절차를 통한 능률과 절약이라는 제안서를 통해 국방부에 계획예산제도를 제안하였다.

② 1961년 국방부장관으로 취임한 맥나마리(McNamara)의 건의에 따라 국방부에서 계획예산제도가 도입되었다.

③ 1965년 존슨 행정부는 연방정부 전체에 도입하였다. 그러나 1973년 닉슨 정부가 MBO를 도입하게 되자 그 열기가 퇴

조하였다.

④ 우리나라는 1971년 PPBS 도입준비작업을 시작하였으며, 1979년 국방예산에 PPBS를 적용할 계획 하에 1974년 초에 국방부가 준비작업을 하였지만 공식적으로 채택되지는 못하였다.

(3) 계획예산제도의 특징: 목표지향적 예산, 장기적 예산, 하향적 · 거시적 예산, 합리주의적 예산, 계획책임의 집중화, 효과성 · 능률성, 과학성 · 객관성, 개방체제적 성격, 전문가의 역할 중시

3. 계획(기획)예산제도의 예산편성 절차

> 장기계획의 수립(Planning) → 사업구조의 형성(Programming) → 예산편성(Budgeting)

(1) 장기계획의 수립(Planning): 조직목표를 설정하고 이에 근거하여 중기적 관점(주로 5년의 연동계획)에서 정책의 우선순위를 결정하는 단계이다.

(2) 사업구조의 형성(Programming)

① **사업구조**: 여러 가지 사업을 그 종류와 수준별로 분류해 놓은 것을 말하는데, 사업구조는 행정기관이 수행하는 목적 · 임무 및 활동이 나타날 수 있도록 이루어져야 한다.

② 사업구조를 형성하는 프로그래밍 단계에서는 목표달성을 위한 사업계획을 마련할 때 여러 대안을 체계적으로 분석 · 검토하는 작업(비용편익분석, 비용효과분석 등)을 거친다.

사업범주 (Program Category)	각 기관의 목표나 임무를 나타내는 프로그램 체계의 최상위 수준의 분류항목이다.
하위사업 (Program Subcategory)	사업범주를 세분화한 것으로 하나의 하위사업은 몇 개의 사업요소로 구성된다.
사업요소 (Program Element)	계획예산제도 사업구조의 기본단위로 최종산물을 생산하는 부처의 활동에 해당한다.

(3) 예산편성(Budgeting): 사업구조는 목표달성을 위한 대안을 체계적으로 검토해 반영해 놓은 사업계획이다. 따라서 사업과 예산의 별도의 연계작업이 필요하다. 이렇듯 사업구조에 근거하여 1회계연도의 실행예산을 편성해야 한다.

4. 계획예산제도의 장 · 단점

장점	• **자원배분의 합리화**: 목표의 명확한 정의, 대안의 탐색과 결과예측 등 합리적 의사결정 절차를 활용함으로써 자원배분의 효율성을 증진할 수 있으며, 이를 통해 예산의 절약과 능률이 향상되는 효과를 가져 올 수 있다. • **의사결정의 일원화**: 결정권한이 최고관리층에게 집중되는 경향이 있다. 이 점은 PPBS의 단점이기도 하지만 한편으로는 신속하고 종합적인 의사결정을 할 수 있다는 점에서 장점이 되기도 한다. • 장기적인 사업계획에 대한 국민들의 신뢰성을 제고한다.
단점	• **의사결정의 집권화**: 정보와 의사결정 권한이 과도하게 중앙집권화하는 경향이 있다. → 재정민주주의 저해 • **사업구조 작성의 어려움**: 사업구조의 작성은 PPBS의 핵심적인 작업이다. 사업구조는 목표의 정의에서부터 사업범주 · 하위사업 · 사업요소 순으로 정해야 한다. 그런데 목표의 정의는 정치적 성격을 갖는 가치판단적 결정을 필요로 한다. • 의회의 통제권 약화 • 계량화와 환산작업의 곤란 • 장기기획에 의한 구속으로 환경변화가 심할 경우 사업의 축소 · 폐지 등 상황변화에 적응 곤란 • 과도한 문서와 정보량 요구 • 정치적 합리성 경시

5. 목표관리와 계획예산제도의 차이

분류기준	목표관리(MBO)	계획예산제도(PPBS)
사업목표	단기목표	장기목표
의사결정구조	분권적 · 상향적(계선 중시)	집권적 · 하향적(막료 중시)
관리기술	일반관리기술 중시	세련된 분석 기술 중시(비용편익분석)
예산범위	부분적 · 개발적 자원배분	종합적 자원배분
환경	폐쇄적	개방적
책임과 환류	환류 중시, 일선관리자의 책임 강조	환류 미흡, 상위층의 책임 강조
핵심활동	목표달성 및 정책집행	목표달성 및 정책결정 계획수립과 프로그램 작성

[4] 전통적 예산제도의 변천(3) - ZBB, 일몰법

08
15 기출

다음 중 영기준 예산제도의 특징이 아닌 것은?

① 기획과 사업분석 및 예산편성을 하나의 의사결정으로 통합하여 보다 합리적인 결정을 내릴 수 있도록 한다.

② 전년도 예산을 기준으로 하지 않고 새로이 정책 및 사업을 편성하는 예산제도이다.

③ 상향적 결정방식으로 의사전달과 참여가 수평적이고 분권적이다.

④ 조직의 모든 사업에 대하여 비용 및 효과를 지속적으로 재평가할 수 있다.

해설   정답 ①

① 계획 예산제도에 대한 설명이다. 영기준 예산제도에서는 의사결정단위를 확인하고 선정하여 의사결정 패키지(사업대안 패키지와 증액대안 패키지)를 작성하고, 우선순위를 결정하여 실행예산을 편성한다.

09
13 기출

다음 중 예산제도에 대한 설명으로 옳지 않은 것은?

① 계획예산제도의 핵심 요소는 프로그램 예산 형식을 따른다는 것이다.

② 성과주의 예산에서 재원들은 거리 청소, 노면 보수와 같은 활동단위를 중심으로 배분된다.

③ 품목별예산제도는 정부가 예산을 통해 의도하는 지출의 전체적인 성과를 알 수 없다.

④ 목표관리제는 감축관리를 추진할 때 그 의미가 특히 부각된다.

④ 감축관리를 추진할 때 그 의미가 특히 부각되는 것은 영기준 예산 제도이다.

- 영기준 예산제도: 기존 사업과 새로운 사업을 구분하지 않고 매년 모든 사업의 타당성을 영기준에서 엄밀히 분석하여 예산을 편성하는 제도이다. 자원의 능률적 배분과 예산 절감을 가져올 수 있고, 신속한 예산 조정 등 변동 대응성 증진에 기여한다.
- 목표관리제: 참여과정을 통해 조직단위와 구성원들이 실현해야 할 목표를 설정하고, 그에 따른 생산 활동을 수행하도록 하여, 결과를 평가 · 환류시키는 관리체제의 예산방식이다.

10

다음 중 예산의 분류에 대한 설명으로 적절하지 않은 것은?

① 품목별 예산은 행정부에 대한 재정통제가 용이하다.
② 계획예산은 예산의 절약과 능률성 같은 자원배분에 최적을 기하려는 기획중심의 예산이다.
③ 성과주의 예산은 예산 성과의 질적인 평가가 가능하다.
④ 영기준 예산은 0의 수준에서 새롭게 정책 · 사업을 편성하는 감축중심의 예산이다.

③ 성과주의 예산은 업무 단위가 실질적으로는 중간 산출물인 경우가 많아 예산성과의 질적인 측면을 파악하고 평가하기가 어렵다.

① 품목별 예산은 회계책임이 명확하여 부정부패를 방지할 수 있고, 행정부에 대한 재정통제가 용이하여 재정민주주의를 구현한다.
② 계획예산은 단기적인 예산과 장기적인 계획을 하나로 결합하여 의사결정의 일원성을 확보함으로써 자원배분의 최적을 기한다.
④ 영기준 예산은 전년도 예산을 무시하고 모든 사업 · 활동(계속사업 · 신규사업)을 총체적으로 분석하여 우선순위를 정하고 예산을 분배하는 감축중심의 예산제도이다.

11

다음 중 영기준예산(ZBB)과 일몰법(SSL)의 비교로 적절하지 않은 것은?

① 영기준예산은 심사기준이 장기적이고, 일몰법은 단기적이다.
② 영기준예산과 일몰법은 모두 감축관리를 중시한다.
③ 영기준예산은 모든 정책이 심사대상이고, 일몰법은 최상위 정책이 심사대상이다.
④ 영기준예산은 행정부의 예산편성과정이고, 일몰법은 입법부의 예산심의과정이다.

① 일몰법(SSL)은 수행되고 있는 모든 행정 활동을 일정 기간 후에 자동적으로 폐지하도록 법률로써 강제하는 것을 말한다. 영기준예산이 보통 1년 단위의 단기적 예산 활동을 하는 데에 비하여, 일몰법은 다년도의 장기적 정책 활동을 한다.

끝잠이론 ···

1. 영기준예산제도(ZBB; Zero-Base Budgeting)

(1) 개념: 과거의 관행을(기득권, 매몰비용) 전혀 고려하지 않고 목적, 방법, 자원에 대한 근본적인 재평가를 바탕으로 하여 예산을 편성하는 제도를 말한다(타일러, Taylor). 여기서 과거의 관행을 고려하지 않고 사업에 대한 근본적인 재평가를 한다는 것이 영기준의 의미이다(감축관리에 적합).

(2) 연혁

① 피터 파이흐(Peter A. Pyhrr)에 의해 1970년 미국의 민간기업 텍사스 인스트루먼트에서 처음 도입되었으며, 그해 조지아 주에 도입되었다.

② 1981년 레이건 행정부가 들어서자 ZBB는 공식적으로 폐기되었다.

③ 우리나라는 1983년도 예산편성부터 부분적이긴 하지만 공식적으로 도입한 바 있다.

2. 영기준예산제도의 예산편성 절차

(1) 의사결정단위의 확인·설정: 의사결정단위는 조직의 관리자가 독자적인 업무수행의 범위 및 예산편성의 결정권을 갖는 사업단위 또는 조직 단위를 지칭한다.

(2) 의사결정패키지의 작성: 의사결정 단위에 대한 분석 및 평가 결과를 명시해 놓은 기본문서이다.

① 사업대안패키지(대안의 개발): 의사결정단위의 목표를 달성하기 위한 상호 배타적인 대안들을 탐색하고, 이들을 분석·평가하여 최선의 대안을 선택한 결과를 담은 정보이다. 사업대안의 선택은 성질이 서로 다르고, 서로 간에 논리적 질서가 없는 여러 대안 중 하나를 선택하는 경우를 말한다.

② 증액대안패키지(대안의 수준의 결정): 선정된 사업대안에 대한 노력수준과 수준별 대안을 검토한 정보이다. 모든 부서에서 3가지 결정 패키지(최저수준, 현행수준, 증액수준)를 준비한다.

최저수준	이는 현행 수준보다 낮은 수준으로서 사업 또는 활동의 축소된 노력수준을 반영한 것이다.
현행수준	최저수준에 한두 가지의 점증적 수준이 허용된 경우이다.
증액수준	현행수준을 초과하는 한 가지 이상의 점증 수준이 채택된 경우이다. 즉, 자금과 성과가 증가된 수준이다.

(3) 우선순위의 결정: 관리자에게 '얼마를 어디에 지출해야 하는가?'의 문제에 관심을 집중하도록 함으로써 한정된 재원을 배분하는 기술을 제공한다. 부처가 여러 개의 사업을 수행하고 있다면 각 사업들의 의사결정패키지를 일렬로 배치한 상태에서 부처의 가용예산이 허락하는 의사결정패키지들을 선택한다.

(4) 실행예산의 편성: 각 사업의 증액대안의 우선순위와 가용 예산규모가 정해지면 이를 토대로 실행예산이 편성된다. 즉, 채택된 각 사업의 증액대안에 의거해 각 사업의 수준 및 규모가 결정되며, 이를 종합한 것이 영기준예산편성의 결과이다.

3. 영기준예산제도의 장·단점

장점	• 합리적 의사결정과 재원배분 및 예산 삭감에 유리하다(감축지향성). • 예산운용의 다양성과 신축성 및 다른 예산제도와 공존가능성이 높다. • 계획예산제도보다 운영 면에서의 전문성을 적게 요구하기 때문에 조직구성원 모두가 참여할 수 있는 분권화된 관리체계를 갖는다(계층 간의 단절 방지).
단점	• ZBB는 과다한 노력과 시간, 그리고 문서가 요구된다. • 우선순위를 정하는 기법이 개발된 것도 아니고 시간상의 제약이 있기 때문에 주관성이 개입될 수밖에 없다. • 점증주의를 극복하기보다는 오히려 점증주의로 전락했다. • 예산의 정치적 측면이나 비경제적 요소를 고려하지 못하고 있다. • 우선순위의 결정에 의사결정자의 주관이 개입된다. • 미시적 예산결정으로 인한 전체적·장기적인 시야가 결여된다. • 소규모 조직의 의사결정단위는 배제시킬 가능성이 있다.

4. 일몰법(Sunset Law)

(1) 개념: 수행되고 있는 모든 행정활동을 일정기간(예컨대, 5년 혹은 3년) 후에 평가하여 일몰에 이르렀다고 판단하면 활동을 중지하고, 새로 일출시킬 필요가 있다고 판단되는 행정활동을 다시 제안시키도록 법률로써 강제하려는 것이다.

(2) 연혁

① 정부의 지출을 통제하고 책임성을 높이기 위한 예산개혁으로 등장하였다. 특히 1970년대 미국에서 있었던 의회예산 및 지출유보통제법(Congressional Budget and Impoundment Control Act)과 일몰법(Sunset Law)의 도입은 의회의 예산통제 및 심의기능을 제도적으로 강화한 의회 수준에서의 예산개혁이라 할 수 있다.

② 일몰법은 콜로라도주에서 먼저 시행된 이후 다른 주에도 확산되었다.

(3) 주요 내용

① 일몰법의 기본이 되는 것은 자동적 종결과 주기적 재심인데 재심에는 대개 두 개의 과정을 밟는다.

㉠ 첫째, 의회일몰위원회의 보조기관으로 의회소속인 감사위원회가 대상기관의 효율성을 심사한다.

㉡ 둘째, 심사결과에 따라 일몰위원회가 의회에 보고서를 제출하고 대상기관이나 사업의 존속·변경·종결을 결정하게 된다.

② 일몰법은 3~7년 경과 후 위와 같은 과정을 거쳐 국회의 재보증을 얻지 못하면 자동폐기하는 제도이다. 즉, 특정한 행정기관이나 사업을 일정 기간(3~7년)이 경과되어(국회의 재보증을 얻지 못한 경우) 자동적으로 종결시키고, 결정 전에 대상기관과 사업에 대한 주기적 평가를 실시하는 것을 말한다.

(4) 일몰법과 영기준예산 비교

구분	일몰법	영기준예산
차이점	• 예산의 심의·통제를 위한 입법적 과정 • 행정의 최상위계층의 주요 정책심사 • 예산심의과정과 관련 • 검토의 주기가 3~7년	• 예산편성에 관련된 행정적 과정 • 중·하위계층까지도 심사 • 예산편성과정과 관련 • 매년 검토
유사점	• 사업의 계속 여부를 검토하기 위한 재심사라는 점 • 자원의 합리적 배분을 기할 수 있다는 점 • 감축관리의 일환이라는 점	

12

17 기출

신성과주의 예산에 관한 설명 중 옳지 않은 것은?

① 예산집행 결과 어떠한 산출물을 생산하고 어떠한 성과를 달성하였는가를 측정하고 이를 기초로 책임을 묻거나 보상을 하는 결과중심 예산체계를 말한다.

② 성과평가 결과에 대한 책임을 강조한다.

③ 관리자에게 집행에 대한 재량권을 부여한다.

④ 총액결정권을 하부로 위임한다.

해설

정답 ④

④ 총액(목표)결정은 집권, 구체적인 집행은 분권을 특징으로 한다.

13

17 기출

다음 중 예산제도에 대한 설명으로 옳지 않은 것은?

① 계획예산제도(PPBS)의 예산결정은 점증적 접근방법이다.

② 신성과주의예산제도(NPB)는 성과목표는 통제하되, 수단의 선택과 운영에 대한 폭넓은 재량을 허용한다.

③ 성과주의예산제도(PBS)는 자원배분의 효율성을 중시한다.

④ 품목별예산제도(LIBS)는 통제가 용이하나 자원배분의 효율성을 저해한다.

해설

정답 ①

① 계획예산제도(PPBS)의 예산결정은 점증적 접근방법이 아닌 총체 · 합리적 접근방법이다.

오답의 이유

② 신성과주의예산제도(NPB)는 기존의 투입중심 예산제도와는 반대되는 개념으로서, 정부의 성과(performance)를 중심으로 예산을 운영하는 제도이다. 즉, 예산집행 결과 어떠한 성과를 달성하였는가를 측정하고 이를 기초로 책임을 묻거나 보상을 하는 결과중심 예산체계를 말한다.

③ 성과주의예산제도(PBS)는 정부예산을 기능 · 사업계획 · 활동에 기초를 두고 편성하는 예산으로, 사업계획을 세부사업(활동)으로 분류하고 각 세부사업을 '단위원가×업무량=예산액'으로 표시하여 편성하는 방법이다. 세부사업별로 분류된 각 사업마다 업무측정단위를 선정하여 업무를 양적으로 표시하므로 예산편성에 있어 자원배분을 합리화할 수 있다.

④ 품목별예산제도(LIBS)는 지출대상인 급여 · 여비 · 수당 · 시설비 등을 품목별로 분류하여 지출대상과 그 한계를 규정함으로써 예산 통제를 기하려는 제도이다.

1. 신성과주의 예산제도(NPB; New Performance Budget)

(1) 개념

① 신성과주의 예산제도는 1990년대 신자유주의적 정부개혁에 따라, 신공공관리의 특징인 '분권화'에 대하여 책임을 묻기 위한 제도이다.

② 분권화에 의해 사업담당부서가 실질적 예산결정권을 행사하고 중앙예산기관의 간섭을 최소화한다. 예산의 효율성 제고를 위해 투입물에 대한 통제 대신 성과에 의한 통제를 추구한다.

③ 1982년 영국에서 재무관리개혁이 그 시초이다.

(2) 신성과주의 예산제도의 도입목적 및 배경

① 내부적인 정부조직의 관리능력 향상 및 지속적인 개선을 통하여 효율적인 정부부문의 개혁을 목적으로 하는 것으로, 이러한 목적은 모든 국가들이 공통적으로 설정하고 있다.

② 예산운용의 자율권을 하위의 정부경영자에게 위임하여 부서 혹은 사업단위의 관리자에게 성과에 대한 책임성을 확고히 하고 기존의 경직적인 예산운용에서 탈피하여 탄력적인 예산운용을 유도함으로써 예산지출의 효율성을 확보할 수 있다.

③ 성과주의 예산제도의 도입을 통하여 방대해진 정부재정의 지출을 억제하려는 것을 주요 목적으로 삼는 것이다.

④ 정치관리 예산(BPM)이나, 1993년 정부성과 및 결과법(GPRA), 예산집행법(BEA) 등은 신성과주의 예산제도의 정착에 토대가 되었다.

2. 전통적 성과주의 예산제도와의 비교

구분	전통적 성과주의	신성과주의
시대	1950년대 행정국가	1980년대 이후 신행정국가
연계범위	예산과정에 국한	국정 전반의 성과관리에 연계 (인사, 조직, 정책 전반)
관심	행정활동의 직접적 산출(Output) 중시 (능률성 중시)	행정활동의 궁극적 결과(Outcome)에 관심 (효과성 중시)
결정흐름	상향식(분권)	집권과 분권의 조화
성과책임	정치적 · 도의적 책임	구체적 · 보상적 책임
성과관점	정부관료	고객
회계방식	불완전한 발생주의	완전한 발생주의
성과관리	성과평가	성과의 제고
경로가정	투입이 자동적으로 성과로 이어진다는 단선적 가정	투입이 반드시 성과를 보장해주지 않는다는 복선적 가정

PART

6

행정환류론

[1] 행정책임의 유형

01

`19추기출`

다음 중 책임성에 대한 설명으로 옳지 않은 것은?

① 파이너(H. Finer)는 내재적 책임을 강조하고, 프리드리히(C. Friedrich)는 외재적 책임을 강조했다.

② 롬젝(Romzek)과 데브닉(Dubnick)에 따르면 강조되는 책임성의 유형은 조직 특성에 따라 달라진다.

③ 신공공관리론은 책임성을 확보하기 위하여 객관적·체계적 성과측정을 중시한다.

④ 책임성은 수단적 가치이다.

해설 　　정답 ①

① 파이너(H. Finer)는 본질적으로 외재적 책임만이 참된 의미의 책임이라고 강조하였고, 프리드리히(C. Friedrich)는 외부자에 대한 책임이 아니라 자기 양심이나 윤리, 그리고 직업의식에 대한 책임인 내재적 책임을 강조했다.

끝장이론 ....

1. 행정책임 중 외재적 책임 대 내재적 책임

(1) 외재적 책임: 파이너(H. Finer)의 고전적 책임론

① 어떤 개인이나 조직이 특정한 사항에 관해서 외부자에 대한 책임을 지는 것을 말한다.

② 파이너(H. Finer)는 본질적으로 외재적 책임만이 참된 의미의 책임이라고 하고 있다.

③ 법률, 입법부, 사법부, 국민 등에 의한 통제, 관료의 대중이 선출한 대표자에 대한 책임을 말한다.

(2) 내재적 책임: 프리드리히(C. Friedrich)의 현대적 책임론

① 프리드리히(C. Friedrich)가 강조하는 것으로 외부자에 대한 책임이 아니라 자기의 양심이나 윤리, 그리고 직업의식에 대한 책임을 말한다.

② 전문기술적·과학적 기준에 따라야 할 기능적·직업적 책임, 국민들의 요구를 인식해서 능동적으로 대응하는 주관적·자율적 책임을 말한다.

2. 행정책임 중 객관적 책임 대 주관적 책임

(1) 객관적 책임

① 개인이나 조직이 외부자에게 그 어떤 일이나 실적에 관해서 지는 책임을 말한다.

② 모셔는 이를 법적 책임(Accountability) 또는 응답적 책임(Answerability)에 가까운 개념이라고 하고 있다.

③ 파이너(H. Finer)가 강조하는 외재적 책임과 일맥상통하는 것으로 볼 수 있다.

(2) 주관적 책임

① 심리적 책임이라고도 하며, 외부자에게 지는 책임이 아니라 자기의 양심이나 직업의식, 그리고 충성심 등과 관련이 있는 개념이다.

② 프리드리히가 강조하는 내재적 책임과 관련이 있다.

3. 행정책임 중 조직의 자율성과 관료조직 통제의 소재

데브닉(Dubnick)과 롬젝(Romzek)은 통제의 소재와 조직의 자율성 정도에 따라 책임성의 유형을 4가지로 나누었다.

구분		기관통제의 원천(Source of Agency Control)	
		내부적인 통제원천	외부적인 통제원천
통제의 정도 (조직의 자율성)	높은 통제수준 (자율성 낮음)	관료적(위계적) 책임성	법적 책임성
	낮은 통제수준 (자율성 높음)	전문가적 책임성	정치적 책임성

책임성의 유형	강조되는 가치	관계의 토대	유사관계(통제자/행정가)
관료적(위계적) 책임성	효율성	조직의 지침과 감독 (Supervision)	상관과 부하
법적 책임성	합법성	외부로부터의 위임, 신탁(Fiduciary)과 순응	입법가와 집행자(주인/대리인)
전문가적 책임성	전문성	개인의 판단과 전문성을 존중 (Deference to Expertise)	문외한과 전문가
정치적 책임성	반응성	선거구민에 대한 반응 (Responsiveness to Consituents)	선거권자와 대표자

02

14 기출

다음 설명 중 옳지 않은 것은?

① 내부고발자보호제도는 공직자윤리법에 규정되어 있다.

② 공무원 청렴의 의무는 구체적으로 규정된 윤리규범이다.

③ 우리나라는 공공기관의 사무처리에 관해서 국민감사청구제를 시행하고 있다.

④ 공직자윤리법에 근거할 때 1급 이상의 공무원에 상당하는 별정직 공무원은 재산등록대상자일 뿐만 아니라 재산공개대상자이다.

해설

정답 ①

① 내부고발자보호제도는 <u>부패방지 및 국민권익위원회 설치 · 운영에 관한 법률</u>에 규정되어 있다.

오답의 이유

② 청렴의 의무는 공무원 행동강령에 담긴 내용으로 부패방지 및 국민권익위원회 설치 · 운영에 관한 법률에 근거하여 대통령령으로 제정되었다. 공무원 행동강령은 법적 구속력을 갖춘 종합적이면서 구체적인 공무원의 윤리규범이다.

③ 부패방지 및 국민권익위원회 설치 · 운영에 관한 법률에 근거하여 국민감사청구제를 시행하고 있다.

끝장이론

1. 행정통제력 향상 방안

(1) 행정정보의 공개제도 활성화: 행정정보의 공개로 국정운영의 투명성이 확보되고 관료에 의한 권력남용과 부정부패를 방지하게 함으로써 행정책임과 함께 행정통제 비용을 상당 부분 감소시켜 준다.

(2) 통제대상 영역의 확대: 국정원 및 숨어 있는 정부로서 정부산하단체, 기금 등에 대한 통제를 강화해야 한다.

(3) 정책과정에 시민참여: 국가 – 시장 – 시민사회의 협력적 통제장치를 마련해야 한다.

(4) 행정절차법의 활용: 투명행정을 통해 행정과 시민 간의 분쟁을 원천적으로 방지하여야 한다.

(5) 행정윤리의 확립: 공무원이 직업적 양심에 기반하여 자기 스스로를 통제할 수 있도록 행정윤리를 확립해야 한다. 특히 청렴의 의무는 공무원 행동강령에 담긴 내용으로 부패방지 및 국민권익위원회 설치 · 운영에 관한 법률에 근거하여 대통령령으로 제정되었다.

(6) 내부고발인 보호제도: 2001년 제정된 부패방지 및 국민권익위원회 설치 · 운영에 관한 법률으로 내부고발자 보호제도 및 자체감사 기능을 강화해야 한다.

(7) 국민감사청구제 시행: 부패방지 및 국민권익위원회 설치 · 운영에 관한 법률에 규정되어 있으며, 19세 이상의 국민은 공공기관의 사무처리가 법령위반 또는 부패행위로 인하여 공익을 현저히 해하는 경우 대통령령으로 정하는 일정한 수 이상의 국민의 연서로 감사원에 감사를 청구할 수 있다. 다만, 국회 · 법원 · 헌법재판소 · 선거관리위원회 또는 감사원의 사무에 대하여는 국회의장 · 대법원장 · 헌법재판소장 · 중앙선거관리위원회 위원장 또는 감사원장(이하 "당해 기관의 장"이라 한다)에게 감사를 청구하여야 한다.

2. 행정통제의 어려움

(1) 정부관료제의 팽창과 역할 증대

① 행정부의 우월적 지위와 과다팽창

② 행정부의 정보독점과 행정의 전문화

③ 준정부영역의 확대(통제의 사각지대 형성)

(2) 관료들의 부정적 행태

① 공직윤리의 타락

② 통제에 대한 관료의 저항

③ 권위주의와 형식주의적 행정문화

(3) 통제주체들의 능력 부족

① 전문성 부족과 대표의 자기이익추구로 인한 한계

② 낮은 시민의식과 집단이기주의로 인한 문제 등

(4) 통제작용상의 실책

① 행정목적의 적극적 성취보다는 절차의 규칙성 확보와 부정방지에 치중한 통제로 업무수행의 소극화 야기

② 통제우선순위 결정의 부적절성과 통제자 간의 조정실패로 인한 과소통제와 과잉통제 야기

③ 단기적인 관점에 의한 통제, 측정이 용이한 것만 통제하는 것은 행정목표의 왜곡 초래

④ 일관성과 지속성의 결여

⑤ 정파적 오염

⑥ 행정통제자들의 부패

[3] 옴부즈맨(Ombudsman)제도

03

20 **9** 기출

옴부즈맨(Ombudsman)제도에 대한 설명으로 옳지 않은 것은?

① 스웨덴에서 처음 도입된 제도이다.

② 행정 내부 통제의 한계를 보완하는 제도이다.

③ 시정을 촉구하거나 건의함으로써 국민의 권리를 구제하는 제도이다.

④ 대부분의 국가에서는 입법부에 소속되어 있다.

> **해설**
> 정답 ②
> ② 옴부즈맨(Ombudsman)은 행정 외부 통제의 한계를 보완하는 제도로 도입되었다.

04

다음 중 스웨덴식 옴부즈맨제도에 대한 설명으로 틀린 것은?

① 옴부즈맨은 내부통제이다.
② 법원의 경우와는 달리 신속히 처리되며 비용이 저렴하다.
③ 직무수행에 있어서 독립성이 보장된다.
④ 시민의 권리구제 신청이 없어도 직권조사 권한을 가진다.

해설   정답 ①
① 스웨덴식 옴부즈맨은 입법부 소속의 공무원이며, 입법부에서 선출되므로 외부통제에 해당된다. 반면 우리나라의 국민권익
위원회는 국무총리 소속으로 행정부형이며 내부통제에 해당된다.

끝장이론 ....

1. 옴부즈맨의 정의 및 연혁

(1) 정의

① 옴부즈맨의 정의: 옴부즈맨(Ombudsman)은 스웨덴어로 '대리인'이라는 뜻으로, 공무원(행정관료, 법관, 군인 등)의 직
권남용이나 불량행정의 횡포로부터 국민을 보호하기 위해 국회나 정부가 임명한 일종의 사법관을 의미한다.
② 옴부즈맨제도의 정의: 행정이 합법적 그리고 합목적적으로 수행되고 있는가를 직권 또는 신청에 따라 옴부즈맨이 조사
하여 감찰하는 '행정감찰제도'라고 정의할 수 있다.

(2) 연혁

① 1809년 스웨덴 의회에서 스웨덴 헌법 규정에 기인하여 옴부즈맨제도가 정식으로 채택되었으므로, 옴부즈맨제도의 근
원은 스웨덴 정부의 옴부즈맨제도에 두고 있다.
② 이후 계속 발전과 변화를 거듭해오고 있으며 스웨덴뿐만 아니라 1952년에는 노르웨이, 1953년에는 덴마크와 같이 주
로 북구국가들을 중심으로 도입하였고 점차 다른 나라에서도 이 제도를 채택하고 있다.
③ 우리나라에서는 행정 옴부즈맨 제도의 일환으로 1994년에 '국민고충처리위원회'가 국무총리 소속으로 설치되었다.
④ 2001년 부패방지 및 국민권익위원회의 설치와 운영에 관한 법률이 제정됨으로써 이 법률에 의거하여 국민고충처리위
원회, 국가청렴위원회, 국무총리 행정심판위원회가 통합되어 2008년 2월 29일 국민권익위원회가 출범하였다.

2. 옴부즈맨의 자격요건과 지위 및 권한

자격요건	옴부즈맨의 진원지인 스웨덴의 헌법은 법률적인 소양을 갖춘 인격자를 옴부즈맨의 적격자로 간주하고 있으며, 다른 나라들 역시 이 원칙을 적용하고 있다.
신분상 지위	• 옴부즈맨의 지위에 따르는 권능은 직급이나 봉급보다 그가 누리는 정치적 중립성과 독립성에 의하여 더 크게 좌우된다. • 임기에 관해서는 종신직도 있기는 하지만 대부분이 임기제를 채택하고 있다.
옴부즈맨의 권한	감시감독권, 소추권, 경고권, 조사권(소환질문권, 자료열람권 등), 검열권(Censorship), 직무감찰권(Inspection), 조정권(중재권), 건의권(입법건의 및 처벌, 시정, 기타 적절한 조치의 건의), 공개비판권 등이다.

3. 옴부즈맨제도의 특징

활동상 독립성이 보장된 의회기관	• 의회가 옴부즈맨을 임명할 권한만 있을 뿐 옴부즈맨의 활동을 지휘·감독할 수 있다는 뜻은 아니다. • 옴부즈맨은 정치적으로 독립된 기관이며 동시에 불편부당의 기관이다.
고발행위의 다양성	• 옴부즈맨에 고발할 수 있는 행위는 명백한 불법행위로부터 부당행위, 비능률, 부정 행위, 태만·과실·신청에 대한 불응답, 답변의 지연, 결정의 편파성 등에 이르기까지 다양하다. • 불평의 대상이 되는 행위는 불법행위뿐만 아니라 공직의 요구에서 이탈된 모든 행위를 말한다.
조사대상	조사대상이 될 수 있는 공무원은 모든 중앙 및 지방공무원에 미친다. 일반적으로 장관이나 사법권은 고발대상에서 제외된다.
간접적 통제	• 옴부즈맨은 기존의 결정이나 행정행위를 무효화시키거나 취소할 수 없다. • 옴부즈맨은 행정관료들을 직접 통제할 권리를 가지고 있지 않다.
직권조사 가능	옴부즈맨은 시민의 고발로 활동을 개시하는 것이 일반적이나 때로는 신문보도나 소문을 토대로 자기직권으로 조사활동을 하기도 한다.
불평 처리과정	• 불평의 처리과정은 직접적이고 비공개적이며 신속하다. • 행정기관에게 명령하거나 강요할 수는 없으나 설득할 수는 있다.
쉬운 접근성	국민은 아무 부담 없이 옴부즈맨에게 쉽게 접근할 수 있다.
보고서 작성	• 옴부즈맨은 연간활동을 중심으로 연차보고서를 작성해서 공개한다. • 결정에 대한 비판, 건의, 행정의 불복, 사건 수 등이 상세히 기록된다.

4. 옴부즈맨이 한계와 효용

효용	한계
• 여타의 통제 중추들이 간과한 통제의 사각지대를 감시하는 데 유용 • 국민이 쉽게 접근할 수 있음 • 절차의 융통성이 높고, 비용이 적게 들고, 간편·신속한 문제 해결이 가능함 • 정부와 국민 간의 완충역할 수행 • 행정의 능률성 향상과 공정한 법 집행 확보	• 시정조치의 강제권이 없어 실효성에 의문 • 일반적으로 가용자원이 많지 않아 옴부즈맨의 활동범위가 제약됨 • 다른 통제 중추들과 관할권 중첩으로 인해 마찰 가능성이 큼

05

14 기출

행정통제에 관한 설명 중 옳은 것만 고른 것은?

> ㉠ 사법통제는 행정소송제도로서, 적극적이며 사전구제를 원칙으로 한다.
>
> ㉡ 민중통제에는 선거, 투표, 이익집단, 시민단체, 정당 등이 있다.
>
> ㉢ 국민권익위원회는 고충민원을 접수한 경우에는 접수일로부터 3개월 이내에 필요한 조사를 하여야 한다.
>
> ㉣ 국민권익위원회는 부패의 발생을 예방하며 부패행위를 효율적으로 규제하기 위한 국무총리소속의 행정위원회이다.
>
> ㉤ 국민권익위원회의 상임위원은 국무총리의 제청으로 대통령이 임명한다.
>
> ㉥ 국민권익위원회는 헌법상 기구가 아닌 법률상 기구이며, 행정기관만을 대상으로 조사한다.

① ㉠, ㉡, ㉤   ② ㉡, ㉣, ㉥   ③ ㉡, ㉢, ㉣   ④ ㉠, ㉤, ㉥

해설

정답 ②

오답의 이유

㉠ 사법통제는 행정소송제도로서, 소극적이며 사후구제를 원칙으로 한다.

㉢ 국민권익위원회는 고충민원을 접수한 경우에는 지체 없이 그 내용에 관하여 필요한 조사를 하여야 한다(부패방지 및 국민권익위원회의 설치와 운영에 관한 법률 제41조).

㉤ 위원장 및 부위원장은 국무총리의 제청으로 대통령이 임명하고, 상임위원은 위원장의 제청으로 대통령이 임명하며, 상임이 아닌 위원은 대통령이 임명 또는 위촉한다. 이 경우 상임이 아닌 위원 중 3명은 국회가, 3명은 대법원장이 각각 추천하는 자를 임명 또는 위촉한다(부패방지 및 국민권익위원회의 설치와 운영에 관한 법률 제13조 제3항).

끝장이론 ....

1. 행정통제의 유형

(1) 외부통제

① 외부 – 공식적 통제

입법통제	• 국민들의 대표에 의해 구성된 공식적인 국가기구에 의한 통제 • 입법 · 예산심의, 임명동의 · 해임건의 · 탄핵, 국정조사 · 감사 등에 의한 통제
사법통제	• 행정부의 잘못된 기능을 사법제도를 통하여 통제하는 것 • 행정소송, 명령 · 규칙 · 처분의 심사, 법령의 조언적 해석 • 사후적 · 소극적이며, 비용과 시간이 많이 소요
옴부즈맨	• 의회를 통해 임명된 조사관이 공무원의 권력남용 등을 조사 · 감시하는 행정통제제도 • 사법통제가 갖는 문제점(절차의 복잡성, 비용 등)을 보완하기 위해 제도화

② 외부 - 비공식적 통제(민중통제)

의의	국민이 행정기관을 간접적 · 비공식적으로 통제하는 것으로 최근 입법통제(대의민주주의)의 한계를 보완하기 위해 대단히 중시되는 통제수단
방법	여론형성, 이익단체 결성, 정당 형성, 선거, 행정과정에의 시민 직접 참여, 매스컴, 인터넷
한계	전문성 부족, 통제방법의 왜곡, 공익무시, 집단이기주의 등

(2) 내부통제

① 내부 - 공식통제

행정수반에 의한 통제	임명권 행사, 기구개혁, 행정입법, 여론환기를 통하여 행정을 통제
감사원	헌법기관이며 직무상 독립적인 성격을 갖지만 대통령 직속기관이므로, 내부공식통제장치로 분류
관리기관에 의한 통제	인사통제, 예산통제, 구매통제, 회계통제, 기획조정, 정부업무평가, 법제심사를 통하여 행정을 통제
상관에 의한 통제	인사 · 예산 · 물자관리, 보고 · 장부비치, 지시 · 명령, 진행관리, 근무성적평정을 통하여 통제

② 내부 - 비공식통제

동료집단의 평가와 비판	제도상 감독권이 없는 상사와 동료의 충고, 조직이 관행, 비공식조직 등
공무원의 직업윤리와 가치 등	국민에 대한 봉사자와 특정 윤리의 전문가

2. 우리나라의 옴부즈맨: 국민권익위원회(행정부형 옴부즈맨)

(1) 개념 및 기능

① 개념: 국무총리 산하의 국민권익위원회를 설치하여 고충민원처리(과거 국민고충처리위원회), 부패방지(과거 국가청렴위원회) 및 행정심판 기능(과거 국무총리행정심판위원회)을 통합하여 기능을 수행하도록 하였으며, 대통령이 임명한다.

② 기능: 국민권익위원회는 고충처리, 부패방지, 국무총리 행정심판의 기능을 수행한다.

③ 법적 근거: 헌법상 기관이 아닌 법률상 기관이다(부패방지 및 국민권익위원회 설치 · 운영에 관한 법률).

(2) 국민권익위원회의 구성

① 국민권익위원회

구성	위원장 1명, 부위원장 3명, 상임위원 3명을 포함한 15명의 위원으로 구성
임기	3년으로 하되 1차 연임 가능
겸직금지	위원 재직 중 국회의원 또는 지방의회의원직 겸직 등 금지

② 시민고충처리위원회

의의	지방자치단체 및 그 소속기관에 관한 고충민원의 처리와 행정제도의 개선 등을 위하여 각 지방자치단체에 시민고충처리위원회를 둘 수 있다.
위원	시민고충처리위원회 위원은 고충민원 처리업무를 공정하고 독립적으로 수행할 수 있다고 인정되는 자로서 지방자치단체의 장이 지방의회의 동의를 거쳐 위촉한다.
임기	시민고충처리위원회 위원의 임기는 4년으로 하되, 연임할 수 없다.

(3) 고충민원의 처리 순서: 고충민원의 신청 및 접수 → 고충민원의 조사 → 고충민원의 각하 → 합의의 권고 → 조정 → 시정의 권고 및 의견의 표명 → 결정의 통지 → 처리결과의 통보

(4) 우리나라의 옴부즈맨제도의 문제점

① 국민권익위원회는 헌법상 기관이 아닌 법률상 기관으로 법률 변경으로 폐지·변경이 가능하다(안정성 부족).

② 국무총리 소속기관으로 독립성이 미흡하다.

③ 신청에 의한 조사만 인정, 직권조사권이 없다.

④ 사전심사권이 없고 사후심사만 인정된다.

⑤ 국회·법원·헌법재판소·선거관리위원회·감사원·지방의회에 관한 사항에 대하여 통제할 수 없다.

행정개혁

[1] 행정개혁의 성공요건

01

07 기출

다음 중 행정개혁의 성공요건으로 보기에 적절하지 않은 것은?

① 정당 등 이익집단의 활성화　　　　② 정치적 리더십의 확립

③ 여론의 지지와 의사소통의 활성화　　④ 저항세력에 대한 정확한 진단

해설　　　　　　　　　　　　　　　　　　　　　　　　　　　　　정답 ①

① 정당 등 이익집단이 활성화될 경우 개혁에 대한 반발이 활성화될 수 있으므로, 오히려 행정개혁에 있어 걸림돌로 작용할 우려가 있다.

끝장이론 ···

1. 행정개혁의 특징 및 촉진요인

(1) 행정개혁의 특징

① 목표지향성 · 가치지향성

② 동태성 · 행동지향성

③ 저항을 수반

④ 인위적 · 지속적 · 계획적인 변화

⑤ 포괄적 연계성

⑥ 공적 상황 하에서의 변화

(2) 행정개혁의 촉진요인

① 정부가 새로운 방향으로 가고자 할 때

② 새로운 과학 · 기술을 행정운영에 도입하고자 할 때

③ 불필요한 기능중복으로 인한 비능률을 제거하기 위할 때

④ 전쟁이나 혁명과 같은 사태가 발생했을 때 적절히 대처하기 위할 때

⑤ 고객의 인구구조나 요구의 변화에 대응하기 위할 때

⑥ 정부의 간섭을 늘리거나 줄이기 위할 때

2. 행정개혁의 성공요인과 실패요인

(1) 행정개혁의 성공요인

① 정치적 · 사회적 안정

② 강력한 리더십의 확립

③ 개혁의 분위기와 열의

④ 여론의 지지와 활발한 의사소통

⑤ 행정조직의 신축성과 개혁에 대한 적극적 사고

⑥ 저항세력에 대한 정확한 진단

(2) 행정개혁의 실패요인

① 개혁정책결정에서의 실책: 형식주의와 비밀주의, 잘못 설정된 비밀주의, 실천가능성 없는 개혁안, 참여자들의 이기주의와 낮은 신망

② 개혁의 장애: 과다한 개혁수요로 인한 과부하, 격동과 혼란, 자원부족, 매몰비용, 외적통제의 결함, 법령과 관행상의 제약, 정부관료제의 보수성

③ 개혁추진자의 포획

포획의 의의	개혁과정에서의 포획현상이란 개혁추진자가 개혁대상집단의 영향 하에 들어가 개혁대상집단의 이익을 옹호하게 되는 현상
포획의 원인	거대관료제의 압도적 세력, 광범한 행정적 폐단, 개혁조직의 의존성과 취약성, 개혁대상조직과의 마찰 회피

[2] 행정개혁의 접근방법

02

18 기출

행정개혁의 접근방법에 대한 설명으로 옳지 않은 것은?

① 행태적 접근방법에서는 행정인의 가치관 · 태도 · 신념을 인위적으로 변혁시켜 행정개혁을 도모한다.

② 구조적 접근에서는 통솔범위의 원리 · 명령통일의 원리 · 계층제의 원리 · 조정의 원리 등을 강조한다.

③ 현대행정에서 가장 타당한 행정개혁의 방안은 구조, 관리기술, 인간 등의 종합적 영역에 관심을 갖고 이의 상호융합을 시도한 접근방법이다.

④ 구조적 접근이란 주로 과학적 관리기법에 근거하여 업무수행과정에 중점을 두면서 관리기술의 개선을 강조하는 접근방법을 말한다.

해설 정답 ④

④ 구조적 접근이 아니라 과학 · 기술적 접근에 대한 설명이다.

03

행정개혁을 위한 다음의 개선내용 중 접근방법이 다른 하나는?

① 기능중복의 제거
② 의사결정권한의 수정
③ 의사전달체계의 수정
④ 관리과학의 활용

해설   정답 ④

④ 관리과학의 활용 등의 관리기법은 관리·기술적 접근방법에 해당한다.

오답의 이유

① · ② · ③ 구조적 접근방법에 해당한다.

끝장이론 ··

1. 구조적 접근 방법

(1) 의의

① 조직의 구조적 설계를 재조정하여 행정개혁의 목적을 달성하려는 방법이다.

② 집권화를 확대하거나 분권화를 확대하고 전통적 원리에 따라 기능 중복을 제거하고 통솔범위를 조정하는 등에 중점을 둔 접근 방법이다.

③ 과학적 관리론, 관료제론, 원리주의행정이론 등 20C 초기 미국의 행정개혁(1910년대 태프트 위원회, 1940년대 후버위원회)에서 강조하였다.

(2) 주요 전략

① 원리전략: 통솔범위의 수정 등 조직의 제 원리에 입각한 전략, 기능중복의 제거, 책임의 재규정, 표준적 절차의 간소화, 의사소통체제의 개선을 강조한다.

② 분권화전략(의사결정 권한의 수정): 조직 구조의 분권화를 통해 조직을 개선하고자 하는 전략으로, 분권화 전략의 장점은 구조뿐만 아니라 관리자의 행태에 영향을 미치는 종합적인 성격의 전략이라는 점이다.

(3) 평가: 조직 내의 인간적 요인, 조직의 동태적 성격, 조직과 환경과의 관계에 대한 충분한 고려가 없다.

2. 과학·기술적 접근 방법

(1) 의의

① 조직 내의 운영과정 또는 일의 흐름을 개선하려는 방법이다.

② 정보·작업·물자의 흐름을 분석하고 흐름을 신속하게 재조정하는 데 중점을 둔다.

(2) 특징

① 과학적 관리기법 중시: 관리과학(OR), 사무자동화(OA), 체제분석(B/C분석), 컴퓨터의 활용(EDPS, PMIS), 리엔지니어링(BPR) 등의 관리기법을 통한 업무처리절차나 운영기술을 혁신함으로써 행정의 성과향상을 도모한다.

② 개혁의 실효 중시: 행정과정에서 사용하는 장비나 수단, 그리고 분석기법 등을 개선하여 개혁의 실효에 중점을 둔다.

(3) 평가

① 기술적 혁신이 표준적 절차나 조직의 업무수행에 영향을 줄 뿐만 아니라 조직의 구조와 인간의 행태에까지 영향을 미친다.
② 기술을 독립변수로 인간과 조직의 구조를 종속변수로 봄으로써 현실세계를 단순화시켜 파악(기계적 모형)할 뿐만 아니라 기술과 인간의 갈등관계를 과소평가하고 있다.

3. 인간관계적(행태적) 접근 방법

(1) 의의

① 개혁의 초점을 인간에 맞추어 인간의 능력을 개발하고 인간의 태도와 가치관을 변화시켜 개혁의 실효를 거두고자 하는 방법이다.
② 목표관리, 조직발전, 참여적 관리를 주요 내용으로 한다.

(2) 특징

① 감수성 훈련, 태도조사, 집단토론 등 조직발전(OD)전략에 의해 구성원의 심리적 욕구를 충족시켜 조직과 개인의 목표를 조화시키려는 민주적 · 분권적 · 상향적 · 참여적 접근 방법이다.
② 인간을 개혁의 초점으로 두는 인간중심적 접근방법이다.

(3) 평가

① 행태변화를 추구하므로 장기적인 시간이 소요된다.
② 구성원의 참여를 전제로 하므로 권위주의 문화가 지배하는 사회나 이중 구조적이고 폐쇄적인 국가에서는 적용하기 어렵다.

[3] 우리나라 행정개혁

04

19 기출

다음 〈보기〉에 제시된 정부 개혁이 시기 순으로 바르게 나열된 것은?

┤ 보기 ├─
ⓐ 행정쇄신위원회
ⓑ 열린 혁신
ⓒ 정부 3.0
ⓓ 정부혁신지방분권위원회

① ㉠ – ㉢ – ㉡ – ㉣
② ㉡ – ㉢ – ㉣ – ㉠
③ ㉠ – ㉢ – ㉡ – ㉣
④ ㉠ – ㉢ – ㉢ – ㉡

146 PART 06 행정환류론

① 역대 정부의 개혁정책은 '㉠ 행정쇄신위원회(김영삼 정부) → ㉣ 정부혁신지방분권위원회(노무현 정부) → ㉢ 정부 3.0(박근혜 정부) → ㉡ 열린 혁신(문재인 정부)'의 순서로 진행되어 왔다.

> **열린 혁신**
> 문재인 정부는 '국민'과 '정부'라는 이분법적 사고에서 벗어나 '국민이 주인인 정부'라는 비전을 수립하고, '국민과 함께 하겠다'는 국정철학을 구현했다.
> • 사회혁신: 협력을 통한 시민 주도의 사회문제 해결, 이를 통한 삶의 질 개선
> • 정부혁신
>   – 혁신적인 열린 정부: 사회 부조리 개선, 정보공개제도 개편 등
>   – 국민이 공감하는 서비스혁신: 취약계층 서비스, 정부24 운영 등
>   – 정부업무 지능화로 스마트 행정구현: 공공데이터 개방, 지능형 전자정부 등

05

다음 중 설명이 적절하지 않은 것은?

① 김대중 정부에서 공공부문 개혁은 신공공관리론에 의한 개혁이었다.

② 김대중 정부에서 노인복지 등에 전자바우처제도 시스템이 처음 도입되었다.

③ IMF 이후 정부는 NPS(National Pension Service) 방향으로 개혁을 추진하였다.

④ IMF 이후의 대표적인 이론은 신공공서비스론이다.

오답의 이유

② 사회서비스 전자바우처제도는 2007년에 처음 시작되었으며 노인 돌봄종합서비스, 장애인활동지원사업, 지역사회서비스 투자사업 등을 최초로 도입하였다. 시행 당시의 정부는 김대중 정부가 아니라 노무현 정부이다.

끝장이론

1. 문민정부(김영삼 정부)와 국민의 정부(김대중 정부)

(1) 문민정부(김영삼 정부)

배경	사회주의권 붕괴 이후 '신자유주의'가 유입되기 시작 – 자유시장(규제 완화, 재산권 보장), 시장개방(자유무역, 국제적 분업)에 대한 국제사회의 요구가 높아짐, 세계화로 인하여 UN, IMF 등 국제기구의 영향력 증대
의의	최초의 민선정부, '작고 효율적인 정부' 구현에 초점을 두고, 정부규모의 축소와 정책조정의 효율화를 추구
개혁	• 신자유주의적 정책기조 표방, 행정쇄신위원회 설치 • 고위공직자 재산 공개, 여성채용 목표제 실시

(2) 국민의 정부(김대중 정부)

배경	신자유주의가 서구사회를 넘어 전세계적 지배이념으로 부상, IMF 경제위기 극복이라는 급박한 상황에서의 조직 개편
의의	• '작고 강력한 정부' 구현에 초점을 두고, 정부규모의 축소와 정책 조정의 효율화를 추구했으며, 특히 행정에 '시장경제원리'를 도입하여, 민간에 맡기는 것이 효율적인 분야를 과감하게 이양·위탁하여 생산성을 제고함 • 공공부문 개혁은 신공공관리론에 의한 개혁
개혁	행정서비스헌장제도(1998) → 책임운영기관제도(1999) → 공무원정원 동결제도(1999) → 연봉제 도입, 국장급 이상(1999) → 중앙행정권한 지방이양촉진법(1999) → 주민감사청구제도(1999) → 주민조례개폐청구제도(1999) → 부패방지법 제정(2001)

2. 참여 정부와 이명박 정부

(1) 참여 정부(노무현 정부)

배경	급변하는 환경에 대한 정부의 대응능력이 중요해졌으며, 시민의식 성장과 함께 새로운 행정수요 증가에 대응하기 위해 정부개혁 추진
의의	공무원이 개혁의 주체가 되어, 구조 중심 개혁(조직·인력감축)보다는 제도·행태개혁(부서 간 기능조정을 통한 업무 효율화)의 비중이 커짐
개혁	지방분권중심개혁(자치경찰제 도입, 지방재정체계개선, 자치입법권 강화, 주민소환제 도입, 정부혁신지방분권위원회 발족), 기능조정 중심의 개혁, 성과 중심의 인사개혁, 전자바우처제도 시스템 처음 도입 등

(2) 이명박 정부

배경	작고 유능한 실용정부를 지향
의의	기능과 조직이 광역화된 대부대국제 도입, 각 부처에 걸쳐 정책대상·영역별로 흩어져 있는 유사·중복기능을 통합하고 각 부처의 업무범위 확대, 과다한 통제·조정기능 및 각종 위원회를 대폭 정비하여 정책결정단계를 단축(2008년 2월 2원 15부 2처 18청으로 정부규모 축소)
개혁	지방분권촉진에 관한 특별법(2008), 남녀평등예산제도(2010), 조세지출예산(2011)

3. 정부 3.0(박근혜 정부)와 열린 정부(문재인 정부)

(1) 정부 3.0(박근혜 정부)

배경	희망의 새시대로 국정비전 제시
의의	국민행복, 경제, 안전, 미래를 위한 정부의 적극적 역할 강조, 국정지표(경제부흥, 국민행복, 문화융성, 평화통일 기반구축)
개혁	정부 3.0 추진, 지방분권 및 지방행정체제개편에 관한 특별법 제정(2013), 부총리제 부활

(2) 열린 정부(문재인 정부)

배경	국민주권 실현
의의	일자리 경제 창출 유도, 국민이 주인인 정부, 더불어 잘사는 경제, 평화와 번영의 한반도

개혁	• 조직개편내용
	  – 중소벤처기업부 설치
	  – 미래창조과학부를 과학기술정보통신부로 변경
	  – 소방청 및 해양경찰청 독립
	  – 행정자치부와 국민안전처의 안전정책 · 재난관리 · 비상대비 · 민방위 및 특수재난 업무를 통합하여 행정안전부로 개편
	  – 국가보훈처 위상 강화(장관급으로 격상)
	  – 대통령경호실 개편(대통령경호처로 변경)
	• 제도개혁: 국민참여 확대(국민예산참여제, 국민청원 등)

[1] 전자정부의 역기능

01

전자정부의 역기능에 대한 설명으로 옳은 것을 모두 고르면?

> ㉠ 행정의 민주화를 저해할 수 있다.
> ㉡ 사이버 범죄가 발생할 수 있다.
> ㉢ 전자감시의 위험이 심화될 수 있다.
> ㉣ 정보격차가 심화될 수 있다.

① ㉠, ㉡

② ㉡, ㉢

③ ㉠, ㉡, ㉢

④ ㉡, ㉢, ㉣

해설

정답 ④

㉡ 컴퓨터시스템의 온라인화와 네트워크화로 중요한 데이터베이스에의 접근이 쉬워져 해킹 등 데이터 조작에 의한 컴퓨터 범죄가 늘어날 가능성이 높아진다.

㉢ CCTV나 스마트폰을 비롯한 첨단기기를 통해 개인들의 삶이 노출되고 어떤 측면에서나 감시와 통제(Electronic Panopticon)가 쉬워졌기 때문에 개인의 프라이버시를 침해(빅브라더)할 우려가 높아졌다.

㉣ 사회적·경제적·지역적·신체적 여건으로 인해 정보통신서비스에 대한 접근이 어렵거나 이용기회에 차이가 생길 수 있다.

오답의 이유

㉠ 전자정부는 시간적·공간적 제약이 극복되고, 전자적 참여를 통해 온라인 상호작용으로 정책결정을 할 수 있어 전자민주주의가 실현된다.

1. 전자정부의 유형

구분	능률형 전자정부	서비스형 전자정부	민주형 전자정부
지향	• 작고 효율적인 정부 • 공급자 중심 행정 • 국가경쟁력(경제활성화)	• 고객지향적 열린 정부 • 수요자 중심 행정 • 정부효율성 + 삶의 질	• 성과 중심의 열린 정부 • 참여에 의한 행정 • 신뢰성 · 투명성
정부인식	개입주의	시장주의	파트너십
IT와 정보	홍보용 정보고속도로	정보통합: 전문가집단 중심	고도의 정보기술
시민사회	소극적(통제대상)	• 고객지향적 전자정부서비스 • 보편적 서비스	• 참여(양방향 커뮤니케이션) • 평등한 정보접근 • 사생활

2. 전자정부의 범위(행위자와 행위자 간의 상호작용에 따른 유형)

G2G (Government to Government)	정부기관 간의 차원으로 각종 행정정보의 공유, 전자결재, 문서의 전자유통, 온–나라 시스템 등을 통하여 문서 없는 행정을 실현함으로써 효율성을 극대화
G2C 또는 G4C (Government to/for Customer/Citizen)	정부의 대민서비스 차원으로 민원처리의 온라인화(민원24), 국민신문고, 주민등록 · 자동차 · 부동산 등 국가 주요 민원 정보 제공
G2B (Government to Business)	정부의 대기업서비스 차원으로 정부와 기업 간 전자상거래방식의 적용 및 확산, 조달업무의 전자적 처리(국가종합전달조달시스템 – 나라장터), 전자통관시스템 등을 통하여 효율성과 투명성을 향상시킨다.

3. 전자정부의 역기능

통제와 인간소외	개인정보가 수집, 관리됨으로써 엄격한 통제 가능성이 높아지며, 컴퓨터 마인드를 갖추지 못한 나이 많은 고위계층의 소외감과 하위계층과의 심리적 갈등을 유발할 수 있다.
사생활 침해우려	국민 개개인에 대한 인적 · 물적 정보가 확보됨으로써 개인의 프라이버시를 침해(빅브라더)할 우려가 높아진다.
정보의 과다	정보과잉 · 정보홍수에 따른 심리적 혼란과 정보왜곡을 초래할 수 있다.
정보격차	컴퓨터 활용에 의한 정보처리능력에 차이가 있는 조직단위 간, 중앙 · 지방 간, 컴퓨터 사용자와 이른바 컴맹 등 비사용자 간에 정보불균형과 격차로 인한 갈등이 심화될 수 있으며 나아가서는 사무자동화와 단순 · 반복 업무의 전산화에 의하여 실업에 대한 두려움이 확산될 수 있다. 이러한 '정보의 부익부, 빈익빈 현상'을 마태 효과(Matthew Effect)라 하며 정보사회에서 관리, 전문, 기술직과 같은 정보 관련 직업이 증대하더라도 미숙련 서비스 노동 역시 동시에 늘어나 사회구조가 양극화될 가능성이 있어 정보격차의 극복을 위해서는 보편적 서비스 정책이 요구된다.
정보의 그레샴 법칙과 정보공해	정보의 그레샴 법칙이란 각 부처 간 정보의 공유를 추진할 경우 공유정보망에는 무용한 정보들만 남게 되고, 유용하고 가치 있는 정보는 사설정보망이나 부처정보망이 보유하게 되는 현상을 말한다.
소모적 찰나주의	정보의 즉시성으로 인하여 과거와 미래와의 단절 등이 나타날 수 있다.

컴퓨터 범죄와 정보 왜곡	컴퓨터시스템의 온라인화와 네트워크화로 중요한 데이터베이스에의 접근이 쉬워져 해킹 등에 의한 데이터 조작에 의한 컴퓨터 범죄가 늘어날 가능성이 높아진다.
전자 파놉티콘 [Electronic Panopticon, 전자전제주의 (Tele-Facism)]	CCTV나 스마트폰을 비롯한 첨단기기를 통해 개인들의 삶이 노출되고 어떤 측면에서나 감시와 통제가 쉬워졌다.

[2] 전자거버넌스

02

19 중 기출

다음 중 전자거버넌스의 최종적 의사결정 양식으로 옳은 것은?

① 소수의 민주적 의사결정

② 다수의 통합적 의사결정

③ 소수의 합의적 의사결정

④ 확산된 분권적 의사결정

해설

정답 ②

② 전통적 통치에서의 의사결정 양식은 소수의 중앙집권적 의사결정이며, 거버넌스의 의사결정 양식은 확산된 분권적 의사결정이다. 전자거버넌스의 의사결정 양식은 다수의 통합적 의사결정이다.

03

16 기출

UN에서 본 전자 거버넌스로서의 전자적 참여의 형태가 진화·발전한 순서로 옳은 것은?

① 전자결정 – 전자자문 – 전자정보화

② 전자정보화 – 전자자문 – 전자결정

③ 전자자문 – 전자결정 – 전자정보화

④ 전자자문 – 전자정보화 – 전자결정

해설

정답 ②

② UN(2008)에서는 전자 거버넌스의 발전단계를 전자적 참여의 형태에 따라 3단계로 구분하고 있다. '전자정보화(E-Information)단계 → 전자자문(E-Consultation)단계 → 전자결정(E-Decision)단계'이다.

152 PART 06 행정환류론

04

전자거버넌스의 특징으로 볼 수 없는 것은?

① 다양한 네트워크의 형성
② 직접민주주의의 한계 극복
③ 충분한 정보 제공 및 상호작용
④ 다양한 이해관계자 참여

해설   정답 ②

② 전자거버넌스는 가상공간에서 정부와 시민이 소통하고 많은 사람들의 직접적인 소통이 가능해지기 때문에 간접민주주의의 한계를 극복하고 직접민주주의의 가능성을 제고시킨다.

끝장이론

1. 전자거버넌스와 전자민주주의 정의

(1) 전자거버넌스(e-Governance): 정보기술을 이용하여 번거로운 문서와 절차 등을 감축하고 행정업무를 효율적으로 재설계함으로써, 고객의 요구에 민감하게 대응하고 대국민 서비스를 증진하는 것을 말하며 국민의 삶의 질을 향상하고, 많은 사람이 정부에 쉽게 접근할 수 있도록 하여 민주주의 행정이념을 구현하려는 고객지향적인 열린 정부이다.

(2) 전자민주주의(e-Democracy): 전자거버넌스의 맥락하에서 민주주의가 구현된 것을 말하며, 모든 사람들이 온라인상에서 의사표명을 할 수 있어, 직접 민주주의적 요소가 강화되었다.

2. 전자적 참여의 형태(UN, 2008)

전자정보화 (e-Information) 단계	정부기관의 웹사이트의 각종 전자적 채널을 통해서 정부기관의 여러 가지 정보가 공개되는 단계이다.
전자자문 (e-Consultation) 단계	시민과 선출직 공무원간의 상호소통이 이루어지고, 사이버 공간에서의 청원활동이 이루어지며, 선출직 공무원은 유권자와 정책 토론이 일어나며, 그 토론에 대한 피드백이 시민들에게 이루어지는 단계이다.
전자결정 (e-Decision) 단계	정부기관이 주요 정책과정에 시민들의 의견을 고려하여 반영하는 활동이 이루어지는 단계로, 토론 결과 정책결정에 직접적으로 반영된 내용을 시민들에게 제공하게 된다.

3. 전자거버넌스(e-Governance)의 특성

구분	전통적 통치	거버넌스	전자거버넌스
의사결정	소수의 중앙집권적 의사결정	확산된 분권적 의사결정	다수의 통합적 의사결정
방향성	대의적 간접민주주의	다원적 협의민주주의	다수적 직접민주주의
가치	• 효율성(Efficiency) • 대응성(Responsiveness)	• 효율성(Efficiency) • 민주성(Democracy) • 대응성(Responsiveness)	• 민주성, 효율성 • 민주적 관리 (Democratic Management)
주체	정부중심	네트워크중심	시민중심

4. 온라인 시민 참여 유형(김종수 외)

구분	정보제공형 참여	협의형 참여	정책결정형 참여
개념	• 정부가 생산한 정보를 정부가 일방적·적극적으로 제공하는 형태 • 관심이 없거나 수동적인 시민은 무(無) 혜택	• 시민과 정부 사이에 쌍방향적인 의사소통이긴 하지만, 주로 정부 주도에 의한 의사소통 • 대부분은 정부가 시민들의 관심과 정책적 순응을 확보하기 위해 활용	• 시민들이 정책 과정에 적극적 참여 • 참여 과정 및 정책 과정을 시민들이 결정을 할 수 있는 단계
특징	정책, 예산, 법, 규제, 데이터 등 주요 정책 이슈에 대한 정보를 제공	공공정책에 해당하는 주제에 대한 온라인 토론 및 실시간 토론 서비스	• 특정 정책에 대한 이슈나 선택에 대한 시민 토론·평가 • 정책결정 과정에서 정보 제공이나 정책 추진 결과를 환류
주요 도구	• 전자정부 포털 사이트 구축(메일링 리스트, 온라인 포럼, 뉴스그룹, 채팅 등) • 인터넷 방송 등	• 자료분석 S/W • 메일링 리스트 • 온라인 여론조사 • 온라인 공청회 • 온라인 시민패널 • 포커스그룹 등	• 독립적 웹사이트 • 온라인 채팅그룹 • 메일링 리스트 등
관련제도	정보공개법 등	• 행정절차법 • 옴부즈맨제도 • 민원 관련 법 등	• 전자국민투표법 • 국민의 입법 제안 등

[3] 전자정부의 변천

05

`12 기출`

전자정부에 대한 설명으로 옳지 않은 것은?

① 행정업무를 효율적으로 재설계한다.

② 2008년 이후 행정안전부 주관으로 추진되었다.

③ UN이 분류한 전자정부의 마지막 단계는 '연계(connected)'이다.

④ 우리나라에는 아직 정보화책임관제도가 도입되지 않았다.

해설

`정답 ④`

④ 정보화책임관이란 행정사무의 전산화·정보화를 총괄적으로 책임지는 고위관리자로 우리나라에서는 1999년 정보화촉진 기본법의 개정으로 도입되었다. 2009년 국가정보화 기본법으로 전부 개정되었다가, 현재는 2020년 6월 9일 지능정보화 기본법으로 전부개정되었다.

지능정보화책임관(지능정보화 기본법 제8조)
① 중앙행정기관의 장과 지방자치단체의 장은 해당 기관의 지능정보사회 시책의 효율적인 수립·시행과 지능정보화 사업의 조정 등 대통령령으로 정하는 업무를 총괄하는 책임관(지능정보화책임관)을 임명하여야 한다.
② 중앙행정기관의 장과 지방자치단체의 장은 제1항에 따라 지능정보화책임관을 임명한 때에는 지능정보화책임관 협의회의 의장에게 이를 통보하여야 한다. 지능정보화책임관을 변경한 때에도 또한 같다.

지능정보화책임관의 업무(지능화정보화 기본법 시행령 제6조)
- 지능정보화 사업의 조정, 지원 및 평가
- 지능정보사회 정책의 총괄, 조정 지원 및 평가
- 지능정보사회 정책과 기관 내 다른 정책 등과의 연계·조정
- 지능정보기술을 이용한 행정업무의 지원
- 정보자원의 현황 및 통계자료의 체계적 작성·관리
- 전자정부법 제2조 제12호에 따른 정보기술아키텍처의 도입·활용
- 건전한 정보문화의 창달 및 지능정보사회윤리의 확립
- 지능정보화 및 지능정보사회 관련 교육 및 역량강화
- 그 밖에 다른 법령에서 지능정보화책임관의 업무로 정하는 사항

끝장이론

1. 우리나라 전자정부의 변천

구분	주요 내용
전자정부 태동기 (80년대 중반~90년대 중반)	• 5대 국가기간전산망 구축 • 전산망 보급 확장과 이용촉진에 관한 법률(1986.5)
전자정부 기반조성단계 (90년대 중반~2000년)	• 초고속정보통신 기반구축 및 인터넷 활성화 • 정보화촉진기본법 제정(1995)
전자정부 본격 추진단계 (2001~2002년)	• 전자정부 11대 과제 추진 • 전자정부법 제정(2001)
전자정부 확산단계 (2003~2007년)	• 전자정부 31대 로드맵 과제 추진 • 다수 부처 간 연계·통합 기반조성
전자정부 융합단계 (2008년~현재)	• 국가정보화 기본계획 수립(2008) • 2008년 이후 행정안전부 주관으로 추진 • 개방·공유·협업 기반의 전자정부 과제(12개) 추진
스마트 전자정부 추진단계 (2011년~현재)	미래 전자정부의 청사진으로서 '스마트 전자정부 계획'을 수립

2. UN의 전자정부 발전단계 및 지표

단계	단계명	단계정의 및 지표
1단계	착수 (Emerging)	• 정책 · 법령 · 문서 등을 온라인을 통해 시민에게 제공 • 타 부처 소속기관의 산하기관과 링크 • 정부부처의 새 소식 및 정보목록 제공
2단계	발전 (Enhanced)	• 시민에게 발전된 일방향 및 단순쌍방향 온라인 서비스 제공 • 민원신청 양식 오디오 및 비디오 서비스와 다국어 서비스 제공 • 부분적으로 비온라인 양식이나 개인정보를 우편 등으로 제공받을 수 있는 온라인 신청 서비스 제공
3단계	전자거래 (Transactional)	• 시민들이 정부정책 프로그램 법령 등을 온라인으로 요청하고 접수할 수 있는 쌍방향 서비스 제공 • 거래의 완료를 위해 시민의 신분 증명을 위한 전자인증양식 제공 • 전자투표 양식의 다운로드 및 업로드, 온라인 세금납부 서비스, 증명 · 면허 · 허가 신청 서비스 제공 • 보안 네트워크를 통한 정부와의 금융 거래 가능
4단계	통합처리 (Connected)	• Web 2.0과 기타 상호작용 도구를 이용하여 시민과의 적극적인 커뮤니케이션을 수행 • 다부처 통합 서비스, 시민 생애주기를 고려한 맞춤형 서비스 제공 • 정책 의사결정에 시민 의견이 반영될 수 있는 온라인 환경조성

[4] 정보통신 용어

06

08 기출

다음에서 설명하는 기법을 무엇이라 하는가?

> 각 데이터 간의 상관관계를 인공지능기법으로 자동적으로 알려주는 기법으로서 과거에는 알지 못했지만 축적된 데이터 속에서 유도된 새로운 데이터 모델을 발견하여 새로운 전략적 정보를 추출해내는 정보추출 및 지식발견기법이다.

① 데이터베이스(database)
② 데이터 웨어하우스(data warehouse)
③ 데이터 마이닝(data mining)
④ 데이터 마트(data mart)

③ 데이터 마이닝이란 데이터베이스로부터 과거에는 알지 못했지만 데이터 속에서 유도된 새로운 데이터 모델을 발견하여 미래에 실행 가능한 정보를 추출해 내고 의사 결정에 이용하는 과정을 말한다. 이는 데이터에 숨겨진 패턴과 관계를 찾아내어 광맥을 찾아내듯이 정보를 발견해 내는 것이다. 데이터에 고급 통계 분석과 모델링 기법을 적용하여 유용한 패턴과 관계를 찾아내는 과정으로, 데이터베이스 마케팅의 핵심 기술이라고 할 수 있다.

07

다음 중 오늘날 기업 내에서 인사관리 등에 가장 많이 사용하는 정보를 공유하는 수단으로 적절한 것은?

① 인터넷
② 인트라넷
③ 엑스트라넷
④ 부가가치통신망

② 인트라넷(intranet)이란 인터넷 기술과 통신규약을 이용하여 조직 내부의 업무를 통합하는 정보시스템을 말한다.

끝장이론

1. 지식정보화 용어

(1) 데이터 마이닝(Data Mining)

① 각 데이터 간의 상관관계를 인공지능기법으로 자동적으로 알려주는 기법으로서 과거에는 알지 못했지만 축적된 데이터 속에서 유도된 새로운 데이터 모델을 발견하여 새로운 전략적 정보를 추출해내는 정보추출 및 지식발견기법이다.

② 데이터마이닝은 다른 말로 KDD(Knowledge-discovery in Databases)라고도 하는데, 영어의 의미 그대로 '데이터베이스 속의 지식 발견'이라는 뜻이다.

(2) 데이터 웨어하우스(Data Warehouse)

① 데이터는 자료를, 웨어하우스는 창고를 뜻하는 데이터 웨어하우스는 회사의 각 사업부문에서 수집된 모든 자료에 관한 중앙창고이다.

② 시스템의 데이터베이스에 축적된 데이터를 공통의 형식으로 변환하여 일원적으로 관리하는 데이터베이스를 말한다. 데이터 웨어하우스는 데이터의 수용이나 분석 방법까지 포함하여 조직 내 의사 결정을 지원하는 정보 관리 시스템으로 이용된다.

(3) 데이터 마트(Data Mart)

① 전사적으로 구축된 데이터 웨어하우스로부터 특정 주제, 부서 중심으로 구축된 소규모 단일 주제의 데이터 웨어하우스(자료 저장소)이다.

② 데이터 웨어하우스의 구축과 이용이라는 관점에서 볼 때, 데이터를 소규모로 분할하여 구축, 이용하는 것이 보다 효과적이다.

(4) 데이터베이스(database)

① 여러 사람에 의해 공유되어 사용될 목적으로 통합하여 관리되는 데이터의 집합을 의미한다.

② 다음 네 가지 주요 특징(ACID)을 가진다.

원자성 (Atomicity)	트랜잭션(Transactions)과 관련된 작업들이 부분적으로 실행되다가 중단되지 않은 것을 보장하는 능력
일관성 (Consistency)	트랜잭션이 실행을 성공적으로 완료하면, 언제나 일관성 있는 데이터베이스 상태로 유지
독립성 (Isolation)	트랜잭션 수행 시 다른 트랜잭션의 연산 작업이 끼어들지 못하도록 보장
지속성 (Durability)	성공적으로 수행된 트랜잭션은 영원히 반영

2. 인터넷 관련 용어

(1) 인트라넷(intranet)

① 인트라넷은 기업이나 조직이 웹서버 소프트웨어를 활용하여 인터넷을 내부 근거리통신망으로 활용하는 것을 말한다.

② 인트라넷은 조직의 구성원에게만 부여되는 계정과 비밀번호가 있어야만 접속할 수 있기 때문에, 편리하게 전사적으로 정보를 공유할 수 있고 업무 지원에 활용할 수 있다는 장점이 존재한다.

(2) 엑스트라넷(extranet)

① 인트라넷의 개념을 공급체인상의 공급업체나 고객으로 확대한 것으로 거래처는 물론 고객의 정보교류와 전자상거래에 이용된다.

② 기업들이 외부 보안을 유지한 채 협력업체들과 서로의 전산망을 이용하여 업무를 처리할 수 있도록 인트라넷을 인터넷으로 연결하여 이용된다.

(3) 클라우드 서비스(Clould Servics)

① 클라우드 서비스는 워드, 엑셀, 파워포인트 등으로 작성된 각종 문서, 사진, 동영상 등의 파일을 인터넷상의 서버에 저장하고, 언제 어디서든지 필요한 때에 데스크톱 PC, 태블릿 PC, 노트북, 스마트폰 등의 기기에 다운받아 사용할 수 있는 인터넷 서비스이다.

② 대용량의 파일이나 문서를 쉽고 편리하게 교환할 수 있기 때문에, 별도의 정보저장기기를 활용하지 않아도 된다는 점과 아이디와 패스워드가 있어야 하므로 안전한 것이 가장 큰 장점이다.

MEMO

PART

7

지방행정론

[1] 지방행정의 본질

01

다음 중 지방자치 행정의 특징으로 옳지 않은 것은?

① 지역주민에게 조언, 권고, 정보제공 등 비권력적 행정서비스를 제공하는 생활행정이다.

② 국가행정이 효율성을 중시하는 데 비해 지방행정은 형평성 제고를 더 중시한다.

③ 중앙정부와 지방정부 간 적절한 기능분담을 통한 행정의 효율성 향상을 기한다.

④ 참여를 통한 민중통제와 그에 따른 대응성 제고를 기대할 수 있다.

해설

정답 ②

② 국가행정이 '형평성'을 중시하는 데 비해 지방행정은 '효율성' 제고를 더 중시한다. 예를 들어 중앙정부의 '사회보장정책', '소득세의 누진세율 적용'은 형평성을 더 중시한 정책이다. 반면, 지방정부는 지역단위 행정수요에 특화된 '맞춤형 행정서비스'를 제공하는 등 행정의 효율성에 중점을 둔다.

오답의 이유

① · ③ 지방자치에 대한 적절한 설명이다.

④ 대응성은 정치 · 행정체계가 구성원의 요구를 얼마나 만족시켜 주고, 민감하게 반응하는가를 가리키는 개념이다. 지방자치는 중앙정부의 주도에 비해 구성원이 지역 행정에 참여하기 용이하다는 점에서 민중통제와 대응성 제고를 기대할 수 있다. 따라서 적절한 설명이다.

1. 지방행정의 개념

광의의 개념	• 일정한 지역 내에서 수행하는 일체의 행정을 의미하는 것 • 지방자치단체가 처리하는 자치행정, 위임행정뿐만 아니라 중앙정부가 지방에 설치한 하급행정기관이 담당하는 행정까지도 포함
협의의 개념	일정한 지역에서 수행되는 행정 중에서 지방자치단체가 처리하는 행정으로 보는 견해(자치행정+위임행정)
최협의의 개념	지방주민들이 그들의 일상생활과 관련된 사무를 국가에 의하지 아니하고 스스로 처리하는 행정만을 의미하며, 이에는 자치행정만이 포함(자치행정)

2. 지방행정의 수행방법

관치행정방식	• 직접행정방식으로 국가의 직속기관을 지방에 설치·운영하여 지방행정을 수행하는 방식 • 행정기관은 국가일선기관(특별지방행정기관)
위임행정방식	• 간접행정방식으로 지방자치단체가 중앙정부로부터 사무를 위임받아 중앙정부의 간섭과 통제 하에 지방행정을 수행하는 방식 • 행정기관은 지방자치단체(보통지방행정기관)
자치행정방식	• 간접행정방식으로 지방자치단체가 고유사무를 중앙정부의 통제를 받지 않고 독자적·자율적으로 수행하는 방식 • 행정기관은 지방자치단체(보통지방행정기관)

3. 관치행정과 자치행정의 차이

관치적 지방행정(특별지방행정기관)	자치적 지방행정
• 중앙정부가 지방행정의 주체가 된다. • 지방행정의 권력의 근원이 중앙정부에 있다. • 결정권이 중앙정부에 집중된다. 즉, 중앙집권적 구조를 갖는다. • 중앙에서 임명한 관료가 중앙을 대표해서 지방을 통치한다. • 소수의 고위관료들에 의한 지배체제이다. • 중앙정부에 의한 지방의 통치이다. • 관료들은 중앙정부에 책임을 지고, 그에 대하여 봉사한다. • 관료의 임무는 주로 중앙정부의 정책이나 지시에 따라 집행하는 일이다. • 행정의 획일성이 특징이다.	• 지방자치단체가 지방행정의 주체가 된다. • 지방행정의 권력의 근원이 지방주민에게 있다. • 결정권이 지방분권화된다. • 주민이 선출한 지방자치단체장과 그가 통솔하는 공무원이 행정을 담당한다. • 다양한 정치·행정의 행위자들을 통해서 행정이 행해진다. • 주민의 지지와 여론에 입각한 자치행정이 강조된다. • 관료들이 주민에 대하여 책임을 지고 그들에 대한 봉사를 중요한 행동규범으로 삼는다. • 관료들이 주민의 행정수요를 보다 민감하게 파악하여 결정하고 집행한다. • 지방의 실정에 적응하는 다양한 행정을 촉진한다.

4. 지방행정의 특징

자치행정	자치는 관치에 대립되는 개념으로, 지방행정사무는 특수한 경우를 제외하고는 원칙적으로 지방자치단체의 자치사무로서 독자의 의사와 책임 하에 수행하게 되는 행정
비권력적 행정	• 지방행정은 지역주민에 대한 조언, 권고, 지원 등을 하는 비권력적 수단을 통해 행정을 수행 • 우리나라 헌법 역시 '지방자치단체는 주민의 복리에 관한 사무를 처리하고 재산을 관리하며 법령의 범위 내에서 자치에 관한 규정을 제정할 수 있다.'고 규정
종합행정	지방행정의 지역범위는 한정적이나 그 지역 안에서 일어나는 모든 행정수요에 대응하여 포괄적으로 문제를 해결하는 종합행정의 성격을 지님
급부행정 (서비스 행정)	문서행정과 대립되는 개념으로, 지방행정은 직접 일선에서 현실적인 결과를 구현하는 서비스 행정의 성격을 띰
대화행정 (일선행정)	지방행정은 중앙행정과는 달리 주민들과 일상적으로 접촉하면서 대화를 통해 그들의 의견을 청취하고, 이를 바탕으로 시책을 결정·집행
생활행정	국가행정이 전국을 단위로 통일적·일원적으로 실시되는 것인 데 비하여, 지방행정은 국가의 지역 또는 지방을 단위로 개별적·다원적으로 실시되는 행정이므로 일상생활의 하나하나가 곧 행정의 대상이 되는 생활행정
지역행정	국가 내의 일정한 지역인 지역공동사회를 단위로 그 지역이 가진 특수한 조건에 따라 개별적·다원적으로 실시
효율적 행정	지방정부가 중앙정부와의 적절한 기능분담을 통한 행정의 효율성 향상을 기함
대응성 제고	지방자치는 중앙정부의 주도에 비해 구성원이 지역 행정에 참여하기 용이하다는 점에서 민중통제와 대응성 제고를 기대

[2] 중앙집권과 지방분권

02

07 기출

다음 중 신중앙집권화에 대한 설명으로 적절하지 않은 것은?

① 분권화의 필요성이 약화되면서 나타났다.

② 능률화와 민주화의 조화를 도모한다.

③ 영국·미국을 중심으로 등장하였다.

④ 중앙정부와 지방정부의 기능적 협력을 추구한다.

해설   정답 ①

① 신중앙집권화는 분권화의 필요성이 약해지면서 등장한 것이 아니라 중앙정부의 역할이 증대됨에 따라 중앙정부와 지방정부 간에 새로운 협력관계가 요구되면서 나타났다.

03

06 기출

다음 중 신중앙집권화 현상의 의미에 대한 설명으로 가장 적절한 것은?

① 지방분권화로 나타난 문제점에 대한 반발로서 대두된 현상이다.
② 전통적인 중앙집권화보다 그 범위가 더욱 확대된 것이다.
③ 관료적·권력적 집권이 아니라 비권력적·지식적·기술적 집권이다.
④ 민주화된 정부가 개혁을 위해 취하는 국가발전전략의 일환이다.

> **해설**   정답 ③
> ③ 이전의 중앙집권과는 달리 신중앙집권화는 권력적 집권이 아닌 비권력적·지식적·기술적 집권이라는 특징을 가지고 있다.

끝장이론

1. 중앙집권과 지방분권의 구분

중앙집권	정치적 의사결정권한이나 기능이 중앙정부에 집중되어 지방자치단체의 자주성이 제약되어 있는 국정운영의 한 형태
지방분권	정치적 의사결정권한이나 기능이 지방자치단체에 분산되어 있는 것으로 자주성이 높은 국정운영의 한 형태

2. 중앙집권과 지방분권의 촉진요인

중앙집권의 촉진요인	지방분권의 촉진요인
• 국민적 최저(National Minimum) 실현 • 행정관리의 전문화가 요청될 때 • 행정의 획일성과 통일성이 요구되는 경우 • 교통·통신수단의 발달 • 카리스마적 리더십이 요구될 때 • 최고관리자가 의사결정에 필요한 정보가 많이 요구될 때 • 능률성 제고(규모의 경제, 집적이익, 수익의 증가, 외부효과) • 신설조직, 소규모조직의 경우 • 조직에 위기가 존재하는 경우 • 정책의 강력한 추진 • 사회복지재정의 확대	• 시민적 최저(Civil Minimum) 실현 • 중앙정부의 업무부담 경감 • 정책의 지역적 실험 용이 • 관리자 양성의 기회나 참여 중시 • 상급자의 업무부담 감소 • 하급직원의 책임감 강화 • 사기양양, 민주성 • 지방실정에의 적응 • 민주적 통제의 강화를 요할 때 • 신속한 업무처리를 요할 때(권한위임 중시) • 불확실한 상황에 적응 • 조직의 대규모화나 안정된 조직

3. 중앙집권과 지방분권의 장·단점

구분	중앙집권	지방분권
장점	• 국가적 위기에 대한 신속한 대처 • 경제발전·국민형성에 유리 • 지역 간의 격차 해소 • 전국적·광역적 규모의 사업에 유리 • 행정의 통일성·전문성·능률성의 확보	• 지역 실정에 적합한 행정 • 주민통제를 통한 행정의 민주성 확보 • 주민참여에 의한 행정의 민주화 • 지방공무원의 사기 및 능력 제고 • 신속한 행정처리 • 지역단위행정의 종합·조정
단점	• 중앙정부의 행정부담 과중 • 민주적 통제가 약화되어 권위주의적·전제주의적 경향 초래 • 지역적 특수성과 실정이 고려되지 않으며, 획일적인 행정의 폐단 초래 • 행정단위와 구역의 확대로 인한 공동체의식, 애향심, 자치의식 등의 결여 • 참여의식이 저하되고 민의의 반영이 적극적으로 이루어지지 않음	• 행정의 통일성·안정성·능률성 저해 • 대규모의 광역적·거시적·전국적인 국가사업 추진 곤란 • 위기 시 강력한 행정력을 발휘하기 어려움 • 규모의 경제를 실현하기 어려움 • 지역 간의 이질성, 불균형, 지역이기주의 심화

4. 신중앙집권화와 신지방분권화

구분	신중앙집권화	신지방분권화
개념	• 지방자치를 발전시켜온 영·미 등에서 행정국가화, 광역화, 국제화 등으로 중앙집권이 새로이 일어나는 현상 • 전통적으로 지방자치제도를 발전시켜 온 나라에 해당되는 개념 • 중앙과 지방의 새로운 협력관계 또는 행정의 능률화와 민주화의 조화를 모색	중앙집권적 성향이 강했던 대륙의 프랑스 등에서 정보화, 국제화, 도시화, 지역불균형화 등으로 1980년대 이후 나타난 지방분권의 경향
촉진요인	• 행정사무의 양적 증가와 질적 변화 • 과학, 기술과 교통통신의 발달 • 중앙재정에의 의존 • 국민생활권의 확대와 경제규제의 필요성 • 국민적 최저수준 유지 필요성 • 근대지방자치의 쇠퇴 • 국제적 불안정과 긴장	• 중앙집권화의 폐해로 인한 지역 간 불균형 • 도시화의 진전 • 정보화의 확산(재택근무 보편화) • 국제화, 세계화의 추세로 활동영역 확대
주요 성격	• 권력적 집권에서 지도적(비권력적) 집권 • 지배·강압적 집권에서 협동적 집권 • 관료적 집권에서 사회적 집권 • 윤리적 집권에서 기술적 집권 • 부자 간의 집권에서 형제 간의 집권 • 수직적 집권에서 수평적 집권	• 절대적 분권에서 상대적 분권 • 항거적 분권에서 협조적 분권 • 도피적 분권에서 참여적 분권 • 소극적 분권에서 적극적 분권

[1] 지방자치의 특성과 유형

01

17 기출

주민자치에 대한 설명으로 옳은 것은?

> ㉠ 정치적 의미의 자치이다.　　　　　㉡ 지방분권사상을 추구한다.
> ㉢ 독립세주의이다.　　　　　　　　　㉣ 영미계 국가에서 발달하였다.
> ㉤ 중앙정부와 기능적으로 협력한다.

① ㉠, ㉡, ㉢, ㉣　　　　　　　　　　② ㉠, ㉡, ㉢, ㉤
③ ㉠, ㉢, ㉣, ㉤　　　　　　　　　　④ ㉡, ㉢, ㉣, ㉤

해설　　　　　　　　　　　　　　　　　　　　　　　　　　　　　정답 ③

오답의 이유

㉡ 지방분권사상은 단체자치와 관련된다. 주민자치는 민주주의사상을 바탕으로 한다.

02

12 기출

지방자치의 긍정적인 측면이 아닌 것은?

① 지방정부 간의 경쟁을 촉진시킨다.
② 정책의 실험 및 혁신적인 추진이 가능하다.
③ 지역의 개성과 특징에 맞는 발전을 추구할 수 있다.
④ 지역 간의 형평성이 강화된다.

해설　　　　　　　　　　　　　　　　　　　　　　　　　　　　　정답 ④

④ 지방자치로 인해 지방정부 간의 경쟁이 촉진되기 때문에 지역 간의 형평성은 오히려 저하된다. 지역 간의 형평성을 추구하기 위해선 중앙집권이 바람직하다.

1. 지방자치의 의의

(1) 지방자치의 개념: 일정한 지역의 주민들이 지방공공단체를 구성하여 국가 또는 중앙정부로부터 어느 정도 독립성을 가지고, 그 지역 안의 사무(공동문제)를 자기부담에 의하여 주민 스스로 또는 주민의 대표자를 통하여 처리하는 것이다.

(2) 지방자치 개념의 구성요소

구분	내용
주민	자치구역 내 거주하면서 재정을 부담하고 참정권을 행사하는 인적 구성요소
자치권	지방사무를 자주적으로 처리하기 위한 자주적 통치권
지방자치단체	지방자치는 자치권을 가지고 있는 지방정부 또는 지방자치단체가 그들의 사무를 처리하는 조직형태
자치사무	지방자치에는 그 지역의 주민들이 공동적으로 처리해야 할 일정한 공동문제가 있어야 함
자주재원	지방자치는 주민들 자신의 부담으로 지역 내의 사무를 주민의 자주재원으로 처리함
주민참여	지방자치는 지역주민들 스스로 또는 주민들이 선출한 기관을 통하여 지방정치 · 행정에 참여

2. 지방자치의 장 · 단점

구분	장점(필요성)	단점(문제점)
정치적 측면	• 민주주의 이념 실현 • 민주주의 훈련장 • 전제정치의 방파제 • 정국의 혼란 방지	• 국가 전체 이익 경시 • 급박한 위기상황 대처 부족
행정적 측면	• 지역실정 적응행정 • 정책의 지역적 실험 • 분업을 통한 효율 증진 • 지역 내의 종합행정	• 기술적 · 사무적 능력부족 등에 따른 비능률적인 행정 • 외부효과의 발생에 따른 투자기피, 책임전가
경제적 측면	• 자원배분의 효율성 • 후생의 극대화 • 소비자 선호성 구현 • 지역 특수산업 발전	• 소규모적인 서비스 공급에 있어 규모의 경제 상실 • 자치단체의 독자적인 분배시책의 실패
사회적 측면	• 경쟁성과 창의성 제고 • 주민의 책임의식 함양 • 지방의 자부심, 긍지 • 인구의 지역 간 균등분산 • 지역의 개성과 특징에 맞는 발전 추구	• 배타주의 • 지역이기주의 • 사회적 형평성의 문제

3. 지방자치의 유형

(1) 주민자치(영·미형)

① 지방의 조세로 경비를 지출하고 국가의 법률에 따라 명예직 공무원에 의하여 처리하는 행정

② 지방주민의 의사와 책임 하에 스스로 또는 주민이 선출한 대표자를 통하여 사무를 처리하는 것

③ 지방자치단체와 주민과의 관계에 중점을 두는 자치제도

④ 지방자치에의 주민참여를 강조함으로써 민주주의 원리를 표현하는 지방자치 사상

⑤ 정치적 의미의 자치

(2) 단체자치(대륙형)

① 국가와 별개의 법인격을 가진 지방자치단체가 국가로부터 상대적으로 독립된 지위와 권한을 인정받아 일정한 범위 내에서 중앙의 통제를 받지 않고 독자적 행정사무를 처리하는 제도

② 고유사무와 위임사무를 엄격히 구별하고, 지방자치단체와 중앙정부와의 관계에 중점을 두고 있는 자치제도(법률적 의미의 자치개념으로 파악)

(3) 주민자치와 단체자치의 차이

구분	주민자치(영·미계)	단체자치(대륙계)
자치권의 유래	고유권설(자연권설): 국가 이전부터 존재함	전래권설(국권설): 국가의 성립을 전제로 함
자치의 의미	정치적(주권재민)	법률적
자치권의 근거와 범위	주민 고유의 권리(광범)	국가로부터 주어진 권리(협소)
이념	민주주의사상	지방분권사상: 중앙집권을 전제로 하여 중앙의 권한이 지방으로 위임됨
중앙과 지방의 관계	기능적 협력관계	권력적 감독관계
권한배분방식	개별적 지정주의	포괄적 위임주의
중앙통제의 방식	입법적·사법적 통제	행정적 통제
지방정부형태	기관통합형(의원내각제식)	기관대립형(대통령제식)
자치사무의 성격과 구분	고유사무(미구분)	고유사무 + 위임사무(구분)
조세제도	독립세(자주재원)	부가세(의존재원)
민주주의와의 관계	상관관계 인정	상관관계 부정
우월적 지위	의결기관 우월주의	집행기관 우월주의
자치의 초점	주민과 지방정부의 관계	지방정부와 중앙정부의 관계

03

12 기출

다음 중 조례제정권의 범위와 한계에 대한 설명으로 틀린 것은?

① 기관위임사무도 모두 조례로 제정할 수 있다.

② 조례의 내용은 법령의 범위 안에서만 가능하다.

③ 벌칙을 제정할 때에는 반드시 법률의 위임이 필요하다.

④ 주민의 권리 · 의무에 관련된 조례는 법률의 위임이 필요하다.

해설

정답 ①

① 기관위임사무는 국가 또는 자치단체의 사무가 법령의 규정에 의해 지방자치단체의 집행기관에 위임되어 처리하는 사무로, 규칙으로만 제정할 수 있다.

끝장이론 ....

1. 조례제정권의 개념과 성질

(1) 개념: 지방자치단체가 법령의 범위 내에서 그 권한에 속하는 사무에 관하여 지방의회의 의결로서 제정하는 규범이다.

(2) 성질: 일반적으로 대외적 구속력을 갖는 법규의 성질을 지닌다(행정규칙의 성질을 갖는 조례도 있음).

2. 조례제정권의 범위와 한계

(1) 조례로 규정할 수 있는 구체적인 범위

① 고유사무 및 단체위임사무의 처리에 관한 사항(기관위임사무 제외)

② 주민의 권리 · 의무에 관한 사항

③ 지방자치단체의 권한을 확정하는 사항

④ 지방의회의 의결을 거침으로써 민의를 반영하고 주민통제를 보장할 필요가 있는 사항

⑤ 결정에 있어서 공정성, 신중성이 요구되는 사항

⑥ 기타 법령에 의해 조례의 규정사항으로 지정된 사항

(2) 조례의 한계

① 법령에 위반되지 않아야 한다(법령위반 조례는 무효).

② 지방자치단체의 사무(고유사무와 단체위임사무)에 관한 것이어야 한다.

③ 시 · 군 및 자치구의 조례와 규칙은 시 · 도의 조례와 규칙에 위배되어서는 안 된다.

④ 주민의 권리제한 또는 의무부과에 관한 벌칙을 규정할 때에는 법률의 위임이 있어야 한다.

3. 조례의 종류와 제정 절차

(1) 조례의 종류

① 법령의 위임여부에 따라 자치조례와 위임조례로 구분

㉠ 자치조례(직권조례): 개별 법령의 위임 없이 지방자치법 제19조의 규정에 의하여 지방자치단체의 고유사무에 대하여 직권으로 정하는 조례이다.

㉡ 위임조례: 개별 법령의 위임에 의하여 제정되는 조례이다.

② 조례제정의 재량여부에 따라 필수조례와 임의조례로 구분

㉠ 필수조례: 법령에 의하여 반드시 제정하여야 하는 조례를 말한다.

㉡ 임의조례: 지방자치단체의 사무에 관한 재량에 의하여 제정하는 조례를 말한다.

(2) 제정 절차

① 지방자치단체의 장이나 재적의원 5분의 1 이상 또는 의원 10명 이상의 연서로 발의

② 지방의회 재적의원 과반수 출석과 출석의원 과반수의 찬성으로 의결

③ 의장은 5일 이내에 지방자치단체의 장에게 이송, 단체장은 20일 이내에 공포

④ 지방자치단체장은 조례안에 대하여 이의가 있으면 재의요구가 가능(수정재의요구는 불가능)

⑤ 재적의원 과반수의 출석과 출석의원 3분의 2 이상의 찬성으로 의결 시 조례로서 확정

⑥ 공포한 날로부터 20일이 지나면 효력이 발생

[3] 지방분권 정책의 방향

04

13 기출

지방분권의 추진을 위해 2000년대 이후 우리 정부가 새롭게 실시한 정책이 아닌 것은?

① 지방양여금의 신설 및 증액교부금의 인상

② 분권교부세 및 부동산교부세의 신설

③ 지방교부세 및 지방교육재정교부금의 법정교부율 인상

④ 주민소송제 및 주민소환제의 도입

해설

정답 ①

① 지방양여금제도는 2005년 폐지되었고, 지방교육재정교부금의 구성요소 중 하나였던 증액교부금제도는 2004년 교부세율을 인상하면서 보통교부금으로 통합하였다. 현재 지방교육재정교부금은 보통교부금과 특별교부금으로 구성된다(지방교육재정교부금법 제3조 제1항).

오답의 이유

② 지방교부세법을 개정하여 분권교부세는 2005년, 부동산교부세는 2006년에 시행하였다.

③ 지방교부세의 법정교부율은 2000년, 지방교육재정교부금의 법정교부율은 2004년과 2006년에 인상되었다.

④ 주민소송제는 2005년, 주민소환제는 2006년에 제정되어 2007년부터 도입·시행되었다.

1. 우리나라 지방자치의 변천

(1) 제1공화국

① 1948년 제정·공포된 우리나라 헌법은 지방자치에 관한 1개의 장을 두었으며, 1949년에는 지방자치법이 제정되었으나 국내 질서의 불안으로 지방의원 선거를 실시하지 못하였다.

② 1952년 비로소 최초로 각급 지방의회의원의 선거가 실시되고 지방의회가 구성됨으로써 근대적 의미의 지방자치가 시작되었다.

(2) 제2공화국

① 4·19혁명에 의하여 집권한 민주당은 1960년 11월 1일 지방자치법을 개정(5차 개정)하였다.

② 지방의회의원은 물론 지방자치단체의 장인 서울특별시장, 도지사 및 시·읍·면장 모두를 주민이 직선하도록 하여 1960년 12월에 각각 실시하였다.

(3) 제3·4·5공화국

① 1961년 5월 16일 군사혁명위원회 포고 제4호로 전국의 지방의회는 해산되었다.

② 1961년 9월 1일 제정된 지방자치에 관한 임시조치법에 의거하여 지방자치는 중단되었다.

(4) 노태우 정부(1988~1993)

① 의회구성 시한을 헌법 부칙에 규정하지 아니하고, 대신 지방자치법(1990년 12월 31일, 지방자치법 제8차 개정)에서 1991년 6월 30일까지 지방의회를 구성한 후, 1992년 6월 30일까지 자치단체장을 선출토록 규정하였으며, 지방자치에 관한 임시조치법을 폐지하였다.

② 서울특별시를 국무총리 직속이 아니라 타 시·도와 마찬가지로 정부직할 하에 두고, 서울특별시행정에 관한 특별조치법을 폐지하고 서울특별시 행정특례에 관한 법률을 제정하였다.

③ 지방양여금제도는 1990년 12월 31일 지방양여금법이 제정되어 1991년에 제도가 도입되었다.

(5) 김영삼 정부(1993~1998)

① 공직선거 및 선거부정방지법 제정(1994년 3월): 자치단체장 및 지방의회의원을 주민이 직접 선출하도록 하고 임기를 4년으로 하였으며, 지방의회의원 및 자치단체장의 동시선거가 이루어졌다(임기만료일 60일 전 첫 번째 목요일로 하였다가 1997년 임기만료일 30일 전 첫 번째 목요일로 변경).

② 지방자치법 개정(1994년 12월): 직할시를 광역시로 명칭을 변경하고, 자치단체장 및 지방의회의원을 주민이 직접 선출하였다.

(6) 김대중 정부(1998~2003)

① 선(先) 지방 육성 - 후(後) 지방 자율화 정책, 중앙행정권한의 지방이양 촉진 등에 관한 법률을 제정하였다.

② 제4대 의회의원 및 제3대 지방자치단체장을 선출하였다.

(7) 노무현 정부(2003~2008)

① 2003년 지방분권 추진원칙과 기본방향을 규정한 로드맵 발표로 5년 한시법률로 시행된 지방분권특별법을 명문화하였다.

② 2004년 지방양여금법이 폐지되면서 지방양여금제도가 2005년부터 소멸되었다.

③ 주민투표법 제정(2004), 지방자치법 개정을 통한 주민소송제 도입(2005), 주민소환에 관한 법률(2006) 제정, 지방교부세법을 개정하여 분권교부세(2005)와 부동산교부세(2006)를 시행하였다.

④ 2005년 공직선거법을 개정하여 선거연령을 19세로 하향 조정하였고, 외국인에 대한 지방선거권을 부여하였다.

(8) 이명박 정부(2008~2013)

① 2008년 지방분권특별법을 개정하여 지방분권 촉진에 관한 특별법(5년 한시적 법률)에 따라 지방분권촉진위원회를 설치하였다.

② 2010년 지방행정체제개편에 관한 특별법을 제정하여 지방행정체제개편추진위원회를 설치하였다.

(9) 박근혜 정부(2013~2017)

① 2013년 지방분권촉진에 관한 특별법과 지방행정체제개편에 관한 특별법을 폐지하고, 두 법률을 통합하는 지방분권 및 지방행정체제개편에 관한 특별법을 제정하였다.

② 대통령 소속으로 지방자치발전위원회를 설치하였다.

(10) 문재인 정부(2017~)

① 2018년 지방분권 및 지방행정체제개편에 관한 특별법을 지방자치분권 및 지방행정체제개편에 관한 특별법으로 법 명칭을 개정하였다.

② 2018년 '지방자치발전위원회'를 '자치분권위원회'로, '지방분권'을 '자치분권'으로 변경하였다.

2. 지방분권추진기구의 변천

정부	근거법률	추진기구
김대중	중앙행정권한의 지방이양촉진법	지방이양추진위원회
노무현	지방분권특별법	정부혁신지방분권위원회
이명박	지방분권촉진에 관한 특별법	지방분권촉진위원회
박근혜	지방분권 및 지방행정체제개편에 관한 특별법	지방자치발전위원회
문재인	지방자치분권 및 지방행정체제개편에 관한 특별법	자치분권위원회

[4] 지방자치분권 및 지방행정체제 개편에 관한 특별법

05

다음 중 지방자치분권 및 지방행정체제개편에 관한 특별법(지방분권법)에 관한 내용으로 옳지 않은 것은?

① 특별시와 광역시의 구가 일정한 인구나 규모 이하일 경우 적정한 규모로 통합한다.

② 통합된 읍·면·동의 경우 풀뿌리자치의 활성화와 민주적 참여의식 고양을 위해 주민자치회를 설립한다.

③ 특별시 및 광역시는 지방자치단체로서 존치한다.

④ 주민자치회의 위원은 조례로 정하는 바에 따라 지방자치단체의 장이 위촉한다.

해설   정답 ②

② 풀뿌리자치의 활성화와 민주적 참여의식 고양을 위하여 읍·면·동에 해당 행정구역의 주민으로 구성되는 주민자치회를 둘 수 있다(지방자치분권 및 지방행정체제개편에 관한 특별법 제27조).

오답의 이유

①·③ 특별시 및 광역시는 지방자치단체로서 존치하되, 특별시 및 광역시의 관할구역 안에 두고 있는 구 중에서 인구 또는 면적이 과소한 구는 적정 규모로 통합한다(지방자치분권 및 지방행정체제개편에 관한 특별법 제19조).

④ 지방자치분권 및 지방행정체제개편에 관한 특별법 제29조 제1항

1. 지방자치분권 및 지방행정체제개편에 관한 특별법

(1) 지방분권법의 제정과 목적

① 이 법은 2013년 향후 지방 분권과제의 지속적인 추진을 위해 추진체계를 정비할 필요가 있으며, 지방분권촉진위원회와 지방행정체제개편추진위원회로 분산되어 있는 체계를 발전적으로 통합하여 실질적으로 지방분권을 주도할 수 있는 강력한 지방분권 추진체계를 구축하기 위하여 제정되었다.

② 목적은 지방자치분권과 지방행정체제 개편을 종합적·체계적·계획적으로 추진하기 위하여 기본원칙·추진과제·추진체제 등을 규정함으로써 성숙한 지방자치를 구현하고 지방의 발전과 국가의 경쟁력 향상을 도모하며 궁극적으로는 국민의 삶의 질을 제고하는 것이다.

(2) 자치분권 종합계획의 수립

① 자치분권위원회는 자치분권 및 지방행정체제 개편을 효과적으로 추진하기 위하여 관계 중앙행정기관의 장과 협의하고 지방자치단체의 의견을 수렴하여 자치분권 종합계획을 수립하여야 한다.

② 자치분권 종합계획은 국무회의의 심의를 거쳐 대통령에게 보고하여야 한다. 이미 수립된 자치분권 종합계획을 변경할 때 또한 같다.

③ 위원회는 수립된 자치분권 종합계획을 국회에 보고하여야 한다.

(3) 자치분권의 기본이념

① 자치분권은 주민의 자발적 참여를 통하여 지방자치단체가 그 지역에 관한 정책을 자율적으로 결정하고 자기의 책임 하에 집행하도록 한다.

② 국가와 지방자치단체 간 또는 지방자치단체 상호 간의 역할을 합리적으로 분담하도록 함으로써 지방의 창의성 및 다양성이 존중되는 내실 있는 지방자치를 실현함을 그 기본이념으로 한다.

(4) 사무배분의 원칙

① 국가는 지방자치단체가 행정을 종합적·자율적으로 수행할 수 있도록 국가와 지방자치단체 간 또는 지방자치단체 상호 간의 사무를 주민의 편익증진, 집행의 효과 등을 고려하여 서로 중복되지 아니하도록 배분하여야 한다.

② 국가는 지역주민생활과 밀접한 관련이 있는 사무는 원칙적으로 시·군 및 자치구(이하 '시·군·구'라 한다)의 사무로, 시·군·구가 처리하기 어려운 사무는 특별시·광역시·특별자치시·도 및 특별자치도(이하 '시·도'라 한다)의 사무로, 시·도가 처리하기 어려운 사무는 국가의 사무로 각각 배분하여야 한다.

③ 국가가 지방자치단체에 사무를 배분하거나 지방자치단체가 사무를 다른 지방자치단체에 재배분하는 때에는 사무를 배분 또는 재배분 받는 지방자치단체가 그 사무를 자기의 책임 하에 종합적으로 처리할 수 있도록 관련 사무를 포괄적으로 배분하여야 한다.

④ 국가 및 지방자치단체는 제1항부터 제3항까지의 규정에 따라 사무를 배분하는 때에는 민간부문의 자율성을 존중하여 국가 또는 지방자치단체의 관여를 최소화하여야 하며, 민간의 행정참여기회를 확대하여야 한다.

(5) 과소 구의 통합: 특별시 및 광역시는 지방자치단체로서 존치하되, 특별시 및 광역시의 관할구역 안에 두고 있는 구 중에서 인구 또는 면적이 과소한 구는 적정 규모로 통합한다.

(6) 도의 지위 및 기능 재정립: 도는 지방자치단체로서 존치하되, 위원회는 이 법에 따른 시·군의 통합 등과 관련하여 도의 지위 및 기능 재정립 등을 포함한 도의 개편방안을 마련하여야 한다.

(7) 시·군·구의 개편

① 국가는 시·군·구의 인구, 지리적 여건, 생활권·경제권, 발전가능성, 지역의 특수성, 역사적·문화적 동질성 등을 종합적으로 고려하여 통합이 필요한 지역에 대하여는 지방자치단체 간 통합을 지원하여야 한다.

② 시·군·구의 통합에 있어서는 시·도 및 시·군·구 관할구역의 경계에 제한을 받지 아니한다.

(8) 주민자치회 설치와 구성

① 주민자치회 설치: 풀뿌리자치의 활성화와 민주적 참여의식 고양을 위하여 읍 · 면 · 동에 해당 행정구역의 주민으로 구성되는 주민자치회를 둘 수 있다.

② 주민자치회의 구성: 주민자치회의 위원은 조례로 정하는 바에 따라 지방자치단체의 장이 위촉한다.

2. 지방사무의 종류

(1) 자치사무

① 의의: 지방자치단체의 존립 목적에 속하는 사무 및 주민의 복리증진을 도모하기 위하여 행하는 사무로서 법령상 국가사무가 아닌 것을 말한다.

② 특징

국가의 감독	적법성 통제를 할 수 있음에 그치고 합목적성의 통제는 할 수 없다(소극적 감독).
비용 부담	지방자치단체가 그 전액을 부담함이 원칙이나 국고보조금을 받을 수 있다(장려적 보조금).
지방의회의 관여	지방자치단체의 고유사무이므로 지방의회의 사무감사 및 조사, 회계감사의 대상이며, 조례제정권을 갖는다.

(2) 단체위임사무

① 의의: 지방자치단체의 본래의 사무가 아니라 전국적 이해와 지방적 이해를 동시에 가지는 사무로서 개개의 법령에 의하여 지방자치단체에 위임된 사무이다.

② 특징

국가의 감독	국가의 감독은 합법성 · 합목적성 차원의 사후 · 교정적 감독이 인정되나, 사전적 · 예방적 감독은 원칙적으로 배제된다.
비용 부담	국가와 지방자치단체가 공동으로 부담하며 단체위임사무에 대한 국가보조금은 부담금의 성격을 지닌다.
지방의회의 관여	지방자치단체에 위임된 사무이므로 당연히 지방의회의 관여가 인정되며, 조례제정권을 가진다.

(3) 기관위임사무

① 의의: 국가 또는 상급 자치단체의 사무가 법령의 규정에 의해 지방자치단체의 집행기관에 위임되어 처리하는 사무를 말한다.

② 특징

국가의 감독	합법성, 합목적성, 사후적 · 사전적(예방적) 감독과 통제가 가능하다.
비용 부담	위임기관이 전부 부담하는 것이 원칙이다.
지방의회의 관여	지방자치단체의 장에게 위임된 사무이므로 지방의회의 관여가 인정되지 않는다.

지방자치단체(종류 및 기관)

[1] 지방자치단체의 종류

01

다음 중 우리나라 현재 법령상 지방자치단체가 아닌 것은?

① 대전광역시 유성구

② 전라남도 곡성군

③ 경기도 수원시 팔달구

④ 제주특별자치도

해설   정답 ③

③ 경기도 수원시 팔달구는 특별시나 광역시에 설치된 자치구가 아닌 '행정구'에 속한다. 행정구는 특별시 또는 광역시가 아닌
   시 중에서 인구 50만 이상의 시에 설치할 수 있다. 행정구는 단순히 행정 사무 처리의 편의를 위하여 설치된 행정구획에
   지나지 않는다. 행정구의 비슷한 예로 경기도 고양시 일산동구, 경기도 안산시 단원구 등이 있다.

끝장이론 ....

1. 보통(일반)지방자치단체

(1) 교통, 환경, 주택, 복지 등 지역주민의 생활과 관련된 사무전반에 대해 종합적인 권능을 갖는 지방자치단체이다.

(2) 보통지방자치단체의 단계를 몇 단계로 할 것인가 하는 것은 당해 국가의 국토의 범위, 국가·지방의 행정제도(예 사무
배분, 행정조직 등), 경제·교통·통신의 발달 정도 등에 따라 정해진다.

2. 광역자치단체

(1) **특별시**: 정부직할 하에 있되, 수도로서 일정한 범위에서 특별한 지위를 가지는 지방자치단체이다.

(2) **광역시**: 대도시 가운데 법률에 의하여 도(道)로부터 분리되어, 도와 동격의 지위를 갖는 지방자치단체로 지방자치법에
특별한 요건을 정하고 있지는 않으므로 개별 법률을 통해 특정지역을 광역시로 정할 수 있다. 이로 인해 어떤 시를 광역시
로 할 것인지의 문제가 정치적 판단과 역할관계에 따라 결정되는 문제점을 지닌다.

(3) 도

① 우리나라의 지방자치단체들 가운데 가장 광역의 지방자치단체이다. 또한 오랜 역사를 가지고 있는 지방행정구역이다.

② 도라는 명칭이 처음 사용된 것은 고려 초기의 10도제부터였는데, 그 후 채택된 5도·양계제에서부터 오늘날의 도와 유사한 체제가 갖추어져 조선 시대의 8도제(1413년)와 13도제(1896년)를 거쳐, 일제시대에 이른바 도제(1930년)에 의해 법인격을 부여받았다.

③ 대한민국수립 후 지방자치법에 의해 지방자치단체가 되었다.

(4) 특별자치도: 도(道) 중에서 자치권이 특별히 광범위하게 인정되고 그 지방사업에 국가로부터 특별지원을 받는 정부직할 광역지방자치단체(제주특별자치도: 단층제)이다.

(5) 특별자치시: 시 중에서 자치권이 특별히 광범위하게 인정되고 그 지방사업에 국가로부터 특별지원을 받는 정부직할 광역지방자치단체(세종특별자치시: 특별자치시는 그 관할 구역에 기초자치단체로 군과 자치구를 둘 수 있으나, 세종시특별법에서는 군과 자치구를 두지 않도록 규정하고 있다)이다.

3. 기초지방자치단체

(1) 시: 시는 그 대부분이 도시의 형태를 갖추고 인구 5만 이상이어야 하며 시와 군을 통합한 지역이나 인구 5만 이상의 도시의 형태를 갖춘 지역이 있는 군 등은 도농복합형태의 시로 할 수 있다. 또한 인구 50만 이상 대도시는 행정·재정운영·중앙통제상의 특례가 인정되고 있다.

(2) 군: 농촌지역의 기초적 지방자치단체로 우리나라 지방행정구역 가운데 가장 오랜 역사를 가지고 있다. 통일신라시대의 군·현제를 거쳐, 군은 국가의 중요한 지방행정구역이 되었고 군은 1961년에 읍·면 자치제가 군자치제로 개편되면서 비로소 기초적 자치단체의 지위를 가지게 되었다.

(3) 자치구: 특별시와 광역시 구역 내에 있는 기초지방자치단체이다. 우리나라에서 구제가 처음 채택된 것은 일제시대(1943년) 경성부에 종로·중구 등 7개 구를 두면서부터이다. 자치구는 특별시·광역시 자체의 일체성이라는 특수성으로 인하여 그 권한 범위가 좁다.

4. 특별지방자치단체

(1) 의의: 자치행정상 정책적 관점에서 특정한 목적을 수행하기 위하여 또는 행정사무를 공동처리하기 위하여 설치되는 자치단체를 의미한다. 우리나라는 특별지방자치단체로 지방자치단체조합이 있다.

(2) 특별지방자치단체의 종류: 미국의 학교구, 상하수도구, 영국의 특별지방자치단체, 일본의 특별구·재산구·지방자치단체조합·지방개발사업단, 프랑스의 코뮌 조합·도시공동체, 독일의 목적조합·게마인데(Gemeinde) 조합 등

(3) 우리나라의 특별지방자치단체(지방자치단체조합): 지방자치단체조합이라 함은 지방자치단체의 권한에 속하는 하나 또는 둘 이상의 사무를 공동처리하기 위하여 지방자치단체 간의 합의로써 설립된 법인을 말한다.

(4) 특별지방자치단체의 특성

① 보통지방자치단체와 같이 법인격을 지니고 있다.

② 일반 사법인과 달리 정부기관의 성격을 갖는다.

③ 일반적으로 독자적인 조직을 편성·정비할 수 있는 조직권과 예산을 결정하고 생산·공급하는 서비스에 대해 요금을 부과할 수 있는 재정적 자율성 또는 자주재정권을 지닌다.

④ 통치기구의 성격이 강한 보통지방자치단체와는 달리 서비스기관의 성격을 지니고 있다.

⑤ 관할 구역은 보통지방자치단체의 행정구역과 관계없이 결정된다.

02

19 기출

다음 중 지방자치단체의 계층구조 중 단층제의 장점으로 옳지 않은 것은?

① 중앙정부의 비대화를 막을 수 있다.

② 중앙정부와 지역주민들과의 의사소통 거리가 단축된다.

③ 주민생활행정에 대한 책임소재가 더 명확해진다.

④ 다층제에 비해 자치단체의 자치권, 지역의 특수권 및 개별성을 더 존중한다.

해설

정답 ①

① 단층제는 중앙정부와 지방자치단체를 연결하는 중간단계(광역자치단체)를 없애기 때문에 지방정부의 규모를 축소할 수 있지만, 중간단계를 없애면 자치단체의 능력을 초과한 사무를 중앙정부가 처리해야 하기 때문에 중앙집권화와 중앙정부의 비대화를 초래한다.

오답의 이유

② 단층제는 중간단계(광역자치단체)를 없애기 때문에 지역주민들과 중앙정부와의 행정적 의사소통 거리는 단축된다.

③ 중간단계(광역자치단체)가 사라지므로 주민생활행정상의 책임소재는 더욱 명확해진다.

④ 단층제는 중앙 – 지방 간의 관계가 간소화되므로 자치단체의 관할지역에 대한 자치권이 강화되고, 광역단위보다 개별적인 지역의 특수권과 개별성이 존중된다.

03

18 기출

다음 중 우리나라의 자치계층과 행정계층에 관한 설명으로 옳지 않은 것은?

① 서울특별시의 지위 · 조직 및 운영에 대하여는 수도로서의 특수성을 고려하여 법률로 정하는 바에 따라 특례를 둘 수 있다.

② 세종시와 제주시는 자치계층과 행정계층이 일치한다.

③ 우리나라는 절충적 방안으로 포괄적 예시주의를 채택하고 있다.

④ 특별시 · 광역시 및 특별자치시가 아닌 인구 50만 이상의 시에는 자치구가 아닌 구를 둘 수 있고, 군에는 읍 · 면을 두며, 시와 구(자치구를 포함한다)에는 동을, 읍 · 면에는 리를 둔다.

해설

정답 ②

② 제주특별자치도 및 세종특별자치시는 자치계층은 단층제로 하나이나, 행정계층은 3층제[자치도(자치시) – 행정시(군, 구) – 읍 · 면 · 동]로 구성되어 있으므로 자치계층과 행정계층이 일치하지 않는다.

오답의 이유

① 지방자치법 제197조 제1항

③ 우리나라는 개별적 지정주의도 아니고 포괄적 수권주의도 아닌 포괄적 예시주의를 취하고 있다.

④ 지방자치법 제3조 제3항

04

10 기출

다음 중 단층제와 중층제에 대한 설명으로 적절하지 않은 것은?

① 단층제는 지역의 특수성 및 개별성을 존중할 수 있다.

② 중층제는 주민의 접근성이 낮다.

③ 단층제는 행정수행상의 낭비를 제거하고 능률을 증진시킨다.

④ 중층제는 기능의 배분이 명확하지 않을 경우 행정 책임이 모호해질 수 있다.

해설　　　　　　　　　　　　　　　　　　　　　　　　　　　　　　　　　　　　정답 ②

② 중층제는 단층제에 비하여 행정서비스에 대한 주민의 접근성을 높일 수 있다. 예를 들면 서울시 마포구 주민의 경우 기초 자치단체에 해당하는 자치구인 마포구에서 행정서비스를 제공받을 수도 있고, 광역자치단체인 서울특별시에서 행정서비스를 제공받을 수도 있기 때문에 행정서비스에 대한 주민의 접근성이 더 높다고 할 수 있다.

끝장이론 ....

1. 계층의 개념

(1) 의의

① 자치단체의 계층구조는 각 국가의 정치형태, 면적, 인구 등에 따라 다양한 형태를 가지고 있으며 단층제와 중층제로 구분된다.

② 이때 단층제는 관할구역 안에 자치단체가 하나만 존재하는 경우를 의미하며, 중층제(다층제)는 하나의 자치단체가 다른 일반자치단체를 그 구역 내에서 포괄하여 자치단체가 중첩되어 있는 구조를 의미한다.

(2) 자치계층

① 지방자치단체 간의 계층구조 또는 자치단체 간의 상하관계를 말한다.

② 우리나라는 보통지방자치단체인 특별시·광역시·도·특별자치도·특별자치시와 시·군·자치구 간의 상하관계가 자치계층관계이다.

(3) 행정계층

① 지방행정기관 간의 피라미드적·수직적인 상하관계이다.

② 지방행정기관 간의 수직적인 지휘·복종관계를 의미한다.

③ 우리나라의 특별시·광역시·도와 시·군·자치구(행정구), 그리고 읍·면·동·리는 행정계층관계를 이루고 있다.

2. 계층구조의 장·단점

구분	단층제	중층제
장점	• 신속한 행정을 도모 • 이중행정·이중감독의 폐단 방지 • 행정수행의 낭비 제거, 능률 증진 • 중층제보다 행정책임이 명확 • 기초자치단체의 자치권이나 지역의 특수성·개별성을 존중 • 중앙정부와 지역주민들과의 의사소통 거리가 단축	• 행정기능의 분업적 처리 가능 • 국가의 감독기능 유지(중간단체에 감독기능 부여) • 기초단체의 기능수행을 보완 • 직접적인 중앙집권화를 방지하고 민주주의 이념을 확산
단점	국토가 넓고 인구가 많은 국가에서는 채택하기가 곤란함(통솔범위의 한계) • 중앙집권화 우려 • 광역적 행정이나 개발에 관한 사무처리는 곤란 • 중앙정부의 비대화로 이어질 가능성	• 이중행정, 이중감독의 폐단 • 행정책임의 모호성 • 행정지체와 낭비로 인한 불합리성 • 지역적 특성을 도외시할 가능성 • 중앙정부에 주민의사 전달이나 주민에 대한 중앙정부의 침투가 왜곡될 가능성

3. 우리나라의 계층구조

(1) 자치계층과 행정계층

① 우리나라는 단층제인 특별자치시와 특별자치도를 제외하고 자치계층은 중층제의 구조를 띠고 있다.

② 행정계층에 있어서는 읍·면·동 등 행정계층을 두고 있으므로 행정계층상으로 볼 때는 3~4개의 계층을 두고 있다(자치계층 포함).

③ 제주특별자치도 및 세종특별자치시의 경우 자치계층은 단층제로 하나이나, 행정계층은 3층제[자치도(자치시) - 행정시(군, 구) - 읍·면·동]로 구성되어 있다.

④ 서울특별시의 지위·조직 및 운영에 대하여는 수도로서의 특수성을 고려하여 법률로 정하는 바에 따라 특례를 둘 수 있다.

⑤ 세종특별자치시와 제주특별자치도의 지위·조직 및 행정·재정 등의 운영에 대하여는 행정체제의 특수성을 고려하여 법률로 정하는 바에 따라 특례를 둘 수 있다.

⑥ 특별시·광역시 및 특별자치시가 아닌 인구 50만 이상의 시에는 자치구가 아닌 구를 둘 수 있고, 군에는 읍·면을 두며, 시와 구(자치구를 포함한다)에는 동을, 읍·면에는 리를 둔다.

⑦ 설치된 시에는 도시의 형태를 갖춘 지역에는 동을, 그 밖의 지역에는 읍·면을 두되, 자치구가 아닌 구를 둘 경우에는 그 구에 읍·면·동을 둘 수 있다.

⑧ 우리나라는 포괄적 예시주의를 취하고 있다.

(2) 문제점

① 계층수의 다단계화: 국토면적에 비해 계층수가 많음 → 책임회피, 마찰, 행정낭비, 의사소통 왜곡 등을 초래한다.

② 계층 간 기능배분이 모호: 광역과 기초 간 불명확한 기능분리로 행정의 비효율성을 야기한다.

③ 지역 내 기관의 난립: 동일 지역 내 행정기관의 난립으로 행정사무의 중첩현상을 야기한다.

05

다음 중 지방자치단체의 기관 구성에 대한 설명으로 옳지 않은 것은?

① 기관통합형은 지방자치단체의 기관 구성에 있어서 의결기능과 집행기능을 모두 하나의 기관에서 통합적으로 운영하는 방식을 말한다.

② 기관분리형은 지방자치단체의 기관 구성에 있어서 의결기능과 집행기능을 각각 다른 기관으로 분리시켜 운영하는 방식을 말한다.

③ 기관통합형은 우리나라와 일본, 이탈리아 등 대부분의 국가에서 채택하고 있는 방식이다.

④ 기관통합형은 대부분의 국가에서 지배적으로 채택하고 있으나 기관분리형은 일부 국가에서만 채택 · 운영되고 있다.

해설

정답 ③

③ 기관통합형은 영국, 프랑스 등 유럽의 여러 나라와 미국 대부분의 지역에서 채택 · 운영되고 있으며, 기관분리형의 경우 우리나라, 일본, 이탈리아 및 미국의 일부 지역 등 비교적 소수의 나라에서 채택 · 운영되고 있다.

06

지방자치단체의 기관구성 중 기관통합형에 대한 설명으로 옳지 않은 것은?

① 민주정치와 책임행정 구현이 용이하다.

② 의결기관과 집행기관 간 갈등과 대립이 적어 지방행정의 안정성을 추구한다.

③ 업무의 분담으로 전문성의 제고에 용이하다.

④ 소규모의 자치단체에 적합하다.

해설

정답 ③

③ 업무의 분담으로 전문성의 제고에 용이한 것은 기관대립형이다.

07

다음 중 우리나라 지방행정제도 및 재정제도의 문제점에 관한 설명으로 적절하지 않은 것은?

① 근본적으로 재정이 중앙정부에 의존하는 경향이 있다.

② 기관통합형이어서 견제와 균형이 잘 이루어지지 않는다.

③ 소수의 독점과 참여로 주민들이 무관심한 경향이 있다.

④ 지방세와 관련된 것들을 법률로써 규제하고 있어서 한계가 있다.

해설

정답 ②

② 우리나라는 기관대립형을 채택하고 있다. 기관대립형은 의결기관과 집행기관을 대립시켜 상호견제와 균형을 이루고자 한다. 기관통합형은 의결기관과 집행기관이 일원화된 형태를 말한다.

오답의 이유

① 우리나라는 지방재정의 구조를 개선하기 위한 노력을 하고 있으나, 근본적으로 중앙정부의 재정에 의존하는 지방재정제도를 유지하고 있다.

③ 주민들의 참여도가 저조한 경향이 있다. 주민참여예산제도를 의무화했음에도 주민의 참여도가 저조하고, 제도가 형식적으로 운영된다는 문제점이 제기되고 있다.

④ 우리나라는 조세법률주의를 규정하고 그것을 원칙으로 한다. 지방세와 관련된 세율, 징수 등을 모두 법률로 규정하고 있어 재원확보수단이 법률로 규제된다. 이로 인해 지방자치단체에서 필요한 재원을 자율적으로 조달하고 관리하는 것에는 어느 정도 한계가 있다.

끝장이론 ··

1. 기관통합형(의원내각제방식, 주민자치)

(1) 기관통합형의 의의

① 지방자치단체의 의결기능(의결권)과 집행기능(집행권)을 모두 단일 기관인 지방의회에 귀속시키는 형태를 말한다.

② 영국, 프랑스 등 유럽의 여러 나라와 미국 대부분의 지역에서 채택·운영되고 있다.

(2) 기관통합형의 유형

① **영국의 의회형:** 의회형은 영국을 위시하여 인도, 호주, 뉴질랜드, 남아공 등 영연방국가에서 채택하고 있고, 지방의회가 입법기능과 집행기능 전반을 관장하고 있는 유형이다. 이러한 의회형에서는 지방자치단체의 장은 별도로 존재하지 않으며, 의회의 장(長)이 해당 자치단체를 대표한다.

② **미국의 위원회형:** 위원회형은 지방의회가 주민의 직선에 의해서 선출된 의원들로 구성되는 위원회의 형태를 취하고 있으며, 자치단체의 정책결정기능과 집행기능 등 모든 권한이 이 위원회에 집중되어 있는데, 위원회는 권한에 수반된 모든 책임을 공동으로 부담한다. 미국의 위원회형은 대부분 주민에 의해 직접 선출된 5~7명의 위원들이 의결기능과 집행기능을 함께 수행하는 형태를 의미한다.

③ **프랑스의 의회의장형:** 의회의장형은 프랑스가 1982년의 지방분권법에 의하여 중간자치단체와 광역 자치단체에서 채택하고 있는 유형으로서 지방의회의 의장이 집행기관의 장으로서의 지위를 겸하고, 그 의장 밑에 집행의 사무조직을 두고 있는 유형이다.

④ 기타 유형

절충형	절충형은 기관통합형과 기관대립형을 상호조화시킨 형태이다. 의결기관과 집행기관을 따로 두고 있다는 점에서는 기관대립형의 요소를 가지고 있으나, 그들이 대립되지 않고 있는 점에서는 기관통합적인 요소를 가지고 있다. 대표적인 절충형의 형태로서 의회 · 집행위원 회형(의회 · 참사회형)을 들 수 있다.
주민총회형	직접민주제의 원리를 현실적으로 적용한 조직유형이다. 해당 자치단체의 유권자 전원으로 구성되어 있는 주민총회가 해당 자치단체의 최고기관으로 자치단체의 기본정책 · 예산 · 인사문제 등을 직접 결정하여 집행한다.

(3) 기관통합형의 장 · 단점

장점	• 의결기관과 집행기관이 하나이기 때문에 양 기관의 마찰이나 이로 인한 행정의 낭비나 지연 없이 행정을 보다 안정적으로 수행하는 것이 가능하다. • 의원들이 직접 행정을 담당하기 때문에 행정에 주민의 의사를 보다 정확히 반영하는 것이 가능하다. • 여러 의원의 의사를 모아 정책결정과 집행을 수행하므로 정책과정 전반에 걸쳐 신중을 기할 수 있다. • 민주정치와 책임행정 구현이 용이하다. • 소규모의 자치단체에 적합하다.
단점	• 하나의 기관이 정책을 개발 · 시행하고 평가하므로 견제와 균형의 원리가 적용되지 않아 권력이 남용될 우려가 있다. • 동일의 기관이 정치와 행정기능을 같이 수행하므로 정치적 요소의 개입가능성이 제기된다. • 지방자치행정을 총괄 · 조정할 단일 지도자 내지 집행책임자가 없으므로 행정의 종합성 · 통일성을 유지하는 데 어려움이 있다.

2. 기관분리(대립)형(대통령제, 단체자치)

(1) 기관분리(대립)형의 의의

① 권력분립주의에 입각하여 지방자치단체의 의사결정기능을 담당하는 의회와 의사집행기능을 담당하는 집행기관을 각각 분립시키고, 그 권한을 분담시켜 서로 견제와 균형에 의하여 자치행정을 운영하게 하는 형태를 말한다.

② 우리나라, 일본, 이탈리아 등에서 채택하고 있다.

(2) 기관분리(대립)형의 유형

① 직선형 집행기관

미국의 시장 · 의회형	시장 · 의회형은 다시 어느 기관의 권한이 더 강한가에 따라 약시장 · 의회형과 강시장 · 의회형 및 강시장 · 수석 행정관형으로 구분할 수 있다.
일본의 수장 · 의회형	위법 · 부당한 의회의결에 대해서는 수장이 거부권을 행사할 수 있으며, 의회의 수장에 대한 불신임의결권과 이에 대한 수장의 의회해산권이 인정되고 있다.

② 간선형 집행기관

프랑스의 시 · 읍 · 면	의결기관인 의회가 집행기관인 시 · 읍 · 면장과 조역을 의원 가운데서 선거하는데, 그 임기는 위원과 마찬가지로 6년이고 의원의 지위를 계속 유지할 수 있다.
독일의 의회 · 수장형	독일의 일부 시 · 읍 · 면은 프랑스처럼 시 · 읍 · 면장을 간선제로 선출하는 방식을 택하고 있는데, 시 · 읍 · 면장은 행정집행의 수장인 동시에 시 · 읍 · 면의 공식대표자이자 의회의장으로서의 지위를 겸하고 있다.

③ 임명형 집행기관

지방의회에 의한 임명형	미국의 시의회·행정관리관형 또는 시지배인형(Council-Manager Form)이 대표적인 예로서, 이 유형은 의회가 한 사람의 행정전문가를 행정관리관 또는 시지배인으로 선임하고 그에게 행정집행권을 전적으로 일임하는 형태이다.
중앙정부에 의한 임명형	집행기관의 장을 중앙정부에서 임명하는 형태로, 이때의 집행기관장은 자치단체의 장인 동시에 중앙정부의 행정책임자이다.

(3) 기관대립형의 장·단점

장점	• 집행기관과 지방의회가 상호견제와 균형을 이루므로 권력남용을 방지할 수 있다. • 집행기관장에게 행정권이 통합적으로 주어짐으로써 부처할거주의를 막고 행정에 대한 책임을 더욱 명확하게 물을 수 있다. • 행정권이 통합적으로 행사됨으로써 행정의 안정성을 확보할 수 있다. • 업무의 분담으로 전문성의 제고에 용이하다.
단점	• 기관대립형의 의결기관과 집행기관이 상호분리되어 있으므로 양 기관의 입장이 상호 배타적일 때에는 지방행정의 혼란과 마비를 초래할 수 있다. • 집행기관의 장인 자치단체장을 주민에 의해 직선할 경우, 자치단체장은 장기적 시각에서 계획을 수립하고 집행하기보다는 지역주민의 일시적 인기에 편승한 정책을 추구할 수 있다. • 기관대립형은 자치단체장과 의회와의 갈등만이 아니라 집행기관 내부에서 자치단체장과 전문적 관료조직과의 갈등을 유발할 수 있다.

[4] 의결기관

08

10 기출

다음 중 지방의회의 의결사항에 해당되지 않는 것은?

① 조례의 제정·개정 및 폐지
② 결산의 승인
③ 국무총리령으로 정하는 공공시설의 설치·처분
④ 기금의 설치·운용

해설

정답 ③

③ 국무총리령이 아닌 대통령령으로 정하는 공공시설의 설치·처분이 의결사항에 해당된다(지방자치법 제47조).

09

지방의회의 권한 중 자율권에 대한 내용으로 적절하지 않은 것은?

① 의사자율권
② 내부조직권
③ 집행기관의 결산보고에 대한 승인권
④ 의원의 자격심사권

해설
정답 ③

③ 집행기관의 결산보고에 대한 승인권은 자율권이 아닌 지방의회의 의결사항 중 하나이다. 지방의회의 권한 중 자율권(자율기능)에는 내부조직 사항을 스스로 결정할 수 있는 권리(의원의 징계·사직 등), 의사의 진행을 자율적으로 진행할 수 있는 권리, 의원의 신분에 대하여 심의·결정할 수 있는 권리(의원의 자격심사) 등이 있다.

끝장이론

1. 지방의회의 의의와 의원의 신분

(1) 지방의회의 의의
① **지방의회의 의의**: 지방의회란 근대적 의미의 대표 관념에 기초한 지방자치단체의 의사기관으로서, 원칙적으로 주민에 의하여 선출된 의원을 그 구성원으로 하여 성립하는 합의제 기관이다.
② **지방의회의 지위**: 주민의 대표기관, 지방자치단체의 중요 정책을 결정하는 최종적인 의사결정기관, 지방자치단체장의 활동을 감시하고 통제하는 행정감시기관으로서 지위를 갖는다.

(2) 지방의회의원의 신분
① **신분**: 임기 4년의 지방 정무직 공무원, 유급직(의정활동비, 월정수당, 여비)[명예직 규정 삭제(2003년 개정)]이다.
② **겸직 금지 및 영리 제한**: 지방의원이 겸할 수 없는 직을 확대하고 지방자치단체 및 공공단체와 영리를 목적으로 하는 거래를 할 수 없도록 영리행위의 제한규정을 두고 있다.

2. 지방의회의 권한

(1) 의결권(지방자치법 제47조)
① 조례의 제정·개정 및 폐지
② 시·도는 회계연도 개시 15일 전까지, 시·군·자치구는 회계연도 개시 10일 전까지 예산 의결(예산의 심의·확정)
③ 결산의 승인
④ 법령에 규정된 것을 제외한 사용료·수수료·분담금·지방세 또는 가입금의 부과와 징수
⑤ 기금의 설치·운용
⑥ 대통령령으로 정하는 중요 재산의 취득·처분
⑦ 대통령령으로 정하는 공공시설의 설치·관리 및 처분
⑧ 법령과 조례에 규정된 것을 제외한 예산 외의 의무부담이나 권리의 포기
⑨ 청원은 관할 지방의회의원의 소개를 얻어 지방의회에 청원서를 서면으로 제출해야 함(청원의 수리와 처리)

CHAPTER 03 지방자치단체(종류 및 기관) **185**

⑩ 외국 지방자치단체와의 교류협력에 관한 사항

⑪ 기타 법령에 의해 그 권한에 속하는 사항(지방세의 부과 · 징수 · 감면 및 도시계획의 의결 등)

(2) 행정감시권

① 서류제출 요구(지방자치법 제48조): 본회의나 위원회는 그 의결로 안건의 심의와 직접 관련된 서류의 제출을 해당 지방자치단체의 장에게 요구할 수 있으며, 요구를 할 때에는 의장에게 이를 보고하여야 한다. 폐회 중에 의원으로부터 서류제출요구가 있을 때에는 의장은 이를 요구할 수 있다.

② 행정사무 감사권(지방자치법 제49조): 지방의회는 매년 1회 그 지방자치단체의 사무에 대하여 시 · 도에서는 14일의 범위에서, 시 · 군 및 자치구에서는 9일의 범위에서 감사를 실시한다.

③ 행정사무 조사권(지방자치법 제49조): 특정사안에 대해 본회의 의결로 본회의 또는 위원회로 하여금 조사하게 할 수 있다. 조사의 발의는 이유를 밝힌 서면으로 하여야 하며, 재적의원 3분의 1 이상의 찬성이 있어야 한다.

④ 행정사무처리상황의 보고와 질문응답(지방자치법 제51조): 지방자치단체의 장 또는 관계 공무원은 지방의회나 그 위원회에 출석하여 행정사무의 처리상황을 보고하거나 의견을 진술하고 질문에 응답할 수 있으며, 지방의회나 그 위원회의 요구가 있는 때에는 출석 · 답변하여야 한다. 다만, 특별한 이유가 있으면 지방자치단체의 장은 관계 공무원에게 출석 · 답변하게 할 수 있다.

(3) 청원수리 · 처리권

① 청원서 제출(지방자치법 제85조): 지방의회에 청원을 하려는 자는 지방의회의원의 소개를 받아 청원서를 제출하여야 한다. 청원서에는 청원자의 성명(법인인 경우에는 그 명칭과 대표자의 성명) 및 주소를 적고 서명 · 날인하여야 한다.

② 청원의 불수리(지방자치법 제86조): 재판에 간섭하거나 법령에 위배되는 내용의 청원은 수리하지 아니한다.

(4) 기관선출권

① 의장 · 부의장의 선거와 임기(지방자치법 제57조): 지방의회는 의원 중에서 시 · 도의 경우 의장 1명과 부의장 2명을, 시 · 군 및 자치구의 경우 의장과 부의장 각 1명을 무기명투표로 선거하여야 하며, 의장과 부의장의 임기는 2년으로 한다. 지방의회의원 총선거 후 처음으로 선출하는 의장 · 부의장 선거는 최초집회일에 실시한다.

② 의장 불신임의 의결(지방자치법 제62조): 지방의회의 의장이나 부의장이 법령을 위반하거나 정당한 사유 없이 직무를 수행하지 아니하면 지방의회는 불신임을 의결할 수 있다. 불신임의결은 재적의원 4분의 1 이상의 발의와 재적의원 과반수의 찬성으로 행하며, 불신임의결이 있으면 의장이나 부의장은 그 직에서 해임된다.

③ 분과위원회 위원의 선거(지방자치법 제64조): 위원회의 위원은 본회의에서 선임한다.

(5) 의회자율권

① 지방의회의 자율권은 국가기관으로부터의 독립, 자치단체장 관여 배제, 정당의 영향력 행사 배제 등의 외부 간섭 없이 결정하는 것을 말한다.

② 내부조직권(의장 · 부의장에 대한 불신임, 위원회와 사무조직 설치, 요원의 인사 등), 의사자율권(회의규칙의 제정권 · 법령 이외의 의회일정 제정 · 회의의 비공개 결정 등), 의원자격심사권(의원신분사정권), 의원징계권, 의견표시권 등의 의회자율권을 갖는다.

10

16 기출

지방자치단체의 장의 권한에 대한 설명으로 틀린 것은?

① 지방자치단체의 장은 지방자치단체를 대표하고, 그 사무를 총괄한다.

② 임시회의 소집요구권을 가진다.

③ 지방의회가 재의결한 내용이 법령에 위반된다고 인정되면 일시정지할 수 있다.

④ 지방자치단체의 장은 소속 직원을 지휘·감독하고 법령과 조례·규칙으로 정하는 바에 따라 그 임면·교육훈련·복무·징계 등에 관한 사항을 처리한다.

해설   정답 ③

③ 지방자치단체의 장은 지방의회에서 재의결된 사항이 법령에 위반된다고 인정되면 대법원에 소를 제기할 수 있다(지방자치법 제120조 제3항).

오답의 이유

① 지방자치법 제114조

② 지방의회의장은 지방자치단체의 장이나 재적의원 3분의 1 이상의 의원이 요구하면 15일 이내에 임시회를 소집하여야 한다. 다만, 의장과 부의장이 사고로 임시회를 소집할 수 없으면 의원 중 최다선의원이, 최다선의원이 2명 이상인 경우에는 그중 연장자의 순으로 소집할 수 있다(지방자치법 제54조 제3항).

④ 지방자치법 제118조

11

16 기출

지방자치법령에 대한 설명으로 가장 옳지 않은 것은?

① 지방자치단체가 조례를 제정할 때 상위 법령에서 아니 된다고 규정해 놓은 것은 조례로 제정할 수 없다.

② 지방자치단체의 장이 대통령령의 범위를 넘는 행정기구의 설치 시에는 대통령의 확인을 받아야 한다.

③ 지방자치단체가 갖는 권한으로 자치입법권이 있지만 제약이 많다.

④ 지방자치단체는 지방세의 세목(稅目), 과세대상, 과세표준, 세율, 그 밖에 부과·징수에 필요한 사항을 정할 때에는 지방세기본법 또는 지방세관계법 운영 예규에서 정하는 범위에서 조례로 정하여야 한다.

해설   정답 ②

② 지방자치단체는 그 사무를 분장하기 위하여 필요한 행정기구와 지방공무원을 둔다. 행정기구의 설치와 지방공무원의 정원은 인건비 등 대통령령으로 정하는 기준에 따라 그 지방자치단체의 조례로 정한다(지방자치법 제125조 제1항 및 제2항).

12

다음 중 지방공무원이 아닌 것끼리 짝 지은 것은?

㉠ 충청북도 행정부지사 ㉡ 경상북도 정무부지사
㉢ 서대문구 부구청장 ㉣ 경상남도 교육청 부교육감
㉤ 충청남도 지방의회 부의장

① ㉠, ㉡

② ㉠, ㉣

③ ㉢, ㉤

④ ㉣, ㉤

해설

정답 ②

㉠ 행정부지사는 일반직 국가공무원(고위공무원단)이다.
㉣ 도교육청 부교육감은 국가공무원(고위공무원단)이다.

오답의 이유

㉡ 정무부지사는 별정직 1급 상당 지방공무원 또는 지방관리관이다.
㉢ 시·군·자치구의 부단체장인 부시장·부군수·부구청장은 일반직 지방공무원이다.
㉤ 지방의회의원(의장 및 부의장 포함)은 지방공무원이다.

끝장이론

1. 지방자치단체의 장의 의의 및 지위

(1) 의의: 지방자치단체의 장은 지방자치단체의 최고집행기관으로서 특별시에는 특별시장, 광역시에는 광역시장, 도 및 특별자치도에는 도지사를 두고, 시에는 시장, 군에는 군수, 자치구에는 구청장을 둔다.

(2) 지위

① 주민의 대표기관(선출직)
② 지방자치단체의 대표기관(대외적 견해표명)
③ 지방자치단체의 집행기관(사무집행 관리)
④ 국가일선기관(기관위임사무 처리)

2. 지방자치단체의 장의 임기와 권한

(1) 지방자치단체의 장의 임기와 신분

① 임기 및 신분: 정무직으로 임기는 4년이며, 연임은 3기에 한한다(지방의원은 연임제한 없음).
② 겸직금지 및 영리사업 제한: 대통령, 국회의원, 지방의회의원, 국가 및 지방공무원, 공기업 임직원, 교원 등은 겸직할 수 없으며, 재임 중 당해 자치단체와 영리를 목적으로 하는 거래를 하거나 당해 자치단체와 관계있는 영리사업에 종사할 수 없다.

③ **사임 및 퇴직**: 지방자치단체의 장은 그 직을 사임하려면 지방의회의 의장에게 미리 서면으로 알려야 한다. 퇴직은 지방자치단체의 장이 겸임할 수 없는 직에 취임할 때, 피선거권이 없게 될 때, 지방자치단체의 장의 직을 상실할 때에는 그 직에서 퇴직된다.

(2) 지방자치단체의 장의 권한

① **통할대표권**: 지방자치단체의 장은 당해 자치단체를 대표하고 그 사무를 통할한다. 여기서 통할이라 함은 소속집행기관뿐 아니라 다른 집행기관 · 의회 · 주민까지 포함하여 당해 단체의 사무를 총괄하고 일체성을 유지함을 뜻한다.

② **사무의 관리 · 집행권**: 지방자치단체의 장은 당해 자치단체의 고유사무와 단체위임사무 그리고 법령에 의하여 그 지방자치단체의 장에게 위임된 기관위임사무를 관리하고 집행한다.

③ **기초자치단체에 대한 감독**: 지방자치단체의 장은 국가기관의 지위, 또는 상급기관의 지위에서 그 관할 구역 내에 있는 하급 행정청을 지휘 · 감독한다.

④ **소속직원에 대한 임면권**: 지방자치단체의 장은 소속직원을 지휘 · 감독하고 법령과 조례 · 규칙이 정하는 바에 따라 그 임면, 교육훈련, 복무, 징계 등에 관한 사항을 처리한다.

⑤ **규칙제정권**: 지방자치단체의 장은 법령이나 조례가 위임한 범위 내에서 그 권한에 속하는 자치사무와 국가 사무에 관하여 규칙을 제정할 수 있다.

⑥ **의회운영에 관한 권한**

㉠ 지방자치단체의 장은 지방의회의 의결과 관련하여 의안 및 예산안에 대한 발의권과 재의요구권, 그리고 재의결된 사안을 대법원에 제소할 수 있는 권한을 갖게 된다.

㉡ 지방자치단체의 장은 지방의회의 장에게 임시회의 소집을 요구할 수 있고, 지방의회에 조례안 · 예산안을 제출하며, 조례를 공포하고, 기타 지방의회의 의결사항에 관하여 제안권을 가진다.

⑦ **선결처분권**: 지방의회의 의결을 거쳐야 하는 사안 중에서도 주민의 생명과 재산보호를 위하여 긴급하게 필요한 사항을 지방의회의 의결 없이 우선 집행할 수 있는 권한을 갖는다.

3. 행정기구 및 지방공무원

(1) 지방자치단체는 그 사무를 분장하기 위하여 필요한 행정기구와 지방공무원을 둔다.

(2) 행정기구의 설치와 지방공무원의 정원은 인건비 등 대통령령으로 정하는 기준에 따라 그 지방자치단체의 조례로 정한다.

(3) 지방자치단체의 부단체장의 정수와 직급

광역단체	특별시	3인 이내	행정부시장(2인)	정무직 국가공무원
			정무부시장(1인)	정무직 지방공무원
	기타 시 · 도	2인 이내	행정부시장 · 부지사	일반직 국가공무원(고위공무원단)
			정무부시장 · 부지사	별정직 지방공무원
시 · 군 · 자치구		1인	부시장, 부군수 등	일반직 지방공무원

[6] 사무배분

13

20 ❾ 기출

지방자치단체의 사무배분에서 특례가 적용되는 경우로 옳지 않은 것은?

① 자치구
② 인구 30만 이상의 도시
③ 인구 50만 이상의 도시
④ 특별자치도

해설

정답 ②

오답의 이유

① 자치구 – 지방자치단체인 구(이하 "자치구"라 한다)는 특별시와 광역시의 관할 구역 안의 구만을 말하며, 자치구의 자치권의 범위는 법령으로 정하는 바에 따라 시·군과 다르게 할 수 있다(지방자치법 제2조 제2항).
③ 인구 50만 이상의 도시 – 특별시·광역시 및 특별자치시가 아닌 인구 50만 이상의 시에는 자치구가 아닌 구를 둘 수 있고, 군에는 읍·면을 두며, 시와 구(자치구를 포함한다)에는 동을, 읍·면에는 리를 둔다(지방자치법 제3조 제3항).
④ 특별자치도 – 제주도는 특별자치도로 제주특별자치도 설치 및 국제자유도시 조성을 위한 특별법의 적용을 받는다.

끝장이론 ....

1. 사무배분의 의의 및 방식

(1) 사무배분의 의의: 사무배분 혹은 기능배분은 중앙정부와 지방정부 사이에, 또는 상급지방정부와 하급지방정부 사이에 이루어지는 일과 책임의 권한의 배분을 의미한다.

(2) 사무배분의 방식

① 개별적 배분방식: 지방자치단체가 처리할 수 있는 사무를 중앙정부 또는 중앙정부 의회가 개별적으로 부여하는 유형이다. 따라서 지방자치단체의 권한을 자치단체별, 사무분야별로 필요에 따라 특별법으로 부여하는 것을 특징으로 하며 주민자치와 자치헌장제를 채택하고 있는 미국의 일부 주와 영국 등에서 사용한다.

② 포괄적 배분방식: 법률이 특히 금지한 사항이나 중앙정부가 반드시 처리해야 할 사항을 제외하고는, 지방자치에 대한 일반법에 자치단체의 구별 없이 모든 자치단체에 사무를 포괄적으로 배분하는 방식으로서, 단체자치를 채택하고 있는 독일·프랑스 등 유럽 국가들에서 사용한다.

(3) 우리나라 사무배분의 문제점

① 기관위임사무가 많아 자치발전을 저해한다.

② 지방자치법에 규정된 사무배분의 원칙과 사무예시 등이 추상적이어서 개별법 제·개정 시 구체적으로 반영하기가 곤란하다.

③ 기관위임사무의 경우 포괄적 위임규정에 의하여 구체적인 법규에 근거하지 않고 일반적으로 일반통첩이나 예규에 의해 이루어지므로 국가나 상급자치단체의 재량이 지나치게 작용한다.

④ 자치사무에 대한 통제는 사후적·합법적 방법으로 행해지는 것이 원칙이나 현실은 과도한 지휘와 감독이 이루어지고 있다.

2. 지방자치단체의 종류별 사무배분기준(지방자치법 제14조)

지방자치단체의 사무를 지방자치단체의 종류별로 배분하는 기준은 다음과 같다. 다만, 지방자치단체의 구역, 조직, 행정관리 등에 관한(제13조 제2항 제1호) 사무는 각 지방자치단체에 공통된 사무로 한다.

(1) 시·도

① 행정처리 결과가 2개 이상의 시·군 및 자치구에 미치는 광역적 사무

② 시·도 단위로 동일한 기준에 따라 처리되어야 할 성질의 사무

③ 지역적 특성을 살리면서 시·도 단위로 통일성을 유지할 필요가 있는 사무

④ 국가와 시·군 및 자치구 사이의 연락·조정 등의 사무

⑤ 시·군 및 자치구가 독자적으로 처리하기에 부적당한 사무

⑥ 2개 이상의 시·군 및 자치구가 공동으로 설치하는 것이 적당하다고 인정되는 규모의 시설을 설치하고 관리하는 사무

(2) 시·군 및 자치구: (1)에서 시·도가 처리하는 것으로 되어 있는 사무를 제외한 사무. 다만, 인구 50만 이상의 시에 대하여는 도가 처리하는 사무의 일부를 직접 처리하게 할 수 있다.

3. 특례의 인정

(1) 특례의 인정(지방자치법 제197조)

① 서울특별시의 지위·조직 및 운영에 대하여는 수도로서의 특수성을 고려하여 법률로 정하는 바에 따라 특례를 둘 수 있다.

② 세종특별자치시와 제주특별자치도의 지위·조직 및 행정·재정 등의 운영에 대하여는 행정체제의 특수성을 고려하여 법률로 정하는 바에 따라 특례를 둘 수 있다.

(2) 대도시에 대한 특례인정(지방자치법 제198조): 서울특별시·광역시 및 특별자치시를 제외한 인구 50만 이상 대도시의 행정, 재정운영 및 국가의 지도·감독에 대하여는 그 특성을 고려하여 관계 법률로 정하는 바에 따라 특례를 둘 수 있다.

[7] 주민참여의 유형

14

08 기출

다음 중 시민참여를 '조작, 치료, 정보제공, 자문, 회유, 공동협력, 권한위임, 시민통제'의 8단계로 구분한 학자는?

① 샥터(Schachter)

② 로젠블룸(Rosenbloom)

③ 아른슈타인(Arnstein)

④ 프리드릭슨(Frederickson)

③ 아른슈타인(Arnstein)은 시민참여를 주민참여의 효과에 따라 8단계로 구분하였다. 조작, 치료, 정보제공, 자문(상담), 회유(유화), 협력관계(공동협력), 권한위임, 주민통제(자주관리)로 구분된다.

오답의 이유

① 샥터(Schachter)는 정부재창조론에서 시민을 정부의 고객으로 보는 것을 문제점으로 지적하면서, 정부기관의 성과를 효과적으로 제고하기 위하여 시민들의 능동적 참여가 필요하다고 강조하였다.

② 로젠블룸(Rosenbloom)은 행정학의 접근방법을 분류한 인물로 관리적 접근법, 정치적 접근법, 법적 접근법으로 분류하였다.

④ 프리드릭슨(Frederickson)은 왈도(Waldo)의 제자이며 신행정학을 주창했던 대표적인 학자이다.

끝장이론 ···

1. 주민과 주민참여

(1) 주민의 의의

① 주민이란 지방자치단체의 인적 구성요소이며, 지방자치행정의 주체 또는 주권자이다.

② 지방자치단체의 주권자로서 주민 스스로, 또는 대표자를 선출하여 지방자치단체를 운영하는 지방자치행정의 주체이다.

③ 주민의 권리는 선거권(선거권, 피선거권, 주민투표권, 공무담임권, 청원권, 주민청구권), 수익권(공공시설이용권, 행정서비스 향유권), 쟁송권(주민소송권, 납세자 이의신청권)이다.

(2) 주민참여의 개념과 필요성

① 개념: 지역사회의 일반주민들이 지방자치단체의 공무원(지방의회의원, 지방자치단체장 등)들을 선출하거나 공무원(지방의회의원, 지방자치단체의 장 등)들의 정책과정이나 계획과정에 직·간접으로 권력 혹은 영향력을 행사하는 개인 혹은 집단활동이다.

② 필요성

㉠ 행정국가화 현상에 따른 관료의 통제력을 확보하기 위해서이다.

㉡ 현대 대의제 민주주의의 한계를 보완하기 위해서이다.

㉢ 주민들 개개인의 공동체적 소속감을 강화시킬 수 있다.

㉣ 주민참여는 주민복지증진에 기여한다.

㉤ 전체의 이익과 부분의 이익, 다수의 이익과 소수의 이익을 조정하기 위해 주민참여가 필요하다.

2. 주민참여의 유형(S. Arnstein)

(1) 유형의 개념

① 주민들이 실제로 정책결정과정에 참여하여 영향력을 행사하는가의 여부(영향력의 정도)를 기준으로 분류한 것이다.

② 아른슈타인(S. Arnstein)은 이러한 유형구분을 한 대표적인 학자로, 주민참여의 유형을 조작에서부터 시민통제에 이르기까지 8단계로 구분하고 있다.

(2) 단계별 유형

참여 단계	참여 내용	참여 형태
조작(제도; Manipulation)	정책 지지 유도를 위한 책략(관료들이 일방적으로 주민을 교육)	비참여의 단계
치료(교정; Therapy)	임상적 치료의 대상으로 간주	
정보제공(Informing)	일방적 정보 제공, 협상 타협에 이르지 못하는 수준	명목적 참여의 단계 (형식적 참여)
자문(상담; Consultation)	주민의 의견과 아이디어 수렴	
회유(설득; Placation)	계획 단계만 참여, 결정은 관청	
공동협력(Partnership)	관료와 동등한 입장에서 협상을 통해 주민의사를 반영하는 단계	주민권력의 단계 (실질적 참여)
권한위임(Delegate Power)	주민의 영향력이 강해져 일정한 정책결정권 이양	
시민통제(Citizen Control)	주민이 정책 입안·관리·협상 권한 소유	

[8] 우리나라 주민참여제도

15

20 ⑨ 기출

우리나라 지방자치법이 인정하는 주민직접참여 제도로 옳은 것은?

① 주민발안, 주민소환
② 주민소환, 주민참여예산
③ 주민투표, 주민감사청구
④ 주민소송, 주민총회

해설

정답 ①, ③

① 주민발안(지방자치법 제19조), 주민소환(지방자치법 제25조)이다. 지방자치법 제19조에서는 조례의 제정과 개폐 청구에 관한 규정을 담고 있다. 주민조례개폐청구권을 주민발안의 일종으로 보는 것이 학계의 일반적인 주장이므로 주민발안도 주민직접참여 제도로 볼 수 있다.
③ 주민투표(지방자치법 제18조), 주민감사청구(지방자치법 제21조)

오답의 이유

② 주민소환(지방자치법 제25조), 주민참여예산(지방재정법 제39조)
④ 주민소송(지방자치법 제22조), 주민총회(우리나라에서 인정하지 않는 제도)

16

다음 중 현행법상 일정한 자격을 갖춘 외국인에게 허용되는 것은 모두 몇 개인가?

> ㉠ 주민조례의 제정과 개폐 청구권
> ㉡ 주민투표
> ㉢ 주민감사청구
> ㉣ 주민소송
> ㉤ 주민소환
> ㉥ 공공기관의 정보공개에 관한 법률에 따른 정보공개청구

① 2개   ② 3개
③ 4개   ④ 5개

해설   정답 ④

④ 지방자치법상 주민조례의 제정과 개폐 청구권과 주민감사청구, 주민투표법상 주민투표, 주민소환에 관한 법률상 주민소환, 공공기관의 정보공개에 관한 법률상 정보공개청구가 일정한 자격을 갖춘 외국인에게 허용된다.
   ㉠ 지방자치법 제19조【조례의 제정과 개폐 청구】
   ㉡ 주민투표법 제5조【주민투표권】
   ㉢ 지방자치법 제21조【주민의 감사청구】
   ㉤ 주민소환에 관한 법률 제3조【주민소환투표권】
   ㉥ 공공기관의 정보공개에 관한 법률 제5조【정보공개 청구권자】

17

지방자치법에서 규정하는 내용으로 틀린 것은?

① 주민은 그 지방자치단체의 장 및 지방의회의원(비례대표 지방의회의원은 제외한다)을 소환할 권리를 가진다.
② 다른 기관에서 감사하였거나 감사 중인 사항은 주민의 감사청구의 대상에 포함한다.
③ 행정처분인 해당 행위의 취소 또는 변경을 요구하거나 그 행위의 효력 유무 또는 존재 여부의 확인을 요구하는 소송은 주민이 제기할 수 있다.
④ 지방자치단체의 장은 주민에게 과도한 부담을 주거나 중대한 영향을 미치는 지방자치단체의 주요 결정사항 등에 대하여 주민투표에 부칠 수 있다.

② 다른 기관에서 감사하였거나 감사 중인 사항은 지방자치법 제16조에 따라 감사청구의 대상에서 제외되는 사항이다.

제21조【주민의 감사청구】

① 지방자치단체의 18세 이상의 주민으로서 다음 각 호의 어느 하나에 해당하는 사람은 시·도는 300명, 제198조에 따른 인구 50만 이상 대도시는 200명, 그 밖의 시·군 및 자치구는 150명 이내에서 그 지방자치단체의 조례로 정하는 수 이상의 18세 이상의 주민이 연대 서명하여 그 지방자치단체와 그 장의 권한에 속하는 사무의 처리가 법령에 위반되거나 공익을 현저히 해친다고 인정되면 시·도의 경우에는 주무부장관에게, 시·군 및 자치구의 경우에는 시·도지사에게 감사를 청구할 수 있다.

1. 해당 지방자치단체의 관할 구역에 주민등록이 되어 있는 사람
2. 「출입국관리법」 제10조에 따른 영주(永住)할 수 있는 체류자격 취득일 후 3년이 경과한 외국인으로서 같은 법 제34조에 따라 해당 지방자치단체의 외국인등록대장에 올라 있는 사람

② 다음 각 호의 사항은 감사 청구의 대상에서 제외한다.

1. 수사나 재판에 관여하게 되는 사항
2. 개인의 사생활을 침해할 우려가 있는 사항
3. 다른 기관에서 감사하였거나 감사 중인 사항. 다만, 다른 기관에서 감사한 사항이라도 새로운 사항이 발견되거나 중요 사항이 감사에서 누락된 경우와 제22조 제1항에 따라 주민소송의 대상이 되는 경우에는 그러하지 아니하다.
4. 동일한 사항에 대하여 제22조 제2항 각 호의 어느 하나에 해당하는 소송이 진행 중이거나 그 판결이 확정된 사항

18

우리나라의 주민투표에 관한 설명으로 옳은 것은?

① 대한민국 국적을 취득할 때까지 외국인은 주민투표권자가 될 수 없다.
② 주민투표에 부치는 사항은 당해 지방자치단체의 주요결정사항에 한한다.
③ 주민투표의 발의는 지방자치단체의 장에게만 인정되고 있다.
④ 주민투표권이 없는 자라도 투표운동을 할 수 있다.

③ 지방자치단체의 장은 주민에게 과도한 부담을 주거나 중대한 영향을 미치는 지방자치단체의 주요 결정사항 등에 대하여 주민투표에 부칠 수 있다(지방자치법 제18조 제1항).

오답의 이유

① 출입국관리 관계 법령에 따라 대한민국에 계속 거주할 수 있는 자격을 갖춘 외국인으로서 지방자치단체의 조례로 정한 사람은 주민투표권자가 될 수 있다(주민투표법 제5조 제1항 제2호).
② 주민에게 과도한 부담을 주거나 중대한 영향을 미치는 지방자치단체의 주요결정사항으로서 그 지방자치단체의 조례로 정하는 사항은 주민투표에 부칠 수 있다(주민투표법 제7조 제1항).
④ 주민투표권이 없는 자는 투표운동을 할 수 없다(주민투표법 제21조 제2항 제1호).

19

다음 중 지방자치제도에 대한 설명으로 적절하지 않은 것은?

① 조례는 지방자치단체가 법령의 범위 안에서 그 권한에 속하는 사무에 관하여 지방의회의 의결로써 제정하는 규범이다.

② 조례로 정할 사항을 규칙으로 정하거나 규칙으로 정할 사항을 조례로 정할 경우 그것은 무효가 된다.

③ 지방자치제도의 실시에 따라 세수입을 효과적으로 사용할 수 있다.

④ 예산, 회계, 계약, 재산관리, 지방세, 사용료, 공금의 부과 등에 관하여 위법한 행위에 대해서는 주민투표로만 시정이 가능하다.

해설   정답 ④

④ 예산, 회계, 계약, 재산관리, 지방세, 사용료, 공금의 부과 등 위법한 재무행위에 대해서는 주민투표가 아니라 주민감사청구를 거쳐 주민소송을 통하여 시정이 가능하다.

20

다음 중 지방자치단체가 중앙정부의 승인 없이 독자적으로 조례를 통하여 행사할 수 있는 자치권은?

① 주민감사청구가 가능한 주민 수 조정

② 법정 외 세목 신설

③ 지방자치단체의 외채 발행

④ 인접 시·군의 경계 조정

해설   정답 ①

① 주민감사청구가 가능한 주민 수 조정은 지방자치단체가 독자적으로 조례를 통하여 행사할 수 있다.

오답의 이유

② 헌법 제59조의 '조세의 종목과 세율은 법률로 정한다'는 규정에 의해 법정 외 세목 신설을 제한하고 있다.

③ 지방재정법 제11조 제2항에 의거하여 지방자치단체의 장은 지방채 발행 한도액 범위더라도 외채를 발행하는 경우에 지방의회의 의결을 거치기 전에 행정안전부장관의 승인을 받아야 한다.

④ 지방자치법 제5조 제2항에 의거하여 시·군·자치구의 관할 구역 경계변경은 대통령령으로 정한다.

끝장이론 ···

1. 조례의 제정과 개폐 청구(지방자치법 제19조)

(1) 의의: 주민발안제도의 일종으로 주민들이 당해 지방자치단체의 장에게 조례의 제정·개정·폐지를 청구할 수 있는 제도이다.

(2) 청구주체 및 청구요건

청구주체	주민, 재외국민, 외국인
청구요건	① 청구권자가 주민조례청구를 하려는 경우에는 다음 각 호의 구분에 따른 기준 이내에서 해당 지방자치단체의 조례로 정하는 청구권자 수 이상이 연대 서명하여야 한다. 1. 특별시 및 인구 800만 이상의 광역시·도: 청구권자 총수의 200분의 1 2. 인구 800만 미만의 광역시·도, 특별자치시, 특별자치도 및 인구 100만 이상의 시: 청구권자 총수의 150분의 1 3. 인구 50만 이상 100만 미만의 시·군 및 자치구: 청구권자 총수의 100분의 1 4. 인구 10만 이상 50만 미만의 시·군 및 자치구: 청구권자 총수의 70분의 1 5. 인구 5만 이상 10만 미만의 시·군 및 자치구: 청구권자 총수의 50분의 1 6. 인구 5만 미만의 시·군 및 자치구: 청구권자 총수의 20분의 1 ② 청구권자 총수는 전년도 12월 31일 현재의 주민등록표 및 외국인등록표에 따라 산정한다. ③ 지방자치단체의 장은 매년 1월 10일까지 제2항에 따라 산정한 청구권자 총수를 공표하여야 한다.

(3) 청구제외사항

① 법령을 위반하는 사항

② 지방세·사용료·수수료·부담금의 부과·징수 또는 감면에 관한 사항

③ 행정기구의 설치·변경에 관한 사항

④ 공공시설의 설치를 반대하는 사항

2. 주민투표(지방자치법 제18조)

(1) 의의: 자치단체의 중요한 사안에 대하여 주민으로 하여금 결정권을 행사하도록 하는 제도이다.

(2) 청구주체 및 청구요건

청구주체	주민, 재외국민, 외국인
청구요건	19세 이상 주민 수의 20분의 1 이상 5분의 1 이하의 범위 안에서 조례로 정하는 수 이상의 서명

3. 주민의 감사청구(지방자치법 제21조)

(1) 의의: 주민이 자치단체의 장 또는 자치단체의 권한에 속하는 사무의 처리가 법령에 위반되거나 공익을 현저히 해한다고 인정되는 경우 상급자치단체의 장이나 주무부장관에게 감사를 청구할 수 있도록 하는 제도이다.

(2) 청구주체 및 청구기관

청구주체	주민, 재외국민, 외국인
청구요건	지방자치단체의 18세 이상 주민으로 시·도는 300명, 50만 이상 대도시는 200명, 시·군 및 자치구는 150명을 초과하지 않는 범위 내에서 당해 지방자치단체의 조례가 정하는 수 이상의 연서

(3) 청구제외사항

① 수사 또는 재판에 관여하는 사항

② 개인의 사생활을 침해할 우려가 있는 사항

③ 다른 기관에서 감사했거나 감사 중인 사항

④ 동일한 사항에 대해 주민소송방식의 어느 하나에 해당하는 소송이 진행 중이거나 그 판결이 확정된 사항

⑤ 청구대상이 되는 사무의 처리가 있었던 날 또는 종료된 날부터 2년 경과 시

4. 주민소송(지방자치법 제22조)

(1) 의의: 주민소송은 지방자치단체의 재정사항에 대하여 감사청구한 주민이 감사를 해태하거나 감사결과 및 그에 따른 이행조치에 불복이 있는 경우 감사결과와 관련한 위법한 행위나 해태사실에 대하여 당해 지방자치단체의 장을 상대로 소송을 제기하는 것을 말한다.

(2) 주민소송의 대상

① 공금의 지출에 관한 사항

② 재산의 취득 · 관리 · 처분에 관한 사항

③ 당해 지방자치단체를 당사자로 하는 매매 · 임차 · 도급 그 밖의 계약의 체결 · 이행에 관한 사항

④ 지방세 · 사용료 · 수수료 · 과태료 등 공금의 부과 · 징수를 게을리 한 사항

(3) 청구주체 및 청구요건

청구주체	감사를 청구한 자
청구요건	감사를 청구한 주민

(4) 주민소송의 제한

① 제소기간: 감사결과 등의 통지를 받은 날부터 90일 이내에 제기해야 한다.

② 소송의 남발 방지: 주민소송의 남발을 방지하기 위하여 주민소송이 계속 중인 때에는 동일한 사항에 대하여 다른 주민이 별도의 소송을 제기하지 못하도록 하고, 소송을 제기한 주민이 사망하거나 주민의 자격을 상실한 때에는 다른 주민이 6개월 이내에 소송절차를 수계할 수 있다.

③ 소송포기의 금지: 소송 중에 당사자가 법원의 허가 없이 소의 취하, 소의 화해, 청구의 포기를 할 수 없다.

(5) 비용청구

① 주민소송에서 승소한 주민은 당해 지방자치단체에 대하여 변호사 보수 등의 소송비용, 감사청구절차 진행 등을 위하여 소요된 여비 그 밖의 실비의 보상을 청구할 수 있다.

② 판결에 의하여 그 손해배상청구권 또는 부당이득반환청구권이 확정되면 그 확정판결에 의하여 결정된 금액의 지불을 청구하고, 해당 당사자가 이에 불응한 때에는 손해배상 · 부당이득반환의 청구를 목적으로 하는 소송을 제기할 수 있다.

5. 주민소환(지방자치법 제25조)

(1) 의의: 선거에 의하여 공직에 취임한 자에 대한 파면을 주민이 요구하면 주민투표에 의하여 그 여부를 결정하는 제도

(2) 청구주체 및 청구요건

청구주체	주민, 외국인
청구요건	시 · 도지사는 100분의 10 이상, 시장 · 군수 · 구청장은 100분의 15 이상, 광역 및 기초의원은 100분의 20 이상

(3) 주민소환투표의 청구 불가

① 선출직 지방공직자의 임기개시일부터 1년이 경과하지 아니한 때

② 선출직 지방공직자의 임기만료일부터 1년 미만일 때

③ 해당 선출직 지방공직자에 대한 주민소환투표를 실시한 날부터 1년 이내인 때

(4) 소환결정 및 효력

① 소환결정: 주민소환 투표권자 총수의 3분의 1 이상의 투표와 유효투표 총수 과반수의 찬성으로 확정된다.

② 소환결정 효력: 주민소환이 확정된 때에는 주민소환투표대상자는 그 결과가 공표된 시점부터 그 직을 상실, 보궐선거에 후보자로 등록 불가하다.

(5) 불복

① 소환투표의 효력에 이의가 있는 경우 투표결과가 공표된 날부터 14일 이내에 관할 선거관리위원회 위원장을 피소청인으로 하여 소청 제기 가능하다.

② 소청에 대한 결정에 관하여 불복이 있는 소청인은 관할선거관리위원회 위원장을 피고로 하여 그 결정서를 받은 날부터 10일 이내에 소송 제기 가능하다.

장점	공직자 책임을 확보해 주민통제를 강화하고, 실패한 선거 결과를 바로잡을 수 있으며, 유권자의 정책토론과 참여 기회를 확대시킬 수 있다.
단점	다수가 선출한 공직자를 소수가 해임하는 위험한 통제장치이고, 유권자의 변덕스러운 기대나 선호에 따라 실패한 투표가 반복될 우려가 있으며, 특정집단이 정치적으로 악용할 가능성도 있다.

[9] 주민참여예산제도

21

20 ⑦ 기출

주민참여예산제도에 대한 설명으로 옳지 않은 것은?

① 지방재정법에 근거조항이 마련되어 있다.

② 주민참여예산기구의 구성 · 운영과 그 밖에 필요한 사항은 해당 지방자치단체의 조례로 정한다.

③ 지방자치단체의 장은 주민참여예산제도를 통하여 수렴한 주민의 의견서를 지방의회에 제출하는 예산안에 첨부하여야 한다.

④ 지방자치단체의 장은 지방의회의 의결사항을 포함하여 예산과정에 주민참여예산제도를 마련하여 시행하여야 한다.

해설 정답 ④

④ 지방자치단체의 장은 지방의회의 의결사항을 제외하고 예산과정에 주민참여예산제도를 마련하여 시행하여야 한다(지방재정법 제39조 제1항).

오답의 이유

① 지방재정법에 근거조항이 마련되어 있다(지방재정법 제39조).

② 주민참여예산기구의 구성 · 운영과 그 밖에 필요한 사항은 해당 지방자치단체의 조례로 정한다(지방재정법 제39조 제5항).

③ 지방자치단체의 장은 주민참여예산제도를 통하여 수렴한 주민의 의견서를 지방의회에 제출하는 예산안에 첨부하여야 한다(지방재정법 제39조 제3항).

1. 주민참여예산제도의 의의

(1) 주민참여예산제도는 지방자치단체의 예산편성 과정에 지역주민의 직접적인 참여를 보장하여 지역주민의 의사가 예산에 보다 적절히 반영될 수 있다는 점에서 중요한 의의가 있다.

(2) 공공예산 운영의 효율성과 지출가치의 극대화보다는 예산주권의 극대화나 시민욕구의 번영을 중시하는 제도이다. → 신공공관리론보다 거버넌스에서 중시하는 예산제도로 결과보다 과정을 중시한다.

2. 주민참여예산제도의 목적과 특징

(1) **주민자치의 구현**: 예산편성과정에서 지역주민들의 직접 참여를 제도적으로 보장한다. → 재정운용의 대응성·책임성·효율성을 제고한다.

(2) **재정민주주의의 구현**: 지반재정운영의 투명성·공정성을 제고한다. → 주민들의 알권리 실현 및 사전적·실질적·적극적인 통제수단이다.

(3) **관료실패의 시정**: 집행부 주도의 예산편성방식의 한계를 극복한다.

(4) **지방의회 중심의 예산감시 한계 극복**: 지방의원들의 지역구 예산 챙기기 또는 인기성·선심성 나눠먹기식 등 폐해를 시정한다.

(5) 중앙정부와 지방정부 모두 가능하지만 주로 지방정부를 대상으로 시행되며, 예산과정 전반에 참여가 가능하지만 주로 예산편성단계에의 참여에 초점을 둔다.

3. 주민참여예산제도의 도입사례

(1) **해외**: 1989년 브라질 포르투 알레그레시에서부터 시작되었고, 주민참여의 성공적인 모델로서 긍정적인 평가를 받아 전 세계 여러 자치 단체로 확산되었다.

(2) **국내**: 2004년 광주광역시 북구에서 도입이 되었으며 여러 기초차지단체로 확대되었다. 2005년에는 '주민참여예산제표준조례안'을 만들어서 최소한의 기준을 제시해 주었고, 2011년 지방재정법 개정을 통해 주민참여예산제도 실시가 의무화됨에 따라 전국으로 확산되었다.

4. 지방재정법(제39조)상 주민참여예산제도 주요 내용

(1) 지방자치단체의 장은 대통령령으로 정하는 바에 따라 지방예산 편성 등 예산과정(지방의회의 의결사항은 제외)에 주민이 참여할 수 있는 제도(주민참여예산제도)를 마련하여 시행하여야 한다.

(2) 지방예산 편성 등 예산과정의 주민 참여와 관련되는 다음의 사항을 심의하기 위하여 지방자치단체의 장 소속으로 주민참여예산위원회 등 주민참여예산기구를 둘 수 있다.

① 주민참여예산제도의 운영에 관한 사항

② 지방의회에 제출하는 예산안에 첨부하여야 하는 의견서의 내용에 관한 사항

③ 그 밖에 지방자치단체의 장이 주민참여예산제도의 운영에 필요하다고 인정하는 사항

(3) 지방자치단체의 장은 주민참여예산제도를 통하여 수렴한 주민의 의견서를 지방의회에 제출하는 예산안에 첨부하여야 한다.

(4) 행정안전부장관은 지방자치단체의 재정적·지역적 여건 등을 고려하여 대통령령으로 정하는 바에 따라 지방자치단체별 주민참여예산제도의 운영에 대하여 평가를 실시할 수 있다.

(5) 주민참여예산기구의 구성·운영과 그 밖에 필요한 사항은 해당 지방자치단체의 조례로 정한다.

5. 주민참여예산제도의 부작용

(1) 낮은 시민참여, 다수의 무관심

(2) 집단이기주의 발생 및 특정의 개인·단체에게 악용될 소지가 있음

(3) 참여예산사업선정을 둘러싼 객관성·공정성·대표성에 도전하는 현상

(4) 전체 지방자치단체 예산에 대한 일반시민의 진정한 재정수요와 목소리를 종합해서 대변하고 각종 예산 투명성을 높이는 기능을 제대로 수행하지 못하고 있음

(5) 불특정 이해관계자 중에서 누가 예산과정에 참여해서 제도운영 주체역할을 할 것인가 하는 문제

[1] 지방세의 종류

01

다음 중 현재, 세금을 납부할 의무가 있는 납세의무자와 세금을 최종적으로 부담할 담세자가 일치하지 않는 국세에 해당하는 것으로만 묶인 것은?

㉠ 재산세	㉡ 부가가치세
㉢ 담배소비세	㉣ 주세
㉤ 개별소비세	㉥ 종합부동산세

① ㉠, ㉢, ㉤

② ㉡, ㉤, ㉥

③ ㉡, ㉣, ㉤

④ ㉢, ㉤, ㉥

해설   정답 ③

납세자와 담세자가 일치하지 않는 것은 간접세이다. 국세이면서 간접세에 해당하는 것은 개별소비세, 인지세, 부가가치세, 주세, 증권거래세가 있고 ㉠ 재산세는 지방세면서 직접세, ㉢ 담배소비세는 지방세이면서 간접세, ㉥ 종합부동산세는 국세이면서 직접세이다. 따라서 ㉡ 부가가치세, ㉣ 주세, ㉤ 개별소비세가 정답이다.

끝잠이론

1. 지방세의 의의와 원칙

(1) 의의

① 개념: 지방자치단체가 그 기능을 수행하는 데 소요되는 일반적 경비를 조달하기 위하여 당해 구역 내의 주민, 재산, 기타 일정한 행위를 하는 자로부터 직접적·개별적 보상 없이 강제적으로 부과·징수하는 재원이다.

② 특징: 법정주의 강제적 부과·징수, 일반적 재원조달의 목적, 금전으로 표시, 분리과세주의

(2) 지방세의 원칙

① 재정수입의 측면: 충분성의 원칙, 보편성의 원칙, 정착성와 원칙, 신장성의 원칙, 안정성의 원칙

② 주민부담의 측면: 책임원칙, 응익성의 원칙, 효율성의 원칙, 보편성의 원칙

③ 조세행정의 측면: 자주성의 원칙, 편의 및 최소비용의 원칙, 확실성의 원칙

2. 지방세의 종류

[1] 우리나라의 지방세 세목체계

① 지방세

구분	광역자치단체		기초자치단체	
	특별시 · 광역시세	도세	시 · 군세	자치구세
보통세	취득세, 레저세, 담배소비세, 지방소비세, 주민세, 지방소득세, 자동차세	취득세, 등록면허세, 레저세, 지방소비세	담배소비세, 주민세, 지방소득세, 재산세, 자동차세	등록면허세, 재산세
목적세	지역자원시설세, 지방교육세	지역자원시설세, 지방교육세		

② 국세

구분		종류
내국세	직접세	소득세, 법인세, 상속 · 증여세, 종합부동산세(종부세)
	간접세	부가가치세, 개별소비세, 주세, 인지세, 증권거래세
	목적세	교육세, 농어촌특별세, 교통 · 에너지 · 환경세(개별소비세로 통합예정이었으나 24.12.31까지 연장)
관세		우리나라에 반입하거나 우리나라에서 소비 또는 사용하는 외국물품에 대해서 부과 · 징수하는 조세

※ 광역시의 군(郡) 지역에서는 제2항에 따른 도세를 광역시세로 한다.
※ 특별자치시세와 특별자치도세: 취득세, 등록면허세, 레저세, 담배소비세, 지방소비세, 주민세, 지방소득세, 재산세, 자동차세, 지역자원시설세, 지방교육세

[2] 용도에 따른 분류

① 보통세(전체 세입으로 전체 세출에 충당하기 위하여 용도의 구분 없이 징수): 자동차세(소유, 주행), 등록면허세(등록, 면허), 레저세, 주민세, 재산세, 지방소득세, 담배소비세, 지방소비세
② 목적세[특정한 세출에 충당하기 위하여 특별히 부과하는 조세(통일성 원칙의 예외)]: 지역자원시설세, 지방교육세

[3] 과세대상(재산, 소비, 소득)에 따른 구분

재산과세	재산보유과세	재산세, 자동차세 등
	재산거래과세	취득세, 등록면허세 등
소득과세		지방소득세
소비과세		레저세, 담배소비세 등

[4] 조세 전가에 따른 분류

구분	직접세	간접세
과세 대상	소득이나 재산(납세자와 담세자 일치)	소비 행위(납세자와 담세자 상이)
세율	누진세	비례세
조세 종류	• 국세: 소득세, 법인세, 종합부동산세, 상속세, 증여세 등 • 지방세: 취득세, 등록면허세, 재산세, 자동차세 등	• 국세: 부가가치세, 개별소비세, 인지세, 주세, 증권거래세 • 지방세: 담배소비세, 지방소비세 등
장점	소득 재분배 효과, 조세의 공정성	조세 징수의 간편, 조세 저항이 작음
단점	조세 징수가 어렵고 저항이 큼	저소득 계층에게 불리

(5) 세율 구조에 따른 분류

비례세	과세 대상 금액에 관계없이 동일한 세율 적용(취득세와 등록면허세)
누진세	과세 대상의 금액이 많을수록 높은 세율 적용 → 소득 재분배(재산세)

[2] 국고보조금

02

15 기출

다음 중 국고보조금의 특징으로 옳지 않은 것은?

① 국고보조금은 특정재원으로서 사용목적이 한정되어 있다.
② 국고보조금은 행정 수준의 전국적 통일성에 기여한다는 효용이 있다.
③ 국고보조금은 지방정부의 자율성을 떨어트리고 지방정부가 중앙정부에 예속될 수 있다는 문제점이 있다.
④ 국고보조금은 그에 상당한 반대급부가 수반되는 일종의 유상재원이다.

해설   정답 ④
④ 국고보조금은 그에 상당한 반대급부가 수반되지 않는 일종의 무상재원이다.

03

09 기출

다음 중 국고보조금에 관한 설명으로 적절하지 않은 것은?

① 중앙정부와 지방정부 간의 수평적 재정조정제도이다.
② 국고보조금은 의존재원 및 특정재원으로서의 성격을 지닌다.
③ 국고보조금은 그에 대한 반대급부가 수반되지 않는 보조금이다.
④ 우리나라의 국고보조금은 지나치게 통제 위주로 운영되어 지방자치단체의 자율성을 저해하는 측면이 존재한다.

① 국고보조금은 <u>수직적 재정조정제도</u>에 해당한다. 그 밖에도 수직적 재정조정제도에는 지방교부세, 시·군재정보전금 등이 있다.

② 국고보조금은 국가로부터 교부되는 의존재원이면서 용도를 지정하여 도와주는 의미의 특정재원으로서의 성격을 가지고 있다.

③ 국고보조금은 보조금의 교부에 대한 반대급부를 요구하지 않기 때문에 무상재원적인 성격을 지닌다.

④ 우리나라의 국고보조금은 지나치게 통제 위주로 운영되어 지방자치단체의 행정적·재정적 자율성을 저해하는 측면이 존재한다.

끝장이론

1. 국고보조금의 개념 및 특징

(1) 개념

① 국가시책상 또는 지방자치단체의 재정사정상 필요하다고 인정될 때 그 자치단체의 <u>행정수행에 소요되는 경비의 일부</u> <u>또는 전부를 충당하기 위하여 용도(특정)를 지정하여 교부하는 자금</u>을 의미한다.

② 보조금의 종류

조건부 보조금	세부용도를 지정(외부성이 큰 사업, 중앙기능을 지방정부가 대행하는 사업, 사업시책상 장려 필요성이 있는 사업)
포괄적 보조금	포괄적으로 교부하는 보조금(모든 지방정부에 공통된 사업, 주민의 의사반영이 필요한 사업)

(2) 특징

① **특정재원**: 보조금은 중앙부처의 소관예산이 재원이 되며, 특정한 사무나 사업의 수행을 장려하기 위해 소요되는 경비에 충당하는 것을 조건으로 국가가 교부(용도지정)

② **대응 지원금**: 지방정부가 일부 대응재원을 마련해야 함 → 지방 간 재정격차 심화

③ **의존재원**: 국가로부터의 교부

④ **무상재원**: 반대급부를 수반하지 않는 일방적인 급부금

⑤ **경상재원**: 매년 경상적으로 수입되는 경상수입

2. 국고보조금의 유형

협의의 보조금 (장려적 보조금)	지방자치의 자주적 사무에 대하여 국가시책상 필요하다고 인정될 때 또는 지방자치재정상 특히 필요하다고 인정될 때 국가적 차원에서 이를 장려하고자 경비의 전부 또는 일부를 교부하는 것이다.
부담금	지방자치단체 또는 그 기관이 법령에 의해 설치해야 할 사무로서 국가와 지방자치단체 상호 간에 이해관계가 있는 경우(단체위임사무) 그 원활한 사무처리를 위해 국가가 그 전부 또는 일부를 부담하는 것이다. 부담금은 의무적 성질을 지닌다.
교부위탁금	국가가 원래 직접 수행해야 할 사무를 지방자치단체 또는 그 기관에 위임하여 수행하는 경우(기관위임사무) 그 소요경비 전부를 국가가 교부하는 것이다.

3. 국고보조금의 기능과 문제점

(1) 기능

① 행정수준의 전국적 통일성의 확보

② 공공시설 및 사회자본확충

③ 행정서비스의 외부효과에 대처

④ 특정행정수요에 대한 재원마련

(2) 문제점

① 중앙정부의 강력한 통제로 인한 지방정부의 자율성 저해

② 보조금 지급조건의 획일적 결정

③ 대부분 정률보조로 지방비 부담과중으로 인한 지방재정의 압박

④ 지방재정자립도 저하

⑤ 지방정부의 의무적 경비부담을 초래하여 우선순위가 낮은 사업에 투자하는 문제

⑥ 지방비 부담능력이 없는 자치단체의 경우 보조금을 포기할 수밖에 없어 지방정부 간 재정력 격차 심화

⑦ 보조금의 영세성

⑧ 교부절차의 번잡성과 교부 시기의 부적절성으로 인해 적기집행이 곤란

4. 국고보조금과 지방교부세의 비교

구분	국고보조금	지방교부세
근거	보조금 관리에 관한 법률	지방교부세법
재원	국가의 일반회계 또는 특별회계예산	내국세의 19.24%+종합부동산세 총액+담배세 중 개별소비세 45%+전년도 결산정산액
용도	특정재원	일반재원
배정방식	국가시책 및 계획과 정책적 고려	재정부족액(법적 기준)
기능	자원배분의 효율화 기능	재정의 형평화 기능
지방비부담	있음(대부분 정률보조)	없음(정액보조)
조정의 성격	수직적 조정재원	수직적·수평적 조정재원

04

19 추 기출

다음 중 현행 법령상, 지방교부세에 대한 설명으로 가장 옳은 것은?

① 경기도의회는 주민들에게 소방안전교부세를 교부할 수 있다.

② 광주광역시에 특별교부세를 교부할 수 없다.

③ 인천광역시에 부동산교부세를 교부할 수 있다.

④ 세종특별자치시는 주민들에게 분권교부세를 부과할 수 있다.

해설   정답 ③

③ 2010년도에 시 · 도세인 지방소비세가 도입되면서부터는 보유세 및 거래세 감소분 보전을 폐지하고 전액을 균형재원으로 특별자치시 · 시 · 군 · 자치구 및 특별자치도에 교부하고 있다.

오답의 이유

① 소방안전교부세는 행정안전부장관이 지방자치단체에 교부하는 것으로 경기도의회는 주민들에게 소방안전교부세를 교부할 수 없다.

② 광주광역시에 특별교부세를 교부할 수 있다.

④ 분권교부세는 2005년에 도입되었으나, 2015년에 보통교부세로 편입되어 폐지되었다.

05

14 기출

지방재정에 관한 설명 중 옳은 것만 고른 것은?

ㄱ 지방교부세는 일반재원으로 용도가 지정되지 않으며 수직적 · 수평적 조정제도이다.

ㄴ 국고보조금은 특정 용도를 지정하여 교부되며 보조금의 예산 및 관리에 관한 법률에 근거한다.

ㄷ 지방교부세는 자원의 효율적 배분의 기능을 한다.

ㄹ 우리나라의 지방세로는 취득세, 주민세, 개별소비세, 자동차세가 있다.

ㅁ 국세 등 다른 세의 과세표준 또는 세액에 대하여 일정한 정률로 이에 부가해서 과세하는 세금은 부가세이다.

① ㄱ, ㄷ, ㅁ   ② ㄷ, ㄹ, ㅁ

③ ㄴ, ㄷ, ㄹ   ④ ㄱ, ㄴ, ㅁ

해설   정답 ④

오답의 이유

ㄷ 지방교부세는 지방자치단체 간의 재정력 격차를 시정하는 재정의 형평화 기능을 한다.

ㄹ 개별소비세는 국세이다.

1. 지방교부세의 의의 및 특징

(1) 의의

① 재정력을 달리 하는 자치단체 간의 재정력 격차를 시정하기 위해 국세의 일부로서 징수한 재원을 일정기준에 따라 배분함으로써 자치단체 간의 재정력 격차를 완화 · 조정하여 주는 제도이다.

② 전국적인 최저생활을 확보하기 위하여 지방자치단체의 재정수요에 필요한 부족재원을 보정할 목적으로 국가가 지방자치단체에 교부하는 재원(수평적 조정 · 수직적 조정)이다.

(2) 특징

① 수평적 · 수직적 재정조정제도: 지방교부세는 수직적 재정조정제도이면서 수평적인 재정조정제도이다. 반면 국고보조금은 국가와 지방 간의 수직적 재정조정제도의 성격이 강하다.

② 공유된 독립재원: 지방자치단체의 독립된 고유재원으로서의 성격을 가지고 있다.

③ 일반재원: 지방교부세를 어떤 용도에 사용할 것인가는 그 지방자치단체의 자율에 맡겨져 있고, 국가가 지방교부세를 교부함에 있어서 일정한 조건을 붙이거나 용도제한을 할 수 없다.

④ 무대응지원금: 지방교부세는 무대응지원금으로 자치단체의 재정자율성보장기능, 지방자치단체 간 재원의 균형화기능, 지방자치단체의 재원보장기능 등을 한다.

⑤ 중앙정부의 일반회계로 관리 · 운영한다.

2. 지방교부세의 종류

(1) 보통교부세

① 개념: 용도를 제한하지 않고 교부하는 무조건부(무대응) 교부금으로 일반재원에 해당한다.

② 재원: 내국세 총액의 19.24%에 해당하는 금액과 정산액을 합한 금액의 100분의 97

③ 교부: 기준재정수입액이 기준재정수요액에 못 미치는 지방자치단체에 그 미달액을 기초로 교부한다. 다만, 자치구의 경우에는 기준재정수요액과 기준재정수입액을 각각 해당 특별시, 또는 광역시의 기준재정수요액 및 기준재정수입액과 합산하여 산정한 후 그 특별시 또는 광역시에 교부한다(행정안전부장관이 분기별로 교부).

(2) 특별교부세

① 개념

기준재정수요액으로는 산정할 수 없는 특별한 재정 수요 발생 시 교부	40/100	특별교부세 재원
재난 복구 및 안전관리를 위한 특별한 재정수요 발생 시 교부	50/100	
국가적 장려, 국가와 지방 간 시급한 협력, 역점 시책, 재정운용실적 우수 시 등 교부	10/100	

② 재원: 내국세 총액의 19.24%에 해당하는 금액과 정산액을 합한 금액의 100분의 3

③ 교부: 행정안전부장관은 지방자치단체의 장이 제1항 각 호에 따른 특별교부세의 교부를 신청하는 경우에는 이를 심사하여 특별교부세를 교부한다. 다만, 행정안전부장관이 필요하다고 인정하는 경우에는 신청이 없는 경우에도 일정한 기준을 정하여 특별교부세를 교부할 수 있다.

(3) 소방안전교부세

① 개념: 소방 및 안전시설 확충, 안전관리 강화 등을 위하여 교부하는 특정재원이다.

② 재원: 담배에 부과되는 개별소비세 총액의 100분의 45에 해당하는 금액과 정산액을 합산한 금액

③ 교부: 행정안전부장관은 지방자치단체의 소방 인력 운용, 소방 및 안전시설 확충, 안전관리 강화 등을 위하여 소방안전교부세를 지방자치단체에 전액 교부하여야 한다. 이 경우 소방 분야에 대해서는 소방청장의 의견을 들어 교부하여야 한다

(지방교부세법 제9조의4).

[4] 부동산교부세

① **개념**: 재정여건 및 지방세 운영상황 등을 고려하여 교부하는 일반재원이다.

② **재원**: 종합부동산세 총액에 해당하는 금액과 정산액을 합산한 금액

③ **교부**: 부동산교부세는 부동산세제 개혁방안으로 기존 지방세인 종합토지세와 재산세의 일부를 국세인 종합부동산세로 전환함에 따라 지방자치단체 보유세 등이 감소하여 지방자치단체 재원 감소분 보전과 지역균형발전을 도모하기 위하여 2005년도부터 신설되어 산정·교부하고 있으며, 2010년도에 시·도세인 지방 소비세가 도입되면서부터는 보유세 및 거래세 감소분 보전을 폐지하고 전액을 균형재원으로 특별자치시·시·군·자치구 및 특별자치도에 교부하고 있다. 부동산교부세의 교부 기준은 지방자치단체의 재정여건이나 지방세 운영상황 등을 고려하여 대통령령으로 정한다.

[1] 정부 간 관계의 모형

01

08 기출

다음 중 라이트(Wright)의 정부 간 관계모형(IGR)에서 가장 이상적인 모형으로 제시된 것은?

① 중첩권위형   ② 분리권위형   ③ 포괄권위형   ④ 동반자모형

해설

정답 ①

① 중첩권위형(상호의존형)에서는 연방정부(중앙정부)와 주정부, 지방정부가 각자 고유한 영역을 가지면서 동시에 동일한 관심과 책임 영역을 가진다고 보고 있다. 또한 정부 간에 교환관계가 형성되고, 재정적 상호 협조와 경쟁관계가 이루어진다고 보고 있다.

오답의 이유

④ 동반자모형은 엘코크(H. Elcock)가 제시한 모형 중 하나로 지방이 중앙의 간섭 없이 독자적으로 결정을 내릴 수 있다는 입장이다. 엘코크는 동반자모형, 대리자모형, 교환모형(절충모형)으로 분류하였다.

끝장이론

1. 라이트의 정부 간 관계모형

라이트(D. Wright)는 중앙정부와 지방정부의 권력관계 및 기능적 상호 의존관계를 기준으로 구분하였다.

라이트의 정부 간 관계모형

유형	분리권위형	포괄권위형	중첩권위형
	중앙정부 / 주정부 / 지방정부	연방정부 / 주정부 / 지방정부	연방정부 / 지방정부 / 주정부
관계	분리 · 독립적	포괄 · 종속적	상호 의존적
권위	독립형	계층형	협상형
재정 · 인사	완전 분리	완전 종속	상호 의존

(1) 분리권위형(독립형)

① 중앙정부와 주정부가 경계를 이루어 독자적으로 자치권을 행사하고 있고, 지방정부는 주정부에 종속되어 있는 이원적인 관계이다.

② 지방정부의 자치권 고유의 권리로서 중앙정부의 의지에 의해 함부로 축소되거나 침해될 수 없다.

③ 중앙정부나 지방정부는 상호독립적이다.

④ 의미의 충돌은 있을 수 있으며, 갈등의 표출이 용이한 만큼 분쟁의 협상도 명백하게 이루어질 수 있다.

(2) 포괄권위형(종속형)

① 연방정부, 주정부, 지방정부는 서로 계층제적 상하관계에 있으며, 지방정부는 주정부에, 주정부는 연방정부에 종속되어 있는 모형이다.

② 주정부와 지방정부가 모두 중앙정부의 시녀에 불과하고 완전히 의존적이며, 중앙정부의 강력한 계층적 통제를 받는다.

③ 주정부와 지방정부의 독자적인 권한이 존재하지 않기 때문에, 연방정부와 주정부의 의견이 상충될 때에는 연방정부가 최종적으로 결정할 권한을 보유하며, 주정부는 이를 따라야 한다.

(3) 중첩권위형(상호 의존형)

① 중앙정부와 지방정부의 관계가 상호 의존적 관계를 지니는 상호 의존모형이다.

② 특징: 상호 간의 협력과 갈등이 공존한다.

③ 분쟁: 상호 간의 교환관계를 통하여 쉽게 해결되는 경향을 가진다.

④ 중앙정부와 지방정부의 관계가 상하 종속관계에 있으므로 상호 의존·협력관계로 전환하기 위해서는 '중첩권위형(중복모형)'을 채택하는 것이 바람직하다.

2. 엘콕(H. Elcock)의 정부 간 관계모형

(1) 대리자모형

① 지방정부를 중앙정부의 대리자로 보고 중앙정부가 결정한 정책을 능률적으로 집행하게 하는 형태이다.

② 중앙정부가 지방정부를 권력적으로 완전히 지배·통제하는 형태이다.

(2) 동반자모형

① 국민에게 서비스를 공급하는 과정에서 중앙정부가 개략적으로 정책을 결정하면, 지방정부는 자원을 동원하는 실질적인 역할을 수행하는 모형이다.

② 중앙정부와 지방정부가 상호 대등한 입장에 놓이게 되는 형태이다.

③ 지방정부는 고유의 자치권과 사무를 가지며, 중앙정부의 간섭은 최소화된다.

(3) 교환과정모형

① 중앙정부와 지방정부의 관계가 각자 가진 자원의 교환을 통하여 권력의 균형을 찾는 관계라는 것이다.

② 중앙정부와 지방정부가 관계를 갖는 과정에서 교환하는 자원: 중앙정부만이 갖는 권력자원, 양쪽이 갖는 정치적 자원, 재원, 지방정부의 기득권, 양자가 갖는 정보나 지식 등이다.

[2] 지방재정의 사전예산관리제도

02

20 ⑦ 기출

지방재정의 사전예산관리제도로 옳지 않은 것은?

① 지방재정위기 사전경보시스템

② 지방재정투융자심사

③ 성별영향평가제도

④ 지방채발행

해설

정답 ①

① "재정위기 사전경보시스템"이라 함은 지방자치단체의 주요재정지표를 모니터링하여 지방자치단체의 재정위기를 사전에 예측하고 선제적으로 대응하는 일련의 과정을 말한다(지방재정위기 사전경보시스템 운영 규정 제2조 제1항). 그러나 이는 사후통제에 해당한다.

※ 지방재정위기 사전경보시스템 운영 규정은 2019년 4월 30일 '지방재정위기관리제도 운영 규정'으로 바뀌었으며, 그 과정에서 "재정위기 사전경보시스템"에 대한 내용이 삭제되었다.

오답의 이유

② 지방재정투융자심사는 지방자치단체장이 재정투자사업에 관한 예산안을 편성할 때 사전에 그 필요성과 타당성에 대한 심사(이하 "투자심사"라 한다)를 말한다(지방재정법 제37조).

③ 성별영향평가제도는 성별영향평가법에 근거한 제도로서, 중앙행정기관의 장 및 지방자치단체의 장이 정책을 수립하거나 시행하는 과정에서 그 정책이 성평등에 미칠 영향을 평가하여 정책이 성평등의 실현에 기여할 수 있도록 하는 것을 말한다.

④ 지방자치단체장은 재정투자사업, 재해예방 및 복구사업, 지방채의 차환 등을 이유로 자금조달이 필요할 때 지방채를 발행할 수 있다.

03

18 기출

다음 중 우리나라의 지방정부에 대한 중앙통제와 관련한 설명으로 가장 적절하지 않은 것은?

① 지방자치단체의 사무에 관한 그 장의 명령이나 처분이 법령에 위반되거나 현저히 부당하여 공익을 해친다고 인정되면 시·도에 대하여는 주무부장관이, 시·군 및 자치구에 대하여는 시·도지사가 기간을 정하여 서면으로 시정할 것을 명하고, 그 기간에 이행하지 아니하면 이를 취소하거나 정지할 수 있다.

② 중앙정부는 위법·부당한 명령·처분의 시정명령 및 취소·정지를 할 수 있고, 지방자치단체의 장이 이에 이의가 있을 때에는 행정법원에 소를 제기할 수 있다.

③ 지방자치단체의 장이 국가위임사무나 시·도위임사무의 관리와 집행을 명백히 게을리 하는 경우 이행사항을 명령할 수 있다.

④ 지방자치단체에서 하는 자치사무는 법령위반사항에 대하여만 회계를 감사할 수 있다.

② 지방자치법 제188조 제6항

　　제188조【위법·부당한 명령·처분의 시정】⑥ 지방자치단체의 장은 제1항, 제3항 또는 제4항에 따른 자치사무에 관한 명령이나 처분의 취소 또는 정지에 대하여 이의가 있으면 그 <u>취소처분 또는 정지처분을 통보받은 날부터 15일 이내에 대법원에 소(訴)를 제기할 수 있다.</u>

오답의 이유

① 지방자치법 제188조 제1항

　　제188조【위법·부당한 명령·처분의 시정】① 지방자치단체의 사무에 관한 그 장의 명령이나 처분이 법령에 위반되거나 현저히 부당하여 공익을 해친다고 인정되면 시·도에 대하여는 주무부장관이, 시·군 및 자치구에 대하여는 시·도지사가 기간을 정하여 서면으로 시정할 것을 명하고, 그 기간에 이행하지 아니하면 이를 취소하거나 정지할 수 있다. 이 경우 자치사무에 관한 명령이나 처분에 대하여는 법령을 위반하는 것에 한한다.

③ 지방자치법 제189조 제1항

　　제189조【지방자치단체의 장에 대한 직무이행명령】① 지방자치단체의 장이 법령의 규정에 따라 그 의무에 속하는 국가위임사무나 시·도위임사무의 관리와 집행을 명백히 게을리하고 있다고 인정되면 시·도에 대하여는 주무부장관이, 시·군 및 자치구에 대하여는 시·도지사가 기간을 정하여 서면으로 이행할 사항을 명령할 수 있다.

④ 지방자치법 제190조 제1항

　　제190조【지방자치단체의 자치사무에 대한 감사】① 행정안전부장관이나 시·도지사는 지방자치단체의 자치사무에 관하여 보고를 받거나 서류·장부 또는 회계를 감사할 수 있다. 이 경우 감사는 법령위반사항에 대하여만 실시한다.

04

지방재정의 효율적 관리제도 중 사후적 재정관리제도에 해당하는 것은?

① 기채승인제도
② 재정투융자심사제도
③ 재정분석진단제도
④ 중기지방재정계획

③ 재정분석진단제도는 지방재정법 제55조에 의하여 시행되고 있는 제도로 중앙정부가 지방재정운영에 대하여 <u>사후적으로 평가하고 관리하는 제도이다.</u>

오답의 이유

① 기채승인제도란 지방자치단체가 지방채를 발행하고자 할 때, 행정안전부장관의 사전승인을 먼저 얻어야 하는 제도를 말한다. 이전의 지방재정법상에는 모든 지방채 발행에 있어서 중앙정부의 승인을 받아야 했으나, 2006년 1월 1일부터 시행된 지방재정법에서 해당제도는 폐지되었다. 현재는 외채의 발행, 한도액을 초과한 발행, 지방자치단체조합의 지방채 발행 등 일부 경우에 한하여 중앙정부의 승인을 요구한다.

② 지방재정법에 따라 재정투·융자사업에 대한 예산안을 편성하기 위해서는 사전에 투·융자심사를 거쳐야 한다.

④ 중기지방재정계획은 다음 회계연도부터 5회계연도 이상의 기간에 대한 지방재정계획으로 사전적 관리제도에 해당한다.

1. 중앙통제 방법

(1) 입법적 · 사법적 · 행정적 통제 – 통제 주체에 따른 구분

① 입법적 통제: 입법기관인 의회가 지방자치단체에 대하여 행하는 통제로서, 국가의 입법절차를 통하여 이루어지는 통제이다(주민자치국가에서 주로 이용. 지방자치법정주의, 조세법정주의, 국정감사 및 조사).

② 사법적 통제: 국가의 사법기관인 법원이 지방자치단체에 대하여 행하는 통제로서 쟁송절차를 통하여 이루어지는 통제이다(주민자치국가).

③ 행정적 통제: 행정기관인 행정부가 지방자치단체에 대하여 행하는 통제로서 행정절차를 통하여 이루어지는 통제이다(단체자치국가).

(2) 권력적 통제 · 비권력적 통제 – 권력성 차원

① 권력적 통제: 각종 중앙통제 방식 가운데 일방적, 명령적, 강제적인 통제방식으로 실정법상의 '지도 · 감독'이라는 표현 가운데 '감독'이라는 것이 해당된다(임면, 승인, 처분, 감사 등).

② 비권력적 통제: 장려적 · 유도적 · 조성적인 통제방식으로 실정법상 '지도 · 감독'이라는 표현 가운데 '지도'라는 것이 해당된다(계도, 지원, 정보제공, 조정 등).

(3) 사전적 · 사후적 통제

① 사전적 통제(예방적 통제): 지방자치단체의 업무수행이 이루어지기 전에 중앙통제가 행해질 경우의 통제이다.

② 사후적 통제(교정적 통제): 업무수행이 이루어진 후에 이루어지는 통제이다.

(4) 합법성 · 합목적성 통제

① 합법성(적법성) 통제: 사무처리의 위법 또는 월권으로 이뤄지는 것을 방지하는 데 중점을 두는 통제이다.

② 합목적성(효과성) 통제: 부당하거나 비효율적으로 이루어지는 것을 방지하는 데 중점을 두는 통제이다.

(5) 주민에 의한 통제: 주민참여(선거 및 정당에 의한 통제, 이익집단 및 주민운동에 의한 통제)에 의한 통제와 매스컴에 의한 통제이다.

2. 우리나라 중앙통제(행정통제를 중심으로)

행정상 통제	• 지방자치단체의 사무에 대한 지도 및 지원(지방자치법 제184조) • 국가사무나 시 · 도사무 처리의 지도 · 감독(지방자치법 제185조) • 위법 · 부당한 명령 · 처분의 시정명령 및 취소 · 정지(지방자치법 제188조) • 지방자치단체의 장에 대한 직무이행명령(지방자치법 제189조) • 지방자치단체의 자치사무에 대한 감사(지방자치법 제190조) • 감사원의 회계검사와 직무감찰 • 지방의회 의결과 재의결에 대한 통제(지방자치법 제192조)
인사상 통제	• 지방행정기구와 정원통제 • 지방자치단체에 두는 국가공무원의 임용 및 감독
재정상 통제	• 예산 및 결산 보고 • 지방채 발행의 통제 • 보조금 사용에 관한 감독 • 지방재정진단제도(지방재정법 제54~57조) 실시 • 중기재정계획에 대한 통제(지방재정법 제33조) • 재정투자심사제도 실시

3. 중앙정부의 지방재정운용에 대한 통제

사전 재정관리제도(사전통제)	사후 재정관리제도(사후통제)
• 중기지방재정제도 • 지방재정 투·융자 심사제도 • 재정지원사업 사전협의 • 지방자치단체 예산편성기준 • 성인지예산제도 • 재정운용업무편람과 예산편성기준 • 지방채 발행 총액 한도제 • 재정지원사업 사전협의	• 예산 및 결산의 보고 • 재정분석 및 진단제도 • 재정공시제도 • 보통교부세 인센티브제 • 발생주의·복식부기 회계제도 • 국고보조사업평가 • 긴급재정관리단체의 지정 • 성인지결산제

[3] 특별지방행정기관

05

20 7 기출

지방자치단체에 대한 설명으로 옳지 않은 것은?

① 특별지방행정기관은 지방자치단체가 특별 업무를 수행하기 위해서 설립한 기관이다.

② 지방환경청은 특별행정기관이다.

③ 우리나라에서는 지방자치법에서 특별지방자치단체의 설치 및 운영에 관하여 필요한 사항을 대통령령으로 정하도록 규정하고 있다.

④ 특별자치시와 특별자치도는 보통지방자치단체에 속한다.

해설   정답 ①

① 특별지방행정기관은 국가의 특정 중앙행정기관에 소속되어 당해 관할 구역 내에서 시행되는 소속 중앙행정기관에 속하는 행정사무를 관장하는 국가의 지방행정기관(관치기관)이다.

오답의 이유

② 지방환경청은 환경부의 특별지방행정기관이다.

③ 2개 이상의 지방자치단체가 공동으로 특정한 목적을 위하여 광역적으로 사무를 처리할 필요가 있을 때에는 특별지방자치단체를 설치할 수 있다. 이 경우 특별지방자치단체를 구성하는 지방자치단체(이하 "구성 지방자치단체"라 한다)는 상호 협의에 따른 규약을 정하여 구성 지방자치단체의 지방의회 의결을 거쳐 행정안전부장관의 승인을 받아야 한다(지방자치법 제199조 1항).

④ 세종특별자치시와 제주특별자치도는 보통지방자치단체인 (단층형태의) 광역지방자치단체다.

06

13 기출

다음 중 특별지방행정기관의 효용으로 옳지 않은 것은?

① 통일성
② 전문성
③ 현지성
④ 사무효율성

해설　　　　　　　　　　　　　　　　　　　　　　　　　　　　　　　정답 ③

③ 특별지방행정기관은 국가의 사무를 일선에서 처리하는 하급행정 기관으로, 지방행정의 현지성을 저해하며 지방자치단체와의 협조 곤란 및 마찰을 일으킬 수 있다는 것이 다수설의 입장이다.

07

16 기출

특별지방행정기관에 대한 설명으로 옳지 않은 것은?

① 우리나라에는 특별지방행정기관이 없다.
② 지역주민의 의사를 반영시키는 제도적 연결장치가 결여되어 있다.
③ 현장의 정보를 중앙정부에 전달하거나 중앙정부와 지방 자치단체 사이의 매개역할을 수행하기도 한다.
④ 국가업무의 효율적·광역적 추진을 위해 설치되었다.

해설　　　　　　　　　　　　　　　　　　　　　　　　　　　　　　　정답 ①

① 특별지방행정기관은 특정광역사무를 처리하기 위하여 별도로 행정기관을 설치하는 것으로 우리나라의 지방환경청, 지방병무청, 지방국세청, 지방국토관리청 등이 특별지방행정기관의 예에 해당한다.

08

15 기출

다음 중 특별지방행정기관에 대한 설명으로 옳지 않은 것은?

① 특별지방행정기관은 지방의 고유 사무를 위해 설치한 기관이다.
② 행정의 전문성을 제고할 수 있도록 한다.
③ 중복 업무로 인해 비효율성을 유발할 수 있다.
④ 광역적 사무의 원활한 처리를 가능하도록 한다.

해설　　　　　　　　　　　　　　　　　　　　　　　　　　　　　　　정답 ①

① 특별지방행정기관은 국가의 일선기관으로서 지방의 고유 사무를 위해 설치한 기관이 아니라 국가업무의 효율적이고 광역적인 추진을 위해 설치된 기관이다.

09

다음 중 특별지방행정기관의 특징이 아닌 것은?

① 지방자치단체가 아닌 국가의 하급행정기관이다.
② 법인격을 가지지 않는다.
③ 주민들의 직접적인 통제와 참여가 가능하다.
④ 현장의 정보를 중앙정부에 전달한다.

해설   정답 ③

③ 특별지방행정기관(일선기관)은 자치단체가 아니므로 주민들의 직접적인 통제와 참여가 불가능하며, 자치행정이나 책임행정을 저해한다.

오답의 이유
① 중앙행정기관이 지방에서의 소관 사무를 처리하기 위해 그 하부기관으로서 지방에 설치한 국가의 하급행정기관이다.
② 특별지방행정기관은 공법인인 국가의 예속기관으로서, 자치단체와 달리 독립된 법인격과 지위상의 독립성을 가지지 않는다.
④ 현장의 정보를 중앙정부에 전달하거나 중앙정부와 지방자치단체 사이의 매개 역할을 수행하기도 한다.

끝장이론 ··

1. 특별지방행정기관의 의의와 특징

(1) 의의

① 특별지방행정기관(일선기관)은 국가의 특정 중앙행정기관에 소속되어 당해 관할 구역 내에서 시행되는 소속 중앙행정기관에 속하는 행정사무를 관장하는 국가의 지방행정기관(관치기관)이다.

② 특별지방행정기관은 국가의 사무를 일선에서 처리하는 하급행정기관으로, 지방행정의 현지성을 저해하며 지방자치단체와의 협조 곤란 및 마찰을 일으킬 수 있다는 것이 다수설의 입장이다.

(2) 특징

① 국가업무의 효율적이고 광역적인 추진이라는 긍정적인 목적과 관리·감독의 용이성이라는 부처이기주의적 목적이 결합되어 설치된다.

② 중앙정부와 특별지방행정기관 간의 관계는 행정상 집·분권의 문제와 관련된다.

③ 특별지방행정기관은 중앙정부의 부처 및 기관의 지역담당자로서 성격을 갖고 파견되는 기관으로, 정치적이기보다는 관료적인 의미가 강하다.

④ 우리나라의 지방환경청, 지방병무청, 지방국세청, 지방국토관리청 등이 특별지방행정기관의 예에 해당한다.

⑤ 현장의 정보를 중앙정부에 전달하거나 중앙정부와 지방자치단체 사이의 매개역할을 수행하기도 한다.

⑥ 특별지방행정기관은 국가의 지방행정조직이지 지방자치단체가 아니다.

2. 특별지방행정기관의 유형

(1) 영 · 미형과 대륙형

영 · 미형	주민자치에서는 자치단체가 위임사무를 수행하지 않으므로 국가의 지역별 소관사무를 처리하기 위하여 별도의 지방일선기관을 설치 · 운영한다.
대륙형	자치단체가 국가의 위임사무를 처리하므로 자치단체이자 일선기관의 이중적 지위를 갖는다. 따라서 별도의 지방일선기관의 필요성이 영 · 미형보다 적다.

(2) 보통지방행정기관과 특별지방행정기관

보통지방행정기관	하나의 기관이 통합적으로 중앙의 여러 부처의 사무를 위임받아 처리하는 경우로 위임사무를 처리하는 우리나라의 지방자치단체가 여기에 해당한다.
특별지방행정기관	특정한 국가적 사무를 처리하기 위하여 설치된 일선기관으로 우리나라의 경우 지방경찰청, 지방국세청 등이 이에 해당한다.

3. 특별지방행정기관의 필요성과 한계

(1) 필요성

① 광역적 행정의 요청(규모의 경제 실현)

② 중앙통제와 감독의 용이

③ 국가의 업무부담 경감

④ 지역별 특성에 따른 구체적 타당성 있는 정책집행(자치단체와 비교하면 상대적으로 이런 특성은 약해짐)

⑤ 신속한 업무처리 및 통일적 기술 · 절차 · 장비의 전국적 활용

⑥ 중앙정부의 전문행정을 지역주민의 의사를 반영하여 수행

⑦ 협력 및 광역행정이 용이

(2) 한계

① 이중행정 · 이중감독으로 인한 비효율

② 지역의 종합행정 저해

③ 지역주민의 민주적 통제 결여

④ 중앙통제 강화로 인한 자치행정의 저해

⑤ 고객의 혼란과 불편

10

16 기출

지방자치단체의 갈등해결에 대한 설명으로 가장 옳은 것은?

① 지방자치단체 상호 간은 행정협의조정위원회, 국가와 지방자치단체는 분쟁조정위원회에서 다투는 것이 옳다.

② 지방자치단체와 주민의 갈등을 해결하는 방법에는 협의회와 협약, 공청회, 공람 등이 있다.

③ 행정협의조정위원회의 결정은 구속력이 있다.

④ 중앙정부와 지방정부 간의 인사교류의 활성화는 소모적 갈등의 완화에 기여한다.

해설　　　　　　　　　　　　　　　　　　　　　　　　　　　　　　　　　　　　　정답 ④

④ 중앙과 지방간의 활발한 인사교류는 중앙과 지방정부의 인재의 불균형을 해소하여 소모적 갈등의 완화에 기여하고, 인적 자원을 효율적으로 관리함으로써 비효율을 방지해 나갈 수 있다.

오답의 이유

① 지방자치단체 상호 간은 분쟁조정위원회, 국가와 지방자치단체는 행정협의조정위원회에서 다투는 것이 옳다.

② 지방자치단체와 주민의 갈등을 해결하는 방법에 협약, 공청회는 해당되나, 협의회는 광역행정의 일종이다. 공람은 단순한 수평적 의사전달의 한 형태이다.

③ 국가와 지방자치단체 간 갈등의 해결을 위해 설치된 국무총리실의 행정협의조정위원회의 결정은 구속력을 가지지 않는다.

끝잠이론 ···

1. 정부 간 갈등의 발생원인

(1) 지방자치단체 간 갈등의 발생원인

① 지방자치단체의 자율성 강화

② 주로 지방자치단체 간의 정책이나 사업활동 방향의 차이에서 발생

③ 관할행정구역과 관련된 지방자치단체 간 갈등, 재산권과 관련된 지방자치단체 간 갈등

④ 행정의 광역화에 따른 지방자치단체의 상호의존성 증가

⑤ 지역이기주의 심화(NIMBY · PIMFY)

⑥ 민선단체장의 선거공약

(2) 중앙정부와 지방자치단체 간 갈등의 발생원인

① 자치권의 범위: 지방자치단체가 행정기구, 공무원 정원, 행정운영을 자율적으로 처리해 나갈 수 없을 때에 갈등이 발생한다.

② 기능배분: 지역주민의 생활과 관련된 사무를 중앙정부가 관장하거나 중앙정부의 일선기관에 배분하는 경우 또는 그 사무배분을 2계층에 걸쳐서 중첩 · 배분하고 있는 경우 발생한다.

③ 재원배분: 필요한 재원(특히 세원)이 자치단체에 배분되어 있지 아니한 경우 또는 사무를 이양하는 경우에 사무만 이양하고 그 처리 소요재원을 이양하지 아니할 경우에 발생한다.

④ 권위주의: 중앙정부의 권위주의가 뿌리 깊을 때에 갈등이 발생한다.

⑤ 일방적 결정: 중앙정부가 관계 지방자치단체와 협의과정을 거치지 않고 일방적으로 결정하기 때문에 갈등이 발생한다.

2. 우리나라 분쟁조정제도

(1) 지방자치단체상호 간 분쟁조정

① 제3자에 의한 분쟁조정

지방자치 단체분쟁 조정위원회	• 지방자치단체 상호 간 또는 지방자치단체의 장 상호 간에 사무처리상 의견을 달리하여 분쟁이 있는 때에는 다른 법률에 특별한 규정이 없는 한 행정안전부장관 또는 시·도지사가 당사자의 신청에 의하여 이를 조정할 수 있다. 다만, 그 분쟁이 공익을 현저히 저해하여 조속한 조정이 필요하다고 인정되는 경우에는 당사자의 신청이 없는 때에도 직권으로 이를 조정할 수 있다. • 분쟁의 조정과 행정협의회의 협의사항의 조정에 필요한 사항을 심의·의결하기 위하여 행정안전부에 지방자치단체 중앙분쟁조정위원회와 시·도에 지방자치단체 지방분쟁조정위원회를 둔다.
사법적 분쟁 해결제도	• 권한쟁의심판: 헌법재판소법은 지방자치단체 상호 간의 권한쟁의심판으로 특별시·광역시 또는 도와 시·군 또는 자치구 간의 권한쟁의심판을 규정하고 있다. • 항고소송: 지방자치단체도 항고소송의 대상이 될 수 있다는 행정법원의 판례가 있다.
환경분쟁 조정위원회 환경분쟁 조정법	• 환경부에 중앙환경분쟁조정위원회를 설치하고, 특별시·광역시·도 또는 특별자치도에 지방환경분쟁조정위원회를 둔다. • 환경분쟁조정위원회는 분쟁을 조정할 때에는 각각 알선위원회, 재정위원회, 조정위원회를 구성하여 각 단계를 거치도록 하고 있다.

② **당사자 간 분쟁조정제도:** 행정협의회, 지방자치단체조합, 사전예방장치로서 협의·협약(사무위탁), 전국적 협의체(상호 간 교류·협력증진, 공동문제해결을 위해 설치한 시·도지사, 시·도의회의장, 시·군·자치구청장, 시·군·자치구의회 의장 협의체) 등이 있다.

(2) 중앙정부와 지방자치단체 간의 행정조정

① 행정적 분쟁조정제도: 중앙정부의 조정·감독제도(주무부장관의 지도·감독, 시정명령, 취소·정지, 직무이행명령제도, 감사제도, 사전승인, 재의요구와 제소지시 및 직접제소 등)

② 사법적 분쟁조정제도: 헌법재판소의 국가와 지방자치단체 간 권한쟁의심판과 대법원 기관소송

③ 제3자에 의한 분쟁조정제도(**행정협의조정위원회**): 중앙행정기관의 장과 지방자치단체의 장이 사무를 처리함에 있어서 의견을 달리하는 경우에 이를 협의·조정하기 위해 국무총리 소속 하에 설치, 신청에 의한 경우 조정 가능, 조정사항의 통보를 받은 관계 중앙행정기관의 장과 당해 지방자치단체의 장은 그 협의·조정결정사항을 이행하여야 한다(법적 측면에서 이행해야 한다는 의무적 규정은 있지만, 대집행권 등 실질적 이행력은 확보 안 됨).

11

20⑨기출

시 · 군 통합의 긍정적 효과에 대한 설명으로 옳지 않은 것은?

① 행정의 대응성 제고
② 규모의 경제 실현
③ 생활권과 행정권의 일치
④ 광역적 문제의 효과적 해결

해설   정답 ①

① 시 · 군을 통합하게 되면 관할구역이 넓어져 주민들의 선호에 대응하는 행정이 어려워지므로 행정의 대응성을 저하시킬 수 있다.

12

19⑧기출

다음 중 우리나라의 광역행정 방식으로 옳지 않은 것은?

① 사무위탁
② 행정협의회
③ 지방자치단체조합
④ 민영화

해설   정답 ④

④ 민영화는 광역행정 방식에 포함되지 않는다. 우리나라 광역행정 방식에는 사무의 위탁, 전국적 협의체, 행정협의회, 지방자치단체조합이 있다.

---

1. 통합옹호론과 통합반대론의 비교

통합옹호론	• 규모에 경제에 따른 효율성의 확보 • 생활권과 행정권의 일치 • 광역적 문제의 효과적 해결 • 통합을 통한 지방자치단체의 공공서비스 제공 능력 확대 • 광역 행정의 통합성 확보 • 구역 내 수평적 형평성 확보 면에서 유리 • 행정의 책임 소재 명확 • 분절화로 인한 소모적인 경쟁의 회피
통합반대론	• 행정의 대응성 저하 • 규모가 지나치게 과대할 경우 오히려 규모의 불경제 초래 • 지방자치를 해치고, 주민들 간의 일체감 부족을 야기 • 지방정부 간 경쟁이 공공서비스의 혁신과 효율성 증대를 가져온다고 주장(티부모형) • 중앙정부와 지방정부, 광역정부와 기초정부 간 수직적 형평성의 확보 차원에서는 유리하다고 단정할 수 없음 • 통합의 효과는 공공서비스 유형에 따라 다름

2. 우리나라 광역행정방식

사무의 위탁	위탁지방자치단체나 그 장은 소관 사무의 일부를 다른 지방자치단체나 그 장에게 위탁하여 처리하게 할 수 있다.
전국적 협의체	지방자치단체의 장이나 지방의회의 의장은 상호 간의 교류와 협력을 증진하고, 공동의 문제를 협의하기 위하여 전국적 협의체를 설립할 수 있다.
행정협의회	2개 이상의 지방자치단체에 관련된 사무의 일부를 공동으로 처리하기 위하여 설치한다.
지방자치단체조합	2개 이상의 지방자치단체가 하나 또는 둘 이상의 사무를 공동으로 처리할 필요가 있을 때에 설립된다.

좋은 책을 만드는 길
독자님과 함께하겠습니다.

도서나 동영상에 궁금한 점, 아쉬운 점, 만족스러운 점이
있으시다면 어떤 의견이라도 말씀해 주세요.
시대고시기획은 독자님의 의견을 모아 더 좋은 책으로 보답하겠습니다.

www.sidaegosi.com

2022 기출로 끝내는 군무원 행정학

개정1판1쇄 발행	2022년 03월 30일 (인쇄 2022년 02월 23일)
초 판 발 행	2021년 05월 20일 (인쇄 2021년 04월 20일)
발 행 인	박영일
책 임 편 집	이해욱
편 저	SD 군무원시험연구소
편 집 진 행	강상희 · 이민정
표지디자인	이미애
편집디자인	박지은 · 장성복
공 급 처	(주)시대고시기획
출 판 등 록	제 10-1521호
주 소	서울시 마포구 큰우물로 75 [도화동 538 성지 B/D] 9F
전 화	1600-3600
팩 스	02-701-8823
홈 페 이 지	www.sidaegosi.com
I S B N	979-11-383-1887-7 (13350)
정 가	30,000원

합격의 공식
온라인 강의

잠깐!

혼자 공부하기 힘드시다면 방법이 있습니다.
시대에듀의 동영상강의를 이용하시면 됩니다.
www.sdedu.co.kr → 회원가입(로그인) → 강의 살펴보기